U0949009

清季外交史料 5

王彦威 王亮 辑编
李育民 刘利民
李传斌 伍成泉 点校整理

湖南师范大学出版社

分册目录

清季外交史料卷九十九

光绪二十年十月上

直督李鸿章致枢垣赵怀业电日马步队由陆路绕进皮子窝又刘世俊往摩天岭帮宋庆同守电　二件

大连湾赵怀业电：三十日辰刻，日匪马步队约四五百人，由东北陆路拥进皮子窝。其海里各匪，随潮蜂拥登岸云。

十月初一日

刘镇世俊上月二十八日抵营口，闻凤城不守，赶往摩天岭，帮宋帅同守云。

十月初一日

旨寄李鸿章传谕曹克忠迅募成军援剿直境电

电李鸿章：据奏，请曹克忠十营由部拨给足饷，无论直境何处有警，派令驰赴援剿等语。据户部议准王文锦等所请，招练勇一万五千人，由部拨给的饷。李鸿章现请十营，想即在此数之内，着传谕曹克忠，迅募成军，以备援剿。

十月初一日

直督李鸿章致枢垣曹克忠募勇请由部筹饷电　附旨

昨电请令曹克忠募勇三十营，应先由部筹拨银十万两，为招募之费，俟成军后，需饷若干，再行咨报赴领。

十月初一日奉旨寄李鸿章：昨所请曹克忠招募三十营电内，脱落三字，与王文锦原奏一万九千人，数日相符，即照办，户部先拨银十万应用。

旨寄裕禄金州后路紧急着饬各军防剿并查奏依克唐阿退扎何处电　二件

电裕禄：奏悉。金州后路已有贼踪，情形紧急。程之伟赴旅顺之军，约抵盖平，恐前路已为贼阻，着即留金州，会同连顺、徐邦道、赵怀业合力防剿。其旅顺各口，李鸿章迅筹布置。

十月初一日

电裕禄：前据依克唐阿奏，在长甸驻扎。现在退扎何处？着查明具奏。

十月初一日

直督李鸿章致枢垣日政府派后藤及大山岩统领前敌井上馨为韩使并借内债电

沪局电：日现以兼海部大臣·提督·伯爵后藤调度前敌诸军，并派幼子于兵舰充当武员，伯爵大山岩为统领驻韩第二军，伯爵井上馨为驻韩公使，将大鸟撤回。日政府拟向民间借用国债洋五千万元，并赶办手车绒毡数万条，为战兵之用云。

十月初一日

旨寄刘坤一着饬刘光才五营即由海道北上电

电刘坤一：据奏，抽调刘光才五营，即日带械北上，着照所请，设法由海道前来，较速。

十月初一日

江督刘坤一致枢垣报魏光焘李光久已赴京惟军情紧急已商赣抚派员带淮军北上电　二件　附旨

李光久、魏光焘两军，已催星夜兼程北上。刘光才五营，无船可搭，现仍由陆赴京。电商皖抚福润，饬提督宋朝瑞，统练军千五百人北上。宋，淮军宿将，惟兵单。该提督与湖北提督程文炳同是淮人，似可合扎，以厚兵力。

十月初一日

北路军情紧急，现准西抚德馨，拟派现驻镇江之提督申道发，带所部一千一百余人，都司曹文元五百人，由江西一并北上云。

十月初一日奉旨寄德馨：催申道发、曹文元统带所部迅速北上。

使美杨儒致总署北洋电请美国会同英俄调处美盼中国获一大胜意甚关切电

六月初，北洋电请美国会同英、俄调处。外务云：美先已力阻日勿干韩，侦英、俄各有私图，不愿会同。昨又云：此时言和，恐为人藐视，欧洲各国伺隙者多，均有利中、韩土地之心，中国须获一大胜，议和方得体。意甚关切云。

十月初二日

提督宋庆致枢垣报败退各军扼扎大高岭以固辽阳门户电

庆二十八日退至凤凰城，据东边道宜麟云：城池太小，无险可守。奉电旨，择要扼扎。查辽阳以南百数十里之大高岭，即摩天岭，最险要，可以设防，以固辽阳门户。各军退败之兵，虽斩不止。庆轻骑先至大高岭拦阻各军，俟军心稍定，始可驻扎。刘盛休一军败退沙河子以南，尚须绕岫岩至辽阳。俟各军到齐，分布既定，再行电奏。贼骑二十九至唐山，离凤凰城五十里。乞代奏。

十月初二日

直督李鸿章致枢垣周馥报移运局于大高山下并设电线电

馥现在大高岭看形势，土人言，分水岭在大高岭之东，亦为要口，宜守。俟宋帅到，面商。凤城运局暂移大高山西山下，馥亦住此，现觅电生，拟在此安设电线云。

十月初二日

直督李鸿章致枢垣徐邦道等电日注意旅大兵分力单敌有抄后之意电

金州副都统连顺、大连湾徐邦道、赵怀业朔电：顷，丁提督带兵船抵大连湾，惟程之伟一军不知现抵何处。大连湾既有兵船、炮台防护，海面当可无虞，但须严守后路各要口。该日兵倘或前来，怀业、邦道竭力抵御，但恐兵力不足，仍求速派数营到湾，帮同援应。再，据探，日人前到洋花园，共兵轮及木质船四十余号，另有剥船百余号，上山后扎营十里长，二里宽。昨，日到皮子窝各处，掳壮年百姓，将面漆黑，剪去头发，服伊国装束，为打头敌、挡地雷、炮子之用。并有朝鲜人数百，持夹把刀，在前行走云。

鸿查，日人久注意大连湾、旅顺后路，数年经营，财力、兵力俱殚。北洋兵分力单，旅顺仅庆军六营分守东西各炮台，宋庆八营驻守后路。嗣宋庆远出，调姜桂题、程允和六营替防，又令庆军东西岸各添募一营，姜、程亦各添募一营，合之不过八千人。诸将来电，仍以后路口隘分歧，不敷分守。大连湾又为旅顺后路，握要之所，互为犄角。前令刘盛休八营驻守，嗣铭军远出，调赵怀业新募六营替防，又调徐邦道马队一营及新募步队四营，前往协守。顷以兵单，又令徐邦道添募一营，合之亦不过五千七百人。新募之卒能守而不能战，今日人大股既向皮子窝内窜，距金州、大连湾百余里，距旅顺亦仅二百余里。两处势均岌岌，迭经电催程之伟，带晋兵二千往援，现未知行抵何处。湾、旅与津中隔大海，敌船游弋不定。筹办诸事，掣肘之至，殊深焦急！请代奏。

十月初二日

旨着定安裕禄传谕唐仁廉募二十营会办防剿电

寄定安、裕禄：传谕唐仁廉，奉防紧要，派唐仁廉募二十营前往奉天，与定安、裕禄会办防剿事宜，所需饷银，归户部拨给。

十月初二日

直督李鸿章致枢垣报派卫汝成赴旅援应会同龚照玙等妥筹布置电

旨饬吴凤柱同卫汝成五营守辽阳，吴四营新募，难以临敌，卫营已练两月，皮子窝日人大股将西窜，金州、旅顺紧要，拟派卫汝成五营乘轮赴旅援应，会同龚照玙、姜桂题、程允和妥筹布置，藉厚兵力。

十月初三日

直督李鸿章致枢垣崧蕃电已令丁槐率队北上电

黔抚崧电：丁镇槐前奉旨北上，立即凑饷六万三千两给之。该镇定于初三日起程，星夜北上云。

十月初三日

定安裕禄奏请饬宋庆统筹兼顾并留蒋尚钧部策应辽沈电

现闻宋庆退扎摩天岭。查该岭在辽阳界内，已过凤城二百余里，山势虽险，并非一定总要路口。如果凤城不守，则北至兴京，南至岫岩，西至海城，头头是道，可以趋犯，无须定过此处。若重兵全聚于此，日贼惯以抄袭为计。设向旁路窜入，恐又蹈平壤、九连故辙。现贼踪已逼唐山城，势将内犯。而大东沟丰升阿、聂桂林之军亦将粮尽援绝。依克唐阿、倭恒额、张锡銮等上游各营，又与宋庆等军相距太远，势难联合夹击。仍请旨饬下宋庆，察看情形，统筹兼顾，不可拘守一隅。前由营口所调奉军三营，现已到摩天岭。省拨练军，想亦将到。现与宋庆相商，拟将奉军五营移扎鞍山站、大沙河一带，以扼岫、海旁窜路径。但兵力太单，在省营数无几，尚须兼顾省防。日众逾万，众寡不敌。现闻蒋尚钧所部豫军已过锦州，辽沈为该军必经之路，可否请旨饬该军留于辽沈一带，择适中要地驻扎，作为前后策应之师，以防窜突而固根本。

十月初三日

直督李鸿章致枢垣旅顺吃紧请电东抚饬夏辛酉往援电　附旨

敌大队在皮子窝上岸，俟后队到，即逼金州。旅顺背后无炮台，敌抄后，我兵单，旅必失，船坞必不守，恢复太难。现派卫汝成五营航海去守，仍单薄。只有登州所扎嵩武四营，夏辛酉所统，能打仗。登州不要紧，敌不作此间〔闲〕着，可否求电饬东抚，速催此四营由登过渡，以援旅顺，半日可到。

十月初四日奉旨电李秉衡：现在旅顺后路防务吃紧，着派夏辛酉统带嵩武四营即日渡海前往，毋许刻迟。登州防军，该抚另行调派。

旨寄李鸿章着查复龙殿扬之侄为日分统及买办吴懋鼎以米济敌事电

寄李鸿章：有人奏，日军半系卫汝贵、叶志超溃卒，有记名提督龙殿扬之侄为之分统。又汇丰银行买办吴懋鼎以米接济日军，并偕日人往绘山海关路径等语，着李鸿章查复。

十月初四日

旨寄张煦刘坤一等畿疆兵单着各选劲旅入卫并令郭宝昌北上电　二件

电张煦、李秉衡、鹿传霖、刘树堂：畿疆兵力不足，着各挑选劲旅数千，派得力将弁统带入卫。

十月初四日

电刘坤一：郭宝昌向来带勇得力，即饬该提督带领所部北上，以备调遣。

十月初五日

直督李鸿章致枢垣日兵至李家店金州万紧电

金州电：日人已至李家店，距金只七十里，万分紧急。

十月初五日

提督宋庆致枢垣日骑过凤凰城盛毅两军扼守大高岭电　附旨

顷，据报，二十九日，日大队由沙河子一带抄我后路。正严备间，忽东沟北面棋盘山火起，枪炮齐发，挂网沟、赵氏沟日轮逼近。又报，花园口日轮二十余只，坐杉板乘潮上岸。庆先接北洋电，知皮口日兵上岸，即调丰、聂两军移防岫岩，遏其北窜，计此时当可到防。又探报，东路日贼哨马已过凤凰城西北之四台子，该处即赴大高岭之路。盛军现驻草河口，毅军驻连山关，皆扼大高岭之要。刘世俊一军，亦可到防。先此电报。

十月初五日奉旨电宋庆：贼骑已过凤凰城西北之四台子，着随时探明贼踪，尽力扼守。刘世俊派在何处扼守，蒋尚钧行抵何处，着迅催到防。卫汝贵，着派员押解来京。

旨着奕䜣督办军务并筹办巡防奕劻荣禄长麟帮办军务

旨：现在畿辅大兵云集，恭亲王着督办军务，各路统兵大员均归节制，不遵号令，着以军法从事。庆亲王奕劻，着帮办军务。荣禄、长麟着会同帮办。

十月初五日

旨：派恭亲王筹办巡防事宜。

十月初五日

附注：

查清政府因中日战事，为便利指挥起见，于军机处外另设督办军务处，是日成立。

旨寄张之洞着定购比奥两国枪械并募勇驻岳州训练备调电　二件

电张之洞：据奏，瑞生洋行有比国连珠小毛瑟枪一万枝，共价六十七万。着即电沪道刘麒祥，与该洋行定购，价值由户部筹拨。奥国枪八千杆，一并定购。

十月初五日

寄张之洞：据电奏，拟募勇六营，驻岳州训练，以备征调，并请饬湖南巡抚，于捐借项下筹措饷需，如有不敷，请由户部拨给等语。着照所请行。

十月初六日

旨寄刘坤一来京陛见着张之洞署江督电

电刘坤一、张之洞：刘坤一着来京陛见，两江总督着张之洞署理，迅即赴任。

十月初六日

旨卫汝贵丁汝昌定安依克唐阿均临阵不力分别治罪议处　二件

旨：卫汝贵，着即革职拿问，交刑部治罪。丁汝昌，着撤销议叙案。

十月初六日

旨：定安驻扎东三省，练兵不精，营兵临阵不能得力，着交部严议。依克唐阿督兵观望，着交部议处。

十月十三日

旨胡燏棻办理后路粮台与汉纳根筹办教练事宜电

旨：广西按察使胡燏棻，着驻扎天津，办理后路粮台，准其专折奏事，所有招勇教练事宜，着与洋员汉纳根会商筹办。

十月初六日

鲁抚李秉衡致军务处登防紧要夏辛酉不能北上派章高元统兵入卫电 附旨

登防紧要，道员李正荣不胜任，故调派夏辛酉接统。本日奉旨，特抽调胶澳及登防各营，派登州镇章高元统带，北上入卫。此外更无可调之兵，如再将夏辛酉调去，登州危矣！

十月初六日奉旨电李鸿章、李秉衡：李秉衡电悉。章高元所部，着即日东渡，李鸿章派船速往载运。

总署致龚杨许三使希往英法义美俄德外部婉商调停日事电

本日请美、俄、英、法、德各使来署，调停日事，义使不在京，亦给照会，大致准韩自主，偿日兵费。各使允电政府商办，请我先电达。希即往英、法、义、美、俄、德外部婉商，电复。

十月初六日

提督宋庆致军务处报至大高岭收集溃兵并令刘蒋耿马各军合御电

庆前至大高岭，因系由风城赴沈大道，溃勇悉出于此，故驰至收集。昨探日兵东路至边门、大东沟、双庙子等处，皆有四五千人。刘盛休一军由南路溃退，当已飞饬就近赶由岫岩往援金州。奈去金三百余里，兼之重山大岭，即昼夜兼程，恐赶不及。庆虽节制各军，而敢战之士伤亡过半。现已归队者，吕本元六百余人，聂士成、马金叙所带芦榆淮练等军尚未开报，约计不过二千余人。宋得胜、马玉昆所带毅字前后六军，亦仅二千余人。盖以虎耳山之战，日之轻快枪炮远胜于我，我军以寡敌众，伤亡殆尽，现皆不能成军，何以应战？盛军则平时威德不行，士卒不服，见贼即溃，遇物即抢，杀之不止，责其统将，亦徒怖法〔涕泣〕伏罪。是该军虽有如无，尚须防其骚扰，非重加整顿，不可临敌。然实不独盛军然也。刘世俊步队四营，于初六日到防，马队未到。蒋尚钧一军，已飞催速进。与裕禄电商，拟俟到时令扎鞍山站南沙河，与耿凤鸣等五营会合堵御，以厚兵力。至新募三十营，自奉旨后，派员赴皖、豫开招，须十月杪方到，尚须训练。现只有毅军八营在旅，训练十余年，尚称精锐。马玉昆赴韩，克遵约束，故韩民爱戴，乃平壤、虎耳山两战，皆因无继，以致同溃。庆老迈无能，不善调遣，若不早言，负罪更深，惟当尽力支撑，成败利钝，不能预料。乞代奏。

十月初六日

旨寄李鸿章金州旅顺危急船坞要地着调兵往援电

电李鸿章：现在日氛逼近金州，旅顺危急。船坞要地，亟应力图保护。李鸿章专理海军，不得以金、旅非其辖境，托词诿卸。着再调兵勇，前往援应。

十月初六日

旨着李瀚章谕郑绍忠募拖罟船赴三岛攻其不备电

电李瀚章：闻广东有拖罟渔船，人极勇往，可直赴日本，为捣穴之计。李瀚章传谕提督郑绍忠，派员招募三四千只，迅赴三岛，攻其不备。倘能扰其口岸，斩级立功，即予重赏。

十月初七日

粤督李瀚章致军务处据郑绍忠称拖罟船赴日难资得力电

郑提督绍忠驻扎虎门，素无密电，事关重大，未敢宣泄，当将号召拖罟赴日攻剿一事，专差送该提督阅看。兹据复称：拖罟民船捕鱼为业，颇耐风涛，道咸间，海寇为患，各置枪械自卫，官军出海，曾有号召该船以充前敌。自轮船兴后，拖罟船遂不复置备炮械。绍忠奉召后，即号召拖罟各船户，逐为询问。据称，各船均无炮械，每船仅丁口十余人，且非顺风不敢出洋。若由粤前赴日本三岛，就至近之长崎海口言之，闻离香港一千二百七十英里，合中国四千余里，须历闽浙大洋。现在北风司令，万难驶行，不敢应命等语。绍忠生长海疆，深知拖罟船板片轻飘，即配炮械，亦难得力，不敢轻率以误军机等因。请代奏。

十月初八日

旨寄唐仁廉据奏招募勇营所需饷械均照请行电

电唐仁廉：据电奏，招募勇营，请户部先发饷六万两，并拟购义国步枪一万枝，连子药，价银四十万，着照请行。其运费、保险一切事宜，未经声叙，户部电商办理。

十月初八日

定安裕禄致军务处请催唐仁廉军速来奉电

日贼哨马已过凤凰城西北之四台子。又探一支已抵金州四十里之李家店。奉旨派广东提督唐仁廉带二十营来奉，请催速行。

十月初八日

直督李鸿章致军务处唐仁廉军难于抽拨拟饬吴凤柱等赴关电

督办军务处王爷钧鉴：

饬催唐仁廉赴山海关。唐甫到津，部署未妥。沽口未封冻，而贼聚金州，旅与津仅隔一海，防务正紧，唐营难于抽拨。查湖北提督吴凤柱新募四营已到，拟饬驰往山海关，会同吴大澂已到潘军，并陈湜、李光久各营，赶紧赴关协守。计连关防原有炮台各营，已有马步二十六营，足壮声势。桂公祥禁旅，应量移近畿。李光久到关后，桂公可遵旨移驻蓟州。

十月初八日

鄂督张之洞致军务处报魏光焘等军分由信阳清江北上电

魏光焘军已过清江；吴元恺四营行由信阳；熊铁生前五营初八日全行，后五营尚须月余方到鄂，均由信阳；余虎恩前五营初六日行毕，后五营十二日行毕，行由清江。

十月初八日

旨着李鸿章饬桂祥军移扎蓟州入卫四营赴旅顺并调直隶练军分防山海关电　三件

电李鸿章：李光久五营驻扎山海关，俟该营到时，着桂祥统所部移扎蓟州。

十月初八日

电李鸿章：旅顺兵单，速饬将入卫四营一并赴旅，克日拔队，李鸿章派商轮前往载运。

十月初八日

电李鸿章：畿辅兵单，所有直隶、大名、宣化、镇定未调之练军，着李鸿章调集山海关一带分防。

十月初八日

直督李鸿章致军务处请准刘盛休军暂缓归并电　附旨

旨饬刘盛休回津另候差遣。查刘盛休所部铭军，自九连城退至岫岩，宋庆与鸿章电商，以该军久扎大连湾，情形较熟，现日寇由皮子窝登岸，窥金州、湾旅一带，因电饬该镇带队，由孟州熊岳探路前进，牵制贼势。所部距宋庆已远，似应暂缓归并。

十月初八日奉旨电李鸿章：刘盛休统带铭军，不敢为毅军后继，力战劲敌，恇怯无能，兹既行抵前途，即着趋赴金州驻防，倘再玩误，按军法重惩。

旨着邓华熙传谕吴凤楼率部带足枪弹来京候调电

电邓华熙：传谕吴凤楼，率所部五营，带足枪械子药，来京候调。

十月初八日

旨寄长顺着与宋庆合力抄袭金州后路并与依克唐阿等会商战守电　二件

电长顺：日兵已过凤凰城，金州后路亦有登岸之贼，长顺迅速前进，约会宋庆，合力夹击，抄袭后路，牵制贼势。

十月初八日

电长顺：宋庆督队南下，长顺迅调所统，与依克唐阿、聂士成等会商战守事宜。

十月十一日

旨寄李鸿章旅防危急着饬丁汝昌率战舰截击并筑炮台电

寄李鸿章：贼逼金州，旅防危急，李鸿章即饬丁汝昌，统率各舰，游弋截击，旅顺后路无炮台，尚有小险，平坦处应用地营土炮台之法扼守，可即传谕诸将，星夜兴筑。

十月初九日

总兵徐邦道致军务处请派卫汝成军援应大连湾电

徐邦道、赵怀业电：初十早在老虎峪与日人接战，贼众兵单，现在大孤山有兵船四号，西北又来两号，复有抄后路之意，东路空虚，乞垂救云云，其势不能坐视，公议派卫汝成带五营赴湾援应云。

十月初十日

黑龙江将军依克唐阿奏现退至长甸河口电

九连城宋军退至大高岭，奴才以众寡不敌，现退至长甸河口。

十月初十日

提督宋庆致军务处闻敌至凤凰城边门已饬宋马等军趱进并令吕本元挑马队随庆前往电

昨，探闻凤凰城边门仅有贼匪数百，未便株守一隅，现已饬宋、马两镇，今日由连山关越岭东甜水站，将后队辎重留辽阳，各带精锐轻队；并令刘世俊亦挑千余人为继，由海盖大道趱进到金，约七八百里。已属周臬司速派大车二三十辆，带子弹前往。盛军及聂士成留守大高岭，藉以整顿。惟令吕本元挑马队二三百匹，随庆前往。十一日准拔队。乞代奏云。

十月初十日

直督李鸿章致军务处湾旅万紧请令唐仁廉督同诸将设法战守又海军兵力太单未便轻进电　附旨

湾、旅情形万紧，日提督大山岩水陆全力专注此路。金、旅电断，消息难通。据探，连日日快轮、雷艇时在旅口窥伺。商轮畏惧，不敢运兵，东军八营尚未能齐到登。到后拟赁民船偷渡，未知可行与否？查贼踪距旅尚百里，防守加严。惟各军无人督率，号令不齐。商之唐仁廉，伊愿前往，督同诸将守御，可否奉旨责令赴旅顺，督同诸镇将设法战守？如有违令，准以军法从事，似可得手，且可与宋庆收前后夹击之效。再，前派英弁赴貔子窝密探，该口日寇有大快轮十四号，运船二十六号，鱼艇七号，往来梭巡。丁汝昌海舰现仅修好六号，小雷艇仅二号可出海，力量夙单，未便轻进。俟汉纳根回后，再与妥商。

十月初十日奉旨电李鸿章：旅顺孤危，着唐仁廉前往督率。章高元八营仍催令设法东渡，李鸿章酌调数营前往援救。

旨着李鸿章知照龚照瑗准购快船何时可到即复电

电李鸿章：据龚照瑗电，订购巴西快船二只。着照所请订购，惟未知何时可到？着电询即复。

十月初十日

直督李鸿章致军务处已咨裕禄派员押送卫汝贵入都电

奉电，当派员到辽阳拿问卫汝贵，送至盛京，咨由裕禄派员，押送入都，现已起程。

十月十一日

直督李鸿章致军务处徐邦道禀金州已失已催宋庆等牵制敌后电

旅顺专雷艇送信。据徐邦道禀：金州初十早晨已失，湾台均困，南关岭营盘已失。徐邦道退至南三十里，程之伟兵单而弱，亦退回。卫汝成行四十五里，因金州失守，暂回旅。各炮台防守半月可支，惟无粮。旅顺口外时有日船游弋，商船不便行驶，请速电北路兵飞速进援云。已电催宋庆、程之伟、刘盛休等会合速进，牵制敌后。

十月十一日

定安裕禄致军务处请饬宋庆统筹全局先顾辽阳门户电 附旨

宋庆带轻队南援，留聂士成等守大高岭。奉旨，令依克唐阿由长甸截日后路，约会宋庆夹击等因。现在凤边虽无多贼，而后路九连城、沙河一带已为贼据。依军隔在长甸，与宋军声息不通。凤凰城至辽界仅百余里，贼趋辽阳，此路最近，歧路亦多。宋庆如驻辽凤交界，远攻近守，可以居中调度。如单带一支绕赴南城，只留数营防守，又皆新挫之后，又无后继，恐贼乘虚内犯，辽省大局不堪设想！请旨电饬宋庆，统筹全局，先顾辽沈门户，不可偏重于南也。

十月十一日奉旨电裕禄：旅、湾危急，宋庆赶速南来，尚可成夹击之师。此时断难饬宋庆回军，裕禄当就省城现有兵筹防守。蒋尚钧一军，准于辽阳适中之地扼扎。

总署致杨儒将订借洋款厘定抽本数目咨署具奏电

来电悉。即订借二百万镑，周息五厘，半年付息，五年抽本，每百实九十五元，二十年为期，照数清还，丝毫不加，每年本息由海关交给，交款、扣费悉如科议，即由尊处与订合同，厘定抽本数目，电署具奏。此款先电汇沪关一百万镑，余俟电拨。

十月十一日

旨寄张之洞酌拨战舰四艘北来助剿并李光义在粤募勇着李瀚章发饷电 二件

电张之洞：京防紧要，陈凤楼一军，张之洞饬令迅速北上。徐州所属需兵巡缉，该督另筹调拨。北洋战舰不敷，如得南洋四艘前来助剿，较为得力，张之洞酌度情形电奏。

十月十一日

电张之洞：李光义在粤募勇赴江，需饷甚殷，着李瀚章速发。又请调税务司穆和德，着总理衙门传谕赫德照办。

十月十四日

皖抚刘树堂致军务处调李永芳由亳起程赴京电　附旨

提督李永芳曾经百战，先带五营今日由亳起程赴京。归德镇杨玉书，俟五营招齐，亦兼程前进。

十月十二日奉旨电刘树堂：该省新募十营，已派李永芳先带五营起程，即毋庸改归牛师韩统带。杨玉书五营，交牛师韩带来，并着抽调南阳、河北归德马队各一营，并募足五营北上。

电刘树堂：电悉。杨玉书仍遵昨旨回任，牛师韩已起程，到豫后，即将所招五营统带北来。

十月十五日

使美杨儒致总署科回银行借款折扣视战事为低昂电

科回银行云：如借百万镑，十年为期，周息五厘，付息半年一次，五年后始听抽本交款。每百元只九十七元半，再扣欠手费二元半，实九十五元。还时，每百元须加五元，若二十年，只照数还百元。据票备就，即可交款。科又云：折扣大小，视战事为低昂。办否？乞迅示。

十月十二日

直督李鸿章致军务处丁汝昌电旅顺危急恐难久支电

丁汝昌电：初十日上午在旅，连副都统、徐邦道、赵怀业来，云：徐军守十三里河卡，初八日贼已过卡，抵御不住，金城遂失，各营台被困，续后和尚岛三台均失。现关内外实无重兵，旅亦万难久支。旅坞已停工，定远起碇机尚未配妥，来远工程只修一半。旅顺后路紧急，各船在江内，水道狭隘，不能展动为力，有损无益云。现探连日日船游弋，船不能载兵。章高元尚未赴登，唐仁廉亦无船可去，徒焦急云。

十月十二日

江督张之洞致军务处山海关外惟掘长濠用炮车两法可防请饬李鸿章速拨炮队电 附旨

闻山海关炮台仅有十五生炮二，不能击大船。旅有疏虞，关亦震动。而关内关外一片平衍，百余里皆可登岸，惟有掘长濠、用车炮二法，可以急防用杉板登岸之陆兵。拟请旨速饬已到诸军，于海滨可登岸处，沿海掘濠三道。外濠引海水注之，内两濠伏兵，用枪伺击。外濠低，内濠高，即以濠土堆作短墙，可以藏兵。掘濠则兵丁皆能之也。再，海岸必须有车炮方可随敌攻击，北洋存备不少，请饬李鸿章速拨炮队赴山海关应敌，似为急着。

十月十二日奉旨电李鸿章：据张之洞电奏，山海关外惟掘长濠、用车炮两法可防登岸，着电知吴大澂，赶紧修筑。张之洞在粤曾购车炮一百八尊，已拨畿防，又大车炮数十尊，已解北洋，现存若干，着拨与吴大澂应用。

总署奏向汇丰银行借一千万两奏明请旨折

总理各国事务恭亲王奕䜣等奏，为息借洋款，奏明请旨事。

查从前筹办军务，借用洋款，户部按册可稽，然或由统兵大臣自行定议，或由各省督抚代为妥商，并非由户部筹备。其各款息银，虽有按年、按月，及七厘、八厘之不同，大抵借用洋款，事非得已，非奉特旨，不准轻易借用。兹查沿海防营需款甚巨，加以制备军械等项费尤不赀。户部前奏筹饷各条，并借定华款，以及由内帑发交银两，目前尚可供支。惟是兵事迟速，难以预期，防军需饷亟宜宽备。适据总税务司赫德面商，香港汇丰银行愿借银一千万两。已酌订条款，举其大要言之：一、借库平纹银一千万两，借银还银，不论镑价。一、长年七厘行息，还本若干，息即递减。一、分期以十年，本息还清，届时准由海关税厘拨抵。臣等正在公同会商具奏，旋据赫德函称，现银骤难筹集，须展用十年，自十一年还利抽本，此二十年内，利息仍系七厘，自较原拟多耗十年之息，而还本之期稍可推展。现在需款孔殷，只可权宜办理。业于十月初七日，臣等面奉谕旨允准，应照原议，照会英国驻京使臣，转为知会汇丰银行照办，再由臣等妥议详细章程，订立合同，酌派总理衙门总办章京·户部郎中舒文，与该洋商画押，盖用总理衙门关防，以资信守。仍电知出使英国大臣龚照瑗，妥为办理。谨奏。

光绪二十年十月十二日奉旨：依议。

旨着李鸿章询汉纳根所举船主马吉芬能否胜任电

电李鸿章：旅顺危急，汉纳根回津，是否已到？所举船主马吉芬，是否已往威海？若以马吉芬统带洋舰，护送章高元八营赴旅，能否胜任？着面询汉纳根，妥复。

十月十二日

直督李鸿章致军务处据汉纳根言我海军船孤毋轻一掷电　二件　附旨

旨饬丁汝昌到津面商，现已带六船来，汉纳根亦到。与之晤商，汉谓：海军六船，只定、镇可恃。日既据金湾，其快船、雷艇必扎大连湾海澳，时在旅口游弋。我舰护运船往旅，必有大战。以寡敌众，定、镇难保，运船必毁，毋轻一掷，仍回威海，与炮台依护，为要云。

十月十二日

午间，汉纳根来，仍执前议。铁舰挟运船往，徒多牵制。或令船主马格禄，同兵舰往巡则可，然亦险着。顷，奉马电谕旨，惶悚之至！身亲巡历一节，须俟时势为动，止军情稍定，亟应择期往巡。适丁汝昌来谒，据称，定、镇两船未修妥，来远伤重，只修一半。初十，已将定、镇、来远带往威海。余俟马格禄回津，与汉纳根、丁汝昌商定办法电奏。

十月十四日奉旨电李鸿章：奏悉。运兵赴旅，非海船护送，别无办法。马格禄当已回津，即与汉纳根、丁汝昌定议，设法护送。仍责令丁汝昌带往，不准推诿。沿海各口布置尤要，李鸿章即赴北塘等处巡阅，有无疏漏懈弛之处，妥为经理。

清季外交史料卷九十九终

清季外交史料卷一百

光绪二十年十月下

盛京将军裕禄致军务处报辽沈危急恳饬吴大澂陈湜调军来奉电 附旨

接聂士成电：闻日人初九日复窜沙河，往凤城，络绎不绝，哨马已到雪里站。该军驻大高岭，平壤、虎耳两战之余，实不过二千数百人，兵力不敷分布。吕本元之军，据称，宋庆挑调三营，往援湾旅，留此仅止三营，人数更少。且山路崎岖，马队亦难展布等情。查现在金州失守，旅顺紧急。宋庆于摩天岭分兵南援，势难回顾。岫岩海岸一带，贼势渐逼渐进。丰升阿、聂桂林两军在彼堵扼，依克唐阿之军远在东边，均为所牵制。蒋尚钧一军，现在力防辽沈，虽可为前路策应，而兵力亦单。倘贼兵分三路进窜，殊难堵御。唐仁廉一军到奉无期，长顺即克日赶到，亦只能专顾一路。辽沈危急，惟有奉恳于附近东省之山海关驻扎吴大澂、陈湜两军，调派一军，迅速来奉，方资援救。乞代奏。

十月十三日奉旨电裕禄：旅顺告警，海口防务吃紧，吴大澂、陈湜等军，断难抽调。已谕长顺，迅带吉林兵队赴奉。

总兵程之伟致军务处报金州已失退驻莩兰店电

金州已失。现退驻莩兰店，距金州九十里。

十月十三日

直督李鸿章致军务处探报俄英德美对日情形请密奏电

奉密谕，敬悉。窃揆各国情形，探知，俄已调集铁舰、快船并运船多只来海参崴，蓄势不少。英初颇昵日，近稍龃龉，闻密谕其水师提督，如日犯吴淞、上海，即尽力攻打。法随俄意，故亦帮同排解。德、美则稍观望。我惟加意笼络俄、英、法，俾共出力，日或少知惧缩。俄主新丧，稍迟当有举动。此间英人某略知日情，姑令密往探询其首相伊藤如何意见。日欲甚奢，似欲夺湾旅为要挟赔偿之地。转瞬冻河，舟运不便，彼似无能深入，但各口防备不可不加严。可否乞先密奏。

十月十三日

旨着李鸿章饬丁汝昌往带定远来远二船出险倘有失即正法电

电李鸿章：军情万紧，李鸿章前既玩误军情，现在旅顺益危，更无筹画，定远各船又未修好，丁汝昌尤堪痛恨！今定远与来远，似均尚在坞，着丁汝昌即往带出，倘两船有失，即将丁汝昌正法。旅顺援兵，仍着设法护送，迅即妥筹复奏。

十月十三日

黑龙江将军依克唐阿奏现探敌情调兵严防折

黑龙江将军依克唐阿奏，为现探敌情，调兵严防事。

窃奴才于九月二十一日，曾将到防日期，招成营数，并备防布置情形，电奏在案。奴才随勘长甸之下游山势狭隘，战守俱应筹度，当饬各营设法渡江，密探敌情。兹据该统领永山呈称：探得日寇于九月二十三、四等日，拨来马步兵万余人，分扎龟城、溯州、昌城等处。鸭绿江东岸长江口，及沃丁浦一带，现有日贼三四百名，改换朝鲜装束，意欲偷渡西岸，内侵台沟门子，抄我长甸后路。又称：二十五日背山过去日兵数千，内多俄人，现驻云山、厚昌一带，亦欲由帽儿山入寇。又称：义州日贼添兵数千，日遣韩民伐木扎筏，颇有渡江扑犯我军之势。

查上游台沟门子、沸汀口、喇古拉子等处，距长甸河口不过四五十里，江流水浅，褰衣可渡。现闻日人扎筏已成数只，偷渡事在意中。且各该口均为龟城、溯州、昌城窜入内地要路，处处可通凤凰厅、宽甸县地方。其帽儿山一带，直逼通化县及兴、盛两京。刻下贼已分路作三路内侵，最为可虑，亟应添扎劲旅，以塞冲要。现蒋尚钧四营，已奉旨仍归宋庆节制。奴才所部，仅马步八营。虽有倭恒额一军驻扎蒲石河要口，势难改调，再分兵力。查聂桂林之军，实仅三哨驻扎长甸河口。九月二十五日，据该总统呈称，所部奉军现仍驻扎东沟，并未道及何日拔队赴防。业由奴才咨催，并严饬星夜前进，勿得再事延缓。军情紧迫，变动靡常，各军似此疲玩，倘或稍误军机，奴才已有难辞之咎，不得不先事明告于圣主之前。除咨明裕禄、宋庆一体飞催筹度外，谨奏。

光绪二十年十月十四奉朱批：知道了。

旨寄许景澄派王之春往俄唁贺着先告外部电 二件

电许景澄：中、俄交好最久，俄前主尤敦睦谊，今嗣君即位，拟遣专使赍书致贺。许景澄先告外部，俾悉邦交加密之意。

十月十四日

旨：着派王之春前往俄国唁贺。

十月十四日

直督李鸿章致军务处裕禄电日军四面来攻我军饷械不继请代奏电 附旨

裕禄电称：探日住凤城，作久计。大股兵分两路：一路向大孤山、海城、岫岩一带；一路由凤凰城。聂士成、吕本元等今早电称，本元、士成同派马队分探草河口、新开岭等处，屡遇日人，与之接战，贼步队皆上山头，四路来抄。贼枪利，而我则马队难于施展，且贼愈打愈多，打至天黑，各行收队。该镇等率队严防，山高风冽，严寒入骨。天明，贼复四面来攻。本元、显寅恐贼由西南来抄断我后路，派盛字六营前往接应。聂镇仍扼守山头，但兵无寒衣，枪弹、炮位、粮饷均将不继，势处万难，并非畏缩。伏乞中堂速筹长策。又依将军电，移驻宽甸各等语。乞代奏。

九月十六日奉旨电裕禄：据奏，十四、十五等日，聂士成、吕本元等接仗情形。本日据伊〔依〕克唐阿电奏，移驻宽甸。该将军统兵以来，展转避就于无贼处所，退怯情形显而易见，着裕禄飞饬该将军，迅至大高岭，与聂、吕等军互援合剿。如再迟延，必当重治其罪。长顺已报起程，着裕禄传旨，迅往迎援。

直督李鸿章致军务处探报宽甸已为贼据电

探明依克唐阿之军，由长甸移至宽甸。因宽甸无城可守，恐贼截其后路，复开往西北而行。自该军开拔，该县居民见大军已去，迁徙一空，宽甸已为贼据。

十月十六日

湘抚吴大澂致军务处山海关内外海线均已掘濠电

旨：命查山海关内外海线可登岸处掘濠，引兵内濠，伏兵伺击等因，现已一律起工。

十月十六日

侍郎张荫桓致军务处各国心志未齐拟遣谍径达伊藤电

探闻敌有不愿局外居间之语，各国心志亦未齐，桓拟遣谍径达伊籐，较联衡说合为捷，仍与署办并行不悖，惟敌欲太奢，未易凑拍。巴兰德前议宜速行，以助力。容差旋面陈。

十月十六日

旨着总署调用洋员琅威理来华任使

旨总理衙门：洋员琅威理前在北洋训练，颇著成效，着赫德传谕该员来华，以备任使。

十月十七日

直督李鸿章致军务处宋庆报河口交战及获日人供有三军分犯各要隘电　附旨

宋提督电：昨到盖平。据聂镇电，河口已交战。又据探兵在复州拿获日人供称：日第一军司令山县有朋、第二军司令大山岩合趋金州，又有第三军已发，顷向奉天府城，或西进金州，或向北路。一军步兵一万八百，骑兵三百五十，炮兵三大队，各四百，工兵五百，电信兵百五十，人夫一千。大鸟官已废，近日本内务大臣井上馨代为朝鲜全权公使等语。庆只此人数，惟有谨遵电示，速至复界，查看程之伟、刘盛休两军，力加整顿，一面分投堵击，前往援应云。

十月十七日奉旨电李鸿章、宋庆：宋庆电悉。刻下金州已失，旅顺万紧，该提督已抵盖平，即当赴复州一带进剿，以制贼势。刘盛休、程之伟两军万不可恃，着宋庆察看，如不得力，即传旨撤退，另派管带，统归宋庆调遣。李永芳等五营，着李鸿章迅催赴宋庆军营，以资厚集。李鸿章于李光久、潘万才诸军酌拨，交唐仁廉统带，会同吴凤彩一军赴奉，以为宋庆后路接应。粮饷、军火，李鸿章饬行台赶紧接济。聂士成营中炮少，并饬周馥设法解济。

旨寄李鸿章旅顺待援甚急着催宋庆姜桂题进攻电

电李鸿章：本日据聂士成等电称，子粮难继，李鸿章已饬局速运，旅顺势孤援绝，尚有廿余营，专待宋军北来，如能先后夹攻，可收夹击之效。宋庆行抵何处，着飞电赶催。倘宋军业经开仗，应设法知照姜桂题等军，由前路进攻。各军处此危地，舍拚死力战，更无他望。能与宋军约期并举，但使其腹背受敌，乃为胜算。宋庆消息，李鸿章即日复奏。

十月十七日

直督李鸿章致军务处据报摩天岭日兵并非击退系改道抄宋军后路兵单可虑电

顷，据营口转运局电，摩天岭日寇并非击退，闻系改道，走海城，抄盖平宋师后路，其皮子窝一股，系由金州迎击，皆注意宋军，并堵截我营口进兵之路。计画尤狡！宋军人数太单，深为可虑！

十月十八日

直督李鸿章致军务处报已派员赴沽塘等处布置电

旨饬赴大沽、北塘等处巡阅布置，适奉旨派张荫桓等来津筹商要件，鸿离津则诸事呼应不灵，因先派员往大沽，筹添土炮台。现派汉纳根、胡燏棻赴山海关察勘一切，俟其回津，再同往塘沽，详细察阅。

十月十九日

旨着胡燏棻令汉纳根照所开节略购船练军电

电寄胡燏棻：前据汉纳根呈递练兵节略，其说颇多中肯，着照所请，由督办王大臣谕知汉纳根，一面招勇购船，一面招募洋将，即日来华教练成军。一切章程，均责成胡燏棻会同该员禀晤王大臣，立予施行，不令掣肘。至一切教练之法，悉从该员约束。

十月十九日

旨着李秉衡赴烟台布置电

电李秉衡：驰抵烟台一带布置。

十月十九日

旨寄李鸿章着调定远镇远赴大沽派徐建寅查验电

电李鸿章：现派道员徐建寅赴津。定远、镇远等船，着李鸿章调赴大沽，饬该道员详细查验复奏。

十月十九日

直督李鸿章致军务处威海报日船游弋西北口岸电

威海戴宗骞电：日船游弋一日不去，晚住西北口外，距岸益近，现竭力防堵云。

十月十九日

直督李鸿章致军务处日欲奢必取偿割地不如集款力战再请各国调停电　二件

许使云：德与讲事，可否未定。法哈外部密告庆常，日欲奢，各国不愿用兵，讲无济。日已费数万万元，必取偿割地，与其受困，不如筹巨款，添用洋将练兵，坚忍持之，大局可保，和议易成。否则，不堪设想云。

十月十九日

巴兰德密电云：前数日请各国公议东事，各国皆云，东洋有奢望，即允将韩给东，再加兵费，尚不满意。而中若将韩给东，俄必不允。东意占地，大约志在台湾。虽此次衅由东开，各国亦非一定能帮中国。鄙意中国仍当力战，或俟东力乏，各国自愿出为调停；或由中国自问东意欲何居，东必张大其词，骇人观听，然后由中国宣示各国，自必有作不平之鸣者等语。昨与张侍郎密商，即系自问东洋之议，望速办。巴语意似尚切实，不妨笼络，为我所用，作为西方应兵。请主裁，入告。

十月十九日

陵寝总管联瑞等奏辽南要区相继失陷请筹补救电

自贼据平壤，兵败将亡。至九月二十七、八等日，贼兵分四大股，东自九连城、沙河、长甸河、安平、东洋河、蒲石河，南自花园口、皮子窝等处同时盘据。东南驻防各军，寡不敌众，屡战皆北，以致东边之安东、凤凰城、宽甸、孤山、长甸、东坝、花园口及省南之大连湾、金州等处，半月之内相继失陷。岫岩、复州被贼围困，地方已失大半。现日人到处设立伪官，并在凤城及金州之龙口、岫岩之萧家坡等处，建筑炮垒，安设地雷，克期内犯。而摩天岭距省城仅二百余里，前途既无劲旅扼守，东南路径又复处处可通，万一乘隙而来，何从防堵？况日人到处盘据，任意掘濠、修台、埋雷，元气必伤，根本动摇，大局何堪设想！若其占据陵寝重地，势将奈何？因念戎狄凭陵上国，自古恒有，历代贤圣之君每为和戎之举，不肯频事兵革者，为欲保全土地故也。况奉天为根本重地，陵寝宫阙在焉！现在地方受祸更惨，筹兵筹饷，财尽力穷。又兼本年夏间，南路之辽、复、海、盖，西路之新民、锦州、广宁各城，灾歉甚广，饥鸿遍野，近届天寒，无衣无食，更难免不乘机滋事。兵荒交迫，万分危急！与其俟全局败坏再图挽回，孰若及早筹议，尚可补救一二，维持根本。不胜迫切之至！

十月十九日

海军提督丁汝昌致军务处日船在口外游弋威防吃紧并镇远为水雷挤伤电　附旨二件

丁汝昌电：日船先后十数只，两鱼雷猎艇，在口外二十海里内游巡竟日，刻尚未去。询之土人，日前数日派雷艇在宁海州、烟台之间量水，有拟于此处进兵之说。威防亦甚吃紧。镇远前因进口时为水雷浮标挤损左翼，林镇泰曾以时棘船损，痛不欲生，卯时服毒自尽。现派副管驾杨用霖暂将修理云。

十月十九日奉旨电李鸿章：据电奏，镇远铁舰为水雷浮标擦伤，通永镇总兵林泰曾服毒身死，不胜骇异！前丁汝昌电称，镇远前因进口时为水雷挤损，似此电之先已有电将此事报明李鸿章，而该督竟无电奏。此船原泊何处？进何口被水雷挤伤？既是浮标，应碰伤船帮，何以独伤船底？又何以派查数次未见伤处？林泰曾虽因船损，何至遽尔轻生？来电叙述含糊，情节更多疑窦。难保无奸商勾通用计损坏，着李鸿章严查，据实具奏。京津耳目甚近，此事实情无难即日发觉，李鸿章毋得欺饰上闻。

电李鸿章：据奏，镇远擦伤情形。镇远为海军上等船只，一有损坏，即应赶紧详奏，不应俟续报始将大概情形上闻。林泰曾胆小，何以派令当此重任？杨用霖系丁汝昌所派，果否可靠？闻平远管带李和练达出色，如果属实，即可调充镇远管带。再，袁世凯现在何处？即电复。

十月二十三日

旨着李鸿章饬旅顺防军坚忍守御并接济饷械电

电李鸿章：旅顺孤危，援军未至，着李鸿章电饬该处防军坚忍守御。所虑粮械缺乏，李鸿章设法接济。

十月二十一日

旨着依克唐阿速赴大高岭与聂吕等军合剿电

电依克唐阿：前因聂士成、吕本元等兵力不敷，依克唐阿又移扎宽甸，是以饬催迅统所部至大高岭一带，与聂、吕等军合剿。本日来电，仍系饬催外调各军，托言就近调度，实属畏葸无能。现聂、吕等在大高岭待援甚急，依克唐阿毋得观望贻误，即日拔队前往。荣和所招猎户已成八营，应统所部并新招各军，驰赴大高岭助剿，不得再迟。

十月二十一日

直督李鸿章致军务处卫汝成冲锋大捷惟我军后援不至旅围难解请催宋铭两军进援电

龚照玙旅顺电：十七、八等日，日兵逼进。十九日，各军出队，卫汝成冲锋，各将领策应，大获胜仗。惟日兵死进不退，我军后援不至，旅围难解，求急催宋军及铭军星夜进援云。

十月二十二日

旨着李鸿章令唐仁廉等军赴东为宋庆后路援应电

电李鸿章：昨据电称，旅顺一带枪炮之声竟日，并有火光。据此电称，羊头洼、龙王堂等处日兵击退，均据民船之言，究竟战守情形若何？刻下金州已为贼据。宋庆由盖平前进，必须添兵接应，方能救旅顺之危。迭谕该督，令唐仁廉统带李光久、潘万才等军，并会同吴凤柱一军赴东，为宋庆后路援应，着即日开拔，不得贻误军事。

十月二十二日

旨寄裕禄日兵由摩天岭趋盖平着耿凤鸣军截剿电

电裕禄：据电称聂士成接仗情形，军士尚属奋勇，惟李鸿章电，日兵由摩天岭南趋盖平，似已分队窜扰他口。宋庆与聂士成等军被其隔绝，亟应添兵接应，着裕禄调耿凤鸣、蒋尚钧迅速跟踪截剿。丰升阿、聂桂林之军，闻移出新开岭、沙子关一带，现在究往何处？如有避贼情事，着裕禄据实奏参。

十月二十二日

直督李鸿章致军务处据马金叙报岫岩失守电

据马金叙报：岫岩已于二十一失守，丰、聂二总统撤退，离析木城五六十里驻扎，逃勇均经金叙拦回，惟兵力太单，倘再失利，军部退至何处等语。查析木城西通辽阳、海盖，俱大道，现属其设法扼守，勿萌退志云。

十月二十三日

旨寄李鸿章裕禄平壤之役叶志超恇怯退缩岫岩失守丰升阿聂桂林畏葸无能旅顺城陷赵怀业不肯救援均革职电 三件

电李鸿章：平壤之役，叶志超恇怯退缩，前交宋庆查办，尚未复奏，先行革职。

十月二十三日

电裕禄：岫岩失守，丰升阿、聂桂林节节退避，畏葸无能，着先行革职，仍着查明，据实奏办。章高元一军，催令前进，助宋庆剿金州之贼，不宜留防后路。仍令丰升阿、聂桂林戴罪立功，合力进剿，以观后效。

十月二十三日

旨：总兵赵怀业不肯救援旅顺，以致城陷，着即革职，交宋庆查办，所部兵勇，交徐邦道管带。

十月二十五日

旨着李鸿章饬姜桂题乘胜立功并令宋章唐诸将合力夹击电

电李鸿章：旅顺连日接仗，姜桂题冲锋迎剿，深堪嘉尚，着赏给该军银一万两。姜桂题当乘此军威，激励将士，奋力立功，不可株守，致落后着。宋庆距金州不远，即将旅顺获胜待援情形知照该提督，令相机进剿，以分贼势。现在章高元已由营口前进，并令唐仁廉带兵继发，以为宋军后路应援，并着各军迅速遄行，期将金州一路之贼合力夹击，悉数歼除。魏光焘所部，着饬赴山海关一带驻扎，归吴大澂节制，毋庸来京。

十月二十四日

直督李鸿章致军务处闻日添兵扑犯必有大战电

聂士成、吕本元电：耿凤鸣三营守小高岭；士成守下马塘与哑叭岭，在小高岭前；本元、显寅守大高岭、新开岭。其余山口纷歧，守不胜守。且逐日来往，分队迎剿，探闻日贼复添来大队数千人，冀图扑犯，当合力防御，日内必有大战云。

十月二十四日

江督张之洞致军务处江防吃紧恳饬冯子材募旧部办理沿海防务李林各军均归节制电

江南防务吃紧，吴淞江口与扬子江口均紧要。上海制造局在租界外，日不允作为局外。该局为南数省命脉所关，南洋有警，必先攻此处。南汇、川沙、宝山一带海滨数百里，小船皆可登岸，不必由吴淞口，此前明日寇上岸熟路。吴淞口、狮子林向有炮台，惟该处防营太少，地阔兵单，难资防守。查云南提督冯子材，七月内曾奉旨饬令北上，洞深知其忠厚性成，精力甚健，屡与询商，近接电称：精力未衰，尚堪策马督战等语。仰恳圣恩，饬冯子材募旧部粤勇十营，速来江南，办理吴淞沿海等处防务。洞前已奏明，令总兵李光义募调之六营、副将林保六营到后均归冯督节制。此军专为吴淞、宝山、川沙、南汇一带游击之师，阻其陆师登岸，兼可督饬吴淞、狮子林两处炮台将士，认真扼守，兼顾海滨江口。查粤勇猛悍，如能依西法练熟，此一军屯驻上海，将来用处甚多，仰恳圣明俞允。

十月二十四日

湘抚吴大澂奏山海关驻防各营足资镇守折

湖南巡抚吴大澂奏，为敬陈山海关驻防各营足资镇守，现饬勤加操演，以备不虞事。

窃维用兵之道，知彼知己，则百战百胜。自平壤兵溃以后，九连城、凤凰城防守各营相继败退。大连湾、金州一带亦为日兵所据。猖獗情形，令人发指！然细访前敌各军致败之由，当思惩前毖后之计。撮其大要，约有三端：一在讲求战法，一在精练枪炮准头，一在固结将士之心。心志不齐，则临阵畏怯，互相推诿，军威一挫，弃械而逃，此将士不用命之故。欲联千万人为一心，须平日恩信相孚，如子弟之卫父兄，手足之捍头目，感戴之诚，积而为忠义之气，此武臣之责也。从前湘淮各军剿平发捻，皆得力于冲锋陷阵。今则外洋火器日精一日，欲以枪炮胜敌，当先避敌之枪炮。行阵之法，宜疏不宜密，宜散不宜聚。疏则枪不易中，散则炮弹伤人亦少。若以大队并为一簇，前不能进，后不能退，敌之枪炮无可躲避，宜其一战而溃，此战法之不可不讲求也。议者谓日人之枪能及远，中国之枪不能及远，其说未可尽信。臣谓枪之远近，在人不在枪。中国所用哈乞开斯后镗洋枪，可打一千二百密达，几及二里，子路不为不远。远而不准，与无枪等；放而不中，与不放等。百步穿杨，矢不居其功；千步乱击，枪不任其咎。如敌枪能及五百步，我枪能及六百步，未有不能制胜者。至炮之准头易于考究，教炮半月便有规模，教枪两月方有把握。技精则熟能生巧，技不精则器不利，此枪炮之准头必须精练也。臣日以此三者与营、哨各官剀切训导，以西法之精心破湘人之成见，所幸各将领均能虚心领会，实力讲求，操演一两月后必有明效大验。现在总兵刘树元所带四营，江苏按察使陈湜所带十营，均已扎定营盘，与淮军卞得祥守台六营、水雷一营互相犄角，已有二十余营。续调各军，亦先后到关。日兵若图内犯，臣当督率各军迎头截击，亦不拘守营盘，以图诿卸。如有临阵退缩者，当以军法从事。山海关防务，臣请一身任之，断不能使贼兵越关一步。臣与各将领戮力同心，披肝沥胆。湘人忠勇之气，必能为国家效死不去，足以上纾宵旰之忧勤。成败利钝，略可逆睹。臣不敢托诸空言，致负朝廷委任之恩。若前敌各军尚可支持，一面俟湘、鄂各军到齐训练可用，外洋所购枪炮届时亦可运到，臣当自请率师东征，力图规复朝鲜之地。谨奏。

光绪二十年十月二十七日奉朱批：另有旨。

使美杨儒致总署我欲议和可告美使转达日政府电

外部来文：接驻日美使电，日意中国既欲议和，拟如何办法，可告田贝，转达日政府裁酌云。

十月二十七日

直督李鸿章奏旅顺已失章李聂吕各军拟归宋庆调遣并自请治罪电　二件　附旨

刻，刘含芳急电：本日申刻探得，二十一、二十三日，水师营北面姜、陈、徐、赵、卫各统领每日开仗，东西两岸各挑奋勇扼守后路。西岸张光前、刘朝贵、袁帮带各带勇赴羊头窠把守。二十四天明，日大队由水师营后路分抄至鸭湖嘴，官兵与战至午后，始行败散。日兵皆上东岸各炮台，五点钟〈后〉路姜镇坐营火起云云。又据探称：日兵船十二只，大鱼雷艇五只，在旅顺口外游驶放炮，并带有运兵船多只，登岸夹击。又据英兵船探报，二十四夜，日兵由后路进兵，四面火起等语。是旅顺已失，救援无及，愧愤莫名，请从重治罪。

十月二十七日

旅顺既失，宋庆顿兵金界无益，宜令速行拔队，由熊岳、盖州、海城一路迎剿岫岩股匪，拦其北窜沈阳。沈阳所有调去章高元、李光久各营，及聂士成、吕本元分扎大高岭各营，均归宋庆调遣，以厚兵力。唐仁廉、吴凤柱亦令即带现有之营，会合宋庆，相机妥办。是否可行？请旨饬遵。

十月二十七日奉旨电李鸿章：旅顺失守，该大臣调度乖方，着革职留任，并摘去顶戴，迅即亲赴大沽、北塘等处，周历巡阅，严密布置。宋庆一军亟应回顾海盖、辽阳等处，杜其纷窜西北之路，并会同唐仁廉、章高元、吴凤柱各军，择要分剿。

鲁抚李秉衡奏旅顺岫岩均失奉天危急请饬宋庆带兵出关并调回章高元八营以固威海电　二件

顷，闻旅顺不守，岫岩口为日据，奉天危甚。我军只宋庆一部素称得力，但营数太少。山东虽已调去八营，而兵力犹嫌单薄。设奉天有失，关内亦势不能支。臣愚以为，御敌于堂奥，不如御敌于门户。现在山海关、洋河口等处不下数十营，可否饬令抽拨十余营出关，并将山东八营均归宋庆调遣，以厚兵力。奉省强固，则关内可以无虞耳！

十月二十七日

旨：旅顺既失，恐日将并力以图威海等因。钦此。查登州至威海三百余里，可登岸之处甚多，威海后路尤虞抄袭。秉衡前到烟台，调拨两营驻威海附近地方，近又添拨两营往上庄驻扎，以防威海后路。现在登州只剩四营，烟台只剩三营，实属不敷分布。顷，吴大澂电，以威海吃紧，饬调八营赴威，该军洋河一带之营，尚可填扎等语。窃秉衡前派章高元八营援旅，昨已电请归宋庆节制。今旅顺既失，奉天亦万分吃紧，自不敢因顾威海一路而分奉天之兵。惟封冻以后，山海关防务自可稍松，吴大澂所部之兵既可填扎，可否请旨饬将洋河一带防军抽拨一二十营出关，归宋庆调遣，以厚兵力。应如何调拨，期与宋庆会合，则章高元八营自可调回，以固威海。如蒙俞允，自应分别饬遵。迟则营口封河，调回之军不能渡海矣！

十月二十八日

吉林将军长顺奏交卸印务即日起程电

奴才于本月十五日交吉林将军印务，即日起程，二十三日抵奉。所调各队，分头开拔，计初旬可以到齐，惟马步仅四千余人，兵力尚单，当与各军会商办理。

十月二十八日

提督宋庆致军务处旅顺失守请旨治罪并报各军战守情形电　二件　附旨

二十三晚，马玉昆、宋得胜、刘世俊、刘盛休等各拨精锐，带干粮一日，连顺亦迅集商民，作干糇支应前进。日于城北挖濠、筑石长墙，阻我进路。二十四日，铭军由大路直进，大同兵继后，毅军由西路进，嵩武军继后。即刻铭军行至距城十余里之十三台子遇贼，当即击退，返至城濠，伏贼突起，迫至城濠，互相攻击，而各山头伏贼齐出。战至傍晚，因勇众一日未食，始收队。是役，铭军最出力。毅军马、宋二十三晚已抵石灰窑，距城十余里，二十四早出队，先占山头，避其埋伏，鏖战终日，互有杀伤。及至酉末，西北风起，雨雪交作，始各收兵。二十五早，庆亲往前敌，拟再分兵牵制贼势，以缓旅顺之围。适徐邦道之马勇逃来，声称，寅刻旅顺已陷，防兵溃败，仅姜桂题率队外冲。当令刘世俊一军仍扎石灰窑，设法侦探，如姜桂题果能冲出，速即接应。铭军扎三十里铺，大同兵随之。毅军扎关帝庙一带，各军联络，暂驻以观贼势。倘大股来犯，惟有竭力抵御。但毅军屡挫，今日之战，铭军亦复胆寒，虽嵩武、大同两军尚属完全，然兵力太单，不无惊惧，不得不据实速陈。

十月二十八日

昨夜将旅顺失守电陈。顷，据姜桂题营官及正定镇徐邦道来，并败余兵勇约二三百人云，旅顺兵闯出约万众，无如贼重重设防，遍布雷炮，尽被击散。又值潮长风寒，以致得脱者十不及一。庆统率嵩、毅各军，由摩天岭星夜奔来，原期夹击，以解旅围。不图二十四进攻金州，尚未得手，而旅顺即于是日失守，援救不及，痛愤填胸！恳请旨治罪，为贻误事机者戒。前据探，日供有得旅顺后，即北犯奉省之语。现铭军、毅军各军残败之余，军心不固。而铭军二十四之战，出力者固不乏人，逃散者亦复不少。贼既得金、旅，势必急图北犯。且今冬天暖，河未封冻，尤虑日轮渡兵营口，又抄后路。章高元八营宜缓进，以备不虞。查熊岳通皮口、金、旅及窜海、盖大道，拟暂留熊岳，堵其北趋。倘贼扰我后，则会合章高元之兵竭力痛剿。是否有当，乞示遵。

十月二十八日奉旨电宋庆：旅顺告警，该提督拔队南援，正在力攻金州，而旅顺不守，系兵力不能相及，与退缩坐视者有异，所请治罪之处，着加恩宽免。该提督现驻熊岳，与章高元会商筹办，并确探贼踪，随时电闻。

直督李鸿章致总署报德税司已抵长崎电

德税司计已抵长崎，即令汉纳根电德，遵照钧谕，回沪候信。俟复到再陈。

十月二十九日

桂臬胡燏棻致军务处报款未齐不能与汉纳根订立购械募将合同电

宥电敬悉。今日具疏招募，请拨一千万，粮台四百万。如一时款难筹，至少共先拨一千万，余俟一月后再拨，方能与汉纳根订立购械募将合同。旅顺已全失。

十月二十九日

清季外交史料卷一百终

清季外交史料卷一百零一

光绪二十年十一月上

直督李鸿章奏查明旅顺失守复陈详细情形折

革职留任直隶总督李鸿章奏，为查明旅顺失守详细情形事。

窃臣接据登莱青道刘含芳自烟台来电，知旅顺于二十四日失守，当即转电总理衙门代奏，自请从重治罪。仰荷圣恩，不加重谴，仅予薄惩，感愧悚惶，罔知所措！钦奉谕旨，著将详细情形迅即查明复奏。兹于二十七日复据刘含芳电禀，由轮船救出溺水之记名提督黄仕林、水雷营帮带官孔玉祥、何青云及雷兵七人，送至烟台，询悉所言与前电相同，而情事较为详细。据称：二十四日辰初，贼由水师营后路山沟，绕至韩家沟，卫汝成陆路行营炮台未及开炮，已经闯进。次至程允和炮台，开二十余炮，贼已攻入。徐邦道在操场接战，放三排枪亦退，战至教场沟被围。赵怀业见三炮台已失，发号出队，人未及齐，即向东行。各败队皆向东山冲打。未正，棉药库被炮击燃。申初，军械库、水师药库、毅军望营附近炮台、营盘、村庄、旧水师营皆火起，贼遇人即杀。东岸各台，午前后放炮不断，西岸各台，申初犹有炮声等语。二十八日子刻，又接到刘含芳电：北河船主古巴自旅回称，二十六日午后三点钟，远望小平岛尚在鏖战。又有弁兵称，徐邦道教场沟被围皆老队，死剩十余人，犹战不已等语。丑刻，又接宋庆电称：徐邦道及毅军营官胡永清、淮军营官吴长纯、马步兵勇约二三百人，零星闯出，面称，败退队伍共约万众，贼重重设防，遍布雷炮，尽被击散，又值海潮骤涨，北风凛冽，得脱者百不及一等语。

臣查，旅顺一岛，孤悬海中，所筑炮台，专为备击洋面敌船而设。若论防守周密，必须于后路金州一带设立重兵。当无事时，莫不以为过计，且实无此财力。此次日兵于金州东北之皮子窝登岸，本非旅顺海口守台兵将所能远防。贼已袭据金州，则大连湾、旅顺俱成绝地。前因平壤事急，无兵可调，又将久驻该两处之铭军、毅军相继调出。其填扎者，除旅顺守台之亲庆六营外，余皆新募。所用毛瑟枪及旧炮，不如日兵之小口径快枪及连珠快炮子路远而且速，又操练未熟，心志不固。大连湾既失，旅顺更不可支。诸将以新军当巨寇，犹能坚守旬余，屡战获胜，终以宋庆、程之伟等援师悬隔，贼来愈多，推原其故，实由众寡不敌，炮械悬殊，伤亡枕藉，尚非战阵不力。现各将领，惟黄仕林业经救出，徐邦道业已冲出，余尚不知下落。据孔玉祥等称，败退后俱向东山冲打。英船主称，二十六日犹见小平岛鏖战。该岛正在旅顺之东，俟查明再行续报。现在岫岩、旅顺相继不守，北而辽沈，东而山海关内外，沿海一带防军均甚单寒。臣昨电请饬宋庆速即拔队，由熊岳、海盖一路会合章高元等，迎剿岫岩股匪，截其北窜。是晚接奉电旨，当即恭录转电钦遵。臣当督饬榆关、芦台以东各营将弁，严密守御，冀固畿防。臣于拜折后，即亲赴大沽、北塘各处察看，妥筹布置，不敢稍涉疏虞，仍随时电达总理衙门转奏。谨奏。

光绪二十年十一月初一日奉朱批：览奏，均悉。

直督李鸿章致军务处聂士成电克复连山关并拟夺取分水岭电　二件　附旨

聂士成本日电：日贼占据连山关，昨晚会同孙、吕、耿、江等，带队往连山关山后四面城，令江永林先拒住隘口，成亲率旧勇于今早一点钟直捣贼巢，马步各军麾军大进，击死日人不少，夺回连山关。合乞代奏。

十一月初一日

聂士成电：昨到连山关，据乡民声称，日先锋将军官富冈三造前于二十六日被我军击毙。该日酋数百排班吹号，将尸焚化。又前敌营务处周电，聂、孙、吕等夺回连山关，曾许奖赏，其团练、向导亦准酌赏。查摩天岭系支山，分水岭乃正干。此岭西十里为连山关市，又西二十里为摩天岭。所有摩天岭南之新开、兰花、八盘诸岭，北之小高岭、下马塘，皆有路会于连山关，而总归于分水岭。下马塘又在小高岭之北。我军自十余日前马队遇伏，退过连山关，步队据山相持，几于无日不战，山径纷歧，防不胜防。既幸将士用命，耿凤鸣协助，又有民团向导，克夺此关，殊为幸事。然关在分水岭之西，尤望夺取分水岭，更易扼守，请奖励云云。应否给奖，请代奏。

十一月初一日奉旨电李鸿章：据奏，聂士成、吕本元收复连山关，阵毙日先锋官富冈三造等语。聂士成各赏翎管，其余出力员弁，宋庆、裕禄查明保奏。各军士严寒用兵，加赏银一万两。

帮办军务宋庆致军务处报回军熊岳并收集溃兵电

庆于二十八日率各军回至孛兰店以北，约再三日可到熊岳，稍为整顿，即折赴海、盖，会同章高元等各军，相机堵剿。第往返奔驰，人马疲极，惟有督励将士，竭力办理。查旅顺溃回之众，得千余人，已令张光前、徐邦道各收集其部伍。黄仕林之军，有营官二员闯出，即令收集该军之人。赵怀业、卫汝成全军散勇皆无主帅，令刘盛休代为收集。姜桂题、程允和虽有闯至金州不远之说，尚无下落，其部众则令宋得胜、马玉昆为之收集。俟有成数，各编营数，责成管带，资以粮饷，令其随同防剿。其余徒手无械者，酌资遣之入关，各回原籍，以免滋事。

十一月初一日

直督李鸿章致军务处遵查关外海口一带形势电

谕旨遵查，田庄台距营口七十里，系海城境；杜家口距田庄台七十五里，系广宁境；天桥厂距锦州七十里，系属海口；望海甸距宁远六十里，系陆路通衢，距海口五里；长山寺距宁远七十里，亦系海口；狐儿湾距宁远百三十里，系属僻径。此外有龙王庙、钓鱼台各口，皆可通船。以上各口，系由营口至山海关沿海要路口隘，均属紧要。若添兵分扎，较臻周密。除田庄台、杜家口均与营口、海城相距不远，现在前路营口及海、盖皆有驻兵，可以就近防顾梭巡，其天桥厂以西各处，均在锦州府属界，距山海关不远，而与东南两路各军防剿处所相隔各六七百里以外，现在前敌防剿吃紧，既势难抽拨远顾，似即由关内驻扎大兵，就近拨营分守，较为便捷，声势亦易联络。除已遵旨知照宋庆一体防备外，理合电陈。

十一月初一日

旨着裕禄查复聂桂林岫岩毙贼不少是否属实电

电裕禄：据宋庆奏，丰升阿、聂桂林电，退出岫岩，稍息劳力等语。聂桂林此次退出岫岩，据报，毙贼不少，是否属实，着即查复。

十一月初一日

旨寄李秉衡旅顺失守沿海重要着饬各防军固守电

电李秉衡：旅顺失守，沿海一带皆属要防。洋河等处防营断难抽调。章高元八营正会同宋庆北剿，不能折回威海。李秉衡督饬现有防军，并催调省西各营到防固守。

十一月初一日

旨寄李鸿章旅顺失守龚照玙是否潜逃海军官弁曾否迎战着复奏电　三件

电李鸿章：有人奏，旅顺未失以前，龚照玙潜逃回津等语，龚照玙是否专办船局，抑有别项差使，果有潜逃情事，李鸿章当从严参办。

十一月初一日

旨寄李鸿章：旅顺失守详细情形，迭经谕确查，并龚照玙如有潜逃惑众事情，迅即据实奏参，现在尚未奏到。前据李秉衡奏，海军主将率兵舰望风而逃，以回顾威海为名，陆路仅数营迎战，全行退散等语。似此情形，殊堪痛恨！着确查具奏。

十一月十四日

旨：旅顺失守详细情形，迭经谕令李鸿章确查复奏，并查明道员龚照玙如有潜逃惑众等情，据实奏参，现尚未见奏到。兹据李秉衡奏，海军主将率兵舰望风先逃，以回顾威海为名，惟恐不速。陆路仅数营迎战失利，余营统领营官皆未交绥，全行退撤等语。似此情形，主将恇怯先逃，各营相率效尤，以致险要不能固守，长寇焰而损国威，殊堪痛恨！着李鸿章懔遵前旨，确切查明，据实参奏。此等偾事之员，人言藉藉，谅该大臣必不至曲为回护，代人受过也。

十一月十五日

直督李鸿章致总署据德璀琳报文函经致伊藤并声明奉饬回沪俟回津面陈电　三件

德税司璀琳二十九日戌刻横滨来电：本日一点钟抵挝卜云。昨电令汉纳根，电驻日领事转交，兹抵横滨。该税司如不能遽回，必不致与田贝所议两歧，其意专为疏通，不遽议约。

十一初一日

德税司初二神户电：本日奉宪谕，遵于本夕起程回沪云。

十一月初五日

德税司到沪，电称：遵电回沪候信。二十九午后到神户，将文函驰送广岛伊藤处。初二午后，奉钧处传邮电，饬赴沪，当即致函伊藤，略言饬回之意。是晚开船时，伊藤遣其侄，由广岛至神户，遣人至德处，德亦即告令回沪之意，故未与其侄接晤。此其大略也。惟有许多要话，急欲面陈。如另无要事，令在沪候，明晚即乘礼裕船回津云。容俟回津面询，如有要语，再奉闻。

十一月初七日

桂臬胡燏棻奏统筹洋员汉纳根呈请召募洋将练兵添船购械各节折

广西按察使胡燏棻奏，为统筹洋员汉纳根呈请召募洋将练兵，添船购械各节事。

窃臣于本年十月二十二日，由山海关驰回天津，接奉督办军务处密札，奉旨：前据汉纳根呈递练军节略，其说颇多中肯，着照所请，由督办王大臣，谕知汉纳根，迅购船械，开招新勇，召募洋将，即日来华，赶速教练成军。一切章程，责成臬司胡燏棻，会同该员，悉心筹画，禀明督办王大臣，立予施行，不令掣肘。至一切教练之法，悉听该员约束等因。钦此。钦遵办理。

臣查，汉纳根所呈节略，以日氛甚炽，须选派洋将，另练新军，海军单弱，须购置船炮，水陆相辅，其说诚多中肯。臣到津后，即偕汉纳根禀商北洋大臣李鸿章，将拟购智利六船之事，与洋商补海斯岱先行筹办。旋闻阿根廷国亦有极新快船，炮械俱全。洋商连纳熟习该国情形，电禀督办王大臣，复准筹购。当偕汉纳根，先后邀同补海斯岱、连纳分别议订合同。由北洋大臣分札该洋商等前往两国，设法商购，并由臣各筹给川资英金一千镑，又各带备用定银二万镑，即日成行。惟能允售与否，及能否克期来华，该商等亦尚无把握。此筹购船炮之实在情形也。

练兵一节，臣以时势急迫，十万人未易骤集，当与汉纳根再三拟议，始定先练三万，购备五万人枪械，并募洋将百员，约需经费银一千余万两。大略情形，业经电请督办王大臣，先行代奏。查唐仁廉、曹克忠等均在天津招勇，为日已久，成军者不过数营。此三万之众，一时亦恐难齐。臣已遴派干员，驰赴山东、河南口外朝阳一带，分投招募。京津附近地方，亦赶紧设法招集。务择年力精壮，不准以老弱疲软之人充数。俟招成若干，即预备操场，随时点交汉纳根，认真训练，总期早日募齐，练成一枝劲旅，以备征剿，不敢稍涉迟延。至购械、募将两事，应责成汉纳根办理。自日人肇衅后，订购外洋军火须先付定银三分之二，洋将来华川资，又须全数发给，必须户部迅速指拨的款，臣方能与汉纳根订立合同，彼此签押。倘迁延日久，恐彼有所藉口，又难责其克期到津。现将详细章程、实需经费，与汉纳根悉心筹酌。俟条约议妥，即当禀明督办王大臣，核定饬遵。此筹办练兵之实在情形也。

臣反复熟虑汉纳根练兵募将之说，固属良策，而其中办理棘手之处，厥有数端，不得不鳃鳃过虑，思患预防，为之计画周密，敬为我皇上缕晰陈之。

据该洋员所呈，必须练新军十万人，方足御侮。召募洋将二千员，约需四百万两；购买十万军械等项，约需费二千余万两；华洋员弁及兵夫薪饷，岁约需费二千一百余万两，统共需银四千余万两，而购买战船尚不在内。臣深知饷力艰难，何能筹此巨款？是以再三斟酌，改练三万人，洋将、军械亦从减议办。然综计所需，已非一千余万两不能应付，日后养兵之费尚难为继。刻下舍借洋款，另无他策，将来偿还，殊不容易。此筹款之难也。

订购外洋器械，向须约期，保险，价脚，自定议至起运，及验收之日，分三次付清，遇有战事，虽不能拘以常例，亦必须立有范围。该洋员经购军械，既不能约期，又不能保险，而价脚须先付一半，余分两个月付清。万一付银之后，军械不能运到，何敢当此重咎？且恐五万人备用器械，洋厂亦未易猝办，缓不济急，事将何补？此购械之难也。

练兵必先选将，将得其人而兵始强。欲练数万之师，必先得能统数万人之上将，统数千人之偏将，统数百人之裨将，而平时督操、临阵督战又在哨官得人。此次东征事起，各路选将招兵，曾经战事者，均已选择一空。以三万人计之，营官须六十人，哨官须三百人。虽有洋员教练，而出群之材未易猝致。此求将弁之难也。

汉纳根于大鹿岛之战，虽能出力，此次建言本意似欲多购船械，为牟利起见。窃恐事权过重，所用洋员过多，积久难以钤束。昔唐代安史之乱，借兵回纥，恢复两京，诚不得为无功，然从此有轻唐之心，不旋踵而联兵入寇，可为殷鉴。即如同治初年，李鸿章借洋将戈登剿办粤匪，旋即桀骜不驯，赶紧遣撤，尤其明证。现虽借材异域，冀救目前之急，但恐操纵不能由我，他时后患更多。此约束之难也。

以上数难，臣夙夜焦思，恐难胜任。伏念时艰孔亟，朝廷东顾忧劳，迭奉督办王大臣饬催练兵之事，速行定议，臣虽智虑短绌，曷敢不殚竭血诚，仰酬高厚？惟此事责任甚重，设或办理未善，负疚滋深，不得不将为难情形预陈宸听。以后俟招募一经成营，随时禀请督办王大臣核夺遵办。总当和衷共济，使汉纳根无掣肘之虑，而臣亦得操驾驭之权，于事方有实效。谨奏。

光绪二十年十一月初二日。

桂臬胡燏棻奏奉旨办理练兵购械请饬筹拨经费片

胡燏棻片。

再，臣钦奉谕旨，会同汉纳根办理练兵事宜。所有雇募洋将、订购军械以及派员招勇各项经费，共约需银一千余万两。此外采买兵米、制办军装、添购枪炮、分设陆路转运各局，均系粮台专责。北洋先后招募新勇六十余营，自十一月分起，应领月饷、赏恤、杂支，现改由粮台核发。通盘筹画，非再添拨银四百万两不敷支放。查部拨北洋备日经费银四百余万早经动用无存，其续请添拨之一百二十万两，系备找付军火价银，及预筹新募各营五个月饷项。自九月以后，北洋又有续购大批军火，添募勇营，已将前款暂行挪用。臣开办粮台，并未奉拨的款，而军需用项纷至沓来。即如汉纳根招募洋将、订购船械均须先付定银，刻不容缓。赤手空拳，实属无从筹垫。合无仰恳天恩，俯准饬部迅速筹拨练兵经费银一千万两，粮台经费银四百万两，以应急需。仍俟军务告蒇，再行开单据实报销。谨奏。

光绪二十年十一月初二日。

帮办军务宋庆致军务处闻日得旅顺后全力北犯拟将各军会合辽海竭力堵遏电 附旨

旨令撤回北路。今日轻骑已抵熊岳，惟自九月初至今，往返奔驰，头不暇剔，不得不稍为整顿。其旅顺溃出之勇，前已电陈，酌量收集，现已陆续到齐。熊岳距盖平六十里，与章高元已可声气相通，就近会商堵剿。又据金州等处百姓俱云：日兵到处问赴省路径甚详，谓得旅顺后，全力北犯奉省，歇兵过年。闻日历岁首系在中历冬至前后。凡日兵皆识字，身带地图，中国路径莫不熟悉等语。现贼既得金州，势必与凤岫之贼两路齐进，而道路纷歧，彼图皆载。此截彼窜，防不胜防。且兵分力单，则处处不足控御。惟有将各军会集辽海，竭力堵遏，拚死迎战，歼其一股，再剿一股，似易得手。其聂士成、吕本元、孙显宾〔寅〕等军，仍令扼守大高岭，以防凤岫之路。请饬唐仁廉、吴凤柱等军，迅速驰赴辽沈，一体会剿。除电定安、裕禄、长顺务筹备御外，乞代奏。

十一月初二日奉旨电李鸿章、宋庆：据宋庆奏，岫岩之贼两路齐进，拟将各军会合迎战，所筹尚合机宜，着李鸿章再催唐仁廉、吴凤柱速往，与宋庆合力进剿。蒋尚钧一军，现在何处，着宋庆查复。

黑龙江将军依克唐阿奏与草河口日军接战请饬长顺速来电 附旨

二十八日，依克唐阿亲督马步十营，由北河口下拔队，剿草河口之贼。先是日人由连山关、三道房、同远堡纠集大股二三千人，先自草河口分股东来，占据口之西、南、北三面迎敌。我军富保、德恒先与接仗，贼势甚猛，适寿山、文兴两营赶到，由南路山脊抢绕口上，急派廖源两营由北路山梁绕过贼背，贼分两股抢拒，永山带队往来策应，三路夹攻，贼势稍却，我军向西跟追。将及口上，贼先在口上安设大炮，自上击下，又预于平地挖沟埋伏暗处，我军受伤。天暗雪大，实难再战。然阵毙贼数百名，我军亦伤亡不少。现在军无策应，请旨催长顺速来，以顾后路。

十一月初三日奉旨电依克唐阿：奏悉。长顺力顾辽阳，未能与该军会剿，聂士成连山关军事较为得手。依克唐阿统率所部，与该提督合力截剿。

帮办军务宋庆奏收集溃兵布置防剿并徐邦道胆识俱优拟令重整队伍应敌电　附旨

初一，庆驰回熊岳，收旅顺溃勇，分别遣留。初二，铭军、毅前军亦到。今早，派铭军先往盖平，与章高元会剿。又令吕本元派同援金之马队二百，亦饬回大高岭协剿。今午，嵩武、毅后两军到熊岳。明早，大同兵亦可到。惟初一日大雪，兵勇踏雪履冰，十分艰苦，须略息一日。旅顺冲出各官，惟徐邦道前在金州连战两日夜，毙贼甚多，身受数枪，幸未穿透，因无援应，不能支持，今见其精神勃发，胆识俱优，庆到金界，百姓亦均交口颂之。现饬其收集原队、赵怀业、卫汝成两军溃勇，徐原部马步五营，再成十营，即就赵、卫原饷，自成一枝，必能竭力报效。庆为将材难得起见，是否有当？乞代奏。

十一月初三日奉旨电宋庆：据称，徐邦道连战毙贼，胆识俱优，着照所请，饬令收集原队并赵怀业溃勇，令整顿杀贼。日人已据旅顺，防其猛扑，慎重为要。前谕查办叶志超、卫汝贵，赶紧复奏。

旨寄李鸿章宋庆我军积疲不振亟应整顿电

电李鸿章、宋庆：日以诡计迭胜，临阵有进无退。我军积疲不振，亟应从此数端整顿。旅顺被据旬余，贼中动静，杳无消息。李鸿章严饬刘含芳勤探确报，并知照宋庆，密探贼情，优恤勇士，重悬赏格，激励死士，其有溃逃者，着即就军前正法，毋得宽纵，以懈军心。

十一月初五日

旨寄张之洞日船恐扰南洋着饬沿江沿海严防并传谕郭宝昌率营北上电　二件

电张之洞：日据旅顺后，第三队兵已乘轮南行，未知所向。北洋海口将冻，恐扰南洋，着张之洞严饬吴淞各口，并分电闽、浙、台湾各海口严防。

十一月初五日

电张之洞：畿辅紧要，传谕郭宝昌，统所部卓胜营北上。

十一月初七日

旨寄李鸿章前与英伦所议借款着电龚照瑗详立合同电

电李鸿章：前经津海关道与伦敦所订借款百万镑，已有成议，着李鸿章电龚照瑗，即与银商安蒙士庄详立合同画押。

十一月初五日

旨寄吴大澂准调贾起胜到关着与李鸿章斟酌电

电吴大澂：伦敦电，日有犯山海关之说，海口不可不防，请调贾起胜到关，着照请行。惟贾起胜所守洋河口系老水贴岸，地关紧要，须与李鸿章斟酌而行，不可造次。

十一月初六日

盛京将军裕禄奏金州失守情形并副都统连顺自请严议折 附旨

盛京将军裕禄奏，为金州失守大概情形，并金州副都统连顺自请严议事。

窃自日兵由花园口、貔子窝等处登岸攻犯，金州于本年十月初九日失守，当将探报该处贼情先后电奏在案。即经派人往查失守情形，并文武各官下落，因道路梗塞，尚未能确切查明。旋准军机大臣字寄：本年十月十六日钦奉上谕：有人奏，金州失守，该处防营各将士果有临阵捐躯者，自宜优加奖恤；倘系不战而溃，尤宜立予正法，请饬查明核办等语。着裕禄迅即查明金州失守情形，据实复奏，不准稍涉朦混。将此谕令知之。钦此。

正钦遵确查间，兹于十月二十四日，接据金州副都统连顺咨称：前因金州防务吃紧，函催程之伟迅带大同军前进，连催七次，该军竟在复州逗留。又迭催驻扎复州协领佟茂荫，刻带捷胜营兵赴援，亦未到防。自贼由石门子扑犯金州，连顺带领本城队兵五百名，会同徐邦道所带楚军，协力防剿。因该处防营无多，告急于驻扎金属统领怀军赵怀业拨兵往援，屡催罔应。连顺与徐邦道先后自往乞助，赵怀业仍复按兵不动。比有营官周鼎臣，奋勇请行，赵怀业仅拨兵不及三百人。乃于十月初七日早间，贼众涌进，连顺会督各防兵与贼接仗，鏖战一昼夜。至初八日，贼复自十三里台子北路进攻，周鼎臣带兵迎战，骽受枪伤。贼随抄袭我军及徐邦道后路。斯时，各军以昼夜拒战，兵勇伤亡及半，贼众我寡，势实不支，不得已退回城内，婴城固守，以待外援。惟电线已被贼人割断，信息难通。初九日黎明，贼从东、西、北三面进攻州城，复于各山隘口安设天门炮，枪子药弹坠落如雨。连顺率领旗民、地方官竭力堵守。连顺衣被枪洞穿，守城兵丁均被轰死。并于巳刻将城墙东面用炮轰塌。其时赵怀业带队始至，甫及城门，闻警复退，该队已不战而溃，贼即乘势抢入，城遂被陷。连顺等冲围，奔赴旅顺，求兵救援，亟图夺回城池。而各防军言战言守，众志不一。其水陆营务处候补道龚照玙，业于金州未陷之先，已赴威海，并将各电线全行割断。而大连湾等处炮台，亦因金州被陷，尽皆让出。连顺乃从旅顺于十四日航海抵复，现拟带同驻扎复州协领佟茂荫之营，随同宋庆大军进剿，力图恢复。伏念连顺受恩深重，职守所寄，致令城池被贼攻陷，负罪万分，咨请代奏，请旨严议等情前来。

奴才伏查，连顺咨报，此次金州失守，系因贼势过众，该副都统与徐邦道等令赵怀业拨兵救援，仅派营官周鼎臣带兵三百人前往接应，余兵屡催不至，将士受伤，兵勇伤亡大半，力不能支，致城被陷各情。现由该处逃出难民人等，奴才连加访询，所言亦大致相同。现据连顺以城池失陷，负罪甚深，自请严议。该副都统系武职二品大员，应如何惩处之处，相应据实奏参，请旨定夺。其程之伟、赵怀业、佟茂荫等或屡催未至，或援救不力，均有贻误之咎，应请旨一并惩处，以昭惩儆。奴才身任疆寄，筹防未能周密，亦属咎有应得，并请旨交部议处。现接宋庆电报，连顺现在前敌大营，已由该提督令其与马玉昆、宋得胜、刘世俊、刘盛休等各挑精壮，齐至距金州城十余里之石灰窑，相机攻剿，以图恢复。战事如何，尚未接据细报。其余金州文武各官下落，因道路阻滞，尚未能得有的信，容俟查明另陈。谨奏。

光绪二十年十一月初七日奉旨：金州失守，副都统连顺先期逃避，并有老弱充数、需索勒捐等情，金州副都统连顺，着即革职。

使美杨儒致总署美外部劝中日早息兵电

葛云：据田贝电，日本议和，中国应特简钦差到彼。属转达，并劝早遣使，早息兵。又云：议院将开，新约未到，总统盼甚切，乞询赫德，何日准到。

十一月初七日

帮办军务宋庆致军务处遵旨严定赏罚并报丰聂二军退至海城以东电

昨钦奉电旨，严定赏罚等因，自应从速整顿。其挑选敢死，酌加月饷，已传谕各将领，悉心选拔。临阵悬赏，煞费踌躇。若言明得炮赏若干，首级赏若干，则甲拿敌被乙斩馘，互相争夺，反致乱阵。如擒生有赏，前次之战勇贪赏赐，误中敌炮者甚多。是因一级一人牵坏大局。庆拟先传旨，进有重赏，退有严刑，虽统领大员，一例办理，俾人人思奋，准时恩赏若干，咸知感戴。若探马确实，百姓来报，庆当随时重赏。乞裁酌复奏。现日人伎俩，零星分扰，牵制我师，疲我兵力。近据各处所揭岫岩伪示，确系第一军日酋山县有朋，旅顺系第二军大山岩，前在金州日人向民言，有同到牛庄合股之说，与擒到之日俘所供前后相对。惟有整我师旅，拚力与战，挫其一股，余则胆落。兹据营口道员善联电称：八义沟防营报，丰、聂二军，竟退至海城以东，尚未知扎于何处。庆拟明早派嵩、毅两军，先往海盖道中之大名桥〔大石桥〕暂驻，分头确探如何情形，再禀。

十一月初七日

桂臬胡燏棻致总署报与汉纳根会议练兵条约电

近与汉纳根会议条约，凡可照办者，已无不俯就。其有自命为军师总统，并设军务府，一切兵权、饷权，均由伊主政，即招募事宜，亦须会衔出示，并不以派员四出招募为然，均未妥协，现尚在辩驳，万不可轻许。闻洋员已径禀王爷，应请稍待。日内棻禀到，再行批示饬遵。

十一月初七日

帮办军务宋庆致军务处报岫岩等处日兵出入无常拟于山海关盖平布置包抄电

庆昨赶将旅顺溃勇点验成营，今日驰至盖平。据各路探回，高家屯贼已退去，汤池亦无贼踪，岫岩等处各股步贼，或数百，或二三千，出入无常。刻下聂士成、吕本元等防守连山关、大高岭一带，丰升阿、聂桂林两军仍扎老虎峪，以防岫岩。并有奉军蒋尚钧三营，及榆防马金叙二营，分处析木城，饬各加意固守。庆拟趁贼踪尚远，于海、盖、辽之中相度地势，可以兼顾西北两路之处，将嵩、毅、铭各军及大同兵分布驻扎，联络一气，会同操练。倘大股来犯，合力痛剿，务期堵遏贼氛。西北两路失守，实因分防地段太宽，即挑拨游兵，亦皆前顾后虑。贼所用快炮最轻灵，二三人扛抬，登山甚速，贼炮力速，我守墙人站立不住，遂致不支。前虎耳山之战，我军虽追过三重山头，而贼于傍山开炮远击，伤亡甚多。时因九连城、沙河分守之师不能调助，终为守段顾虑所误。查贼之利在快炮轻而且远，尤利于山。海、盖之间地势平坦，预为布置，分令包抄，竭力并举，似可得手。合先电陈。

十一月初七日

旨寄吴大澂着联络诸将推诚布公电

寄吴大澂：据御史安维峻奏，抚臣未经战事，将领不受约束，请加训饬折。据称，山海关各军，归吴大澂带者共四十二营，均受该抚臣节制，事权不为不专。该抚未经接战，专主洋操，且该抚立营下寨，并不挑挖地营地沟，以为避炮之计。魏光焘、陈湜有素不相下之势，恐难指挥如意等语。该抚当联络诸将，推诚布公。

十一月初八日

吉林将军长顺奏报诸军分驻地段并请将宋庆所招三十营赴奉会剿电　附旨

长顺现到奉省，与定安、裕禄会商。查自旅顺失利后，贼踪四窜。宋庆既已移军盖平，扼贼北扰。依克唐阿、聂士成、吕本元、孙显宾〔寅〕等军，分扎连山关、草河口等处，力图御击，均只能各顾一路。而东北、西南两路，道路纷岐，亟宜相机堵击，免令乘虚闯入。现在长顺所部仅四千余人，而西南路丰升阿、聂桂林、蒋希夷等各营之分扎于海辽交界等处者，东北路倭恒额、富林布等营之分扎于兴京碱厂等处者，均与宋庆、依克唐阿相隔较远，声气不联。现长顺力顾辽沈，所有丰升阿、倭恒额、富林布、聂桂林等分防分剿，似可就近指挥，则兵力较厚，可与依克唐阿合力进剿，战守有资。至统筹大局，旅顺为北洋紧要门户，现既被陷，即宜力图规复。否则，明年开河以后，日人巢穴已固，其势益张，为患不仅在奉省也。但奉省现有之军备多力分，防则无兵可战，战则无兵可守，难以两顾。惟有仍行奏恳，或由关内再行抽拨援兵，或严催南省将宋庆所招之三十营，急速到奉，会合进击，方可以复金旅而固畿疆。谨电陈。

十一月初十日奉旨电裕禄、长顺：长顺现抵奉省，与裕禄协筹辽沈之防，所有丰升阿、倭恒额、富林布、聂桂林等军，即归裕禄、长顺调遣。

使英龚照瑗奏遵旨互换滇缅界务商务条约折

出使英国大臣龚照瑗奏，为遵旨在伦敦互换《滇缅界务商务条约》，并派员赍呈事。窃臣于本年七月十六日，承准总理衙门咨开：前准出使大臣薛福成，将议定《滇缅界务商务条约》华、英文一册，派员赍送到京，经本衙门奏请，钤用御宝，以凭互换。钦奉朱批：依议。钦此。兹条约一册，钤用御宝，准军机处发下，应钞录原奏，并条约一册，咨送收存。俟英国批准后，即在伦敦订期互换等因。所有条约，当由总税务司赫德妥为赍到，臣遵即敬谨收存，一面知照英国外部。旋准复称，英国君主亦已批准，订于七月二十三日互换。届期，臣亲赍前项条约正本，率同驻英二等参赞官·翰林院检讨宋育仁、英文二等参赞官马格里、三等参赞官·兵部员外郎曾广铨等，赴英外部衙门，会同外部尚书金白雷，互相校阅后，各立互换文凭画押，连同《滇缅界务商务条约》华、英文一册，彼此互换。臣即将换到英国君主盖印画押之滇缅条约正本，并换到文凭，亲赍回署，饬派兼驻英法随员·刑部主事陈春瀛，妥为赍至京师，呈请总理衙门验收。谨奏。

光绪二十年十一月初十日奉朱批：该衙门知道。

直督李鸿章致军务处聂士成报依军退三道河后路无援未敢轻动电

聂士成电：顷，据探报，初三、四日，依克唐阿在分水岭与日接仗，现已退抵三道河，相隔逾远，会剿尤难。草河口日兵比先尤多，岭防加意星夜防守。现西南、东北三处皆为日占，我军后路无援，未敢轻动云。

十一月十一日

江督张之洞致军务处报吴熊等军北上日期电

旨，恭悉。吴元恺四营本月十五以前可到津；熊铁生前五营，二十以前可到；余虎恩十营，二十日后可到；刘光才五营，计已入直境；刘树元后三营，方过清江，已电催。请代奏。

十一月十一日

江督张之洞致总署需饷万急上海借款事请饬沪税司签字赶办电

需饷万紧，借款尚未就绪。兹据沪道刘麒祥电：息借商款事，奉部电饬，仿照粤章办理，重在税司签字盖印，以广招徕。当商税司，请其签字加印，惟该税司必须禀候总税司核准，方允画押，恐展转稽延等语。查上海借款事，现经详议，内分办法两种：一照部议章程，系以二年半为期；一照部准粤章，六年为期，皆系奏准之案，俾或愿期近，或愿期宽者，两从其便，其月息七厘则同。体察商情，如此办法，甚为活动，而无弊。此事章程、票式，早已议妥，只待税司签字。现军情日紧，借款日难，请钧署饬赫德，电饬沪税司，急速签字盖印，俾得赶办，以济眉急。

十一月十一日

黑龙江将军依克唐阿致军务处报草河口攻剿情形并扼守分水口电　附旨

初四日巳刻，派统领寿山等仍攻草河口。正拔队间，贼以马步三四千，由关道口翻山，分两翼抄我行营，各军分投应敌。比至未刻，贼由草河口跨山添来千余，抄过崖子检子，我军分队互争，贼先占高山，我军仰攻不得手。至申刻，甫将韩盘夺获，我军始得地势，列队两山，放枪力击，互有伤亡。戌刻，始将全队撤出。又据探报，赛马集添贼二三千，已分股由方拉姨抄我后路，其大股则欲北窜背溪湖。依克唐阿深以我军三面受敌，而分水口尤为险要所关，势不得不扼此驻守，即连夜抢至该处，分兵严防。请电奏。

十一月十一日奉旨电依克唐阿：据奏，初四日接仗情形，该将军此次接仗失利，现舍草河口而去，与聂士成相隔逾远，殊属退葸，着仍整队前进。

直督李鸿章致军务处龚照瑗报日计在沽南登岸得威海已于沽威添筑炮台严防电

龚使电：日计一在沽南登岸，一在得威海。威陆要路宜多设旱雷台垒，即旧炮亦得力。日使向英外部言，冬战最利，北京水寒冬冻，履冰而北，定无阻云。鸿已饬威海守将，于陆要路筑长墙、地沟，添设土炮台，又令大沽守将添筑土炮台，多布旱雷。曹提督克忠新营陆续募集，日内移驻小站，随时察探。

十一月十一日

黑龙江将军依克唐阿致军务处赛马集日兵夜遁与聂士成等会合进取电　附旨

连日新军到四营。昨派永山带队进剿，赛马集贼已夜遁。据探，贼聚断崖、家房、白水寺等处。现饬寿山统步队由套袖峪翻山前进，永山统步队由四座窑前进，会合攻剿。依克唐阿亲率马步向大高口，与聂士成等会商进取，以期联络夹攻，共图破敌。祈代奏。

十一月十二日奉旨电依克唐阿：伦敦报，日人因天寒拟将兵调回鸭绿江，与该将军电称赛马集贼夜遁之说相符。着该将军与聂士成会商，击其惰归，自易得手。

侍郎张荫桓致总署日本请订期会议已商李鸿章复田贝谓中国拟派全权电

顷，商傅相，拟请复田贝，以中国拟派全权在某处相候。日本既拟派，请定会议期，以便接洽云。时、地两项，各定其一，彼此无词，且免北京、东京之说。某处者，或烟或沪，仍乞钧酌。

十一月十三日

直督李鸿章致军务处聂士成报夺回分水岭军士奋勇请择尤保奖电 附旨

据聂士成、吕本元、孙显寅、耿凤鸣电报：初九日，贼由分水岭来扑夏青云马队，士成等商令盛军守左面，奉军守右面，士成等带马队居中扼守，两军相持。至初十日早，各挑奋勇千余人，乘其不意，抢占分水岭、四面岭，贼见山势已失，恐无归路，即时放火，越岭而逃。即派夏青云、李家修各率马队追杀至草河口，即在该处收队。盛军营官陈连升扼守分水岭北，俟探明贼之去处，再分队进剿云云。查此次各军士耐寒苦战，均极奋勇。前次收复连山关，仰蒙恩旨，分别保奖。求将此次并入前案，择尤保奖。

十一月十三日奉旨：聂士成夺回连山关，兹复抢回分水岭，奋勇可嘉，所有得力将弁，裕禄择尤保奖。

帮办军务宋庆致军务处报日马步大队由复州北窜我军在盖平严备电 附旨

顷，探日马步大股数千，由复州一路北窜，复城于初十日失守；并在半拉山搭造浮桥，意图北犯。查半拉山在复之西偏，乃北来大道，距熊岳九十里。庆现驻盖平，严备以待。草河口一股，尚未据报远退，仍恐添寇合股，亦不可不格外严备，已电聂提督等慎防矣！

十一月十四日奉旨电宋庆：据电，日贼北犯，复州失守等语。贼既据旅顺，合股北窜，自在意中。宋庆当懔遵前旨，严定赏罚，不可迟疑瞻顾，致误戎机。着即会合章高元及该提督所部将领，预定前敌后应，务期歼尽贼氛。

清季外交史料卷一百零一终

清季外交史料卷一百零二

光绪二十年十一月下

直督李鸿章致军务处周馥电拟催唐吴李军分扎海城牛庄营口为宋后劲电

周馥电：宋帅主剿而不主守，然以盖平居中扼要而不能离，须俟敌来攻始合诸军痛击，仍是守局。章高元欲趁此寇未整备，先行进攻，亦恐攻不及远，不能伤敌元气。初拟唐、吴、李三军速来，为宋后路援应，分扎海城、牛庄、营口及海盖居中之大石桥、蓝旗厂等处。今闻唐仁廉赴沈，吴凤柱在锦，李光久尚无信来，仅二营到营口。此等军皆杂凑而心不齐，今复逗留不前，恐日大队到盖，宋部难以久敌。大约日来断不止一股，轻快炮必多，倘宋部再负，全军俱震。近日摩天岭以北虽严防，而中路马金叙、蒋希夷等军，究嫌兵单。丰、聂闻风而溃，骚扰不堪。前蒋、马来信，谓此军有不如无，往商善道，请宋帅将丰调沈，交定帅整顿，聂桂林扎远处。宋未复。倘析木城一带如被寇抄，则宋部南北受敌，守且不易。请催唐、吴、李，仍遵旨速来，为宋后劲。蒋尚钧原派宋调遣，后经裕帅调沈，又调防摩天岭后路。闻蒋军单，难独立，可否电商，仍归宋调，或归蒋希夷暂调，以固中路。现沈防似无须蒋，摩天后路亦不甚重，乞示遵云。

十一月十四日

军务处致宋庆日兵北犯已饬魏光焘陈湜率部出关会剿电

日股北犯，情形紧要，现已电札魏藩司光焘、陈臬司湜，即各率所部出关，帮同该提督相机会剿，以厚兵力。该两司到后，即会同妥商办理。

十一月十四日

直督李鸿章致军务处俄意两使馆欲调兵护卫已劝阻请派兵照料电　二件　附旨

驻津俄领事函称，喀使调兵四十名赴京署护卫，拟于十六日由津起程。向无此案，应否准行，乞速电。

十一月十四日奉旨电李鸿章：俄使馆调兵四十名至京署护卫，此事断不可行，着李鸿章切实阻止。

关道详，意国又请派兵十一名赴京卫使署，将来各国亦难免照办，恐难劝阻。应如何办理，请速核示。

十一月十五日

俄、义派兵赴京保护使馆一事，已饬关道与洋务委员劝阻缓行。中国既认保护，似应由步军统领酌派弁兵，在各使馆门外妥为照料弹压。请酌办。

十一月十七日奉旨电李鸿章：昨，意国请派兵护卫使馆，现俄使又有此请，着李鸿章切实阻止。

帮办军务宋庆致军务处派诸将由大高岭进剿电　附旨

聂士成、吕本元等由大高岭进剿，至分水岭、草河口一带，办理尚为得手。顷，接吕本元电称：十二日，率马队各营追贼至金家河，贼设炮据长岭子。该镇会商依克唐阿、聂士成全队追到，并飞函孙显寅，期于十四日齐自通源堡，依由东路进，吕等由西路进，约定十六日直抵凰凤〔凤凰〕城会剿。大高岭一带仍由孙显寅严密布置，耿凤鸣分守连山关等语。惟查大高岭后路似觉空虚，岫岩尚为贼据，恐乘虚北犯，因令章高元、马金叙相机探办岫岩，以牵贼势，并传知蒋尚钧、丰升阿、聂桂林等分头防御，以为大高岭、连山关策应。惟贼大股尚在南路金州等处，据探，金州北孛兰店有大股马步三四千人，复州附近贼亦分卡设炮，骑贼时至焦家店一带，势将北犯。庆率嵩、铭、毅等军，仍就盖平等处整顿。贼果北趋，即行迎头痛剿，并时发分探，如凤、岫得手，贼仍未动，即会合各军，南规金、旅，合将统筹情形电陈。

十一月十五日奉旨电宋庆：金、旅大股意图北犯，昨饬魏光焘、陈湜出关助剿。蒋尚钧五营，宋庆即调赴行营，随同剿贼。目前情势，北轻于南，我军宜并力南路，以杜合股北窜，当与聂士成等合力剿办。

直督李鸿章致军务处依报追敌至龙滗暂扎东沟电

依将军电：十一日，派队分道进剿。十二日，阿带马步行抵下马塘，探知聂总统业已带队会剿。据寿山、永山报称，连日在白水寺等处与贼接仗，贼败遁，现已追至龙滗。查龙滗地最险，贼既大股死守，亟应添兵，会合聂士成，夹攻凤凰，以破巢穴而分贼势。刻已督催前进。又吕本元电：十二日，率马队等追贼至金家河，贼队扼据长岭子山顶，防御严密。现会合聂士成等，定于十四日齐至通源堡合剿，十六日齐抵凰凤〔凤凰〕城。十四卯刻，阿方扎队，闻金家河枪炮声响，知聂士成开仗，赶紧接应，迅督所部，分抢山头，贼亦登山对击，迨至日暮，始跨山撤去。聂士成因大高口紧要，先饬马队回扎，阿即暂扎东沟收队。查寿山等现已进攻龙滗，相距较远。依将军移扎草河口迤东，以通声息。俟该统领报闻，再图进取云。

十一月十五日

帮办军务宋庆致军务处吕本元报退守分水岭拟亲率铭毅各军向海城防剿电 附旨

现据吕本元电：日由大孤山添来大股数千。十四日，该镇与聂士成等迎剿，血战两昼夜，十五晚方收队，两边互有伤亡。抵敌不住，刻皆退守分水岭，贼势逼近，兵单而无炮，乞速援应，以保大高岭。又据章高元探报：贼距园店不远，望速准备。又接蒋希夷八义沟来禀：十五夜，见曲木城火起，往探马金叙、丰升阿、聂桂林等军，不知败往何处等情。

查辽海地势多山，雪迷路径，绕越良难，又不通电报。盖平至大高岭三百余里，除饬聂、吕各军加意严防，并电饬蒋尚钧就近策应，以防窜越，并探聂、丰、马等军败往何处另报外，庆原议各军，咸聚盖平左右，就适中之地，以逸待劳，稍为练习，以联士气，不求近功，不分防，以厚兵力，来则痛剿，得步进步，以次殄除，似可稍有把握。聂士成连次剿办，虽尚得手，乃勇往直追，猝遇大股接应，不能支持，又复退回，致防务愈形棘手。若大队往援，又恐贼由南路乘虚而入，现各路吃紧，不得不分头往剿。兹派刘光俊带嵩武军，移驻海城南之大石桥，探明寇踪，如果北窜，即亲率毅、铭各军，向海城相机防剿。留章高元防守盖平，以遏大路。惟兵力愈单，别无后继，请饬唐仁廉、魏光焘、陈湜等军速至海城，以资应援。并饬依克唐阿、长顺严顾两京，以免疏虞。

十一月十六日奉旨电宋庆：据奏布置进剿情形，均悉。此时南路日贼渐次撤退，而大股萃于金、复，意图北窜，不日必有大举。宋庆此番迎敌，一胜一负，所系非轻，必须鼓励全军奋战，尤须慎选精锐，以为接应。特命户部给银十万两，交宋庆宣谕所部将士，如能大挫金、复贼众，立予按名给发，以示破格旌功之至意。

帮办军务宋庆致军务处报募足新队三十营电

庆所募新队刘凤清头起十营均已到津，李永芳等十五营日内皆可到，连在旅所募两营，复由营口添募马步三营，已足三十营之数，合并声明。

十一月十七日

直督李鸿章致军务处报派兵增防山海关电

现在前敌添兵协剿紧要，而山海关防务尤重，未可空虚。近日日船来往游弋，不可不防。余虎恩等营尚未到津，津沽各处兵力甚单，无可调派，似应令陈湜十营、李光久留关三营前进，帮同宋庆合剿。仍留魏光焘六营驻关，随同吴大澂妥筹防守，即余虎恩续到五营驻关，兵力亦非甚厚。可否代奏？

十一月十七日

帮办军务宋庆致军务处报丰聂两军退析木海城庆军赴大石桥顾北路电　附旨二件

十七早，接马金叙禀，十四日，日寇到尹来店，距东大岭三四里，出队策应，贼已将丰、聂两军追至析木城，该镇兵单败退，暂扎析木屯，丰、聂两军撤往海城等语。此股日寇与大孤山添来大股，并犯各岭，北趋辽沈，而章高元一军仍在园店，与高家屯窜贼相持。庆拟即亲督毅、铭两军，迅赴大石桥，居海盖之间，防寇由海城西犯，并顾北路。刘世俊之军为章高元接应，及徐邦道、张光前等军在盖平整顿，兼可抽队助剿。南路贼倘大股北犯，不免兵力太单，两路相距太远，调度难及，能否得手，殊难逆料。与前奏情形迥不相同，不得不相机办理。

十一月十七日奉旨电宋庆：日由大孤山添来大股，吕本元、聂士成退守分水岭乞援。现在贼势南路尤亟，宋庆一军不可轻动，须稳慎进取，妥筹兼顾。

同日电李鸿章、吴大澂：连日海口未封，日船时来窥伺，宋庆兵力不敷，待援甚急，陈湜十营、李光久三营，着迅速开拔。魏光焘六营，仍留山海关，随同吴大澂防守。刘光才五营，即赴山海关，归吴大澂调遣。

帮办军务宋庆致军务处日军大股奔大石桥督同马刘诸军相机办理电

今早，章高元探报，日人尚据高家屯，一面整顿队伍候派。嗣据探回报，该逆大股已由缸瓦岭、百草凹奔大石桥之路。又据探称，另有日股窜至海城等语。其高家屯自系分股，牵制我军，乘间由东路北窜，庆仍即督同宋得胜、马玉昆、刘盛休、刘盛〔世〕俊等军，星夜驰赴大石桥，相机办理。留章高元扎盖平，堵扼南路。乞代奏。

十一月十八日

直督李鸿章致总署日主令弁兵习华语并测量新得各地电

沪局沈能虎电：日主令驻广岛兵弁勤习华语。日兵部又派通晓测量者二百四十人至华，测丈新得华地，并由义州设行军电线至大连湾，已工竣。由平壤至大东沟铁路，十一月十八号开工云。

十一月十八日

旨着陈湜会同阿克都林札布马队相机策应电

电陈湜：关外军情万紧，陈湜即就现有之兵，迅速拔队，毋庸添募。阿克都林札布所部马队，俟陈湜出关后，即并为一路，相机策应。

十一月十八日

旨着宋庆联络吕聂各军以杜日人北窜电

电宋庆：连日旅顺之贼均趋金、复，大孤山又复添兵，宋庆当联络各军，互相援应。依克唐阿、聂士成、吕本元等退扎何处？务须同心协力，杜其北窜。

十一月十八日

直督李鸿章致军务处海城失守后无援师殊为可虑电　附旨

周馥电：岫岩贼于十三、四日等日北窜，虽有丰、聂、马各营驻扎其间，丰、聂向不能战，于十五日为贼追过析木城，退守海城县。日亦踵至，海城即于十七申刻失守。马金叙不知退守何处。蒋希夷另报，日到庙儿岭、烟台等处，距营口约七八十里，恐受日包抄，后无援师，辽沈电线又断，殊可虑云。

十一月十八日奉旨电宋庆：海城失守，辽沈电线又断，愤懑之至！岫岩之贼，绕出宋庆之后，铭、毅各军两面受敌，宋庆当会合诸军，严密防守。章高元既驻盖平，相去不远，宜彼此联络，以杜分窜。

旨寄宋庆敌分窜辽阳着加意严防电　二件

电宋庆：现在新军未集，日又添兵，宋庆以孤军处东南两寇之间，关系奉省大局，务当稳慎图功，勿堕贼人之诡计。

十一月十九日

电宋庆：贼已分股窜辽阳交界，该提督加意严防。

十一月十九日

直督李鸿章致军务处海城电断将辽运局饷械移新民电

海城失守，为辽沈线路所必经。昨午据报，线为日断。沈报不通，及辽阳、大高岭各军，信息亦阻，殊焦急！现拟令锦局专马送军报。至沈路远，恐难遽达。现饬周臬司，将辽运局饷械分移新民厅。以后辽运路阻，岭军难接济。如令宋帅移军北剿海城大股，而营口以西空虚耳！

十一月十九日

旨丰升阿聂桂林卫汝贵叶志超丁汝昌均着革职交刑部治罪　二件

旨：丰升阿、聂桂林前因临敌退缩革职，兹在析木城又复溃退，着拿交刑部治罪。

十一月二十日

旨：卫汝贵业经革职拿问，着李鸿章速将该革员押解来京。叶志超、丁汝昌均着拿交刑部，分别治罪。

十一月二十一日

直督李鸿章致军务处袁世凯报周馥属提饷械及设电线电

袁世凯电：刻抵石山站，周臬司属催提饷械，及料理设电各事，即分派勇弁办理。十五日，途遇唐仁廉，称赴沈会办军务，督旗兵守陵寝云。

十一月二十日

桂臬胡燏棻致军务处汉纳根因练兵无款所雇洋员留守榆关炮台电

顷，汉纳根来，知练兵无款，极愿收束。惟所赁洋员，拟留十人南守榆关炮台，余即遣撤，但急须遣留银十万两。可否照付，并催军械定银，均乞电复。

十一月二十一日

旨寄李鸿章营口空虚着令陈湜李光久迅速前进电

电李鸿章：接周馥电称，章高元所部兵单，营口以西空虚，李光久三营本日始由关起程，陈湜十营未报行期等语。现在海城告警，宋庆、章高元等待援孔亟。陈湜、李光久何迟至数日尚未起程？殊属延玩！着李鸿章饬催迅速前进。

十一月二十一日

旨李鸿章电称海城敌盛着宋庆防剿以杜西窜电

旨：李鸿章电称，海城日寇甚多，宋庆拟带队至纺〔缸〕瓦寨，设法剿办。倘贼已赴牛庄，当乘其后痛剿等语。现在日分数股肆扰，均去牛庄、营口甚近。营口以西，无兵堵御，宋庆应当相机防剿，总以杜其西窜为要。昨谕令与章高元互相策应，近日金、复之贼有无举动，并着随时电闻。

十一月二十一日

直督李鸿章致军务处周馥报摩天岭东亦来大股已嘱聂吕固守电

周馥电：摩天岭东近亦来大股。岭距营口田庄台四百里。前日已派人送信，属聂、吕固守，非宋帅调，勿轻退。缘摩岭西至辽阳约百二十里，辽距沈一百二十里，若摩岭不守，则辽沈亦难保。而海城一股与岭东一股合，则势更大，海城一股更难剿办。且海城北扎队尤难，各军必望风而溃。现函商宋帅，务筹聂、吕退步，免致临时溃乱。况接济甚难，且看近日海城战事如何，如此时调聂、吕夹击海城贼，相距二百里，必来不及。所论甚有见〈地〉！惟宋庆养电已饬聂、吕、孙等向南夹击，合并一路，相机攻剿。依、长各军，未知能扼摩岭、辽阳否？

十一月二十二日

旨寄李鸿章遴选海军统领并试美国投效人技术电

旨：昨降旨将丁汝昌拿问治罪。海军统领需人，着李鸿章于海军将领中详加遴选，据实保奏，候旨擢用。李和、杨用霖二员，管驾海舰，素称得力。道员徐建寅，近往威海察看船只，据丁汝昌电，颇称其能。此数人才具能否擢授提镇，抑或暂令署缺，察其果能胜任，再予除授。李鸿章应悉心酌度，迅速复奏。美国投效二人，自述十事，言虽近诞，但西人向多幻术，无妨试验虚实。并着李鸿章派员切实试验，有无明效，再行复奏。威海为我军诸舰常驻之所，防御尤关紧要。镇远一艘，前饬修补，何时可以竣工备用，并着电复。

十一月二十一日

直督李鸿章致军务处袁世凯报宋得胜少挫来台电

袁世凯电：顷，据田庄台电，昨仗本甚好，因宋得胜受伤，且兵力太单，故暂败来台。刻铭、毅两军已到台，宋帅往北败走，未知准扎何处？

十一月二十四日

帮办军务宋庆致军务处日氛甚恶退守牛庄拟联合诸军杜其西窜电　二件　附旨二件

二十三日早，日寇分股来犯，庆先已准备，令宋得胜居左，铭军接应，马玉昆居右，嵩武军接应。日先犯左，宋首先迎击。正酣战间，日另股直冲右军，马玉昆接战，铭、嵩两军皆列队助阵。自辰至申，讵日诡谲，先于二十二夜潜出千余，带炮径趋我后，两面夹攻。宋得胜腿受枪伤，毅军伤亡二百余人，日死千余，嵩、铭两军亦皆竭力接应。庆亲在阵前，见其每来一排约二百余人，被我军一击辄毙多名，其余仍冒弹前进，拼死猛扑。日将督阵，恐后争先。庆临阵数十年，似此恶斗不数见。迨日暮，而我军伤亡甚夥，只好收队扎牛庄。为今之计，亟宜舍轻就重，以保万全。庆于二十五日率队回扎牛庄台，稍为整顿，防其西犯，以顾粮路。查牛庄连年水灾，无粮可购，所有前敌军粮，概由营口护送。而日每偷出肆扰，必欲掠我粮道，若不退防，恐堕狡计。且现在兵力既疲，亦宜稍养士气，使之愤发，再图进取。惟庆志虑衰朽，未能远谋。此次与日接仗，虽其伤亡过我数倍，无如贼悍师疲，不获驱逐远去，力克坚城，实难辞咎。夫日之伎俩，凭快枪快炮，足以胜我，至若登高据险，设诈伏奇，亦不出常法。使庆稍宽时日，新募之勇操练熟习，养成劲旅；旧部之姜桂题、程允和、宋得胜、马玉昆、刘凤清等，皆夙昔简拔，指臂灵通，可期得力，而无如事与愿违，何哉？

十一月二十四日

探报，金旅大股万余人，二十三日，自孛兰店行路约十余里，渐向北来等语。海城据贼亦令［亦］各乡多备粮食，云：二十四、五，后路重兵过此，是东、南两股合窜之谣不虚。庆只此兵力，势难堵其分窜。聂士成等军，一时恐难即合，且未知摩岭情形如何。日既坚据海城，未能旦夕即克，又虑彼时出肆扰粮路。缸瓦寨无险可守，粮弹不多，且积雪甚厚，倘后路一旦粮饷不继，更难措手。庆拟驻扎牛庄，即通运路，可就田庄台营口之粮。并调徐邦道所收之五千人，亦到牛庄，以厚兵力。惟盖平止余章高元、张光前两军，兵亦太单。实逼处此，无可奈何！且徐邦道军械不过五成，只可分班轮用，棉衣亦尚缺乏。拟俟恩赏毅军棉衣解到田庄台，先行拨给应用，合先电陈。

十一月二十四日奉旨电宋庆：据电奏，接仗不利，退守牛庄。现在日氛甚恶，当联合诸军，杜其西窜之路。

旨：宋庆两电均悉。海城既为贼据，南北均形吃紧。连日迭谕稳慎进取，原因军情千变，未可胶执。该提督近调聂士成、吕本元等军夹击海城，周馥以为未宜，已函商该提督。又本日裕禄、唐仁廉电，现在办法宜急令宋庆赶保营口，长顺、聂士成、蒋尚钧赶保辽阳，依克唐阿、吕本元、孙显寅保大高岭，马玉昆、马金叙等保盖平，亦以辽阳、营口为最重。着宋庆相机调动，力顾大局。海城之攻，务须慎之又慎，勿堕狡谋。

十一月二十四日

黑龙江将军依克唐阿致军务处草河口力战日兵仍撤去电

十五电呈后，即据探报，贼一由通远堡直趋连山关，一由刚草甸绕出草河口。赶紧列队接仗。战至移时，贼由原路撤去。查前日日贼明退暗伏，计狡锋厉，致有金家河之失。我军兵勇各脱去皮衣，腾山血战撤出，伤损甚多，队伍尚未收齐，而寿山、永山等军，又连日血战，抵至龙滟，士马困苦，亟宜整顿敛恤。为今之计，似应北防分水岭，南防下马塘一带，暂休士卒，而令聂军一面确探贼踪，相机合剿。

十一月二十五日

直督李鸿章致军务处宋庆请将姜桂题等革职留营效力电　附旨

宋提督二十四日田庄台电：顷，据姜桂题、程允和到营禀称，该镇于十月二十四日在旅与日交战，杀伤甚多，因无后援，不能抵敌，队伍被贼击退。过龙王庙，日退，我兵零星分散。又有大股猝至，炮如雨下，程允和腿被压伤，姜桂题不忍去，相与扶持步行，遇救而免，又因复州阻贼展转绕折，今始到营，自知罪重，仰求参办等语。该镇二十三到营，正值贼来攻我，与宋得胜等合力剧战，甚为出力。可否留营立功之处，乞转奏云。鸿查该两将向称奋勇，派令各统四营，严守旅顺后路。日众攻旅数日，屡有杀伤。旅陷后，其部众溃退至宋庆处，已饬马玉昆代为收集。今展转脱出，复与宋得胜战剿出力。可否将临元镇总兵姜桂题、记名提督程允和暂行革职留营，以观后效？又派守旅顺西岸炮台之记名总兵张光前，于十月二十三、四日分队击贼，讵贼由关道后路包抄，力战不胜，溃围出至宋庆金州营内。宋庆电奏，令其收集庆军溃勇四营两哨，派令会同章高元、徐邦道等扼守盖平，以当金复来路之冲。可否恳恩一并革职留营，立功自赎，伏候圣裁。

十一月二十五日奉旨：李鸿章、宋庆电悉。连日海城接战，伤亡甚众，宋庆率队回扎田庄台，并据袁世凯报，牛庄已失，览奏殊深愤懑！刻下寇踪已至牛庄，营口甚为吃紧。宋庆一军现扎田庄台，亟应整顿队伍，力遏西窜之路。章高元、徐邦道等扼守盖平，已为日兵所隔，能否调令截击牛庄一股，与宋庆两面合剿，着即妥为调度。姜桂题、程允和、张光前等，已明降谕旨，革职留营，仍责令戴罪图功，以观后效。现长顺电奏，辽阳亦甚危急。陈湜一军现已出关，即着宋庆知照该臬司，径赴辽阳，与长顺商同防剿，无稍疏虞。

胡燏棻丁汝昌致李鸿章据美国人所陈水战防口各款试验有效候示电 二件

胡燏棻电：前闻有两美国人挟奇技来投效，过日被扣留。张侍郎亦略知原委。昨毕德格云，与同船来，稔知其人被扣后，亦经保释，潜行到沪，求准留试用。请密饬烟台刘含芳商询。顷，电称，两美人到烟与谈，言能以少舰击众，非仅雷艺。芳问有无杨使文凭，据称，在神户被日取去。询以应否订立合同，据称，此时不必，看我本领再说。明早随差一雷艇往威，芳函丁提督，令美学生出身之吴金厚，先与讨论机宜，并问其布置海岸守台之法。应待丁提督考究海面胜算之后，并令察看威防各台，以固全局。又该美人宴汝德、郝威密陈十事，其术近于作雾，先行电呈，明日尚有订价之约：一、在口岸造炮台，精强水师不能攻入；二、运兵登岸，敌不能看见；三、打沉敌船，停泊、开行皆能打沉；四、活捉敌船，使不受伤；五、经过敌炮台，使敌不能看见；六、经过敌设水雷处无险；七、使雷船靠近战船，敌不能看见；八、改制商船，如精强战船一般；九、四十八点钟时候能将炮台口岸布置周密，并不用炮台、水雷；十、使近水处炮台水师无响声。以上各事，包管成功，并制办甚省。除施用不小心，或误中敌飞弹外，别无伤人伤船之险。宴汝德谨具云云。无论其技术能否做到，总可为海军战守之助，俟丁提督考究精确，随时奉闻，乞便中告张侍郎。

十一月二十五日

丁汝昌电：美员宴汝德函云，一、伊所陈水战防口各款，如试验有效，我国用伊，即给金洋一万元；一、试验应需各物料，均由我国备办；一、试验后，如不用伊，在场亲见之人须秘密，不得将所陈各节告人，并私告于同学，及私用于自己；一、此约须遵守办理，不得作为废纸。属即签押等语。查试验有效，即须付金洋。应如何兑付，且伊须签押后，方肯绘图购料。昌未敢擅便，谨请电商督办军务处准否签押。如试验有效，应饬粮台照付，候示遵。

十一月二十六日

直督李鸿章致军务处刘含芳报美国人秘法试验有效并经丁汝昌详询奉谕画押已饬遵电 附旨二件

刘道电：美人宴汝德是事主，郝威是帮忙，交来约会一单一传秘密之法，中国官弁试验见效，与前所陈十事均试相符，先酬给美国金洋钱一万元，用此法能击敌建全功后，再给金洋百万元，用此秘密法擒敌战船，应按照该船价值酬给百分之十五，如打沉酬给百分之十，擒敌之运商各船，酬给百分之五。以上各约，建功后，所有酬劳款项在何处分期算给，后再商办。在中国当差，应随时保护，事平后仍应保护平安回国，或送至外国口岸等语。拟令赴威，由丁提督试验后请示云。

十一月二十六日奉旨：李鸿章奏悉。美员宴汝德所呈水战防口各款，如试验有效，即须付给定银等语。此事总以效验为凭，究竟以何船试验？若以敌船为验，必须出海攻战；若用华船，则断无自行击沉之理。其余各法，如何取效，并着详细询明复奏。

旨电李鸿章：两美员所呈，著如来电，即与画押，以便试验。

十一月二十七日

直督李鸿章致军务处海军统将戴宗骞等公请丁汝昌留任立功自赎候酌夺电

威海炮台统将戴宗骞、张文宣等公电：恭读上谕，逮治丁提督。现在威防吃紧，日船窥伺，地阔兵单，时虞陨越。丁提督自旅回防后，日夜训练师船，正仗筹画。如遽逮京，军民失望。骞等惟有吁恳宪恩，挽回天意，暂留丁提督，在威协筹要防。大局幸甚！

又海军左翼总兵刘步蟾暨各管带等公电：丁提督联络海军，众心允服，今奉严旨，不但水师失所禀承，即陆营亦无人联络，且军中各洋将亦将解体，伏冀代奏，收回成命，再留本任，立功自赎，以固海军根本之地，而挽洋将溃散之心，实为万幸云云。

事关大局，不敢壅于上闻，候裁夺。

十一月二十六日

旨饬长顺等辽海日兵势将北窜着会商宋庆固守电

旨：长顺电称，日寇以辽海交界，势将北窜，辽西另有一股，恐将包抄等语。宋庆一军，连日与海城之贼交战，未能得手，已回扎田庄台。并闻牛庄已失，西路正在吃紧，未暇顾及辽城。前令陈湜一军接应。宋庆现已出关，本日谕令径赴辽阳，与长顺会商防剿。该将军先当就现有兵力，设法固守。此外有无就近可调之军，并着裕禄、长顺酌夺办理。又据依克唐阿电奏，连山关等处接仗，损伤甚多等语。敌情狡诈，分股牵制，我军防剿，殊有顾此失彼之虑。摩天岭电局，闻已散去。该处情形究竟如何？依克唐阿务当商同聂士成等军，竭力堵击，勿任扰及辽沈。是为至要！

十一月二十七日

帮办军务宋庆致军务处日兵北犯遵旨将章张两军合并一路先固营口电

顷，接南路探回报，金旅大股分两路北窜。二十七日，东路步贼住瓦房店，离态〔熊〕岳七十里；马贼住龙门场，离熊岳三十余里；西路步贼住焦家店，马贼住吕官村，亦离熊岳三十余里等语。该寇本有两军至牛庄会合之说，今渐北犯。庆惟有整肃各军，以备迎击。惟章高元、张光前两军驻盖，无险可扼，恐难抵御。如贼踪稍近，自宜遵旨合并一路，先回营口，杜其西窜。是否有当？候电饬遵。

十一月二十七日

直督李鸿章致军务处海城失陷请饬吴大澂酌拨炮械并令诸将分保营口辽沈电

接辽阳营口探报，海城于十七日失陷。现在宋庆驻扎盖平，为贼隔断。如贼据辽阳，则聂士成等军亦落贼之后。十九日，唐仁廉抵辽察看军情，与裕禄会商，海城既已失守，亟宜北保辽沈，南顾营口。惟此路无险可扼，必须安扎营垒炮台，否则难以保护。现知吴大澂新购德国火炮甚多，拟请电饬该抚，酌拨若干，以顾辽阳，缓则不济急。再，贼既据海城，势必分股南窜营口，北趋辽阳。倘辽沈、营口不保，则大局可危。现在办法，似宜急令宋庆赶保营口，长顺、聂士成、蒋尚钧赶保辽阳，依克唐阿、吕本元、孙显寅赶保大高岭，马玉昆、马金叙保盖平，唐仁廉与裕禄保辽阳，同力合作，或克有济。

十一月二十七日

帮办军务宋庆致军务处报海城附近接仗并请派大军防锦州以遏山海关电 二件

二十二日天明，庆亲督嵩、毅、铭三军，进至离海城十五里各庄村，皆有伏贼。庆饬各军分队进剿，鏖战竟日，互有伤亡。拟就扎瓦缸寨〔缸瓦寨〕，待明早渐逼渐进，以备攻城。

十一月二十七日

二十日，驰至瓦缸寨〔缸瓦寨〕，闻葛家窝棚之寇退回海城。逃出民人云：十九，由析木城一路到贼甚多，于城外各山设炮，以防我攻。庆前请派大枝劲旅，而陈湜、李光久等迄未见到，庆所统均疲乏之众，防南而北紧，顾北而南急，虽尽兵力抵御，而海城已失，极难得手。大局所关甚重，现督各军设法剿办。章高元等军扎驻盖平，以防南路，相距百里，极难联络，望迅派大军来防锦州，以遏山海关，是为最要。大高岭一路，电早不通，幸长顺、依克唐阿在彼兵力尚厚，或能支持。已饬聂、吕、孙等军向南夹击，合并一路，相机攻剿，合并陈明。

十一月二十七日

直督李鸿章致军务处刘含芳报海军总统一时难得请旨暂缓令丁汝昌交卸电

东海道刘含芳电：顷，阅邸钞，丁提督速即拿问进京。朝廷驭将，自有权衡，然水师统将去丁，仅刘步蟾一人实缺，更难驾驭得宜，求鸿章密达枢部，以尽此心云云。鸿昨奉谕承询提督胜任之员，踌躇未敢定拟。查西国水师定章，管驾小船升管驾大船，其带大船即中国总兵也。再历练数年，或十余年，乃升提督。不如是，则众望不孚。中国陆军既不合西法，海军不可不步趋。如李和用带平远小船，才具稍短。杨用霖甫以大副代理镇远管驾，虽尚得力，未可越升。徐建寅系文员，未经战阵，丁汝昌前请帮办监战，似系藉此卸责之意，未可据为定论。海军总统，一时难得其选，请恩暂缓交卸，俟遴选得人，再行具奏。

十一月二十八日

直督李鸿章致军务处宋庆报率军至田庄台会剿日兵电

庆于二十五日率各军至田庄台修整枪炮，稍为位置。宋得胜腿受炮伤，在营调理。连奉谕旨，钦遵办理。并接聂士成函报：现日大队驻扎沙河沟一带，隐伏各村庄。又接章高元报称：二十一日辰刻，日队大进，督师分路进击，仍退据高家屯各等语。是日各路分窜，牵制我军。其孛兰店大股虽有北窜之说，据探回称，刻下尚未蠢动。其聂士成、吕本元等军，前接李鸿章电，商属调至海城，由北面夹击。当即派马绕路前往函商。惟大高岭亦甚紧要，能否移动，尚不可知。章高元等军扼守盖平，亦时有零股窥伺，且防南路大股兵力太单，恐难抵御。庆只此兵力，而连次大战，精锐伤亡甚多，新军未至，后继毫无。徐邦道新收旅顺溃勇十营，前留盖平，与章高元联络，嗣以备攻海城，调令前来会剿，念三之战尚未赶及，惟仅有五成枪炮，只可作五营用，且皆衣履不全，庆于恩赏皮棉衣内酌为拨给，亦令就营口取用。此战日寇伤亡甚多，现亦伏而未动。谨遵圣谕，慎之又慎，相机办理。乞代奏。

十一月二十八日

直督李鸿章致军务处丁汝昌电试验美员秘法遵旨画押电 二件

丁汝昌电：奉署详询宴汝德，据云，前陈十事，一、用药水装管埋于口门，似沉雷法价省功倍。二、用药水装管镶配船口，用机喷出发烟，使敌闻烟气，迷闷即退，我得登岸。惟后路有重兵，则药力不及远。三、亦用船泼药水。四、法同。如不能捉，即专毁沉。五、用药水发烟。六、用药水外，进港船头均配铁钯，分开水处。七、用药水于雷艇。八、将商轮船配药水管。九、同一。十、能毁近水炮台，亦用药水。前译水师无响声，系属误会。并云，此系独得之秘，只能略言大概，其深奥处，必用他后，方能尽陈等语。查伊签押后，方肯试验。如有效，用他，即付定银，否则不付。试验之法，或废兵船、废木船均可。此节尚易办，惟试验材料，电询烟、沪，均无，惟香港尚未复电。并需快商船数只，均难即时齐备。尤有虑者，试验有效，及临敌不效，责备太重，把握尚无，请审酌。至他图之说，原谓伊系有业之人，能作机器，但用水力，不用煤炭，现功未竟，恐我不用，恐耽搁工夫云云，然亦不能不防其为敌用！是否，乞训示云。鸿按所言，是必精于化学者，中国苦无此种教师，无论其有无把握，不妨试验，留之必有用处。奉谕准其画押，已饬遵。

十一月二十九日

丁汝昌电：遵旨，本日与马格禄会同画押两美员试验合同，专候询购材料，方能开办。以后如何情形，随时电报。

十一月二十九日

直督李鸿章致军务处宋庆因日兵集海城拟调大高岭兵会击惟该处为辽沈门户暂难移动电

据吕本元电报，接宋庆函，海城已陷，日贼大股全集该处。吕本元、孙显寅与聂士成速赴海城一带，会合夹击。本元、显寅以大高岭亦关紧要，若一开拔，该处只耿凤鸣三营，防守太单，请速调他队往守等语。查海城失陷后，宋庆现已带毅、铭、嵩、武等军在该处击剿。长顺亦率所部及蒋尚钧九营，由辽阳驰往旧山站，一路进兵，似可前后夹攻，筹顾辽沈西南门户。大高岭为辽沈东路门户，现在贼队仍据草河口，距大高岭数十里。依克唐阿之军截堵赛马集一带，在草河口之北，不能兼顾大高岭之路。若聂、吕、孙各军一经移动，则此岭断非耿凤鸣三营所能扼守。而现在辽防处处皆须设守，兵力尚难分布，的实无兵可调该处填扎。万一东路之贼乘虚窜进，不特宋庆、长顺后路为所包抄，而辽沈更属可危。除电达吕本元等勿轻动，并飞咨宋庆外，所有聂士成等扼守大高岭一带之军暂难轻动情形，理合电陈。

十一月三十日

清季外交史料卷一百零二终

清季外交史料卷一百零三

光绪二十年十二月

直督李鸿章致军务处报日船在龙须沟窥探电

二十八，有日船一只在荣成之龙须岛上岸，旋即折回南驶。查威海南距该岛百余里，后路甚长，万山丛杂，非守口炮台所能分队遥击，已严饬威防水陆将领，俟贼近岸，相机会剿。

十二月初一日

鲁抚李秉衡致军务处报分防威海后路情形电 附旨

三十日电敬悉。查烟台至荣成三百余里，烟至威百八十里。威海所驻水陆各营系归北洋调遣，而威为山东境地，亟宜布置周密。惟山东防营除章高元八营调赴奉天、王连三两营调赴直隶及烟台驻守炮台嵩武四营外，现有先后调募共十六营，内只泰靖、精健两营系属旧营，余俱新募未练。前订购外洋枪械亦未到。近已调扎酒馆三营、上庄三营分布百八十里之间，均系威海西面，后路兵力不厚。又因荣成沿海地方空阔，不得已抽拨泰靖、精健两营并马队一哨驻扎荣成，以顾威海东面后路。惟荣至威百余里之遥，实不敷分布。能得威海拨出两营，联络扼扎，声势稍壮。现合计堪备策应者竟无几营，其奏调之将领并添募之营年内未能到东，倘日以大股来扑力，实不支云。

十二月初一日奉旨电李鸿章、李秉衡：据李鸿章电称，日船在荣成龙须沟窥探，旋即南驶。李秉衡电称，分防威海后路情形，荣成至威海百余里，兵力不敷，能得威海拨出两营驻防方妥等语。日窥威海，必由无兵处登岸，亟应随时防范。李鸿章严饬各军侦探，酌拨威海两营与东军，合力严防。

盛京将军裕禄致军务处报辽阳三面受敌长顺已督所部并蒋聂等军分别扼守电　附旨

奉二十六日电旨，伏查海城失守，辽阳即三面受敌。长顺现抵辽阳，督所部并蒋尚钧所部豫军，顾辽阳西南面通海城之路。聂士成、吕本元、孙显寅及耿凤鸣三营，扼守下马塘、大高岭、连山关等处，顾辽阳东南面通凤岫之路。依克唐阿与富林布、倭恒额等营，现在分水岭、碱厂、兴京一带，扼贼由凤凰城绕越北犯之路。张锡銮所带之营，除已调辽三营外，七营分扎怀仁、通化、兴京，七营扼贼由宽甸东北窜犯之路。所防皆紧要处所。现耿凤鸣扎连山关，正当东路之冲，张锡銮营亦扎防护兴京要地，均难抽动。近幸唐仁廉招成马步三营，由锦州将次到省。会商拟将该提督已到之营同省中现有各队并将聂桂林原带各营内抽回四营，由唐仁廉与裕禄逐细挑选整顿，筹布沈阳防守，并为辽阳后路策应。一面会商长顺，将未调省之聂桂林五营及丰升阿各营，由长顺在辽阳赶为整顿，分拨调遣。刻下贼踪四窜，裕禄惟有与长顺、唐仁廉等随时酌调，竭力防剿。至谢承恩所办团练，向在大高岭一带，随同吕本元防守。此外宽甸、凤凰交界一带，有宫意如、王成基等团，辽阳界有谢承恩等团，随军助剿，尚称得力，惟枪械不多，依克唐阿派荣和招募十四营，先后抵依克唐阿营，理合电陈。

十二月初一日奉旨电裕禄：大高岭为辽阳门户。贼踪仍据小河口，聂士成等军未便移动，着飞饬宋庆，另行筹调，并饬知聂士成，仍严扼大高岭，杜贼西窜。裕禄仍分饬各属，固守奉省。库存银四十万两，如经费不敷，即先给发。

旨授刘坤一钦差大臣节制关内外各军吴大澂宋庆帮办军务北洋防务着李鸿章办理　三件

旨：两江总督刘坤一着授为钦差大臣，所有关内外各军均归节制。

十二月初一日

旨：吴大澂、宋庆着帮办刘坤一军务。

十二月二十一日

电李鸿章：刘坤一不日移驻山海关，北洋防务极重，李鸿章责无旁贷，着加意防守。

十二月二十一日

派张荫桓邵友濂至日修好国书　附上谕

大清国大皇帝问大日本国大皇帝好！

我两国谊属同洲，素无嫌怨，近以朝鲜之事，彼此用兵，劳民伤财，诚非得已。现经美国居间调处，中国派全权大臣，贵国派全权大臣，会商妥结。兹特派尚书衔·总理各国事务大臣·户部左侍郎张荫桓、署湖南巡抚邵友濂为全权大臣，前往贵国商办，惟愿大皇帝接待，俾该使臣可以尽职。

是所望也！

十二月初四日

上谕：

朕钦奉皇太后懿旨：张荫桓、邵友濂现已派为全权大臣，前往日本会商事件，所有应议各节，凡日本所请各节，均着随时电奏，候旨遵行。其与国体有碍及中国力有未逮之事，该大臣不得擅行允许。

懔之！慎之！

十二月初十日

帮办军务宋庆致军务处闻日有向皮子窝东趋之势已率各军探逼电　附旨

据难民声言，葶兰店大股有向皮子窝东趋之势，恐其又由岫、凤入山北窜。并探闻，初三，有日马队到汤池，逼封民屋。又探，海城南三十余里之甜水井，日已设卡等语。如果大股皆向东趋，即行督率各军，且探且逼，进规海城。设日防甚严，惟有设法围困。查汤池离海城六七十里，当遵谕旨，妥慎筹办。宋得胜伤略愈。叶志超现在山海关办理交代，据云，病势益剧，稍愈即赴部听候治罪。庆相距千里，惟有派员押令就近交李鸿章或吴大澂，派员押送刑部。徐邦道、张光前所收金旅冲出勇队，汰弱留强，共十八营，方加整顿，尚称精壮。俟督令战剿能否得力，再行分别遣留，不敢遽糜饷项。

十二月初六日奉旨电宋庆：据电称，葶兰店大股又有向皮子窝东窜之议，海城南日已设卡。又李鸿章电，贼在通原堡掘濠，大股在薛礼站、长岭子、九山头筑炮台等语。该逆分路四扰，无非接应海城之贼，以图东窥辽阳，西窜牛庄。宋庆当探明贼踪，相机攻剿。现在陈湜所部已赴辽阳，本日据阿克都林札布电，察哈尔马队如得力，拟挑五百名往援等语。此项马队应否赴宋庆军前助剿，抑仍与陈湜赴援辽阳？宋庆酌量知照。

帮办军务宋庆致军务处日人到熊岳等处意图北犯已派各军扼剿电 附旨

探闻，又有日股数百人于初六到熊岳。又报，蓝瓜岭以西亦有寇千余人，并接聂士成电，凤凰城、薛礼站、沙河一带共到日寇一万数千，运粮凿沟，似欲坚守各等情。诚恐各路聚集，意图北犯。初六日，已派马玉昆率毅军近扎高坎，现续令嵩、铭两军继进，相机办理，以牵敌势，仍顾熊岳一枝，诚恐有大股在后，章高元、张光前兵力太单，难以抵御。留徐邦道之十三营暂扎蓝旗厂，为章高元援应而顾营、盖。刘凤清新添十营，前起四营，已到石山站，三日可至。庆候其到来，带赴前敌，以厚兵力。其余六营，即令刘凤清带驻田庄台训练，防守西路，以备缓急。

十二月初七日奉旨电宋庆：据电奏，日人又到熊岳、蓝瓜岭等处，薛礼站、沙河一带亦到万余人，恐其北犯，着确探贼踪截剿。刘盛休腿伤，现在给假，着改派姜桂题接管，如不得力，毋庸留营。

直督李鸿章致军务处宋庆电日本大山岩等率队驻唐王山置炮设防电

宋庆、袁世凯电：顷探，寇由旅顺添来二千余名到海，旧有兵千余向东北山去，大队驻城西南八里之唐王山，置炮甚多，日酋大山岩在焉！闻日酋山县有朋数日亦来海策应。城北三里桥民房围墙及西北教厂山、城东双山、玉皇山均置炮设防云。

十二月十一日

直督李鸿章致军务处据赫德转呈营口税司交宋庆条陈应战方略电

初十日，营口税务司面交赫德属转呈宋帅条说一纸，内开：自开仗以来，中国屡败，实因日人先战，并有待其将攻战事件备妥，及准其择地择日接仗，如中国自为先行攻打，并自用机会，而每欲交战，心志又须甚坚，总以取胜为念，始能转机。且华勇出队，均系整队，应照散队之法，略为分散，一直闯入敌队，打交手仗。再，钦差大臣初五日前赴东洋，现在宋帅获一大胜，议和之事，东洋所索，约可从轻云。

十二月十一日

帮办军务宋庆致军务处闻缸瓦寨之战毙敌颇多现派嵩铭各军防剿电

海城逃出难民咸称，日人皆言，得海城后，本欲直犯辽沈度岁，不意缸瓦寨之战伤亡近二千人，未得北犯，大鸟深以为耻，故聚各大酋于海城，议挑精悍，誓欲报复。庆明早率毅军由高坎进，仍扎缸瓦寨，派嵩、铭两军为两翼，调徐邦道为后应，诱其出巢，以备痛剿。

十二月十二日

旨寄裕禄着嘉奖辽阳牧徐庆璋并酌济口粮电

电裕禄：有人奏，辽阳州牧徐庆璋招民团万人，与绅民固守等语。徐庆璋如果城守得力，裕禄先行传旨嘉奖，口粮不敷，酌量接济。

十二月十二日

帮办军务宋庆致军务处日南北两股欲图盖平派章高元徐邦道分投抵御电　二件　附旨

昨拟派令各军进缸瓦寨，乃于夜间接南路飞探，又有日股二千余人，随带大炮，欲图盖平。章高元亦飞函告急，请派徐邦道一军前往援应。庆当饬徐邦道迅往回援盖平，而海城据寇亦有夹击我军之说，庆督率现有之军，仍就高坎备御，以待剿办。

十二月十三日

寅刻，徐邦道由蓝旗厂报，北股日寇千余已到盖平北二十余里之牛屯。又章高元飞报，南股三千余渐逼盖平等情。似以两路夹攻盖城，徐邦道已率队迎头截击，庆派弁星夜调铭、毅两军会合援盖，并令马玉昆督队先行，姜桂题带铭军继进，皆断贼后抄剿，同至盖州与章高元合击南股。庆率刘世俊及新毅军四营驻石桥子，以防海城闯出袭我后路。统俟各路禀报战剿情形，再行电闻。

十二月十四日奉旨电宋庆：据奏，日南、北两股皆集盖平，章高元、徐邦道分投抵御，宋庆已缓海城之攻，移驻石桥，以保盖平、护营口为当务之急。宋庆兵单，急切又无兵可调，吴凤柱一军近扎锦州，闻土匪已平，可否饬令前往？着宋庆酌行。

旨寄李鸿章日有猛扑威海之说着加意严防电

电李鸿章：日有猛扑威海之说，又成山有日船游弋，加意严防。

十二月十四日

李鸿章李秉衡致军务处遵旨严防日轮扑犯威海电

旨：李鸿章电奏，迭据探报，日有猛扑威海之说，着李鸿章、李秉衡合力备御等因。钦此。查威海东南至荣成县成山头百数十里，西至宁海州百二十里，又西至烟台六十里，东西共三百余里，俱系威海后路。如荣成之倭岛、里岛、石岛、龙须岛等岛，宁海之酒馆、金山寨、上庄、养马等岛，其最着者，此外可登岸之小岛仍以数十计。现新旧各营，除分防登州、烟台外，仅有甫募成军十余营，以之分布威海后路三百里间，处处有可登之岛，实有顾此失彼之势，亦惟尽此兵力就威海之后、荣成西之宁海一带扼要堵击，竭力图维。前日轮先后在成山倭岛游弋，其后十一日午未间，宁海之金山寨、上庄东北复有日船停轮测水，经福中营开炮，始行驶去。如续有日轮，当随时电奏。

十二月十四日

使美杨儒致总署据驻京美使电中国办事无果决才恐难成事电

伦敦电：美国驻扎北京公使田贝云，中国办事无果决之才，恐难成事。

十二月十四日①

旨寄依克唐阿长顺着力遏辽沈遇贼分击电

电依克唐阿、长顺：长顺现扎鞍山站，拟规取海城，咨会宋庆夹攻。本日宋庆电，南北两路日寇逼近盖平，章高元一军恐难支柱，亟须分兵援应。着长顺、依克唐阿力遏辽沈，随时侦探，一遇贼踪，即行分击。

十二月十五日

① 原刊目录标为“十五日”。

直督李鸿章致军务处报日第三军由广岛赴威海电

顷，德璀琳电称，东洋第三军已于华十二月十四日在广岛开行，大约赴威海县上岸，英水师提督因此来烟台查看情形云。

十二月十六日

直督李鸿章致军务处袁世凯报盖平失守分统杨寿山阵亡依军在阳岗子得胜电

袁世凯电：日大股扑盖平，章军力战，自辰至午，未稍却，殄贼数百，分统杨寿山中炮亡，盖平遂陷。又据辽阳十二探称，本日申刻，依帅所统各军在阳岗子与日开仗，贼败去，各军跟踪进剿云。

十二月十六日

帮办军务宋庆致军务处盖平失陷回驻石桥扼守请催刘坤一出关电

旨，遵办，当即电催吴凤柱，迅即前进会剿。庆十五日未刻，因盖平紧急，亲率新队四营，进至唐旂堡，备接应。亥刻，据马玉昆、姜桂题报称，该军于十五午刻赶到离盖平二十里，章高元等业已败退，徐邦道只到三营，仅一接仗，随同退回，盖平已于昨晨失守云。庆责成章高元防盖平，乃竟疏于防范，徐邦道到又迟，营又未齐，随同败回，请交部严加议处。庆调度无方，并请治罪。惟盖平既失，日人道路皆通，其势益强，营口尤为危急，我军四面受敌，后路尤为可虑。庆仍回驻石桥，督率各军，寇来则剿。庆一介武夫，素无谋略。敌情诡谲，处处难防。展转奔驰，均落贼后。亟思血战，皆因兼顾，未能合力兜击，自奉旨以来，丧师失地，屡次无功，虽荷优容，难安寝馈。刘坤一既奉命督师，调度是其专责，合亟请旨迅催出关，亲临调度，使庆得专心一路，戴罪图功，以赎前愆。是否有当？乞代奏。

十二月十六日

江督刘坤一致军务处章高元报与日接仗毙敌三千人我军官弁亦伤亡甚多电

密。章高元电：十四夜，贼由南路进攻盖城。与张光前各率所部，分东、南两路抵御。职督队扼剿，战至黎明，贼队添至五六千人，三进三击退。战至巳刻，东路贼四五千人由槐树沟突出，并分数路进犯。杨、李两统带督队力战，贼用行炮轰击，统带杨寿山、李仁焘及帮带各官阵亡十余人。地广兵单，寡不敌众，以致溃退。查东、南两路贼共万余人，此次之战，贼伤亡约三千人，我伤亡七百人，管带、兵官伤亡尤多云。

十二月十七日

津道盛宣怀致军务处日志奢和事难卜请趁冬寒合击电

竹筼星使电，日志奢，讲和事难卜。春暖，敌舰继进，更吃紧。此时可移守关军与前敌合击否？乞密陈之。袁世凯电，盖平十五日失守，杨寿山阵亡，各军退驻青石岭，宋帅驻海盖之中，堵西窜营口云。前敌各军屡挫，地日蹙。日不耐冷，且敌船不能近岸，故不能锐进。若不趁此选将移师合击，春暖，由旅顺进窥，更难抵御。许使所见，似确。可否密陈？乞钧裁。

十二月十七日

帮办军务吴大澂奏厚集兵力策应宋庆合剿日军电

今日由津赶回山海关，奉谕旨：盖平失陷，前敌军情万紧，潘万才为宋庆旧部，即饬带领迅速出关，听候调遣等因。钦此。臣与宋庆二十年旧交，此次奉防万紧，非厚集兵力，不足以资策应。臣湘鄂各军已到四十营，臣请于正月初旬陆续开拔出关，由锦州相机前进，与宋庆会合进剿，不能稍延，并请饬刘坤一来关坐镇，一守一战，相得益彰。吴元恺四营，派令明春随行出关。潘万才所遗秦皇岛营址，有湖北熊铁生五营，年内可到，即往填扎。

十二月十七日

帮办军务宋庆致军务处遵旨力保营口请饬吴凤柱等军进驻牛庄电

自盖平败后，现令章高元、张光前驻大房身，徐邦道驻二道沟，嵩、铭两军驻石桥，毅军驻油坊，皆离营口东、西、北三面或十数里，或二三十里，遵旨严备堵剿，力保营口。惟寇势甚张，三面受敌，且恐其由牛庄扰及后路。该处距营口、田庄台皆九十里，鞭长莫及，无兵可分。大局攸关，请饬吴凤柱等军迅速进驻牛庄，防其抄后。

十二月十七日

帮办军务宋庆致军务处日军拟扑营口请令吴凤柱速来电

日内寇氛四出，十八日敌兵窜至离石桥不及十里，连日队伍陆续赴盖，意图并股扑犯营口。深虑牛庄空虚，前令李光久五营驻扎牛庄，以防西窜。旋因盖平不守，田庄台亦系紧要后路，暂留缓拔，电商刘坤一，派吴凤柱迅赴牛庄，乃该提督仍以办土匪为词，迁延不进，似应饬令急来。查牛庄距海城五十里，乃通锦州之道，尤虞抄扰粮运，最关紧要。乞代奏。

十二月十七日

帮办军务宋庆致军务处敌聚缸瓦寨将西窜请派大军接应锦榆并饬章高元徐邦道戴罪立功电 附旨

昨探，瓦缸寨〔缸瓦寨〕西各村庄分住日寇，未知所向。查该处距牛庄甚近，若再西窜，则断我后路粮道，而营口亦为必争之地，刻下力难兼顾，吴凤柱不来，惟求速派锦榆大枝接应牛庄之路，最为紧要。再，章高元、徐邦道皆称骁将。章高元前守盖平，恃勇血战，毙贼近千，为日寇抄袭而败。徐邦道在金州力战两昼夜，民口纷传，乃新收赵、卫两军溃卒，械缺衣单，情意未洽，仓卒赴援，未能即至，徒思奋勉，无以建功，奉旨严议，当即行知。如此猛将，近亦难得，已饬其力加勉奋，以赎前愆。

十二月十七日奉旨电宋庆：日兵既据海城，现又攻陷盖平，贼势趋重北路，营防吃紧，宋庆即当檄调各军，择要分布。

旨着吴大澂联络诸将固结军心被参各节有则改无则勉电

寄吴大澂：有人奏，吴大澂言大而夸，不谙军旅，日惟手一洋枪，讲究准头，洋洋自得。所部勇丁，每月仅关饷三两四钱。魏光焘、刘光才、余虎恩等受其节制，无不心怀抑郁，诚恐有误全局。且其官阶较大，自负不凡，尤恐与刘坤一多所掣肘等语。吴大澂驻守榆关，责任甚重，当此寇气日炽，海防戒严，亟宜慎之又慎！懔遵迭次谕旨，联络诸将，固结军心，方为不负委任，岂可轻率从戎〔事〕，致滋物议？原奏各节，该抚当返己自思，有则改之，无则加勉。总期熟筹守御，与各将领遇事和衷，勿稍满假，庶无负朝廷谆谆告诫之至意。

十二月十八日

旨着吴大澂趁封冻时带队出关迎剿刘坤一赴关调度各军电

懿旨：日寇既据海城，又陷盖平，军情日紧。现值海口封冻，正宜先其所急，移关内之军，迅赴前敌迎剿，以遏寇氛。本日已电谕吴大澂，统带所部及魏光焘、吴元恺各军，即日拔队出关。刘坤一身为统帅，一切调度机宜，责无旁贷，着即前赴山海关驻扎，与关内外各军联络声势，妥筹进止，俾于海口未开冻以前得有大捷，军事稍有起色。该大臣当懔遵无缓，以副朝廷期望之意。

十二月十九日

帮办军务宋庆致军务处报日兵进逼牛庄派军迎敌会合各军保护运道电　附旨

军情瞬变，刻探日军昨已至牛庄，当饬徐邦道赶紧前往。该军前扎二道沟，相距百余里，难以即到，又别无可援之军，又令马金叙回田庄台，会合湘军防守，保护运道。庆独力难支，现于营口适中大房身暂驻，两面调度。现南股二千余逼近蓝旗厂，北股二三千昨已到小缸瓦寨。毅、铭等军离贼皆近，庆处两股之间，三面受敌。营口乃通商口岸，关系甚重。虽有英、美两船屯驻，名为保商，实与日暗通消息，其情叵测。我军总须力顾田庄运道，庶不致缺粮弹。

十二月二十日奉旨电宋庆：日分路犯营口，贼骑大至牛庄，西路吃重，已传知吴凤柱速赴牛庄扼守，着宋庆再行饬令前进。

帮办军务吴大澂奏克期出关与刘坤一面商布置即赴锦州拟在大凌河驻扎电

谕旨命臣总率刘树元、魏光焘、吴元恺各军，即日拔队出关，会合宋庆等军，相机进剿等因，即应遵旨，分起进发。拟令刘树元所部各营，自本月二十七、八日拔队，至正月初十前一律出关。吴元恺、魏光焘所统十余营，自初十至二十前后亦可分期陆续启行，沿途不致拥挤。臣候刘坤一到关面商布置，即日前赴锦州，拟在大凌河驻扎，与宋营相距不远。至熊铁生、余虎恩皆愿随行出关，拟与刘坤一商调各军填扎山海关，再令熊、宋〔余〕两军随后继进。潘万才一军，已传谕无庸调往。

十二月二十日

旨寄李鸿章据奏日兵将由成山头登岸着速探电

电李鸿章：据电奏，英、法等船齐集烟台，日兵将由成山登岸，着李鸿章、李秉衡速往侦探。

十二月二十二日

江督张之洞等致军务处南洋练外海水师拟向德国借款购船炮请旨电

江南奉调北上五十余营，皆江南借饷本省，先后新募六十余营，此军添增各费出于饷章之外者甚多，运费亦巨。本省防军向系十关饷，今因戒严，均发足饷，炮台炮手可酌加。至购办军械，动需巨款。计北军所需，每月二十余万，本省每月二十余万。江宁属捐借，毫无眉目。苏属借款，尚有捐款，甚难。惟有暂借洋款，方能应急。而军事日急，刁难万分，现饬司道与洋商筹议，得一办法：德国伏尔铿船厂、克虏伯炮厂皆极大富商，中国船、炮向系向该两厂购买。若我肯用巨款购该两厂船、炮，两厂即可代借。彼亦知中国款绌，愿垫款代办船、炮，给息六厘，分二十年还清。如我肯购六百万两之船、炮，两厂即可代借银六百万两，再多亦可，利息亦六厘，亦匀分二十年还。就提银之日分别起利，逐年利随本减，但均须论镑。计船、炮垫款，现银、借款两项约合一百七十万镑以内，行用借款扣五厘，亦分二十年摊缴，并不现扣，购炮款无行用。船、炮允一年内造成，其中船、炮较少者只数月。此法于中国尚无所损。盖南洋必须练外海水师一枝，专用新式快船、快炮。此事虽十分支绌，亦须筹办。该两厂既肯筹办，又代借款。专就船款核计，每年只还数十万。但六百万金之船尚不能成一枝，不敷尚多，以后筹定续添若干，皆可令其垫办。至借款之数，江南拟借四百万，台湾拟借二百万。唐署抚电称，台借台还，洋行以台地濒危，不肯借，拟托江南附借。江南之款，半为奉调北军用，半为本省用。且长江关系数省门户，江南借款似宜由沿江之江苏、安徽、江西、湖南、〈湖〉北分别等差归还。至南洋水师可兼顾浙江，船炮款似应并令浙江一同派认，应由户部酌量分派。此事不宜过迟，恐以后更难措手。日来微有眉目，外洋周折尚多，难免不少有参差。请拟办法大略，请旨后方能定议。唐署抚电属会衔电奏。请代奏。

十二月二十四日

直督李鸿章致军务处报日船在登州开炮已严防电

刘含芳电：连日路过大连湾民船到烟均称，湾泊日船比前更多，近五十艘，则广岛日兵恐又趋北。拟请电知北路前敌各军严防。又登州电局酉刻来电，有三日船在登开炮等语。已电饬各口防军严守。

十二月二十四日

直督李鸿章致军务处丁汝昌报日船四十只在荣成开炮电

丁汝昌本日卯刻急电，日船四十只在荣成开炮，恐电线断，难再报云。

十二月二十五日

直督李鸿章致军务处戴宗骞报与日船接战毙敌甚多援军尚未到电

戴宗骞酉正电：顷，探，早间，我军已接仗，日先下洋划十只，被行炮枪队打翻，日死多人，折回。惟该船靠岸仅五六里，快炮子母弹如雨，队虽伏沟，似伤亡甚多，又极单薄，势甚危。荣成东省援军尚未到云。

十二月二十五日

使日张荫桓邵友濂奏定期赴日请饬总署电田贝转告日本接待电 二件

谕旨谨悉。臣等正在会商，密托美员先赴广岛侦察，十四日信还。又美律师科士达，据杨儒电称，二十三日可到横滨，当电属来沪面商，同赴广岛。东文翻译，现方选定两员。钦奉前因，亟应酌定船期。惟由马关入口，只有法公司船。该船准正月初三日放洋，拟即附搭前往。和议随战事为转移。现闻边军次第出关，恐因臣等之行意存观望，实非战事之益。应否定于正月初三日起程？伏候圣训，以便订船。并将随使员名电总署，函告田贝，转电日本，届时接待。

十二月二十五日

法公司船忽改，另订英公司船，正月元日放洋，纡道长崎，仍入马关口，晤日本接待官后，英船不能久停，径泊神户登岸，附火车至广岛。乞代奏。并乞函告田贝，将附搭英船入口登岸各节详电日本知照，转行税关。

十二月二十七日

鲁抚李秉衡致军务处日船在威海开炮竭力堵御电

天明，成山电报，大股日轮三四十只在海面开炮，即飞电饬分往倭、里岛各营折赴，合力堵击，并电威海后路各营，各抽五成驰应，仍留五成护备西路队。自烟以西、登以东洋面，仍有日轮数只游弋，难保不再图犯登，即乘隙犯各口岸。口太多，力太分，惟有竭力堵御而已。

十二月二十五日

李鸿章李秉衡致军务处刘超佩报日船在金山嘴炮击我军据荣成电 附旨

总兵刘超佩电：二十五早，日船三四十只在龙须岛、倭岛、里岛游弋。嗣于龙须岛、倭岛交界之金山嘴水深处下碇，用三条小火轮拖带小驳船数十只，迅图上岸。我军中营帮带带队奋击，沉其数艘，日船立即开放火箭为号，大兵轮十余只开到岸边，快炮齐发，一拥而上，枪队不能存身，退回荣成。超佩于二十五日带兵迎探，将抵荣成县相距二十里。荣成即于是日下午三点钟失守，东省五营兵全行退走。超佩现回营口严防云。

十二月二十六日奉旨：李鸿章、李秉衡电悉。日人蓄意谋攻威海，大队兵船已在荣成开炮，并有日兵上岸，电线不通，情形危急。其洋划登岸之兵究有若干？着各饬防军飞速驰击，勿任蔓延。海军战船必须设法保全。前据李鸿章电奏，预筹水陆相依之法尚属详悉。现当临敌之时，应如何相机合力出击之处，即着该将领等迅速筹办，毋得袖手坐待，致为所困。

鲁抚李秉衡奏请将黔军留鲁以备援应电

顷，贵州总兵丁槐带五营北上，已抵山东张夏地方。现在威海危急，请旨俯准，将丁槐五营截留山东，暂扎德州，以备东路援应。急迫待命之至！

十二月二十六日

直督李鸿章致军务处戴宗骞报调军分扼南北两虎口力战死守电 附旨

戴道电：荣成昨已失守，刘超佩今午回防，已商定于北岸绥军五营中拨队协守南路山岭要隘。孙万林两营亦拟留助。荣成来路最要，为南虎口绥军当之，孙拟分扼北虎口，商巩军添助行炮两尊，并力于南，则北路太空。东抚电调七营来威，明后日可到。日今日已有十数船来，不日必有恶仗。职道惟尽此兵力，力战死守。请代奏，悬赏励工云。

十二月二十七日奉旨：李鸿章电悉。戴宗骞所拟悬赏励工各节，均着照所请行。现在贼踪逼近南岸，其兵船多只，难保不闯入口内，冀遂水陆夹击之诡谋，我海舰虽少，而铁甲坚利，则为彼所无。与其坐守待敌，莫如乘间出击，断贼归路。威海一口，关系海军甚重。在事将弁兵勇，倘能奋力保全，将登岸之贼迅速击退，朝廷破格酬功。即丁汝昌身怀重罪，亦可力予开释。着李鸿章剀切晓谕，马格禄等同心戮力，克建殊勋，实深殷盼！至东境驻军本少，威海待援尤亟。所有昨准归该省调遣之丁槐一军及现已由徐州起程之陈凤楼五营，均着李秉衡查明行抵何处，迅即饬赴威海，协同剿贼，不得稍涉延误。刘坤一所调之江南各营内再有何军可以暂行留东助剿，着李秉衡与刘坤一电商办法。

江督刘坤一致军务处报海城克复与李鸿章商办海陆军布防事宜乞准丁汝昌立功自赎电

刘坤一于二十八午刻抵津，见直督李鸿章，湘抚吴大瀓亦到。座中询悉长军获胜，海城克复，东路较松，日尽锐趋山东沿海，威海甚危，海军告急，日计欲得我铁甲兵轮，并欲窜扰山东，以断南北运道，殊于大局有关。坤商之李鸿章，电饬丁汝昌，相机办理，务全铁甲各船；一面由坤电饬所调江南马步各军，由东境迅赴烟台或威海，探日人所向，全力截击。现在情形不同，似可暂留牛师韩、马心胜等营守护近畿，而令程文炳、董福祥即日率老营启行，由德州、济南一路前进，以期迎头截击。坤暂留驻天津，商酌事宜。令杨金龙等整队听候调遣，为夹攻计。至海军吃紧，督率需人，可否仰恳天恩，姑宽丁汝昌拿办之罪，责令立功自赎？出自逾格鸿施。请代奏。

十二月二十七日

依克唐阿长顺致军务处报日由盖平援海城电

十九日，依克唐阿、长顺据探，贼有由盖平大股援海城之说。依克唐阿即饬统领札克丹布等由驼龙寨至老牛囤，且进且剿。讵贼先以二三百名尝试，当经击毙不少，战至更深，贼援大至。营官丰升额等前往接应，并力包抄，鏖战彻夜，至二十辰刻尚未收队。而日贼复由山沟拥出数百名，直扑我军。当又奋力协击，迨后队赶到，贼又退回。见其急退，恐有伏兵，未敢穷追。二十一又战，互有伤亡。荣和等且战且前，抢至距海城三里之徐家菜园。贼据土仑施炮，伤亡官勇甚多。荣和等奋不顾身，督炮队轰毙贼五百名，贼阵乱，海城正在垂得，忽城上弹子雨注，荣和左髋受伤不退。依克唐阿赶到，亲督各营，更换前队。战至日暮，贼退入城，坚守待援，并在东北高岗添炮十余尊，城上亦炮位林立，我军炮少，实难猛扑。正拟设法围攻，二十四卯刻，贼百余潜出，来犯我军，互有胜负，贼复猛退入城。查现在贼以城为巢穴，据高岗为险要。长顺连在东面接仗，正当炮冲，亦难得手，拟解围，再商设计。

十二月二十八日

帮办军务宋庆奏日兵据太平山等处轻动即堕其计请饬吴大澂迅统大军出关专防营口电

连日日仍据太平山等处，海、盖据贼亦往来互窜，藏匿各山内，置炮山内，伏枪深沟，忽实忽虚，诱我以计，派队分往，多伤士卒，不能成功。如全军赴之，彼则乘虚而入，内奸应之，又虑有失。且营口三面近海，仅东面通陆，又无险可扼。现以全力备御，虽似应机迟缓，但一轻动，即堕其计，贻患更大，拟请饬吴大澂迅统大军出关前往，专防营口。庆得以统率所部痛剿，俾收以剿为防之效。是否有当？乞代奏。

十二月二十八日

使日张荫桓等致总署闻日廷派伊藤等会议请询田贝电

顷，闻日本派相臣伊藤博文、外部陆奥宗光、大藏大臣渡边国武、内阁书记长官伊东已企治四人会议。乞并询田使，请复。

十二月二十八日

旨着李鸿章转饬李秉衡激励将士并令定远冲击日运兵商船电

电李鸿章：荣成昨已失守，殊深愤懑！东省兵力太单，李秉衡自请议处，着加恩宽免。丁槐一军准留东调遣。贼已登岸，必将猛扑威海。李秉衡当激励将士，奋勇将事。戴宗骞等军，李鸿章饬令并力截击。敌人载兵皆系商船，如将定远等船齐出冲击，亦救急之一策。

十二月二十八日

清季外交史料卷一百零三终

清季外交史料卷一百零四

光绪二十一年正月上

直督李鸿章致总署刘含芳电英领事函请烟台炮台中日两不开炮请示复电　二件

东海关道刘含芳电：顷，英领事来函云，彼拟照会英提督，请其知会日将，言烟台炮台勿向日开炮，日亦勿开炮，以安中外商民等语，拟请总署示遵云。似可行，请速复。

正月初一日

据刘含芳电：顷，晤英领事，面告总署电谕，如能照上海英日定约，彼船不到口，则可办，否则，不能办。该领事适接英提督函，彼曾有电寄国家，另有回电，译其函意，提督亦须待国命。芳思总系洋商告英领事，而领事来商者，如能照上海办法，则可。否则，听之。

正月初二日

直督李鸿章致军务处孙万林等迎击日兵获胜电　附旨

戴宗骞酉刻电：孙万林、刘树德等迎击获胜，毙日兵百余，生擒三名，日已败回云。此系日军前队。初战获胜，稍壮士气。鸿仍饬稳慎妥剿，以待援军。

正月初一日奉旨电李鸿章、李秉衡：据电，孙万林等接仗，击毙日兵百余人，此系日贼前队，大股尚在其后，着督饬各将弁尽力搜剿。

使日张荫桓致总署驻日美使电日官于神户相迎电

驻日美使电，日官改于神户相迎，想田贝电已达。晤田，宜谢之。英船元日午初到沪，晚子初开行。

正月初一日

长顺裕禄致军务处派各队分路前进订期合围电　附旨

二十五、六，与贼相持，贼时探至，然不敢出数里外。趁此贼援未至，宜急图夹攻。依克唐阿已将所部各营现扎海城左近，晤商长顺，二十七日五鼓合力进兵，依克唐阿亲率博多罗一营督战，饬庆德等四营由西进为前敌，统领德英阿为接应，统领札克丹布带丰升阿等由旁进为包抄，长顺率所部由甘泉堡大路直进，并饬统领明顺北面协剿，马队统领西隆阿作两面游击，当连夜函知宋庆，由盖平进，遥牵贼势。徐邦道已抵牛庄，亦飞促前来，互相援助，会订合围战期。

正月初一日奉旨电长顺：海城据贼伏而未动，长顺等现派各军分路前进，即着悬赏励兵，奋力攻剿。丰升阿现在前敌接仗，如能出力，暂准留营效力，如退缩不前，即行解部治罪。

鲁抚李秉衡致总署如日兵至烟台当开炮轰击电　附旨

刘含芳面禀，据英国领事声称，日人欲至烟台，不向开炮，嘱我军亦不可开炮云。闻之不胜诧异！现在两国构兵，断无不开炮而让其占据之理。英系和好之国，我军自不相侵犯。惟当与日攻战之时，设日炮有毁伤人口、房屋之事，亦与中国无涉。应请旨饬总理衙门，速行照会英使，如日人至烟，秉衡必当开炮轰击。如英国执意拦阻，断不能曲从。请先代奏。另行驿奏。

正月初三日奉旨电李鸿章、李秉衡：烟台系通商口岸，英领事既为护商起见，宜仍照上海英日定约，毋令日船驶近该口，方为妥协。若但约明，彼此均不开炮，倘彼以船只泊近口岸，潜图登陆，何以拒之？此节须饬刘含芳与英领事妥商，不可轻允，致滋后患。

江督刘坤一致军务处吴大澂已出关滦乐山海关等处遵旨妥筹布置电　二件　附旨

旨到，曷胜悚惶！坤于二十八日抵津，议援山东，即径电奏。初不知湘抚出关之期。湘抚既于初二日出关，坤自应亟往瓜代。现饬宋朝儒所部于初三日起程，一面电饬牛师韩、马心胜各营相继前进，并电催闪殿魁一军迅往乐亭，替出刘光才、申道发两支赴关驻扎。惟杨金龙新招之勇刻难就绪，只合听其后来。洋枪尚未到，枪弹亦难久待。坤俟部署，克日启行。其江南北上之师业经分电饬往威海助剿，暂归东抚调遣。

正月初二日奉旨电刘坤一：现在吴大澂已带兵出关，转瞬开冻，恐贼由滦乐一带登岸，着刘坤一克日赴关，察看布置。

旨：吴大澂已经出关，转瞬春融冰泮，恐贼又由滦乐一带登岸，扰乱近畿，所关匪细。着刘坤一克日赴关，查看地势，整饬各营，妥筹布置，以慰廑系。钦此！

窃坤一定期于十三日起程赴关，由四百里驿陈，并将滦乐事宜附陈大概，计已到京。现在感冒未痊，仍当力疾上道，不敢藉词推诿。请代奏。

正月初九日

鲁抚李秉衡致军务处报调兵驻扎荣成以遏通威之路电 附旨二件

奉旨，准将丁槐一军留山东。二十九日奉电旨，准将由徐州起程之陈凤楼五营即赴威海，并饬电商刘坤一，所调各营内再有何军可以留剿等因。一面准李鸿章电称：刘坤一拟电饬江南调来皖南镇总兵李占椿等步队十五营，并电饬徐州转运局，截留四川解津之毛瑟枪、马梯尼等枪二千四百枝、并炮十尊、子药等件，遵即电复刘坤一，请饬李占椿等迅速前进。现在荣成已为日据，前所派之提督孙万林二营已会同倭、里岛折回之五营驻扎荣成西戾头地方，以遏通威之路。复派总兵李楹带两营前往会合，并力堵剿。戴宗骞亦派知府刘树德率三营前往截剿，力图扼要，毋任蔓延。

正月初二日奉旨电李秉衡等：现在威海情形紧急，所有丁槐、陈凤楼、李占椿、万本华等计已行抵东省，着飞饬各地方官，催令兼程前进。张润林五营行抵何处？张之洞饬令一并赴东助剿。

电李鸿章：现在威海兵单，李秉衡已电催浦、徐各军前往威海。各将领应就现有兵力奋勇御敌。闻荣成至威海陆路颇有崇山叠岭，在防诸军当据隘以遏凶锋，毋仅分扎营座。南北岸炮台军火已否预备充足？着李鸿章速为布置。

正月初二日

直督李鸿章致军务处戴宗骞与刘超佩合守南北岸炮台以遏敌氛电 附旨

据戴宗骞电：谕旨令进据山险，以扼凶锋，至为明鉴。当随时体察情形，度地稳扎，督饬诸将，扼要坚守。又刘超佩守南岸炮台，骞所守乃北岸炮台。若彼此协力，可遏寇氛云。

正月初二日奉旨电李鸿章：据电奏，戴宗骞进扎虎口山岭长墙十里，挡日来路，布置尚属合宜。着与刘超佩协力坚守，毋稍疏失。孙金彪一军现驻烟台口岸，着调赴威海协防。

盛京将军裕禄致军务处报与陈湜商驻兵顾辽阳电

接陈湜电，二十五日率队扼辽。先到六营已分扎沙河等处。初拟与长顺面商防剿，续知长顺连日督战未能折回，函称，贼氛甚急，令拔队星夜前进。该臬司以长顺已移扎闵家山，安山站即嫌空虚，且系辽阳大道，自宜驻兵顾辽，以为长顺声援，遂即派五营星夜前往，又令二营扼驻沙河，以扼后路。该臬司拟于初三日带三营于四方台、八卦沟适中驻扎，前后照顾。

正月初二日

黑龙江将军依克唐阿致军务处两次攻海城因兵分力单事败垂成请令各军联络专攻一路电　附旨二件

二十七日卯刻，依克唐阿亲督各营列队而进，贼万余分股来迎。庆德等四营奋力猛攻，抢过玎璠屯河沿徐家菜园各卡，贼败退。德英与马勒兴额继之，札克丹布等亦到，三面环攻，伤贼甚多。贼退，依城濠用炮抵御，不能前进，即饬博多罗绕向南长甸牵贼势。依克唐阿率各营方拟越濠，不意近城深沟贼伏突起，城上各炮齐发，伤勇不少。正在支持，徐邦道赶到，始得全队撤出。伏思海城一隅，两次直薄城下，未能得手，固由贼滑，实亦兵分力单。拟请饬令裕禄东路各军就近分拨，严防分水岭、大高岭，联络一气，俾依克唐阿得调集寿山等十一营专攻一路。伏乞代奏。

正月初二日奉旨电裕禄：依克唐阿请调寿山十一营专攻一路，着裕禄将东路各军就近分拨，严防分水岭、大高岭等处，腾出寿山一军，准由依克唐阿调回应用。

电长顺、依克唐阿：览奏悉。两次进攻海城，因无后继，事败垂成。此时各军均到，长顺、依克唐阿当督率进战，务须攻拔贼巢。

正月十三日

署江督张之洞奏谨拟两策以期出奇制胜电　附旨

威海戴、孙两军以少击众，洵为难得。惟孤军恐难久持，援兵缓不济急，谨拟两策：一、由李抚饬该军，晓谕荣成、登州一带居民，各集团练义勇，协助官军击日。民团虽不能击其大股，止须日夜多方扰之，伺便截其粮饷、军火，亦可稍杀贼势，以待援兵。如民团击日出力，奏免钱粮三年。一、请饬北洋大臣李电饬海军，就现有铁舰快船四五号，疾驶至成山头一带，顷刻可到，袭其运兵、运械、接济及游弋之船。得利则进，如彼大队来追，收至威海，船台相辅，日必受伤。威海得力在炮台，故日避水路而袭陆路，使我炮台无用。若使海军数船扰之，则正可引之来台，并受我炮。彼如用水师攻台，贼船虽多，大半皆系运船，不能破我台也。半年来，贼船终不敢近威海，其情形可见。或虑战败船毁，不知威海若失，海军已无老营，寥寥数舰，贼从容围攻，终归不支也。此时台亦不能久存矣！若彼来攻台，我辅以数舰，是一台变为数台，一舰变为数舰。惟恳朝廷以重赏严罚，激励各船员弁，方能出奇制胜。此举似乎孤注，然事机危急，断无束手受攻之理。且审敌情，尽人力，实非孤注。谨奏。

正月初二日奉旨电李鸿章：威海援军缓不济急，张之洞所陈颇为周妥，着李鸿章速筹复奏。

直督李鸿章致军务处英法等兵船派兵登岸巡夜电

刘含芳电：前日起，英、德、法、俄、美兵船各派三五十兵持械登岸，在租界内巡夜，尚安详云。

正月初二日

直督李鸿章致军务处刘超佩报日兵至东盐滩电 附旨

刘超佩冬至电：日陆兵下午四点钟已至南岸东盐滩，离炮台十五里云。

正月初三日奉旨：李鸿章电刘超佩，据称，日兵已至南岸东盐滩，离炮台十五里等语。贼锋逼近，日内必有战争。前经降旨，饬令坚守两岸炮台，实为威防第一要着。兹闻该处有创为弃台守营之说，是直开门揖盗，更以利器赍寇，俾彼得转而攻我，该处复何恃为守耶？着李鸿章严饬戴宗骞、刘超佩等尽力固守南北炮台。炮台无失，定予不次之赏。如弃台不守，即将该统领就地正法，决不宽贷。懔之！

吉林将军长顺致军务处日据海城进攻将得手为伏兵所遏只得稳扎电　附旨

顷，据逃民声称，日兵自岫岩至海城及大孤山，每二三十里设一马拨。所陷各城均只数百人，以重兵据海城，作为前敌，势将背城一战，胜则进取，败则尽弃等语。上年冬月，依克唐阿带队进攻海城，几将得手，为伏沟之兵所遏，我军阵亡不少，只得稳退扼扎，以遏窜贼，然毙贼亦不少。

正月初三日奉旨电长顺、依克唐阿：此次该将军等督队进攻，毙贼甚众，阵亡官弁，着查明请恤。现在贼据孤城，若绝其粮道，势将坐困。该将军仍当激励将士，熟筹攻取之策。

直督李鸿章致军务处戴宗骞报山巅置炮日未敢逞电　附旨

戴宗骞电：卑部二十九至初一，三次接仗，皆我先出队，置行炮于山巅，而列枪队数起，与相持，敌终不敢下山，仅以马队虚扰，遇枪即逸。

正月初三日奉旨：李鸿章、李秉衡电悉。山巅置炮，日未敢逞。该将领当随时相机驻扎，扼要坚守，尤须力顾炮台，不可稍有疏忽。刘含芳电称，英提督接其本国回电，有须待国命之语，是彼此不开炮一词，明系英商私请。此事英公使并未向总署言及，总署无须先与辩论。嗣后日船如驶近烟台口岸，该守将等惟当开炮迎击，不必稍存顾虑也。

旨寄宋庆田庄台牛庄等处如何布置着具奏电

电宋庆：数日来，太平山等处据贼有无动静？田庄台、牛庄等处布置情形如何？如果机有可乘，即当奋力前进。吴大澂所部现已陆续出关，可为后路援应。宋庆当妥筹御敌之策，并将前敌军情随时电奏。

正月初三日

吉林将军长顺致军务处请饬电报局派员接线电 附旨

从前辽阳至营口电线断，嗣长顺会同依克唐阿拔队前进，将贼渐次逼出电杆以外，派员查勘，仅海城西北、双庙子、榆树台等处坏三四根，此外皆未损坏。请旨饬下北洋大臣，转饬电报局，赶紧派员接线，俾前敌军情得以迅达京师。

正月初四日奉旨电李鸿章：据长顺奏，辽阳至营口电线为贼隔断，现仅海城西北等处坏三四根，此外离城较远尚未损坏等语，李鸿章转饬电局，迅即赶接。

御史蒋式棻奏敌情诡谲防不胜防请特命偏师进窥彼境折

掌湖广道监察御史蒋式棻奏，为敌情诡谲，防不胜防，请特命偏师进窥彼境，庶抒内顾而解海严事。

臣闻上月二十五日日贼以水师两万余人陷我荣成，威海、烟台渐渐吃紧。窃窥日贼之意，盖由数攻辽阳，知我已布置周密，不能得志，故遣别将扰及山东耳！已知山东之威海、烟台亦布置周密，不能得志，故并力扰及荣成耳！荣成虽伸入海中有军旅而非险要之区，故守未固，使敌人得以乘我于不备。盖至是而真知敌人之兵非甚强，气非甚旺。举凡兵家所云攻坚挫锐之事，彼皆退避而有所未能。辽阳、海城一带果能常此相持而奋勉勿懈，则盛京定可以无忧。所最虑者，敌人逞其变诈之谋，沿海骚扰，自荣成而南讫琼崖，海疆万有余里，处处设防，既使我劳师而糜饷，亦恐道路遥远，布置有所难周。前以沿海备日，二百年来讫无胜算，当时有鉴于元代五龙山之役，故未能以一矢相遗。今则海道大通，轮船往来如履平地，不过两三日由上海已抵长崎。臣窃以为，与其徒守万里防不胜防之海疆，不如别命一将帅，将士卒数千人，直趋四岛，而师伐楚救江之故智，使彼外不无反顾之虑，内亦有边警之备，亦以劳其师而糜其饷，并摇动其人心，度不久而彼且坐困。闻总兵刘永福曾建直捣长崎之议，臣则以为，长崎、神户各大都会不必攻也，以其为通商口岸，百国所辐辏，守御易集，攻之必旷日持久而未能获胜。夫我之滨海者不过东南两面耳！彼则群岛罗列，无一不与海邻。惟长崎略有险阻，神户进口有明石、舞子等炮台，其他则形势既少扼要，海防亦甚疏虞。湾港堪泊者，在在有之。当明治之初，俄、英、美三国战舰往来游行自若，遂致全境骚然。彼国人赖襄著书，亦有五龙山之役元人幸自一面来耳之说。然则彼之所大畏者固在此，而我聿彰天讨，大伸挞伐之威，又何惮而不为此以怵之哉？至于审择将才，或即密遣刘永福前往，或另遣水师人员，不期以克日奏功，亦不必定以孤军深入，但游扬于四境之外，飘忽靡定，使之枕席不安，不待期年，彼将自形委顿。抑臣更有请者，贼陷荣成后必来攻威海、烟台。抚臣李秉衡现往来于二者间，当能有以御之，设令万一不幸，力有难支，望皇上勿责以必死，而谕之以缓图，则该抚臣亦必晓然于为国爱身之旨，虽小有败挫，而山东全局有该抚在庶不至大形糜烂也。谨奏。

光绪二十一年正月初六日。

御史蒋式棻奏确访革员龚照玙委弃旅顺请旨归案严讯折　附旨

掌湖广道监察御史蒋式棻奏，为确访革员委弃旅顺实在情形，请旨归案严讯，以正罪名而申法纪事。

窃臣伏读去年十一月二十一日上谕：革员龚照玙总理船局工程，兼办水陆营务，久驻旅顺，当日氛逼近之时，不能联络诸军，同心固守，迨船坞失陷，避至烟台，仅予革职，不足蔽辜，着即拿交刑部治罪。钦此。仰见皇上肃明军律，必严逃遁之诛，莫名钦佩！岂知龚照玙之逃遁非只一次，其罪固在旅顺将陷之时，而尤在日贼未至之前也。窃访得去年十月初九日金州失陷，该革道即于初十日由旅顺逃往烟台，惧东抚李秉衡查问，又逃赴天津。十一日，各厂闻总办已遁，工匠皆散，营兵纷出扰掠，该革道所部之兵自劫厂库料物而逃，于是水雷营弁张起龙断电线，携电箱，亦遁，水旱电兵闻之，皆遁，故虽各口伏水电、旱电六百余具，日贼至而未尝一发也。该革道既至天津，经李鸿章面饬令还旅顺。至二十四日，该革道乃弃船厂，易服遁入小舟。舟始出口，回首日兵，犹未至也。行四日，始达烟台，畏东抚，不敢上岸，匿广丙舟中数日，乃乘丰顺商船遁至大沽。夫以该革道闻警而逃，弃其所守，其罪已不容诛。况于贼至半月之前，预先惊遁，致令将卒效尤，弃水电、旱电于不顾，于是日贼肆然深入，无所顾虑。是其前次之逃遁尤为贻误大局，擢发不足尽其罪也。相应请旨饬下刑部，将臣所指各节并入李秉衡所参前案，严加究诘，从重治罪，庶将士皆知畏法，无复逃遁之人矣！谨奏。

光绪二十一年正月初六日奉旨：御史蒋式棻奏革员龚照玙委弃旅顺实在情形，着刑部归入前案，一并严讯。

李鸿章李秉衡致军务处戴宗骞电威海南路苦战十日刘超佩未坚守炮台失陷并击沉两敌舰电　三件　附旨

戴宗骞初五午电：自日兵登岸后，日四营全赴南岸，苦战十日，并无接应。现日队深入南岸，龙庙嘴〈炮〉台已失。卑军现今死守长岛十八里铺，万难久支。又丁汝昌电：日今早由南岸后路先得龙庙嘴炮台，鹿角嘴守兵即逃。赵北嘴炮台，经水师于午间往探，戴道要守龙庙嘴，昌既到戴、刘处晤商，此台万难守，均不允。昌又告云：日若由后路抄来，此台即为前敌。该台毫无布置，敌若由长墙抄来，亦必失。终不听，今无及矣！鸿查，前据丁汝昌电禀，南岸龙〈庙〉嘴炮台守兵单薄，敌若由后路抄入，此台难守，则刘公岛水师受敌，戴不肯弃，刘超佩守长墙又未能多分兵守台，致有此失，而鹿角、赵北两嘴两台因以俱失，洵堪痛恨！现饬查明守台官弁，拿获就地正法。水师各舰靠列刘公岛，与张文宣陆军四营相依护，尚能竭力堵击。惟虑日兵水陆夹攻，形势孤危，终难久支。

正月初六日

戴宗骞初五来电：本日早间，日数道由岭入，巩军陆路炮台先失，西南路三虎口苦战三日，亦撤退，南路长墙旋失。日夺龙庙嘴炮台，水师炮力击，日兵死伤不少。现鹿角、赵北两嘴尚守。职道率队扼八里墩。倘南岸两台尚存，犹可支。如再不守，日兵船深入，陆路北台均难存，是职道毕命时恐无后电矣！

正月初六日

顷，接威海电，今晨日数道由岭入，巩军统领刘超佩不坚守，走入刘公岛，陆路炮台先失，南岸长墙亦失。日夺龙庙嘴，水师开炮截击。现鹿角、赵北两嘴尚在守御。绥军尚扼八里墩。又护军统领张文宣电称，高场营炮台打沉日双烟筒鱼雷艇一号，又打沉赵北嘴南沙滩战船一只。西路贼锋已逼进文登县，无兵可调，势必不守云。

正月初六日奉旨电李鸿章：据李鸿章、李秉衡迭次电奏，日攻威海西岸，龙庙嘴等处炮台俱已失陷，虽经击沉贼船，而南岸既为贼据，情势甚为危急。该处防守为日已久，何以贼至不能固守？刘超佩先行走入刘公岛，显系临敌退缩，着并此外逃走各员查拿正法。水陆各军当依护攻击，即饬传知前敌各军，力撑危局。

电李鸿章、李秉衡：戴宗骞驻防北岸炮台，兵少势孤，着饬孙万林赶赴刘公岛，同力守御。水陆各舰，着丁汝昌带令驻扎北岸，与陆军依护堵击。孙万林等若再退却，即按军法从事。昨据李鸿章奏称，打沉日船二只，着查明出力将弁，优加奖励。

正月初六日

直督李鸿章致军务处丁汝昌电王登云冒险毁台免资敌用奋勇可嘉电

丁汝昌电：本日各船猛攻鹿角、龙庙两台，均未攻坏。又派左一雷艇带奋勇二十五名，护军前营二百名，将赵北炮台及炮并药库毁坏，计阵亡一名，救回八名，余尚未知。护军阵亡百余名，余亦未知下落。查左一管带·县丞衔王登云冒险毁台，免资敌用，奋勇可嘉，应请以知县升用。至奋勇救回八名，每名已付给银票三百两。阵亡一名，给五百两，又通赏左一船出力人等银票二千两，以示鼓励。已饬粮台立案。

正月初六日

鲁抚李秉衡致军务处谭得胜最怯遵旨军前正法电

各军与日接仗，终不得力，查各军退缩者不止一人，而以管带泰靖营副将谭得胜为最怯。已遵谕旨，饬令孙万林，将该副将就军前正法，号令各营，以警其余。

正月初六日

鲁抚李秉衡致军务处请迅派援兵来东防剿电　附旨

顷，奉旨：东省防陆需兵，饬令赶紧招募，派藩司汤聘珍经理等因，已饬该藩司遵办，惟招募非克日可成，深恐缓不济急，且枪械亦难速集。现在威海万分危急，如威海有虞，不独丰烟一带难以支持，若贼由海阳、莱阳一带西趋，门户洞开，处处可虑。丁槐、陈凤楼、李占椿等各军均尚未到，即到齐，亦须至海滨前敌堵剿。后路莱州一带，非得重兵驻扎，设有疏虞，关系大局甚重。应恳旨派拨大枝援兵迅速来东，由秉衡审度地势，分驻扼守。俟东省招募有成，如援军应回驻北路，再请旨办理。昨晚据戴宗骞电，威海北台刻尚固守。东军孙万林、李楹两军扎苑家口，近长岛，扼其大队犯北口，可与水师夹击，以冀力保北台。请代奏。

正月初七日奉旨电李鸿章、李秉衡：威海南台既失，刘公岛及北岸三台势当万紧，丁汝昌统带战舰，当会合张文宣、戴宗骞等，水陆同心，尽力拒战。设北台不守，丁汝昌当照前誓死拼战、船沉人尽之议，不可退诿。或带船出口，尽力肆击，却回敌船，则我船进退自可裕如。总之，无论如何危急，必不使我船为彼所得，是为至要！孙万林、李楹两军，仍着迅赴北台，协同戴宗骞固守，不得远扎他处。至李秉衡所请，援兵非目前所能骤集，惟应就现有兵力及江南已到未到各军迅速催调，竭力分防。一面饬令汤聘珍赶紧募勇。所需枪械，着李秉衡与李鸿章、刘坤一电商，均匀拨济。

正月初八日①

帮办军务宋庆致军务处贼据太平山兵单骤难进剿已商吴大澂分兵至田庄台电　附旨二件

庆以全力顾营口，诚恐敌人乘隙抄夺。该寇设伏甚密，连日出队，小有斩获，未便

① 原刊目录标为“初七日”。

穷追。刻正整顿新军炮队，吴大澂率各军已陆续出关，将到石山站，距营口三百余里。拟请饬催分兵至田庄台、营口一带设防，庆即率现有兵力直前攻剿，免后顾之虑。如该抚未到，有机可乘，拟即派姜桂题、刘世俊两军先行驰赴海城，会合徐邦道、吴凤柱等，联络长顺、依克唐阿，力剿海贼。庆自率本部毅军及章高元之军堵御太平山大股，以牵贼势，使其不得救援海城。一俟北路得手，即由太平山进取盖平，不敢坐失事机。

正月初七日奉旨电宋庆等：日贼据守太平山，宋庆以兵力尚单，骤难进剿，着饬各军勤加训练，所练炮队尤宜讲求精熟。吴大澂计已出关，所部各营何日可抵田庄台？着该抚与宋庆熟商布置。

同日奉旨电吴大澂：宋庆电奏，吴大澂率各军陆续出关，请饬分兵至田庄台、营口一带设防等语，吴大澂即饬所部前进，于田庄台、营口等处扼扎。一切军事，与宋庆妥商办理。

直督李鸿章致军务处刘含芳报威海炮声不绝想日兵已来电

接刘含芳电：威海炮声隆隆不绝，想是日人已来。电难达。

正月初七日

直督李鸿章奏遵饬聂士成回驻芦台令陈湜李光久往大高岭接防电

旨：饬查通永镇总兵吴育仁防守北塘，如果不得力，即饬派劲旅前往，切勿迁就误事等因。钦此。查北塘海口布置尚属周密，吴育仁亦非毫无勇略。去冬亲为点验，兵勇技艺亦娴。设有警急，宜可抵守。惟守口之兵止能各防营台，实难分队迎剿。北塘迤北，至滦州一带，地势平坦，空虚辽阔，绝未设有守兵。倘日于春融时伺隙登岸，抄我后路，断非数千防兵所能抵御，必须有大枝游击之师相为策应。查直境海防各军多赴前敌，别无劲旅可调。惟提督聂士成本驻芦台，为北塘后路。现湘军陆继出关，前敌兵力已厚，拟请分饬陈湜、李光久亲往辽阳大高岭，接替聂士成之防，而令该提督速带所部回驻芦台，就近策应，并可顾及北塘迤北一带海岸，实于畿辅全局大有裨益。伏乞圣裁。

正月初七日

直督李鸿章致军务处报日船紧攻威海北岸炮台丁提戴道避往定远电　附旨

威海电线断，正深焦急！顷，接刘含芳电，傍晚有戴道差弁数人来烟，昨早七点，日由小路零队入山，紧攻北岸［祭祀台］炮台甚急，伤人甚多，丁军门与戴道商，已将炮毁，同往定远等语。该差弁午正过鹿台，犹闻羊亭孙万林枪炮之声云云。

正月初九日奉旨电李鸿章：威海失守，殊形愤懑！戴宗骞誓守炮台，又与丁汝昌同往定远。各舰能否冲出？现泊何处？刘公岛势亦难保，即着探明速报。各口开冻，处处吃紧。该督前以专保直隶自任，昨电请添游击之师，已准调聂士成一军前来。各海口系该督辖境，责无旁贷，着妥筹迅复。闻吴宏洛一军尚得力，曹克忠所募之勇数亦不少，如何布置？并着迅行复奏。

鲁抚李秉衡致军务处报北台失守请旨严议并移扼莱州以固省城门户电　附旨二件

前将威海南台已失、扼守北台情形先后电奏在案。日既得南台，大股直趋北台，相持两日，绥、巩各军多半溃散。戴宗骞仅率两营守北台，孙万林等军初五日进逼菀家口、羊亭一带，遏其由外犯北台之冲。初六〈日〉，日扑我军，经孙万林等竭力抵御，日未得逞。初七日，日以大股在羊亭东与孙万林接仗，而潜师由南台内沿海小道趋袭北山嘴炮台。水师船因海口日船环进，不及回顾。戴宗骞兵溃力竭，为队下拥上定远船。是日巳刻，北岸全台均失，孙万林等尚在羊亭口东力战，至酉始退回酒馆。秉衡筹布无方，应请旨将秉衡交部严加议处。此次北台失陷，系由沿海内路袭攻。北台失后，孙万林等尚在北台外苦战一日，贼势太众，万不能支，始行退出，实与临阵退缩者不同，惟救援未能得力，咎有应得，应请旨将提督孙万林、总兵李楹交部严加议处。即令其整队驻扎宁海州以西，以防西窜。除将溃勇分别收集资遣，并刘公岛如何情形续行查报外，请代奏。

正月初九日

秉衡此次筹防，先驻烟台，原为就近接应威海。今威海已失，不独登、烟两处日所必争。现在文登已逼近贼锋，无兵援救。且日轮飘忽靡定，自登、烟而外，如青、莱两郡口岸林立，处处空虚，水陆均虑乘锐西窜。东省北接畿辅，南通江淮，设令深入腹地，势更不可收拾。秉衡即死守烟台，于大局毫无补救。目前统筹全局，似应移扼莱州一带，催集援兵，自西而东，节节进规，以固省城门户，以顾南北大局。其登州防务责成夏辛酉，烟台责成孙金彪、刘含芳，宁海州一带责成孙万林等，均饬扼要固守。是否有当？请旨遵行。刻下丁槐、陈凤楼等军尚未到齐，而前敌后路地方太宽，非厚集兵力，难挫凶锋。惟有吁恳天恩，俯念东省为全局所关，速派拨大枝劲旅，兼程来东。秉衡当竭尽心力，誓扫贼氛。不胜迫切待命之至！除由驿驰奏外，请代奏。

正月初九日奉旨电李秉衡：威海北岸炮台又为贼据，兵船失所依恃，能否冲击出湾？着迅即探明复奏。该抚请拨大枝劲旅，现将冰泮，畿防更重，实无余兵可拨。惟昨据宋庆电称，请拨章高元八营回援东省。如果需此一军，即行调回。着李秉衡酌度具奏。李占椿各军，仍催令速进。

电刘坤一：现在威海南北岸炮台俱已沉失，近畿吃紧。刘坤一所调贺星明七营兵力尚单，所有熊铁生、余虎恩两营驻扎关内，切勿调动，着电知吴大澂，迅赴榆关，布置各口防务。

正月十一日

旨寄李鸿章宋庆北塘一带空虚饬徐邦道入关电　二件

旨：李鸿章电奏，北塘至滦州一带空虚辽阔，恐贼于春融后伺隙登岸，抄我后路，必须有大股游击之兵，庶不致蹈皮子窝、成山覆辙。现湘军陆续出关，拟请饬陈湜、李光久等往大高岭等处，接替聂士成之防，令该提督迅带所部回驻芦台等语。转瞬冰泮，畿辅各海口防不胜防。聂士成迭经与贼接仗，素称得力，即着饬令统率所部，迅速进关，驻扎芦台，兼顾北塘迤北一带海岸，以资策应。其大高岭等处尚有吕本元、孙显寅等军。如果兵力不敷，应令何营前往填扎，着宋庆、吴大澂会商办理。又据李鸿章电称，宋庆请饬章高元带所部回援威海等语。此军若调回东省，程途较远，缓不济急。且昨据宋庆奏，拟率章高元之军堵御太平山贼股，即着毋庸更调。吴大澂电奏，日内可抵田庄台，并催令魏光焘、吴元恺各营到齐，妥筹布置。

正月初九日

电寄李鸿章、宋庆：聂士成一军碍难移动，徐邦道即饬入关，宋庆与吴大澂应破除成见，互相援应。

正月十四日

旨着李鸿章督饬海军将士力筹保全海疆之策电

电李鸿章：年内丁汝昌等电所筹大股来扑，合力抵御，皆以迎剿为保全之计，若株守口内，必致全船资敌。李鸿章当督饬海军将士，力筹保全海疆之策。如威海不守，海船即无归宿之处，着即迅筹复奏。

正月初九日

旨寄张之洞唐景崧有人奏日国内空虚若以水师深入使彼有内顾之忧着商奏电

电张之洞、唐景崧：有人奏，日人国内空虚，若以水师深入，或游弋各处，使彼有内顾之忧，即可缓其肆扰，着商酌奏闻。

正月初九日

旨着胡燏棻查询购买船炮消息电

电胡燏棻：前由汉纳根令补海斯岱等购买船炮，何以尚无消息？着即询明复奏。又前购头批枪炮何时可到？着查复。

正月初九日

直督李鸿章致总署报日以我国所赍国书文理不全不允开议加给国书似仍无济电　三件

密。新。路透来电，日本以中国议和大臣所赍国书文理不全，不允开议。华使仍不即离日，日乃遣员护送该大臣前赴长崎。英、法、俄三国驻华、驻日使臣已接到各该国政府训条，出而调处，言归于好云。

正月十一日

顷，译张、邵两星使致驻京美使电云：日以中国使臣议事须请示国家，无权议事，即非全权大臣，且电报来往，必迟延日期，不肯议事。如中国派便宜行事与全权大臣，毋庸请示国家，则愿会议云。又因广岛系办军务首要之区，不允我等驻扎，即日拟绕长崎回沪云。

正月十一日

沪局密电：加给张、邵国书，似仍无济。访察各国有识者之论，日若犯至北京，而后可公论相助，现时无策云。

正月十五日

宋庆吴大澂奏聂士成忠勇善战恳恩缓调进关电　附旨

谕旨命调聂士城〔成〕进关，回驻芦台，自应钦遵办理。惟查凤凰城各处日兵甚多，其不敢窥视辽沈者，专赖聂士成忠勇善战，为日人所惮。陈湜虽抵辽阳，未与日人接仗，路径亦不熟。若调聂军进关，日人无所忌惮，辽沈必益吃紧。臣等会剿海、盖之寇，实难兼顾东路。再四电商，苦无接替，可否恳恩暂留聂士成，缓调进关？俟海、盖得手，臣等分兵进至大高岭一带，再令聂士成会驻芦台，伏祈圣鉴。再，李光久五营现驻牛庄，碍难撤动，并以附陈。

正月十一日奉旨电宋庆：来电悉。前调聂士成进关，原因畿辅重地，必须得力将领统带游击之师，以备缓急。威海已失，贼乘机直犯关内各海口，仓猝拨调，缓不济急。着宋庆仍遵前旨，即饬聂士成统军入关，大高岭防营另筹调派。东省军情紧急，即饬章高元回东，以备缓急。

鲁抚李秉衡奏我水师与日船鏖战击沉彼舰数只请饬章高元军回东电　附旨

旨：李秉衡两电均悉。威海北岸炮台又失，兵舰失所依恃，能否冲击出险，尚不可知，仍着察明电复。孙万林等已有旨交部严议，李秉衡改为议处等因。钦此。查威海已为贼据，刘公岛情形颇难。衡已悬重赏，募人至刘公岛查探，顷，闻戴宗骞到刘公岛，即行自尽，连日水师与日船鏖战，打沉日船数只，未卜能否支持？衡已饬孙万林一军赴援文登，以保进兵之路。威海绥、巩溃军西来者，除收械资遣外，择其精壮者编列队伍，可成二三营。丁槐日内可到烟，先交令统带，俟将各营略为整顿，即图进攻。衡应将战守事宜布置定妥，再行移扼莱州，以顾大局。其西路武定府所属兵力太单，可否请旨饬下宋庆，将章高元一军迅速回东，即令驻扎海丰埕子口一带，以固津沽门户？至丁槐、陈凤楼、李占椿、万本华、张同林各军，将来到东，应否另派大员总统，抑或暂交秉衡调遣之处，请旨遵行。

正月十一日奉旨电李秉衡：威海已失，瞬届冻开，畿防较东省尤急。丁槐熟习地营之法，着统所部来津，听候谕旨。章高元一军已饬回东，与陈凤楼等军归李秉衡调遣。

直督李鸿章致军务处筹防北洋海口及布置防剿电

旨：直境各海口预防固宜严密，一闻警信，如何呼应灵通，合力攻击，使敌不得乘间登岸，着迅筹复奏等因。查直境滨海，延袤七八百里，地势平旷，汊口极多。现惟山海关、洋河口、乐亭、大沽、北塘、祁口各有守兵，余实无许多兵力。现饬各口防军严密布置外，必须有三四大枝游击之师，视敌所向，分投合击。而所部淮练各营，半调奉天前敌，半守各口要隘，无可筹添，姑就目前兵力筹画，请调聂士成辽阳八营回直，合之该提督新募功字十营及吴宏洛六营，可并为津北一枝游击；曹克忠新募马步三十营，现由小站移扎三古林、祁口等处，可为津南一枝游击。日人动挟数万而来，若窥京畿，必分数路登岸，断不可以寡敌众，致蹈覆辙。若有警信，程文炳、董福祥两军亦宜派令前进，合力进击。惟闻宋、吴两帮办欲留聂士成守岭，殊属不顾大局。应请朝廷力持大计，勿为摇惑，以陈湜十营、李光久五营替聂军八营之防，岂尚不足？请代奏。

正月十一日

江督刘坤一致军务处设立营务处以魏光焘充任电

坤以征日兵勇云集关东，宋、吴两帮办现临前敌，所有防剿事宜，仍应设立营务处，以资臂助，查有前新疆藩司魏光焘堪以胜任。除分电外，请代奏。

正月十二日

署江督张之洞致总署拟借炽大洋行款一百万镑电

事机日紧，用烦饷竭，捐借极难。江苏拟借洋款一百万镑，约合银七百万两，供北上诸军及本省海防、粮饷、军火、转运各费，户部电，不令动关税归还，只可勉力筹维，以盐课、厘金认还，或有他项筹捐之款，亦可弥补，但必须海关出票，户部立案，由藩、运两司按期拨还。此款为北军用者不止一半，将来由户部核明，如系北军用者，酌派沿江各省摊还。除江苏首先多摊外，安徽、江西、湖南、湖北、四川五省亦酌分等差协摊。江苏用者，江苏自还。惟以后除京饷照旧解足外，协饷应请酌减。现有英商炽大洋行来议借款，息六厘，九八扣，不另取行用，轻省殊多。因户部电，与赫德借款有碍，故与德国德华洋〔银〕行议借，先议七厘息，九六扣，以外别无行用。现与议六厘息，共扣数项，照赫德办法，分二十年还，利随本减。惟据炽大言，该行有现成巨款，无论借多少，无须招股，与赫德借款无碍等语。查炽大较赫德少扣九厘，计每百万镑省八九万镑，合银五十余万两。如部借三百万镑，可省一百六七十万两。既云与赫德无碍，自应择善而从，以免耗费。江苏借款，拟先与炽大议。并由总署、户部询之赫德，如赫德必以为不便，即与德华定议。至借款之数，较上年十二月啸电增多者，因前电漏将购外洋枪炮核计。再，户部既不准动关税归还，未便代台湾合借。合并声明。仰恳敕下户部、总署，迅即核议复电。再，炽大洋行炽字，因总署电本无炽字，故以职字代之。

正月十二日

旨着李鸿章探刘公岛各舰能否力战冲出电

电李鸿章：据电称，初八日，日以四舰诱敌，见定远驶出，日即退回等语。定远驶往何处？其余各船困守刘公岛，终恐难保，能否力战冲出，着李鸿章设法探闻。据王文锦奏称，吴育仁一军恐不足恃，着另派员驻扎北塘。

正月十二日

帮办军务宋庆致军务处报营口危请派员防剿电 附旨

谕饬章高元迅即率队进关，一面电商吴大澂，饬陈湜前往大高岭接防。顷，据吕本元等电称，初二日，与贼血战，贼氛仍恶等语。太平山一带大股时常出扰，皆即击退。昨有十二、三日聚众扑营之谣，庆率各军严备以待，虽未来犯，惟该寇诡诈异常，或聚集一处，或分千数百为一股零星散扎。由海至盖，东西皆深山洞谷，设卡山头，以测远镜窥我虚实，兵一移动，彼皆了如指掌。又随处皆有电线，呼吸灵通，号炮一声，四路聚集，办理颇难得手。且虑转瞬冰融，寇轮倏至。威海已失，我军战舰不能救援，营口尤为可危。若不趁冻冰以前赶为规画就绪，难望转机。俟吴大澂赶到田庄台后，当与熟商，以一人督剿，一人督防，互相调用。如战剿不力，则责在督剿。防守疏虞，则责在督防，请旨饬派专责。乞代奏。

正月十二日奉旨电宋庆：电悉。贼分路扑营口，吴大澂所部及龙殿扬等军即日可到，着会商进剿。开冻在即，关内愈紧，深盼关外得手，以牵贼势。俟贼分队，即前行抄袭，勿株守。

鲁抚李秉衡致军务处刘公岛已失恐其西犯遵旨移扎莱州电　附旨

顷，闻刘公岛已失，水军覆没，日船已他驶，恐其西犯。秉衡遵旨移扎莱州，以待援军而顾全局。请代奏。

正月十二日奉旨电李鸿章：刘公岛失守，战船竟至覆没，殊堪愤闷！烟台之西通伸岗已有日船开炮，情殊叵测。丁槐一军准留东差遣。

清季外交史料卷一百零四终

清季外交史料卷一百零五

光绪二十一年正月中

总署奏息借汇丰洋行一千万两及三百万镑订立合同折 附合同清单各二件

总理各国事务恭亲王奕䜣等奏，为息借洋款订立合同事。

窃臣等因筹备军需，议借洋款，当由总税务司赫德向汇丰洋行借库平足银一千万两，每年七厘行息，分二十年归还；续又向该行拟借英金五百万镑，每年六厘行息，亦分二十年归还，均经先后奏明在案。查先借之一千万两，已在天津、伦敦两处陆续先交。后借之五百万镑，旋因款目过巨，难以凑足，减为三百万镑，利息、还期仍照原议。现在两次借款分缮合同清单，由总税务司赫德呈递前来。臣等公同会商，并黏签核定，所开条款，已属周详。除正月初一日派员画押，分资信守外，谨钞录两次合同清单，恭呈御览。俟奉谕旨，即由总理衙门照会英国驻京使臣，转为知会汇丰洋行照办，仍电知出使英国大臣龚照瑗，将股票加盖关防一条妥为办理。谨奏。

光绪二十一年正月十二日。

谨将息借汇丰洋行库平足银一千万两订立合同恭呈御览

总理衙门会同户部，代中国国家，向汇丰银行商借银款，于光绪二十一年正月初一日，即西历一千八百九十五年正月二十六日，订立合同为据。

案查，前于光绪二十年九月二十六日，即西历一千八百九十四年十月二十四日，总理衙门与汇丰银行权衡为中国国家经手人，代中国国家借上海规平银一千九十万两，合库平足色银一千万两，言明长年七厘起息，以十年为期，偿还本银；其所发保固付利归本之股票，约定以实数发付；其兑换之行市，由该银行酌定。嗣经立合同者彼此会同商订，除他项变通之处不计外，订明将归本之期展为二十年，所发股票不按实数发付，而以二分折扣转售，按每规平银一两核金镑三先零兑收，并将所收全数除由该银行将经手规费暨他项经费扣除外，即由该银行交付中国国家收领，按金镑之二先零十一别力一法丁合规平银一两核算，是所发股票之全数计规平银一千九十万两，而应扣之经手规费暨他项经费不在其内。已由该银行向收买股票之银主将以上更定办法约定，并所借款项已大半接收。除将该银行经手规费暨一切经费先行扣除外，即将所收之款交付中国国家收领。并订明：俟借款全数收清，即于光绪二十年腊月十五日，即西历一千八百九十五年正月十日，将所存之款交付中国国家收清。一切办法已由中国国家概为核准，并蒙中国皇上于光绪二十年十月十二日，即西历一千八百九十四年十一月九日明降谕旨，将此项借款及画押合同事宜允为照办，此上谕已由总理衙门交由英国驻京大臣转给汇丰银行收阅。

现经立合同者会同商订详细办法，开列于后：

一、利息系自光绪二十年十月初四日，即西历一千八百九十四年十一月一日起，按所借全数计算，逐年按未归之本银实数，以七厘行息，每半年付息一次，俱以西历五月一日暨十一月一日为期。

一、自西历一千九百四年十一月一日起还本，分作十年，逐年按均匀之数掣签偿还。凡于西历一千九百十二年十一月一日尚持有未掣销之股票者，其本利，或于一千九百十三年十一月一日，或于一千九百十四年十一月一日一并收清，均听其便。

一、凡付利归本之款，应由中国国家于限期二十一日以先，以规平银，按照后开之单，交付汇丰上海分行查收。

一、凡付利归本之规平银两，应按中国原领借款核准之规平交付。

一、中国国家准汇丰银行代售借款全数股票，其股票数目、式样系由汇丰银行酌定，发给收买股票之银主收执，每张由中国驻英使臣加盖关防，以为中国允行之据。

一、此次借款应以中国通商各关之税饷为抵偿还。除以前抵税所借未还之款仍应先为偿还外，嗣后若再有抵税款目，总以此次借款尽先偿还。此款或全未还，或未还清以先，嗣后倘有用税借抵他款付利归本一切事宜，不得订明在此次借款之前，亦不得订明与此次借款并行办理。无论如何订办，总不得令此次借款以关税逐年抵还之质保有所窒碍减色。将来若再订立抵税款目，务于合同内载明：所有付利归本等事，俱在此次借款之后办理。

一、此次借款，应由总理衙门会同户部，按所借银数暨应付利息数目，发给关票，均须盖有总理衙门暨户部印信，并由总务税司签字，以该票扶同作保。此项关票每张应载明上款所列尽先偿还字样，于画押此合同十日之内，应将此项关票交与汇丰天津分行查收。此项关票系为正件。

一、通商各关应另备规银关票，由各该关监督并各该省督抚盖印，由各该税务司签字，将此项关票交付汇丰银行收存，以便扶同作质。此项票据应自画押此合同之日起，于西历本年三月十五日，即光绪二十一年二月十九日以前，交与上海汇丰银行收执。统计所有规银关票，载明银数，应与所借规银数目暨应付利息数目相符。此项关票应可抵完中国通商各关税饷，无论该票系原由何关所发，所有各关均可一律抵税。此项关票系为副件。

一、自画押此合同之日，即由户部会同总理衙门，将合同所立各节并画押合同事宜续为具折奏明，请旨允行，即由总理衙门将奏折并允准之上谕照送英国驻京大臣，转为知会汇丰银行照办。

以上合同照缮两份，公同画押，由立合同者各持一份，以昭信守。

光绪二十一年正月初一日，即西历一千八百九十五年正月二十六日。

总理衙门章京·户部郎中舒文押。

汇丰银行押。

借贷上海规银一千九十万两逐年付利归本清单

西历一千八百九十四年十一月一日：不还本银，亦不付利。

西历一千八百九十五年五月一日：不还本银。按所借一千九十万两，应付利银三十八万一千五百两。

西历一千八百九十五年十一月一日：不还本银。按所借一千九十万两，应付利银三十八万一千五百两。

西历一千八百九十六年五月一日：不还本银。按所借一千九十万两，应付利银三十八万一千五百两。

西历一千八百九十六年十一月一日：不还本银。按所借一千九十万两，应付利银三十八万一千五百两。

西历一千八百九十七年五月一日：不还本银。按所借一千九十万两，应付利银三十八万一千五百两。

西历一千八百九十七年十一月一日：不还本银。按所借一千九十万两，应付利银三十八万一千五百两。

西历一千八百九十八年五月一日：不还本银。按所借一千九十万两，应付利银三十八万一千五百两。

西历一千八百九十八年十一月一日：不还本银。按所借一千九十万两，应付利银三十八万一千五百两。

西历一千八百九十九年五月一日：不还本银。按所借一千九十万两，应付利银三十八万一千五百两。

西历一千八百九十九年十一月一日：不还本银。按所借一千九十万两，应付利银三十八万一千五百两。

西历一千九百年五月一日：不还本银。按所借一千九十万两，应付利银三十八万一千五百两。

西历一千九百年十一月一日：不还本银。按所借一千九十万两，应付利银三十八万一千五百两。

西历一千九百一年五月一日：不还本银。按所借一千九十万两，应付利银三十八万一千五百两。

西历一千九百一年十一月一日：不还本银。按所借一千九十万两，应付利银三十八万一千五百两。

西历一千九百二年五月一日：不还本银。按所借一千九十万两，应付利银三十八万一千五百两。

西历一千九百二年十一月一日：不还本银。按所借一千九十万两，应付利银三十八万一千五百两。

西历一千九百三年五月一日：不还本银。按所借一千九十万两，应付利银三十八万一千五百两。

西历一千九百三年十一月一日：不还本银。按所借一千九十万两，应付利银三十八万一千五百两。

西历一千九百四年五月一日：不还本银。按所借一千九十万两，应付利银三十八万一千五百两。

西历一千九百四年十一月一日：按所借一千九十万两，应付利银三十八万一千五百两，应分还本银一百九万两，统计应付本利一百四十七万一千五百两。

西历一千九百五年五月一日：不还本银。按尚未偿还之本银九百八十一万两，应付利银三十四万三千三百五十两。

西历一千九百五年十一月一日：按尚未偿还之本银九百八十一万两，应付利银三十四万三千三百五十两，应还本银一百九万两，统计应付本利一百四十三万两三千三百五十两。

西历一千九百六年五月一日：不还本银。按尚未偿还之本银八百七十二万两，应付利银三十万五千二百两。

西历一千九百六年十一月一日：按尚未偿还之本银八百七十二万两，应付利银三十万五千二百两，应分还本银一百九万两，统计应付本利一百三十九万五千二百两。

西历一千九百七年五月一日：不还本银。按尚未偿还之本银七百六十三万两，应付利银二十六万七千五十两。

西历一千九百七年十一月一日：按尚未偿还之本银七百六十三万两，应付利二十六万七千五十两，应分还本银一百九万两，统计应付本利一百三十五万七千五十万。

西历一千九百八年五月一日：不还本银。按尚未偿还之本银六百五十四万两，应付利银二十二万八千九百两。

西历一千九百八年十一月一日：按尚未偿还之本银六百五十四万两，应付利银二十二万八千九百两，应分还本银一百九万两，统计应付本利一百三十一万八千九百两。

西历一千九百九年五月一日：不还本银。按尚未还之本银五百四十五万两，应付利十九万七百五十两。

西历一千九百九年十一月一日：按尚未偿还之本银五百四十五万两，应付利银十九万七百五十两，应分还本银一百九万两，统计应付本利一百二十八万七百五十两。

西历一千九百十年五月一日：不还本银。按尚未还之本银四百三十六万两，应付利银十五万二千六百两。

西历一千九百十年十一月一日：按尚未偿还之本银四百三十六万两，应付利十五万二千六百两，应分还本银一百九万两，统计应付本利一百二十四万二千六百两。

西历一千九百十一年五月一日：不还本银。按尚未偿还之本银三百二十七万两，应付利银十一万四千四百五十两。

西历一千九百十一年十一月一日：按尚未偿还之本银三百二十七万两，应付利十一万四千四百五十两，应分还本银一百九万两，统计应付本利一百二十万四千四百五十两。

西历一千九百十二年五月一日：不还本银。按尚未偿还之本银二百十八万两应付利七万六千三百两。

西历一千九百十二年十一月一日：按尚未偿还之本银二百十八万两，应付利银七万六千三百两，应分还本银一百九万，统计应付本利一百十六万六千三百两。

西历一千九百十三年五月一日：不还本银。按尚未偿还之本银一百九万两，应付利三万八千一百五十两。

西历一千九百十三年十一月一日：按尚未偿还之本银一百九万两，应付利三万八千一百五十两，应分还本银一百九万两。是期持有股票之人其应收本银，或于一千九百十三年，或于一千九百十四年收领，均听其便，以符二十年之定限。

西历一千九百十四年五月一日：不还本银。按尚未偿还之本银付利银。

西历一千九百十四年十一月一日：按尚未偿还之本银付利，并将未还之本银还清。

谨将息借汇丰洋行英金三百万镑订立合同恭呈御览

总理衙门会同户部，代中国国家，向汇丰银行商借金款，订立合同为据，章程列后：

第一款　总理衙门准汇丰银行权衡为中国国家经手人，或由该行一行，或由该行选择会同他人，代中国国家借英金三百万镑。

第二款　言明长年利息不得过六厘，按半年付息一次即西历六月三十日、十二月三十一日。

第三款　约期二十年还清其本。自西历一千九百年十二月三十一日起，分十五次，每年一次，按均匀之数掣签偿还。惟中国国家有于以上所订二十年期内无论何时将借款按照原借足数偿还之权，与例须六个月之前，在伦敦泰晤土［士］报章出示告白，宣布众知。

第四款　凡付利、归本，应由中国国家按照后开之单，将足数金镑价款在上海交付，在汇丰银行查收，惟须先期二十一日交付即六月初九日、十二月初十日，以便该行按期转付。

第五款　汇丰银行转售股票，折扣不得过四分半之数。

第六款　所出股票，每张数目，应由汇丰银行随时自订，并股票应由中国驻英出使大臣加盖关防，以昭信守。

第七款　汇丰银行转售股票，经手规费，系按原借款数，以二分计算，即合六万金镑，由该行于借款数内先行扣除。

第八款　汇丰银行因欲转售股票踊跃，所应需之保费及税契、经纪等费，约计原借四分半之数，由该行于借款数内先行扣除。

第九款　此次借款应以中国通商各关之税饷为抵偿还。除以前抵税所借未还之款仍应先为偿还外，嗣后若再有抵税款目，总以此次借款尽先偿还。此款或全未还，或未还清以先，嗣后倘有用税借抵他款付利、归本一切事宜，不得订明在此次借款之前，亦不得订明与此次借款并行办理。无论如何订办，总不得令此次借款以关税逐年抵还之质保有所窒碍减色。将来若再订立抵税款目，务于合同内载明：所有付利、归本等事，俱在此次借款之后办理。

第十款　此次借款，应由总理衙门会同户部，按所借金镑暨应付利息数目发给关票，均须盖有总理衙门暨户部印信，并由总税务司签字，以该票扶同作保。此项关票每张载明第九款尽先偿还字样，于汇丰银行将代中国所借款项交付以先，应将此项关票交与汇丰天津分行收执为凭。此项关票系为正件。

第十一款　通商各关应另备金镑关票，由各该关监督并各该省督抚盖印，由各该税务司签字，将此项关票交付汇丰银行收存，以便扶同作质。此项票据应自画押此合同之日起，以三个月为期，交与上海汇丰银行收执。所有金镑关票载明镑数，应与所借金镑暨应付利息数目相符。此项关票应可抵完中国通商各关税饷，无论该票系原由何关所发，所有各关均可一律抵税。此项关票系为副件。

第十二款　汇丰银行转售股票，若较合同所立情节有所便宜，应归中国得之。银行除上列经手规费二分外，不得另有他项益处。

第十三款　总理衙门准汇丰银行权衡代中国国家照合同所立各节借款，其权衡应由汇丰银行于接准已画押此合同之电报日起，以十日为止。若转售股票未能踊跃，不得惟该银行是问。

第十四款　俟汇丰银行声明，转售股票可以开办，即由总理衙门会同户部，按照合同所立各节，奏明请旨，允照所拟办理，即由总理衙门将奏稿并允准之上谕照会英国驻京大臣，转为知会汇丰银行，方能开办。以上合同照缮两分，公同画押，由立合同者彼此各执一份，以昭信守。

光绪二十一年正月初一日，即西历一千八百九十五年正月二十六日。

总理衙门章京·户部郎中舒文押。

汇丰银行押。

借贷英金三百万镑逐年付利归本清单

西历一千八百九十四年十二月三十一日：不还本，亦不付利。

西历一千八百九十五年六月三十日：不还本。按所借三百万镑，应付利九万镑。

西历一千八百九十五年十二月三十一日：不还本。按所借三百万镑，应付利九万镑。

西历一千八百九十六年六月三十日：不还本。按所借三百万镑，应付利九万镑。

西历一千八百九十六年十二月三十一日：不还本。按所借三百万镑，应付利九万镑。

西历一千八百九十七年六月三十日：不还本。按所借三百万镑，应付利九万镑。

西历一千八百九十七年十二月三十一日：不还本。按所借三百万镑，应付利九万镑。

西历一千八百九十八年六月三十日：不还本。按所借三百万镑，应付利九万镑。

西历一千八百九十八年十二月三十一日：不还本。按所借三百万镑，应付利九万镑。

西历一千八百九十九年六月三十日：不还本。按所借三百万镑，应付利九万镑。

西历一千八百九十九年十二月三十一日：不还本。按所借三百万镑，应付利九万镑。

西历一千九百年六月三十日：不还本。按所借三百万镑，应付利九万镑。

西历一千九百年十二月三十一日：按所借三百万镑，应付利九万镑，应分还本二十万镑，统计应付本利二十九万镑。

西历一千九百一年六月三十日：不还本。按尚未偿还之本二百八十万镑，应付利八万四千镑。

西历一千九百一年十二月三十一日：按尚未偿还之本二百八十万镑，应付利八万四千镑，应分还本二十万镑，统计应付本利二十八万四千镑。

西历一千九百二年六月三十日：不还本。按尚未偿还之本二百六十万镑，应付利七万八千镑。

西历一千九百二年十二月三十一日：按尚未偿还之本二百六十万镑，应付利七万八千镑，应分还本二十万镑，统计应付本利二十七万八千镑。

西历一千九百三年六月三十日：不还本。按尚未偿还之本二百四十万镑，应付利七万二千镑。

西历一千九百三年十二月三十一日：按尚未偿还之本二百四十万镑，应付利七万二千镑，应分还本二十万镑，统计应付本利二十七万二千镑。

西历一千九百四年六月三十日：不还本。按尚未偿还之本二百二十万镑，应付利六万六千镑。

西历一千九百四年十二月三十一日：按尚未偿还之本二百二十万镑，应付利六万六千镑，应分还本二十万镑，统计应付本利二十六万六千镑。

西历一千九百五年六月三十日：不还本。按尚未偿还之本二百万镑，应付利六万镑。

西历一千九百五年十二月三十一日：［不还本］按尚未偿还之本二百万镑，应付利六万镑，应分还本二十万镑，统计应付本利二十六万镑。

西历一千九百六年六月三十日：不还本。按尚未偿还之本一百八十万镑，应付利五万四千镑。

西历一千九百六年十二月三十一日：按尚未偿还之本一百八十万镑，应付利五万四千镑，应分还本二十万镑，统计应付本利二十五万四千镑。

西历一千九百七年六月三十日：不还本。按尚未偿还之本一百六十万镑，应付利四万八千镑。

西历一千九百七年十二月三十一日：按尚未偿还之本一百六十万镑，应付利四万八千镑，应分还本二十万镑，统计应付本利二十四万八千镑。

西历一千九百八年六月三十日：不还本。按尚未偿还之本一百四十万镑，应付利四万二千镑。

西历一千九百八年十二月三十一日：按尚未偿还之本一百四十万镑，应付利四万二千镑，应分还本二十万镑，统计应付本利二十四万二千镑。

西历一千九百九年六月三十日：不还本。按尚未偿还之本一百二十万镑，应付利三万六千镑。

西历一千九百九年十二月三十一日：按尚未偿还之本一百二十万镑，应付利三万六千镑，应分还本二十万镑，统计应付本利二十三万六千镑。

西历一千九百十年六月三十日：不还本。按尚未偿还之本一百万镑，应付利三万镑。

西历一千九百十年十二月三十一日：按尚未偿还之本一百万镑，应付利三万镑，应分还本二十万镑，统计应付本利二十三万镑。

西历一千九百十一年六月三十日：不还本。按尚未偿还之本八十万镑，应付利二万四千镑。

西历一千九百十一年十二月三十一日：按未还之本八十万镑，应付利二万四千镑，应分还本二十万镑，统计应付本利二十二万四千镑。

西历一千九百十二年六月三十日：不还本。按尚未偿还之本六十万镑，应付利一万八千镑。

西历一千九百十二年十二月三十一日：按未偿还之本六十万镑，应付利一万八千镑，应分还本二十万镑，统计应付本利二十一万八千镑。

西历一千九百十三年六月三十日：不还本。按尚未偿还之本四十万镑，应付利一万二千镑。

西历一千九百十三年十二月三十一日：按未还之本四十万镑，应付利一万二千镑，应分还二十万镑，统计应付本利二十一万二千镑。

西历一千九百十四年六月三十日：不还本。按尚未偿还之本二十万镑，应付利六千镑。

西历一千九百十四年十二月三十一日：按尚未偿还之本二十万镑，应付利六千镑，应分还本二十万镑，统计应付本利二十万六千镑。

以上共计按所借之本三百万镑，共付利二百三十四万镑，总计本利共付五百三十四万镑。

使日张荫桓邵友濂奏和战相为表里请饬统兵大员实力防剿折

议和专使张荫桓、邵友濂奏，为和战相为表里，请旨饬下关内外统兵大员实力防剿，以冀事易就范事。

窃臣荫桓初十日陛辞，十六日冒险出塘沽登舟，十八日抵沪，晤臣友濂，谨将密旨暨国书、敕书及田贝往来函电公阅，随即电达总署。二十四日钦奉电旨：前据张荫桓电奏，业经抵沪，谅已与邵友濂会商一切，即着该侍郎等克日出洋，勿庸另候谕旨，并将起程日期电复。钦此。即于是晚复奏，电请总署代递在案。臣荫桓出京行抵通州，接翰林院学士准良书，谓：臣以一身任天下之怨，到沪后，宜疏陈敌情贪狡，不可以和，兵气转圜，可以一战，请命回京等语。迨行抵沪上，匿名揭帖，遍布通衢，肆口诋讥，互相传播，虽于审度利害，衡量短长，漫无一当，而人心思奋，具见同仇敌忾之诚。溯查同治十年，日本遣其大藏卿伊逢〔达〕宗城来求立约。逾年，又遣其外务大臣副岛种臣来华换约。十三年，台湾生番之役，两军相持，日本则有参议大久保利通之使。光绪十一年，朝鲜之役，又有伊藤博文之使。二十余年间，中日订约重事，日本悉派其大臣前来，隐以有礼自处。此次中国派员前往，援公法报施之义，亦交际之常，尚非刻意迁就。特人情狃于习见，辄以臣等之行妄生訾议。臣等仰体皇上维护国本，不忍生灵涂炭之意，人言在所不恤，惟是御侮之策，能战而后能和。当此敌焰方张，边城屡陷，凶锋曾未一挫，且自中外通好以来，日本每以所订约章不得媲于泰西，积怨已非一日，度此次多方要挟，早在圣明洞鉴之中。臣等恪守训谕，力持大体，非特索及疆土固当正言坚拒，即准韩自主、偿日兵费，曾经各国使臣居间调处，而索费过巨，臣等亦万难与商。停战之说，更不敢轻发，纵彼举以为言，仍当电候圣裁。总之，和议之难易，必视战事之利钝为转移。现在各路大军云集，一闻和议，恐将士为之迟疑。臣荫桓行抵津沽，晤吴大澂，嘱展缓行期，以俟捷音，如果连获胜仗，直可坐致彼来。所言不为无见。兹奉命克日起程，臣等订定船期，束装东渡，惟有吁恳圣明，饬下关内外统兵大员，一意筹战，力求实效，勿以臣等之行，意存观望。他日和议可成，彼固不敢别有觊觎，即和议不成，我亦不至漫无准备。不胜激切待命之至！谨奏。

光绪二十一年正月十二日。

侍读张百熙奏威海已失山东防务吃紧宜速择要布置折

翰林院侍读学士张百熙奏，为威海已失，山东防务吃紧，宜速择要布置，以固东防而控畿疆事。

窃维日人犯顺以来，北洋防务在在吃重，而水师兵轮自大东沟败后不敢出洋一步，致使敌船猖獗，任意往来，偶于各海口游弋，一船施放数炮，即令沿边惊扰。日情狡谲，又善于避实击虚，知我兵力专注榆关以东，山东防务较松，因以奇兵取我荣成，夺我威海，不独烟台等处吃紧，恐天津亦在窥伺之中。臣请就山东形胜言之。

该省海面甚长，日照迤南，与江苏连界，海丰迤北，与直隶庆云连界，绵亘一千余里，大小海口以数十计，大小岛屿以百余计，实为防不胜防。非于兵力不给之处，审择要隘，密设水雷、地雷，待其消息，不足以资捍卫。其登、莱、青三府，号曰东三府，形势如人伸一臂，连山迤逦，东趋入海，荣成实当海山尽处。山北一带，威海、烟台为水陆要冲，山南一带，莱州、胶州为陆路要冲，必须各驻重兵，进战退守，庶敌势可遏，不至有糜烂之患。现在威海既失，抚臣李秉衡势当收合营伍，坚扼烟台，或竟退保莱州，则胶州必设严防，以为南路屏蔽外，此海丰境内有曰埕子口，平昔海船出入无阻，尤为紧要。该处北至天津，西至德州，皆不过三百里。倘日贼自此拦入，窥我内地，必至畿辅震惊。刘坤一、王文韶及王文锦等若能于天津布置周密，或不敢逞。特虑日贼以轻师径窜德州，梗我运道，使南北隔绝，呼应不灵，不独刘坤一前敌诸军一切军火器械取给南洋者必为牵制，而海道漕运不通，河运又被其扰，则全局所关实非浅鲜矣！

伏查，山东海防各营，向只有嵩武、广武等军。北洋大臣李鸿章因李秉衡更换其表弟道员李正荣管带，遂挟调其嵩武、广武等营出关，以故尤形单薄。现李秉衡所部大半河防之卒，新募之师又只二十余营，防守势难得力。况我陆师分布难周，彼海舰则处处窥我，又何怪李秉衡焦头烂额而徒唤奈何也哉？目下山东藩司汤聘珍奉命招募新勇，无论如何神速，其筹饷、筹械以及训谏、布置亦决非三两月不行。贼势披猖，事在危急。应请饬下刘坤一，酌量抽调防营，赶紧驰援烟台，并一面兼顾埕子口、胶州两处，以遏贼势，俟汤聘珍成军布防后，再行抽赴前敌。刘坤一公忠体国，必能先其所急，不分畛域，以维全局而纾宵旰之忧。谨奏。

光绪二十一年正月十三日①。

闽督杨昌濬致军务处闽省饷绌恳饬拨百万济急电

闽省饷绌，所借五十万早罄，续借则洋行多方刁难，已允复翻。此际请拨部款，诚属不达时务，而司道库搜括殆尽，捐借亦鲜成效。闻户部已借洋款七千五百万，已拨给台湾百万两，可否〈吁〉恳天恩，饬部拨百万，以济闽急？请代奏。

正月十三日

帮办军务吴大澂致军务处拟令徐邦道回驻芦台电

今日石山站途中接宋庆电，畿辅紧要，不能不兼筹，聂士成一军碍难移动，拟令徐邦道十一营回驻芦台，该镇于军粮台一带情形最熟，可期得力。请旨遵行。

正月十三日

直督李鸿章致军务处请催聂士成入关陈湜接防大高岭电 附旨二件

徐邦道虽尚奋勇，然部下多溃卒，未能独当一面。畿辅要防，总以严催聂士成入关、陈湜接防大高岭为是。请代奏。

正月十三日奉旨电聂士成：本日，李鸿章电请仍调聂士成带营回直，已允所请，该提督屡与日战，谋勇兼优，是以特令入关，为李鸿章指臂之助。第念大高岭亦关紧要，该提督于附近各营知之最悉，应以何营填扎为宜，即商宋庆、吴大澂酌派接替，不得避嫌瞻顾。

电刘坤一：陈湜赴岭，饬聂士成进关，乃现在刻不可缓之事。关内亟须游击之师，

① 原刊目录标为“十二日”。

聂军着催促起程，日期即电复。

正月十七日

直督李鸿章致军务处日舰偷进日岛定远等舰均被击沉自请罢斥电　附旨二件

刘含芳元戌电：顷，据雷艇管驾王登云来烟称，自初十夜，日艇偷进日岛南口，攻沉定远。十一夜，南、北两口日雷艇进攻，击沉来远、威远、宝筏。十二，七点，日大队攻进日岛口，各舰均起碇攻敌，随丁提督令全军艇舰冲出北口，左一艇放雷攻敌吉野快船，转舵未中，日以一快船专打雷艇，以大队攻镇远、靖远、广丙，未知如何？丁提督在镇远，余船未见。左一行过芝罘，亦被击沉。在威出口之时，日岛、刘公岛炮台均尚在，惟我军艇舰已尽。又十四子初电，顷，宁海局电，龙门港外击沉艇舰，逃走弁兵六十余人到宁，芳已电令来烟，又闻戴宗骞力竭自尽云。鸿查，定远、来远等船先在口击沉，丁汝昌虽带镇远、靖远、各雷艇冲出，寡不敌众，迟不如速，亦必均被击沉。舰艇损失之报，船沉人尽，尚不致为敌用。鸿章相距太远，保护无方，咎实难逭，应请旨立予罢斥。乞代奏。

正月十三日奉旨电李鸿章：四电均悉。戴宗骞力竭自尽，殊堪悯恻，着查明请恤。兵舰在刘公岛者，如能力战出险，则水师尚不至尽为所毁，着李鸿章电知刘含芳，送信丁汝昌，自为区处。

旨：李鸿章电奏海军各舰被击覆没情形，览奏，曷胜愤懑！北洋创办海军，殚尽十年财力，一旦悉毁于贼，隳防纵寇，震动畿疆。李鸿章专任此事，自问当得何罪？惟现值海防益急，若立予罢斥，转得置身事外。兹特剀切申谕，李鸿章当自念获咎之重，朝廷曲宥之恩，激发天良，力图补救。瞬届各海口冰泮，敌舰猛扑，处处可危，设彼乘间登岸，必须齐力合剿。此时游击策应之师，较之专防一口，尤为吃重。李鸿章既称徐邦道不可独当一面，着仍遵前旨，速调聂士成统带所部，星夜进关。现在畿辅之防更急于关外，北路诸军不得再行请留。即着李鸿章分电关外各统帅，一体知悉。

正月十五日

台抚唐景崧致军务处日议犯京攻台请迁幸热河电

得密电：日相大鸟圭介议攻台，以万数千兵先驻琉球，制有铁牌车登岸为营，由台后山，或恒春，或据住琉球，进攻台南。日主欲先犯京师，取威海，由山东进兵等语。伏查，攻威海已有明征，又不就和议，志在犯京无疑。计无可御，忧恻之至！乘舆迁幸，似万不可迟，必求大驾安处无惊，而后臣民得以设谋泄愤。迁陕太远，不得已或请暂幸热河，似去敌氛略远，海外僻远，未知果有此议否？再，请敕下号召海内豪杰，无论海寇、马贼，有能夺回失地一处者，予以爵赏，世守其土；有能捐输枪械，助战立功者，爵赏同。东征之策，电商江督，尚未复。至后山，绵亘与前山同，无力多布防营。且琉球距凤山二百余里，孤岛难守。台无兵轮，此等小岛甚多，防不胜防，驻兵亦置之绝地。刘永福新募四营甫到，催其出驻凤恒一带，设有警信，臣惟竭力督守。饷项奇窘，部拨洋款百万两，请旨饬下早议速交，以济眉急。

正月十四日

江督刘坤一致军务处请令郭宝昌带队克日北上电

查淮军宿将，除刘铭传外，推郭宝昌。该员养亲在籍，请旨饬令酌带马步队，克日北上，听候差遣，以备缓急。乞代奏。

正月十五日

直督李鸿章致军务处请调陈凤楼军来直助聂军电

旨：丁槐一军准留山东差遣。现在聂军准调回直，惟此军少骑兵。查陈凤楼马队系铭军旧部，现调往东省，应仍饬来直，以助聂军。请代奏。

正月十五日

直督李鸿章致总署俄照头等公使备馆派迎王使并许使遵旨偕同赴俄电 附旨

王之春愿电：接许使函，俄廷照头等公使备馆派迎，与驻使不同云。明日到巴黎，九日抵俄。乞转署云。

正月十五日奉旨电许景澄、王之春：近来日焰愈肆枭张，俄、英、法三国近又各饬驻使向日廷说合，劝令速就和局。王之春此次赴俄，俄国极为郑重，礼貌有加，俟唁贺礼成之后，着王之春向俄外部以近日劝和之事述旨称谢。如俄主情谊真挚，言次恳其从速设法，实力相助，但总须作为余波，不使正文因此减色。是为至要！许景澄接奉此旨，传谕王之春，妥慎办理。倘许景澄此时在德，不便发电，即着赴俄一行，毋稍泄漏。

江督刘坤一致军务处报湘军出关月饷事繁请令陈宝箴接办东征粮台电

各营湘勇陆续出关，愈进愈远，不可不预筹接济。原议所需月饷，仍由原省拨解，有时缓不济急，先由户部垫发。至坤一行营支应局每月八万两，以及添招护军三营，一切则归部拨，均由东征粮台就近给领，广西臬司胡燏棻亦均随时应付。惟现有记名提督黄本富、赣州镇总兵何明亮各招湘勇五营北上，所需月饷亦是部拨之项。款弥巨，事弥烦〔繁〕，恐胡燏棻一人难以兼顾。不如遴员分办，各专责成。查有新任藩司陈宝箴，秉性公忠，才具稳练，委以湘军饷事，必能措置合宜。请旨饬令陈宝箴，接办湘军东征粮台，并准专折奏事，以期顺手。嗣后湘军由部垫发各项，统由该藩司请领支给。其有变通之处，由该藩司奏明办理。请代奏。

正月十五日

直督李鸿章致总署据李提摩太称有妙法可救目前亦救将来应否允其所请电　附旨

上海英教士李提摩太来电：有妙法救目前，亦救将来，请酬银百万，但发一确电允给款，即详细告知，不成不取云。查不成不取，亦无碍。应否姑允所请？请电复。

正月十五日奉旨电李鸿章：据电称，上海李教士有妙法可救目前，此等术士，恐如晏海德之流，既云不成不取酬银，不妨姑试，着李鸿章酌办。

江督刘坤一致军务处布置津乐及山海关防务并筹办粮械电　附旨二件

坤十三赴关，过滦，传刘、申由乐来见，询悉乐亭海口极要，闪镇殿魁尚无一人到防，其派扎滦州之马提督三唯亦未来津，现已分别电催，倘再迟误，当行严参。将来闪十七营到乐，拟将刘、申两军暂留原处，俟料理就绪，再令来关，或调刘留申，临时酌办。牛镇令暂驻昌黎，与滦马军联络，为乐策应。应否抽调到关，已饬牛镇来商。此滦、乐一路大概布置。如得聂军游弋其间，庶为稳着。

至山海关原以靠山临海限敌，今日横行海上，则关前之海适以资敌。坤约洋员汉纳根、锡乐巴同来详阅。据称，关前龙头炮台诚足制敌，而势甚孤悬，敌若以多船围攻，恐难持久。目前不惟难于料胜，并难添台，只合以现有炮台，外护以沙包、土袋，冀可支柱。关后之岭，如九门关、角山寺等处，务须扎营设炮，自据形胜，免蹈覆辙。又关外十里之红墙子，关内十余里之缸瓦店、二郎庙一带，均须屯扎重兵，高垒深沟，并开挖长濠，自山至海，以固藩篱。此山海关大概情形。

一俟各营到齐，部分何营驻扎何处，并派一军游弋，以资策应。山海关乃京东锁钥，为东征诸军后路。拟电商胡燏棻，另行筹款，买米五万石，运关存储。并商直督，先由北洋拨洋药十万镑来关，以资接济，仍由南洋补解来津。是否？乞钧裁。

再，宋朝儒于今日起程，由津转通，接统李培荣两营。坤属该镇于点验后即带来关训练，务于月内赶到。闻此六营人尚精壮，枪炮有七成。请饬粮台给饷，克日起行。

正月十六日奉旨电刘坤一：电悉。津、乐、山海关布置均属妥实，着照所请行。闪殿魁一军饬扎乐亭，至今未到，该大臣即行严催，如其迟延，据实参奏。

电李鸿章、刘坤一：各口冰泮，乐亭尤可虑。吴育仁既非御侮之才，闪殿魁亦皆新募之众，或换将领，或添防营，着李鸿章与刘坤一妥商。海口应添马队，并着速办。胡燏棻练兵已成几营，训练有无起色？着李鸿章电复。刘坤一请以陈宝箴办理湘军粮台，专折奏事，着照所请。

正月十六日

使美杨儒奏遵陈外洋近日购船情形及查明美国并无军船出售折

使美、日、秘国大臣杨儒奏，为遵旨密陈外洋近日购船情形，及查明美国并无军船出售事。

窃奴才于光绪二十年九月二十八日承准总理衙门电开：二十七日奉旨，据张之洞电奏，巴西有带甲快船二艘可买，一系商船改造，上年初成，载重五千吨，舱面铜板，马力四千匹，速率二十二海里，装煤三千三百吨，有十五寸炸药炮一尊，十二生一尊，十生二尊，小炮十七尊，鱼雷管四，并带鱼雷艇二只，三生七机器炮二尊，船身长三百八十英尺，宽三十八英尺，吃水二十英尺；一系数年前造快船，舱面铜板，马力二千八百匹，速率十八海里，载煤六百五十吨，有十二生炮二尊，七生六炮二尊，小炮十二尊，鱼雷管五，船身长二百六十英尺，宽三十四英尺，吃水十九英尺。两船配件齐全，俱有电灯连雷艇，及备用子弹甚多，共价美银一百八十五万六千元。请饬查验定购等语。着杨儒派员前往，按照该督所称，详细查验，此二船船身长短及炮械多寡，迈里迟速，一切数目是否相符，其船是否精良可用，并定购后何时可以运送到华？迅速电复，请旨办理。钦此。十月十六日，又准总理衙门电开：十五日，奉旨：闻日人向美国购铁舰四只，价一千一百万元，有无其事？着杨儒探明电复等因。钦此。奴才当即撮要电请总署代奏在案。

查自六月间日人起衅以来，欧美两洲与中国有约各邦大抵尚知恪守局外公法，国家所有军舰，不容转售。即各国著名商厂，于枪炮等件，或可随时密购。至铁甲军舰，工本较巨，商厂向无制造，现成待售之舰，又安得临时私售与人？此两国开仗以后外洋势难购船之实情也。

惟南美洲诸小国间思乘时射利，或以废旧之舰，挽嘱各埠经手人，纷投书函，到处说合，冀幸一当。奴才署中自六月后接到此等函件不止十数次，知其无裨军实，是以概置不问。张之洞电奏二舰，云在巴西，即系南美洲地。其是否即此类废旧之舰？未敢悬揣。第购船必先知船名，并现泊某国某埠，方可发电查询，派员往验。原奏并未叙及，奴才接电后，当即电请总理衙门询明，迅速示复，庶可郑重办理。又考验军舰，非精通制造、娴习水师之员不克洞悉此中利弊，似非仅查船身长短、炮械多寡、迈里迟速数目相符，即可知其精良合用。巴西距美国悬隔南北两洲，海程四千五百迈，约中国一万五千余里。派员查验，中途尚须守候，换船往返，须以四十日为期。而船之合用与否，尚难预料。即定购后由巴西到华，东经大西洋，过阿非利加洲，折而东北入印度洋，过苏门答腊海峡、新嘉坡、西贡等，始抵中国洋面，驶行极速，亦须两月有余。如以备目前战事之用，似属缓不济急。以上各节，均系紧要关键，业于九月二十九日撮要电达总理衙门，代奏请旨，迄今二十余日，未接总理衙门电复，想已停止办理。

谕旨垂询日人在美购舰一节，奴才详访美国著名各商厂，并无其事。惟数日前见洋报载，日人向南美洲智利国购一兵舰，其价若干，并未详载。奴才又见洋报载，日在巴西购舰，亦未言其曾否购成，相距既远，无从查悉。适晤南美洲阿根廷国公使，询及此事，谓：此不过以贱值购废舰，即使购得，施诸战阵，毫无实用。奴才参稽众说，揆度情事，或者日在南美洲小国购得一二废旧之舰，张大其词，诡云向美重价购得，登诸各处日报，以逞其虚声恫喝之技，亦未可知。访闻日人自内犯以来，军费浩侈，目前财力支绌，断无巨资添购精良之舰，此又情势之显然者也。谨奏。

光绪二十一年正月十七日。

直督李鸿章致军务处报日军水陆夹攻援军不到船岛难保电　附旨

刘含芳电：夏荣春带来丁军门函开，日连日以水陆夹攻，夜以雷艇来袭。初十夜月落后，日雷艇数只沿南岸偷入，拼死专攻定远，旋退旋进。我因快炮无多，受雷一，船尾机舱进水，急将定远驶搁浅沙，冀能补救，作水炮台，复以受伤过重，竟不能用。是夕日雷舰被我击沉一只，又被获一艇，余逸出口。十一夜月落后，日又以雷艇多艘分路来袭，沉我来远、威远、宝筏三船。十二晨起，水师二十余船，加以南岸三台之炮，内外夹攻我船及岛。敌施炮弹如雨，我军各舰及刘公岛炮台受敌弹击伤者尚少，被南岸各台击伤者甚重，官弁兵勇亦多伤亡。是日岛之炮台及药库均被南岸各台击毁，兵勇伤亡亦多，无法再守，只得将余勇撤回。当南岸未失以前，昌与张文宣等曾挑奋勇，预备危急时即往毁炮。讵料守台官既不能守，又不许奋勇入台，竟以资敌，反击船、岛，贻害不浅，此船、岛所以不支也。南北各岸，极其寥落，现均为敌据，且沿岸添设快炮，故敌艇得以偷入，我军所有举动，敌于对岸均能见及，防不胜防。十三晨，敌全力攻扑东口，炮声一响，我小雷艇十只畏葸，擅由西口逃出，日分队尾追，被其获去九只，余被击沉。日〔自〕雷艇逃后，水陆兵心皆形散乱。如十六、七日援军不到，则船、岛万难保全。各艇既不得力，且复擅逃，其官弁人等必由浅河登岸，务请各帅严拿正法。以上情形，求转达等语。鸿查，小雷艇管驾如有来津，应即拿获正法。

正月十七日奉旨电李鸿章、李秉衡：据电，丁汝昌等所报威海失守情形，殊深焦愤！雷艇管驾闻敌即逃，如有由浅河登岸者，拿获即行正法。日人已入宁海州城龙门港及空同岛等处，又有贼船窥伺烟台，李秉衡饬孙金彪等设法扼剿。丁槐兵力较单，应与何军合力分布，着该抚妥筹调度。

使俄德许景澄致总署报王之春抵德遵旨偕赴俄电

谏电致〔敬〕悉。王之春十八晚抵德，谨遵旨传谕偕赴俄。

正月十八日

清季外交史料卷一百零五终

清季外交史料卷一百零六

光绪二十一年正月下

李鸿章王文韶致总署德璀琳函俄已与英法订约日所索如过奢必设法调停电

顷，据德璀琳函称：十五，见俄使喀希尼，谓俄已与英、法订约，告明日本不得过于得意。现已候阅看日本需索条款，如所索过奢，三国必能设法调停，可惜张、邵二使所奉国书未能合法，日将中国国书钞示驻日各国使臣，以彰日本理直。速将国书改正，寄长崎，不可再缓。俟日于会议后将所索条款告明俄使，英、法即可出而干预等语。未知国书已否更换速寄？外间传闻，有令张、邵速回之说，是其需索条款不能遽得，各国亦不能出为调处。盖日必索占地，若占奉天，俄必不允，若占通商口岸，英必不允，必与该国有关碍，始肯出为用力。此理甚明，务望裁夺妥办为幸。

正月十八日

直督李鸿章致军务处孙金彪报日游骑至烟台附近商民迁徙一空请派援兵电

孙金彪电：十五日，日游骑数十至宁海，州城已空。昨晚，寇游骑至清泉寨，去烟台十五里，烟市商民迁徙一空。彪与含芳当竭力守御，如援兵不至，不但岛舰莫救，即台亦危在旦夕云。

正月十八日

鲁抚李秉衡致军务处日队逼文登进宁海援军未到刘公岛危急电　附旨

文登县自初八日贼锋即已逼近，无兵可援。威海失守，孙万林退扎酒馆。初十日，饬令驰救文登县。十二日，孙万林行至距文登三十里之固道集，闻日人已于清晨至文登县城，复饬孙万林移扎海阳县扼要地方，以防西窜。十三日，日船至烟台迤西之通仑冈等处，恐其由西路登岸，则宁海城隈所驻各营腹背受敌，因调李楹、曹正榜各营移扎福山县。十五日，日又乘虚进宁海州城。至刘公岛情形，据探，定远、威远、来远、顺利已先后击沉，镇远及炮台尚存，急应将威海克复，方能救刘公岛。惟刻下南自荣成，西自宁海，遍地贼踪。东军败挫之余，势不能敌。援军仅陈凤楼马队已到潍县，现又奉调赴津。丁槐甫至黄县，队尚未到。李占椿等十五营亦均未到，未能进攻威海。目击刘公岛危急，不克救援，焦灼万分！乞代奏。

正月十八日奉旨电张之洞、李秉衡：李秉衡奏悉。日人窜入宁海后，烟台、福山吃紧。东军孙万林皆不得力。丁槐已抵黄县，饬令相机援剿。李占椿十五营何尚无到东消息？着即严催。

旨着张之洞将汉纳根所购各船拨归南洋节制电

电张之洞：北洋战船尽失，重整海军，自非另购不可，汉纳根所购铁快各船，到华后拨归南洋节制。即在上海等处商订借款。

正月十八日

鲁抚李秉衡致军务处日将以大队攻烟台已饬孙金彪等尽力扼剿电

衡十八到莱州。连日据孙金彪、刘含芳电，贼自十五进宁海州城，大队在上庄以东。十七有马队百余，住五台地方，距福山三十里。十八日至距烟台十三里之竹林寺。日提督函致各国领事，有来攻烟台必先保护租界之语。旦夕必有大队攻烟台。烟台地阔兵单，后路空虚难守。衡已钦遵谕旨，飞饬孙金彪尽力扼剿，并饬回顾福山之李楹、曹正邦〔榜〕各营相机合剿。其后路援军都未能克日就到，焦灼万状！

正月十八日

旨寄张之洞等闻有人向日献计欲隔绝南北运道着预为防范电

寄张之洞、松椿、李秉衡：据编修盛炳纬条陈军务折，有路过山东，闻有常州生员向日人献计，由江苏海州登岸，攻徐州府，绝陆运；由山东沾化县登岸，攻德州，绝水运。请预为布置，免致南北运道隔绝等语。着体察情形，速筹办理。

正月二十日

直督李鸿章致军务处刘含芳电丁汝昌等均在烟台殉难尚存六舰电　二件附旨

刘含芳电：顷，德兵船自威来，传言丁提督、刘步蟾、张文宣皆殉难。又电：洋人纷传，日得威后，添兵赴旅，以水陆兵赴榆关云云。闻岘帅已驻关，若榆有事，饷道可虞，未识榆岸及洋河口一带重兵何如？

正月二十日

刘含芳电：顷，德兵船称，闻前日威岛小船挂白旗出口，往日督船，因告日，为丁提督并刘、张两镇已死，请缓三日勿战，料理丁等丧事，故日船至今未进口。岛台白旗，乃丧旗，非降旌。舰未全沉，尚有三大三小云云。鸿查，舰虽未沉，而陷在贼中，无由保护，势必掳去。

正月二十一日奉旨电李鸿章：据电奏，德国兵船传言丁汝昌、张文宣、刘步蟾皆从容尽节，是否确实？着李鸿章查奏。吴育仁驻守北塘，不能得力，已饬酌量更换。该处紧要，李鸿章于起程前迅筹调派。

旨寄宋庆派兵策应依克唐阿并着长顺进窥岫岩电

电宋庆等：日人坚据海城，依克唐阿屡攻未克，着宋庆派兵策应。长顺电请进窥岫岩，应俟海城克复后再行进兵。

正月二十一日

使日张荫桓邵友濂奏奉国书至广岛日以使权不足不能开议回沪钞呈日廷敕书及问答电　附旨并钞稿五件

自抵广岛后，日本不准发密电，中国来电亦留难不交。互换敕书后，又云，使权不足，不能开议，应即出境。与商明电请旨，不允。且谓，补新敕书亦来不及。既不开议，不应停顿。又缕述中国立约屡悔，举不信英约、俄约、法越、中美工约前后反复情状为言。美约系臣荫桓画，法约系臣友濂画，故于臣等之来弥触其忌。日本敕书但云与中国回复和好，尚非讹言中国求和。惟伊藤词意，中国若复遣使，自非名位极崇、能肩重担者，不足与议，亦可不到广岛，或在旅顺，伊藤、陆奥均来就议，届时仍由田贝商定云。业将大概情形初八晚电田贝，转达总署在案。应否再派重臣与议，抑饬下统兵大臣实力筹战，伏候圣裁。臣等奉使无状，为敌所轻，重负朝命，相应请旨罢斥，以存国体。所奉国书，并未呈递，当与敕书恭缴。谨先将东文日本敕书、节略、会中商答译寄呈览，臣等遵即回华，今日到沪。臣荫桓、友濂谨奏。

正月二十一日奉旨：本日据张荫桓电奏，已于二十一日到沪，将往来问答及敕书底稿钞录呈览，并云，再派重臣，可不必到广岛，伊藤等可到旅顺就近商办。至停战之期，初次派使时，美使即向日言及。日复电，须俟两国大臣聚会时，方能将如何议和停战言明。昨接李鸿章电奏，复饬总署与田贝商酌，田谓，日必不改前说，碍难再商，惟盼李鸿章速与会面定议。此时事机至迫，连日电询李鸿章起程日期，殊深焦灼！该大臣务须即日布置成行，所有随带人员，着拣派妥协，迅速具奏。

照译日廷东文敕书

大日本国皇帝睦仁，现将此书宣示于有众：

朕帝国为与大清国回复和好，得以维持东洋全局，兹以内阁总理大臣·从二位·勋一等·伯爵伊藤博文，外务大臣·从二位·勋一等·子爵陆奥宗光，材能敏达，特简为全权办理大臣，委以各别或共同与大清国钦差大臣襄同商议便宜行事、缔结讲和、预定各条款、署名画押之全权，然其议定各条款，朕须亲加查阅，果为妥善，便行批准云云。

照译伊藤陆奥面递东文节略

大日本帝国政府，曾由驻扎东京及驻扎北京之美国公使谓，讲和必须简命大臣，带有全权，足以缔结和好之事，屡经声明，然本月初一日，由大清帝国钦差全权大臣所知照之全权字样凭据，就其所发之趣意，不得不谓为欠臻妥当之极。何则？以该字样与委畀全权谕内不可缺之要者有不完备者耳！至大日本帝国政府之所见，仍与前经美国公使所言明之处并无所异，因以带有大日本国皇帝陛下授与适正完全全权敕书之大日本帝国全权办理大臣，与单带有会商事件咨报总理衙门请旨遵行敕书之大清帝国钦差全权大臣会议敕书不同，不能应诺，是以大日本帝国全权办理大臣谓，此回会议不得不于此为止矣云云。乞呈览。

节录与日相伊藤问答节略

初七日，赍国书往，伊藤云：可不递，只须互换敕书，比较全权凭据。

遂将国书钞稿示之。

初八日，会晤，伊藤云：贵国敕书全权不足，不能开议。即将英文说帖诵译一过。

告以中国既派全权，一切权利包括在内。

伊藤云：这是中国自己所说，与公法不合。又取出东文节略，云：全权不足之故，均在其内。

告以贵国初复田贝电云，中国派全权大臣，持有国书，本国亦派全权与议，中国即照此办法。兹贵大臣谓，仅有商议之权，定款画押仍须电署请旨，其权不足。

答：前此由田贝电询贵国，欲商何款，贵国未复。既不知贵国何意，本大臣岂能不请旨遵行？

伊藤云：本国敕书悉照公法办理，两相比较，自知不同。

告以贵国敕书亦有亲加检阅，果能妥善，即便批准之句，是约本必候谕旨校阅，然后批行。两国所奉全权多是一样，若嫌简略，我可补请电旨。

伊云：总以敕书为凭，不照公法，断不能行。贵国不过试探消息。此时既不开议，仍是仇敌，广岛为屯兵之所，不宜停留。

答以仍须电告国家，方能回去。

伊云：若尚候敕书，已来不及，发明电则可，不必候回电。

告以用美文电田使，转告总署，可乎？

伊云：可。遂将敕书收回。

伊藤复留参赞伍廷芳絮谈。据伍回述伊言，日本非不愿和，如中国再派大臣，亦无须仍至广岛，询以沪港，伊皆云不可，沉吟久之，乃云，或在旅顺，我既肩任，我不辞劳，将来仍可由田贝电商妥定云。

节译驳复伊藤函

本日会晤贵大臣，宣读说帖，并将节略备述不能开议缘由，属本大臣早日出境。本大臣出境之前，应函达存案。昨互换敕书后，贵大臣属将所奉全权职任开明备文，本大臣已备汉洋文详言。又面告，如条约议妥，本大臣即可画押，前日面交国书实为确据。此项国书原应面递，惟不见允，中国情谊不能遽达。至敕书所谕电达请旨，亦与贵大臣画押之权毫无出入，但望速办所画之约而已。前贵国以此询驻京美使，总署即明言本大臣有商议画押之权。本日，本大臣复面商，如以敕书简略，可电奏补足，贵大臣又不见允。查中国敕谕，往外国议约，其格式向与此同，各国从未挑剔。贵大臣说帖多有讥讪之词，本大臣系欲仍复旧好，不烦置辩。本大臣竭诚将事，冀释两国之嫌，则我国家美意，仍遽中止，诚为可惜！议和大臣向有应得权利，本大臣不能照享，实出意外。贵大臣既不准发中国密电，又据贵外部官员来言，接有中国致本大臣密电，如不以电书送交译看，此电不能送来。本大臣未出京时，驻京美使谓，公法，不能阻止往返密电，今情形迥异。惟前荷贵国迎送接待，本大臣现将出境，理当鸣谢云。乞呈览。

节译伊藤英文说帖

今日本大臣所行之事系不得已之举。中国向不讲外交，与邻相处，不肯开诚布公，从前曾有与人定约不肯盖印，及条约已定无故不批准之事，皆所派大员权力不足之故。本国恐蹈故辙，是以必须中国所派大员权足定和，方能与议。及闻中国业经派员，本国亦即派本大臣等为全权大臣商议。今贵大臣权力实系不足，可见并非真心讲和。彼此敕书不同之处甚多，本大臣敕书系照万国公法成式，贵国敕书大相悬殊。派贵大臣来商何事，敕书内并未载明，又无定约、画押之权，与定约后批准之语，是贵大臣仅有将所商何事报明国家之权而已，本大臣断难与议。如云贵国向章如此，本大臣不以为然，既与本国商议要事，即应照万国公法，不能照中国向章。若既定约，不惟画押，且应遵守。此事本国并未向中国先说。如所议未必能成，及议定画押后视同废纸，本国皆不肯为。盖议定之约，彼此均应照办。如果诚心讲和，所派大臣确有切实全权字样，其声名位望足将所议各款能邀批准，本国仍可与议云。乞呈览。

使日张荫桓邵友濂致总署报敕书以北洋乙酉与伊藤互换文式为妥并述日本近情电

养电谨悉。北洋充使，已承电知。此时机局，敕书最要。北洋乙酉与伊藤互换之敕，广岛会晤时，伊藤尚置于案。北洋兹役照此敕式尚妥。律师谓，伊、陆所交东文敕最合公法，乞酌之。至能通密电一层，尤须田贝与日妥商明白。广岛情形，田贝不及料也。日视旅顺如广岛，托言就议，仍按军营办法。北洋欲令至烟台，恐不谐。日兵未占之地，彼不肯来。伊藤意气盛满，日皇嗜酒，常数日不见廷臣，而信重伊藤，几于举国以听。伊藤欲速和，其故有三：外惧英、俄干预；内虑胜兵骄横，归国难制；又议院散议不逾一月，恐饷项难筹。自广岛罢议时，伊、陆即返东京，候议院消息，并将罢议文牍悉播新闻，以谀观听，防内乱之心甚于外侮。其元老院首席某亲王颇得民心，腊底病故，秘不发丧，灵榇潜运东京，正月三日乃宣露。又有某亲王客岁在摩天岭为我军击毙，官职不崇，该国不甚矜重。现日人空国而出，只第四队八千人在日候调，饷诚难继，凑集皆赖纸币，用已半年，纸币不落价，非如明治十年西乡之乱，纸币一元值钱五千，故其气愈壮。现得间谍一人，愿至东京设词游说，阻其集款，曾投书理事官张桐华，论说条畅。长崎不便接见，密属华商两人与订，先就新闻馆下手。该国蚨银悉散于外，所用纸币并无存款，日报但将银币数目互校，民自生疑，更能使纸币跌价，则战士寒心，其效自见。拟予酬谢。其人为德川贵族，削藩后，仅充学校教习，自谓迹类逸民，拚命为我出力，以泄忿，事定，愿来华供差。此时谆属慎密，聊佐釜底抽薪之计。

济否，再电达。

正月二十一日

直督李鸿章致总署张荫桓电伊藤于议和事似欲主议者当机能断免为英俄所持电

张侍郎马未沪电：初六，次广岛，日派伊藤、陆奥会议，敕书交阅，未递，互换敕书。越日，伊藤以敕书尚须电署请旨，不能开议，如中国再派大臣，给足使权，日本仍愿与议云云。与商补请电旨，不允。且云：即补颁敕书，亦来不及。遂开船送至长崎，但允将现在情形明电田贝达署。十一，抵长崎，田述署电，属留候信。署已知此间不能发密电，留候何益？日援公法促行，更无留理。适税司吴得禄自美赴港，因托密电赫德。十七，有旨，令回广岛。散议后，伊藤复问起居甚切。越日，伍廷芳往见，又留谈甚久。伊藤总愿恭邸与中堂与议，庶能肩任，不至翻复。有愿赴旅顺就议之说，亦令吴电赫达署。大约日意此议期速定，似虑条款散布，为英、俄所持。主议者必当机能断，庶免枘鉴。内意如何？仍希电复。若如田电，但补敕书，不添派，仍无济云。

正月二十一日

直督李鸿章致总署报已延科士达律师襄办议和电

张侍郎电：伊藤自负为日本第一流人，故愿中国所派爵位相埒，始能开议，情愿亲到旅顺相就，从速了事。科士达牵率来沪，允住八日。如留，俟约定，乃去。科谓：三月必妥洽，不必久留。科此来，悉辞美都各席，风雪严寒，如期至日相候。酬以一万五千美银，在日为草各稿，并与日外务状师端迪臣辩论数次。端亦美族，科能详叩之，已为日起定约稿，索款索地，科不能决。至索改旧约、索开口岸及未战以前龃龉之事，须援公法与辩者，非科不可。科为美重，此费万不可省。承饬转致，应否订至三月？乞电复。旌旆进京商办，万不可少。国书可免，敕书照乙酉在津与伊藤互换之式便妥，便须托田贝与商，能发密电为妥云。

鸿先将奉命大略电知，并属转致科士达，请留至三月。此等重大事，非有状师襄理不可。既称国书可免，请署查乙酉敕书之式，酌照办理。伊藤愿到旅顺相就，未知确否？请属田贝电询。若能在烟台会议，尤妥。伊藤每欲鸿章往日本报聘，争此体面。倘将来和议成后，自揣精力能远涉风涛，亦可赴日一行。可于田贝间〔闲〕谈时谕知，免又远行，徒损国体。现议于二十五日交卸，二十七赶入京城。请代奏。

正月二十一日

宋庆吴大澂奏与依李姜刘各军互筹克复海城电 附旨

连日臣等正在函商会攻海城。昨接依将军函，与长顺约定，二十二日卯刻进攻海城。臣大澂即派亲军六营进扎牛庄，与李光久五营合为一路，可与依克唐阿各军互相犄角。臣庆即派姜桂题、刘世俊各率所部，由南路进攻，牵制贼势，并饬马玉昆袭取太平山，派宋得胜为之援应，益以新队二三营，冀仰托天威，能将海城克复，军威可振。

正月二十一日奉旨电宋庆、吴大澂：宋庆、吴大澂既与依克唐阿、长顺约定进攻海城，深盼战事得手，克拔坚城。所有攻剿情形，着随时奏闻。

使美杨儒致总署请以拟赔日费联络英俄助剿电 附旨

威海既失，门户洞开。遣使被却，各国均不直日，此时更无庸委曲请和。若以拟赔日费联络英、俄，请其助剿，俄水师由元山收复朝鲜，英水师助收旅顺、威海，并防长江以南，两军资粮由我应付，较之仓猝募兵，收效必多。事平之日，量予利益，以酬其劳，视敷衍日事，了局后复启他族生心，得失悬殊。请代奏。

正月二十一日奉旨电杨儒：据电奏，请联德、英、俄助剿等语。西国有守局外之例，该大臣所奏是否西人有此议论，抑系出自己意？即电复。

旨寄王文韶战守事宜着与刘坤一会商办理电

寄王文韶：北洋事务冲繁，海防吃紧，王文韶现署直隶总督，一切战守事宜，务当通筹全局，应如何布置调遣，着与刘坤一会商办理。

正月二十一日

旨王文韶据王鹏运奏请办北畿沿海渔团着筹复电

寄王文韶：御史王鹏运请办北畿沿海渔团折，据称，直隶沿海一带，可用划登岸之处甚多。若举办渔团，将北塘、大沽迤东北界分为四股，迤西南界分为两股，以道府知兵者一员充总办，而于董福祥、程文炳各营内抽派六营，会同分股驻扎等语。除董、程两军碍难抽调外，其余所陈各节，着王文韶体察筹复。

正月二十一日

旨寄李秉衡查明平炮式样交神机营试造电

寄李秉衡：据谭继洵奏，洋械购运维艰，拟制造平炮军械折。据称，中国火器命中及远，亦能制敌。该护督拟造平炮、抬枪、线枪，必能攻坚致远等语。抬枪、线枪向有成式，至平炮如何式样，着查明丁槐军营及山东机器局如有此项炮式，即行派员运解一二具，交神机营试造。

正月二十一日

旨着李鸿章查验许景澄现购来复枪有无旧物电

寄李鸿章：有人奏，许景澄现购来复枪八千枝，已到天津，中有七成旧物。着李鸿章查验。李鸿章何日起程来京？即电复。

正月二十一日

使英龚照瑗致总署报法与英俄商调处中日和议电

法外部告庆常，云：和局已与英、俄商竭力调处，俟日说出索项，即为参酌，并属施使出力。滇界已定，仍愿商务早定，更感睦谊。瑗夕回英。

正月二十二日

署直督王文韶致总署报俄主语王之春愿与英主出为和解电

沪局电：各西人闻中堂奉命，咸额手为贺。顷，知俄主面语王钦使，自愿与英主出为排解云。

正月二十二日

署江督张之洞致总署请用郎威理为水师提督电

洋将郎威理前在北洋教练，因各轮船将领多系闽人，结党排挤，辞差回国。今欲急练海军，以为远图，非此人不可。此人现在英国为水师副提督，必须许以高官重任，方肯舍之而来。拟请由总署令赫德速电该员，召其来华，告以当用为南洋水师提督。盖外洋视水师提督甚重，或可鼓舞效命。中国除北洋外，闽、粤皆有水师提督，权位皆不比外洋之重，似无所妨。请旨遵行。请代奏。

正月二十二日

署直督王文韶致军务处报苏元春愿率劲旅北来电

苏元春来电：愿率劲旅二万北来报效，请代奏。苏提督有战功，惟人数过多，长途不易，或令减半，或毋庸议，请旨遵行。

正月二十二日

署江督张之洞致总署拟用汉纳根在南洋练兵电 附旨

畿防日紧，运道尤危。现虽赶紧募勇，不过补苴，尚非长策，必须在南洋练重兵一枝，方可以备缓急而维远局。查洋将汉纳根在津练兵之议中止。闻德国洋商言，该洋将闲住无聊。当属该商电询，愿来南洋否？但南洋局面甚小，只能练一万人，此乃为该洋将转面子之意。昨接复电，愿照办。查洋将情形，既须量能授权，又须示以限制。汉纳根曾在大东沟苦战出力，自是有用之才，因待之太优，遂怀奢望，今闲散日久，遂亦稍就范围。拟调该洋将来江差委，令其练兵一万，以备北省缓急。虽不能即求速效，此军练成后，必有大益。其营制、饷数详细章程，俟该洋将到江后，洞再与细商，奏明办理。总之，欲用洋将，必须全归外省督抚节制箝束，断不可令径归总署及督办军务处，方能听用。如蒙俞允，请发洞处差委，当由洞电知北洋，遣其来江商办。请代奏。

正月二十二日奉旨电张之洞：来电悉。汉纳根尚有经手购办枪械事件，未便调往。郎威理在英已获实职，不能前来。所请毋庸议。

署直督王文韶奏报丁汝昌等尽节情形请恤并调聂士成驻芦台电

谕旨敬悉。海军提督丁汝昌、右翼总兵刘步蟾、统带准军护卫营张文宣死事情形，据德兵舰在威海卫目击，情形属实。丁汝昌于未被围之先，已派员将水师文卷送烟台，誓以必死，孤忠惨烈，极可悯恻，应请旨将该三员敕部从优赐恤，并恳将丁汝昌所得处分开复，以示大公。至吴育仁驻守北塘尚称严密，不必更换。前奏调聂士成回驻芦台，就近策应，并兼顾北塘迤北一带后路。聂、吴气谊投洽，必可缓急相助，请纾圣谨。

正月二十三日

直督李鸿章致总署拟入觐后与各国公使密商再往旅顺议和电

张侍郎漾辰电：尊意告科，订至三月，科重交谊，轻薪酬。复询旅顺会议发自伊藤，当不悔。日兵未占之地，伊必不来，与商烟台，恐无济。伊、陆均奉派头等全权，同到旅顺，委其律师端迪臣及书记官。日愿速定，其故有三：外惧英、俄干预，内虑胜兵难制，又议院散议不逾一月，筹款维艰，故伊藤之来必速。科劝中堂早日出京开议，延迟一月，费多百万。又请中堂惟有务照公法，如伊藤互换之东文敕书字句均妥，宜照式请颁，免稽时日。鸿拟二十七日入觐后与各国公使密商一切，即可出京，计时河冰始泮，轮船可开，自津至旅，仅一日耳！但旅津电线不通，无由通报，殊恨恨！敕书宜照办，并刊发关防，到京给领。

正月二十三日

使日张荫桓致总署报参赞伍廷芳与伊藤问答节略

初八，广岛县厅散议后，伊藤让廷芳坐，云：此次不能开议，甚可惜！如贵国诚意愿和，既派员商议，必须给予切实全权字样。你熟谙公法，你们钦差所带敕书何以不照公法？

答以颁敕书时，芳尚在津。

伊云：既欲议和，愈速愈好，如不欲到广岛，亦可。

廷芳问：在上海何如？

伊云：上海非会商之地。

又问：或在香港。

伊云：亦不宜。旅顺口或可，俟届时再定。

廷芳云：顷，说帖内中国既派大员必须位望相埒等语，然则暗指二位钦差位望未足乎？

伊云：非也，我不过泛说耳！乙酉年因朝鲜事，我往中国，即欲晋京，李中堂得有全权字样，方允回津会议。此次中国无论派何员，必须有切实全权便宜行事字样，方允会商，盖我所议各事必定照办，不反复。

初九日午后，奉谕往伊处面交公文，伊云：你们此次远来，不能办事，非我国之过。中国何不颁发全权敕书，似只欲打听我国索款，并非真心议和。

答以如系假意，何必派两位大臣，奏带参、随等员，跋涉重洋？即此具见真心实据，请勿听外间浮议。

伊云：中国既有实心，何以不给实据全权？

答以中国给全权向不多见，今两钦差带来国书、敕书，在中国观之，系有全权办事。

伊云：敕书内并未予定约画押之权，即此可见全权不足。

答以既有商议之权，即能定约画押。如有疑窦，我们钦差可电奏请旨。今贵大臣竟不开议，未免拘泥。

伊云：此两国最大之事，不照公法办理，恐为各国所笑。咸丰戊午，英国派公使与桂、花二大臣订约后，复又失和，前车可鉴，故不能不格外慎重。譬如一人欲买物，必先备银两，方可交易。今全权即银两也，无全权岂能开议？

答以凡买物亦必先以价值告人，以便议价备银。今贵国所欲秘而不论，不知何意？如终不能秘，何不早言，以得了结。

伊云：此系秘密要事，俟贵国派员果有切实全权，方可说出。贵国何不添派恭亲王、李中堂，郑重其事？

答以均有紧要职任，一时恐走不开。两钦差均系大臣，特派议和，亦是一样。

伊云：我不嫌两位钦差位低，惟此事最重，更添一爵位最崇之中国大员会同定约，能负重，可期速成。然亦不论添派与否，但最要者系全权办理之敕书切实悉依公法款式。

答以照公法，给予全权，原欲便宜行事，惟近来各国设有电线，出使西国，有事派全权与别国会议，亦随时电达本国政府。中国敕书亦即照贵国敕书式样，可乎？

伊云：极合。贵国素以日本穷小，殊不知自开仗以来，并未向外国借贷，兵费均由本国自筹，已与本国商民借一万万元，兹又拟借数千万元，日本所用兵饷较贵国几倍。现在兵攻威海，军情千变，早和为宜。至会议之所，或旅顺，或别处，届时可托美使代商云。

正月二十三日

使日张荫桓致总署遵旨回京并邵友濂请假电　附旨

奉署传谕旨，惭感曷胜！荫桓遵即回京，友濂现在患病，除另行奏请假，余恭折奏陈外，先电闻。

正月二十三日奉旨电张荫桓、邵友濂：张荫桓着即回京供职，邵友濂即赴湖南巡抚署任。此次日本不允开议，非该侍郎等之咎，所请即毋庸议。

直督李鸿章致总署报王之春抵俄情形电

王使电：昨抵界，俄廷派文武三员遣往，用火车来迎。今午，抵俄京，统军抚提出接，馆帐丰备，皆为头等专使所无。晤外部，称：新皇盼觐，现送国书，底请定期。许使云，各专使皆备唁贺礼，有五万佛郎者，已从减商备，乞转署代奏云。

正月二十四日

江督刘坤一致军务处报滦乐等处紧要遵旨调遣各军分驻各要隘防堵电

旨，敬悉。乐亭紧要，业留刘光才、申道发两军驻扎，并令闪殿魁驻扎后路，马心胜一军分驻昌黎，以资接应。此外无可添拨，惟望聂士成一军入关，为自滦至芦游击之师。直、东交界之埕子口，前调李永芳一军驻防，兵力单薄，亦赖曹克忠大枝游击，可保无虞。至闪殿魁十营，仓猝招募，不免市人充数，应令勤加训练，随同防堵。潘万才现守秦皇岛，一时瓜代无人，现饬令申明纪律，勉图报称，被参前事，姑予包容。又闪殿魁驻东有马队三营，马心胜驻滦有马队二营，足资分布。所有原驻昌黎之宣化镇王可升马队，应即调来榆关，听候差遣。

正月二十四日

鲁抚李秉衡致军务处报丁戴等阵亡日军送柩至烟台电　附旨

刘含芳称：据探称，刘公岛于二十日失陷，丁汝昌、刘步蟾、张文宣、杨用霖均阵亡。镇远、平远、济远、广丙及小铁甲五艘均为日所得。日于二十一进岛，将戴宗骞及丁汝昌等共五柩，由我军官弁用民船送烟。其岛内水陆弁兵四五千名由陆路派马队送烟云云。衡以日马队断不令入烟台，已电饬刘道，并饬孙金彪率所部各营，兼调李楹、曹正榜各抽拨队伍，严阵以待。俟岛内兵勇到烟，分别资遣。如有日马队希图进烟，即行决战，万勿堕其诡计。

正月二十五日奉旨寄李鸿章：有人奏，刘公岛失事后，日人将丁汝昌等五柩并兵民四千余人送至烟台，铁甲、水雷各舰均为日掳，情节支离，未可探〔深〕信。请饬查云云。丁汝昌死事情形，李鸿章相距较近，见闻必确，详细复奏。

使美杨儒致总署报美总统愿令田使相助电

国书译稿告外部转达。顷，外部传总统命云：田、沪两使前已谕令随时竭力相助。现中国欲田使如何助力，须将办法说明，以便酌定。可否国书到日再复谢？

正月二十六日

使俄许景澄致总署俄外部言劝日和未允电

旨，敬领。晤署外部大臣基斯敬，致谢，并以中、俄利害相关情形，恳其要日停战。基云：前劝日未允，若俄国独用威制，恐于欧亚全局有碍。再四与论，战不停，和必难成，三国中非俄格外相助，难得力。基云：二十五日奏达，候主意定再复。

正月二十六日

使美杨儒致总署遵旨详复英俄对日用意电

旨垂询谨悉。日事初起，美外部屡云：各国惟美真守局外之例，英、俄皆思乘机得东方利益。及战事吃紧，英、俄各添兵船来华，均多至二十余艘。俄添派陆师数万，英亦备调印度兵。西人屡论其用意难测，意谓俄惧日拓地，将以力制之，英忌俄制日，思分其利，两国必不守局外之例。近又谓，日意在兵抵京城议和，索赔、占地，其愿甚奢，惟惮英、俄出而干预等语。查泰西用兵往事，局外二字系门面话，亦犹公法云云，皆强有力者得主持其说也。十余年前，俄、土构兵，土已力竭求和，英不利俄所为，出兵助土，是其明证。窃意英、俄两国因我未尝求助，姑俟事机急迫，始行干预，索我重酬，则于大局所损已多。此时应否密商驻京英、俄使臣，酌许利益，俾转达政府。如俄、英允助，日气自馁，但得收回险要，顾全藩属，即重酬两国，不为失礼。或日闻求

助，内怯，自愿转圜，要挟必少。谨遵旨详复，乞代奏，

正月二十六日

旨寄张之洞着筹办选将练兵筹款购械事宜电

电张之洞：奉懿旨，现在军务方殷，张之洞当统筹大局，将选将、练兵、筹款、购械实力筹办，以副深宫委任之意。

正月二十六日

使俄许景澄致总署报俄外部称日如要索太过俄必约英法劝阻电　附旨

基斯敬述俄主面告：威胁停战，致各国嫌衅，碍难办。然中、俄交谊素敦，东海局面，俄、英、法皆关注，俄力可助，必肯为力。惟请中国速与商讲，如日要索太过，必立即出来约英、法，劝其退让等语。译〔绎〕基语气，有禁日占地之意。谨据陈，请代奏。

正月二十六日奉旨电许景澄：电悉。俄主允于商议时助力，而不允威胁停战，答语已切实，着即赴外部称谢。王之春本系贺唁专使，不谈别事，更觉郑重，即不必再言。

李鸿章张之洞致总署王之春电英俄法皆愿调停中日事惟德不肯与闻电　二件

王之春电：奉两旨，事由许使先议。查前俄、英、法议既为德阻，日亲德，二十年，每捷必诣谢。德强，益自诩。许使以法、俄恐仍难行，春意宜兼顾。德泄气，俄、德交厚，或可叫应。乞钧酌上达。

正月二十六日

王藩司电：甫抵俄，知日亲德久，每捷必谢。德正强，俄、英、法前议皆格，乞助颇难，希达中朝联德等语。税司穆和德亦云：英、俄、法皆愿调停中日事，惟德不肯与闻等语。其中情节不可解，似宜询商德使。请裁！

正月二十七日

旨虎耳山之战刘盛休坐视不救着宋庆查复电

电宋庆：有人奏，统领刘盛休驻扎鸭绿江口，日人在营前搭盖浮桥，置若罔闻。宋庆虎耳山之战，刘盛休坐视不救，着即查复。

正月二十六日

旨寄依克唐阿草河岭伤亡兵弁应准奖恤军饷已饬部酌办电

电：依克唐阿奏，请将草河岭接仗出力、伤亡兵弁分别奖恤等语，着照所请。俟规复海城后，明降谕旨。寿山等尤为出力，并先传旨嘉奖。所请军饷五十万两，已饬户部酌办。

正月二十六日

鲁抚李秉衡致军务处日兵趋赴威海刘公岛一带已饬李丁诸将合力进攻电 附旨

日自十五日入宁海州城，屡窥烟台、福山等处，经孙金彪、李楹、曹正榜各军堵截，未得西窜。其文登县西路，派孙万林一军堵截。二十一日，贼入刘公岛，大队多趋威海、刘公岛各处。连日探得宁、文两城均驻贼无多，已饬李楹、曹正榜会同孙金彪进窥宁海州城，饬孙万林一军进窥文登县城，丁槐所部今日有三营可到州，已饬俟开到即拔趋烟台，节节前进，候李占椿等军到，合力并攻荣城、威海。再，威海巩军统领刘超佩由刘公岛逃至烟台，应否遵旨拿获正法，抑或交北洋查办之处，请旨遵行。

正月二十七日奉旨电李秉衡：日寇大队均赴威海、刘公岛，似无深入之意，李秉衡督饬各军分路进兵，规复各城。刘超佩解往北洋，讯明逃避情形，即行正法。

津道盛宣怀致军务处转港电日兵船至台湾水线已断电 附旨二件

港电：澎湖相近，见日兵船六艘至台湾，水线昨日午后已断云。

正月二十七日奉旨电谭钟麟：据盛宣怀电称，香港电云，澎湖相近，见日兵船六只，台湾水线已断。唐景崧久未来电，恐因线断之故。该处饷力未敷，如因战事封口，谭当设法兑给应用，并谕唐景崧，督饬刘永福等严防。

电谭钟麟：澎湖既有日船，水线已断，户部所拨台饷百万，设台湾不能汇兑，只能汇至福建，着谭钟麟设法运解。

正月二十八日

帮办军务宋庆等奏派铭毅等军攻剿太平山电

庆于二十七日早派铭、毅等军往攻太平山。未刻，据宋德胜、马玉昆、程允和、姜桂题合禀：于本日辰刻驰抵太平山，日寇二三千严守山之上下。程允和率毅右军直赴山前攻剿，毅前后两军李大川等奋勇当前，据登山头，姜桂题率毅军抄至山后，两面夹击，日势不支，败退数里，恐有埋伏，不敢穷追，各军分扎太平山前后各村等语。惟南路海山寨西海口等处，又由金、复添来悍寇数千，恐其抄出我后，袭夺营口。臣庆明日仍督马、程、姜三军，由太平山相机进剿，留毅前军宋得胜、嵩武军刘世俊等备御海山寨等股扑犯营口。俟吴大澂所派恺军炮队到齐，分剿大石桥等股，以期力取海、盖。今日刘树元各营会攻海城，俟捷报到，再行续奏。

正月二十七日

直督李鸿章致军务处登州电有日船十余只向登来已备剿御电　附旨

登州来电：据登防营探马云，离登八十里八角口地方有日船十只，离登二十里湾子口有日船三只，均向登来，已预备剿御云。

正月二十九日奉旨寄李鸿章：电悉。敌船驶向登州，着饬夏辛酉严防。

旨着刘坤一王文韶会商聂士成军应扎何处电

电刘坤一：据王文韶奏，聂士成初一、二可入关，拟令总统津防各军。刘坤一奏，聂士成二十四营为芦台至滦州一路游击之师，应扎何处，着刘坤一、王文韶商办。

正月二十九日

黑龙江将军依克唐阿奏威海失守大局摇动恳添兵讨贼折

盛京将军依克唐阿奏，为威海失守，大局摇动，关外新军甫至，旧军远移，吁恳天恩，宽拨军饷，添兵讨贼，以固邦本事。

窃自日人犯顺，奴才妄不自忖，亲率兵三千，愿告奋勇，疾越前敌，合诸军进讨。比至奉天，外揆贼势，内揆军心，自知冒昧，于是奏请募足万人，自为一路。既而九连、凤凰等城失陷，大军退守摩天岭。奴才孤军三千，恐兵还而寇入，后路不通，与诸将以死相誓，戮力鏖战。自十月十五日起，一月之间，大小十余战，杀贼二千余人，而我军伤亡亦如之。奴才身陷于危者再，最后凤城豕突，失一骁将永山，兵气几不复振。十月中旬，新募之队甫经陆续抵营，而十一月十七日海城失守，辽阳告急，函书交至，奴才不敢以救援辽阳，未奉朝命，坐视东南之缓急而不顾，星夜驰援，留寿山等严扼分水，而奴才之兵自此分矣！原拟北合长顺一军，南联宋庆全队，亟复海城，乃盖州一失，宋庆又有南顾之虞，而夹攻之策不就，于是顿兵自战，业经两次猛攻，直薄城下。讵贼援四集，而孤军无继，急切未能得手。万不得已，将寿山一军调回，以厚兵力而图再举。顷则威海复失，贼势日猖。湘军各营甫集辽阳、田庄台一带，淮军之防大高岭者遽撤入关，人心摇动。万一局势不支，贼图北犯，则辽沈岌岌可虑。奴才统筹前后，熟察情形，兼揣各军兵力，必须募足三万人，专力与贼鏖战，方能遏其凶锋，制其死命。夫日贼之入寇者不过三四万人耳！仗屡胜之势，狂突横行，如入无人之境。数月以来，岫岩方倾，海、盖继失，而我军未能克一城，复一隅，此其涣散之情形已概可睹矣！即奴才一军转战东路，亦仅能使省垣门户未躏寇踪。今又分援辽海，弥觉力弱势单，盖合之可当一面，分之则成孤军。即幸而克复海城，情见势绌，不能进取，亦未必有裨全局，况未敢必也。饷糜师老，祸伏变生。转瞬春暖雪消，敌船源源而至，其支持必有倍难于今日者。奴才通盘筹算，才虽未足治军，心实期于灭贼，与其各路分守长战，有前跋后疐之虞，不如数道并攻，使贼有左支右绌之势。且日人经营未定之始，宜先复旅顺。奴才足以控制东南。日人窟穴已成之后，必先规复东南，乃能渐复旅顺。奴才前次函恳东抚李秉衡代造抬抢，现经允解二千杆。奴才派员复前往购造，期以六千杆为度，约四月内可以齐集，聊补洋枪之不足。又于镇开、通江口、吉林等地方购备粮豆二万石，以备军食，军车二百余辆，骡马千数百匹，以利转输。

皇上如不以臣为不肖，许再由吉、江两省挑募满汉兵二万人，奴才请以克复城邑自效，不效则治臣之罪，以励诸将之能。如蒙俞允，奴才一面招募，一面择知兵将弁在后路加以训练，使知贼之要领，一面进发前敌应战。夫如是，乃可以自立。并约三路，同时并进，俾贼奔命不遑。盖复海城则辽沈无北窜之忧，复岫岩则凤凰无旁截之患，复凤凰则东边四县声势相通。三城既复，留兵万人固守凤凰与宽甸、怀仁、通化三县，号召乡绅团练，亟加联络，严扼江隘，以团助兵，以兵卫民，来则攻之，退则守之，庶使岭道无阻。兴京、海龙一带完善之地，警报不闻，而东路之管钥固矣！然后以克海城之兵循海而南，规取盖、复，以克岫岩之兵循海而西，规取沿海各口，得寸守寸，得尺守尺，与宋庆等并筹合进，齐趋旅顺，促之海滨，我军日张，彼谋斯阻，此则事之有可为也。皇上若以奴才为不足任，即求另简贤能之帅，责以奴才所陈之末策，奴才亦愿为之前驱，迫求自效，断不敢稍涉迁就。然要须兵必自募，将必自择，事不待于旁假，功乃可以有成。若但以某队归统，某将归调，徒拥虚名，终无实济。此则不易之理，终古不变者也。

抑奴才又有请者，奉天为国家根本重地，深仁所浃，二百余年。此次日人内犯，我兵相继溃败。辽沈一带民人结团固守，巷战死绥，于此见民心之固，而亦彰我皇泽之深。然宽、怀各县，日人得手以后，愤乡团之助兵，亟肆焚抢，而壮夫老弱死战不降，忠愤之忱，深堪嘉尚！请嗣后凡有民团能出力报效，与官军联为一气者，准由臣等酌给饷需一半，以济民力之穷，而振军中之气。此亦事之至要者也。谨奏。

光绪二十一年正月三十日。

清季外交史料卷一百零六终

清季外交史料卷一百零七

光绪二十一年二月

旨寄刘坤一王文韶威旅滦乐兵单着督饬进剿电

旨电刘坤一、王文韶：现在转瞬冰泮，旅顺、威海之贼均可渡海内犯，滦州、乐亭等处虽有防军，恐兵力尚单，曹克忠、聂士成着饬令扼要分布。滦、乐防营未必可恃，余虎恩、熊铁生等着刘坤一妥为调度。宁海贼已退，现复探有大队将到，着刘坤一督饬各营，分路进剿。

二月初二日

使英龚照瑗致总署报俄法英有保大局杜侵占之约现集舰观日动静电

俄使持主电密告庆常：俄、法、英有保大局、杜侵占之约，应俟日说出索项，如华难允，再出评论，方能得力等语。法外部告庆常：前电催日速和，日复愿和，未知诚心否？战守难松，京兵宜用快枪炮，重根本，奉直宜防日登岸，抄袭山海、津沽。英、法各遣一舰赴台澎，探日船行踪。英、法、俄现集战舰六十，不难立断日路。因不欲轻发，姑观日动静等语。李相三十电悉，即赴英、法外部，商复电闻。乞告知。

二月初二日

帮办军务宋庆奏鏖战伤腰仍指挥各将速整顿电 附旨

二十七，夺取太平山。二十八，日以小股来诱，经马玉昆击退。二十九，大雪，未能前进。三十，日分三大股，由太平山东、南、北三面来扑，奴才闻信，轻骑驰往，离营口三十余里，及至，已经开仗。姜桂题御北股，马玉昆击东股，而南股向西南直窜，将及蓝旗，敌有袭营口之势。奴才急令宋得胜、程允和迅速迎剿，日遂折回，合力逼犯中路。奴才督率马玉昆鏖战于太平山下，自卯至申，六时之久。此山长二十余里，寇于各山头分设快炮五六十尊，连环轰击，我军官弁伤亡甚多，毙贼亦过倍，拼死不退，而枪弹已尽，炮车亦多损坏。奴才见势不支，先将炮队撤回，令各统将率队且战且退，至原处驻扎。马玉昆之队伤亡最多。马玉昆战马三易，均被炮毙。奴才驰驱冰雪间，炮弹及马首，惊蹶倾跌伤腰。是役也，早有海、盖合股与奴才决死战之谣。先因军扎原野，不得逞志，乃诱我进山，于山头设炮，濠内伏枪，且由金、复新来大股五六千，与各处据寇大集合力。奴才亦因开河在即，诚恐日船分扰各口，逼近京畿，先与大战，以牵敌势，遂未及与魏光焘各军到齐，先行会师，克期大举。臣吴大澂所派炮队四营虽到营口，因应用料件未齐，暂令与新队十营留防京口，未派出队，兵力尚单，致有此挫。奴才调度乖方，请交部严议。惟念奴才年力就衰，现复伤腰，不能乘骑，值此军事方殷，惟有在营调养，指挥各统将速为整顿，以待再举。伏乞圣鉴。

二月初二日奉旨电宋庆：电奏悉。宋庆因开河在即，恐日窜扰各口，冀战胜以牵贼势，催进较急，致陷贼诱敌之计。宋庆坠马伤腰，殊深廑念！吴大澂派去炮队留防未用，亦非进援不力。所请严议之处，着加恩宽免。马玉昆闯围再入，护出被围之兵，实属奋勇，着传旨嘉奖。宋庆秉性忠壮，但统帅全在指挥调度，不专以冲锋陷阵为长，要须守临事好谋之训，稳慎图功。吴大澂派李光久各军合力进攻海城，深盼捷书之至。吕本元虑日扑犯三家子，吴大澂请饬唐仁廉往助，现在兵械未齐，裕禄、长顺、依克唐阿等妥筹援应。

帮办军务吴大澂致军务处报日据三家子与宋庆合力防守营口并饬唐仁廉固守辽沈电

屡接吕本元、孙显宾〔寅〕电，日寇扑犯三家子，现已占据。奉军金、胡两营现扎分水岭，日寇甚多，情形危迫，不特大高岭后路可虞，并可直达辽沈大道，即攻海城各军亦须防其抄袭。长顺、依克唐阿两军已临前敌，万难抽调。请旨饬令唐仁廉就近派兵往助，以固辽沈门户。澂与宋庆合力防守营口，派兵会攻海城，尚未得手，势难分兵兼顾辽阳。伏乞钧鉴。

二月初二日

署江督张之洞致总署请借洋款饬由各省认还电　附旨

旨，恭悉。顷，与炽大洋行议，尚可续借二百万镑，并允减为五厘，九四扣，此外别无行用等语。此番较前六厘且九八扣者更省。惟再借，务恳圣恩敕部由各省关认还，江苏实无此力。至湖北枪炮厂，奉旨确查，本议定正月底开工，因去年枪厂失火，改造铁房、厂屋、铁梁柱等件未造齐，去腊中旬，热铁科之大轴忽断，另铸开槽，甚为费事。现赶工，限二月底将厂屋作好，三月初可开工。初造人力不相习，每月止出五百枝，三个月后可月出千枝。请代奏。

二月初二日奉旨电张之洞：两电悉。炽大续借金镑已令户部速议具奏。张之洞既与洋行商妥垫款订购军火，一切均照所请，即行订定。

使英龚照瑗致总署英外部言各国对让地意见电

晤金外部时，欧使电至，金云：奉全权命，必暗有限制。赴日议和，日言，让土地不能允，即可遵停商量之权。欧洲各大国昔有战事，常行此权，无伤体面。赴日后，各国知日索项自有商酌，否则日有以藉口肆行，各国难以干预。英、俄、法同此意见等语。瑗云：华言，让土地或南或北，英、俄、法如何处置？金云：已有定见，刻不便言。瑗云：可电欧使，密告总署、李相。金首肯，约初四再复。

二月初二日

署直督王文韶奏拟令聂士成统率各军作为津沽游击之师电 附旨

聂士成初二日到津，拟照李鸿章、刘坤一原奏，作为津沽北路大枝游击之师。自芦台以至滦乐，何处有警，即行驰剿。上自榆关，下至津沽，亦均可兼顾。聂士成带入关者八营，益以新练功字十营，附以李邦桢新练芦勇二营，通共二十营。又吴宏洛原有六营，附以胡燏棻新练定武军四营，共十营，合并聂军，成一大枝。徐州镇陈凤楼马队并即联为一气。统计北路游击之师，马步队共三十五营。除南路曹克忠三十营自成一军外，其津沽各海口防营散布，拟请均归聂士成接统，以一事权，并令接管直隶提督印务，以资统率。仍俟电旨遵行。

二月初三日奉旨电王文韶：聂士成现赴芦台驻扎，并马步共三十五营为津沽北路游击之师，即责成该提督整顿布置，屏蔽京畿为第一要着，津沽各海口防营均归总统，以一事权。曹克忠三十营，着专顾津南一路，妥筹防剿。

署江督张之洞致总署拟以台湾作保向英借款请其派兵轮保卫电

传闻日有索台湾之说，或云借台湾开矿十年等语。查台湾逼近闽浙，若为敌据，南洋事事掣肘。且其地精华所萃，美利无穷。去年，洞向寓居美国之道员容闳借洋款，容复电云：若肯以台湾作押，可借美国银元十万万元等语。又上海英律师丹文来言：若中国需银，可将台湾押与英人借款等语。洞以其言不得体，峻词斥之。但即此两说，可见外洋艳羡台湾之至。近来日轮游弋台澎，显系意有专属。窃谓此时正可就外洋艳羡之意另设一权宜救急之方，似可与英公使、外部商之，即向英外部借二三千万，以台湾作保。台湾既以保借款，英必不肯任日人盘据，必派兵轮保卫，台防可缓。将来借款还清，英国无从觊觎台湾，其权在我。如照此办法，英尚不肯为我保台湾，则更有一策。除借巨款外，并请英在台湾开矿一二十年。此乃于英国有大益之事，必肯保台湾矣！总之，英远日近，英缓日急，英乃强邻，尚顾大体，日直凶盗，不近人情。古人所云远交近攻，此理确然不易。惟外间耳食之人恐误以为将台湾押与英国，横生訾议。不知历年借洋款皆写海关作保押，借款已清，英国何尝有据我海关而收税之事？大局十分紧急，谨陈管见。是否可行，尚候圣裁。请代奏。

二月初四日

吉林将军长顺致军务处徐庆璋报日逼辽南请饬吴大澂赴援电　附旨

顷，据辽阳州牧徐庆璋呈报，贼已逼辽南隆昌州下岭子，距城仅四十里，万分危急，请赶紧回防辽城等语。查隆昌州为辽阳要隘。长顺正在前敌与贼对阵，万难移动。可否饬吴大澂督军赴援？请代奏。

二月初五日奉旨电宋庆：据长顺电称，贼逼辽阳隆昌州，辽阳危在旦夕等语，本日已谕令长顺移军堵剿。沈阳根本重地，宋庆、依克唐阿、吴大澂速行合力拯救。

旨寄宋庆等太平山之战阵亡参将刘云桂等着交部优恤电

电宋庆、吴大澂：各军进剿亮甲山等处据贼，连破小八里河等处贼巢。三十日，太平山之战毙贼七百余名，剿办尚属得手。所有阵亡参将刘云桂等，交部优恤。

二月初五日

黑龙江将军依克唐阿致军务处报贼扰各要隘辽阳紧急率部赴援电

初二、三迭准孙显寅、吕本元电称，岭防可危。又长顺、魏光焘、徐庆璋函称，探得吉峒峪有贼猛扑辽阳险要，势甚岌岌，并由盖平、岫岩添来悍贼四五千余，请撤队回顾后路。长顺派四营前去，依克唐阿派一营前往联络，听徐庆璋调度。正在妥筹布置，初三日寅刻，贼出大股扑犯大小费屯。德兴阿预先准备两军，互有杀伤。适闻西南炮响，徐邦道、李光久、刘树元及凤字等军进攻唐工、亮甲两山，随派两营驰往策应，亦互有杀伤。同时，贼又分股扑犯大小河沿小五屯，经寿山迎击，战至酉刻，毙贼甚多，夺回眼镜山、龙山。初四丑刻，由城北出贼万余人，三面猛扑眼镜山，寿山等分股迎敌，贼已败去。复分股猛扑，伤勇甚众。贼由栖感河抄我后路，望援孔亟。时长顺函称，在东路甘泉堡接仗，幸西路各军赶来接应，始得撤出，分队再战，大雪不止，收队扼扎。现在贼势甚盛，全力北争。依克唐阿身任前敌，自当竭力堵御。再据徐庆璋飞函称，兴隆沟失守，辽阳万分吃紧。依克唐阿知会吴大澂拨营攻海，即亲率所部，并属李光久、徐邦道两军随行援辽。拟请旨即归节制，以资分遣。依克唐阿因军情万变，力顾大局起见。恳代奏。

二月初六日

帮办军务宋庆致军务处辽阳大高岭告急兵少难兼防剿请示电　附旨

连接辽阳大高岭告急电云：日贼日迫，已近下岭子，距辽阳四十余里，蔓延一片，不计其数，辽城危在旦夕等语。如庆所部，只可顾一路，以剿则难兼防，以防则不足痛剿。若兼防剿，已不暇及。自去冬迭奉谕旨，力顾营口，杜其西窜。今辽危，则势将及沈。以营口与海、盖较，则营口重，与陪都较，则陪都重。闻报之余，万分焦急！惟营口为通商口岸，日寇垂涎，但各国商旅云集，或有所顾忌而不即攻。如以庆军北援辽沈，其大股必北合海城，以乘我后，将其引至平原，合力痛剿，冀可稍松。又恐队一移动，盖平据逆另纠大股，仍窥营口，亦必有重兵专顾，令人莫适所从。仰祈指示方略，请旨遵行。

二月初六日奉旨电长顺：大高岭告急，李光久未克赴援。三家子系通辽沈大高岭要路，该处防兵太单，长顺当先其所急，就近移扎要隘，助守辽阳，以保沈阳门户。

帮办军务吴大澂致军务处请留徐邦道李光久会攻海城电　附旨

顷，接伊克唐阿电，知已拔队驰赴辽阳，忠勇可佩。惟海城北面既属空虚，若将徐邦道两军同时调去，大澂所部十余营孤立无助。日兵虑我力攻海城，意在牵制，似未可中其诡计。仍请暂留徐邦道、李光久会攻海城。乞代奏。

二月初六日奉旨电宋庆、吴大澂：辽阳吃紧，饬长顺就近援应。宋庆、吴大澂相去较远，且虑金、复、海、盖贼势蔓延。彼见我军北援，势必乘间西窜，应督饬严防营口，兼杜海贼纷窜之路。徐邦道、李光久暂照请，勿庸调赴东路。

总署奏敌情叵测时势阽危李鸿章应赴长门会议折

总理各国事务庆亲王奕劻等奏，为敌情叵测，时势阽危，皇上特遣重臣，再申和议，而日本屡次延宕，大学士李鸿章尚未成行，诚恐日人俟河冻一开，分兵冲突畿辅，则可忧者大矣！臣等伏思，日奴乘胜骄纵，其奢望不可亿计。现在勉就和局，所最注意者，惟在让地一节。若驳斥不允，则都城之危即在指顾。以今日情势而论，宗社为重，边徼为轻。利害相悬，无烦数计。臣等前日恳请召见，旋奉传谕，命臣等恭请谕旨。皇上深维至计，洞烛时宜，令臣等谕知李鸿章，予以商议土地之权，令其斟酌重轻，与日磋磨定议。昨据田贝送到日本复电，定于长门会议。李鸿章自应迅速起程，免致另生枝节。谨奏。

光绪二十一年二月初七日。

全权大臣李鸿章奏遵旨赴日本议约预筹大略折　附谕

钦差大臣李鸿章奏，为遵旨驰赴日本议约，预筹大略情形事。

窃臣钦奉谕旨，作为头等全权大臣，与日本商定和约，当即趱程进京，仰蒙召见三次，诲示周详，莫名钦感！连日据美使田贝函称，日本来电，中国另派大臣议和，除先允偿兵费并朝鲜由其自主外，若无商让地土及办理条约画押之全权，即无庸前往等语。迭与王大臣等会议，均以敌欲甚奢，注意尤在割地。现在事机紧迫，非此不能开议。当经总理衙门函复田贝，以日本电内欲商各节，均有此全权重任。尚未接准复电。顷，军机大臣传奉皇上面谕，予臣以商让土地之权。闻命之余，曷胜悚惧！

窃以中国壤地固难轻以予人。至于戎狄窥边，古所恒有。唐弃河湟之地而无损于灵武之中兴，宋有辽夏之侵而不失为仁英之全盛。征以西国近事，普法之战迭为胜负即互有割让疆场之事。一彼一此，但能力图自强之计，原不嫌暂屈以求伸。此次日本乘屡胜之势，逞无厌之求，若竟不与通融，势难解纷纾急。详阅日本致田贝两电，于兵费及朝鲜自主两节均认为已得之权利，而断断争执尤在让地一层。惟论形势则有要散，论方域则有广狭。有暂可商让者，即有碍难允许者。臣必当斟酌轻重，力与辩争。所虑者，会议之初，先议停战，西例只有议停数日或一两旬之案。设磋磨未定，而停战限期已满，彼仍照旧进兵，直犯近畿，又当如何处置？至兵费，如允偿还，多寡悬殊亦须从容酌定数目。其所云日本想有别事应行整办，包藏非止一端，并当相机迎拒，但能争回一分即少一分之害。伏念此行系万不得已之举。皇上轸念生灵，不恤俯从群议。臣受恩深重，具有天良，苟有利于国家，何暇更避怨谤。惟是事机之迫，关系之重，转圜之难，均在朝廷洞鉴之中。臣自应竭心力以图之。倘彼要挟过甚，固不敢曲为迁就，以贻后日之忧，亦不敢稍有游移，以速目前之祸。敌情最为凶悍，倘于臣将行之时，既往之后，遽以大股北扰，应如何密为筹备之处，圣明自有权衡。此则区区之愚，尤不敢不预为顾虑者也。臣俟日本复电，定在何处会议，即行出都，取道天津，乘轮东渡，再求面聆训诲，俾有遵循。谨奏。

光绪二十一年二月初七日电寄上谕：李鸿章奏，遵旨与日本议约预筹大略情形一折，据称，日人注意尤在让地一层，事机紧迫，非此不能开议，拟就形势、方域斟酌轻重，力与辩争，此外所求，非止一端，并当相机迎拒等语。此次特派李鸿章与日本议约，原系万不得已之举。关系之大，转圜之难，朝廷亦所洞鉴。该大臣膺兹重任，惟当权衡于利害之轻重，情势之缓急，即与议定条约，以纾宵旰之忧，而慰中外之望，实有厚期焉！将此密谕知之。

特授李鸿章议和全权敕书

大清国大皇帝敕谕：

现因欲与大日本国重敦睦谊，特授文华殿大学士·直隶总督·北洋大臣·一等肃毅伯李鸿章为头等全权大臣，与日本国所派全权大臣会同商议，便宜行事，定立和约条款，予以署名画押之全权。该大臣公忠体国，夙著勋劳，定能详慎将事，缔结邦交，不负朕之委任。所定条款，朕亲加查阅，果为妥善，便行批准。

特敕！

二月初七日

总署致美使派李鸿章为全权大臣应否转告日本希酌度函

径启者：

贵大臣送来二十三、二十六日日本所发两电均已阅悉。李中堂奉派全权大臣，凡日本二十三日电内欲商各节，均有此全权责任，希即转达日本政府，并问明拟在何处会议，即行电复，以便约期前往。此次敕书词意悉照日本所发敕书办理，今将底稿录送阅看。应否转电日本，希贵大臣酌度可也。

二月初八日

宋庆吴大澂奏遵旨严防海城据贼乘隙他扰电

谕旨虑及海城据贼乘隙他扰，命臣等严加警备。昨午后，果有贼二千余人，自海城北路耿庄子直向西南，围扑牛庄一带，意在抄袭湘军后路，而牛庄仅由魏光焘留扎一营，恐难抵御。臣大澂已饬亲军各营回顾牛庄，奴才庆亦函商臣大澂，派拨炮队四营，驰往牛庄，以厚兵力。

二月初八日

江督刘坤一致军务处遵旨饬陈湜速援辽阳电

旨，敬悉。饬陈湜星速往援辽阳，已饬该臬司钦遵办理。现在日寇大股北趋，事机兼紧，自当令长、依专顾沈辽，宋、吴分防海盖，各任责成，并须彼此消息联络。至陈湜一军既行，则大高岭之防仍由吕本元、孙显寅两军合力筹办，以期周密。请代奏。

二月初八日

帮办军务宋庆致军务处日兵窜田庄台已会剿电

日兵今日由牛庄窜田庄台，庆已率全军会剿，并顾窜锦州之路。乞代奏。

三〔二〕月初八日

盛京将军裕禄致军务处辽阳万紧亟应规复海城电

据报，辽阳万紧。查贼因大军聚集辽阳西南一路，会攻海城，辄分股由东南辽境扑犯，以图牵制，其谋甚狡。辽阳设有疏虞，不特大高岭之军为所包抄，即攻海城之师亦将为所隔断。为今之计，亟应先顾辽阳，以固沈阳门户，而规海城之军仍当节节前进，以牵贼势。当经裕禄电达刘坤一、宋庆、吴大澂，先饬李光久五营星夜开拔来辽；一面电商长顺、依克唐阿分队力堵。其攻海之各营一移，又恐贼乘虚北犯，惟有请旨饬下吴大澂，添队进攻海城，而移长、依之军回顾辽城，并请李光久迅带所部开拔辽阳，随同长、依防剿，庶两路夹击，使贼不能相顾，方于大局有益。

二月初八日

使英龚照瑗致总署全权国书防日挑剔兹将英国曩日遣使波斯国原文附闻电

约初八与外部订递期，义国与英一气，似宜亦致电旨。如允，瑗赴法后即赴义。金外部云：全权国书字句防日挑剔。兹将英国曩日遣使赴波斯全权国书原文附电闻。

二月初八日

总署致龚照瑗义愿助中国希连同英法各递国书电

电龚照瑗：义国愿助中国，可亦致国电一分。英电请亲递，法、义二国电遣参赞赍递。

二月初九日

使俄许景澄致总署俄主欲赠王之春宝星是否准佩速复电

俄主欲赠王使宝星，示亲密。柏百福谓：中国看轻此事，仅受不佩，俄主为难。今外部询国家是否准佩，催速复。可否复以见西国君臣时准佩？

二月初九日

帮办军务宋庆致军务处牛庄失守拟率队北援辽沈西防锦州电　附旨

昨午，牛庄失守，湘楚魏、李各军挫溃。民人飞报，日大股由田庄台而来，仅离四五十里。旋接吴大澂书，属即分队来援。庆思牛庄各军既已溃回，若仅派数营断不能支，而全队拔回，营口亦不能保。即使徒防营口，指日冰解，水陆受敌，且后路粮运一断，更难支持。今后路被扰，惟有全队回顾，仍即向北路进剿，北援辽沈，西防锦州。吴大澂因双台子后路尤为吃重，已先带队驰往防御。所有擅自离防北援情形，乞代奏。

二月初九日奉旨电宋庆、吴大澂：贼扑牛庄，湘军溃退。营口已危，尤防西窜锦州。宋庆全军以回顾西路为第一要着，着与吴大澂督饬各军，尽力堵遏。

帮办军务宋庆致军务处牛庄失守田庄吃重惟有督饬严防电　附旨二件

庆于初八夜连接吴大澂告急电文，谓牛庄已失，日寇直犯田庄台。庆思若不亲救田庄，倘有疏虞，不但粮弹不继，且西犯锦州，更难措办。如舍营口，贼必乘虚而入。事处两难，惟有先其所急，决计回救田庄。初九黎明，督率各军回救。日闻各军势盛，折而东窜。原冀与吴大澂晤商防务机宜，乃吴大澂虑寇扰，复先驰往双台子布置，田庄台益形空虚。庆将各军就此分扎，以遏贼西窜之路。无如营口犹有日奸内应，见我大队已动，勾结盖平之贼，今早突至营口，随到随入。当庆初九开队时早虑及此，因留龙殿扬五营于东北隅大房身，以备不虞。今早见有日骑一二千猝至，即督队出击。贼之大股由西南扑至营街，即由南圩门袭入。各铺商皆悬英、美保险旗，故未放火杀人。海关道善联犹督勇御敌，贼众兵单，亦即败退。龙殿扬专马飞报，庆立派马玉昆率队往援。无如贼在营街，西商杂处，诸多窒碍。至晚收队回田庄台，营口遂为日据。虽因回救田庄台，防日西窜，究属贻误戎机，理合自请严议。现田庄之防尤为吃重，惟有严守。

二月初十日奉旨电宋庆、吴大澂：电奏悉。此次贼窜牛庄，湘军初次接仗，辄即败退。吴大澂疏于调度，致损军威。宋庆以牛庄失守，率军回救，致贼乘虚袭据营口。宋庆、吴大澂自请议处，均属咎无可辞，姑从宽改为交部议处。现在牛庄、营口皆有贼据，田庄台当西路之冲，该提督务当设法屏蔽锦州，毋任贼锋西窜。

电裕禄：辽阳告急，已令长顺、依克唐阿移军回顾。昨据宋庆、吴大澂电奏，贼由牛庄图扑田庄台，该提督已分军力顾西路。日内军情如何？确探具奏。

二月十一日

署江督张之洞致军务处请饬北洋大臣添办电线以通军报电 附旨

军报紧要，由京达外省之电线设有阻滞，必误事机，宜多设一两条，乃为周妥。查湖北襄阳老河口久已通电，似宜将此线接通陕西，由商州达西安，或由襄阳达潼关、保定至京，似宜专设一线，不必绕由天津。拟请饬北洋大臣速办。请代奏。

二月初十日奉旨电张之洞：据奏，由襄阳至京另设电线等语，本日已据王文韶折饬盛宣怀妥办矣！前据张之洞电，以台湾作押，借用洋款，藉资保卫一节，经总署询问赫德，据云，各国守局外例，此议万不能行。该督所奏究竟有无确实办法？详细电复。

旨寄长顺依克唐阿着联络声势共保辽阳电

电长顺、依克唐阿：据长庆电，已将各军开拔沙河子等处，依克唐阿亦回辽阳。该两军回顾辽城，兵力较厚。即着联络声势，共保危城，以防分股北窜。

二月初十日

台抚唐景崧致军务处请旨饬令林维源筹借军饷百万两电

户部拨付台款百万，暂补防费。欲添防兵则苦不能，撤防则无期，亟应预筹接济。续借洋债无应，其借华债则本地绅民皆推太仆寺卿林维源为首。维源自上年七月报效两营月饷五千两，今与商仅肯再捐四万两。该京卿巨富，应请旨饬令林维源筹借百万两。如撤防后其款未经用完，即先退还。在维源力所能为，在公家不失情理。伏乞恩准。

二月初十日

总署致李鸿章美使接日本电俟抵长门再订晤期电

电李鸿章：美使接日本复电云，须于中历二月二十一、二日行抵长门，再订晤期云云。

二月初十日

旨寄刘坤一等着调援兵驰赴营口助剿并令各将互相联络电　二件

电刘坤一、王文韶、李秉衡：荣城、威海之贼尽退，势将北犯津沽。南路兵单，王文韶已电商刘坤一，调兵援应。李占椿十五营驰赴营口一带，李秉衡催令速进，克日到防，与曹克忠联络，力顾津南。而丁槐一军能否一并调赴助剿，刘坤一等酌量办理。

二月初十日

电刘坤一：据奏，布置情形一折，即着该大臣预为部勒，谆谕各将领互相联络，以收夹击之效。董福祥、程文炳两军未便移动。

二月十一日

署直督王文韶致军务处袁世凯电营口失守宋庆派队往援恐难及电

袁世凯本日午电：营口初十未刻失守。善联、蒋希夷均到田庄，营炮台仍固守，宋庆派队往援，恐难及等因。再，李鸿章本日未刻到津，一面会商防务，一面料理起程。请代奏。

二月十一日

谕王文韶盛宣怀速办由沪至西安电线并着谭继洵鹿传霖刘树棠通饬保护电

上谕：王文韶奏，展设西安至襄阳电线，以联陕鄂而通西道一折，据称，西路电线，自保定至西安省城，及湖北沙市至襄阳老河口，均经添设商线，若将老河口电线接至西安，倘直东线阻，京津电报即可由保定、西安、襄阳、汉口以达上海，缓急较为可恃。现由津海关道盛宣怀派员勘办，请饬一体保护等语。即着王文韶饬令盛宣怀赶紧集款购料，妥为兴办，以期消息灵通。并着谭继洵、鹿传霖、刘树棠转饬经过设线地方官，一体妥为照料保护，勿任损坏。

二月十一日

全权大臣李鸿章致总署报乘德船至马关晤日全权函请停战意似游移请告美使并示军情电　五件

真电敬悉。田贝寄到初八原电，约于西三月初九，即华二月二十三日到马关，后再订两国钦差会晤日期，是起程须扣算，到日不先不后，乃得体。鸿定于十九日由津登轮，出沽口后计四日可到马关。拟到彼即驻船上。随员十余人现尚未到，请斟酌。若田使转致日电内有停战定约字样，宜令各驻使速呈。辽沈危急，津榆亦有警报，藉此或可纾急。请代奏。

二月十二日

田电云：据原文，应于西三月十九，即华二月二十三到马关，并有不应早到之说。是以拟于十九日开船。兹承电示，系华二十三日。似可于十七晚登舟，十八开船，请酌复田贝。

二月十三日

十二日电询所坐船名、旗号，拟赁德商礼裕、生义两船，挂有德国旗号，并挂中国头等全权大臣之旗。望函致田使转致。

二月十三日

十七晚登舟，十八日开驶，随带文武员弁三十三人。祈代奏，并知照田贝。

二月十五日

廿三辰，抵马关，日派全权伊藤、陆奥约期会晤。二十四申，齐集公所，互阅敕书。伊、陆言，住船不便，谆嘱移寓公馆，预备整洁，允明日暂移，以便就近议事。函请先停战，意似游移。约二十五日再会议，并开所索条款，容俟电闻。伊藤言：别来十年，中国毫未改变成法，以至于此，深为抱歉！探知前六、七日有运兵船多只出马关，约五千人，云往台澎。确否？辽沈榆关军情若何？乞示。

二月十三日

黑龙江将军依克唐阿致军务处报率部攻吉峒峪以固辽阳电

初三、四在海城与贼恶战。迭接警信，辽阳危急，属回顾，不得不舍海援辽，立传所部，速行开拔。拟先据鞍山站，拦头截击，乃甫经抵辽，该贼又复东西分窜。若不将吉峒峪一股剿灭，诚恐东西环攻，辽城更危。现闻长顺力顾西北，以为防守计。酌留数营协防，即率部攻剿吉峒峪。如能克复，辽阳门户自固。乞代奏。

二月十三日

帮办军务宋庆奏督率马玉昆等在田庄台附近接战得胜分别请奖电　附旨

十一大雪，日寇四五千冒雪来犯。据探报飞报，已离田庄台河南数里。当派马玉昆居左，宋得胜居右，庆督程允和由中路迎战，左右齐进，枪炮互施。自未至酉，鏖战三时之久。左、右翼由两路互抄，日始不支，纷纷遗退。追袭十余里，毙贼五六百名。因天晚收队，派马分探，再图进剿。各将领迭次血战，毙贼甚多，且数月以来，风雪奔驰，昼夜防剿，虽未克复城池，而积劳已久，此次尤为异常出力，可否请将马玉昆交军机处存记，遇有提督缺出，请旨简放；宋得胜赏穿黄马褂；程允和前有革职处分，可否赏还顶戴，仍以提督记名简放之处，出自逾格天恩。

二月十三、四日奉旨电宋庆：电奏悉。十一日之战，我军破贼，自牛庄败衄后，得此足以稍挫凶锋。马玉昆等着交军机处存记。

江督刘坤一奏湘鄂军败庆军大胜现部勒诸将联络声援电

旨：现在关外贼图西窜，又恐由水路伺隙内犯，防务甚关紧要等因。查关外各军多系新集之众，与坤初同袍泽，不审兵之强弱、将之勇怯如何，难保其尽能得力。惟有懔遵圣训，预为部勒，谆谕诸将，联络声援，勉图报称。至程文炳、董福祥两军保卫近畿，坤并非令其移动，惟拟饬该提督等赴津会商战守之策，不过数日，各回原处。现在关外军情吃紧，坤若由关返津，各军扎营开濠，无暇他适。应俟关外军事稍定，各营筑凿竣工，届期能否赴津，徐议行止。此次关外牛庄湘鄂各军挫溃，仍系被日包抄，失亡不少。惟宋庆在田庄台获一大胜，足以壮军心而寒贼胆。现由坤行营给赏银五千两，以示奖励。陈湜先奉电旨援辽，目下情形不同，岭防亦极紧要。坤电饬其妥筹兼顾，一切进止机宜与裕禄商办。吴大澂由双台子退石山站，沿途溃勇经道员袁世凯设法安顿，尚属安静。吴大澂方期重整攻剿，良非易易。宋庆知营口难守，先行移扎田庄，自系老成之见。现在惟有北固沈辽，西防宁锦，以保大局，不必更与争锋。俟我养锐蓄精而后与之决战，亦当出奇制胜，不可一味攻坚，使日伺间乘虚，以袭我后，至蹈今日覆辙。相应请旨饬令宋庆、吴大澂、依克唐阿、裕禄、唐仁廉等相机酌办。

二月十三日

张之洞唐景崧致军务处报会商捣巢截寇办法电

前奉电旨，会商捣巢截寇一节，往返屡商。之洞意拟购穹甲快舰数艘，合汉纳根两艘，并赶造极快鱼雷炮船十艘；极快公司船三艘改为运船，载兵两千人、煤数千吨随之，乘虚攻袭。步队上岸，或毁其台炮，或歼其守兵，或焚其积储。若敌内地之兵大至及敌轮还救，则移攻他处。如海面遇敌，船少则攻，船多则避，遇其运兵运械之船则截夺之。我船驶快，敌不能追。敌若穷追，则收入闽之长门、浙之镇海、粤之虎门、江之吴淞等处，皆有炮台，可以依护。至造船到华，至速须七八个月，购船到华，较早，驶行不快。极快雷船必须定造。购船多少未定，造船已有成议，惟选将难得其人。景崧意欲招募粤边悍勇游匪数千，先用此船运往。如有兵船运往继进，意在深入攻据。惟募练必须四个月，须有巨饷利械。两人所拟办法不同。之洞意总谓民船难往。窃拟分股各自筹办，俟勇齐船到，再看情形商酌。台湾练成此项兵勇，无论攻日与否，总属有用。饷械江南筹给。至购船定船详细办法，另行电奏。谨遵旨复陈。请代奏。

二月三十日〔十三日〕①

署江督张之洞奏押款保台如以为可当遵旨再电龚许两使电

押款保台一节，奉旨询确实办法。窃思惟有探询外部，方能得其真际。洞已电龚、许两使，照两豪电所陈，探询英、俄外部意思，或保台，或多予利益，如开铁路、内地开矿、兴商务工作等事，肯用势力助我胁和否？并探询英、俄，另有何欲，令其自言作为。洞之私见空论，如朝廷以为可商，恳电饬龚、许两使筹商，方能切实与议。是否有当？恭候圣裁。

二月十三日

署江督张之洞致军务处日据刘公岛请调丁槐入卫电　附旨

威海日寇已退，惟据海中之刘公岛。盖岸上炮台已毁，彼据岛已足以扼北洋。我岸上步队无人，彼仍明系尽撤陆兵，并力北扰，以致关外各军皆败，畿防甚急。丁槐一军曾经洋战，似宜迅速入卫。电商东抚，意见不同。请代奏。

---

① 据原刊目录标示日期及前后文件时间改。

二月十三日奉旨电王文韶：据张之洞电奏，丁槐谙洋战，请饬入卫等语。昨据王文韶奏，丁槐一军移扎武定府，与直省连界。即着知照李秉衡，迅饬该总兵拔队来津。王文韶与刘坤一商酌，或令驻山海关一带，以厚兵力。

帮办军务宋庆奏田庄台不守请严议电　附旨

十一日，剿贼获胜，当即电报。十二日，各大股集二三万人，大炮六七十尊，均伏南岸十数里各村庄。庆督马玉昆等过河迎击，寇先以小股来诱，追击数里，侦知贼有埋伏，未便深进。续探贼皆潜向东北，欲由蔡家屯抄出我后。因大雾瞭望不见，因饬马玉昆、宋得胜等严防该处。十三日，贼先由东北扑来，马玉昆等过河迎敌，贼踪皆退向西南，由上游偷越，抄我后路。日出之时，登高眺望，见已离田庄台甚近，调转各军已来不及，遂饬龙殿扬、刘凤清新队十营开炮迎战。无如该逆大炮数十尊齐向田街迎击，弹子横飞，房屋皆燃，人不能支，且战且退，以致田庄不守。现惟有先到双台整队。计该逆必仍再来，不加整顿，势难应敌，拟缓缓撤至石山站，力保锦州。庆屡次失利，罪无可逭，应请严议。其十一日请奖各员并请停止恩命，再观后效。

二月十三日奉旨电宋庆、吴大澂：电悉。十三日之战，因我军侦候未明，被贼暗袭，又贼炮过多，不能抵御，以致挫失。吴电称，已饬姜桂题、徐邦道、吴凤柱各军分扎辽阳驿、广宁驿及义州一带，并饬余、熊两军驰赴锦州策应等语。宋庆、吴大澂兵数不少，均退扎石山站，去田庄台、牛庄已嫌太远。长顺等因西路空虚，恐海城之贼北窜。又宋庆电称，牛庄之贼已向海城。为今之计，宋庆、吴大澂仍应督率各军，进扎东路，如杜家台、双台子一带，以为进剿之地，不应在远处株守。山海关驻兵无多，余、熊两军不能再拨。宋庆、吴大澂详酌速图东遏，不必两人同扎一处。即派兵分扎，以逼近大道、严防西窜为主。义州逼近僻处，西北勿庸派兵前往。

盛京将军裕禄致军务处防守大高岭分水岭未能赴援辽阳请饬宋庆派军速援电　附旨

据陈湜电报，初八夜，湘军袭八会寨等处之贼，贼遁。黎明追击，阵斩日贼十余名。该军现仍分扎该路各隘，候依、长两军，即由八会寨进剿等情。查贼自凤城窜岫、海后，辽阳本三面受敌，大高岭以东为凤城通辽之路，吉峒峪南水岭以南为辽海入辽歧路，鞍山站腾罗堡西南为海城入辽之路。陈湜湘军十营，自聂士成调回关内，即驻扎聂军所扎之处，会合吕本元等分防大高岭东南两路，以遏凤城贼股。昨因日窜大连南之分水岭、吉峒峪一带，陈湜即留四营固守岭防，督率六营往援，南分水岭、八会寨、老君堂等处遏贼由南窜辽之路，仍当饬令约会依军进剿辽南之贼，以免由南北窜。即大高岭之防，仍须由湘淮各军分布严防，俾免东路之贼乘虚窜越。是陈湜一军现在所拨防剿各营正当辽阳东南两路之冲。惟现闻王文韶因辽阳急迫，奏请饬下陈湜往援，自为力保辽阳起见。但依军虽已抵七岭子一带，系由吉峒峪西北进兵。惟吉峒峪以东通辽大道及抄大高岭后路之货郎沟、亮甲山等处，不可无兵堵御。刻下此路军情亦万分吃紧，陈湜只合由此路向东会剿，以收夹击之效，万不可轻于会攻辽城，致东南两路兵力皆单，贼转乘虚进逼。统筹全局，似仍当责令在现扎各处分布战守，以固辽之东南两路，毋须回兵辽城，方与目前军事有济。至辽之西路鞍山站腾罗堡一带，均有贼踪，虽经依、长分军堵扼，惟备多力分，甚属可虑。该处如沙河、刘二堡、小北河等处皆由辽海通沈阳新民之路，昨曾电陈请饬宋庆、吴大澂，饬令徐邦道、李光久之军移驻海城西北一带，分顾刘二堡等处要隘。仍恳饬下宋庆，飞饬该两军速筹援顾，以维全局。理合电陈。

二月十三日奉旨电裕禄：电悉。陈湜一军分防大高岭、分水岭等处，未能赴援辽阳，着裕禄传谕该臬司仍扎原处，相机督剿。现在贼由牛庄直窜营口、田庄台等处，宋庆、吴大澂两军失利，西路情形万紧，不能兼顾东路。其辽阳一带防剿事宜，惟有责成长顺、依克唐阿布置。军情变迁，战守机宜，朝廷不为遥制，惟在该督合力同心，妥为因应。

桂臬胡燏棻奏请旨饬吴大澂退锦州徐图再举电

顷，接袁世凯电：宋帅距石山站八里，拟请吴退锦，自驻石遏寇。吴亟图再战，不从。凯调停，仍未定。湘兵溃馁不振，吴一人勇何用？且令太宽，将领多不得力。寇距双台甚近，尚未知究往何窜。各军来领饷，姑借宋饷发。已电项，令速送义州。凌河将开，流冰断渡。义有桥，姑移往。缓急可恃，米姑不必多运。锦近海，且溃兵集，尤难靠。惟湘勇无纪律，运车均为拉散。吴太慈，无法办将，令凯痛杀之云云。棻念石山站为辽沈后路，锦西门户，若再疏失，辽锦更难，而陪都与榆关震动矣！宋虽未必确有把握，究属宿将。棻与吴帮办三十年乡榜同年，袁道与之儿女姻亲，绝不抑吴助宋。现为国家大局起见，不得不据实直陈。可否奏请电旨，饬吴退锦州，收拾余烬，徐图再举。伏乞钧裁。

二月十六日

帮办军务宋庆致军务处报商吴大澂移驻石山站以固锦州电

今早行抵双台子，与吴大澂商扼守之计。惟双台子地窄，无险可扼。且贼诡甚，恐其包抄双台子之后更难堵截。庆行至杜家台西北一带，收集整顿，再定进止。吴大澂酌带数营，移驻石山站，为东、南、北三面握要之区。如此布置，两军可以联络一气，以固锦州门户。是否有当？乞代奏。

二月十六日奉旨电宋庆、吴大澂：吴大澂移驻石山站，宋庆至杜家口整顿。吴大澂究退至何处方止？倘再有溃败，自问当得何罪？宋庆究扎何处可遏贼锋？总以断贼入关为要！

使英法龚照瑗致总署法外部欲商之事回法再议电

递国电，法、英一例，即午请赍面交外部转递。今晚，庆常随同往义、法外部。欲商之事，商明回法再议。英廷发电尚未到。

二月十六日

使俄许景澄致总署报俄主必竭力劝成和议并德主允劝日所索不宜太过电　二件

国电已赍交俄外部接递。外部述，俄主面复，俄国必竭力劝成两国和议，请转陈等语。乞代奏。即晚赴德。

二月十六日

德电已递，外部述，德主复，先择译商即电日，德国愿中日二国讲和，所索不宜太过云云。外部又谓，日武员权重，未知能否听劝？请据陈。

二月十八日

旨着刘坤一饬各军严备日由水路扑犯海口电

电刘坤一：李占椿等营不日可到埕子口，王文韶拟令章高元八营扎祁口，防兵较厚。现贼大股分窜北路，宋庆等军失利，关外军情日紧。旅顺一带日贼屯聚，恐由水路掳犯海口，饬各军严备。

二月十六日

署直督王文韶致军务处请饬宋庆扼石山站吴大澂退守锦州电

关外军情正紧，宋庆亟须整顿。吴大澂恐骤难复振，而两军牵制复多致误，请旨饬宋庆扼石山站，吴大澂退守锦州，期宋军得专力遏贼西窜，万不可牵连一处。请代奏。

二月十八日

江督刘坤一致军务处庆军退石山站请饬吴大澂与宋庆和衷商榷电

宋庆田台庄〔田庄台〕之败，精锐之气不衰，拟暂退驻石山站少为休养。吴大澂回防锦州，似于事机尚合。现在李光久、魏光焘均到锦州齐队，与吴大澂争扎石山站，欲与日再决，并欲调熊铁生、余虎恩两军前进。两军派定地段，断难抽动。伏祈迅电吴大澂与宋庆和衷商榷，以济时局为祷。

二月十八日

盛京将军裕禄奏遵旨探明辽阳军情电

谕旨：饬将现在辽阳军情探明电复等因。钦此。遵查，初五日以后，依克唐阿、长顺等军回顾辽城，陈湜岭防之军分援南分水岭、老君堂等处，刻下依克唐阿等军扎辽南至吉峒峪以北，西南至鞍山站、腾罗堡一带，扼贼由南窜辽之路。陈湜之军分扎吉峒峪以东及南分水岭至货郎沟一带，扼贼由东南窜辽之路。至大兵分布后，现探吉峒峪、三家子、鞍山、腾罗等处通辽界内均无贼踪。贼势趋重南路营口、牛庄以西。昨接依克唐阿电，拟商长顺，拨营进扎腾罗堡、刘二堡、小北河一带，扼贼由牛庄旁窜辽阳边界。惟自牛庄、营口失防后，宋、吴两军音信隔绝。现探闻该军有退至石山站一带之说。如果确实，则距田庄台将二百里。退过闾阳驿总路以西，则由田庄台窜扰新民、广宁之路，若无重兵堵御，不特辽沈后路太空，尤虑运道隔断，与辽沈诸军饷路皆碍。现虽伊〔依〕、长等军分顾小北河、腾罗堡一带，而备多力分，唐仁廉一军多在锦州关内外一带，裕禄已商之唐仁廉，催调来奉，筹拨战守，并请刘坤一商之宋、吴，分兵力顾辽沈后路，而杜贼旁窜广宁、新民之路。如此路被贼窜扰，只顾锦州，亦属无济。仍恳饬下刘坤一、宋庆、吴大澂通盘筹画，合力分顾，以维全局。

二月十八日

帮办军务宋庆奏驻守闾阳驿将各军撤至大凌河西挖壕严守电　附旨

旨：石山站为入关大道，更不必取道锦州，诚如圣谕。此路已由吴大澂扼守。其东四十里为闾阳驿，乃四达紧要之冲，庆拟就此驻守。惟从海城等处皆有直通广宁之路，再西北可通义州，均能抄出锦州之路。其余路径甚多，实属防不胜防，且亦无许多兵力，惟有择要扼扎。刻下已届春分，大凌河冰解在即。开河之际，必有数月不能过渡。拟将各军均撤至西岸，挖壕筑垒，凭河守御，隔岸轰击，遏其西渡，稍易为力。此河亦在锦州之东四五十里，惟义州有桥一道，当分拨重兵设防，尚可杜其西窜。是否有当？请旨遵行。

二月二十八日奉旨电宋庆：据电，已与吴大澂商分扎要地。该提督拟在闾阳驿驻守，自较石山站更为扼要。宋庆虑贼西窜，拟在大凌河西岸守御，并分扎义州桥道，以阻入关大路，并图锦州。但军情瞬变，总以就海城以南相机堵御为要。①

旨着吴大澂移扎锦州尽心坚守电

电吴大澂：据电奏，拟与宋庆坚守石山站，系未奉昨日电旨。该抚好为大言，又军令太宽，若与宋庆同驻一处，则毅军必为所牵制。吴大澂接奉此旨后，着即移扎锦州。锦州为入关要道，吴大澂当尽心坚守。宋庆仍遵昨旨进扎东路，所有前敌战事，是宋庆全军专责，尤当振刷精神，力图战胜。

二月十九日

旨吴大澂疏于调度着撤去帮办并电宋庆联络魏光焘杜贼西窜电　二件

旨：吴大澂疏于调度，着交部议处，着即撤去帮办军务，来京听候部议。所部交魏光焘暂统。应如何扼扎剿办，着刘坤一妥筹调度。丁槐一军，着该大臣调赴榆关驻守。

二月二十一日

电宋庆：本日已将吴大澂撤去帮办，湘军交魏光焘接统，仍由刘坤一调度。宋庆此次退扎，距贼太远，迭饬进扎闾阳驿，距田庄台二百里。贼若旁窜，新民、广宁等处，并无重兵，尤虑隔断运道，着再行妥筹，分饬诸军向东进扎，并与魏光焘联络，杜贼西

① 原刊目录标为“十八日”。

窜北京之路。刘坤一电称，贼聚海、盖，意在并攻一处，但未测其所向云云，着查复。

二月二十一日

旨着裕禄探报近日海城敌势电

电裕禄：据奏，现在依克唐阿、长顺分扎辽南至吉峒峪以北至鞍山腾罗堡一带，扼贼由西窜辽阳之路，惟查吉峒峪过辽阳界内无贼，贼势趋重南路牛庄、营口以西等语。长顺、依克唐阿应拨营分扎海城西北，不得专顾东南一路。据裕禄前电称，依克唐阿拟商长顺拨营进扎，长顺是否照拨？依克唐阿奏准添募万人，已否成军？近日海城贼势如何？即电复。

二月二十一日

江督刘坤一奏请派魏光焘帮办军务与宋庆筹商各军裁并整顿事宜电　附旨

奉旨：刘坤一电奏已悉。日寇悉聚海、盖，未测所向。宋庆、吴大澂所部进扎之地距贼太远，本日已谕宋庆酌量进扎。钦此。

查宋庆忠勇老成，调度有方，情形亦熟。惟田庄台之败损伤二千余人，似应听其扼要严防，养精蓄锐，不必催其进剿。至牛庄之败，魏光焘甫经到防，喘息未定，即奏调会攻海城，苦谏不从，只得移营前进。而日寇已犯牛庄时，刘树元、李光久均来海城，吴元恺一军又改隶宋庆，魏光焘以孤军血战，死伤相继，势不能支，左右掖之以出。李光久闻警回援，交绥数次，而贼来愈众，只得领队突围，失亡亦属不少。魏光焘现接统吴大澂所带湘军，相应请旨即派为帮办军务，准其专折奏事。并请派陈湜、李光久为前敌营务处，以资襄助。陈湜久历戎行，现任江苏实缺臬司，李光久以江苏候补道兼袭男爵，资望颇深，众情允服。吴大澂所统湘军内有统带纲武军编修曾广钧，前在榆关棍责已革总兵杨载元，被人奏参，奉旨查办。曾广钧年轻不谙军务，应令回京当差，免其查办，所带纲武军三营，即交李光久接统，认真训练，以期得力。余如刘树元等军，应由魏光焘接统，复查明应否裁并，分别整顿，将来应如何分扎联络、相机剿办之处，由魏光焘与宋庆筹商办理，未便遥制，致误事机。

二月二十二日奉旨电刘坤一、宋庆：闻魏光焘治军尚严，是以特派暂统吴军，惟未立战功，即有牛庄之挫，遽派帮办，将何以服军心？所奏着毋庸议。至请派陈湜、李光久为前敌营务处，应由该大臣自行酌办。曾广钧被参各节，仍着确查复奏。曾广钧着回京，所带之营交李光久接统，着照所请。宋庆奏，日贼分窜金州、海城，恐水陆分股西犯等语，贼趋重南路，以后分扑榆关，在意计中。刘坤一、宋庆用心严防。

旨寄王文韶等闻鼍矶岛等处有日船着分探整备电

电王文韶、李秉衡：闻鼍矶岛有日船游弋，长山岛有日兵登岸，怀电局报又有日船随商轮停泊，此必别有诡谋，着分探整备。

二月二十三日

台抚唐景崧致总署请商各公使饬观战各兵轮勿入口电　附旨

各国兵轮来台观战，澎湖停有法船，可否钧处商各国公使，务饬各兵轮远停口外，勿入口，一恐日船混入，二恐百姓疑骇。乞酌裁示下！

二月二十三日奉旨电唐景崧：日图犯台，自在意中。澎湖所停法船是否假冒，确查具奏。

旨寄刘坤一等日船出马关北窥着饬各炮台严防电

电刘坤一、王文韶：闻前六、七日日有运兵船多只出马关，约五千人，赴北将分攻榆关之谣。现在沽口拦江整备如何？既有日船来往窥伺，难保无续至兵轮。刘坤一、王文韶应饬各炮台严防。

二月二十四日

旨寄宋庆据称日扑辽阳着与长顺各营互相策应电

电宋庆：据称，海城日寇有扑犯辽阳之意。现在贼已绕出大高岭之后，陈湜各军徒守无益，着传知该臬司联络扼剿，大高岭仍着耿凤鸣分守。徐邦道一军由新民一路前往援剿，着与长顺各营互相策应，以固边防。

二月二十四日

旨着王文韶严防贼犯京畿并设法保护关内铁路电

电王文韶：连日日船游弋在长山岛外，南洋贼踪亦往来无定，日狡计层出。李鸿章电到，甫议停战，要挟已甚，万难允许。战事已难停止，恐其图犯京畿，全局即为摇动。着刘坤一、王文韶严饬侦探，关内铁路尤应设法保护。

二月二十六日

旨着张之洞派营驻防海州以保饷械运道电

电张之洞、李秉衡：本日据李秉衡电，日船二号在安东海面探询海州、青口、沂州路程。海州去清江不远，运道所经，饷械在此，必宜加意严防，着张之洞迅催前派七营到防驻守。

二月二十六日

台抚唐景崧致军务处日船游弋恒春已嘱刘永福拨营策应电

恒春见日轮十余艘游弋港口，该处无炮台，有防军三营。上年十月筹设电报，购线甫到，竣工尚早，消息不灵。刘永福驻凤山，距恒春两日程，已电嘱其拨营策应。澎湖西岭复见日轮五艘，离炮台尚远，并饬各军，度枪炮不能中，勿轻开。

二月二十六日

台抚唐景崧致军务处日船犯澎被我炮台击沉电 附旨

本日，日轮十二只犯澎城之大城北地方，被我炮台击沉二只，坏二只，余逃。复回扑，各军力战，寇稍退。恐复来，一切续呈。

二月二十七日奉旨电唐景崧：日犯澎湖，经炮台击沉二船，坏二船。该逆尚未远遁，恐其复来，严防。昨据电奏，恒春有船游弋，可饬刘永福妥筹兼顾。

台抚唐景崧奏报与元丰顺商借三百万以应急需电

需用极急，兹由后路道员赖鹤年与元丰顺洋商议准借镑银三百万两，九五折，周年息七厘，耗用二分，关税作抵，十年本息摊还。伏乞恩准，饬户部核准，转总署，电令该行立约交收。

二月二十七日

使美杨儒奏与美国换约日期折　附条约

使美、日、秘国大臣杨儒奏，为遵旨与美国换约，谨将日期恭折驰报事。

窃奴才于光绪二十年十月初一日承准总理衙门文开：本年七月二十九日，具奏重订中美保护华工约本，遵章请旨批准互换一折，又附奏请饬杨儒迅将交犯专约画押一片，恭录朱批，并钞录原奏，咨行到洋。又准函开约本另交总税务司赫德递寄。十一月十一日，奉到批准约本，奴才当即知照美外部，订期互换。外部因此约经议院核准阅时数月，迭次催问，盼候已久，当订即日互换。是日申刻，奴才带同参赞、翻译恭赍约本，至外部衙门，与外部大臣葛礼山敬谨阅看。葛礼山亦将美总统签押约本交奴才阅看，并另书换约凭单。奴才与葛礼山各签押讫，即日电达总理衙门在案。其交犯专约，当时问外部何日可以定议，外部因议院初开，公事甚繁，请稍缓即议。现已阅两旬，尚未接来文。恰值西人年节，彼国官绅应酬少暇。奴才查，中西立约虽久，交犯一事系属创始，恐日内彼国尚须反复推求，未必即允定稿签押。应将中美保护华工约本互换日期先行驰报，以慰圣廑。谨奏。

光绪二十一年二月二十七日。

附中美会订限禁来美华工保护寓美华人条款

大清国光绪六年十月十五日，大美国一千八百八十年十一月十七号，续定条约曾限制华工赴美。嗣因华工在美国境内迭遭苛虐，虑损邦交，中国政府欲自禁华工出境，来至美国。兹两国政府愿合力办理，禁止来美华工，并多方顾全邦交，互立约款，彼此加意保护此国境内之彼国人民，是以大清国大皇帝特简钦差出使美国全权大臣·太常寺少卿杨，大美国大伯理玺天德特简外部全权大臣葛礼山，各将所奉议约之据公同校阅明白，现将会订条款开列于左：

第一款　兹彼此议定，以此约准互换之日起，计限十年为期，除以下约款所载外，禁止华工前往美国。

第二款　寓美华工或有父母、正妻、儿女，或有产业值银一千元，或有经手帐〔账〕目一千元未清而欲自美回华、由华回美者，不入第一款限禁之例。但华工于未离美境之前，须先在离境口岸详细缕列名下眷属、产业、帐〔账〕目各情，报明该处税务司，以备回美之据。该税务司须遵现时之例，或自后所定之例，发给该华工按此约章应得回美执照。但所立之例不得与此约款相悖。倘查出所报各情属伪，则该执照所准回寓美国之权利尽失。又例准回美之权，例限以一年为期，以离美之日起计。倘因疾病或别有要事不能在限期内回美，则可再展一年之期。但该华工须将缘由禀报该境口岸中国领事官，给与凭批，作为妥据，以期取信于该华工登岸处之税务司。该华工如不在税关呈验回美执照，无论其由陆路、水路回美，均不准入境。

第三款　此约所定限制章程专为华工而设，不与官员、传教、学习、贸易、游历诸华人等现时享受来寓美国利益有所妨碍。此项华人，倘欲自行申明例准来美之利益，可将中国官员或出口处他国官员所给执照，并经出口处美国公使或领事官签名者呈验，作为以上所叙例准来美之据。兹又议允，华工来往他国，仍准假道美境，惟须遵守美国政府随时酌定章程，以杜弊端。

第四款　查光绪六年十月十五日，即一千八百八十年十一月十七号，中、美在北京所立华人来美续约第三款本已叙明，兹复会订，在美华工，或别项华人，无论常居或暂居，为保护其身命、财产起见，除不准入美国籍外，其余应得尽享美国律例所准之利益，与待各国人最优者一体相待无异。兹美国政府仍允按照续约第三款所订，尽用权力保护在美华人身命、财产。

第五款　美国政府为加意保护华工起见，一千八百九十二年五月五号美国议院定例，一千八百九十三年十一月三号此例又经修改。凡在定例以前，所有美国境内一切例准住美之华工均须照例注册。中国政府现听美国办理，美国政府亦应听中国政府定立相类条例。凡一切美国粗细工人商人亦同，议院定例不计寓居中国，无论是否在通商口岸，均令注册，概不收费。又美国政府允准，自此约批准互换之日起，于十二个月内，将寓居中国无论是否在通商口岸之一切他项美国民人包括教士在内之姓名、年岁、行业、居址造册，报送中国政府，以后每岁册报一次，惟美国公使人员或一切奉公官员在中国驻扎或游历及其随从、雇用人等不入此款。

第六款　此约彼此互须遵守，以十年为期，候大清国大皇帝、大美国大伯理玺天德批准互换之日起计。至限期届满，倘于六个月前彼此并不将停止限禁之意行文知照，则限禁再展十年为期。

光绪二十年二月十一日，西历一千八百九十四年三月十七日，在华盛顿互换。

大清钦差大臣杨钤押。

大美外部大臣葛钤押。

台抚唐景崧致军务处澎湖电断刘永福欲援无轮甚属可危电　附旨

二十八日午刻，澎电断，南路竟日闻炮声，是我军正力战，似未失，惟百计无从策应。刘永福欲援无轮，相持日久，粮尽援绝，甚属可危。

二月二十八日奉旨电谭钟麟、唐景崧：澎湖电断，又无兵轮接应，将士被困，能否募渔船往探情形？着该督酌办台省布置，能否周密？如兵力不敷，能否设法渡往助剿之处，着妥筹。

台抚唐景崧奏澎湖接仗情形遵旨饬刘永福援恒电

澎湖大城北炮台昨苦战半日，敌轮败退。由文良港登岸千余人，我军接战，互有杀伤。查文良港距澎湖二十里，总兵周振邦带队出城策应，未报胜负。炮台、电线均无恙。湖四面水深，皆可停轮登岸，兵难遍布。倘日再以大队深入，恐力竭援绝。遵旨饬令刘永福援恒。凡电可通者，有警尚能筹济。

二月二十八日

署直督王文韶致军务处已令聂士成任保护铁路电

遵查保护铁路一节，除已添设长工梭巡外，如有警，日登岸，则由游击之师相机拦截，聂士成亦直任之。万一再警不支，饬令拆断。近日津沽一带并无日船游弋。

二月二十九日

旨寄刘坤一王文韶据李鸿章唐景崧电日拟攻台澎并有日船将至大沽着严防电

旨：本日据李鸿章电奏，日人所欲甚奢，恐难就范。伊藤所称现要攻取台湾，日新报云，兵船二十只在大沽、北塘海面游弋，查察商船，日主派小介亲王赴旅顺督师等语。连日据唐景崧电称，日攻澎湖，已由文良港登岸。台湾恒春亦有日船停泊，是其欲攻台湾之说已确。津沽南北口外有无日船来往，着刘坤一随时确探，加意严防。据王文韶电称，体察聂士成、曹克忠等军战守，颇有把握，但期临敌果能痛剿得胜，扫荡贼氛，军事方有转机。该大臣等其熟筹调度，以纾宵旰之忧。是为至要！

二月二十九日

清季外交史料卷一百零七终

清季外交史料卷一百零八

光绪二十一年三月上

署江督张之洞致枢垣奉旨通筹大局请将朝廷规画遇有饬知北洋之事电饬南洋俾得筹拟电　附旨

懿旨饬洞务当不分畛域，通筹大局，将筹款、购械、选将、筹兵等事设法妥办，俾战守有资。钦此。大局紧急之时，断不敢存畛域之见，惟庙谟宏远，外间多未知悉。窃思筹办一切必宜及早，迟则不及，可否仰恳将朝廷规画大端，遇有饬知北洋大臣之事，一并电饬南洋知之，俾得殚竭血诚，或预为筹办，或筹拟上陈，冀以仰答恩命。是否可行？伏候圣裁。请代奏。

三月初一日奉旨：张之洞电奏，恳将朝廷规画大端，凡饬知北洋并饬南洋知之等语。前奉懿旨，令该督通筹战守，原指饷械兵将而言。至机宜重要，必须慎密，北洋事务自有专司，安能事事饬南洋知之？所请着毋庸议。又电奏，日如要挟太过，请电英、俄相助等语。兵力胁和，总署与英、俄使臣屡商不允，龚照瑗、王之春迭次电奏，英、俄亦但许劝助，并无届时可以发兵之语，何以该督有此言？着钞录原电复奏。

署江督张之洞致总署英俄皆云如日本要挟太过时方能发公论遵旨复奏电

奉初一日电旨：饬录龚照瑗等原电复奏等因。钦此。查洞原奏只云，英、俄皆云须日要挟太过时方能发公论，并无发兵字样。查江省电码，确是公字。窃思兵字讹公字，同部首，在电本内相隔不远，或系京局译码之误，或系沿途电局传写讹舛，应请饬查。况公字下文有论字，若公字误为兵字，则论字难解矣！龚照瑗来电云，外部云，究不知日愿何在，既派使赴日，俟日言出，再为公论等语。许景澄来电云，俄主允，如议和时，日索太过，可约英、法劝其退让等语。王之春来电云，两浼俄，颇怵发难，而憎日骄，允于李议时约邻力助等语。谨遵旨录电复奏。请代奏。

三月初二日

闽督谭钟麟致军务处日攻澎湖经我军击伤百余人电　附旨

据台湾道报，有民船过澎，被掠，后纵之。又一米船被掠，留米给价。二十八晨战，日伤百余人，退回船。二十九，澎犹固守。闻煤、米可支三四月，惟军火缺。

三月初二日奉旨电张之洞等：谭钟麟电悉。日攻澎湖，经我军击伤百余人，逐贼下船。在防将士苦战可知，惟孤立无援，军火易罄。应如何暗渡接济之处，着谭钟麟密筹办法，张之洞一并设法筹办，以救眉急。元丰顺借款已由户部总署酌办，并由户部先汇去五十万两，交沪局委员赖鹤年备解。

使英龚照瑗致总署法外部言劝中日公道议和电　二件

法外部告庆常云：总统十五日接奉大皇帝国电后与各部、议院公议，同声愿助成和议，已电法使，面陈总署。惟应复国文，民主国与君主国制同，容俟议定，再行知照等语。谨据情先电闻。

三月初二日

顷，接法外部文称，前大皇帝电请法国设法力劝中国、日本公道议和，当经转呈大伯理玺天德，深愿中、日两国息战议和，请为转奏大皇帝。又称，外部已电驻中、日法使，相机劝助，赞成和议云。先将法文译汉，请代奏。

三月初七日

帮办军务宋庆致军务处遵谕分抽所部赴防辽西电

艳电。奉旨，命仍遵前谕，力筹进扎，分抽所部前赴辽西城防，并蒙加恩改为革职留任，钦遵感悚莫名！窃念庆已七十有六，每虑报国之日无多，敢惜微躯不思奋勉？惟夙练仅有八营，平壤、九连城两大战伤亡及半，缸瓦寨、太平山两役又折数百，而田庄台之血战新军伤亡尤众，毙寇则过我数倍。据百姓云，阵毙悍酋，每次皆有曾见敌军挂孝者，遂忌庆甚深，专以大股拚斗。田庄台之战，则海、盖、威海、金州之大股齐至，不下三万余人。虽至挫败，而敌亦失锐不少。自奉命以来，每战必以身先士卒，流涕誓师。无如节制之师既难得力，新军于正月内甫经到齐，一日未练，枪炮甚生。幸营哨官皆系旧部，尚能竭力应敌。庆驰驱半载，屡有丧失，仰负生成，实难辞咎。惟有恪遵恩旨，拚此余年，奋勉前趋，力图报称。前亦探闻，大股寇氛窜往金州者，多声言待船北犯津榆，逼近畿辅，实多杞忧。诚恐回顾不及，是以暂扎闾阳驿，整顿各军，稍加练习，以备缓急。曾经冒昧陈奏，西路之防重于东路。现田庄台一路泥淖甚深，新民厅一带阻隔两河亦嫌偏僻，但只有绕沈至辽之路可行，计程五百余里，惟闻辽河冰酥，亦尚难以遽渡。已令赶运粮弹。徐邦道一军业已起程。庆现惟毅、铭、嵩武之军，难再分拨，只可留依、嵩二军，一驻闾阳，一驻广宁，专顾运路。庆亲督毅军至辽阳以西，相机办理。徐庆璋前以吉峒峪辽营不慎，以致失利，张皇告急，致依、长各军回顾辽阳，寇逆乘虚袭围牛庄，全局皆败，寇实亦未从此峪而来。庆鉴此覆辙，凡其告急，必先审察。且念依、长等军约有二万人，庆又派徐邦道十一营前往。据探，海、盖所留据逆现在仅有万余，即使犯辽，亦不过添寇数千，当足抵御，断不敢存心推诿，畛域有分，致干罪戾。伏乞代奏。

三月初二日

闽督谭钟麟致军务处有英轮过澎言澎无日轮并未失守电

奉电谕，谨悉。台勇近百营，布置应密，特忧多而不精。闽前敌十余营，前数日派两营赴厦助防，泉州只三营，今添募一营。茶务方兴，骤增数万众，处处宜防。已饬徐万福等，赴江西募勇四五营，填扎北路，挑出防营旧勇，来省听调。顷，台电云：有英轮过澎，言日已遁，澎无日轮。卯刻，厦电：昨申来兵船，一在口外，挂黑旗，见鼓浪山未升旗，不准进口，改挂法旗，进大担，口外尚有七轮。午前闻炮数声，殊叵测。有土人由澎来云，贼已去，澎未失。恳代奏。

三月初二日

江督刘坤一致军务处请留宋庆驻锦州以东藉顾榆关另派军队赴辽电　二件　附旨

沈辽有依、长、唐三大军及徐署牧等营，徐镇邦道亦已拨营赴援，尚可无他虑。西路如魏、李两军尚须休养整顿，余不足恃。惟倚宋庆为重，似未可自带全队赴辽。伏祈俯赐察酌。候电复。

三月初二日

宋庆一军现扎石山站，顾锦州即所以顾榆关，万一关内有警，仍可迅速回援此重镇也。历观关外战状，惟此军最为可恃。闻现将亲往援辽，窃疑未可轻动。连日迭接探报，海、盖各处之贼约计不过万人，辽警亦复稍松。可否饬令派拨得力分统带兵赴辽，仍留宋庆驻扎锦州以东，为榆关缓急之备？伏候钧裁，仍求电示。

二月初三日奉旨：刘坤一、宋庆电悉。宋庆因昨奉谕旨，饬令进扎，并分抽所部援辽，缕陈力战情形，并拟留兵专顾运路，亲督毅军至辽阳以西等语。贼踪纷窜靡定，军情瞬息变迁。兹因辽城告急，沈阳门户自应添兵助守。今海、盖所留据逆，既据探仅有万余，而前之窜往金州者声言待船北犯津榆，宋庆前电虑其水陆并进，则西路关防断不可稍留余隙，致为狡寇所乘。宋庆已将军事曲折详陈，刘坤一亦称，沈辽有依、长、唐三大军及徐邦道、徐庆璋等营，可无他虞，所有宋庆自请带队赴辽之处，着毋庸议。该提督仍按照现驻闾阳，兼顾西北，并分饬诸将领相机扼守大凌河，以杜西犯之路，尽心办理，不必依违迁就，转致坐失机宜。现在津沽逐日电报，并无敌船游弋，进攻澎湖者亦无多船。金、复、海、盖一带存贼究有若干，有何他窜消息，仍当确探电奏。

署江督张之洞致总署报炽大借款无着拟向他行商借电　附旨

炽大款初次议定百万镑。立合同后，该洋商富因治即回沪，已由领事盖印讫，电知。适已奉续借二百万镑之旨，正拟连订，富旋于二月初二日来电，须该商自回英办理，当晚即附轮回英，有事托管事人米师丽噶为照料发电。据米云，富因治三十日可到英，其人甚可靠，到后数日即可提银，并力揽续借二百万镑之事，仍照前议，五厘息，九四扣办法。三日前尚来电催立草合同，以初次款尚未着实，令转缓。目前富因治尚无到英电信回。富行后，恐此事不妥，又令上海道刘麒祥询英商有恒行，盐道胡家桢询美商麦边行，另委员询德商德华行，皆云须照户部在汇丰借款办法，六厘息，八九扣，毫无活动意，各行一词。目前需饷万紧，北军催饷甚急，而海州赣榆一带增兵戒严，各营正待发饷，局存已罄，捐借甚难，焦急万分。

查炽大之事，显系将合同立后回英招股，能否招集，实不可必。惟有暂与他洋行议借，以济眉急，但洋行无论何家息扣难比汇丰减少，拟暂与议借二百万镑，办法总与户部所借汇丰之款一律。仰恳圣恩允准，迅赐由电谕知，洞当相机酌办。如他行议有眉目，而炽大确电已来银可提到，则息扣较多之款即作罢论。若数日后炽大之银仍不能提，则是事涉悬虚，即与此行借定百万镑。若迟久仍无准信，再与借定一百万镑，但稍为减省，断不肯多借息扣较重之款。目前军情消息不好，若再迟缓，恐虽重息亦不肯借，关系大局非轻。至洋款合同，无论何项认还，洋行俱置之不问，总须写明各口海关认还，以后尽可听户部分派，外省自当遵照。此时户部似可不必详细核计如何摊还，以免延误。仰候圣裁训示，不胜迫切！请代奏。

三月初二日奉旨电张之洞：炽大款议不成，着再行商借，以数百万为断，利息、限期均照汇丰办法。

署江督张之洞致军务处报防守海州清江情形电 附旨

二十九日电旨恭悉。海州距清江近，关系运道，诚恐日寇窥伺。洞于正月内即经电奏，调岳州娄提督云庆部将杜嵩龄带原有并添募共五营来防海州，随即钦奉寄谕，严防海州、清江等处。又饬总兵王得胜募海州勇五营防青州，饬总兵王心忠募江北勇五营防清江、沭阳。近日接漕督及海州文武函电：日轮两只，由山东日照来到青口、灌河口等处探水，贴伪示，以利诱渔户，令作向导，不久必来滋扰。查杜嵩龄一军内有新募一营，二月下旬甫到齐，二十六日点验成军，二十八日即催起程。又杨文彪五营本系派往圌山关炮台换防，正将启行，江北陆路既急，江路当较缓，只可先将调驻江阴南岸之林保、黄守忠两军粤勇共七营，一并赴海州，合力相机防剿。王得胜甫成军，已到防。杨、林、黄三军到防均须十日以外，王心忠三军募成到防须二十日以外，已飞催。现令官绅严查沿海渔户，悬重赏以缉奸细，谕以大义，勿为贼用。谨将防守海州、清江情形先电陈。请代奏。

三月初三日奉旨电张之洞：娄云庆所部五营已调防海州，现江防较缓，着由上游防军内酌调数营，交娄云庆克日统带北上。

台抚唐景崧致军务处澎湖战事闽省难助只得就地募兵电

戌刻，台南电报：澎弁勇带伤逃渡者称，二十七、八日，水陆并战，击毁日船三艘，岸贼逃走，我炮台亦被毁，各亡千余人。二十九日，贼轮前攻，又由他处分登，我军分御血战。统领·知府朱上泮身受数伤，旋阵亡。澎湖镇周振邦、通判陈步梯俱带伤，不知下落。午刻，贼拦入厅城等语。各述情节，大略如此。愤懑何极！惟孤悬之地，无兵船策应，固守为难，以致孤军血战三日，镇厅统将力竭身伤，存亡莫卜，地亦随陷。臣罪终无可辞，请将臣先交部严加议处，容再查明员弁下落及西屿情形如何，具折驰奏。再，蒙旨垂询台湾布置能否周密，饬与闽省筹办。伏查，台营虽多，分布则少，贼趋旁港，防不胜防。闽省力难添助，现亦就地增募。枪患不足，蒙再饬拨汇丰五十万两赶招粤勇，并购精枪，但恐急难到台，惟有竭力设法。总之，我无兵船，绝地坐困，其危可知。所恃者，人心固结，生死以之而已。请代奏。

三月初三日

江督刘坤一致军务处与聂士成等商布防津榆以固畿辅电　附旨

沁电。奉旨：以战事既难停罢，恐日图犯畿辅，自津沽以至山海关，彼久垂涎，若令占据一处，全局即行震动，着严饬各军，时加侦探，整备迎击，关内铁路，尤须设法保护，事急务应拆断等因。坤与王文韶往复筹商间，会程文炳、聂士成及北洋营务处周馥等先后来关，面议各路如何布置。详查地势，熟揣敌情，窃意日若图犯畿辅，必从津沽及津南而来。盖自津至通长途一线，两旁多水，南则绕道太远，沿途泥泞颇深，即山海关外高垒深沟，亦难飞越。万一有警，必由津榆中间之北塘、乐亭、洋河口、秦皇岛等处登岸，进步颇宽。北塘近津，兵力尚厚，设备亦严。惟守乐亭海口只有刘光才、申道发十营，洋河口贾起胜则以八营守五十里，秦皇岛潘万才则以四营守四十里，四营中马队两营初到，难期得力。而山海关营勇尚单，各分汛地，未便分拨。所调丁槐一军，未审何时到关。目前情形，惟恃聂士成游击之师以应缓急。坤先以马心胜一军移扎昌黎、庙儿湾，与贾起胜联络。兹复商之聂士成，以陈凤楼马队移驻滦州，并将马心胜马队及驻乐亭城外之闪殿魁马队统归聂士成调遣，合计二千余马匹，尚可以壮军威。该三起马队只距数十里，声援相接，聂士成步队自南而北，于此项马队亦易招呼。聂士成、周馥均称：日若来犯，惟于陆路并力奋击，以挫凶锋，沿海设防，殊无把握。坤意亦以为然。程文炳现回张家湾，与董福祥整顿部伍，预备资装。倘有不虞，应视日寇所向迎头邀击，以固畿辅。此近日商办事宜。请代奏。

三月初四日奉旨电刘坤一、王文韶：来电悉。刘坤一与聂士成面商津榆一带布置，所筹办法尚妥。惟澎湖失守，台湾万紧，贼势虽并力而趋，而各海口空虚处多，恐其乘隙登岸，不可不防。王文韶电，辽警稍松，请饬宋庆仍扎锦州以东等语，已电饬宋庆驻扎闾阳驿，以杜西犯榆关之路。本日据唐景崧电，日攻澎湖，用气球登岸，人执一铁板，聚成炮台。此等诡计行径，饬各营预筹防范。

台抚唐景崧致军务处报澎湖失守电　附旨

据各路电报、澎弁勇来云：贼用气球登岸，人执一铁板，聚成炮台，手炮开花炮弹，极猛速。二十八日，统将朱知府上泮短兵相接，中五伤倒地，恐阵亡。贼逼厅城，周镇振邦、分统林福喜、通判陈步梯力击贼退。二十九日，贼以兵轮环攻，使我处处受敌。复登岸，攻进东门，周镇巷战带伤，左右尽死，传闻登山自尽，俟续查。贼据金龟头炮台，哨官陈德兴并勇百余人力抵，亦俱死。林福喜受伤，不知下落。其军最奋，伤亡尤多。陈步梯带团助战，亦受伤，不知下落。惟卢彦梯一军守西岭，是日但见贼发炮遥击之，尚未查知确耗。三日血战，澎军头目伤亡殆尽。臣明知澎湖孤悬绝地，无兵轮无以策应。负此将士，悲痛曷极！请代奏。

三月初四日奉旨电唐景崧：澎湖力战三日，竟至不守。所有各官下落，查明具奏。唐景崧自请严议之处，着加恩宽免。台湾情形更紧，上年据奏，招一万四千人听调，能否得力？杨岐珍现扎何处？日若分路来犯，亟须联络抵御。

闽督谭钟麟致军务处报闽省民情安定并台南北各军布置情形电

台南北水线昨午后始通，前奉豪电，设法已谨遵转达，续拨台饷五十万，现商洋行保险，由沪运台。厦口外无日寇。台南电称，日内常有日兵船来往。刘永福驻凤山防旗后口，万国本驻安平口，此台南军也。杨岐珍十营驻基隆，兼顾沪尾。张兆连八营亦驻基隆。廖得胜、余致庭十余营驻沪尾。其余小港甚多，各派二三营不等。福州、厦门民情尚定。祈代奏。

三月初五日

黑龙江将军依克唐阿致军务处遵旨赴腾罗堡等处扼堵并长顺移扎小北河徐庆璋守吉峒峪电

承准祃电，奉旨：拨营分扎海城西北，扼贼旁窜辽沈边界等因。钦此。查腾罗堡、安山站、刘二堡、小北河各处，早经依克唐阿、长顺各派马队在彼换步驻扎，往来游击。今奉旨后，钦遵会同依克唐阿，拟日内率队赴腾罗堡、安山站一带扼堵，长顺之军移扎小北河、刘二堡左右。其吉峒峪南路，据徐庆璋面称，由该守派营严守，备多力分，兵势愈单，惟有加意严防，勉持危局。现探牛庄、营口贼俱不多，大股已回海城。二十日，寿山在汤仑接仗后，贼分股向盖平南往，其留海者尚有万余。雪水消退，必当蠢动。至沙克都林札布所带察哈尔马队，随同长顺前赴小北河驻扎，因其地势平衍，尚堪展布。刻伊〔依〕克唐阿添募万人，早经派员分投招募。吉江路远，成军尚需时日。合并陈明。谨请代奏。

三月初五日

江督刘坤一致军务处报日船游弋秦皇岛洋面南窜及筹虑台湾安慰辽沈居民电

歌电，奉旨：连日津沽无警，关外据贼亦无窜动消息，惟澎湖失守，台防万紧，据目前贼势，自系并力南犯，而各海口空虚处所恐其乘隙登岸，正不可一日疏防，仍须勤加侦探，时时作临敌备御。本日据唐景崧电称，日攻澎湖，用气球登岸，人执铁板，聚成炮台等语，此等诡谲情形，当饬各营知悉，预为防范等因。随即通饬各军，钦遵办理。

查近日接宋庆、依克唐阿电称，海城有贼万数千人，余悉窜向西南等语。本月初四、五、六等日夜，时有日船，或三或两，经过老龙头及秦皇岛、洋河口洋面，每次停泊少许，旋即驶去，大沽口外亦时有日船往来，是其窜向西南信而有征。坤以日若由津榆等处登岸，有曹克忠、聂士成两大军足以与之一决，各处防营亦足以资接应，无论孰胜孰负，彼此各有损伤。前据牛庄难民逃出，据称，初八日，魏光焘、李光久两军之败，俱亦阵亡千余人。十一、十二、十三等日在田庄台与宋庆血战，日伤亡至五六千人之多。日地藐兹，人民几何，精锐几何，何能数数与我军苦斗？即使占据一处，将来援师四集，克复无难。所可虑者，日船沿海游弋牵制，而以全力攻台，片壤孤悬，势成坐困。日距本国甚近，一切接济源源而来，我则全无水师，徒为望洋兴叹！

查中法一役，系由闽、粤以子药、粮饷等项输台。询据聂士成等面称，前次援台，亦由渔舟暗渡。似应分饬闽、粤督臣，预为之计。坤更虑及将来旷日持久，日寇即不据台，亦不登岸，而以兵轮更番扰我海疆，使我沿海数千里常宿重兵不敢遽撤。此项经费积累日深，虽有洋债可以通挪，将来如何弥补？兼以兵勇不免骚扰，宁锦、辽沈一带，民不聊生，难免不滋内患。坤已咨行伊〔依〕克唐阿、长顺、沙克都林札布、宋庆、唐仁廉及魏光焘、陈湜等，申明纪律，安慰闾阎，当此东作方兴，务令各安农业。并请旨饬令各统兵官认真约束所部，各地方官以保卫百姓为心，不得稍涉迁就，贻害城乡，以期兵民相保无猜，俾靖地方而重根本。请代奏。

再，坤前请奏明，俟关防布置就绪，暂赴天津，与王文韶等面商军务。现患手足酸痛，心气怔忡，若坐火车，竟日震撼，恐不能堪，应请从缓赴津。合并陈明。请代奏。

三月初七日

台抚唐景崧致军务处报台民愤骇谓北省停战台独向隅恳饬所有兵轮并粤省枪弹运台援应电 四件 附旨三件

密。停战，台不在列。洋行得信喧传，台民愤骇，谓：北省停战，台独向隅，是任日以全力攻台，台民何辜，致遭歧视？向臣及林维源环问，众谓：战则俱战，停则俱停。众口怨咨，一时军民工商无不失望，义勇尤哗。告以此非朝廷之意，乃日人之意，不能禁不攻台。无如莫从解喻。一处如此，他处可知。情形一至于此，迫切上陈。请代奏。

三月初七日

密。电旨悉。停战，台湾独否，敌必以全力攻注，孤台当巨寇，其危可知。他方既停战，恳饬所有兵轮均赴台湾听用。崧一面激励将士，誓以死守。澎湖之失，以无兵轮援应。前车不远，可为寒心。崧不惜死，总期于国事有益。迫切！请代奏。

三月初七日

密。澎失，蒙恩免罪，愈悚惶！谕旨垂询台营布置。台防分南、北、中三路。守北路，基隆提督张兆连、基隆后路道员林朝栋、马尾总兵廖得胜、沪尾对岸都司黄宗河、沪尾后路守备李效忠、苏澠参将沈祺山。守南路，刘永福、台湾镇万国本、恒春都司邱启标、嘉义总兵陈罗。守中路，道员杨汝翼。守后山，台东知州胡传。此外小口十余处，或一二营不等。原设防番各营不能撤动。杨岐珍往来基、沪，办事和衷，所部扎基、沪，留以布在省城，俾备游击。合布虽多，分布则薄。基、沪要口，合前敌后路不满六千人，此外可知。游击师仅杨岐珍之营，一二仗后无营替换。现赶募，未能成营。义勇可调用，惜乏枪与弹。得款后始购新式枪炮，运送必迟。论台之力，办防仅能至此，久支强寇，实无胜算。略可恃者，军民心尚固结耳！澎文武下落，容查确再奏。凤、恒昨报，轮来复去。闻寇即日大队来犯，已严备。请代奏。

三月初七日

台坐困，则乏军火。购者未到，到时恐难运入。闽本无多，江南供应太繁，拨济亦不多。乞旨饬下粤督，拣可用后膛枪拨台五千枝，配足弹子，毛瑟枪弹另拨三百万粒，火药十万磅，交知州唐镜沅设法解运。粤无警，且有机器能制也。请代奏。

三月初七日奉旨电李瀚章：现在奉天、直隶、山东，日允停战二十一日，台湾不在停战之列。该处孤悬海外，军火缺乏，难资战守。本日据唐景崧奏，请粤省拨后膛枪五千枝，着即备齐，交知州唐镜沅，设法运台。

旨：唐景崧电奏，均悉。向来两国议和，先定停战日期，如议不定，仍即开战。此次议定停战，自初五日至二十六，亦只二十一日。日不允台澎，李鸿章据公法与之力争，而彼坚执如故。此节权自彼操，凡在臣民，皆当共喻。况停战并无多日，彼兵之在奉天与游弋津沽各海口，依然不减，并非他处尽撤，而以全力攻台也。朝廷注意该处孤悬海外，援应维艰，宵旰忧廑，自去岁至今，无时可释。然自开战以来，屡为该处备兵增饷不遗余力者，亦正虑有今日。该署抚应将以上所谕剀切宣示，激励将士，开导绅民，敌忾同仇，力图捍御。其有捐资纳饷立功者，定必优加奖擢，不次酬庸。慎毋惑于愚论，藉口向隅，致守备有疏，自贻伊戚。该署抚所请由广东拨济枪械，已饬李瀚章照办，并谕知张之洞、谭钟麟酌量协济。至调用兵轮一事，北洋无船，南洋各船前令协助北洋，因张之洞声称船旧行迟，不能出海，迁延不调，本日虽谕李瀚章、张之洞酌筹办法，第恐不能应手耳！

三月初八日

电唐景崧：前饬张之洞酌拨枪弹接济台湾，均已竭力拨解。南洋兵轮无多，兵船太薄，出口遭敌，徒供糜碎。此系实情，谅张之洞已电复该抚矣！

三月十一日

江督刘坤一致军务处请饬毅军回扎大凌河西为驰援津榆之计电　附旨

昨奉电旨：各路停战，而台不停。日今全力攻台，台必不保。日破台后，其焰益张，势必来攻津榆。宋庆电，拟以毅军回扎大凌河西，为驰援津榆之计，否则大凌河河宽船少，临急过渡为难，仍留铭、嵩两军分驻闾阳驿，以顾辽沈后路运道，似应俯从所请，以备不虞。

三月初九日奉旨电刘坤一：来电悉。日允北路暂行停战，声言将攻台湾，情殊狡诈。昨据李鸿章电称，日人交出条款，所索太奢，恐难结局。倘和议难成，仍应开战，自当预为戒备。宋庆拟留铭、嵩两军分驻石山站、闾阳驿，以固辽沈运道，自率毅军移扎大凌河西岸，自为预筹赴援起见，即着照所请办理。

帮办军务宋庆致军务处报停战期内留铭嵩军驻石山站自率毅军移扎大凌河电

接奉总署鱼电，中日停战议和草约六条，遵即转谕各将领，一体遵守，仍不敢稍懈防务。又接刘坤一电云，除现战攻之台澎不计外，则明知其潜撤此三省之兵攻我孤悬海外之台澎，故有停战期内，两国或攻或守，各不加增前进，并派添援兵及加一切战斗之力一条，海上转运兵勇、军需、战时禁物，仍按战时公例，准敌船查捕等语，是不但彼攻台澎我不得救，即转攻沿海各省，不在直、奉、东三省停战之处，我亦不能过问，且该敌船现仍在海面游弋，我运兵械彼得查捕，彼运兵械我无船查，此皆不一律停战之诡谲，以冀蚕食鲸吞。且草约六条并未露其所欲，只凭彼诈论空言束我之手，我竟不出一持重之语以遏彼要挟之私。窃恐议终难成，如再遂其扰台之愿，停期届满，必又转扰北洋。屡接刘坤一来电，北塘、秦皇岛一带时有日船测量水势，其情可见。若不亟筹预备，深恐期满，突如其来，更为可虑。今收留铭、嵩武两军驻扼石山站、闾阳驿，以固辽沈后路运道，联络东路各军声势。庆自率毅军移扎大凌河西岸，趁此停战期内藉得简练军实，严加戒备，一遇缓急，即易策应。倘仍以多军全驻闾阳驿，东距辽沈，西距榆关，各四百余里，且大凌河仅有渡船一二只，若不预过西岸，临急必致贻误。且昨接长顺来电，并探报辽界贼踪尚少。依、顺各军及庆所派徐邦道十一营共约二万余人，兵力亦不为薄。是否有当？乞钧酌转奏。再，现当军务吃紧，在在需员襄理。查编修张孝谦忠勇朴诚，办事稳慎，庆前统军豫省，深悉其人，可否吁恳天恩，发庆军营，佐理营务奏牍一切。乞代奏。

三月初九日

全权大臣李鸿章致军务处请催袁世凯迅饬各军遵约停战免滋误会电

密。红。顷，日外部送来海城野津大将电称：初八，专华人持函，知照鞍山站华军，已定约停战，并照公法，持白旗，吹喇叭，为华军所阻，函不能达。初九日，又派青木参谋，乘马，带华人，持白旗，吹喇叭，前往知照，近鞍山站北一里，遇华军步兵七名，骑三名，开枪迎击，中伤所带华人一名，伤甚重，青木折回。是停战之信，中朝且未送到，请催转电速办等情。鸿查，田庄台溃退后，其时电报只能到锦州以东石山站，计石山站赴鞍山站专马绕送，须三四日乃到。望速电催袁世凯，专马速递，免滋误会为要。

三月初十日

吉林副都统沙克都林札布致军务处辽阳徐牧部与民团不和致日兵乘隙攻取电

查辽阳徐牧所部勇丁分扎吉峒峪。该营哨官等强娶民女，因而与该处民团不和，日奴乘间袭取，徐牧惊慌，飞禀伊〔依〕、长两军全力援辽。及到辽后，贼并无信息，各军均已东援，日复乘隙以全力西扑，牛庄等处亦皆失守。该牧妄报，竟致失机。昨依将军所部兵勇又因五月之久未发口粮，五营群起鼓噪，趋赴辽阳西关外逗留两日。似此情形，恐与大局有碍。谨此电闻。

三月初十日

署直督王文韶致军务处李占椿军抵埕子口津海平安电

李占椿等一军已抵埕子口。其原驻该处之章高元八营，经聂士成商调减河两岸，以备津沽后路策应。连日津海平安无事。请代奏。

三月十二日

黑龙江将军依克唐阿致军务处报敌窜吉峒峪辽南危急已严饬防守电

连探海城据贼，势将由东北分窜，密饬队移扎陶官屯、鹤王屯一带堵截。初七日辰刻，怀玉、孙自镕亲至汤仑新台子确探，遥见贼三千余整队而来，赶紧会合乌勒兴额邀击。贼佯败，旋绕登鞍山，幸我军亦先占山头，彼此枪炮对轰，至暮尚未收队。依克唐阿正飞饬各营策应，忽探报及陈湜来电均称，贼另股二三千已窜至吉峒峪，辽南危急，一面函嘱徐庆璋严饬防守，即拨队向南路协剿。现在依克唐阿一军分路与贼相搏。西面腾罗堡各处道路纷歧，兼顾难周。除飞商长顺外，合肃电达。请代奏。

二月十三日

吉林将军长顺致军务处日兵扑犯辽城已飞饬赴援并亲带新军追剿电　二件

月前奉旨，顾辽西北，当将会商分路防守情形电奏在案。月初，长顺各营向小北河一带开拔，泥泞甚深。探运炮车至二三日始行到齐。初八，长顺行近小北河地方。接依克唐阿函，知贼于初七日由鞍山站前窜出三千余，先占东山头，又由吉峒峪绕过二千余，有扑犯辽城之势，请拨兵数营策应等因。长顺当饬豫军四营赴刘二堡扼守，未拔之靖边后路三营留于首山堡原扎地方，一面飞调靖边亲军三营，并练军马队两起，星夜回援，并留丰升阿驻扎河南，亦可相机策应。日贼消息甚灵，乘我军调拨，即分股窜出。今分兵往援，又恐乘虚窜沈，以一军兼顾百余里，未免竭蹶。现徐邦道电知行抵新民厅，已专弁催令赴援，以厚兵力。谨请代奏。

三月十三日

昨，依克唐阿飞函告急，业将留营拨往援助情形电奏在案。嗣思日于辽垂涎已久，既来攻辽，必用全力，若非长顺带队亲往，恐各统将心力难齐，已于今晚亲带新军抵辽，相机追剿。其小北河地方业留数营，以杜旁窜。惟各营炮位费数日苦力拉至河防存放，此次援辽道路泥泞，未能带往。谨请代奏。

三月十三日

署江督张之洞致总署王之春巴黎电西商愿垫款购船请旨遵行电

王藩司之春暨杨宜治自巴黎来电：有西绅行厂允订新大钢甲一，足比镇、定，头号快船三，连鱼雷管钢甲快船二，大鱼雷船二，运兵战船二，共十船，炮弹齐，水师照额。约誓密订三月内运华决胜，商为垫款，收船署券，二十年清还，兵任我去留，统费二百万镑。此事由宜治与编修宋育仁与绅行密商验确，已电总署。春复查，事尚可行。绅已晤询，候立合同。窃思战固解悬，和亦有用。乞酌定电奏。再，另有德大钢甲船二，战船三，俟议款定再电等语。窃思购船最为今日急务，数月来百计访询，总苦于现船难觅，且选配水师将弁尤为难事。今王之春等所称既有大批现船，又肯配水师包运，资我征战，到华期亦颇速，似极妥善。正月十九日，奉旨：重整海军，自非另购铁快船不可，购船先须筹款，着即商订借款，电知户部、总署奏明办理，如集有成数，即日设法购船，以备海洋御敌之用等因。钦此。王之春等令洋商垫款购船，可免另借之周折。来电战固解悬、和亦有用二语，极为扼要。惟十船止一铁甲，力尚不厚。如能再垫款添购来电所云之德大钢甲二艘、鱼雷炮船数艘，似尤完备。日人如知我购到战舰精械甚多，尚能力战，即和议亦当易于就范。如蒙俞允，当再电商王之春妥办。是否有当？请代奏。请旨遵行。

三月十四日

吉林将军长顺致军务处现值停战期内遵饬将弁严防电

初九晚，长顺由北河回援辽城，适接刘坤一电，奉旨停战。正在通饬间，复据日本司令官委派参谋照会统领周宝麟，转请定期定地会商等语。长顺以现值停战期内，两国各应收兵，静候和约，此间无事可商，仍令周宝麟将此意照复矣！只有遵旨谕饬将弁，严加防范，并令不准藉端启衅，另生枝节。惟转瞬期限届满，设事不成，日必全力来攻，长顺自应在此与伊〔依〕克唐阿并力严守，免致疏虞。谨请代奏。

三月十五日

江督刘坤一致军务处蒋希夷防军因饷项不清兵丁鼓噪俟遣散完竣据实查参电

叶电。谕旨祗悉。本月初四日，奉天防军蒋希夷带勇来津遣散，因饷项不清，兵丁鼓噪，几致激变，当经胡燏棻驰往抚定，次日一律遣散，安静无事。现饬该粮台清算饷项，追缴军械。拟俟料理完竣，据实具奏，钦奉饬查。合先电闻。请代奏。

三月十六日

使英龚照瑗致总署遵赴英外部宣旨英已电商法俄德电

奉电传本日谕旨，钦遵。一面电庆常遵办，一面赴英外部宣旨。英驻中、日两使均有电至。英已电商俄、法、德。金外部又约十六申刻面叙。

三月十六日

全权大臣李鸿章致军务处伊藤谓停战期迫倘华将再有悖谬即废停战约电

顷，伊藤送阅野津大将十七海城电，云：遵照战法，备文与华将，派青木参谋往商，华将终不承认，不得已饬该参谋仍回海城，但留函与华将，声明我军扎守境界最外线为苏甸城、香炉沟、长岭子、雪里站、把会寨、鞍山站、马家店、田庄台、营口等处，倘来犯扰，即是中国违约，请转告李钦差等语。伊藤谓：停战期迫，倘华将再如此悖谬，只得布告各国，废停战约云。

三月十八日

总署致李鸿章停战之事已谆属前敌各军遵办希告伊藤电

啸电悉。华官不谙西例，故不就商停战之事，前已电令前敌各军在原扎处所按兵不动，现又加电谆嘱，谅不至有违停战之约。希转告伊藤为要。

三月十八日

帮办军务宋庆致军务处驰抵大凌河西布置一切电

奉蒸电谕旨，正在料理，拔队西渡。十二日，接到刘坤一电云：辽阳报称，日分两股，各二三千人，已到吉峒峪、鞍山站等处，嘱庆缓移过河，当即派弁确探。旋据探报，鞍山站、吉峒峪并无大股，依克唐阿处已接日人送信停战。又与刘坤一往返电商，仍遵前旨，赶紧过河，以备津榆缓急。现于十五、六等日分起开拔，由义州过桥，约十七、八日即可到齐。暂驻大凌河、双阳店附近等处，赶紧训练，以期临战得力。庆于十七日驰抵大凌河，布置一切。窃以兵必战而后能守，沿海口岸太多，难免疏漏，惟有多备游击之师，何处有警，即开何处迎战，以杜狂窜。除与刘坤一、王文韶随时电商妥为筹备外，合将拔驻大凌河西缘由肃陈。乞代奏。

三月十八日

军务处致依克唐阿等传知前敌各军遵照公法按兵不动电

李中堂来电：接日本外部送阅野津大将十七海城电云，遵照战法，备文与华将，派青木参谋往商，华将终不承认，不得已饬该参谋仍回海城，但留函与华将，声明我军扎守境界最外线为苏甸城、香炉沟、长岭子、雪里站、把会寨、鞍山站、马家店、田庄台、营口等处，倘来犯扰，即是中国违约等语。外部谓，停战期迫，倘华将再如此悖谬，只得布告各国，停废战约云云。日员送信约商停战之事，系西国公法，如此并无恶意。华官不谙此例，故拒不与见。但彼函内所开各地方停战期内兵勇断不可前往，致彼藉口废约，又启兵端，希速派马探传知前敌各军，及辽阳徐牧、大高岭陈、马、吕各营，一体遵照，按兵不动，勿许军士轻举妄动，致误大局。俟和议成否，一有确信，再当电达。

三月十八日

使俄许景澄致总署报已请俄外部商法德切阻电

奉咸电，澄已赴俄，即晤新外部大臣罗拔诺夫，切商速发国电切阻。据云，俟达俄主酌定再复。叩以俄国意见如何，则云，接喀使电后，即商各国，昨复，不愿干预，德、法尚未复到，因此亦未复喀等语。一面已电赓音泰赴德外部晤商。先闻。

三月十八日

使英龚照瑗致总署日索地索费事已请英外部商法俄德劝阻电

昨赴英外部宣旨后，即电钧署。今午后，复晤金大臣，据称，已与政府及各部会商，日索地在意中，不料如此重多，恐负者吃亏，英不敢劝中国不允，请中国国家自作主张，英愧不能以力相助。若劝不允，日再肆行，中国更恐吃亏。以昔日法德战事为鉴，法国至今愈见富强。照瑗云：旨意望各国于日索地、索费二事议减，阻其贪心。金大臣云：正在与俄、法、德三国商办。即刻驻法参赞庆常电称：遵电旨往法外部面告一切。哈大臣云：法与大清利害相关，或劝减索费，或停战展期，即电商英、俄设法办理，并电法使各等语。乞代奏。

三月十八日

使俄许景澄致总署报德劝中日息战并言专听俄廷定夺电　三件

接外部复，德意本拟劝中国多许，而日本减索，以期息战，现所索本部亦以为多，已商英、俄、法相助，俟议有端倪，即复。

三月十九日

劝阻事，催俄外部，尚未复。顷，驻俄德使密言，德国专听俄廷定夺。昨晤外部云：连日俄教节期，尚未见俄主商定等语。并闻日肯减费至二万万两，奉省地退至纬四十一度以下，俄报颇诋英不管为私云。

三月二十一日

德外部称，劝和事，已电驻日使转达，尚未复。俄事明日可晤外部，再闻。

三月二十四日

江督刘坤一致军务处察看津榆海口情形请以聂士成军驻唐山又因病剧暂回津电　二件　附旨

坤于十五至津榆适中之唐山，约会聂士成及周馥等面商防务。十七日回关。沿途缓轮察看，海岸甚长，海口甚众，以乐亭及洋河口、秦皇岛为最要，而兵力颇单。聂士成游击之师似应移驻唐山，以资兼顾。否则，相距太远，虽有火车，不免拥挤停待之虞，或致贻误。倘铁路、电线一有疏失，则关内外接济声息不通，军情惊愕，有碍大局不少。事机至紧，坤已分电王文韶、聂士成迅速施行。陈凤楼马队因滦州饥荒，无从购买草料，尚未移扎。拟令随聂士成同驻唐山。请代奏。

三月二十日

坤驻关两月有余，不服水土，旧恙增剧，拟暂回天津料理。请代奏。

三月二十三日奉旨：刘坤一、丁槐着毋庸来京，刘坤一着赏假十日，回津调理，假满仍赴关外调度。

署直督王文韶致军务处停战期将满已饬各炮台实力整备并亲赴塘沽查看电 二件

大沽口拦江沙外仍有日船一只，搜查商轮甚严。停战之期瞬将届满，已饬各炮台抖擞精神，实力整备，不任松劲。请代奏。

三月二十日

大沽、北塘为津海最要门户。指日停战期满，款议不成，固应十分戒严。款议即成，亦不可一日弛备。现在壕墙次第报竣，文韶定于二十三、四两日亲赴大沽、北塘周历查看，并重加申儆，以资振作。理合报闻。请代奏。

三月二十二日

黑龙江将军依克唐阿致军务处日兵屯扎海城鞍山站等处商徐庆璋严密布置电

十三申刻，贼由海城至姚千户屯扎二千余，至鞍山站千余，谅山子北二千余。据探，吉峒峪大股复有东窜，凤岫、营口贼俱不多。依克唐阿一军自七屿子至杨起堡节节连扎，东西相距八十余里。现商徐庆璋，于近城无险处挑浚深壕，严密布置。敌情叵测，除遵旨停战严饬防守外，查停战期转瞬届满，倘和议不成，日电灵便，届时先发，最为可虑。已饬各营将严加预备，于二十六日子时后，如贼来扑犯，即行开仗，以免疏虞。伏乞代奏。

三月二十日

署直督王文韶致总署德璀琳因不准随李鸿章出洋意殊怏怏恐摇惑上听电

津关德璀琳求随李鸿章出洋未准，意殊怏怏。此次议约，初以为德愿助成，而德复诿诸俄，即以俄为言，谓俄必持公道。无论俄情叵测，即使真肯助我，必非数日间能见分晓。现在鸿章所议如何，文韶不敢知。惟恐德璀琳曾以此说上达，幸勿为所摇惑。闻上年日患初起，李鸿章即为此等议论所误，致有今日。总之，各国即有后议，必在定约以后。约事未定，必无人挺身而出也。事机甚迫，不堪再起波澜。望垂察焉！

三月二十日

盛京将军裕禄致军务处报日兵扑三家子吉峒峪等处迨我军回辽复窜海城电

十六日，钦奉电旨：饬查沙克都木〔林〕札布电奏各节，据实复奏等因。遵查，正月底先据吕本元等电报，探知日贼由凤属之四门子西窜，知会各路堵御。贼旋扑至三家子，我军扼住南分水岭，贼未得北窜，复分扑吉峒峪，兵团失利，贼遂窜过吉峒峪，扰及八盘岭，距辽城仅数十里。徐庆璋恐贼长驱直犯，飞禀各路告急。其时依克唐阿、长顺闻辽城紧急，不能不回兵援救。李光久、徐邦道等营力单，不能周顾。贼得乘隙袭犯牛庄。查三家子、吉峒峪本系由凤至海必经之路，贼援此处，为牵制我师，意在援海。迨伊〔依〕克唐阿等军回辽，贼即西窜海城，似非因兵团不和而乘间袭取。然当时若无依克唐阿、长顺等军兵回顾，贼立可乘虚北犯。徐庆璋之告急，亦尚非惊慌妄报。惟原奏所称，徐庆璋驻扎吉峒峪之营官强夺民女，与民团不和一节，裕禄近亦有该处乡民控告营官马振芳之呈，即饬徐庆璋将该营官等撤差听候查办。此次吉峒峪击贼不力，是否果因兵团不和所致，容俟提省详确询明，具折参惩。至依克唐阿前派往南路之营，因索饷开拔迟延，经依克唐阿惩办，省中亦闻有此事。现查其各营兵饷俱发至正月底止。该军向系请领部饷，因领饷未到，二、三月之饷尚未发放，并无欠发五个月饷银之事。再，十日由驿递到二十七日电旨，饬查唐仁廉患病一节，裕禄即于是日将唐仁廉现在并无疾病情形由电复奏。乞代奏。

三月二十日

台抚唐景崧致总署和议条款可赔费不可割地又台民投效杀贼者日有数千人请增营添械电　二件

风闻和议将成，不知何款？臣愚以为，赔兵费、通商则可，与土地则不可。知皇上念列圣创业艰难，岂肯出此？转恐日人迫我以不得不从。北辽南台，二者失一，我将无以立国，外洋谁不生心，宇内亦必解体。战而失地，犹可恢复，和而失地，长此沦陷。委香港与英，乃小岛耳！贻害已甚。况咽喉之地耶？必不得已，仍出于战。以偿彼之费为用兵之费，日力有限，再与坚持，或易就范。国家大计，本不容海外孤臣闻谣妄议，且臣不能保澎，敢言保台？设割台，臣转得卸仔肩，全性命，然大局利害所系，附处危地，万死不悔。幸兵力愈厚，人心愈固，非全无可恃。披沥上陈，伏候圣裁。请代奏。

三月二十日

密。现澎湖无甚动静，运路尚可畅行。增集台勇七八千人，次第成军，粤勇亦陆续可到，声势比前更壮。台民惟恐日力攻台，愿投效杀贼者日有千数百人，惜不能尽收。江南运枪万枝已到，尚须修理。又搜取抬枪、劈山炮助用，甚得力。台民知洋款未借定，十日内，北、中两路息借银凑集二十余万。寇在门阈而人心固结如此，臣若不密谋复澎、竭力保台，不独上负圣恩，且无颜对全台百姓。惟增营、添械、悬赏等事必放手为之，方能有济。户部不复拨款，恐难久支。尚望设法维持。请代奏。

三月二十一日

黑龙江将军依克唐阿致总署日人送来照会因未奉议和明文经即发还并停战后日仍添兵安炮电　二件

十八日辰刻，接日本青木宣纯照会，内开：照得我大日本帝国与大清国新定停战条约，实因系于两帝国间军国大事，本官前奉我第一军司令官委派，拟欲商办停战条约第五款所载事宜，先将本官奉派商办之事照会贵军，随即按照万国公法，揭白旗，吹喇叭，前往贵军，讵料贵军兵向我军使妄为施放枪击，实属藐视公法、蔑视军礼之举。本官当即禀奉司令官谕，再行照会贵军，告以请派委员前来会商等因，乃贵军竟无其事。迄今数日，屡经照会在案，然于其商办停战条约第五款事宜一节毫不得要领，是以本官信贵军未知停战条约为何，无奈再行送呈最终一书，停止与贵军会商之事。惟致我军战斗地最外地界，即在九连城、凤凰厅一带，以苏甸城、香炉沟、长岭子、雪里站为界；在鞍山站一带，以把会寨、旧堡、腾罗堡为界；在牛庄至石山站道路上，以马家店为界，暨以自马家店沿辽河右岸经田庄台至营口为界，固不待言也。贵军若有进兵逾越上开地界，直以贵军认为破坏停战条约者。特此先闻，为此照会贵军，即请严饬前敌各军，勿有逾越限界，以免互生事端，可也。须至照会者。附图一纸，全绘凤界之苏甸城、香炉沟、长岭子、雪里站、辽海界之把会寨、旧堡、腾罗堡、田庄台、石山站之马家店，斜横南北划界绘图前来。当即照复云：因未奉有彼此议和分界明文，此事不敢与闻等语，遂将原文发还。除另电奏外，合先奉闻。伏乞代奏。

三月二十一日

十四戌刻，接袁世凯转到总署真电；十七戌刻，准刘坤一转到总署元电，谨悉各节。依克唐阿自初九未刻奉到停战电旨，立即飞饬各营，一体钦遵。先于是日正午，据所部送到擒获华民为贼作探者一名。十三日，日照会约派员往鞍山站会商，并索民探。

当仍照复，彼此各奉本国明谕停战，自应毋庸会商，并将民探遣回。是日申刻，日复由海城分三路添来巨股，意甚叵测。当即电请代奏在案。十四、五、六等日，日往来游弋于吉峒峪、八盘岭、庙儿岭、上下果子园及腾罗堡各处，官军防之则手执白旗，摇令不许开枪，否则得步进步。又于鞍山站一带挖濠设伏安炮。十八日辰刻，复照会分界各语，原文录呈，业已照复。依克唐阿只知战守，未奉兼办会议明文，所称各节，不敢与闻，将原文璧还。如有会商之处，请向全权大臣议论。查日自停战后迭次添兵，并在各处设伏安炮，兹复划定界限，占据要隘，意在使我不能布置，彼则任意往来，甚至我军巡探，亦指为败约地步。似此狡猾情形，应如何电知全权大臣，妥为筹议，依克唐阿未便擅拟，相应电呈。请代奏。

三月二十三日

清季外交史料卷一百零八终

清季外交史料卷一百零九

光绪二十一年三月下

台抚唐景崧致总署有日策士献计若停和议不允赔款彼计立穷又日瘟未息刻在澎抽兵电 二件

密。有策士自日来，谓：日窘甚，外洋肯借彼债者，恃中国有赔款耳！我若坚持停和议，并赔款不允，彼计立穷，无可借贷，势必溃败。其言颇近理，谨贡所闻，以备朝廷操纵。请代奏。

三月二十一日

顷，据台南陈道电，据探役自澎回称，贼瘟未息，死者尚多，船只留九只，顺载死者回国，刻在澎抽兵，欲得四千人，口粮八两四钱，并出示略云，天灾流行，兵心勿慌，俟奉请国旨，或停或战，再听号令云。请代奏。

三月二十二日

闽督谭钟麟致军务处报日据澎疫盛台南北无事电

日据澎，疫甚，仅剩二千余人，兼旬未动。台南北无事，福、厦晏然，惟漳州民心惶惑。现饬侯名贵回漳州镇任，委总兵徐万福率两营驻泉州，游击许承礼一营驻兴化。乞代奏。

三月二十一日

江督刘坤一致军务处现各军枪械略富兵勇锐气可用赔款割地无此办法电

昨、今两日，迭接津电，有和议将成，除赔款外，割给辽东、台湾之语，未审是否属实？既给赔款，又须割地，且割完全未扰之地，无此办法。辽、台并失，南北俱危，并恐各国从此生心，后患不堪设想！如畏日攻京城，不得已而出此下策，则关津畿辅均宿重兵，讵不可以一战，战而不胜，尚可设法撑持。现在各军枪械略富，兵勇锐气可用，似不可听其恫喝之言，为此劫持之计，大局所系，不敢以未与闻和议缄默自甘，卓见如以为然，即请代奏。

三月二十二日

署江督张之洞致军务处冯子材粤军到齐请饬节制海州及清江诸军以护运道电

冯提督子材统粤军十营日内到齐，暂扎镇江，驰来金陵面商，拟即日轻骑由清江驰赴海州，察看地势、军情后，仍回镇江。如海州有警，即调所部十营，亲赴海州前敌督剿。本日已行。窃思此次冯赴海州一看，亦甚有益。如海州有战事，即令冯总统节制海州及清江一带诸军，以护运道。清江正系北上之路，海州距清江三站。如谕旨别有调派之处，随时遵旨办理。请代奏。

三月二十二日

署江督张之洞致军务处请借英商克隆行款调琅威理[①]来华整顿水师电　附旨二件

购战船、募水师揭日事，前接总署皓电云：元电已进呈，此事拟暂缓办，自当遵照。惟本日接王使之春自巴黎来电云：十船皆近年造，首号钢甲三百二十八英尺，又钢甲三百五六十英尺，皆坚，又快船、雷艇皆速，必有济。船价待定，泊智利、阿根廷海，系无约国，例不阻。统率须大将，适前水提琅威理赋闲，愿自效帮华使，并任募招兵官并兵二千，密袭日。和成，听用兵费一年，及办事先须银约三十万镑。现与英商克隆行订借三百万镑，长息五厘，九六扣。此款成，允借大款归并此款，故较汇丰为廉。船事不令该行与闻。款事已立草约，乞速请旨，告欧使，电该行，即交银听拨。此款汇丰颇嫉，已探粪，稍迟恐梗等语。既据言之确凿，有船有兵，有将有款，且一年用费亦不多，尤好在琅威理肯效力，诚为难得机会，不敢不飞速上闻。应如何办理，恭候电裁。如朝廷必以为事宜缓办，亦恳恩准调琅威理，酌带洋弁兵来华，整顿南洋水师。借款息扣甚轻，凭谓〈九〉六扣，当即九五扣，无论购船与否，亦可先定。拟请旨令总

① 有时用“郎威理”。

署，即告欧使，速电该行。南洋用一百万镑，即不另借，余二百万镑，听候户部拨用。是否有当？候旨遵行。请代奏。

三月二十三日奉旨：张之洞电悉。现在和议甫定，亟应先筹巨款。至重整海军，必须从长计议，非可猝办。即购买战船，如于西国各大厂详细考订，方能精良适用。王之春前电各节，尚在战事未停以前，所议之船究竟是否精利，钢甲厚薄、速率若干，亦未声叙，仅照商人之言，未经查验，恐难深信。其价值必照平时加增，且骤招官兵二千，所费亦必不少。着张之洞将以上各节再行熟筹，电复琅威理。前据总署饬总税务司电令赴华效力，旋以已受英国官职辞而不受，现在何又赋闲？应仍由该衙门转饬电查明确，再行办理。至借款一节，前经总税务司借用汇丰银三千余万两，他处借款皆议而不成，现须借用巨款，仍由汇丰一手经理，已有成议，倘再由他处订借，恐汇丰借款因之罢议，关系甚重。王之春所订借款，着张之洞电令即作罢论。将来南洋需用款项，由户部另行筹议，不得再由他商揽借，以免淆乱。

旨：张之洞电奏请借洋款等语，南洋需款既经龚照瑗订定英商克隆行一百万镑，即着准其借用。嗣后仍遵前旨，不得再借。

三月二十五日

使英龚照瑗致总署义外部称深愿中日休兵息民电

顷，接义外部十三日文称：前奉大皇帝国电，业经转递，大君主深愿中日两国休兵息民，速成和局，本国执政大臣相机劝导，速成和议等语。乞代奏。

三月二十三日

全权大臣李鸿章致总署与日订约经已画押并伤已收口电

密。红。本日巳刻正齐集公所，议定约后彼此前敌各军如何办法，伊藤等订明再展停战二十一日，俟批准互换，并于约后另立专款，一并画押盖印。如不批准，立行废止。又展至二十一日互换，即四月十四日。午初，彼此会同画押。鸿意请旨，如定可批准互换，必无他虞，前敌各军新募之营，似可逐渐抽撤，以省饷需而免沿途拥挤生事。伊等谆谆，何日批准，何日派员互换。俟鸿到津探明，先给电报，不必再由田贝转电，并候酌办。拟未刻登轮，即行开驶。和约原本到大沽口，先专员驰呈军机处核办。再，正发电间，奉养、酉电，敬悉，事已定，押已画，不及候旨。顽躯伤已收口，惟枪子未出，筋络牵制。有华医奇术来献，拟带至津试办。到津后，即奏请假二十日调养。请先代奏。

三月二十四日

依克唐阿长顺致军务处遵旨传谕民团小心静守电

承准铣电，奉旨密筹戒备，自当钦遵办理。又垂询团练三十万之文系何人所发，查明电复等因。钦此。查团练系署辽阳州徐庆璋所带，此文自是徐庆璋所发。当即传询，据称，现在辽阳并凤、岫、海、新交界周围七八百里无民不团，故照会日本，有三十万之语也。索阅原稿，察其语意，系为民团太众，一时难以遍谕，令毋逼处生嫌，尚属慎重和局起见，惟措词未当，致为彼族藉口。现已遵旨饬令，传谕民团，小心静守，免生枝节。

三月二十四日

台抚唐景崧致军务处台民呈称愿效死勿割台地电

据工部主事·统领全台义勇邱逢甲率全台绅民呈称：和议割台，全台震骇。自闻警以来，台民慨输饷械，不顾身家，无负朝廷列圣深仁厚泽二百余年，所以养人心，正士气，为我皇上今日之用，何忍弃之？全台非澎湖之比，何至不能一战？臣等桑梓之地，义与存亡，愿与抚臣誓死守御。设战而不胜，请俟臣等死后再言割地，皇上亦可上对祖宗，下对百姓。如日酋来收台湾，台民惟有开仗。谨率全台绅民痛哭上陈等因。乞代奏。

三月二十四日

江督刘坤一奏据丁槐电闻割地偿费议和不胜忧愤请坚持战局电

顷，接古州镇丁槐电称，刻抵津，闻我国割土地、偿兵费以议和，不胜忧愤！窃以为和则大局糜烂，势难苟安；不和则一息尚存，无难振作。从前战事失利，非兵概不用命，皆由将士冗杂，驭兵无术。查日人自开衅端，彼国民多怨望，所有军饷由各国借贷。若坚与相持，彼不能久支，英、法、美、俄诸国亦必至互相残害，则其亡可立待矣！若割地与日，目前外患更有祸烈于日者，内患亦从此滋生，此社稷安危所关，亟宜熟筹，万不可苟且贻误。为今之计，务宜坚持战局，立即变法，裁兵加饷，破格用人，则四方豪杰不招自来，庶几万众一心，咸乐效命，转弱为强，亦指顾间事。槐以疏远小臣，自知人微言轻，尤补万一，然利害之机，已经熟审，倘蒙俯纳，请即代奏陛见。如蒙俞允，即北上亲聆圣训。再，槐明日准赴榆关。合并声明，请代奏。

三月二十四日

鲁抚李秉衡奏割地请成断不可允请决意主战电

顷，闻和议条约有辽河以东、台湾全地均割归日人之说，闻之不胜愤懑！窃以此议朝廷断不能允，当系传闻之讹。顷，既有所闻，不得不直抒所见。辽河以东，为我朝发祥之所，又为列圣陵寝所在。水源木本，松楸在望，小民尚不忍毁伤，矧丰镐旧都，关乎国脉，岂可让人？揆诸皇上仁孝之心，万万不忍出此。即无论事势如何危迫，亦断断不可出此。至于台湾，彼族犹未占据，亦何至拱手让人？且历观诸史所载，割地求和，此皆势绌于大敌，一经议款，尚可偷旦夕之安。今海上数十国眈眈环伺，日于其中不过蕞尔小国耳！于日而割地，设各国群起效尤，何以应之？自海上用兵以来，丧师失地，衡及诸臣不能申朝廷威灵，固已罪不容诛。苟和议于国体无伤，断不敢妄参末议。惟果如此割地之说，则天下大势不堪设想，万万不可曲从。请皇上乾纲独断，决意主战，勿为浮言所惑。无论督抚、将帅，有仍前玩泄，以致溃败，失国家疆土者，立正典刑。天威所慑，士气自奋，战事自有转机。至日人势穷力绌，而后议和，则可就我范围，不致妄肆要挟矣！冒昧上奏。不胜迫切待命之至！

三月二十四日

吉林将军长顺致军务处停战期内各军仍扎辽界电

巧电谨悉。前据日本野津大将派青木参谋行文，约会定地会商事宜，本非恶意。因未奉谕旨，故婉复之。至该使指明界限，停战期内，倘来犯扰，即是违约等语，长顺并未接有此函。现在各军仍扎辽界，已饬将弁严加约束，不许兵勇前往生事。日情狡猾，此次议和，遇事挑剔，无非故作恫喝，冀遂所求耳！

三月二十五日

津道盛宣怀致总署巴兰德称德约俄法向日外部说不允马关条约电

据德税司云，顷，接巴兰德电，德国现在极力纠约俄、法二国，各吩咐其驻东京使臣，向日本外部开说，马关条约，三国不允，定要更改；又俄国吩咐驻北京公使，亦将此意知照中国等语。证之许星使号电，现值俄教节期，外部尚未见俄主商定，已切催，顷传后日有复，该国专随俄办法，德国愿预其局，惟英忽推却，殊不解，然俄如出，主持公论，亦但注意在辽，未必顾及台湾等语，似尚符合。谨禀闻云。

三月二十五日

台抚唐景崧致军务处台民不服割地恐激他变电

昨电示传播，台民不服闭市，绅民蜂拥入署，哭声震天。二百年来文物之邦，忽沦化外，流离迁徙，谈何容易，其惨自不待言。土勇数十营，誓愿与战，撤时断不肯缴军装。日人登岸，民必歼之，崧力不能禁，请设法告日，不可遽遣人来，来或被戕，官不任咎。此时官自难保，焉能保人？当此万古奇变，祈作设身处地之想，焉能使勿滋事端？非挽各国，筹一善处之法，和局仍恐有碍。民急思乱，何事不为？并恐劫他国洋行，杀洋人，毁教堂，广开衅端，此后一日有一日之变矣！无任迫切待命之至！

三月二十六日

浙抚廖寿丰致军务处军饷不敷恳饬部免拨税款电

准江督咨：接户部电，南洋防费，准照上年指拨原数，提用浙海关四成一半税银等因。浙省库款告罄，防军月饷已积欠四五阅月，约银六十余万两，无从筹措。前奏截留浙海关四成税银应解南北洋防费，奉朱批交议。查前款只二十余万，即蒙恩允，不敷尚巨，拟仍恳饬部免拨，以应急需。

三月二十六日

全权大臣李鸿章奏中日会议和约已成折　附马关条约议订专条另约停战条约停战展期专条及李鸿章咨文伍廷芳等呈文

全权大臣·直隶总督李鸿章奏，为中日会议和约已成事。

窃臣奉命驰赴日本，自抵马关以后，历将议约情形详细电奏，屡蒙训诲，得有遵循。计自二月二十四日以后，迭与日本全权大臣伊藤、陆奥等会议，初商停战，要挟甚多，继索约章，又靳不与。二十八日，臣由会议处归途被刺。三月初三日，陆奥面交节略，允即停战。二十一日，要挟之款已噤不提。嗣后屡催约款，始于初七日交到。臣一面电请训示，一面备文驳诘。伊藤等复文，持之甚坚，谓：系战后约款，与寻常议约不同，其意隐以同治年间德法成案为根据。美律师科士达深虑决裂，恐难力争。臣仍力与坚持，多方开导。直至十六日会议，伊藤交到改定约章，较之原约，颇有删易。越日，专函申言此为末尾尽期办法，竟似西例所称哀的美敦书。若不允行，势将决裂。臣仍令臣子经方迭赴伊藤处，缓与磋磨，但期争回一分，即免一分之害。而伊藤坚执之至，直云：无可再商，无可再改。且十七、十八、十九等日已派运船六十余艘，载兵十万，分起由马关出口，驶赴大连湾、旅顺一带，听候小松亲王号令，必须直犯京畿。停战期限将满，既不肯展，更图大举，势殊岌岌。臣查二月初七日王大臣等会奏，以宗社为重，边徼为轻。当此危险间不容发之时，臣未敢一意驳斥，以贻君父之忧，又不敢率意径行，以从敌人之欲。正在万难处置之际，旋奉二十日谕旨：如竟无可商议，即遵前旨，与之定约。钦此！二十一日，臣又赴公所会议，竭力与争，几于唇焦舌敝。彼虽坚执，而让地、划界、赔款、利息、内地租栈、日银纳税各节尚勉从删改。当即订定二十三日两国全权大臣公同签画。二十四日，臣即展轮回津。

伏维皇上灼知时局，许息战争，简畀微臣，任以专使。臣何暇为一身之计，以重君父之忧。惟是汉刘敬之赴朔北，当时本属从权，宋寇准之盟澶渊，同朝或以为辱。臣适当事机棘手之际，力争于骄悍不屈之廷，既不免毁伤残年之遗体，复不能稍戢强敌之贪心，中夜以思，愧悚交集。所最疚心者，赔款虽减，尚有二万万两；奉天迤南虽退出数处，而营口至金复一带不肯稍让；台湾兵争所未及，而彼垂涎已久，必欲强占。或有为之解者，谓凤、岫、金、复、海、盖一带，宋明以来，本朝鲜属地，我朝未入关以前所得；台湾则郑成功取之荷兰。郑本日产，康熙年间始归我版图。今日人乘胜据朝鲜，遂欲兼并其地，事非偶然。然而敌焰方张，得我巨款及沿海富庶之区，如虎添翼，后患将不可知。臣昏耄实无能为，深盼皇上振励于上，内外臣工齐心协力，及早变法求才，自强克敌。天下幸甚！谨照钞画押条约，并威海卫暂行留军专条，校正文义另款，及日本改划奉天界图，恭呈御览，并将和约原本专员赍送军机处，敬候批准，早日派员互换，以便两国停战撤兵，共图休息。再，伊藤等原约第十款批准互换日起，按兵息战，不肯更改，必须于画押后二十日办结。臣与辩争至再，仅允展至二十一日，在烟台互换。又画押与商，亦应展期。停战二十一日，议立另条，附约本之后，一并画押，合并陈明。谨会同全权大臣臣李经方缮折谨奏。

光绪二十一年三月二十六日奉朱批：依议。单、图并发。该衙门知道。惟闻俄、德、法三国现与日本商改中日新约，将来如有与此约情形不同之处，仍须随时修改。

中日马关条约

大日本帝国大皇帝陛下，与大清帝国大皇帝陛下，为订定和约，俾两国及其臣民重修平和，共享幸福，且杜将来纷纭之端，大日本帝国大皇帝陛下特简大日本帝国全权办理大臣·内阁总理大臣·从二位·勋一等·伯爵伊藤博文，大日本帝国全权办理大臣·外务大臣·从二位·勋一等·子爵陆奥宗光；大清帝国大皇帝陛下特简大清帝国钦差头等全权大臣·太子太傅·文华殿大学士·北洋通商大臣·直隶总督·一等肃毅伯爵李鸿章，大清帝国钦差全权大臣·二品顶戴·前出使大臣李经方，为全权大臣。彼此较阅所奉谕旨，认明均属妥实无缺，会同议定各条款，开列于左：

第一款　中国认明朝鲜国确为完全无缺之独立自主，故凡有亏损独立自主体制，即如该国向中国所修贡献典礼，嗣后全行废绝。

第二款　中国将管理下开地方之权，并将该地方所有堡垒、军器工厂及一切属公物件，永远让与日本：

一、下开划界以内之奉天省南边地方：从鸭绿江口溯该江以抵安平河口，又从该河口划至凤凰城、海城及营口而止，画成折线以南地方，所有前开各城市邑皆包括在划界线内。该线抵营口之辽河后，即顺流至海口止，彼此以河中心为分界。辽东湾东岸及黄海北岸在奉天所属诸岛屿，亦一并在所让界内。

二、台湾全岛及所有附列各岛屿。

三、澎湖列岛，即英国格林尼次东经百十九度起至百二十度止，及北纬二十三度起至二十四度之间诸岛屿。

第三款　前款所载及粘附本约之地图所划疆界，俟本约批准互换之后，两国应各选派官员二名以上为公同划定疆界委员，就地踏勘，确定疆界。若遇本约所订疆界于地形或治理所关，有碍难不便等情，各该委员等当妥为参酌更定。各该委员等当从速办理界务，以期奉委之后，限一年竣事。但遇各该委员有此更定划界两国政府未经认准以前，应据本约所定划界为正。

第四款　中国约将库平银二万万两交与日本，作为赔偿军费。该款分作八次交完：第一次五千万两，应在本约批准互换后六个月内交清。第二次五千万两，应在本约批准互换后十二个月交清。余款平分六次，递年交纳，其法列下：第一次平分递年之款，于两年内交清；第二次于三年内交清；第三次于四年内交清；第四次于五年内交清；第五次于六年内交清；第六次于七年内交清。其平分均以本约批准互换之后起算。又第一次赔款交清后，未经交完之款，按年加每百抽五之息。但无论何时将应赔之款或全数、或几分先期交清，均听中国之便。如从条约批准互换之日起，三年之内能全数清还，除将已付利息或两年半、或不及两年半于应付本银扣还外，余仍全数免息。

第五款　本约批准互换之后，限二年之内，日本准中国让与地方人民愿迁居让与地方之外者，任便变卖所有产业，退去界外。但限满之后，尚未迁徙者，均宜视为日本臣民。又台湾一省，应于本约批准互换后，两国立即各派大员至台湾，限于本约批准后两个月内交接清楚。

第六款　日中两国所有约章，因此次失和，自属废绝。中国约，俟本约批准互换之后，速派全权大臣，与日本所派全权大臣，会同订立通商行船条约及陆路通商章程。其两国新订约章应以中国与泰西各国现行约章为本。又本约批准互换之日起，新订约章未经实行之先，所有日本政府官吏、臣民及商业、工艺、行船船只、陆路通商等，与中国最为优待之国礼遇护视一律无异。中国约，将下开让与各款，从两国全权大臣画押日起，六个月后，方可照办：

第一，现今中国已开通商口岸之外，应准添设下开各处，立为通商口岸，以便日本臣民往来侨寓，从来〔事〕商业、工艺制作。所有添设口岸，均照向开通商海口，或向开内地镇市章程，一体办理，应得优例及利益等，亦当一律享受：一、湖北省荆州府沙市；二、四川省重庆府；三、江苏省苏州府；四、浙江省杭州府。日本政府得派遣领事官于前开各口驻扎。

第二，日本轮船得驶入下开各口，附搭行客，装运货物：一、从湖北省宜昌溯长江以至四川省重庆府；二、从上海驶进吴淞江及运河以至苏州府、杭州府。日中两国未经商定行船章程以前，上开各口行船，务依外国船只驶入中国内地水路现行章程照行。

第三，日本臣民在中国内地购买经工货件，若自生之物，或将进口商货运往内地之时，欲暂行存栈，除毋庸输纳税钞，派征一切诸费外，得暂租房栈存货。

第四，日本臣民得在中国通商口岸城邑任便从事各项工艺制造，又得将各项机器任便装运进口，只交所订进口税。日本臣民在中国制造一切货物，其于内地运送税、内地税钞、杂课、杂派以及在中国内地沾及寄存栈房之益，即照日本臣民运入中国之货物一体办理。至应享优例豁除，亦莫不相同。嗣后如有因以上加让之事应增章程、规条，即载入本款所称之行船通商条约内。

第七款　日本军队现驻中国境内者，应于本约批准互换之后三个月内撤回，但须照此款所定办理。

第八款　中国为保明认真实行约内所订条款，听允日本暂行占守山东省威海卫。又于中国将本约所订第一、第二两次赔款交清，通商行船约章亦经批准互换之后，中国政府与日本政府确定周全妥善办法，将通商口岸关税作为剩款并息之抵押，日本可允撤回军队。倘中国政府不即确定抵押办法，则未经交清末次赔款之前，日本应不允撤回军队。但通商行船约章未经批准互换以前，虽交清赔款，日本仍不撤回军队。

第九款　本约批准互换之后，两国应将是时所有俘虏尽数交还。中国约，将由日本所还俘虏并不加以虐待，或置于罪戾。中国约，将认为军事间谍或被嫌逮系之日本臣民即行释放，并约此次交仗之间所有关涉日本军队之中国臣民概予宽贷，并饬有司不得擅为逮系。

第十款　本约批准互换日应按兵息战。

第十一款　本约奉大清帝国大皇帝陛下及大日本帝国大皇帝陛下批准之后，定于光绪二十一年四月十四日，即明治二十八年五月初八日，在烟台换互〔互换〕。为此，两国全权大臣署名盖印，以昭信守。

大清帝国钦差头等全权大臣·太子太傅·文华殿大学士·北洋通商大臣·直隶总督·赏戴三眼花翎·一等肃毅伯爵李鸿章画押。

大清帝国钦差全权大臣·二品顶戴·前出使大臣李经方画押。

大日本帝国全权办理大臣·内阁总理大臣·从二位·勋一等·伯爵伊藤博文画押。

大日本帝国全权办理大臣・外务省正大臣・从二位・勋一等・子爵陆奥宗光画押。

光绪二十一年三月二十三日，即明治二十八年四月十七日，订于下之关。缮写两分。

议订专条

大清帝国大皇帝陛下政府，及大日本帝国大皇帝陛下政府，为预防本日署名盖印之和约日后互有误会，以生疑义，两国所派全权大臣会同议订下开各款：

第一　彼此约明，本日署名盖印之和约添备英文，与该约汉正文、日本正文较对无讹。

第二　彼此约明，日后设有两国各执汉正文或日本正文有所辩论，即以上开英文约本为凭，以免舛错，而昭公允。

第三　彼此约明，将该议订专条与本日署名盖印之私约一齐送交各本国政府，而本日署名盖印和约，请御笔批准，此议订各款无须另请御笔批准，亦认为两国政府所允准，各无异论。为此，两国全权大臣欲立文凭，各行署名盖印，以昭确实。

另约

第一款　遵和约第八款所订暂为驻守威海卫之日本国军队，应不越一旅团之多。所有暂行驻守需费，中国自本约互换之日起，每一周年届满，贴交四分之一，库平银五十万两。

第二款　在威海卫应将刘公岛及威海卫口湾沿岸，照日本国里法五里以内地方，约合中国四十里以内，为日本国军队驻守之区。在距上开划界照日本国里法以内地方，无论其为何处，中国军队不宜逼近，或扎驻，以杜生衅之端。

第三款　日本国军队所驻地方治理之务，仍归中国官员管理。但遇有日本国军队司令官为军队卫养、安宁、军纪及分布、管理等事必须施行之处，一经出示颁行，则于中国官员亦当责守。在日本国军队驻守之地，凡有犯关涉军务之罪，均归日本国军务官审断办理。此另约所定条款，与载入和约，其效悉为相同。为此，两国全权大臣署名盖印，以昭信守。

停战条约

大日本帝国大皇帝因见有不幸之事，将现在议和之举暂行延缓，今命全权大臣应允暂行停战，特派大日本帝国大皇帝全权大臣伊藤博文、外务大臣陆奥宗光，与大清帝国大皇帝钦差头等全权大臣李鸿章，议定停战条款，如左：

第一款　大清帝国、大日本帝国政府现允，日中两国所有在奉天、直隶、山东地方水陆各军，均确照以下所定停止条款一律办理。

第二款　两国军队应遵该约暂行停战者，各自须驻守现在屯扎地方，但停战期内不得互为前进。

第三款　中日两国现在停战期内，所有两国前敌军队，无论或攻或守，各不加增前进，并不添派援兵及加一切战斗之力。惟两国如有分派布置新兵，非遣往前敌助战者，不在此款之内。

第四款　海上转运兵勇、军需所有战时禁物，仍按战时公例，随时由敌船查捕。

第五款　两国政府于此约签定之后，限二十一日内，确照此项停战条约办理，惟两国军队驻扎处所有电线不通之处，各自设法从速知照。两国前敌各将领于得信后，亦可彼此互相知照，立即停战。

第六款　此项停战条款，约明于即光绪二十一年三月二十六日，即明治二十八年四月二十日中午十二点钟届满，彼此无须知会，如期内和议决裂，此项停战之约亦即中止。

为此，日中两国钦差全权大臣今欲有知照，即行签押盖印，以昭信守。光绪二十一年三月初五日，明治二十八年三月三十日，在日本下〈之〉关订。

大清帝国钦差头等全权大臣·太子太傅·文华殿大学士·北洋通商大臣·直隶总督·赏戴三眼花翎·一等肃毅伯爵李鸿章押。

大日本帝国全权办理大臣·从二位·勋一等·伯爵伊藤博文押。

大日本帝国全权办理大臣·外务省正大臣·从二位·勋一等·子爵陆奥宗光押。

停战展期专条

大日本帝国大皇帝陛下特简大日本帝国全权大臣伊藤博文、陆奥宗光，会同订立和约，即须妥行批准，互换无碍，为此议定下开各款。大清帝国大皇帝陛下特简大清帝国钦差全权大臣李鸿章、李经方。①〔大日本帝国大皇帝陛下特简大日本帝国全权办理大臣·内阁总理大臣·从二位·勋一等·伯爵伊藤博文，大日本帝国外务大臣·从二位·勋一等·子爵陆奥宗光；大清帝国大皇帝陛下特简大清帝国钦差头等全权大臣·太子太傅·文华殿大学士·北洋通商大臣·直隶总督·一等肃毅伯爵李鸿章，大清帝国钦差全权大臣·二品顶戴·前出使大臣李经方，会同订立和约，即须妥行批准，互换无碍，为此议定下开各款:〕

第一款　光绪二十一年三月初五日，即明治二十八年三月三十日，订约停战，从此约签定日起，得更展二十一日。

第二款　此约所订停战，于光绪二十一年四月十四日，即明治二十八年五月八日夜

① 此处文字顺序有误，参见王铁崖《中外旧约章汇编》订正于后〔　〕内。

十二点钟届满，彼此无须知照。如在期内，两帝国政府彼此不允批准和约，无庸告知，即将此约作为废止。

为此，两帝国全权大臣欲立文据，即行署名盖印，以昭确实。

大清帝国钦差头等全权大臣·太子太傅·文华殿大学士·北洋通商大臣·直隶总督·一等肃毅伯爵李鸿章押。

大清帝国钦差全权大臣·前出使大臣李经方押。

大日本帝国全权办理大臣·内阁总理大臣·从二位·勋一等·伯爵伊藤博文押。

外务大臣·从二位·勋一等·子爵陆奥宗光押。

光绪二十一年三月二十三日，明治二十八年四月十七日，订于下之关。缮写两分。

全权大臣李鸿章致总署派员咨送与日议和各条款文

窃照中国与日本讲和条约，业经本阁爵大臣与日本全权大臣伊藤博文、陆奥宗光会商议定各条款，分缮汉文、东文、英文，于本年三月二十三日，在该国之马关，彼此会同签押盖印。除将办理情形俟抵天津专折由驿具奏外，兹将未经签押盖印之讲和条约汉文正本、附图，又东文一分，及暂行驻军威海卫之另约汉文、东文各一分，共订一本，另文咨送军机处，恭呈御览。所有已经签押盖印之汉文讲和条约、附黏图一纸，又东文一分，又议定校正文义专条之汉文、东文一分，又暂行驻军威海卫之另约汉文、东文、英文一分，又续行停战展期专条汉文、东文、英文一分，共分订二本，又三月初五日初次停战条约汉文、东文、英文一本，派委随员尽先补用副将杨福同，由大沽乘火轮车至天津，星夜赍送贵衙门查核办理。为此，合咨贵衙门，请烦查照。

二月二十八日

换约大臣伍廷芳等呈总署换约事竣亲赍约本请陈奏文

窃职道廷芳于光绪二十一年四月初九日奉钧署照开：光绪二十一年四月初八日奉旨，著派二品顶戴·候选道伍廷芳前往烟台，与日本使臣换约。俟到烟台后前期一日听候谕旨，再行互换。钦此。四月初九日奉旨，著添派三品衔·升用道联芳与伍廷芳同往烟台换约。钦此。除电头等全权大臣李，刊给换约大臣关防，届时钤用外，相应恭录谕旨，照会贵大臣钦遵等因。奉此，并领到奉旨批准和约及另约一本，遵于初九日由京起行，十一日行抵天津，邀同职道联芳，即于是日附轮赴烟台。并奉头等全权大臣李鸿章照开：光绪二十一年四月初十日，准钦命总理各国事务衙门电咨，换约大臣伍廷芳、联芳均应加全权字样，刊给关防，届时钤用，相应照会贵大臣钦遵查照，计关防一颗等因。奉此，当即祗领钤用，并电禀钧署在案。

十二日酉刻，驰抵烟台。其时，日使未到，先由东海关道代备行馆，因即登岸居住。十三日辰刻，日使伊东美久治乘横滨丸商船到烟，当遣翻译官往请登岸，假外国饭店为款待之所。迭次会晤，均以从速换约为请，并以十四日申刻为限，过时即须开船。倘逾停战之期，彼此开仗，咎将安归等语。职道等驳以停战至十四夜子刻为止，以前互换，彼此皆平和。若申刻以后即行开船，非背约而何？日使词阻，允俟是日夜半，并言能早为妙。十四日申刻，奉电旨：现接三国复信，着伍廷芳、联芳即与日本使臣换约，照会二件随约交付等因。钦此。遵于是晚亥正复往晤日使，先准该使交到奉派敕书一件，并该国主盖宝亲批笔据一件，职道等随将奉旨批准和约及另约一本与该国主批准和约及另约一本逐细校对无误，与之互换。当即订立互换文凭汉文、东文各二分，署名盖印后，彼此各执一分，以昭信据。奉旨交照会二件，又钧署饬备之照会一件，遵于换约时一并面交。日使以此来专为换约，不便干预他事，坚执不收。经职道等与之辩论，总以不敢越分为言，并云：照会内之事均已深知，必须换约后与本国所派公使商办。职道等答以此项照会系奉旨饬交之件，惟请代达政府，并不必在此决断。伊意仍似十分为难，言之再三，允暂留阅。而丑刻展轮后，仍将照会三件交由美领事署送还，并有复文一件。该使已行，无可递送。照会内之事，彼既深知，又有照复，虽不收受转达，当不能诿为不知。

以上各情，均随时择要电禀钧署在案。换约事毕，职道等即于十五日申刻展轮回津。十七日，叩谒头等全权大臣李鸿章，饬令亲赍所换约本等件赴钧署销差。兹于二十一日行抵都门，谨将换到和约及另约一本，该使译送该国主盖宝亲批笔据一纸，又该使奉派敕书汉文、东文二纸，互换和约文凭一件，日使照复一件，连日问答情形清折一扣，一并恭呈钧鉴。伏乞分别陈奏，照案办理。所有电由头等全权大臣李鸿章代刊关防一颗，应即一并呈缴钧署销毁，并恳奏请准予销差，实为公便。

五月初十日

署江督张之洞致总署奉谕准借洋款断不敢糜费电

江省需款紧要，正月、二月迭钦奉旨准借洋款，遂于三月内又奉旨准借百万两，前经向英、德各行筹商已久。近接龚使电称：已与英国克萨〔隆〕行借定一百万镑，周息六厘，九零五折，外无费用，二十年还，前五年付利，后十五年本利并还。龚使签约，准三日内交十万镑。查江省用繁饷竭，捐借之款早罄。分防江海水陆数千里，南北新旧百数十营，又有炮台、兵轮、洋弁等费以及租买运兵轮船多只，北路分设转运十三局，月需数十余万，购炮械在外，为数尤巨。支应局款早罄，皆系挪借宁、苏两处各营各局之款及东征粮台款。积欠各营各局及各洋行者，常常催领催还，日日逼迫，洞及司道实无从筹措搪抵。士卒嗷嗷，洋行责诮，令人难堪。目前非有洋款，万难支持。和议虽有眉目，然恐尚有更变，防务一时断难松懈，即使将来裁撤，亦须从容斟酌，断不敢轻率贻患。至已欠之款，不能不付。窃思二十四日奉旨，将来南洋需用款项，由户部另行筹议，自系指整顿海军、购船等事而言。至现在急需，前经三次奉旨准借洋款，龚使与洋商久已议有成说，现已经龚使签字立约，未便失信。仰恳天恩将此一百万镑准其借用，由盐课、厘金、筹捐等项归还。此款不动关税归还，且汇丰事，龚使深知，龚在英立约，自与汇丰无妨。况数止一百万镑，断不致碍总税司所借巨款。洞当督饬司道核实，撙节动用。如防务早定，仍可余存，断不敢糜费耗尽。至王之春拟借之款，已遵旨电王作为罢论。谨披沥上陈。请代奏。

三月二十七日

台抚唐景崧致军务处请废约再战并商各使公断速罢前议电　二件

大局败坏，一至于此。废约再战，拚孤注以冀转机。否则，各国纷起，宇内立见分裂，虽欲苟安而不可得。即各国无事，而赔款太巨，何处枝柱？要害全失，财穷地蹙，断难自立，臣非故作危言，皇太后、皇上圣明，熟思必能洞鉴。割地之议，不敢遽定。且台中绅民哭声震天，乱民又起，无可抚慰，无可禁止，臣与各官惟日以泪洗面，即欲办理收束，为众所劫，无术可施。臣八旬老母誓共守台，和议成，本可内渡，乃为民遮留，其惨可知。明知屡渎罪重，而为目下计，惟战有生机，割地赔款，实成绝路，敢冒斧钺，犯忌讳，再请。倘有变局，伏乞电旨，以固人心。不胜迫切待命之至！祈代奏。

三月二十七日

台民食毛践土二百余年，一旦弃之，昨日闭市，绅民入署呼吁，惨不可言。民心忠义如此，若不设法筹救，势必别出大变，愈难收拾。按公法，有均势一条，又众民不服者，其约可废。此事赔款则可，割台则断断不可。为此，吁请贵署，会请驻京各国公使，从公剖断，速罢前议，救度斯民。迅赐回电。

三月二十七日

密。弃台，大众叹嗟，乱民已起。本日午刻，省城抢劫，砍毙抚标中军方良元，枪毙平民十余人。现距交割之期尚远，且未撤营，乱已如此。撤营后，必至全台糜烂，官员恐难保全。臣愚不知所措，恐无死所矣！迫切上陈。乞代奏。

三月二十九日

署江督张之洞致总署王之春电晤俄外部论日财涸竭又请援普法例勒占邻土视民意为从违电　二件

王之春来电：前偕庆常晤外部，论日财竭疲甚，必难久，冀我固守。现又密告以法俄已电日劝减，英独松劲，且对龚使危词吓迫，意在值百抽二利益均沾，私议显然。中英最好，可为寒心。约中大连百抽二、辽东一角，关系最重，日意甚迫。如再坚持兼旬，二条可望删去。万不得已，宁可增费。敬密陈，祈转署等语。

三月二十七日

王使之春来电：日要索，兼全台，不应则虑北犯，应则粤、闽必哗，而台民亦未必帖然，无计可纾宸虑。采西人公论，以普法之战，普索法之阿勒撤士及楼阿来那二省，法不得不应，惟引西例，凡勒占邻土，必视百姓从违，普不能驳。至今二省德、法两籍相参，财产皆民自主，华可援近例商日等语。乞代奏。春叩敬等语。谨照转，请代奏。

三月二十七日

全权大臣李鸿章致总署伊藤称和约经日皇批准电

顷，接日本全权大臣伊藤博文二十六酉初来电称：日皇已将和约、另约、地图等御笔批准，欲按照约内所言地图、日期互换无误，应请大清国大皇帝御笔批准为祷。伊藤，在广岛发云。查和约原本已专员驰呈，日内必到。

三月二十七日

署江督张之洞奏和议各条万不可允电

闻和议各条，不胜痛愤！日寇狂悖至此！种种显然利害，中外诸臣必已恳切陈奏，无待之洞渎陈。其中如旅顺不交还及威海刘公各岛驻兵、天津驻兵各条，尤为可骇。查威海、旅顺乃北洋门户，若日不退还，则北洋咽喉从此梗塞，以后虽有水师，何处停泊？何处修理？旅顺、刘公岛常驻日船，天津又驻陆兵，近在肘腋。旅顺到津沽、山海关皆一日，到烟台尤近。彼日肆要挟，稍不满欲，朝发夕至。且日约各条贪婪太甚。闻台湾人民不甘属日，必先启衅。我国军民必至痛恨积怒，断不甘心。稍有枝节，彼即谓不依条约，立刻生事。彼时，战不能战，守不及守，和不及和，即欲暂避，亦不及避。日性凶狠，不比西洋，其祸岂堪设想？查要挟各条之害，圣明岂有不知，内间所以勉为和议者，不过为保全京城根本，姑冀目前粗安，徐图补救。然照日索各条，直是自困自危，虽欲求目前旦夕之安，亦不可得。又洋报有与中国联合以备战守一条，大约是为中国经理各省机器制造局、铁路等事，尤为险诈。查购买洋械，本难常恃，幸各省尚有数局，可造枪炮弹药，稍资接济。当兹日事创巨痛深，正须急筹巨款，极力扩充，运兵铁路，亦须量力修造，今若令日干预，则内地军火运道皆在日掌握之中。水师既不能再振，陆军亦不能自主，中华何以立国？且日据威、旅，则自辽阳以至威海、荣城周围二三千里处处水陆皆须永远设防，所费太巨。当此赔款巨万之际，经费将何从出？至苏杭织丝绸、川楚织纱布，则各国亦必效尤，改造土货，中国工商生计从此尽矣！海军无归宿，陆军无利器，威、旅弃，则京畿无屏蔽，商民穷，则军饷无来源，各国欺凌，民人嗟怨，外患迭至，内变环生。恐系大学士李伤重昏迷之际，李经方等冒昧应允。窃惟遣使议和，乃朝廷休兵息民之盛德，顾全大局之苦衷，洞虽愚蒙，亦知仰体，断不敢大言迂论，以渎宸聪。所虑者，京师不能安，和议不能成，不论远患，先有近忧。伏望圣明熟思深察，可否饬下王大臣迅速会议，设法补救，以候圣裁。但此时总须乞援，方可措手。惟有速向英、俄、德诸国力恳切商，优予利益，订立密约，恳其实力相助，重谢绝不吝惜。无论三国酬谢若何，其在中国较远，总较日患为轻。此时先恳各国公使告日，令其停战议和，以便从容筹办，尤为紧要。不胜迫切待命之至！

三月二十八日

闽督谭钟麟致总署台地难交赔款难筹请动以情理宽展年限电

昨已将台地难交情形电达。至赔款，即借洋债而本利摊匀，每年归一千五百万，分五十年归还，共须七万五千万，此外军需又借用三千余万。约计每年洋税所入，除还债外，所余无几，京协各饷愈形竭蹶，是善后之款更何所出？中国财力有限，何堪受此重累？为今之计，约不可悔，惟有剀切与商，告以中国归还此款，万难筹措。若借债还款，徒为他国之利。中日既经息战，原期永久和好，必须格外相谅，酌量通融，展宽年限，免加息银，方可勉力凑足。拟于六个月先交五千万，其余一万五千万分作十五年，每年归一千万。在彼分年收取并不短少，而在我受益不少，庶于邦交益固云。此节或先与电商，或俟换约时再以情理动之，另立专条。

三月二十八日

全权大臣李鸿章致总署赔款事候换约时与商电

密。红。勘电悉。赔款一事，昨钞寄历次说帖及问答节略内详晰驳辩，实已舌敝唇焦，磨到尽头处。伊藤两次函催，系哀的美敦书，谓无可商，无可改。鸿未便擅允，故迭经电奏，请旨定夺，方奉啸、号两次电旨，饬即与之定约。该国约款早经详细电呈，部、署当有成算。若早令分十五年归还，展宽年限，免加息银，电示奉到，必与伊等面议。如不准，即行决裂西归，亦不辱命。今既遵旨定约画押，查万国交涉通例，未有画押后复令原使臣改议电商或于换约时添立改约专条之事。我即如此说，彼亦断不能允。为今之计，和约既不可悔，应恳简派重臣赴烟台，候换约时剀切与商，或稍有济。鸿伤病，莫能兴〔与〕，断难往烟，且不可以一口说两样话，徒为外人訾笑。请代奏。

三月二十九日

鲁抚李秉衡奏议和条约尚须斟酌谨披沥愚忱折

山东巡抚李秉衡奏，为议和条款尚须斟酌，谨披沥愚忱事。

窃自日人犯顺以来，我水陆各军节节挫败，以致陪都告警，京师震惊。皇上不忍生灵之涂炭，特命北洋大臣李鸿章往东洋议款，本息兵庇民之心，非得已也。苟和议于国体无伤，而断断徒快其议论之私，臣虽至愚，不敢出此。惟以所闻和议条款有日人所得地方尽归日有，暨辽河以东及台湾均割归日，并赔银一百兆两之说，臣以为讹言，不足深信。即令日以是要挟，皇上决不能允。而既闻此说，不觉忧愤填胸，有不得不披沥上达于君父之前者，敢敬陈之。

日人立国岛上，仅中华一二行省地耳！闻近来洋债日增，困穷日甚，非有长驾远驭之略也！其来中华者，劳师袭远，死亡相继，人数有日减，无日增。观于荣成〔城〕、威海等处得而不守，前以精锐萃于牛庄、营口则海城以东久无动静，二月中旬往攻澎湖则旅顺一带日兵绝少，其大枝劲旅只有此数，已可概见。特以轮船飘忽海上，往来甚捷，故觉其势尚张。而中国先无坚忍敢战之将，望风披靡，彼愈得肆其猖獗耳！然自去秋至今，所失不过奉天数州县之地。至辽河以东，版舆之大，彼即以力征经营，得不得正未可定，奈何以数省之地敌所力争而未必能得者拱手以让诸人，有是理乎？东三省为我朝发祥之地，根本所关，与京师相维系，且陵寝所在，列祖列宗之灵爽实式凭焉！一旦付之犬羊之族，在天之灵必有愀然不安者。我皇上至仁大孝，其肯听以狂悖不经之议以隳我万年不拔之基也哉？台湾北连吴会，南接粤峤，幅员南北三千里，东西六百里，乃江、浙、闽、越四大省之要害，野沃土膏，物产蕃庶，为东南一大藩障。自巡抚改驻台湾，经营缔造又越数年。刘永福素骁果善战，敌即往攻，未必能克。倘割以畀之，东南数省无安枕日矣！乃者，泰西各国环布中土，皆大于日数倍。通商者据我要津，传教者愚我黔首，其蓄志均甚深险。日一得志，诸国谓吾华土地之可利也，必狺狺然环伺而起，肘腋之患有已时哉！思中国之与外人议和者屡矣！或偿其兵费，或准其通商，固未尝以疆土与人也！今既赔以巨款，又许以割地，瘠中华而奉岛夷，直纳款耳！无所谓和也！中国息借洋款已数千万，此次赔款又须借贷，合而计之，数将万万。如用此巨款以养战士，合二十万人计之，每月只需一百余万，岁计亦不过一千数百万。如能战胜，则赔款可以不给，而中国可以自强。孰得孰失，固较然易明也！

或者谓：日人兵精炮利，我不能战胜，则地终不可保。此又不揣其本之论也！中国自发捻平后，久不见兵革，各处营勇皆积疲不振，淮军将骄卒惰，畏贼如虎，故寇焰愈炽，莫之敢撄，自海上告警以来，召将征兵，已遍天下，筹饷购械，糜帑逾数千万，近已布置稍定，兵机可期渐转。即谓海军覆没，彼水师不能制，而曩者法越之役，全以陆师攻守，法人震慑乞款，是陆军得利而彼之水师亦不得逞也！国家宿将，自宋庆、伊〔依〕克唐阿、唐仁廉而外，如聂士成、程文炳、董福祥、熊铁生、余虎恩各员，均素称敢战，以刘坤一老成硕望为之主持而指挥之，战事必大有转机。于此而以和议曲狥其欲，则所用经费尽成虚掷。日后有事，再欲仓猝召募，又蹈此时覆辙，而海内罢敝，势必不支，其祸有不可胜言者矣！同治之初，发捻蹂躏遍天下，东南郡县半属于贼，赖曾国藩等以坚忍之力，卒底于平。今所失之地，视彼时只什伯〔十百〕之一二耳！但使各将帅有卧薪尝胆之诚，恢复固非难事，安得谓彼所得者遂为其有哉?

臣尤伏愿皇上乾纲独断，如彼要挟过甚，则绝其和议，勿为虚声所恐吓，勿为浮议所摇惑。畿辅以东，责成督师大臣慎简将帅，若者为前敌，若者为接应，其不力者汰黜之，如有不遵，以军法从事。各省海疆，战事责成各督抚，有丧师失地者，重治其罪。上奋安民之怒，下励敌忾之忱。臣虽老惫，愿提一旅之师，以伸积愤，即捐糜顶踵，亦所不惜。迨彼族势穷力屈，就我羁勒，然后从容议和，则不至损威纳侮，亦可稍戢各国觊觎之心。大局幸甚！谨奏。

光绪二十一年三月二十九日。

台抚唐景崧致总署恳将割台事请各使公断电

密。台湾为各国入华咽喉，归之日本，不独台民不服，恐各国亦不愿从，从此争端无已，涂炭生灵。查浙江之舟山，朝鲜之巨文岛，与各国皆有关系，可保全中国之权，不致大伤中国体面。并为息争起见，台湾能仿此办法，不独台民之幸，亦中国大势所关。恳将此电饬下总署，与各国使臣从公商断。不胜待命之至！乞代奏。

三月二十九日

清季外交史料卷一百零九终

清季外交史料卷一百一十

光绪二十一年四月上

帮办军务宋庆致军务处日人无理要挟愿与天下精兵舍身报国请代奏电

窃闻日人逞其狡悍，无理要挟，既索巨款，又思侵地，为天下所切齿。内而廷臣言路，外而疆吏，纷纷力争，莫不出于忠愤，况身在行间敌忾之士誓不与共戴哉！惟御侮必在机先，尤当揣其根本。当日启衅之初，未尝准备，着着落后，致有今日之事。兵轮尽失，全洋无阻。津沽一带，迫近畿辅，尤为可虑。庆等统率重兵，不能迅灭悍寇，分宵旰忧，虽膺显戮，不足尽其罪，不敢不将兵情贼势冒犯直陈。伏念自牙山、平壤失事以后，始调各军宿将募兵入卫，至今尚未到齐，或调于任所，或来自原籍，率皆赋闲既久，所募之勇，兵将不相习，未经战阵，枪不知用，无异乌合，岂能得力？庆夙练之军，仅止八营，经平壤之役，所丧已多，而虎耳山、感王寨、太平山数大战犹能斩将搴旗，毙贼过倍，虽非全胜，亦足以丧其胆，为日忌惮。田庄台之役，重用汉奸，探诱我前后军东剿，乃以枪炮全力攻我新军，前后军赶援不及，新军虽战斗亦力，而伤亡实多。牛庄之败，亦因新集之楚师挫溃，兵非久练，不足深恃。今日之急，尤在料简军实，去腐留精，尝胆卧薪，实事求是。庆一介武夫，愿与天下精兵舍身报国，成败利钝，非下愚所敢计。伏乞钧衡秉断酌办，陈奏。

四月初一日

使俄许景澄致总署德与俄合巴使有力和议条款请速示电 附旨

巴使暂署副大臣，德与俄合，巴有力焉！和议条款，请摘要速示。

四月初一日，奉旨：二十九日，电谕许景澄，向俄廷致谢，商由三国告日，展缓停战互换之期云。饬总署王大臣赴三国使馆，属将展期一节各电本国，该使皆允即日发电。不审日内俄廷已得日本复信否？殊深悬盼！俄称日果坚拒，只好用力。询之喀希尼，语涉含糊，究竟俄外部之言有无实际？此事至急，若有布置，此时必已定议。并着密探以闻。倘至限期迫近尚无复音，可否由中国径达日本，直告以三国不允新约，属中国暂缓批准之处？着许景澄往见外部，与之预筹此节，先期电复。再，巴兰德向德廷陈说，劝阻新约，系为中国出力，深堪嘉许，着该大臣传旨奖励。

江督刘坤一致军务处报日挟土人混入辽沈内应电

依将军、徐署牧电：日于所据地方挖沟设炮，昕夕不休，并派零队出境，游弋窥探，情殊叵测。又挟土人五百名装作卖卤水者，混近辽沈，嘱其进城，为将来内应。徐署牧拿获三十余人。吕、孙两镇电同。依将军电，需枪未齐，可否由尊处迅赐拨给？

四月初一日

旨寄刘坤一王文韶和战两事即应立断着抒所见电

旨：新定和约条款，刘坤一、王文韶谅皆知悉。让地两处，赔款二万万，本皆万难允行之事，而日人恃其屡胜，坚执非此不能罢兵，设竟决裂，则北犯辽沈，西犯京畿，皆在意中。连日廷臣章奏，皆以和约为必不可准，持论颇正，而于沈阳、京师两地重大所关皆未计及。如果悔约，即将决战。如战不可恃，其患立见，更将不可收拾。刘坤一电奏有云战而不胜，尚可设法撑持，王文韶亦有聂士成等军颇有把握，必可一战之语。惟目前事机至迫，和战两事，利害攸关，即应立断。着刘坤一、王文韶体察现在大局，安危所系，及各路军情，战事究竟是否可靠？各抒所见，据实直陈，不得以游移两可之辞敷衍塞责。

四月初一日

署江督张之洞致总署日约极无理请商英俄相助电

日约万分无理，地险、商利、饷力、兵权一朝夺尽，神人共愤，意在吞噬中国，非仅割占数地而已。所有弃台旅之害，威海、刘公岛驻兵之害，与中国联合备战各条之害，二十六日电奏已详陈。近闻通商条目、赔款限期，尤堪骇异！各省口岸城邑、商业工艺、轮船处处任意往来、任意制造，一网打尽，工商生路尽矣！日在华制造土货，亦照洋货纳税，各国效尤，如何能拒？厘金亏矣！赔款二万万两，六年付清，又加五厘利息，即借英国洋款转付，分期摊还，每年亦须还本息一千数百万两，各海关洋税空矣！

今借款系赫德一手承办，专借英款，将来无论如何搜括，亦不能还清，英国必索地作抵，是又生一患矣！民贫极则生乱，厘税去则无饷，陆师、海军永不能练，中国外无自强之望，内无剿匪之力，威、旅之兵必至永远不撤，京城亦永远无安枕之日矣！一日如此，各大国援例要挟，动以窥伺京城为词，更不能拒，后患不可胜言矣！然非藉兵威不能废约，此时欲废日约，保京城，安中国，惟有乞援强国一策。俄国已邀法、德阻日占地，正可乘机恳之。然乞援非可空言，必须予以界务、商务实利。窃思威、旅乃北洋门户，台湾乃南洋咽喉。今朝廷既肯割此两处与日，何不即以赂日者转而赂俄、英乎？所失不及其半，即可转败为胜。惟有恳请饬总署及出使大臣，急与俄国商量，订立密约，如肯助我攻日，挟日尽废全约，即酌量划分新疆之地，或与南路回疆数城、或北路数城以酬之，并许以推广商务。如英肯助我，则酌量划分西藏之后藏一带地让与若干以酬之，亦许以推广商务。外洋通例，若此两国有联盟密约，有战事即可相助，不在局外之例。俄现有兵轮三十余只在中国海面，英有兵舰二十余艘在中国海面，只须有一国允助，其兵船已足制日而有余。其船或开向横滨、长崎，或径趋广岛，或游行南北洋，兵舰一动，日焰立阻。日素畏西洋，断不敢与俄、英开战。若俄、英有一国相助，则兵不血刃而日约自废，京城自安。若日敢战，则我拒其陆兵，英、俄截其海道，攻其国都，日必灭矣！同一弃也，而捐边远之西域，可保紧要之威、旅，全膏腴之台湾，且可尽费一切毒害中国之约。权其轻重，利害显然。且辽东、旅顺，国家根本，台湾归化，康熙初年，而西域开拓，藏卫大定，则在乾隆中叶。先后缓急，亦自不同。譬如人有急病，台湾割弃，威、旅驻兵，咽喉之病也，内地处处通商，赔款力不能还，心腹之患也。西域边远，髀膂之损也。盖俄、英本强，然历次条约尚无吞并中国之意，即以轻利酬之，于彼有益，于我尚无大损。日专意欺害中国，正苦饷力不足，若此约允行，则从此既强且富，是我助以吞噬中国之资矣！且日约各条处处包藏祸心，而字句巧黠，意图含混，尤望将和议各条发交王大臣等细心阅看，方知其险毒之谋矣！此因和议已许割地，故拟为此权宜转移之策，冀以救急纾祸。忧愤迫切！伏候圣裁。请代奏。

四月初二日

豫抚刘树堂致总署日人欲壑难填请仍战免中狡谋电

密。风闻和议将成，虽不知均系何款，第闻内有割台湾及辽河以南地，赔二万万两，一年内付一万万，余分六年付给各节，则似有不可允行者。台湾为南洋门户，列圣经营多年，始行内属，辽沈尤为我朝根本重地，一旦割而与人，不独失士民向化之心，且启外洋窥伺之渐，为足虑也。日人构难已逾半年，于我朝并无大损，是其兵单饷绌，已可概见。台湾有险可扼，即使悉锐往攻，亦恐非旦夕所能得手。且辽河以南逼近畿疆，控扼山海，使敌据为巢穴，陆则抚我之背，水则扼我之吭，早发夕至，防不胜防，是纵豺狼于肘腋之间，欲纾患而患转迫也。朝廷岁入有经，现关税并厘税等项亦不过六七千万两。量入为出，尚属不敷，更从何遽得两万万两先填此欲壑哉？取之于民，是敛怨也，借之外洋，是重累也。我朝轻徭薄赋，深洽民心。沿海雄师，星罗棋布，但使各处疆臣将帅悬不次之赏，定失律之诛，兵卒严加选汰，统将各专责成，未必不可转弱为强，歼此丑虏。纵使仍如前此屡次败挫，数月所失，不过如此。且失者尚可望得，费者尚不难筹，较胜于一朝无故坐失数千里险要之地，二万万难筹之款也。前者俄据伊犁，已有成议，尚可转圜。法争越南，我能自强，彼偿兵费。倘其要求无已，似只可仍出于战，免致中彼狡谋，有妨大局。臣忝膺疆寄，受恩深重，不敢不披沥上陈。伏候圣裁。请代奏。

四月初二日

台抚唐景崧奏陈台民万众一心请归英保护电

密。钦奉卅日电旨，近日台湾情形，敬沥陈之。二十五日，台民知台已属日，台北绅民男妇日来署向臣母及臣环泣，并电知台南、台中各绅士留臣固守，当将朝廷不忍台民涂炭之意剀切开导，无如义愤所激，万众一心，无从分解。次日即鸣锣罢市，适英领事金璋来臣署，绅民环请设法，拟以台归英保护，将煤、金两矿并茶、脑、磺各税酬之，恳其转达公使。臣见此情形，不能禁止，而防营仍未敢撤，莠民遂乘机欲乱，有二十六日劫司库、械局之谋，以有备而止。二十八日，竟在市中劫抢，中军方元良出弹压，仓卒被戕，乱民闯入臣署，亲兵闭门抵拒。臣与刑部主事俞明震，府经〈历〉彭恒祖亲出喝散，提臣杨岐珍亦率队弹压，谕重恤尸主，严拿凶手。去后，忽闻有各国公论，欢声雷动，安堵如恒。果有转机，不难立定。若仍照前约，军民必立变。现已抗缴厘金，谓台仍属中国则缴，并禁各盐馆售盐，饷银不准运出，制造局不准停工，皆称应留为军民战日之用。臣恐为军民劫留无死所矣！

四月初二日

全权大臣李鸿章致总署报驻日各国公告不许日本割据中国毗连疆土电　二件

密。红。顷，伦敦初一日来电，驻日本东京之德、法、俄公使业经照会日廷，不许其割据中国毗连之疆土云。

四月初二日

密。红。顷，据伦敦路透电开，各国公告日本之语措词极为委婉，略云：如据辽东之地，则随时可直捣北京，朝鲜亦无由自主等语。

四月初四日

台抚唐景崧致总署拟将全台密界各国为租界电

密。台地多煤，公家无财开采。不立码头，路远本重，商人裹足。近知基隆券兰金矿且多，不仅金砂也，正拟招商承办，以办防中止。如以全台界各国为租界，各认地段开矿，我收其税，彼利益均沾，全台将益繁盛，而各国有租界，商本萃集，自必互禁侵扰，烟台、上海是其明征。方今中外局势已成，非借西法联络各国难于自立。必先去我疑忌，且有利与人，始肯助我。及今各国如肯调停，必须有切实办法。以上所陈，乞备采择。请代奏。

四月初三日

总署致德法俄三国申谢相助阻缓日本订约电

现承大德国大皇帝、大俄国大皇帝、大法国大伯理玺天德厚意，以中国与日本新定和约画押后属暂缓批准，由贵国力劝日本，再加减让，甚为可感，专此致谢！惟换约日期已迫，所言情形如何，能否展缓互换之期，务希在中历四月初七日以前示复，以免迟误，实深殷盼！

四月初三日

旨着许景澄探问法俄德三国情劝之信并迅复电

旨：许景澄三十电奏已悉。展期一节，既不能办。现距换约只余十日，批准发往为时更迫。日本复信，此间必须三四日内接到，方可赶上。着许景澄不时探问，立即电闻。三国情劝之信既已交到日本，则公劝暂缓批准之语亦可由我径告日本，较权词答复似为直截，仍与外部商定速复。该大臣前电有日果坚拒只好用力之语，意颇切实。斯时应问俄廷，能否先以兵舰来泊辽东海面为我臂助？倘真用兵力，中国愿与俄立定密约，以酬其劳。此节宜即请外部密与商订，电复。

四月初三日

使俄许景澄致总署遵旨托俄外部商日展限并云三国现为大局出劝电　二件　附旨二件

密。遵旨托筹各节，据外部罗拔诺夫称：因法廷办理稍迟，须今、明日告日，此时但作三国自行情劝，不便勒展期限，然旬日内外必有定办确信，不致逾限。如日来催中国，宜不露他意，或以未查毕等词权答之。又云：喀亦来询，已电复等语。计三四日后复可到，再向探商，续闻。

四月初三日

密。遵晤罗拔诺夫密筹，据云：三国现称，为大局出劝，非与中国约同公事易转。缓批一层，请勿直告为妥。昨又电驻使合商，在批准期前定一日期，限日确复允否，杜其延宕等语，先闻。

四月初三日奉旨电许景澄：两电均悉。俄请勿直告，允于批准期前定日限日确复。批准期前，自指十四日之前。必须初八以前到京，方可。该大臣仍即日亲晤外部，询其确期。

旨电许景澄：本日路透电云，日本复三国公使云，如将中国拟让奉天之地辞而不受，必激内乱等语。据此，则是日本已有复文，何俄廷不以告我？着询明，即日电复。初二日明发国电已接到分递否？

四月初四日

全权大臣李鸿章致总署报日复俄法德三国情形电

密。红。顷，据伦敦路透电报，日本复俄、法、德三国公使云：日本百姓因屡战皆捷，现在无殊酒醉，如将中国拟让奉天之地辞而不受，则必激成内乱。英国新报以英国国家不肯与闻此事为甚是。德、法两国徒受俄所指使。法国新报则以法国干预此事为非是，虽见好于中国，必得罪于日本，非计之得者云。

四月初三日

署直督王文韶奏日狠鸷请饬王大臣通盘筹议电　二件

谕旨祗悉。接到刘坤一来电，约初三日各乘火车赴关津适中之唐山地方会商一切，迟至初四日午前必可回津。无论意见是否相同，必当据实直陈，不敢敷衍塞责也。

四月初三日

奉东电，谕旨以和战两事，饬臣与刘坤一各抒所见，据实直陈等因。臣维此次议约，日人要挟狠鸷，实为中外臣民所共愤，不独言事者忠义愤发也。旨意以不和即战，计及沈阳、京师两地重大所关，务筹万全之策，仰见圣虑深远，急其所急。臣在津言津，如提督聂士成、总兵吴宏洛、章高元、陈凤楼等声气联络，必可一战。其榆关以迄辽沈各路军营亦各有可用之将，究竟是否可靠，臣实不敢臆断。现在战事可胜不可败，势成孤注，与未经议约以前情形又自不同。传闻俄、法、德三国颇肯助我，外间未审确实，事关全局安危，应请饬下军机大臣、督办军务处、总理衙门通盘筹议，请旨定夺。再，臣与刘坤一昨在唐山晤商一切，意见大略相同。

四月初四日

鄂抚谭继洵奏和约要挟太重万难允从电

臣接署两江督臣电，知和约要挟太重，万难允从。即如割奉天七州县，则东三省危而京师亦逼，防务仍不能松。台湾富庶，弃以资敌，东南从此多事，防不胜防。且此端一开，各国效尤，黑、吉、新疆、滇、黔、粤、藏均属垂涎已久，倘援此例，我何以应？又如赔费二万万两一款，公私搜括尚难取盈，又息借以供其苛索。日得以经商有资，制器有资，练军有资，愈臻强盛；我则元气萧索，财尽民穷，欲购船械、整顿军实更无所资。设一旦再生衅隙，又何以应？且此二万万不以饷军而以养敌，恐一敌之欲未满，群敌谓中国之易挟也，接踵而来，又何以应？又如添各口通商一款，日只图占尽中国利源，不顾地有关系，事有窒碍，而各国亦将藉利益均沾之说一律援办，恐事故日多，愈形棘手。其他款姑不具论，即此数端，已无可和之理。查日地小饷绌，势难久角，我则地大物博，尽堪坚持，且失地无多，无损大局，军民愤极，势有可乘。但能筹备约款四分之一，已足以购船械，充兵饷，加之制造各局赶造枪炮，各营加意训练，军务必有起色。日所挟者不过谓海道易阻，密迩京师耳！若离海既远，则征调不灵，进退多阻，日之伎俩必穷。中外议论均愿皇上恭奉皇太后銮舆西幸长安，臣极知此事关系重大，诚未易言，但时势急迫之际，权衡轻重，亦未尝不可采取。总之，夺其所挟，坚持一年，日必形见势绌，无难蹙之，即议和亦易就绪。若斯时曲从此约谓可救目前之患，殊不知患即在目前，各国乘隙而起，为害尤烈。臣忧愤之至，谨披沥上陈。

四月初三日

粤抚马丕瑶致总署密陈和议巨款难筹要地难弃电

密。和议巨款难筹，要地难弃，与其后悔，何如改议？彼骄我审，先发为是。联络泰西，纵横定计。除专折外，乞先代奏。

四月初三日

黑龙江将军依克唐阿奏敌不足虑请变通和约以绝觊觎而固本根折

黑龙江将军依克唐阿奏，为敌不足虑，请变通和约，以绝觊觎而固本根事。

窃奴才昨闻和议将定，日人要挟不情，会同裕禄等电奏在案。然犹有不已于言者，缘奴才身膺军旅，躬亲前敌，见日人实无过人之处。其火器之命中致远，队伍之勇敢众多，亦如往时发、捻、回、苗诸匪。然我军添募至一二十万之多，办理至七八个月之久，从未夺一地，复一城者，良由人不一心，或此进而彼退，或彼勇而此怯，皆将帅之不肯死战御敌，即奴才亦在罪无可逭之列，非敌之能也。敌未至而防疏，敌将至而遂退，且往往弃二三百里完善之区而委之于敌，兵勇又多怯于见敌而勇于扰民，敌来或率队一哄而去，从无觅敌接仗者。苟能众志成城，效死勿去，调度有法，同时并攻，虽日人十倍其数，安能得我寸土哉？奴才痛心疾首，未敢直陈，所以前此恳请添募营勇，以期不藉人力，自为犄角，左提右挈，以灭日人，诚有不得已之苦衷与未能伸之忠愤也！

兹事已无可奈何，将领环集帐前，涕泣求战。臣窃推朝廷所以冀和之心，不过以去年仓卒御敌，械未能齐，兵未能练，故制胜綦难，特藉和议以假我从容岁月，俾得选将练兵，制器购船，卧薪尝胆，力图强盛。今若畀日以所得奉天之地，异族同居，彼酣睡于我卧榻之下，饮食起居，不无妨碍。且辽阳、海城、广宁各处与日划界，无险可据，防不胜防。彼于营口、旅顺设关榷税，可断奉天之财源。稽查巡缉，可禁我国之船械。门户既失，可制津沽之死命。船坞不复，可绝水师之复兴。况台湾为东南各省屏藩，我朝未征服时江浙各处殆难安枕，今以其地与之，不啻授人以刃而洞吾腹也。京师通商，不仅窥我动静，尤虞暗藏不测之兵。杭州财赋之区，彼既通商，必以兵船保护，而肆其狡谋。长沙、梧州两省皆杜绝洋人，有行教入境者，众人杀收留者之全家，故至今无教民。上年中国自设电线，湖南聚众焚毁电杆，督抚不能制。若日人通商入境，必遭杀戮。彼即谓我背盟，不敢与该两省强横之民斗，而必进兵于无险可据之奉天，以据我根本重地。且藉我土地可出之财产，于金旅一带修战舰，聚重兵，进兵天津，逼我都城。是不与议和，其祸犹缓，一与议和，不出一年，我遂不能自立矣。譬如患病之人，不服药，手足犹可运动，一服药，反致速死。如是之药，何必服乎？尤可虑者，各国见我待日本小邦且复如是，不能不启瓜分蚕食之心。俄人虎视眈眈，蓄志已久，必将进据吉林、黑龙江及蒙古、新疆诸地，而直隶、山东亦在意计之中。英人既有香港、缅甸、西藏，必将进据广东，出腾越以图云南，出黎雅以图四川。法人既得越南，前年已有事于暹罗，必将出镇南关，以窥广西，则江浙、福建沿江沿海之处兵祸骚然矣！计其时湖南、江西必将有草泽乱民起，而割据者颛臾之祸既深，萧墙之忧益盛。由是思之，令人抚膺愤闷，涕泗交横。诚恐和议定约之后，歃血未干，而难端复起，虽欲支撑如今日亦不可得，则悔无及矣！

夫天下固祖宗之天下，艰难缔造，疆土不可尺寸与人。朝鲜藩属犹难轻言弃之，况东三省为列祖列宗陵庙所在，而竟令日人实逼处此。想皇上应恸悼太息，寝食不安。奴才生长其间，虽肝脑涂地，更断不肯为外国之鬼。为今之计，与日洋银三万万元，今若添募四百余营，每年军饷、器械不到三千万金，足可支十年之用。日本穷小之国，计其人数，由朝鲜至平壤，共十二万，除战死、冻死，今仅四五万余，其势穷促，已不能支。但能力与之持，不过三年，彼必死亡殆尽，穷困不堪，不能为国矣！应请朝廷另选实心任事、舍死效命知兵之督抚，如山东抚臣李秉衡，司道中如江苏按察使陈湜、江苏候补道李光久辈加以卿衔，分道督师，各专责成，必能感激图报，共灭日人。至奴才部将寿山，谋勇兼优，若再加历练，亦堪独当一面之任。其统将则由督师者自举廉能敢死之俦，无论文武，无分官阶，即山林隐逸布衣之人皆可擢用。其他现在前敌及分守各处者，是勇是怯，敌至究能耐战与否，既昭然在人耳目，自难逃圣明洞鉴。如果查出不堪胜任者，即裁撤之，以节糜费。奴才则自任一路，督率所部，效死疆场，以图恢复。倘行不践言，日久无效，誓不生还。奴才情迫意切，罔识忌讳。若蒙赏准施行，则觊觎可绝，邦本可固。奴才虽粉身碎骨，亦所甚甘。天下幸甚！后世幸甚！不胜悚惶待命之至！谨奏。

光绪二十一年四月初三日。

台抚唐景崧致军务处台民不愿归日拟与刘永福留台为民作主电

台民不愿归日，尤虑乱起。朝廷一弃此地，即无王法，不能以尚未交接解之。文武各官不能俟日人至而后离任，官既离任，民得自逞，不独良民涂炭，各官亦断难自全。盐为养食之源，无法管理，万民立困。此一事即万难处。现在各署局幕友、书吏、仆役辞散一空，电报、驿站亦将无人，势必不通，无从办事。立撤勇营，尤为难事。愚民惟知留臣与刘永福在此，即可为民作主，不至乱生。刘永福亦慷慨自任，臣虽知不可为，而届时为民挽留，不能自主，有死而已。伏泣沥陈，跪求圣训。请代奏。

四月初四日

台抚唐景崧致军务处据绅民血书称誓不从日请照公法以民意为从违电　附旨

台民汹汹，屡请代奏，未便渎陈。前闻各国阻缓换约，谓有机会可乘，劫以不得不奏之势。兹据绅民血书呈称：万民誓不从日，割亦死，拒亦死，宁先死于乱民手，不愿死于日人手。现闻各国阻缓换约，皇太后、皇上及众廷臣倘不乘此时将割地一条删除，则是安心弃我台民。台民已矣，朝廷失人心何以治天下？查《公法会通》第二百八十六章有云：割地须商居民能顺从与否；又云：民必顺从，方得视为易主等语。务求废约，请诸国公议，派兵轮相助。并求皇上一言，以慰众志而遏乱萌。迫切万分，哀号待命！乞代奏等因。请代奏。

四月初四日奉电旨：连日纷纷章奏，谓台不可弃，几于万口交腾。本日又据唐景崧电称，绅民呈递血书，内云：《公法会通》第二百八十六章有云，割地须商居民能顺从与否；又云，民必乐从，方得视为易主等语，台民誓不从日，百方呼吁，将来交接万难措手。着李鸿章再行熟察情形，能否藉三国阻缓之词与伊藤通此一信，或预为交接地步，务须体朕苦衷，详筹挽回万一之法，迅速电复。

台抚唐景崧致总署台民愿归英保护请商英使以解倒悬电

顷，闻俄、德、法阻止日本占华地，台不在列。三国保辽，台益觖望。台民曾挽沪尾英领事金璋达驻京英公使，仝台愿归英保护，恳速派兵轮来台，土地、政令仍归中国，以金、煤两矿及茶、磺、脑三项口税酬之。第恐非领事所能办到，乞旨饬下总署，速商英使，以解倒悬。迫切待命！请代奏。

四月初四日

全权大臣李鸿章致总署改约另议不敢孟浪电　附旨

密。红。歌电谕旨敬悉。初四、五，狂风骤雨，连日夜不止，南北电线俱断。顷，京线始接通，自津南去，电杆刮倒太多，难遽修齐，各国信息皆阻。互换期近，深为焦急！到津后，尚未与伊藤复电，因原议只批准可电知也！若令鸿为改约另议，适速其决裂兴兵。为大局计，不敢孟浪。且除电报外，亦无通信之法。只可俟另派大员于换约时详切与商，或三国商阻，定局另有办法。请代奏。

四月初六日奉旨寄李鸿章：三国劝阻之议，许景澄电称，外部允催日本驻使，于批准定期之前定一日期，限日确复，迄今未到，询以可否由中国径告日本三国劝暂缓批准之意，外部以为未可，属以尚未电法，权词答复。现在为期更促，为我自计，似究以明告日本为要，三国谅亦不能藉口。着李鸿章即行妥筹复奏。昨因台民具呈，援公法两条，谓民不顺从，不得强为易主，电谕李鸿章详筹挽回办法，不意日来电线忽断，特饬照录驰递，着一并复奏。将此由六百里谕令知之！

署直督王文韶致军务处报海水漫溢冲溃各营已赶紧整顿电 附旨

初四日，竟日夜风狂雨暴，海水漫溢，冲溃宏存〔宏字〕、定武等十营，铁路不通，电线四路俱不通，赶即整理，今早勉通。京电、火车仍不能行。被淹各营赶紧收集整顿。详细情形容恭折驰报。请代奏。

四月初六日奉旨寄王文韶、刘坤一：前据王文韶电奏，与刘坤一在唐山会商后，初四午前必可回津据实直陈，至今未见奏到。适闻津电线不通，恐必因此阻滞。现在和战之议立候决断，刘坤一、王文韶即将所发电奏照录，驰递来京。并饬王文韶，饬令天津电局，接到许景澄电信，如电线尚未接通，即将原码递至总理衙门为要。刻下约尚未换，停战之期将满，该督等仍当督饬各营，严为戒备，不可稍涉松劲。将此由六百里谕令知之！

江督刘坤一致军务处遵旨与王文韶等面商诸将主战意见相同电

密。晓。初一戌刻，奉电旨：新定和约条款让地多处，赔款二万万，皆万难允行之事。设竟决裂，则北犯辽沈，西犯京畿，皆在意中。着体察现在大局所系，及各路军情战事是否可靠，据实直陈等因。钦此。坤于新定条约虽未尽悉，要之，让地、赔款两节，目前固难允行，后患更不堪设想，宜战不宜和，利害重轻，事理显然。此固天下所共和〔知〕，亦在圣明洞鉴。惟一经决裂，日必分扰猛攻，自以保京畿、固辽沈为第一要义。查辽沈等军，依克唐阿、长顺、陈湜等皆与贼屡战，甚为得力；唐仁廉亦系宿将，所部枪械已齐，当足以资抵御；更有宋庆、魏光焘、李光久诸军驻扎锦宁一带，该将领等忠勇过人，屡经大敌，相机战守，似辽沈后路可无他虑。日拟图犯京畿，则自关至津，沿海要口，处处设防，又有各大枝游击之师合计不下十余万人，日寇岂易深入？

纵或登岸，究属孤军。既有程文炳、董福祥两军堵御于前，而津关各军可以两面夹击。即不得手，自可再战、三战，以期必胜，未必彼即长驱直入，我即一蹶不振。万一京畿吃紧，坤必抽调劲旅，迅速入卫，以保无虞。前电所陈尚可设法撑持者也。夫利钝本难逆睹，但日人远道来寇，主客之形，彼劳我逸，近得探报，日新卒多以老弱充数，饷亦不继，在我只须坚忍苦战，否则高垒深沟，严为守御，日人悬师远斗，何能久留？力尽势穷，彼将自为转圜之计。况用兵两年，需饷不过数千万，较赔款尚不及半，而彼之所费愈多。持久二字，实为现在制日要着。诸将一闻和约，义愤填胸，皆欲一决死战。坤职在兵戎，宗社所关，惟有殚竭血诚，力任战事，此外非所敢知。昨于初三日驰抵津关适中之唐山，与王文韶、聂士戚、丁槐等面商，意见相同，谨据实直陈。请代奏。

四月初六日

桂抚张联桂致军务处要盟难许宜策万全请代奏电

窃闻款议割地、给费及联合战守等款，未知确否？就此而论，要盟难许，宜策万全。伏念朝廷委曲迁就，原欲安京师而奠民生。第寸土尺地皆列圣遗留，何可与人？况辽河密迩陵寝，旅顺、威海为大沽门户，台湾地富民强，为沿海七省屏藩，均防海所必争。纵忍弃其地，安忍弃其民？设民不从，衅端立起。兵费过巨，罄库帑则国用立困，竭民财则人心易离，借国债则亏空难补。立待之款，猝何能集？分交之款，筹更何从？日最狡诈，未得地与费不退兵，则我防勇不能撤，军饷不能裁，既得地与费，财多胆壮，难保不立渝盟，是欲保安京师，窃恐转增危迫。加以我因款而撤兵，内忧散勇，外逼强邻，其患更深于今日。至于联合战守，遇日有事，助以饷则不值，助以兵则人将舍日而图我。倘我有事，日明相助而暗相袭，何以御之？凡此皆至危之端，非至安之计也。自日肇衅已十阅月，胜败原属无常。即使持以三年，未必辽东、全台悉为彼有，军饷之费未必遽用二万万两。我朝地大物博，数倍于日，果与相持，彼必先困。若遂其欲，不惟日寇贪得无厌，将恐他人尤而效之，从兹海疆尽撤藩篱，其害有不可胜言者。前此一面用兵，一面议和，两说并行，致生观望，迨至今日。与其以地与费暂弭敌患，何如坚持定见，以不得不战之故布告天下？陆军则严饬带兵诸臣戮力从事，责成统帅，以一事权；水师则向德国租船械，借将兵，定饷犒之数，使之效命，以杜日海上往来之师。有用命者，悬以不次之赏；不用命者，临以不测之威。薄海臣民，前敌将士，岂无忠义愤发为国出力之人？安危之机，在此一举。要挟之盟，似宜力折。事关大局，不敢避出位之嫌。区区卜忱，缮折奏陈，恐致迟延，谨撮要驰电，未达万一，敬祈代奏。不胜惶恐迫切待命之至！

四月初六日

台抚唐景崧致总署台民闻三国阻约人心稍定电

密。台民愤恨，必不服日。不待去官撤勇，变乱立起。迨闻三国阻约，人心稍定。距批约之期不远，如无转机，乞速密示，以便筹画。

四月初六日

使英龚照瑗致总署法廷会议催日酌退所割土地英国并未许以力助电　二件

顷，庆常电称：哈外部密告，昨法廷会议后复电催日，酌退所割土地，并催速复。务请钧署推诚与法使密商。中朝究竟有何意思？即请密电龚使转达云。瑗明日赴巴黎。

四月初六日

致法廷国电，转电庆常，赴外部速递。顷，据电称：国电面交法外部哈大臣转递，并请催日作速退让。哈大臣云：法昨复发电催之，俟日复到，即密告，以纾圣怀等语。此次英廷坐视，瑗屡晤外部，以书激之，劝与俄、法、德同谋，今外部只称，日所索项实非英廷所愿，然不敢许以力助云，英廷似另有主见。请代奏。

四月初六日

使美杨儒致总署密陈美愿帮助并请我从缓批准电

密。顷，外务密询：日约定后，中国政府意见云何？美极愿帮助，因未悉近日情形，无从效力等语，意甚关切。又闻俄因此约有碍彼国，已联结德、法诸国，诘问日廷，并请我从缓批准，是意在助我。乞密示。

四月初六日

使俄许景澄致总署报日如不允换约俄当有举动电

密。江电谨悉。俄廷催限日复，亦为期迫起见，惟缓批乃俄主关切密告，谒罗拔，不愿说破，图泯形迹。现在专探日复，如允俄劝，则请其将换约一层一并筹妥，如不允，俄当别有举动。即密询中国应如何办理，以定要计。奉旨商问事，俟订晤外部，再闻。

四月初六日

使俄许景澄致总署密陈法俄德似已有布置但其意仍主持重电

密。昨复商罗拔，如限期迫近，非权答可宕，拟但以三国出论，碍难批准告之。彼云：本部总不愿中国率说三国之事，必不得已，可言现听闻三国与日本商改新约，是否仍可批准？专作商词，然能不说尤妙。用力一说，系副大臣荃基所发，因代为密述，不作公谈。并云：在华俄舰数十艘，已足当日。法十余艘，德六艘，新拨二艘在途，此似已有布置。但指坚拒而言，其意仍主持重。俟再续探。请代奏。

四月初六日

使俄许景澄致总署日令驻使密叩俄将辽地作暂押答谓须商德法电　附旨

询外部，日未复到。另探闻，日令驻使密叩俄，将辽地作暂押，罗拔谓，须商德、法。此节请勿询喀。国电即递。

四月初六日奉旨电许景澄：巴使所云暂押如何办法，即详复。现在换约期迫，三国尚无准信，只好先行派员，赍约赴烟，候旨遵行。日内仍着该大臣催询确信，立即电奏。

御史王鹏运奏和局可危谨陈日人虚实势难持久折

御史王鹏运奏，为和局可危，谨将探闻日人虚实势难持久情形缕晰具陈事。

窃臣自中日用兵以来，和战大局，言之屡矣！近闻本月十五日前后将定盟约。值此危急存亡之秋，实有不得不痛切详陈，冀邀宸听者。若以万国公法而论，两国争战，赔兵费者有之矣！未闻割地讲和者也，亦未闻既赔兵费，复割土地，并将侵占之地据而弗退，如此之强横者也！西方各国城下之盟，亦不至是。日人区区三岛，人民不过四千万人，赋税不过五千万两，国中空虚，全用纸币，国税愈增，国债愈众，其旧欠各国利债至四五千万，均有利息，去年启衅而后，铁路典与美国，值一千万两，纸币典与德国，值八百万两，又借法国镑金一千万两，以充饷项，继因法人与荷兰构兵，不肯再假，俄君新立，绝无借助之意，当此之时，彼饷告竭，其力已万不支，外强中干，故作声威以恫喝。我国如不深探其虚实，几疑强邻压境，无可如何矣！以上各条，臣博采群论及探询久驻日本者而言，不得不为我皇上缕晰陈之。

日本自明治维新以来，造枪炮，购兵轮，欲图强盛，然快枪及远不过二三里而已，未若中国之线枪、抬炮之弹人众且远也；小船多，而大船少，未若中国所购之锐且利也；至于兵轮只三十五只，除扶桑、浪速为二等船，此外自三等至七等不齐，率多破败朽弊。往年已增选巡海快船数只，嗣将邮船会社改作兵船，以壮军威，如是而已。其陆军不过十三万人，工兵、长官一万余人，其通国兵额三十六万八千余人，此皆儒、农、工、贾，不能力战，仅备征调者。去岁日人构衅，因自由党为金玉均报仇而起。大鸟圭介为自由党首，议先发难。自由党者，党会最众，计十三万人，自报奋勇，较征兵为精锐，此时死亡不少，佯为气壮，其心已寒。且日人用兵，非水陆交攻，不克致胜，离海少远，畏怯难进，断不敢深入内地。此时饷项已见支绌，人民咨怨，劳师于远，日久无功，求中国许和者盖有日矣！臣察其国帑之贫乏、军士之疲劳，其势万难持久。目前整我各军，能取胜于彼，返还侵地，固属上策。即令彼此相持，以逸待劳，久之复归和局，彼必俯而就我，又何必既赔兵费又以膏腴肥沃之壤资敌耶？夫议和之举，原属行权。赔兵费以和之可也，割地以和之不可也，还我要害之地以和之可也，据我要害之地以和之不可也。割台湾以饵敌，日人得之，有筹饷之地。与之旅顺，假之威海，则彼以旅顺修船坞，威海驻兵轮，我之海军永不能立。更以金州、复州、盖平、营口等归之，则彼得重屯陆兵，如虎生翼，直坐卧榻之内。日人诡诈狡狯，设小有龃龉，津沽、北塘一带去旅顺仅二百里，兵轮瞬息即到，防不胜防，稍一疏虞，患生肘腋。即使日人餍足不动，亦启戎心。泰西海外诸大国亦久虎视而鹰睨，特难于先发，今闻日人得利，必将生心，倘起而效尤，其患有更深于日寇者。以臣熟思而深计之，不和犹可以图存，受挟而和，危在旦夕，割地而和，反不如不和之为得也。谨奏。

光绪二十一年四月初七日。

鲁抚李秉衡奏李经方阴鸷险狠必贻朝廷之忧片

李秉衡片。

再，臣闻李鸿章在东洋被人枪伤后，奉旨派李经方为全权帮办。查李经方系李鸿章之子，其为人阴鸷险狠，前出使日本，与日人交好甚密。其暧昧之事，已经言官参劾，臣不复琐举。惟全权大臣必其人有忠爱之诚而又能识大体者方能有济，如李经方之肆无忌惮，如假以事权，窃恐其勾结妄为，有不可思议，必重贻朝廷之忧，所关实非浅鲜。谨附片密陈。

光绪二十一年四月初七日。

署直督王文韶致军务处报各营被水电线修复电

昨将风雨海溢情形，除电奏外，由驿六百里驰陈声明。远处各营，节节阻水，俟查确再报。现查宏字、定武等十营军装、子药多被淹失，该两军弁勇各淹毙数十百人，余皆凫水避至新河附近各村庄，并有由火车逃至天津者，人数尚未查清。其新河以上津沽周鼎臣三营，芦台聂士成十营，新河以下新城章高元八营，上古林等处曹克忠三十营，均被水患，大约情形与宏字、定武等营相同。此次大风雨三昼夜，继以海啸。沿海洋河口、秦皇岛及祁口、埕子口等处，因电线中断，尚未禀报，恐遭水情形亦所不免。目下各军收集勇丁，先须抚恤，并重整军装，沿海防务非一两月不能成军。正当和战未定之际，不敢不据实直陈。再，由津至沪电线，现在已通。请代奏。

四月初七日

署江督张之洞致总署台湾民变正合西例可冀西洋各国动听电　附旨二件

初三日电奏，计已进呈。

顷，王使之春江电云：顷，赴外部，极言德向助日，因俄、法牵制，复忌其强，遂有压日之举，惟日电称，彼邦屡胜，碍难相让，若照所请，恐激民变云。假如中国台、闽、粤民变，何以处之？或足牵制。当称谢，因请设法相助。随问奉旨否，对：未，但不便再问。若从民变着想，尚有权衡等语。查路透电报，日拒俄、法诸国，确系以恐激民变为词，正与法外部之言相同。日既藉民变以拒诸国，我更可藉民变恳诸国以拒日。昨台抚唐江电称：台民不愿归日，欲劫留崧与刘永福在台同守，仅许送出老母，而家属不准行，乘机欲乱，有劫司库、械局之谋，以有备而止。二十八日，砍死中军，枪伤平民。旋闻有各国阻止批约之信，目前稍定。倘无转机，各官及良民均无生理矣！军火万难收回存局，恐百姓不准提出。不知各国究竟有切实办法能阻割地否？批准期到，大乱立起。电报、驿站，人俱逃散，必至信息不通等语。是台湾民变，其势已成，辽民亦必不服，毫无虚假。窃思恐激民变一说正合西例，可冀西洋各国动听，且措词又得体。仰恳朝廷熟筹全局，一面饬总署迅速与各公使商，一面电许、龚两使，迅与俄、德、英商，电王使，迅与法商，或有转机。再，英袖手不管，必有隐情。上海传言，日与英约，分与利益，情形种种可疑。此说如确，我更宜与英商。日饵英以利，我亦能为。我许英者较厚，英自舍日助我矣！即不相助，亦免助日为患，似甚紧要。英若作梗，则大局处处窒碍矣！恭候圣裁。请代奏。

四月初七日奉旨：张之洞电奏已悉。即派王之春将来电所言各节速与法外部切实商办，如有头绪，即电复。

电张之洞：来电悉。王之春所商各节已告法使，电其外部，尚无回信。该督着即电知王之春，仍探问法廷如何办法，并令庆常帮办此事，切须秘密。龚照瑗仍即回英京，以免两使之疑。

四月十三日

署江督张之洞致总署沪外人言俄致战书于日电

顷，闻上海人言，俄致哀的美敦书于日矣！

四月初七日

闽将军穆图善致总署请朝廷俯察群言驳废谬约电

和约未奉明文，传闻不胜骇愤！不独辽东根本，台湾要害，国势人心，关紧甚重，万不可弃，即腹地设局制造，亦夺我自主之利权，蹙民生，妨国计，并绝日后兴复之机。此二事，即论公法，亦不合。况赔费过巨，竭脂膏以借寇赍盗，民何以堪，国何以立？李鸿章不与力争，图苟安耳！然万方解体，四国生心，虽欲苟安，亦何所得？似此和局，千古所无。伏望朝廷俯察群言，迅伸乾断，驳废谬约。饬下各将帅，严备待战，一面邀各国凭公剖断计议。大局幸甚！请代奏。

四月初七日

台抚唐景崧致军务处朝廷若不割地事犹可为电

密。俄、德、法出阻批约，或云阻割辽而未阻割台，海外传闻不一。台乱日起，臣无泪可挥，无词再争，惟反复焦思，中外固强弱迥殊，但能矢志不割地，有此限制，事犹可为；或已失之地，力不能复，听其占据，犹属有说。台未失而与人，此端一开，各国援以索地，是不动兵而可裂我疆宇，恐大变即在目前。诸臣可苟安，皇上春秋鼎盛，临天下之日甚长，断不可图苟安。今一割地，以后欺凌艰苦之事惟皇上一人当之，诸臣不复见矣！割台，臣可偷生，然天良未泯，甘蹈危机，万死不悔。总之，战而失，与割而失，大有不同，况战未必即失耶。至京师之重，重在皇上耳。巡幸而出，彼无恫喝，必不力争京师，即保京师之法。伏乞圣明三思。请代奏。

四月初七日

旨着派联芳伍廷芳往烟台互换条约

旨：换约届期，着添派升用道联芳，同道员伍廷芳前往烟台互换。

四月初七日

使俄许景澄致总署察俄口气并未松劲又直归辽地恐难办到电　二件

密。国电已送，外部接递，并切陈期限迫促情形。据罗拔诺夫称：日本仍未复到。现无可复。商缓换约，俄国委难照办。现查知新约期限，专指换约，若批准发下，仍候三国办理准行以定，应换与否，操纵较便，请中国自酌。叩以约既批准，恐于三国商改有碍。彼云：批而不换，约仍无用，即使已换，亦不能阻三国所商等语。查俄廷前劝缓批，今又提候信定换，亦少确见。察商日口气，并未松劲。请代奏。

四月初七日

巴使称：直归辽地恐难，或可改暂押，如需偿款，可待筹借等语。江电，现商巨款，系英人红牌独揽，非德、法所甘，恐于公事有碍。并闻。

四月初八日

总署致美使田贝请转达日本展缓换约日期电

中国政府请贵大臣转电日本政府：现闻俄、法、德三国与日本商改中日新约，须俟定议，十四日换约之期太促，拟展缓十数日，再行互换。望即转商，候复。

四月初七日

清季外交史料卷一百一十终

清季外交史料卷一百十一

光绪二十一年四月中

全权大臣李鸿章致总署缓准日约各国外部未明言难为确据仍宜暂行批换电

钦奉初六寄谕：三国劝暂缓批准，现在为期更促，为我自计，究以明告日本为妥，三国谅不能藉口，着即妥筹复奏等因。窃闻三国劝缓批准，各外部并未明言，似难援为确据。若径告日本，恐彼藉口，责我反约。盖停战第二款，两国不允批准，即将此约作为废纸云云，约既废止，立即决裂。三国各行已志，未肯助攻，转无从商改。若暂行批换，我仍可与三国互商，敬求妥慎筹办。至初五电旨，业于初六申刻电复。查台省所引《公法会通》第二百二十六章，其注解甚详晰，而未引全，似断章取义，且私家著述，援以折日，亦必不理。台民强悍不服情形，鸿于三月十六、二十一问答时已详切言之，彼竟悍然不顾。今既远隔，实欲挽回而不能。请代奏。

四月初八日

道员易顺鼎奏丑虏跳梁不宜迁就权奸误国不可姑容请罢和议疏

都察院代递道员易顺鼎奏，为丑虏跳梁，不宜迁就，权奸误国，不可姑容事。

窃臣风闻出使日本全权大臣李鸿章电奏称：日船廿余艘将出广岛，若不定约，即将犯京，请割辽东、台湾两地予日，并赔兵费二万万，为保京计，不得不然，业经定约画押等语。此外条款，不一而足。人言啧啧，似非无因。微臣迫于杞忧，未敢缄默，谨就见闻所及，不避斧钺，披沥陈之。

溯自咸丰、同治以来，中国与外国凡三次用兵：一曰咸丰十年庚申之役，一曰光绪六年庚辰之役，一曰光绪十年甲申之役，而庚申一役尤为我朝绝要关键。其时发捻纵横，寰区鼎沸，天下岌岌，不可终日，而海外各国亦复同时生衅，英、法合从，兵临城下。僧格林沁败于津沽、北塘，胜保退于朝阳门、八里桥，曾国藩、胡林翼诸人勤王之师缓不济急，敌骑长驱直入，京师不守，宗社几危，时势之难，殆有百倍于今日者。假使各国要求土地，恐不能不听客所为。乃当日讲和，不过立约通商、稍偿兵费而已，初未闻割尺寸之土也。至若庚辰之役，俄据伊犁边境仅一二百余里，使臣业已擅许，而疆臣左宗棠等坚欲索还，抗兵相加，大局几将决裂，然不久即和，仅偿款数百万卢布而已，不惟未割地，且并伊犁亦索回也。甲申之役，法取越南，攻宁波，扰台湾，陷马江，沿海戒严，天下骚动，滇粤边防战事之棘不亚今日，然不过让以越南而已，未尝于越南之外更有所予也。试执今日之事与昔日之事相衡，敌虽强未必出于英、法、俄之上，事势虽急未至于庚申之危。彼不过虚声恫吓，肆意要求。我即稍缓须臾，与之再决一战，再迟数日而后定议，未尝不可。即不然，偿以兵费数百万亦未尝不可。即不然，许其比照各国在江海口通商开设码头亦未尝不可。而皆不出此，赔款至数千万犹以为未足，竟举腹心根本，膏腴要害一二千余里之地开门而延寇，拱手以与人，何其畏日人甚于畏英、俄、法诸大邦？重辽东、台湾反不如重新疆伊犁及滇粤荒徼之地也哉？

伏思割地一事尤为万不可行，以理之是非论，其不可有三，以势之利害言，其不可有六：

祖宗创业于前，子孙守成于后，非若自我得之者可以自我失之。试思太祖高皇帝、太宗文皇帝之缔造辽东，世祖章皇帝、圣祖仁皇帝之经营台湾，取之既如此其难，弃之何忍如此其易？矧陪京密迩，陵寝犹存，坐使长陵坏〔抔〕土自我而变为边界，皇太后、皇上将如列祖何？此理之不可者一。

自有本朝，未闻割地予人之事。自有中国，未闻以重地、要地割予海外岛国之事。玉斧划河，珠崖弃郡，若非瓯脱，即系石田，岂有卧榻之旁供人鼾睡？书于史册，辱甚燕云，坐使赤县神州自我而沦于异域，皇太后、皇上将如后世史书何？此理之不可者二。

辽东、台湾之民，或木从龙，或由向化，二百余年，食毛践土，芸芸赤子，孰非我国家之孝子顺孙？今乃属之他人，俨成敌国。父母虽穷，尚不忍轻鬻其子。国家未蹙，独何忍遽弃其民，坐使海隅苍生自我而化为他族？皇太后、皇上将如天下百姓何？此理之不可者三。

辽东者，北洋之藩篱。台湾者，南洋之门户。今日无辽东，明日即可无北洋。今日无台湾，明日即可无南洋。天下畏盗之人必求远盗，未有揖盗于门内而求其不发箧探囊者。天下畏虎之人必求远虎，未有纳虎于室中而冀其不磨牙吮血者。行见奉、锦、登、莱一带不复能立锥，江、浙、闽、粤各疆不复能安枕，海口、海面皆非我有，饷械无以接济，而海运即穷，战守无从布置，而海防又立穷，中国将来必无可办之洋务，此势之不可者一。

英、法垂涎台湾，俄人蓄谋辽东，岂伊朝夕？况各国狡焉思逞之计，贪得无厌之怀，谁不欲拓境开疆，因时取利。今见日人以一举手、一启口之劳，而得地如此之多，获利如此之厚，虽云无故，亦必生心，倘群起效尤，则中国虽大，恐一日之间可以瓜剖立尽。然此犹他国也，即以日事验之，同治十一年，彼因琉球难民为生番所杀，藉端挑衅，兵抵台湾，当时大吏不能折之以理，怵之以威，反以数十万金赔款了局，彼见中国易与，始渐轻视中国，而谋益迫，势益骄。推其得陇望蜀之情，曾何纪极。此日之厉阶既皆由于昔，他时之欲壑恐更甚于今，中国将来必无可存之地，此势之不可者二。

自军务平定后，谋臣猛士多就凋零，千百之中仅存什一。此次征求宿将，招集旧部，士马精壮，已有可观。乃甫聚之，又将令之散，既散恐不可复聚。且所练之新军糜费几何，练成而不用，待用之时又须临时另练。所购之新械劳费几何，购齐而不用，待用之时又须临时另购。今日尚不能战，以后岂复有能战之时？再阅数年，一有缓急，求如今日之将与兵且不可得。宿将旧部消亡既尽，新募者未经战事，难当大敌，中国将来必无可用之兵，此势之不可者三。

赔款至二万万之多，不知从何搜括？又不知搜括净尽之后，尚有应办之役、必需之款何所取资？夫使赔款既交，而我可不作一事，彼可相安十年，犹之可也。正恐我之防务仍不能不办，兵饷仍不能不需，铁路仍不能不设，入款则有减无增，出款则有增无减。意外之举，尚不暇论。而彼则一波未平，一波又起，前款未清，后款又来。以斯民有尽之脂膏，填彼族无穷之谿壑，剜肉补疮，肉将尽而疮更剧，抱薪救火，薪愈积而火更燃，中国将来必无可筹之饷，此势之不可者四。

长白、鸭绿为祖宗发祥钟灵之地，黑龙江、吉林等省为国家植根归宿之区，地利最多，民气亦厚。当此强邻环伺，正宜乘时经略，加意保全，较之台湾，尤关紧要。一旦辽东为日所有，则俄自北侵，日从南袭，不数年内，其民与地皆将折而入于俄与日，东三省全境之危亡可立而待。且京外八旗人民既不谋生，又不习斗，一朝有事，而东三省已不能归。退则为日寇所草菅，进则为乱民所蹂躏，中国将来必无可保之旗民，此势之不可者五。

台湾一省，饶富著称，文教振兴，更已变椎结为衣冠，进侏儒于礼乐，其士民皆尊君亲上，好义急公。而林维源身为民望，官列京朝，势不能以家委敌。况彰义之名，出自纯皇帝所赐，台人固必思义而顾名，皇上又安可数典而忘祖？至于辽东之为丰沛乡里者更无论矣！民情何常之有？亲之则亲，疏之则疏，向之则向，背之则背。虽厚泽深仁已浃于祖宗之世，而先畴旧德不保于孙子之朝，恐未免兆姓寒心，四方解体。日既据我内地，且将取我民心以利诱之，而桀黠者必为日爪牙，以威迫之，而驽弱者必为日鱼肉。行见流民无所依归，而西晋雄特之祸起，奸民与相勾结，而嬴秦胜广之变生。驱鱼为渊，瞻乌谁屋，中国将来必无可固之民，此势之不可者六。

以上各节，不过据臣所私忧窃虑，粗举大端，而其祸变相寻，尚有不胜枚举者，以言理之是非则如彼，以言势之利害又如此，大约稍有心肝之人皆必不肯为之，稍有知识之人皆必能见及之，而不谓渥蒙国恩深悉时务之李鸿章竟悍然不顾，冥然罔觉，行人所不肯行之事，出人所不忍出之言。臣前见李鸿章行事不慊人心，尚疑其别有苦衷，代为原谅，直至今日，始灼然有以知其心术之幻而得其罪状之真。所谓臧孙纥虽曰不要君，吾不信及，司马昭之心，路人皆见之者，恐宋臣秦桧、明臣仇鸾之奸尚未至此也。且辽东、台湾并割予日，臣以为穷日之兵力不能及此，充日之始愿亦未尝及此。如其兵力果能及此，则何不径取辽沈以索登莱，径取台澎以索闽厦？囊括席卷，彼岂有所恤而不为？如其始愿尝及此，明知辽东一索可得，何必以全力攻牛庄，明知台湾一索可得，何必以全力攻澎湖？是其情形已可概见。不谓有李鸿章焉为虎作伥、教猱升木于是日，不啻取怀而予、操券以偿，盖日力不及此而李鸿章之力能及此，日愿不及此而李鸿章之愿早及此矣！

抑微臣更有不忍言又不忍不言者，李鸿章虽奸，尚不及其子李经方之甚。李经方前充出使日本大臣，以资数百万借给日人购船备饷，所纳外妇即日主睦仁之甥女，其奸诈险薄，诚不减蔡京之有蔡攸，严嵩之有严世蕃。假使凭依城社，窃据津涂，张邦昌、刘豫之事不难立见。我朝贻谋之远，立法之善，为前古所未有。当此之时，而欲以岛夷入主中国，以人臣攘执太阿，盖亦戛戛乎难之。不图天地跃金，阴阳铸错，于日生一睦仁，于中国生一李经方。以权奸为丑虏内助，而始有用夷变夏之阶，以丑虏为权奸外援，而始有化家为国之渐，俱成头角，各长羽毛，木腐虫生，霜寒冰至，今日此事，尤为中国污隆、本朝兴替一大关键。微臣悲江河之日下，痛沧海之横流，所为涕泗汍澜而不能自已者也。虽然李鸿章敢于犯天下之不韪，欺朝廷以其方者，窥见皇太后、皇上与诸臣畏日之心而后藉词保京，反自托为忠爱之忱，以巧遂其奸欺之诈也。在李鸿章固以为舍己别无他人，舍此别无他策。微臣不揣冒昧，窃于此策之外为朝廷敬画二策焉！

伏揣朝廷畏日之心不过以明为鉴。不知明之亡，不亡于边患，而亡于流寇，不亡于讳言和，而亡于讳言迁。夫国君死社稷，乃指诸侯而言。若天子以四海为家，何代不有迁移之事？明之君臣不通古今，昏愦纷呶，以至亡国，如早迁都江南，固尚可存。我朝法度修明，湛恩汪濊，既非明政不纲、加赋召乱者可比。一统金瓯，处处完善，既无流寇之祸，仅有海邦之忧，又非明之天下糜烂无地图存者可比。惟以海禁大开，形势久异。千金之子，坐不垂堂，以此而迁，又何所讳？宅中建极，莫若太原，五台经累朝巡幸，供列圣御容，行宫尚存，盛轨可溯，其善一。京师千里之程，十日可达，往来迅速，进止从容，其善二。土厚水深，人民殷富，其善三。兵精马健，风气劲强，其善四。河汾太原，表里山川，其善五。平阳安邑，步趋虞夏，其善六。而太行起天下之脊，冀州居天下之中，我能往，彼不能来，尤足为子孙帝王万世之业。去年十二月，微臣在都曾以此议条陈，未获上达天听。若当日早定大计，则此时八方风雨、三晋云山业已高屋建瓴，神京巩石，砥方隅而镜寰海，砺泰山而带黄河，何至廑宵旰之焦劳、患畿疆之危逼哉？然投鼠忌器，此后方多，则亡羊补牢，及今未晚。与其以二万万资盗赍粮而利归海外，何如以二万万营都充帑而利在国中？此微臣所画一策，曰迁者是也。

又揣朝廷畏日之心不过以犯京为虑，不知日力果能犯京何待今日？岂于去年京师无备之时不敢来犯，而于今年有备之时反敢来犯者？且日人进兵，不外水陆两途。由辽沈进兵，则尚有依克唐阿、长顺、裕禄、唐仁廉在；由锦州进兵，则尚有宋庆、魏光焘等在；由榆关进兵，则尚有刘坤一及余虎恩、熊铁生诸将在；由津沽南北进兵，则尚有王文韶、聂士成、曹克忠等在；即使内犯京畿，亦尚有程文炳、董福祥在，而诸臣等亦莫不在。日兵尽如鬼神，岂竟不由津关经过而飞入京师耶？我兵未必尽属疲聋，岂竟任其飞入京师而毫无闻见耶？

微臣逆料日人必不能犯京，其故有四，请略举近日军事证之，以释朝廷疑虑之端：

一曰日人不能攻坚。我所失之地皆瑕也，非坚也。惟旅顺、威海可谓之坚。然旅顺之失，以守将争逃，威海之失，以海军不战。且一由皮子窝，一由落风港，均系抵瑕乘虚、抄后而入，不敢直犯当前。盖其兵饷最重，精锐无多，护惜锋芒，每虞伤损，肉薄攻坚，决无此事。观于聂士成之守坚而彼不敢犯摩天岭，裕禄、徐庆璋之守坚而彼不敢犯辽沈，唐景崧、刘永福之守坚而彼不敢犯台湾。况畿辅为我最坚之地，而彼敢轻于尝试乎？此其不足虑者一。

一曰日人不能持久。越国鄙远，糜饷劳师，多一日则多一日之粮，少一兵则少一兵之用。日至今日，黔驴之技已穷，骑虎之势难下，左支右绌，外强中干久矣！夫以中国之地大物博、饷足兵多尚以旷日持久为忧，蕞尔之日更何能堪？试观其弃威海而不留，攻台湾而即退，不能持久为忧可知。此其不足虑者二。

一曰日人不能疾趋。考日之军制，效德国陆操，步武整齐，纪律严肃，诚有足多而辎装繁重，行走甚迟，以之持重则有余，以之疾驱则不足，视中国之卷甲衔枚一日夜可行二三百里者，实有长短优劣之殊。观于此次牛庄之战，日由间道甫至牛庄曾未多时，而李光久闻警后发之兵亦已踵至。吴大澂由田庄台退至双台子，亲军仅数十人，距敌仅数十里，若使日能疾驱，非但我军噍类无遗，即宁锦亦恐相随不守，而日竟不能，岂独于京师能疾驱数百里耶？此其不足虑者三。

一曰日人不能深入。夫以无援之军、不继之饷而入最深之地、犯极厚之兵，是必有进无退，有死无生而后可。抄掠剽忽、不顾其后之贼或能为之，而日人固未能出此。如其出此，则必用全力掷孤注、行险徼。幸而自津至通一线长途两旁皆水，沿途一带皆有重兵，程文炳、董福祥可以抵御于前，聂士成、曹克忠可以合围于左右，刘坤一率领诸将可以追蹑于后，彼非深入送死而何？且彼之兵力有限，既以全力犯我，则其后路必虚，独不畏人取朝鲜、袭广岛耶？观其得荣城、文登而不敢深入山东，得海城、牛庄而不敢深入奉锦，又何能越关津、畿辅而入京师？此其不足虑者四。

又况魏光焘坚固不摇，李光久奋勇敢战，牛庄虽败，而杀伤日人亦足相当。日见湘军人人敢死，竟不再越雷池一步。诸将领之最忠勇者，一闻议和，皆痛哭，坚卧不肯起食，可见将士皆有死志，并非军心瓦解、势不可为。且依克唐阿、宋庆、聂士成皆日人所畏，而丁槐一军队伍已到，唐仁廉一军枪械已齐，皆可与日一决。日人情见势绌，渐成弩末，我即不与之战，而但与之坚持再阅数月，彼力断难久支，然后再言议和，自必易于转圜。此又微臣所画一策，曰守者是也。

总之，以迁为战之地，能迁则不战而已可屈人之兵。以守为战之地，能守则不战而已可制人之命。或迁或守，虽非上策，而不失为中策。赔款割地，非仅下策而实无策。伏查，光绪六年，即庚辰一役，崇厚亦以头等全权大臣使俄，与俄国定约画押，让地一二百里，尚非割地，且系边外之地，经廷臣交章论劾，皇太后、皇上赫然震怒，立将崇厚拿交刑部治罪，其与俄所定之约虽已画押，仍行更改，俄人终亦降心俯首，就我范围。今昔相衡，以敌言，则俄更强大于日；以事言，则让地尚非割地，边地尚非内地，一二百里之地尚非一二千里之地，是李鸿章之罪尚非崇厚所比；而以定约言，则一系擅许，一系请旨，擅许者至拙，而请旨者至工，是李鸿章误国之术与其误国之心较崇厚尤为加倍。惟有仰恳皇上天威独断，上思列祖列宗，下念薄海臣民，照崇厚例，将李鸿章拿交刑部治罪，并撤回李经方，革职严办；一面饬王文韶、刘坤一妥备战守，奖励裕禄、唐景崧等以安人心；一面明发谕旨，宣示中外，奉皇太后西幸，命恭亲王留守京师。如战而不胜，赔款、割地尚为未迟。战而糜款，犹胜于和而赔款，战而失地，犹胜于和而割地。如其或迁或守而致贻误大局，请先诛微臣，以谢天下。皇上为英主，为孱主？中国为强国，为弱国？本朝为大朝，为小朝？诸臣为贞臣，为邪臣？皆视此一举。微臣不胜迫切待命之至！谨奏。

光绪二十一年四月初八日。

使俄许景澄致总署报俄欲贷我款偿日费并俄主意尚相近电　二件

顷，罗拔云：闻中国拟将偿费借付日本，此事俄国户部已筹良策，有益中国，预备询商，乃闻现欲向不肯合劝之英国商借，颇觉诧异，特请代达国家，应先商俄国，方见交谊。澄云：因德国亦以此探询，俄意是否三国同办？彼云：须候中国复信，当再详告等语。俄有此请，同一息借，正可藉以联络，且较洋侩经办费用可减。拟请钧署告以息借办法，询彼何策，并酌留法、德地步。英银行所商，拟请缓定，以免嫌衅。事关邦交离合，迅候示遵。法主出游，国电尚未得递。

四月初九日

密。遵晤罗拔，据称，国电已递，俄主亦以批准发往、候信再定换否为便，并已电喀。又悉日本外务副卿即日赴神户见日主，筹妥即复，意尚相近等语。

四月初九日

台抚唐景崧致总署台之存亡视批约准否乞密示消息电

密。台之存亡，视批约准否。存亡各有办法，购械陆续将到，无台不必运台，有台则宜备战。全台盐务，北路收外来盐，中路领运南盐，南路购盐，皆在此时。备一年之食，成本甚巨，无台则三路俱应停办，有台宜趁此时办理，过此风势不顺，运购两穷。民变日起，抢劫盐馆、厘金衙署，假名字者不一而足，迁怒于官与洋人旗号，游勇屡抢劫英兵轮、入口舢板，幸未伤人。各国洋人用水师在岸自卫，恐不免杀戮事。正气一泄，邪气全来，再迟时日，虽有台不可救药矣！批约是本月初八日，抑十四日？务乞密示消息，以便预筹。

四月初九日

江督刘坤一致军务处和议不成日必犯京畿及辽沈已会商宋庆妥为布置电 附旨

东电。奉旨，虑及和议不成，则日必北犯辽沈，西犯京畿等因。当以石山站为辽沈后路、宁锦要隘电商宋庆，妥为布置。兹准电复：该军现驻大凌河西，东距辽沈，西距关津，均远，缓不济急。重东则速宜东进，重西亦速宜西移，免致两误。并称：分驻石山站与闾阳驿之嵩、铭两军均不可靠。此际又无队可拨，应否调夏铭俞军回扎大凌河西，为辽锦应援，庆自率毅军再渡凌河东，力扼石山站？属坤电奏，请旨饬遵。查东西两路均关紧要。现日大股复聚海、盖，赶挖长濠，多添炮台，与前情形不同。该军究应如何扼要驻扎？据情转陈，乞代奏。

四月初九日奉旨电刘坤一：电奏已悉。日聚海、盖，自为和议不成预备之计。刻下局势未定，宋庆一军未便偏顾一路。着知照该提督仍扎原处训练，不必移动。日前津沽一带防营被海水冲没情形甚重，其山海关防营是否成灾？着即电复。

总署致李鸿章希刊给伍廷芳等换约关防电

密。红。现奉派伍廷芳、联芳赴烟台换约，应刊给关防，其文曰：大清钦差换约大臣关防，共十字。本署刊办不及，请由贵大臣饬送交，届时钤用。伍即日来津，公义船请饬在拦江河外相候。

四月初九日

张之洞陈宝泉谭继洵德馨李秉衡唐景崧张联桂等致总署报日事各国商有办法电

传闻十四日烟台换约，此举一定，实关大局安危。各国现正商办，有已有办法者，有未得确音者，但有强国出为排解，总可挽回几分。伏恳宸衷务加审慎，迅饬总署、使臣，力恳各国，切商日人，展期数旬，停战议约，以便详加斟酌，从容数旬，各国必有真实情形。彼此交忌，必然相争，庶可因时变通，相机补救。此时恳各国助战则难，恳各国展期则易。若仓卒换约，各国皆怨归咎于我，岂不多树数敌？铸成大错，悔不可追。谨合词吁请，惶悚迫切！请代奏。

四月初十日

全权大臣李鸿章致总署派员赴烟换约官职须与日相等免其驳回电

密。红。伊藤电称，该国派全权大臣赴烟换约。前据面称，拟派伊东。查伊东系内阁总书记长，官职二等，比我国侍郎职分。我仅派道员，又无全权字样，彼最好挑剔，必以为轻藐。向例，换约虽少全权，但此约事关重大，似宜加全权，与日一律，免其驳回，致生嫌衅。望妥酌请旨示复，以便代刊关防。余照办。

四月初十日

全权大臣李鸿章致总署报俄所主张日廷决力拒电

路透电：驻神户泰晤士访员来信，俄国所主张日本朝廷决计力拒云。

四月初十日

署江督张之洞奏俄派战船多艘赴烟明系俟换约后向日索辽备与英战日必不敢与俄争辽电

俄已派大战舰二十七八艘，次等兵船、运船二十艘，即日赴烟台，装茶船亦留用，煤、粮由上海美最时洋行供办。明系俟我换约后即向日索辽，驻兵据守，准备与英交战。看此情形，日必不敢与俄争辽。若辽未属日，俄断不至公然向中国夺辽。闻英已在香港聚煤二十万吨，调水师提督回华。谨奏闻。

四月初十日

全权大臣李鸿章致总署伍廷芳等关防已照刊拟令科士达赴烟台襄助电

密。红。伍廷芳等关防已照刊。科士达甚正直，熟悉交涉机宜，鸿在马关咨商一切，颇获其益，昨自京来晤，适接伊藤电，即商令代拟复电，渠即日附轮回国，鸿劝暂留，同伍廷芳赴烟襄助。以后三国干预，口舌必多，钧署及敝处宜有妥人参谋，可否挽留一两月，俟大局稍定，再取进止？顷，略示其意，尚不固执。即添给薪酬若干，似不宜惜此小费。乞速酌示。

四月初十日

换约大臣伍廷芳致总署报领到关防即往烟台电

廷芳已刻抵津，拟酉刻同联芳乘公义船往烟，关防由头等全权大臣刊就给领。

四月初十日

盛京将军裕禄奏据海城绅民禀称不忍置身化外电

现接依克唐阿文称：据海城、盖平、岫岩等处绅民房毓珍等联名禀，以亿万生灵，世受国恩，不忍置身化外，恳请据情代奏等语，在依克唐阿行营环跪泣诉。依克唐阿以系地方绅民呈请事件，咨送裕禄，据情转奏等因。查阅该绅民原禀，大意以现日人在海城等处扬言有电到，我国割地讲和，划疆分守，众民一闻此言，无不同声痛哭，愤不欲生。佥以奉天为京师根本，金、复、凤、岫为一省之屏藩，旅顺、营口关一省之生计，弃之则敌人长驱直入，水陆并进，奉天有警，京师亦动，其害不可胜言。若大兵和衷协攻，百姓结寨固守，坚壁清野，不难剪除。日人扬言如此，众民食毛践土二百余年，不忍置身化外，吁恳据情转奏，上达天听，命诸将和衷集力，以伸天讨等情。查日人自停战以后，扬言讲和及划地分守，闻有在海、盖等处查开户口之事。虽现在和约尚未定议，而民间恐所言确实，自不无惶惧义愤之情。现据环至依克唐阿行营跪求据情上达，经依克唐阿咨送转奏，不敢壅于上闻。裕禄现查民情如此，若不俯就，恐别生事端。现值停战议约之时，事机紧迫，谨据原禀电陈，伏乞酌核代奏。除将所咨原禀钞录，呈督办军务处、总理衙门备查外，理合电陈。

四月初十日

裕禄长顺恩泽依克唐阿定安济禄富尔丹李培元等致总署将士奋发可与力战万勿允和电

现奉总理衙门电传，李鸿章与日本定约画押，停战展期，当即分饬各营遵照。顷，传闻李鸿章于三月二十三日在马关与日议约画押，款内有奉天被日占据之地尽归日有，并割台湾、澎湖，及许京都、杭州、梧州、长沙等处通商，仍赔兵款三万万元之说。朝廷命李鸿章赴日议和，原系不忍生民涂炭，为万不得已之举。传闻果确，是日人无理要挟，欺凌过甚，恐李鸿章身家念重，出于骗胁，不暇深求利害。圣明在上，自不肯曲从迁就。裕禄等受恩深重，身在局中统筹，利害所关，实有难安缄默者。

窃维奉天与直隶唇齿相依，又为吉林、黑龙江门户。东南水陆各地方虽被日据，而大军现已毕集，各属均办有团兵，民情尚属奋励，莫不敌忾同仇，日图恢复。且南路各城又为奉天门户，过此以北均属平坦，无险可扼。日之藉和约以图久占者，其意盖谓有此地方东三省即可在掌握中矣！万一再开衅端，则彼据险可以制我，我转无险可以制彼，长驱直入，何堪设想？而海道一夜可达，则山海关、津沽及烟台等口相距皆近，口岸林立，亦属防不胜防。倘令日人久占于此，即使力筹连防而重兵势难全留，民团企望解体，非如近日之兵力齐备，窃恐缓不济急，似受患之处不仅在辽沈矣！且台湾民情素称强悍，能否从彼，不致群起争端，更无论矣！此割地之害，较然易见者也。

至内地通商一节，杭州、梧州其害尚轻。京都为辇毂重地，从前各国通商立约，只许在海口，不准在内地开设行栈，所以示限制也。今若许日在京通商，则各国必执一体均沾利益之约为请，势难拒绝，则辇毂之下，诸国咸集，防范甚难。即如此次朝鲜之乱，日即以藉口保商逞其兵力。思患预防，关系尤巨。长沙则民志专一，自通商数十年，独该处不许洋人在境。裕禄曾任湖广五年，知之甚悉。若许在彼通商，难保民情帖服而不生事。一处有警，则全局皆为摇动，沿江沿海仍须处处筹备战守，是现议商款无异藉寇兵而赍盗粮，此割地〔内地〕通商之害较然易见者也。

至赔款一节，洋钱三万万元，即合银二万万余两，以三十年分给，则每年已须银七百余万两。如不能三十年分给，则每年亏折更多。恐竭天下之财力，筹办已难措集。且既出此赔款，各省仍须设防，加以地方各项费用，及水旱赈抚之需，丝毫均难缺少，恐至疲敝难支，所患益大。万一他国效尤，藉端要挟，又将何以应之？此赔款之害显然易见者也。

自来办理军务，当入手之初，仓卒调募，兵将或不能相习，战守则未尽合宜，迨经营既久，人才以磨励而兴，无不终归底定。即如康熙年间之削平三藩，雍正年间之征服准噶尔，乾隆年间之平定金川、缅甸，嘉庆年间之剿平川楚教匪，咸丰年间之剿除发捻各匪，皆系初办棘手，而卒能收效于日后。此次日人窥扰奉省，历次交战，我军虽未得手，而闻彼之精锐伤亡亦多，近以人数不敷，多以琉球人充补，纪律未皆精严。如果坚持定见，期以必战，此后各军同心努力，彼之伎俩，我军类皆熟悉。体察目前兵力、民情，均属振奋，似当可用。长顺、依克唐阿与陈湜、吕本元、孙显寅、徐邦道等凡在前敌将士莫不奋发思效。裕禄、定安等同办军务，一切调度事宜亦无不同力共筹，冀收微效。今验诸关外兵民之情如此，而衡诸日人约款之害如彼，若和议平允，则尚无失进退之义，倘过于受欺，则虑民必难服，不久必复生衅，是目前之和难以持久，而将来之患所忧方大。李鸿章与日所议之款传闻如皆确实，万一彼族坚执不回，则以奉省兵团而论，尚可与之力战。裕禄等知识愚昧，无补万一，第审察时势，众见皆合，不敢不披沥上陈。伏乞圣明裁断，饬廷臣妥议，万不可曲从迁就，遽为允许。大局幸甚！根本幸甚！谨乞代奏。

四月初十日

全权大臣李鸿章致总署德璀琳禀互换和约三国仍须费力因日说明仍可商改电

密。红。顷，德璀琳禀称：昨电巴兰德，以和约批准，届期互换。顷，接巴复称：恳即换约，三国仍须费力，因东洋自说明仍可商改条款，如请改时，中国大致可允，然未定之先，详细电我知道，请即禀李中堂要紧云云。

四月十一日

台抚唐景崧致总署询已否与法使立约保台祈示电

蒸电及十一电旨均敬奉悉。台民感戴万分，龚使所谓钧署与法公使先立一约不知办否？祈示，以备法员到台询及此事，俾得商办。

四月十一日

使俄许景澄致总署报与俄使商阻换约情形电

昨商格毕，明阻换约。据云，须候中国电复。顷，告以缓换出自中国，日可生衅，故恳俄国以辽议未定阻之。彼称，本日礼拜先函致罗拔，明日面复等语。并告德外部，俟得复立闻。日复确信，蒸电已陈，余俟探明并复。

四月十一日

全权大臣李鸿章致总署闻日已允除旅顺外交还辽东电

伦敦路透初十电：法国报称，闻日本已允，除旅顺口外，将辽东交还，但须以他项相抵。此事尚未定夺，殆将即定云。

三月十二日

全权大臣李鸿章致总署俄国有铁甲快舰等到烟电

朱海关道真电：今午后俄国有铁甲一、快舰二、猎船三申刻到烟云。

四月十二日

江督刘坤一奏和战大局宗社攸关宜早权至计电　附旨

和战大局，宗社攸关，朝廷当早权至计。坤一前两次电奏已罄愚忱，原无庸再渎。惟近日外间传闻，谓：和约业经批准，不日派员赴烟台换约。又得各处电报，据称，德、法、俄三国电阻日割地条约，日未允。察各国屡联致决绝之书，称俄舰多艘开出鹿岛，俄国决意开战；又称伊藤甚急，催中国先行换约，有事再商等语。以上各节，坤一无从深悉，亦未敢遽信。如果属实，是日已处极危之势，而我即有可乘之机。各国群起而攻之，日兵力、饷需已苦难支，方且自顾不遑，何能攻我？在我只须展期换约，观衅而动，则目前之地步稍纾，正好亟图补救。且约即批准，彼此未经互换，行止仍由我主持。当各国纷起环攻，我坚与之展期，极力磋磨，彼何敢遽然决裂？若一经换约，即系定局，纵各国乘机攻取，约内之地，恐仍非中国所有。日即许以后再商，已落后着。与其挽回于事后，曷若坚定于目前？关系非轻，事机难得，天下大计，争此关头。况各国一与交锋，日自力难兼顾。关津防务较松，即可抽调关内劲旅，会合关外诸军，迅速分路猛攻，收复辽东失地。揣情度势，此尤机会之不可失者。日，岛国耳！今日养成虎狼，又与我最为逼处。若得辽、台，若虎附两翼，中国必有噬脐之祸。辽、台与其本国联成一气，日益强盛，将来即求援西洋各大国，亦无能制其死命。若此次和议一成，惟任日为所欲为，贻患无穷，何堪设想？现在如何消息，出使许大臣想已密电陈奏，在王大臣熟思审处，自有权衡。坤一昕夕焦思，不敢不据实上陈。是否有当，伏候圣裁。请代奏。

四月十二日奉旨电刘坤一：前李鸿章与日本议换约停战之期，均以十四夜子时为止，现拟电令日本展缓换约之期，回信迟早，尚不可定，倘致遽尔逞兵，不可不虑。着刘坤一督饬各军，严加戒备。

[四月十三日]①

陕藩张汝梅奏日人要挟太甚割地赔款均不可从折

陕西布政使张汝梅奏，为日人要胁太甚，割地、赔款，均不可从，请速停和议，严备战守，以固军心而全国体事。

窃臣闻此次与日言和，有割奉台、赔二万万之议。天下臣民莫不痛心疾首，各直省督抚交章谏阻，忠义奋发，必剀切无遗矣！臣窃谓割地、赔款有断不可行者。无论凤凰、九连二城逼近陪部〔都〕，不能侵占；即台湾一岛，辟治有年，财赋充足，其民忠信强直，同仇敌忾，林维源罄赀助饷，公尔忘私，何忍一旦举膏腴之壤尽为日有，搢绅之族、忠义之众尽为日民乎？至于赔款二万万，六年分偿。我国入不敷出，已形支绌。若遽允此，何以为偿？若许而不偿，则彼有辞，终无了局矣！今之迁就言和者，不过以北洋海口密迩京师，恐惊乘舆，出此下策。不妨〔知〕六龙巡幸，原可从权。若我皇上躬奉皇太后暂行巡幸，銮舆既出，则前敌各军将士无内顾之忧，得以专力言战。彼客我主，彼寡我众，与之决命争首，众志成城，未有不胜者也。况自去秋开战以来，互有胜负，我无大伤，并非一蹶不振，何故一旦屈辱至此？现我兵数倍于日，能战宿将亦不乏人。若谓饷绌，则以和日之二万万充饷，腾饱有余。计不出此，而以地资敌，以财助仇，少不如意，动即挟制，我则兵散而不可复聚，财尽而不可复筹，将来之受制必更有甚于今日者，将何以自立也？伏愿皇上上秉慈谟，早定大计，天下幸甚！臣忧愤所迫，不敢不言，亦不忍不言。无任激切屏营之至！谨奏。

光绪二十一年四月十三日。

裕禄唐仁廉致军务处请旨饬刘坤一长顺分扎新民厅俾得全力进攻电

换约展期，又将届满。揆其情状，势必窜扰，非痛加剿灭不可。但为战为守，宜各

① 据原书校勘记为衍文。

军分任，责任既专，兵力亦厚。否则，留防则战不足，欲战则防不足，兵分力单，两无所济。仁廉全队抵沈，业经奏报在案。前奉津电，知购枪已于初二抵关八千杆，除抵还刘大臣一千杆，宋提督庆一千数百杆外，合计借拨枪炮，实敷两年之用。此时转运艰滞，约二十内外方可抵沈。仁廉成军已久，前者日夜焦灼，盼望枪到。现在枪械将齐，倘不与日接战，仗我皇上天威，伸国法而快人心，仁廉实愧死无地，而将士奋发，尤志切同仇，杀贼报国。仁廉拟俟购枪运到，即全军开往辽阳，相机进剿。惟奉天系根本重地，仁廉一再与裕禄面商，不能无兵驻守，且幅员辽阔，原有之旗练各营不敷分布。窃查营口、牛庄、田庄台失陷之后，辽河两岸贼踪处处可通。新民厅系省城西北门户，裕禄等再四筹思，相应请旨饬下长顺一军往扎辽河两岸，并请旨饬下刘坤一将广宁等处所驻之军分扎新民厅一带，以遏窜越，俾仁廉得以全力进攻，身任战事。不胜迫切待命之至！伏乞垂鉴。谨求代奏。

四月十三日

江督刘坤一致张荫桓请约俄法德酌许分地给款代我击日电

日与我仇，若得辽、台，联成一片，又有二万万巨款，购船制械，其势益强，动辄与我为难，我将不能自立。万不得已，曷若约俄、法、德，酌许分地给款，请为我击日，并密订后约？但能摧日水师，一如我之海军，谅日不能重振，即重振，亦在后，且畏俄、法、德三国，安能害我？至俄、法、德有功于我，得我厚利，其愿亦足，当不至别生枝节。同一失地，与款与仇，曷若与邻，并绝后患？乞公与王大臣言之。候电复。俄是否可靠？并闻！

四月十四日

甘督杨昌濬致总署闻中日和约各条可痛李鸿章老悖草率画押想朝廷必有斟酌电

顷，由津传来中日和议草约各条，损失甚巨，阅之不禁痛哭。自有和约以来，隳军实而长寇仇，莫此为甚。既给费，又割地。奉地已失者不还，辽阳一州苦守半年，台湾正在鏖战获胜，今无端割去。威海等处驻兵由华给费，天津门户已塞。中日连合备战一条，尤不可解。利权、兵权，均被日占，商务、界务，实逼处此，似此侵损太甚，何以立国？纵苟安目前，无异引虎入室耳！李鸿章老悖，草率画押，想朝廷必有斟酌。濬在西陲，得信较迟。谨陈愚虑，尚求垂鉴。

四月十四日

使英龚照瑗致总署报法合俄德争退辽东全境电

法合俄、德，争退辽东全境。法议院以前议界务、商务未定有违言，哈外部颇为难，请钧署与施使即商通融办法定议，以服国人之心等语。乞酌！

四月十四日

台抚唐景崧致总署台湾变在俄顷请商法轮速来电

密。台民知法轮将到，甚喜。忽闻有阻挠者，事将中止，不胜忧愤。城内外已竖旗聚众，台变在俄顷，崧命在旦夕，危不可言。务求钧署，坚请法轮迅速来台，一面先加紧电示，以便安民，待法员到台商办，迫切万分！

四月十四日

江督刘坤一致军务处据徐庆璋等请兵进剿电

和约传闻已久，军情不免动摇。现届停战满期，尚无准信。署辽阳州徐庆璋等请兵进剿，是在裕、依、长三将军主持。惟大局所关，下怀不无疑虑。查由关至辽沈，中间海、盖，电线久断，系用马递飞投。尊处如别有指挥，恐非旦夕可达。务望预为之计，以免贻误机宜。

四月十四日

全权大臣李鸿章致总署日已遵俄法德相劝不据辽地请速换约并据伍廷芳报换约日期电　二件

密。红。日本伊藤博文十四日申初来电：中国现请展缓互换批准条约并停战日期，因近日俄、法、德劝告中国：条约中有商改之处，应于互换之前列入，而商改之处，现在三国尚无与中国议定也等语。日本复中国电如左：日本告明中国，日本现已全遵法、俄、德相劝之语，不拟永据辽东之地，三国自必心满意足，毫无疑义。至日本弃让辽东之地如何办法，两国自应从容商议。日本政府敦请中国先将批准条约互换，毋任迟延。至于条款应行商改之处，及作如何办法，嗣后再行商办。今为互换之期已迫，如再用兵，于两国利益均有损害。日本政府应允，将停战展限五日。批准条约应于限前互换，愈速愈妙。日本前接贵大臣来电，内开：批准条约准于限内互换。现中国复有是电，日本政府曷胜诧异！今为中国利益起见，日本政府办事极为和衷，故即应允展期，只此一次。按照以上所陈情形，本大臣应向贵大臣再行反复声明：批准条约应行迅速互换，是为极要！如有延误，其重大变故势必因之而起也等语。伊藤接昨日申初电，告自必转致伊东，与伍廷芳等商定互换。请代奏。

四月十五日

密。红。顷，又接日本伊藤博文十四日亥正电称：奉到贵大臣本日来电，欣悉中国将所有以前请缓互换批准条约均作罢论，并谕中国全权大臣速即互换，当经饬知日本全权大臣查照办理。应请贵大臣将本大臣前电作为注销，并祈转达贵国政府可也。鸿即电复云：连接贵大臣十四日申、亥刻两电，欣悉一切。贵大臣办事和衷，遵允俄、法、德友邦相劝，弃让辽东原占各地，其条款应行商改之处，嗣后再议，具征力顾大局，从此两国和好永敦，中外倾佩。换约大臣伍廷芳等电称，遵旨于十四日晚十点钟业经会同互换条约。所有日本政府允再展限互换之处，应照来电作为注销，并已转达中国政府知照等语。请代奏。

四月十五日

全权大臣李鸿章致总署龚使电英劝日勿与三国为难电

龚使愿电：英劝日勿与三国为难。法保台，与瑗密商，王使未与闻。香帅奏，奉旨饬王会商，法以忽添一使，不合使例，未接见。嗣外部告云：约已批准，台事难商。本日香帅奏传电旨：王之春会商一节，该督电王之春，探问法廷如何办法，龚照瑗回英，释日之疑。钦此！瑗与庆始终未悉香帅、王使往来电商情形，未便电署，拟日内晤外部后回英云。

四月十五日

全权大臣李鸿章致总署报和约已定伊东赴旅顺电

刘含芳咸电：和约已换，伊东寅刻发舟，卯初开轮，向西北行，云似赴旅顺，知会小松。

四月十五日

换约大臣伍廷芳联芳致总署遵旨与日使换约并日使送还照会三件电 二件附旨

密。长。廷等遵旨，今晚十点钟与日使互换条约，同时面交照会三件。日使阅后，力辞不收。辩论至再，始允暂收。廷芳等带所换之约明日坐公义船回津。

四月十五日

密。长。昨晚遵旨面交日使照会二件，又盐、申电饬备照会一件，乃该使已将原件托人于今晨送回，并附照会一纸，内开：照得现由贵大臣面交照会三件。查本大臣蒙本国大皇帝简派来此换约，本大臣相应遵守职分，办结换约之外，并不能干涉他事，因此将贵照会三件送回，请贵大臣查收可也，理合照会等语。昨晚换约后，时已子刻。日使已于丑刻展轮回国，顺道赴旅。乞据情代奏。

四月十五日奉旨电李鸿章：据伍廷芳等电称，日使送还照会三件，未经带去，李鸿章即将前二件电知伊藤，以为根据，其后一件，毋庸再电。台事棘手，李鸿章前电伊藤有另商之语，究竟有何办法，悉心筹议具奏。据依克唐阿奏，日兵于停战期内无故越界开枪，李鸿章一并电告日本，毋再生事。

全权大臣李鸿章致总署闻法廷欲制台澎日军电

伦敦十四日路透来电：闻法廷现欲掣肘日本在台湾及澎湖水陆军士，已与日本开议。间有法报不悦法廷办理此事，又谓法国不能任日本管辖台湾、澎湖，系受俄之愚，此事非三国联合约内订明，连埃及一事亦非妥办不可云。

四月十五日

江督刘坤一致总署闻日由滦河登岸拟暂驻唐山认真整备电

昨奉电旨：着仍回榆关驻所调理。本日又奉电旨：以换约逾期，停战限满，恐日遽进兵，严为戒备等因。查山海关一带均已严密布置，惟滦州尚嫌空虚。据魏光焘、贾起胜等拿获奸细供称：日计由滦河登岸，断关津往来之路，进窥永平，自应加意严防。坤一已电商王文韶，饬丁槐一军到滦驻扎，并电饬陈凤楼拨队来滦。坤一拟暂驻唐山，催丁、陈两军到防，就近妥为部署，稍缓回关。各营当即电商饬营务处并各统带认真整备，仰慰宸廑。请代奏。

四月十五日

使俄许景澄致总署俄商法德与日廷议归地约电　附旨

借款事，已婉达罗拔，属订晤户部大臣详询。又云：所托帮阻偿费，实有为难，现拟函商德、法，与日廷议订归地约据，或中国亦派使预议，同与辩论，亦可帮助调停。如德、法允办，再电喀。明告以日本节略不及诸岛，应并归。罗拔谓：应议及。缓换事，已遵告。

四月十五日奉旨：前据许景澄电称，俄拟函商法、德，与日廷议订归地约，或中国派使预议，亦可帮助调停等语。俄廷之意，拟在何处商办，开议约在何时，法、德是否同议？着许景澄询明外部，即行电复。此事总宜三国帮助到底，方为有益。并着随时与外部妥商，勿致延搁。

晋抚胡聘之奏请饬另议和约速筹战守以固人心折

山西巡抚胡聘之奏，为请饬另议和约，速筹战守，以固人心而维大局事。

窃维自古和之一事，皆迫于势不得已，然必思有以自全。无论宋之与金岁币，不过数十万缗。我朝和款，以道光壬寅为最多，然亦止于一千数百万，此外不过设教、通商等款，未闻有割地之说也。乃此次传闻中日和议竟有索款二万万、割辽阳、台湾及屯重兵、开口岸各条，要挟至此，实堪痛恨！果如所议，则是撒〔撤〕我藩篱，挠我利权，扼我要害，夺我兵柄，万姓解体，各国生心，其祸有不旋踵者矣！此事利害所在，人人知之，必人人言之，无待臣言者也。惟是和议停，则战事速。或虑日人兵精器利，然何以伊、宋、聂、吕诸军屡胜，可知皆退怯者诿罪之词耳！况兵之强弱，全在赏罚。中法之战，惟将失事之总兵正法，并拿问滇、粤两抚，遂有谅山之捷。皇上诚能将溃军失地之叶志超、龚照玙等立置重典，传首军前，再悬不次之赏，以待有功，未有不踊跃振奋、力挫凶锋者也。若虑军事过久，饷需难继，要知日之财力更绌于我，久则财益不支。况与其以二万万两资敌，何如以二万万两杀敌乎？至谓津沽密迩京畿，投鼠不免忌器，然观日于奉天、山东皆只能攻占沿海各处，亦迄未深入。现在畿辅大兵云集，程文炳、董福祥、聂士成、曹克忠皆一时名将，制日有余，谅日人何能直扑京师？此则在圣意坚定，勿为虚声所恫吓耳！总之，事已至此，不得不战。战而胜，则和易成。法人之事，其明征也。若谓使臣业已画诺，恐难追悔，则请援崇厚之事，饬廷臣另议条约，亦可稍为补救。伏愿皇上宸聪独断，勿稍迁就，致贻后悔。宗社幸甚！谨奏。

光绪二十一年四月十五日。

旨中日已换约着刘坤一等饬各军不得越界生衅电

电刘坤一、王文韶、裕禄、伊〔依〕克唐阿、长顺、宋庆：中日新约现已互换，并另商归还辽东地方，所有前敌各军，不得越界生衅。

四月十五日

旨寄许景澄龚照瑗三国争回全辽着传旨致谢电　二件

电许景澄：本月十四日亥时烟台换约，此次争回全辽，三国极为尽力，着许景澄即赴外部传旨致谢，并饬驻德参赞一律办理。偿费一事，除兵费外，添出之款，中国力量万难措办，切恳俄廷联合德、法两国，始终帮阻，并饬驻德参赞向巴兰德谆托代为力争，切勿松劲。

四月十五日

电龚照瑗：此次争回全辽，三国极为尽力，理宜传旨致谢。如龚照瑗已回伦敦，即饬庆常赴法廷致谢。

四月十五日

吉林将军恩泽致总署日奸细在海参崴绘俄炮台图被获收禁并俄已击毁日船电

昨据珲春探得，日奸细至海参崴窃绘俄国炮台图，被获十人收禁。今俄特遣通事来告：奉俄主电，助中伐日，限三日整理，有眷属者送崴，至进兵何路，候另电等语。请代奏。又探闻：俄已击毁日船一艘。

四月十五日

甘督杨昌濬致军务处中日和成请饬西军回甘电

中日和局已成，防勇应裁。甘肃循化地方撒回滋事，城围未解，河湟人心惊慌，纷纷迁徙，兵力不敷分派，招募缓不济急，应请饬西军马步八营迅速回甘，或饬董提督全部转省更妙。

四月十五日

台抚唐景崧致总署请联合各国公保台湾电

闻和约已换，日允归辽，随后与三国会商。伏查，侵占之地可以议还，岂有完善之区凭空割弃？法船未来，无从与办。惟恳请总署密诘法使，迅速派员来台晤商，迟恐民变，无从挽救。再，以法独保台，不如请各国公保为善。但一法尚邀不到，遑论各国？是在总署之设法矣！

四月十五日

清季外交史料卷一百十一终

清季外交史料卷一百十二

光绪二十一年四月下

署吉林将军恩泽致总署俄欲假道满洲帮我剿日确否乞复电

顷，准珲春署帮办恩祥电告：据侦探委员回禀，玛秋宁言，俄欲攻日，必由宁、珲赴沈，须我亦预备粮草牛只，并平治道途云云。同日又准江省增署将军来电：据瑷珲景副都统电称，俄人现在江左招兵，并闻呼伦贝尔亦如此，有假道满洲地方帮中剿日之说。据此全电看来，又与昨珲电所称不同，殊费猜度，故当即复电珲春，嘱以婉言问之，即言：奉省所失之地，中国终须自为设法规复，不致远烦俄兵，况吉、江两省队伍甚多，决与死战，惟敬听总署指挥，不敢自主。如此复去，窃以俄人果真愤日猖狂，帮我剿除，应以电商，何竟寂然？是必俄之疆吏妄言耳！既有此语，不敢不急为禀闻。求赐复。

四月十六日

署江督张之洞致总署请借德商瑞记款一百五十万镑电 附旨

前因饷乏，托龚使向英商借款，久无定议，恐误事，因饬沪道刘麒祥向各洋行商借。德商瑞记允借一百五十万镑，六厘息，九六扣，无行用，二十年还。先立草约，拟俟龚借不成，即借瑞记之款。兹据刘道电称：瑞记云，已备十二万镑汇到上海，该行东在德国住。此事汇费电需及该洋东盘费合万余两，若作罢论，从何取偿？坚请速奏，以便交银云云。查瑞记之款扣数较轻，以一百万镑计之，较克隆九零五扣，可省三十八万余两；以百五十万镑计之，可省五十七万余两。且瑞记亦德商之款，亦不与赫德借款有碍。应请电奏请旨，准将瑞记之款借用一百万镑，即由总署函告德国驻京公使，电知上海该行及德国本行，以便即日提银。此款仍系江苏盐课、厘金及筹捐三项归还，各海关作保，上海道、藩司俱用印。惟瑞记议定，须借一百五十万镑，江南止用一百万镑，其余五十万镑既较汇丰减省，户部似可留用。如归部用，应由关税归还。其克隆之款只可作罢论。

四月十六日奉旨电张之洞：据电奏，退还克隆借款，改订瑞记借款，经总理衙门、户部议定，准借用英金一百万镑，即着照所请办理。本日唐景崧电请饬张之洞筹借饷需银五十万，着即陆续解往。

全权大臣李鸿章致总署报烟台泊俄舰十二艘电

密。红。科士达望午自烟台电称：口内现泊俄舰十二艘，帆索捆扎，舱面扫除，物之无用者运岸，诸已整备，若临敌然。英水师提督谓，以此灭日水师不难。科晚即回云。

四月十六日

台抚唐景崧致军务处请拨饷二百万两济台电　附旨

密。台营增多，台事未定，勇不能拨，留与撤，均须饷，定购军火，亦须给价，恳旨饬户部速拨饷二百万两，以备急需。但有一线可图，誓必存台，另开局面，不敢屡求部帑，而目前急无可求，仍仗朝廷。台将亡矣！赏畀此款，藉慰万民怨愤之忱，二百年养育天恩亦遂从此尽矣！伏乞恩准。请代奏。

四月十六日奉旨电唐景崧：据电请拨饷需，现在户部无可指拨，已电张之洞先筹五十万解往备用。

江督刘坤一致总署请与俄结欢以制东西两洋电

闻以俄故，日还辽东，增款一万万元，断不可许，亦有词以拒之。朝鲜准其自主，仍归各大国保护，使之互相节制，则我东三省自安。朝鲜政事之不善者，自应令其更改，以免强邻藉口。俄阳为我抑日，其实阴自为计。要当因势利导，与之结欢，让以便宜，在所不惜。中俄既合，庶可以制东、西两洋。此中机缄，王大臣自操胜算。管蠡所及，不敢不达，期裨万一。

四月十六日

台抚唐景崧奏请饬总署邀同各国公使与日本商安台民之策电

密。闻辽东一带仍归我，和约内删去此条。法有阻台之说，不知确否？法员未见到，两船来台，恐亦无益。若批约内未将割台一节言明剔开另议，恐奉批后法独力亦难挽回。台民死不服日，彼此用武，适涂炭生灵。中日已和好，可否将台民不服情形请旨饬下总署，邀同各国公使，与日本商一安民之策？此等惨状，各国当亦见怜。民变在即，迫切待命！

四月十六日

谕京内外文武臣工和局定后务当坚苦一心于练兵筹饷尽力研求电

上谕：近自和局定议以后，廷臣交章论奏，谓地不可弃，费不可偿，仍应废约决战，以期维系人心，支撑危局。其言固皆发于忠愤，而于朕办理此事兼权审处、万不获已之苦衷有未能深悉者。自去岁仓猝开衅，征兵调饷，不遗余力，而将少夙选，兵非素练，纷纭召集，不殊乌合，以致水陆交接，战无一胜。至今日而关内外情势更迫，北则竟通辽沈，南则直犯京畿，皆目前意中之事。陪都为陵寝重地，京师则宗社攸关。况二十年来，慈闱颐养，备极尊崇。设一朝徒御有惊，则藐躬何堪自问？加以天心示警，海啸成灾，沿海防营多被冲没，战守更难措手。用是宵旰徬徨，临朝痛哭，将一和一战两害熟权，而后幡然定计。此中万分为难情事，乃言者章奏所未详，而天下臣民皆应共谅者也。兹当批准定约，特将前后办理缘由明白宣示。嗣后我君臣上下，惟当坚苦一心，痛除积弊，于练兵、筹饷两大端尽力研求，详筹兴革，勿存懈怠，勿骛虚名，勿忽远图，勿沿故习，期事事核实，以收自强之效。朕于中外臣工有厚望焉！

四月十六日

全权大臣李鸿章致总署伊藤对台事未复法议保台似尚游移电

谏电奉旨谨悉。遵将政府前二件照会用英文转电伊藤，如有复电，再陈。鸿前电伊，以台湾一事另行筹商，迄未接复，未便作为默允。此次电告，恐将驳回。前在马关画押时，伊面称，互换后，即派使驻京，议商各事。伍廷芳等顷回津云，伊东亦谓，将派使，不知何人。似须俟新使到后，乃能筹商办法，非明电所可详尽。法议保台，似尚游移。请代奏。

四月十六日

使俄许景澄致总署俄主愿中国偿费早给日兵早退并备款待借电

俄户部大臣威特称：俄主愿中国偿费早给，日兵早退，已饬本部筹备巨款，约合一万万两数作借，以免银行居奇。现须询知之事：一、偿款分期付法细情；一、实在需用若干；一、何项押保，请转达国家，速复。叩以息在五厘内，无折扣。答云：此俄国国家情借，必可比银行通融，统俟复到再商等语。筹定示遵。

四月十七日

总署与法使商保台事问答笔录

致谢寒暄毕，施阿兰云：台湾一事，接外部复电云，前外部与庆常商及保护，因恐日不听劝，北路或有战事，法欲以台湾驻兵。今已允让辽东，与前情不同。中国既将台湾许与日本，自不便再想别法，致启衅端，本国亦不便出而干预，现在此事可作罢论。

问以王之春曾与各部见面否?

施云：外部不愿接见，有两个缘由，一因王大人张罗借款，人多杂乱，有失体面；一由中国本有驻法使臣，王大人路过法都，若久留不去，令人生疑。设台湾之事稍有漏泄，于中国甚为危险，应令王大人即行回国，为要!

告以台湾百姓不愿归日本，立将变乱，贵国如能设法保护，非但台民感激，贵国亦可大得利益。

施云：目下总不能办，深恐两相牵累。倘日后台湾出有别项情形，法国或另有打算，亦未可定。缘台地与越南相近，本国亦有关系。我们哈外部与龚大人及庆常素来相熟，将来如有应与贵国关照之处，当可密商转达也。

四月十七日

旨寄张之洞着拨洋枪一万枝解台惟宜慎重电

寄张之洞：台需洋枪，着张之洞再拨一万枝，设法解往。惟和局已定，务宜慎重。

四月十七日

旨寄王之春前令商办之事究竟如何着即复奏电

旨寄王之春：密。前令商办之事，据法使言，外部不愿接见，究竟有无办法？着速即电复。

四月十七日

台抚唐景崧致总署台事曾请英俄法调处独未及德似未周到电

密。有德人来说，中、德交情最厚，向无微嫌，台事曾请英、俄设法，今又专请法国，独未及德，似未周到。因此向德领事探商，渠亦以为应有电旨，饬许使向德外部商请阻割台湾，并由总署向德使筹商。查法、德素不相能，且台地并无德商，又无领事，惟德人有云，今请法，不请德，恐德难以为情，致添一层痕迹，似非邦交所宜。惟添请德国，究与法使有无妨碍，无从遥揣，并请饬总署妥酌，伏乞圣裁。请代奏。

四月十七日

总署致恩泽转饬所属安辑兵民照常镇静电

来电进呈。现在俄、法、德三国力劝日本将所据辽地让还中国，日本允从，已于十四日互换和约。前数日，俄兵船来烟台者不少，自系以兵力挟日遵劝之意。俄疆吏谓助中剿日，非尽妄言。现日允还地，俄已释然无事。贵处惟当饬属安辑兵民，照常镇静，勿为浮言摇惑为要。

四月十七日

署江督张之洞致总署请拒日增索赔款电

密。呈总署。俄、法、德已为我将辽、旅争回，令日换约展期七日，已蒙旨暂缓互换，乃以伊藤一言恐吓，仓卒互换。伊藤允展期之电到，亦已无及，愤抑万状！然事机虽已屡误，尚有补救一二之方。盖我约虽换，日断不敢占辽，必另索巨款抵补。前议二百兆已足令中国民穷财尽矣！岂可再加？闻伊藤已向李相授意，此乃日寇窘极狡极之计，万不可又受其毒。此时要策，惟有坚持定见，但托俄议，不与日议。闻俄拟与日商立退地约据、保索偿费、允代调停之说，盖日不能据辽，摄〔慑〕俄之威，非日之让，情不必感，费自不必加。日不敢据，俄又不肯占，日计既穷，略为敷衍，即可令归于我。即使俄不能代我减费，日亦必能自图了事。若为日所愚，开口轻许，又耗巨款，中国更不支，后患难言矣！台湾情形亦与辽相同。惟恳请饬龚使速回英，饬王使速与法切商，则台可保全而不加巨费。与日钱财虽轻于割地，然譬如人身脂膏耗尽，何以自存？俄、法既经出头，日必无再战之理。伏望朝廷坚忍力持。不胜大幸！请代奏。

四月十九日

全权大臣李鸿章致总署伊藤电日已派台湾巡抚请我派员办理移交电

密。红。顷，接伊藤博文十八日戌正电称：十七日来电收到。日本来件云：一俟应先预备中事整办之后，即可与中国开议奉天南边之地。至台湾一节，日本现已告明中国政府，今日皇已派水师提督·子爵桦山资纪作为台湾巡抚，并作为日本特派大员，办理按照《马关和约》第五款末条之事。约两礼拜，该巡抚即可履任办事，于行抵该处时，即预备办理特派之事。日本政府盼望中国政府立即简派大员一人或数人，与该巡抚会晤，并将该大员等衔名告明日本政府。按照如此情形，本大臣告知贵大臣，日本政府谓，如中国政府查照日本所请，速派大员一人或数人，与该巡抚桦山会晤，毫无延宕，则贵大臣所虑危险之事即可免矣！该巡抚一经到任之后，则境内保全平安之事一惟日本政府是问。玩其语意，似已电由田贝告知钧署。适科士达来晤，密与筹商，科谓：和约既经妥准互换，除日本允还奉天南边另议外，其余应逐一照办，断不可游移，藉故诿延，以致另起波澜，生意外危险。其请他国保护，即使办到，亦必枝节横生。鸿告以台湾官民不肯交接，奈何？科谓：皇上批准，中国官民岂可任听梗阻，致失国体？如国家采纳鄙言，应由政府属田贝转告日本，以中国派大员商交台湾，日本应同时派大员商交辽东，方为公允云云。可否仍责成唐署抚与日员妥为商办？乞代奏请旨。

四月十九日

旨着增祺联络俄官以敦睦谊续有动静随时探闻电

电增祺：电悉。现在俄国约德、法两国力劝日本让还全辽，并调兵舰前来烟台，均未明言用兵相助。俄督所称各节，或彼预为筹备之计。现日人允还辽地，已于十四日换约，颇得俄人之力，中国边界官务宜联络，以敦睦谊。续有动静，随时探闻。

四月二十日

使英龚照瑗致总署报法与他国密议台事暂不使华与闻恐生枝节电 附旨

哈外部告庆常云：日事尚未稳妥，议院将诘问助华原委。若界务、商务不定，政府必要受责，他事难为出力。庆常云：已将此事电陈总署，请饬施使减让。哈云：云南领事及盐矿已嘱施使酌量通融，余事请照准等语。庆常称：闻法与他国密议台事，暂不使华与闻，恐生枝节。

四月二十一日奉旨：据龚照瑗电称，探闻法与他国密议台事，暂不使华与闻，恐生枝节等语。台民汹汹，势难交割，刻下日本派员已将到台，办理殊为棘手，即著庆常密询外部，能否再申护台前议？迅速电复。再，法使有外部不愿接见王之春之语，究竟是否会晤？着并电闻。

总署致许景澄俄款分期偿清及押保办法请婉达俄廷电

十六电已呈览。俄询偿款分期付法、实在需用若干、何项押保三层。偿款，六个月内先交六〔五〕千万，再六个月交五千万，余一万万，分六年交清，先期交收亦可，大略如此。中国需用刻难定数。俄既情借，拟先订借五千万，周息五厘以内，无折扣，如前电所云。至所云何项押保，中国向来借用洋款本利均由税关出票，户部盖印，按期拨还。现假俄巨款亦拟照此办理，请先询商再定。现德、法亦愿借款，拟俟俄款商定，再与酌订。祈婉达俄廷，并谢关切。即电复。

四月二十一日

美使致总署日政府派桦山为台澎巡抚请转达中国照会所派钦差姓名函

田贝来函：西历五月十三日上午十点钟，日本政府自东京电致驻扎北京美公使云，本日，日本政府请烦美公使将以下情节转达中国政府，日本朝廷业已简派水师提督·子爵桦山资纪作为台湾、澎湖等岛巡抚，并授以钦差大臣之职，准其按照马关所立条约之第五款末节办理一切事宜。该抚约于二礼拜之内赴任。抵任时，即行办理特委事件。日本政府即希中国政府立派钦差大臣一员或数员，前会该抚。至中国所派钦差之姓名、官阶，亦望即行照会日本政府云。

四月二十一日

全权大臣李鸿章致总署报已请伊藤令桦山暂缓起程乞嘱唐抚勿固执电

钦奉二十日电旨，饬筹商台湾办法。查条约既经批准互换，断无违约不交之理。因与科士达密筹，姑先与伊藤委婉电问。电文云：贵大臣十七来电，业经转电中国政府。奉昨日电旨，内开：现在台湾兵民交愤，必不甘服听命。该署抚唐景崧系守台之官，现为台民迫留，危在旦夕，实无权与之交割，究竟有何办法？如何补救？着妥筹电奏。钦此。本大臣以贵大臣屡因两国所有为难各事和衷与本大臣商办，况现在两国重缔和好，其交涉为难之处应照友谊议结。察看台湾现在情形，两国全权大臣急宜会议此事办法。查贵大臣业经认明，所有弃让奉天南边之事应行会议办理。本大臣之意，以为以上两事务须同时议结。现因台地情形改变，与前不同。中国国家万不得已，着本大臣与贵大臣商酌办法，谅贵大臣必以为然，并令日本大员桦山提督暂缓起程为要等语。此即前电另行筹商之意。彼即允再会议，亦必不肯放松，彼既弃辽，岂甘弃台？姑先商缓，看其复电云何。仍求朝廷熟思审处，设法开导唐署抚，勿任意固执，另起波澜，致以一隅误大局。是为至幸！请代奏。

四月二十一日

全权大臣李鸿章致总署伦敦电日派台督欲俟交款后撤辽驻军电

伦敦十九日路透电：闻日本已派子爵桦山充台湾总督，又谓日本意欲俟中国将款交付后即将驻辽各军撤回，又闻俄国与日本和衷商酌难改条约各节，该条约尚有须辩论云。

四月二十一日

署江督张之洞奏据台湾绅民公禀坚留唐抚刘提仍理台事电　附旨

全台绅民敬电禀者〔全台绅民电，敬禀者〕：台湾属日，万姓不服。迭请唐抚院代奏台民下情，而事难挽回，如赤子之失父母，悲惨曷极！伏查，台湾已为朝廷弃地，百姓无依，惟有死守，据为岛国，遥戴皇灵，为南洋屏蔽。惟须有人统率，众议坚留唐抚暂仍理台事，并留刘镇永福镇守台南。一面恳请各国，查照割地绅民不服公法，从公剖断台湾应作何处置，再送唐抚入京、刘镇回任。台民此禀，无非恋戴皇清，〈舆〉图固守，以待转机。情形万紧，伏乞代奏。全台绅民同泣叩云云。

四月二十二日奉旨电李鸿章：二十一电悉。兹据全台绅民电禀云：台湾属日，万姓不服，既为朝廷弃地，惟有死守，据为岛国。并据唐景崧电，台民坚留该抚与刘永福，不听开导，求死不得云云。是台湾难交情形已可概见。该大臣熟筹办法，以问〔闻〕伊藤，回电如何，速即电复。

台抚唐景崧奏恳饬商日外部令日员从缓来台电

密。台民知法不可恃，愿死守危区，为南洋屏蔽，坚留景崧与刘永福。经反复开导，再三力拒，无如众议甚坚，臣等虽欲求死而不得。至台能守与否，亦惟尽人力，以待转机。乃台民不服属日，权能自主，其拒日与中国无涉，恳旨饬下总署，商日外部，彼员从缓来台，则台与日尚可从容与议；若即以武相临，虽兵连祸结，断难驯服。以上各节，是否有当？伏乞皇上训示。请代奏。

四月二十二日

使俄许景澄致总署报俄德不及顾台并请由江省谢其好意电 二件

罗拔称：俄国不及顾台，亦不能再约日本说话。德国已由领事告台民不能保护，实无他策。再述交地棘手情形，据云：似宜先撤防兵，次第办理，此外亦无善策可筹等语。谨闻。

四月二十二日

俄督电虽述兵助，实只知照发兵，谅非外部所饬。且事已过，一经询问，转觉着迹。应由江省谢其好意，并以归地息战告之，似足了事。仍候酌夺。

四月二十二日

黑龙江将军增祺致总署报俄官照会拟由水陆两路假道进兵电 附旨

十九日，据瑷珲副都统送到俄国毕尔那托尔照会，与十六日所报电情无异。同日又据十六日咨，探询俄兵有旱路拟由齐齐哈尔，水路由江假道，并由恰克图进兵，约万二千之数，过此尼结力好日想系某礼拜之译音即要起程之语。除令饬再电，并示以镇静，密为防范外，谨此电闻。

四月二十二日奉旨电增祺：据电称，探询俄兵拟由水陆两路假道进兵云云。现日本已允还辽东，俄国并无用兵之说，传闻未必确实。着仍遵二十一日电旨，饬地方官妥为联络，并将归地息战情形照复俄督，以致谢意。

四月二十二日

全权大臣李鸿章致总署报日民因弃辽东甚愤激电

伦敦二十一日路透电：在神户之泰姆司访事人来信，日本因弃辽东一事，人民大失所望，甚为愤激，故目下日本之各国公使馆皆有戒心云。

四月二十二日

署江督张之洞致总署王之春电法外部谓辽事力已尽不欲再举援台电

王使之春来电云：号电谨悉。遵旨令庆常询问外部，因何不愿接见，台事有无办法？据复，前商立约，在未批准前，华既迟误，三国劝日展限，华不能缓。议院谓，归辽全力已尽，不欲再举，故无可晤商，非敢慢待。又以恐德占先步激之，彼不为动。即前日法使向署陈述办法，亦止探询，无他意。立约致缓之由，详前电，诚为可惜！现仍令庆常随时探问，一面候轮回华。乞代奏云。

四月二十三日

全权大臣李鸿章致总署伊藤电桦山计日到台请告唐抚筹备电

顷，接日本伊藤二十二日戌正英文复电云：四月二十一日来电业经接到。照两国批准马关和约，台湾所有主治地方之权业已交与日本，其了结地方变乱之法勿庸两国合议，是以中国政府只须将治理台湾之事并公家产业，查照条约及前电，即派大员交与日本大员。按照以上情形而言，桦山巡抚启程日期勿庸暂缓。查该巡抚已于本日由西京动身矣！至于奉天南边之地，日本之意，已于前电声明等语。鸿查，此电词意甚为决绝。桦山已于二十三日起程，计日必到澎台。应请先行电知唐署抚筹备为要。至台地绅民公电有云：请各国查照割地绅民不服之公法剖断，询科士达，查洋文公法原本所载并非战后让地之例，难以比拟。且日既不肯会议，俄、德、法亦不过问，孰为剖断？应请传谕，勿得误会。此事恐开衅端，并连累他处。务祈慎重筹办。大局之幸！请代奏。

四月二十四日

总署致许景澄归辽议约仍请三国相助较有结束电

俄国前拟商之德、法，与日本议订归地约。询之喀使，并未知悉。已属令电询本国。伊藤来电则云：俟预备中事整办之后，即可与中国开议奉天南边之地等语。此事既藉三国之力始允归地，如中国自与相商，恐难就范，仍须三国始终相助，较有结束。二十一日已有电旨，询问外部，与之妥商。如议有办法，速即电复。

四月二十四日

旨派李经方前往台湾与日使商办事件

旨：着派二品顶戴·前出使大臣李经方前往台湾，与日本派出大臣商办事件。

四月二十四日

全权大臣李鸿章致总署德俄均未必与日兴戎中朝必应慎筹电

密。红。前属德璀琳转电巴兰德，请其极力设法，耸动各国，劝阻日人赴台交割。顷，该税司译送巴电：传德京皆云，天津设法阴令台民叛拒日人，显系违约，日必兴兵构怨，势极危险。若再战败，必将重议和约，视马关前约为更甚。我已辞职，退回故里云云。查鸿迭奉旨饬电问伊藤，有台民愤乱拒抗之语，因前约明电无密码，或沿途各局漏泄讹传，或日人藉词捏造，其实阴令台民叛拒者，南洋及台抚也。今德君臣既疑中国违约，不愿帮助，俄亦未必与日兴戎。中朝必应妥慎筹办，勿先违约，自贻后祸。

四月二十四日

德外部致总署台湾华兵日增如再开仗损失更多电

现在屡次听闻，佥言如一。现驻台湾之中国兵丁较前加增，煽惑人心播乱，将日本逐出。如再开仗，中国应赔偿更多，深恐不但台湾，连海南、舟山等紧要之处一并失去。令绅大臣劝中国总署设法弹压，本部所闻的确无疑。

四月二十四日

全权大臣李鸿章致总署代李经方恳辞往台商办事件请代奏电 附旨

密。红。奉电旨：派李经方前往台湾，与日本派出大臣商办事件。钦此。查李经方自马关随同回津后，因忧劳成疾，病势沉重，回南就医。顷，电传旨饬遵，据复称：素未到台，情形不悉，地方官绅无一知者，日本所派桦山亦素未谋面，无从商办。现在延医调治，牵发旧疾，怔忡日剧，神智不清，断难胜此艰巨，乞代奏等语。查系实在情形，并无一语捏饰。商交台湾，事体繁重，自应责成台抚，督同藩司顾肇熙妥办。否则，应饬闽督就近拣派大员前往，会同该处官绅筹办。似未便令情形隔膜、资浅望轻之员搪塞外人，必至贻误。李经方实不胜任，理合自行检举，请旨收回成命，另行简派。乞代奏。

四月二十五日电李鸿章：来电悉。李经方前随同李鸿章赴日，派为全权大臣，回津后尚未复命，何以遽行回南？昨派令前往台湾商办事件，又复藉病推诿。李鸿章膺此重任，宜将此事妥筹结局，何得置身事外，转为李经方藉词塞责？现在日使将到，着传知李经方迅速前往，毋得迟延。

使俄许景澄致总署请俄阻日索偿允酌助电

遵询俄外部，据称，拟饬驻使在日都商订，仍须三国同议。现与德、法尚未商定。近闻日拟在天津商议，尚须酌看定办。又阻索偿款一层，罗拔已达俄主，允俟临时酌助。请代奏。昨路透传日本索偿，部已电询喀，恐未确。

四月二十五日

使俄许景澄致总署报以关税作押订借俄款电

连晤商俄户部，彼意嫌与德、法争揽，改荐银行承办，海关作押，关款不敷，由俄国国家担保，以便减轻息扣。订法仍须合一万万之数，息五厘，每年还本息共六百零四万三千四百五十，付至三十六年，本利牵算，全清，无折扣，不加费用，交款卢布、英镑均可。银行订后，因本部未悉关款情形，拟派员赴华议立俄国作保之据。告以德、法须分办，故拟减借。彼谓：少借须加息扣，且不合俄主筹退日兵本意。再婉商，始谓：

此时中俄所订，务勿宣播，俟六个月后再议他款则可。又虑派员周折，告以中国除海关外别无添押。彼谓：只要该员询明关款敷押，可不另议别法等情。俟酌定。

四月二十六日

驻法参赞庆常致总署晤法外部谓台事难再申前议电

钦遵二十二日电旨，晤商法外部，密询台事能否再申前议，据哈云：前后情形不同，势难再申前议，已电法使，告总署等语。至法使所言外部不愿接见王使一节，查王使三月到法，拜会外部一次，现在无事可商，故未接见。谨请代奏。

四月二十六日

全权大臣李鸿章致总署德政府电称伊藤谓中国已将台湾主权让与日本勿庸会议电 附旨

密。红。顷，德领事司艮德来，译呈绅珂电云：柏林政府电开，接得实信，台湾现已添兵，以台民定策为辞，德国政府之意，以为中、日如再行开仗，则中国违约，责成更大，不但台地必失，且恐舟山、海南及其他要紧处所难保无虞等语。本大臣因于二十四日谒见总署，以现在危险情形告明各堂，并加警戒。总署答云，李中堂已将总署无权管理台湾事宜告明伊藤，并请伊藤会议此事。伊藤复称，中国已将台湾主权让与日本，台事勿庸会议，日本能自保其地平安等语。请将以上情节告明中堂，并将回复之语电知云。鸿答以总署无权管理台事之语，不但我未告明伊藤，且无此政体，恐绅使误会云。所称危险情形，自是友邦关切好意，请加意申诫为要。

四月二十六日奉旨：李鸿章电奏，据称，伊藤复电，词意决绝。德国又疑中国阴令台民叛拒，恐致构兵等语。台湾一事，朝廷深为焦虑！昨派李经方前往商办，可见中国并无不愿交割之意。现在日使将到，着李鸿章饬令李经方迅速往台，与日使妥为商办，毋稍耽延。一面仍将台民不服开导、竟欲据为岛国情形电告伊藤，免致怀疑藉口。

旨着台抚唐景崧开缺来京及文武各员内渡电

旨：署台湾巡抚唐景崧，着即开缺来京陛见。所有文武大小各员，着即陆续内渡。

四月二十六日

旨着许景澄将台变各情详告俄廷电

电许景澄：俄允三国同议归辽之事，尚未酌定商议之地，着许景澄随时探闻，以便派员与议。日已派员来收台地，现派李经方前往商办，并令唐景崧开缺来京。惟台民不服，必至生变。一切情形，详告俄廷，免日藉口。

四月二十六日

军机处奏请饬李鸿章仍令李经方赴台办理交割片

军机处片。

本日长萃奏，请饬李鸿章赴台交割折，奉旨存查。赴台交割一节，昨因李经方藉病推诿，奉旨电饬李鸿章，仍着李经方迅速前往。前议条约虽有两月内交清之语，惟日本所派使臣桦山资纪已于二十二日起程，计日可到。此次办理交割，除李经方外，实无别员可派。即使李鸿章再电固辞，仍应请旨饬令李经方前往，不准推诿。合并声明。谨奏。

光绪二十一年四月二十七日。

全权大臣李鸿章致总署译洋报日为三国威胁让辽日主饬词自掩电

照译洋报，日主四月十九日明发谕曰：前者中、日两皇各派使臣议成和约，嗣经俄、法、德三国告知日本，以永据辽东南界非所以保东方和局，劝我退让。日本向愿东方常享太平，近与中国交战者，亦以为立太平之基耳！俄、法、德谆谆告劝，无非与我意见相同。我既愿和，且不愿再肇祸基，致民人罹患，使境内无安宁之福，所以不执意辽东者，此也。中国明认日本所为无不合理，而废绝邦交，彼已深悔，此固宇内所共知，日本亦何为而不乐从俄、法、德之请乎？至于让回之事，将由中、日两国商办。现和约已换，友谊重修，邦交益固，所望局外诸国及官民亦深知此意云云。日廷以其国人不愿让辽东，故宣示，以免内讧。鸿三月十一日给伊藤等说帖第二条，即将让辽一节剀切言之，伊置不理。今为三国威胁允让，乃为此饰词自掩，然必无变局可知矣！

四月二十七日

全权大臣李鸿章致总署遵旨饬李经方赴台并请令顾肇熙杨岐珍科士达襄助电

钦奉宥电谕旨，惶悚曷任！李经方患病未愈，且虑不能胜任，何敢饰词推诿？惟事势紧急，遵即电饬力疾料理前往。顷据电禀：经方才短病紧，地方情形太生，恐误大局，不敢不沥陈于前。严旨督责，敢不懔遵？惟任大责重，可否添派一人同往到台，或留署藩司顾肇熙、提督杨岐珍在台交接？并请令科士达偕往襄助。乞酌核代奏等因。查顾、杨二员均与鸿章旧好，人亦明练，乞电饬暂留，与李经方会商一切。科士达亦愿偕往。所需洋文、东文参赞、翻译各员，已令经方酌调。鸿赶紧代刻关防，以便公牍钤用。并饬沪道筹给公费，租定轮船。俟津、沪各员齐集，刻日前往。鸿又电属伊藤，转致桦山，和衷相机商办。请代奏。

四月二十七日

驻藏大臣奎焕致总署藏员坚以旧日鄂博为言开导不遵且禁汉官雇夫马电

藏员及边界番众坚以旧日鄂博为言，请发盖印执照，始令番员前往分画。开导万端，不惟不遵，且禁汉官雇赁夫马。现拟转商印员，缓期举办。除奏咨外，合先电达。

四月二十八日

总署致许景澄德国揽借一款其情难却电

电许景澄：电奏俄国借款，所议亦公允。惟德国亦揽借一款，其情难却，可将第一次归款于六个月内先向德借款付给。至各海关进项足敷分年抵还之款，有税司总册可凭，无须查访。彼谓此时所议勿宣播，未知何意？又云六个月后再议他款，是否即指德而言？即电复。

四月二十八日

全权大臣李鸿章致总署接伊藤电交接台湾专使彼此均有全权为妥电 附旨

顷，接本日伊藤午初复电云：西历本月二十一日，即中历四月二十七日，来电业经收到，并将其中情节转电桦山，托其与李经方按照友谊和衷商办。日本政府已派水陆各军前赴台湾，中国特派大员谅必带有全权，日本特派大员业经奉此等文凭。如中国特派李经方，似有全权为妥，并先到长崎，会同日本大员前往等语。乞代奏。

四月二十八日奉旨电李鸿章：据电，伊藤所称，李经方先赴长崎，会同前往，诸多窒碍，着李鸿章复以彼此在台湾海口会晤，以免周折。文凭着照所请，加全权字样。

全权大臣李鸿章致总署顷复伊藤倘台民叛乱不已无法交接请原谅电

顷，电复伊藤云：五月二十日，即中历四月二十八日，来电业经收到。蒙转托桦山，与李经方按照友谊和衷商办，殊为感佩！惟台地民情日变，不服开导，现正围集地方官衙门，愤乱哄闹，不放唐抚台等内渡。中国特派交割大员断难冒险轻进，致遭不测。贵大臣商请前来长崎，协同贵国兵船前往护卫，洵属慎重安稳之美意，但虑事多窒碍，仍望贵大臣电致桦山提督，约定何日，彼此在台湾海边何处，或澎湖河口会晤，迅速示复，以便转属李经方酌办。至中国特派大员，已奉旨加有全权字样。如果台地平靖，自应按照《马关和约》第五款末条办理交接。倘台民叛乱不已，实系无法交接，祈贵大臣亮之，妥筹善法为盼等因。除转致经方外，请代奏。

四月二十九日

台抚唐景崧致枢垣李经方来台交割台民愤极请押款赎回电

闻日归辽旅，索加费一万万。台湾系未失地，大可援此案加费赎回。原议兵费偿二万万，又赎辽、赎台之费请各国公评价值，即可指台湾押与他国，挪借巨款，所有赔款均由此出。似此办法，则辽旅、台湾均退还中国，而赔款万万均由台出。据江督电称，美国曾估台湾，可押十万万。即不如数，大约数万万可押。请旨饬下总署与李鸿章，向日本酌议。台民誓不服日，日难据取。李经方来台交割，台民愤极，定遭奇祸，即澎亦断不可往，实相爱、非相忌之辞。改派他员来台，恐亦无善策。伏思偿款二万万，又加赎辽旅费，部臣如何措手？借款洋债可成，海关全为英国所据，已属难堪。借必应还，我又何以立国？不如赎台而转押台，则费用所出。将来赎台之费从容计议，自有众擎易举之法，容再续陈。惟押台之说，台无外洋巨商，请饬江督与议。总之，朝廷不忍割地弃民，人心感奋，百事可为，一失人心，断难再振。台民闻李经方偕日酋即日往台，变在旦夕。倘蒙俯采末议，祈速谕知。祈代奏。

四月二十九日

使俄许景澄致总署俄外部与德法商定请日本归辽减费电

顷，罗拔称：现与德、法商定，一、请日廷立允从三国归中国全辽之据；二、交兵费若干后归地；三、所索偿费应驳其不合，如不能尽力议减，约数日内电驻使，向日外部开谈。询以派员预议一层，彼云，德、法不愿，谓与公劝初意不符，现三国均允帮助到底，自可不必云云。未审喀使已复到否？

四月二十九日

全权大臣李鸿章致总署俄德法三国令日人声明应补之数并撤回驻辽日军电

路透二十八日来电：日本将辽东退还中国一事，现在俄、德、法三国令日人将究竟应补若干之数即行声明，并驻辽东日军即撤回云。

四月二十九日

台抚唐景崧致总署法为保台起见派兵轮来台电

法提督昨派兵轮保阳、保佩来台察看。兵官德而尼晋谒，谓：台能自主，可保护。告以台民誓不从日，如台地竟无力争回，必成自主。请速问法弁究允保护否？该轮即日开往长崎，请提督电询法廷矣！窃惟朝廷虽允割台，经崧迭奏台民愤不欲生情形，第有一线生机，自必允为设法。此次法提督派员来商，实系为保台起见。惟事机能否转圜，尚难悬揣。谨先电闻。

四月二十九日

清季外交史料卷一百十二终

清季外交史料卷一百十三

光绪二十一年五月上

使俄许景澄致总署罗拔言请借一万万了结辽事电

罗拔又言：户部借款他国银行，万办不到，仍请中国按一万万全借，早退日兵，以满俄主始终了结辽事之愿。当以德、法为言，彼云：俄、法一气，无庸虑，德国一边，可另想法，请速达国家定办。语颇谆切。因思榆关、珲春议定铁路，逼邻韩境，必应赶造，若与德筹借路费，分年交款，足应所欲。而以头、二次兵费全借俄国，似于邻交、边防两便。请酌度。

五月初一日

全权大臣李鸿章致总署日简林董为驻华公使电

路透二十九电：日廷已简林董为驻华公使云。

五月初一日

全权大臣李鸿章致总署伊藤称两国派员以淡水为会齐之所电

接伊藤电称：来电所云各节，当经转达桦山提督。去后，顷，准该提督复称，两国特派大员应以淡水作为会齐之所，中国特派大员如以淡水有碍难之事，该提督应将中国大员安稳护送到澎湖或福州暂住，如果该处有愤乱之事，应俟至弹压平靖后再行前往，该提督与李经方同时登岸等语。似此尚为稳妥。除电经方外，请代奏。

五月初一日

旨着许景澄谆嘱俄外部竭力阻驳日本偿费电

电许景澄：来电悉。三国允与日本议归辽地，无须派员预议，是以力任其难，此事可期就范。惟再加偿费一节，许景澄谆嘱外部，竭力阻驳。

五月初二日

全权大臣李鸿章奏唐抚不遵旨撤兵横生异议请朝廷勿为所惑电

昨奉寄阅唐抚电，语多隔膜，实有不能已于言者。美国向例不预外事，即美商肯占押，该国不能助兵，岂非空语？俄、法、德与日廷言，不准日占中国大地。大地，犹言平地也，故只索辽东，而不及台岛。法初意欲保台，因俄、德不从，乃止。未定约之前，英且不肯押台，岂定约后美肯越俎？南洋及台抚皆不明洋情，凭虚臆造者也。至李经方手无兵权，自不可冒险轻进，致失国体。台北人来，谓前次杀死中军，乃兵变，非民变，哥老会弁亦欲乘机劫库耳！唐抚不遵旨内渡撤兵，横生异议，幸朝廷勿为所惑。

五月初二日

吉林将军长顺致军务处探明鞍山站日兵已退电

昨探明，前据鞍山站之日军均已退去。海城以北，绝无日踪，城门大开，任人出入。日亦陆续拔队南趋盖州，自称，经其国调回云。

五月初二日

使俄许景澄致总署报法俄方睦俄款可借电 附旨

五厘，是周年息，顷悉巴使卸任回乡，德款揽劲较松。若铁路缓办，以日后借款购船炮浑许之，亦可敷衍。法、俄方睦，可暂置。罗拔并有分办不如勿借之说，似应俄为亟。再，密陈。

五月初二日奉旨：许景澄电悉。俄请仍借一万万，早结辽事，即可照办。所云俄、法一气，可无虑，能否即将此款酌分若干，作为两国公借？着许景澄与外部妥商办理。再，前闻俄、法等处借款欲干预海关之事，以为抵押，此端万不可开，不可不慎之于始。所有此次借款应如何订立合同，以防流弊之处，并着详慎妥办。

全权大臣李鸿章奏已请伊藤知照桦山俟台地平靖李经方径赴淡水会商电

顷，电伊藤云：来示甚为周到。李经方现在上海，未知桦山提督何日可自何处起程，何日可到淡水？乞先示复。台地民情愤乱，不服开导，系属实情，弹压似尚需时。李经方本无带兵管理地方之责，应静候桦山弹压平靖后方能商办一切。上海距淡水仅两日夜水程，如得桦山办理平靖之确信，李经方即可径赴淡水相会，可否属桦山将情形随时径电李经方酌办？若桦山正在用兵弹压之际，李经方迹涉嫌疑，未便遽与会商，以致该处绅民怨愤。贵大臣必能鉴亮及此，并希预筹善处之方等语。

五月初二日

台抚唐景崧致总署报台民强留摄行民主国总统事请代奏电

四月二十六日，奉电旨，令臣景崧钦遵开缺，应即起程，进京陛见。惟臣先行，民断不容，各官亦无一保全，只合暂留此，先令各官陆续内渡，臣当相机自处。台民前望转机，未敢妄动，今已绝望，公议自立为民主之国，于五月初二日齐集衙署，捧送印、旗前来，印文曰：台湾民主国总统之印，旗为蓝地黄虎，强臣暂留保民理事，臣坚辞不获。伏思日人不日到台，台民必拒，若炮台仍用龙旗开仗，恐为日人藉口，牵涉中国，不得已允暂视事，将旗发给各炮台暂换，印暂收存，专为交涉各国之用。一俟布告各国，并商结外援，嗣后台湾总统均由民举，遵奉正朔，遥作屏藩。俟事稍定，臣能脱身，即奔赴宫门，席稿请罪。昧死上闻。请代奏。

五月初三日

全权大臣李鸿章致总署伊藤请特派大员即赴淡水李经方应否速往电　附旨

接伊藤电：本日来电已接到。桦山提督明辰可抵淡水，本大臣详审料量，当此时节，两国特派大员会晤之期愈早愈妙。此事极有关系，是以本大臣盼望中国特派大员立即启程，不必以所处艰难为虑。如万一果有不虞，桦山提督自当按照本大臣前寄贵大臣之电所陈之意出力助护云。

闻台湾已自立为民主之国，布告各国，恐无出而援助者。绅民义愤，固无如何，惟不应奉唐抚为总统，使朝廷号令不行，日本岂不明知，必有责言，虑生他衅。李经方奉命前往交地，兹既无地可交，此外各事无从过问。伊藤所催赴淡水会齐，原系照约办理。李经方即去，亦不过作壁上观战，断难设法排解。究竟如何处置？李经方应否速往？伏乞电旨迅速指示机宜。请代奏。

五月初四日奉旨电李鸿章：电奏已悉。台民劫制生变，事出意外，无从过问。李经方既经照约派往，若不速行，转令生疑。伊藤电内既有出力护助之说，自应克日前往，相机商办。即使不能排解，彼亦无从藉口。

署江督张之洞致总署台已自主未便接济饷械电　附旨

接台电，台民忠义不服，奉唐抚为自主之国，唐亦无可如何。前奉旨接济台饷五十万及军火各节，已拨三十万。现改自为民主之国，以后饷械等项自未便再为接济，以免枝节。请电奏陈明。

五月初四日奉旨电张之洞：台事无从过问，所有饷械，自不宜再解，致生枝节。

台抚唐景崧致总署全台不服日愿为华民请代奏电

全台不服日，因愿为圣朝之民。今之自主，为拒日计，免其向中国饶舌。如有机会，仍归中国。崧为民劫留，暂缓赴京陛见。连日以来，惶悚万状！惟此后不无奏咨之件及与各省文件公牍，拟用崧开缺本衔及台湾巡抚关防。一息尚存，未敢稍逾臣节。谨预陈明。署藩司顾肇熙恳内渡，因受瘴抱病，乞准回籍就医，缺无人署，只合姑存衙门之名，委数员分理文牍，以便承乏。杨岐珍潜离行营，待轮内渡，勇营后拔，其不欲在台，别具苦心。近日日轮三五艘，或泊或游于沪尾口外。台民安堵近状并陈。请代奏。

五月初四日

全权大臣李鸿章致总署遵饬李经方往台密授办法暨报起程日期电　二件

旨饬李经方克日往台，相机商办等因。遵即电饬钦遵，俟启程定期，即报。并密属以各国均疑台民自主系由朝廷嗾使，日人不能无疑。桦山若怪唐抚主使，应告以奉旨令开缺来京，乃为台强留，即不得目为华官，彼即战争，应在台地，不当波及他处，致碍和局，如日兵上岸攻剿，闻该处有勇百营，岂能一鼓溃灭？台民素悍，竹围甚多，伏莽到处抗拒，剿须旷日持久，汝似未能久待，自应查明伊藤四月二十三电云，按照两国批准《马关和约》，台湾所有主治地方之权业已交与日本，只须将治理台湾之事并了结地方变乱之法一并明约，交给日本特派大臣自行经理，备文知照桦山，俟其照复到日，酌量回舟，以后应与我国无干云云。时势至此，只有如此办法。请代奏。

五月初六日

李经方准初七日起程，随带道员马建忠等十员，余谨遵办理。

五月初六日

全权大臣李鸿章致总署已电伊藤照约交出台湾主治权作为了结电

顷，电复伊藤云：来电业经接到。桦山提督既克期往抵淡水，中国特派大员本应即往会晤。前因台地民情大变，深恐会商无益于事，未免踟蹰。兹贵大臣电称，此事关系紧要，不必以所处碍难过虑，允照前电出力助护等语。本大臣已奏明，饬催李经方于初七起程，初九、十日可到淡水。惟近闻台湾绅民公议，已自立为民主之国，不服我国家号令，李经方必更呼应不灵，且恐激生意外。回忆西五月十七日，即中四月二十三日贵大臣来电，按照两国批准《马关和约》，台湾所有主治地方之权业已交与日本，其了结地方变乱之法，勿庸两国会议，中国政府只须将治理地方等事交与日本所派大员云云，是李经方到淡水后，自应查照贵大臣前电语意，与桦山提督会商，想桦山自能设法办理。台湾已为自主之岛国，中朝实难遥制，即中国特派大员亦只能照约交出台湾，此外一切均无从过问。祈贵大臣电致桦山提督，格外原谅，通融办理为幸。至来电云，果有不虞,桦山必按照前电所陈者出力助护，具见友谊关爱，尤感盛情不尽也云云。请代奏。

五月初六日

总署致张之洞转唐景崧宜设法早归免生枝节电

初五来电已呈递，唐景崧亦有电至。现在台事未便过问，若仍用奏咨文件，即难免牵累，有碍大局。唐为台民劫制，如能设法脱身，宜即早归，庶免别生枝节。遵旨电达，希即电知为要。

五月初七日

全权大臣李鸿章致总署美使函称日本欲两国各派驻使函

径启者：

本日接本国驻日本大臣昨日来电，内称：日本政府请贵大臣转达中国政府云，田大臣于西历五月二十七日电请驻日本美国大臣转达日本政府之电既已接到，日本意见，两国最要者，须各派驻扎使臣。况有复和之事，均愿办理，俾全其美。又来电内所云数事，亦须直行商办完结，无劳转达，故恳所派之使臣不必展缓所定前赴天津之期日等因。相应译录，并照缮原电洋文，一并附送，查照可也。

五月初九日

旨着张之洞谭钟麟饬海口官弁禁止运械往台电

电张之洞、谭钟麟：和约既定，台民不服，据为岛国，近英使言，上海、广东闻有军械运往，并有勇丁往台，款由中国接济之谣，或系台人自行私运，此事实于和局有碍，着海口官弁严行禁止。

五月初九日

台抚唐景崧致军务处报粤军与日战获胜仍进剿电

初六日，日船十余艘，带兵数千人，乘黑夜由距基隆五十里澳底登岸。该处口岸辽阔，防军难遍堵截，统带曾尧熙亦未能力拒，被日人蔓延至三貂岭，欲攻基隆后路。我军相持三日，初八日下午，粤军与日人迎头奋击，力战两时，获胜，杀贼甚多，并斩获日兵官三画首级一名，寇退至三貂岭半山地方。现仍严饬各军，相机进剿，续有探报，再陈。可否代奏？以慰宸廑。

五月初九日

全权大臣李鸿章致总署报李经方已到淡水电

李经方电：初九寅刻到淡水，桦山留兵船名千代田在口外候护送。初七函称：本委员曾经如约前往淡水，不料在该处兵丁等放枪要击，无由进口，乃取道基隆附近，将入台北府，因此特派兵船候贵委员，来即请转驾此兵轮，或与之同航来会云。方只得即刻同千代田前往基隆，与桦山接晤。据日船兵官云，桦山带兵船四，陆兵一万，已抵基隆岸云。

五月初十日

全权大臣李鸿章致总署龚照瑗报英廷接唐抚电告台湾自主拟不复电

龚使照瑗电：顷，英廷接唐抚电，告台湾变民主，众举为总统，英拟不复云。鸿想各国必皆不复。我国须自立脚步，以免日后日有口舌，凭各国公论是非。祈酌办。

五月初十日

全权大臣李鸿章致总署据杨岐珍报台事实情带营回厦电

杨提督岐珍厦门电称：初八带四营抵厦，余佥留台，由唐中丞主政。台事实情，兵多乌合，绅士正者知难，劣者图利，当道性偏，绅民无识，随声附和，假民为主，已见形迹。各绅承旨，力请随从，珍坚持以遵旨办理，任死不变，继知志不可夺，乃听回任。请代奏云。

五月初十日

旨派李鸿章王文韶为全权大臣与日使妥议事件电

寄李鸿章、王文韶：前据美使函，日本已派林董为使臣，驻扎京师。经总署转告，暂缓前来。兹据复称，两国须将各事办完，不必展缓。现日使将抵天津，李鸿章、王文韶俟其到时，即行接待。并派李鸿章、王文韶为全权大臣，与之妥议事件。

五月初十日

旨着李鸿章告日使和议既定中国断无嗾使台民自主之理电

旨李鸿章：台民变乱，中国无从过问。如日使言及此事，着告以中国和议既定，断无嗾使台民自主之理，请该使不必多疑。

五月初十日

台抚唐景崧致总署基隆不守台城瓦解事不可为电

基隆血战六日，将士伤亡不少，统领张兆连重伤，全军顿散，基隆不守，教民四起，省城瓦解，事不可为矣！请代奏。

五月十一日

署直督王文韶致枢垣黄遵宪陈台湾自主应将唐抚为民劫留向日声明电

前新嘉坡领事黄遵宪电云：台既自主，亟宜杜彼藉口，似应即将唐抚军革职，一面告日以台人背叛，巡抚为民劫留，现已将其革职，按约交割需时，现正设法劝谕云云。一以明中朝守约之意，一以缓日本攻台之师，可否密商北洋，言之政府等因，由陈藩司宝箴转呈前来。文韶悉心查核，所论不为无见。惟现正劝谕云云，似未妥协，恐揽在身上也。是否可行？请钧裁。

五月十一日

江督刘坤一致军务处报鞍山站日兵撤退已派队进扎电

依将军电：以鞍山站日退，百姓请兵弹压，派寿山带队进扎。又徐庆璋电：拨兵进扎鞍山站及腾鳌堡、巴会寨弹压土匪，并移凤、海、台城之民，请兵督团进剿等语。坤以派兵弹压鞍山站土匪，尚为有词，似应知照日官。至凤、海、台城尽可听其自行往还，以符原约，不可自我生衅。倘是局决裂，为占先着，亦应相机而动。是否？乞代奏。

五月十一日

全权大臣李鸿章致总署报李经方到基隆商办交接台湾问答电　附旨及交接文据

李经方文电，商办交接台湾节略：

自淡水发后，开赴基隆，申正抵基隆之五〔三〕雕澳。船泊定，桦山请初十巳正相见，届时往晤。

桦山云：奉命来台，以为和约批准，交接甚易，乃伊藤接中国政府电，告台事棘手，始带领水陆各军到淡水，后派小兵轮欲进口，知照华官，华兵开炮阻挡，故来基隆。又为华兵枪炮轰击，不得已暂驻三雕澳。现陆军一万已登岸，日内可取基隆云。

方答以奉命来此，专与贵委员商办事件。台湾如何交接？望先明告。

桦山云：诸事棘手，交接甚难。俟我攻取基隆，到台北府后再徐议交接。

方云：和约批准，伊藤自认中国已将台湾治理事权交与日本。此来照约将堡垒、军器工厂及属公物件交与贵委员。台民已变，岂能登岸一一点交？我自马关回，卧病已久，在沪调治，奉旨力疾前来，此处风涛险恶，不能起立。如候贵委员登岸到台北府，不知何时？台地甚大，民变非一日可平，恐非数年不能交接清楚。今两国和好，须按照友谊和衷商办，不可强我所难。

伊云：虽然如此，交接事大，不能迁就。

辩论至未初，经方昏眩，坐不能定。

桦山云：请回船，我即来商议。

经方为多人扶回。

桦山未正来拜，首云：和约批准，愿两国实心和好，永远不改。

答以诚然。

伊云：既如此，何以淡水、基隆中国兵丁皆放枪炮要击？此处复见有华兵告示，令军民人等抗拒。

答以和约批准后，大皇帝即派我来台，带有全权，交割台湾，且特旨令文武各员陆续内渡，此为两国实心和好凭据。台民不服生变，何事不可为？淡水开枪，我未目见，不知虚实，但据贵委员之言，想必团练土兵所为。风闻杨提督等已内渡，其余文武各官虽为台民劫留，未能遵旨一律内渡，民不奉朝命，官亦无权，告示皆台民所为，官岂能过问？辩诘数时。

伊云：但愿抗拒各事如贵委员所说，非官与兵所为。

方复云：交接之事，究竟如何办理？

桦山云：早间所云，即是办法。

方云：固执过甚，似非和衷。

桦云：我甚和衷，但办事不得不然。今见贵委员病状颠连，如久留于此，万有不测，我实疚心。但交接之事，贵委员如何办法？

方答以照约办理外无他法。

桦山云：须有清单。

方云：非地方官，何从有清单？此时民变，将来平定后衙署文卷何从查考？终无清单。且和约内本无清单字样，何必多立名目，强我所难？

伊云：清单上贵委员如何写法？总须有此名目，方合款式。

经方即于清单内写一台湾全岛、澎湖列岛之各海口并各府厅县所有堡垒、军器工厂及属公物件。

伊云：太含糊。

方云：强我开清单，只有如此。即将清单二字删去。

伊见方词意甚决，始允照办。

桦山又云：由台湾至福建之海线系台湾属公物件，伊须照收。

方云：海线非岸上产业，何能交让？况海线上岸，非两国政府议明不能。我来奉命商办此事，无此权力，且和约内未言及。

伊云：既然如此，只好将台湾至福建海线应如何办理之处，俟两国政府随后商定。

彼此辩论，自未正至酉正始定议。桦山即命其参赞先将东文清单交方阅看，措词尚合和约，因与随员科士达商酌。

科云：此文据但照钞和约，于和约外不增减一字，实为简要妥治，非意料所及。劝方即刻署名盖印，恐稍迟即生枝节。

亥正，即彼此署名盖印，事毕。十一子刻开船，本日申正到沪。感受瘴疠，病益加剧。乞将问答节略代奏。至交接文据，即续钞电。请代奏，并交总署备案。

五月十三日奉旨寄李鸿章：电悉。台事，既经李经方与桦山交割清楚，立有文据，此后台湾变乱与中国无涉，应由李鸿章电告伊藤，以为了结此事之据。至海线应由电局即行筹议，以便临时商定。日使有无来津消息？着探明电奏。

中日交接台湾文据

大清国大皇帝陛下，及大日本国大皇帝陛下，为照在马关所定和约第五款第二条交接台湾一省，大清国大皇帝陛下简派二品顶戴·前出使大臣李经方，大日本国大皇帝陛下简派台湾总督·海军大将·从二位·勋一等·子爵桦山资纪，各为全权委员，因两全权委员会同于基隆，所办事项如左：

中、日两帝国全权委员交接，光绪二十一年三月二十三日，即明治二十八年四月十七日，在马关，两帝国钦差全权大臣所定和约第二款：中国永远让与日本之台湾全岛及所有附属各岛屿并澎湖列岛，在英国格林局〔尼〕次东经百十九度起，至百二十度止，及北纬二十三度起，至二十四度之间，诸岛屿之管理主权，并别册所示各该地方所有堡垒、军器工厂及一切属公物件，均皆清楚。为此，两帝国全权委员愿立文据，即行署名盖印，以昭确实。

光绪二十一年五月初十日，明治二十八年六月二日，订于基隆。缮写两份。

大清帝国钦差全权委员·二品顶戴·前出使大臣李经方。

大日本帝国全权委员·台湾总督·海军大将·从二位·勋一等·子爵桦山资纪。

台湾全岛及所有附属各岛屿并澎湖列岛所有堡垒军器工厂及属公物件清单

一、台湾全岛、澎湖列岛之各海口及各府县所有堡垒、军器工厂及属公物件。

一、台湾至福建海线应如何办理之处，俟两国政府随后商定云。

乞代奏。

五月十三日

闽督边宝泉致总署台湾城内纷乱唐抚赴沪尾日兵尚未入城电　二件

顷，台局报：日兵昨晚距城二十里，城内纷乱。电局仅洋人一名，不能收报。今晨唐抚已赴沪。土人肆抢，抚署被焚。沪或指沪尾云。

五月十三日

探：唐抚昨往沪尾，今早附雅打商轮内渡，沪尾炮台拦截，经德兵船放炮救之，始开去。又昨晚台城火药局被焚，日兵尚未入城云。

五月十三日

旨着刘坤一等转饬前敌各军小心防守毋启衅端电

旨：刘坤一、长顺电悉。现在台湾已经李经方交接清楚，日兵攻台，基隆不守，省城瓦解，无从过问。和局并未决裂，日允归辽，有三国担认，不至翻悔。各军只宜就原扎处所小心防守，切不可轻信传闻，率行进扎，图占先着，转致启衅，着饬令前敌各军。是为至要！

五月十三日

全权大臣李鸿章致总署前购英国快船命名飞霆电

去秋定购英国阿摩士庄厂鱼雷小快船，英禁出口。今中日和局已成，与龚使往复电商包送。顷，据电称，包送到津，议明六千五百磅〔镑〕，送船各色人川资及一切费在内，准十五订包送合同，半月间开行，请先电总署，并请命何轮名示知。已电复照拟，并拟命名飞霆云。

五月十四日

庆裕边宝泉致总署唐景崧等拟往申被兵士扣留电

顷，接福州商电：唐及大小官员十二夜赴沪尾，拟坐驾时船往申，被兵扣留。日未进台北府城，大队往攻沪尾。又闻驾时船被击云。

五月十四日

全权大臣李鸿章致总署报复伊藤电款留林董现已到津赍有国书俟晤时再陈电 三件

接伊藤十四日申正来电：林董已于昨日乘本国兵船由横滨起程赴任，本大臣拜托阁下，于林大臣到津时格外优待。感谢之至！并即复函告允，且告以林董驻京，原为办理中国政府前电所陈各案，可先在津商办。昨奉上谕：派李鸿章、王文韶为全权大臣，与日本使臣商办事件。钦此。林大臣自不必先行进京，本大臣病假将满，当会同署督王大臣遵旨款留，与之和衷妥商办理。请贵大臣迅即电知林大臣遵照可也等语。请代奏。

五月十五日

伊藤复电：台湾业经按照《马关条约》交接清楚，闻之欣悦！将来林董赴任办公，贵大臣允许遇事帮助，曷胜感谢！现在应以重结邦交为第一义，日皇特简林董，委以重任，故宜径赴北京，愈速愈妙。林董到京，并到任一切事宜，仍求贵大臣赐予帮助为荷。其按照《马关条约》应议事宜，现在林董尚无此权柄。因当其起程，中国政府所有主见，日本政府未及周知。至林董到任之后，再由日本政府予以权柄，以便与贵大臣及王大臣会议一切，原无不可云。鸿查以前电声明赴任，照常例须到任后乃能办公议事。现虽遵旨款留，势难坚阻。闻两日后可到，俟临时晤商再陈。请先代奏。

五月十九日

日使林董本日申刻到津，派道员罗丰禄往晤，据云：赍有国书，留津四、五日，即赴京。约二十四上午来谒。晤时商定，再电闻。

五月二十三日

署江督张之洞奏恳将瑞记借款留为裁勇练兵设枪炮厂之用电 附旨

户部真电查询息借瑞记百万镑已否交款。此款，四月十七日奉旨后，十九日即提到十二万镑。适镑价甚低，九六扣，折合实银七十八万余两。除遵旨拨台饷三十万及该行扣去炮价九万余两外，余悉拨充防饷，早已告罄，现正陆续催提。窃思此次军务，总由中国兵弱械短，以致吃亏。补救之计，不可再缓。查此项洋款，以充陆续裁撤江南军营饷项约须百余万；现拟用德国洋将洋弁赶练陆兵一万人，已到德弁十六人，一年约需百余万；开设大快枪厂一所、大快炮厂一所，约需银二百余万；创修江省江北之海州、清江浦，江南之金山卫、沪浦、金陵等处，并改修镇江、江阴、吴淞等处炮台，购炮筑台，约需银一百数十万，已有不敷。此项借款，仰恳圣恩敕部万勿拨作他用。不胜大幸！请代奏。

五月十五日奉旨：张之洞电悉。据称，瑞记借款已提用十二万镑，余拟留为裁撤勇营及练兵、开厂、筑台之需，请饬部勿拨他用等语。现在善后，诸事皆应次第办理。惟筹款艰难，亦须通筹全局，方能举办。张之洞所拟用洋将练兵万人、开设枪炮两厂、修改各处炮台，需款甚巨，著将一切办法及需用款项详细声明，具折陈奏，请旨办理。

总署致许景澄外报传俄派兵至帕米尔着探复电

接来函，知俄、英于帕米尔南路已议定界址。其中俄界址兹暂停议，此后日必重申前说。现据洋报传闻，俄派加忌七八千人迁帕米尔，即巴马，作为属地。有无其事？探明电复。

五月十八日

使俄许景澄致总署俄准借法银四万万佛郎拟立据四端候示电　二件

详算俄户部现定九三扣分年济息付法，约合周息四厘七五零，较五厘无扣，通共少还本息三千四百九十二佛郎，抵去扣数，尚赢六百九十二万。扣法九四折，加用费一厘。

五月十八日

俄户部会外部称：准借法银四万万佛郎，照五厘息，应每年还本息二千四百七十万。现为售票方便，改九三扣，连用费实交三万七千二百万。每年还本息二千三百二十万，至三十六年清讫，计每年少还九十七万，统抵扣数，有赢无绌。款存巴黎银行，亦可合算英镑，六个月交清，由中国自行指汇，与银行先立草合同，海关作押，由俄主颁谕加保。俄国本须派员赴华，另议保据，现拟但与外部立据四端：一、告明海关已押各款每年应付本息及上年收税两项总数；一、以后借款敷付与否，先尽拨付俄款；一、倘至海关不能付款，应预告俄国以何项抵押；一、中国以后借款，如允海关及他项权利，亦准俄国均沾。即将派员及查询关税等节作罢论。并言，俄不代保，不能办到轻息，请达明国主好意，八日内候复等语。查现改借章，即系加扣减息，于我收付实无亏短。所拟各端，仍于关事并无干预。非此，难止派员之举，乞核定请旨。如奉准画押，请并照会喀使。候速示。

五月十九日

江督刘坤一致军务处询陈湜之军可否调回锦州电

和局已成，关东无事。陈湜十营驻大高岭，病勇颇多，可否先行调回锦州，同魏光焘、李光久合扎？将来或留或撤，可以就近商办。

五月二十日

总署致许景澄俄国保借法款有失体面须详慎电

啸、效两电悉。俄国保借法款，或云于公法、国体无碍。惟迭据英、德公使言：西国借用商款，事所恒有，从无他国国家代保者，既保借款，即为保护国事之渐。并以埃及曾用英国借款为证。虽或忌俄垄断，为此耸听之词，然亦不能无疑。俄款借自法国，并不从中取利，又请中国秘密，勿使他国先知，并请克期早定，既又不肯改代保字样，且声叙作保缘由，语转结实，其意果何所为？恐英、德之言亦非无因。此事揭破则失欢，隐忍则贻患。宜告以英、德公使皆有中国借款大失体面之语，既承美意，务须另想办法，勿使中国声名有损为要。看其如何答复，再作计议。事关重大，必须详慎办理，免贻后悔。帕米尔事，仍探闻。

五月二十日

全权大臣李鸿章致总署俄代借法款息甚轻请速成于公法国体均无碍电

俄代借法款一万万两，四厘，九三扣，每年约还本息不及七百万两。据各国洋人谓：中国历年借款无如此次之轻息者，应请速成，于公法、国体均无所碍。将来续借他国，仍可援例商办。

五月二十日

使英龚照瑗致总署俄法垄断借款非德所甘晤罗拔后再请示电

现拟中国自与银行订约，德使言不符，无俟另查。惟俄、法垄断，非德所甘。恐又指代保一层相诋，明日约晤罗拔，称：奉训条，改为代荐，能否商允？再请示遵。筱电仍请核奏示复，免致他疑，左右为难，事殊棘手。

五月二十日

使俄许景澄致总署晤俄外户部商改代保借款电

晤外、户部，商改代保一层，彼云：此节于第二次晤时述明，现与银行定办了，每年付款，尚在议减，派员查询等节，已允作罢，难再更改。惟可将俄国代筹日事及遵照中国减息来意详叙作保缘由，以免他疑，并请中国勿信妒忌造谣等语。祈代核奏示复。

五月二十一日

使俄许景澄致总署俄户部称款为俄法银行合办电

效电敬悉。代保一层，德报以三国议辽，俄独占面子，不无异议。英廷已告议院，中俄款事，英不干预。德国一层，或请钧署密告绅使，以后兵费必向德先商，俾免意见。俄户部称，款为俄法银行合办。

五月二十三日

使俄许景澄致总署报俄谋迁哈萨克住帕代守兵电

西例，月扣借款皆不计折扣。俄谋迁哈萨克住帕代守兵，非即办。

五月二十三日

全权大臣李鸿章致总署报唐景崧到沪日兵已入台北电

沪局电，驾时昨夜到，遣人到船查询，据云，唐中丞由此船来，昨夜即上岸，不知何往？至日人入台，由土人引从基隆后荒僻之径搭桥渡一小河而进。日兵到台北仅二百名。先时兵勇抢掠，及日兵到时即不抢云。

五月二十四日

李鸿章王文韶致总署报日使林董到津问答节略电

林董本日巳正来谒，会同文韶接晤，询其接伊政府电否？

林云：昨到津，始接伊藤电称，中堂与王大人已奉派全权大臣，会商事件，惟照通例，驻京使臣应先赴京到任，呈递国书觐见。

答以中朝向无一定办法，有公使到任数年或数月始觐见者，现值天气炎热，未知我大皇帝接见方便否，两国既经和好，早晚必准觐见，何必急急？

林云：我奉朝命，不敢违，必须先进京，往总署请示，倘令我回津商议公事，我可再来。

鸿等询及辽东何时交还，日本兵何时撤尽？

林云：我起程时，三国正议此事。辽东已还，各处之兵已逐渐撤回，特难急遽耳！

询以我前敌各军探报，海城、营口尚添兵。

林云：必系各营间有调换，误报添兵，断无其事。

林又商及照约两国俘虏应各送还，广岛、海城有华兵俘虏一千六百人，当即分送，惟照通例，应由华筹给送费，但为数无多。俟行文到日，分别办理。

问：台湾有信否？

林云：久未接桦山信，只知已到基隆。

询其何日进京？

云：俟酌定再告知。

以上各节，无甚狡强，鸿等不便强留，致失和气。俟其抵京，钧署再妥酌。请先奏。

五月二十四日

浙抚廖寿丰致总署请将各项通商条约通盘筹画电

通商口岸已定，浙西蚕桑、浙东花布皆为大宗，彼必包揽。制造、行船、租地，交涉纷纭，国计民生之交病，不问可知。日使闻将到京，必当商订细约。事后之挽回固难，事先之防维宜预。口岸既添苏、杭，听其设机制造，此外各州县城界应勿任令侵越。购货不纳税钞，派征诸厘究不能免，缘内地商民厘捐甚重，若日商独免，势必包揽无遗，各局几同虚设，饷源竭尽，其何能支？至土货购自何人、何往何去以及入口、驻埠各商，似宜皆有一定限制。或由华商经纪，以便交易，或立洋商捐厘专局，以备稽核，设法维持，尚图小补。各国利益均沾，自当由各国一体公议，以昭平允。拟请钧署请旨，特派王大臣，会同总税务司，将各项通商条约先行通盘筹画，妥定章程，与各国公使会商允洽，再行定议立约，以维利权而纾民困。

五月二十四日

使俄许景澄致总署俄声明不在拟定四端外别索利益电　附旨

俄外、户部同告以英、德使所论，请其另筹。外部初不受商议，开导再四，乃称：不用俄保，借息必重，银行必考察海关，于华无益，合同指明加保股票，措辞本轻，现并除去加保字样，只言如海关付款愆期，由俄国国家垫付，以期两全。又称，各国谓俄欲藉此干预中国之事，现声明，俄国断不在拟订四端外别索利益，以释中国疑窦。此项款项，由中国与银行径自料理，亦不由俄户部过手。但银行各董日内即集，请中国酌定大端。是否？速复等语。候筹示。

五月二十六日奉旨电许景澄：电悉。借款，俄不过手，除去加保字样，声明不别索利益，可免各国訾议。惟称海关付款愆期，由俄国垫付，仍觉有伤国体，宜改为俄国确信，中国付款决不愆期，方妥。着许景澄再与商议照改，即为订定。近日迭接探报，辽东日兵去而复来，据海城者约二三万，并有英国马队三百余。日将在该处验炮。凤凰城亦有兵数万。似此情形，恐英、日合谋辽东，将有变卦。着许景澄密告俄外部，作何筹议，迅速办理，以维东方大局。

使俄许景澄致总署借款事俄稿末条宽浑彼允定后再论并盼早定电　二件　附旨

俄外部面交四端拟稿，其三端略如筱电所陈，末端略云：如中国因事许他国预收关税及再借他款，凡监守、稽察等事，许俄国及他国民人所得权利，如管理地方刑名，并制造、商务等项，即准俄国同得。外部谓：俄国经办款事，所要中国报答，以此限制。查末条语太宽浑，应候台端定见，再酌核。

五月二十八日

遵敬电，再商罗拔。据云，现已改去代保名目。昨又电喀，将拟订四端，向钧署表明俄无他意，惟候中国速决。是否？以免银行人久待。复以俄、德愎见，恐日本伺隙，转误边事，动之。彼云：俄可与德说开，总盼款事早定，辽事无虑翻复等语。据有电，末条宽浑，彼允定后再论。

五月二十八日奉旨电许景澄：俄款末端所云，预收关税，监守、稽察，管理地方刑名等语，此中国所必无之事，何可虚拟，列入条内？至制造、商务，亦与借款无涉。现与德议借款，德人亦无他求。俄国经办款事，原是美意，若以此求报，必为他国訾议。着许景澄婉言与商，总宜彼此得体，不可迁就，以贻后患。是为至要！

清季外交史料卷一百十三终

清季外交史料卷一百十四

光绪二十一年五月下

总署奏中法续议界约商约专条请旨派员画押折　附商务条款界务条款及照会　三件

总理各国事务恭亲王奕䜣等奏，为中法续议界约商约专条，谨将现议办法缕晰详陈，并请旨派员画押事。

窃中法界务、商务，屡经商改。其滇越及广东钦州各边界，当日钦派大臣周德润、邓承修所未经勘定者，并酌改商务各节，经臣衙门与法国前使臣恭思当商酌定议，于光绪十三年五月具奏，奉旨派臣奕劻、臣毓汶与法国使臣画押。钦此。钦遵办理在案。嗣经法国使臣于会立界石时，谓原线多有不符，请复为更正。因法得湄江东岸暹罗之地，又请于滇界第五段后接连之湄江与车里土司交界处所亦须划清界线，并声称，接该国外部来电，催办甚急，已给与全权画押文凭。现在使臣施阿兰屡次来臣衙门会晤，面称：此次中日和局，法与各国出为调处，大有益于中国，而法都议院屡诘外部，何以为中国如此出力？故外部急欲订定此约，俾阖国绅民咸知中国优待法国之意。迭准龚照瑗来电，词意略同。虽迹近居功求报，究非无因。据送来中越界务、商务各专条，恳求照办。臣等公同商酌，该使臣既奉其国命，明求利益，其万难依行者自应驳阻，其可以迁就者自不得不稍示变通，庶足固邦交而维大局。

查此次中越界线，经云南委员与法员逐段履勘绘图。所请将原定第二段内之漫美归越南，猛峒三村归中国；第五段内由南那河改线向北，从大箐山分水岭至南马河为界。臣等电商署云贵督臣，现据电复，于我边界形势尚无大碍，应即照准。其滇越边界自南马河接连湄江一带，该使臣请顺分水岭划至南腊河湄江西岸为止。臣等查，越界线内有猛乌、乌得两处，向为滇属土司之地，未便归入越界。因与往返辩论，该使臣以两地毗连越境，坚求让与法国。臣等以法既因调停和局，坚求利益，自不得不勉从其请，以示酬答之意，因于界务、商务二者权衡利害，于界务予以通融，于商务严其限制，允将猛乌、乌得两地让与法国，以敦睦谊。

至商务第四条，该使臣原议云南土药、土货出口后运至通商各口概免征税一节，臣等以土药系中国所产，另有专章，应毋庸置议。即土货概行免税，虽但指经过越境而言，但恐他国援以为例，所关税项甚巨，因与该使臣迭次磋磨，与总税务司赫德从长商酌。现议定四端：一、龙州、蒙自、思茅、河口四处土货，出口时，仍减四成征收正税，复进口时，完纳半税。一、由此四处出口，复进各通商口岸，出口时，仍减四成征收正税；复进口时，完纳半税。一、通商口岸土货运往此四处，在出口时，照征十成正税；复进口时，减四成收半税。一、土货领有凭单者，复进口时，应仍照土货办理。如此，则于彼稍有利益，于我无大亏损。且指定四处，他国固不能援引，即法国通商他口亦不能援引。其第五条，该使臣原议，中国云南等处开矿，则向法国矿师商办，臣等以该国欲独专其利，恐他国不免违言，因与往返力争，改为中国将来开矿，可先向法国矿师商办。如此，则进退我可自主。其余如领事改设，河口、思茅准其通商，并思茅准接越南电线等事，均可照行。该使臣原议内尚有越盐准入云南、两广销售一条，臣等以中国行盐各有引地，岂容越盐进口，夺我利权，断难应允。该使臣复恳请试办，经臣等再三驳辩，又电饬驻法参赞官庆常与该国外部透澈详言，作为罢论，该使臣均无异辞。现已一律议定，谨将中法续议界务、商务专条二分，缮呈御览。如蒙俞允，应查照各国条约成案，恭请钦派王大臣与法国使臣施阿兰先行画押，再候批准，择期互换。合将续议中法界约、商约专条进呈请旨，并请派员画押缘由，理合恭折具陈。谨奏。

光绪二十一年五月二十七日奉朱批：着派奕劻、徐用仪与法使画押。

谨将中法续议商务条款照录恭呈御览

兹值中越边界沿至湄江业已勘定，大清国大皇帝，大法民主国大伯理玺天德，均愿在该边界一带鼓励两国通商往来，展拓兴旺，并照光绪十二年三月二十二日，即一千八百八十六年四月二十五日，在天津，互订商约，及光绪十三年五月初六日，即一千八百八十七年六月二十六日，在中国京都，续议商务专条，使之办理妥善，是以定议，另立此次附章内载新添数节，并就前立各约章量加更改数节，是以大清国大皇帝钦差全权大臣管理总理各国事务衙门庆亲王、总理各国事务衙门大臣徐，大法民主国大伯理玺天德钦差出使中国全权大臣施，各将所奉全权文凭互相校阅，均属妥协，立定条款如左：

第一条　现由两国议定，广东边界与越南芒街相对之东兴街，法国任派领事官驻扎，以利边界捕务。至两国官员会同巡查中越边界，应日后商定章程，以凭办理。

第二条　两国于光绪十三年五月初六日在中国京都互议续约之第二条，现已改定如左，以全其事：

两国议定，法越与中国通商处所，广西则开龙州，云南则开蒙自。至蒙自往保胜之水道，允开通商之一处，现议非在蛮耗，而改在河口。法国任在河口驻有蒙自领事官属下一员，中国亦有海关一员在彼驻扎。

第三条　议定云南之思茅开为法越通商处所，与龙州、蒙自无异，即照通商各口之例，法国任派领事官驻扎，中国亦驻有海关一员。至法国领事官所住公馆，由地方官相帮照拂。其法国人民及法国保护之人前来思茅，均照咸丰八年五月十七日条约第七、第十、十一、十二等款，及光绪十二年三月二十二日商约第三款办理。其运往中国各货物，准由水道，如罗梭河、湄江等河运入，并准由陆路，如猛烈或倚邦至思茅、普洱之官道。其货之有应纳税项者，即在思茅输纳。

第四条　光绪十二年三月二十二日商约第九款，现议改定如左：

一、凡边界所开之龙州、蒙自、思茅、河口通商四处，若有土货经过越南来往，出此口时，应照十分减四之例收税，专发完税凭单，带同货物到彼口时，免征进口之税。

一、由以上四处运土货出口，前往沿海、沿江通商各口，于边界出口时，应照十分减四之例收出口税，专发完税凭单，带同货物前往，俟到沿海、沿江通商口岸，照沿海、沿江各通商口岸同项土货通例，完纳复进口半税。

一、凡有沿海、沿江通商口岸运土货，经过越南，前往以上四处，于出口时，征收十成正税，专发完税凭单，带同货物前往，俟到边关进口时，按照十分减四征收复进口半税。

一、以上各土货，若带有上项专发凭单出口者，未经各关以前复进口者，已经各关以后，均应照土货例办理。

第五条　议定中国将来在云南、广西、广东开矿时，可先向法国厂商及矿师人员商办。其开矿事宜，仍遵中国本土矿政章程办理。至越南之铁路，或已成者，或日后拟添者，彼此议定，可由两国酌商妥订办法，接至中国界内。

第六条　法国与中国于光绪十四年十月二十八日在烟台互定电报接线条款第二款，内应添一节如左：

由思茅厅至越南，应由中国思茅电局与越南之孟阿营，即下猛岩在越南莱州至两帕邦两处之半途电局互相接线。其电报价目，应查照上项烟台条款第六款定明。

第七条　两国议定，此次附章通商各条既系专章，彼此因龙州、河口、蒙自、思茅与越南往来必须相让而立者，所载一切利益，两国人民及所保护之人，只可在以上所定边界处所及陆路水道，援以为例。

第八条　以上各条，视如光绪十三年五月初六日续约所载，一体施行。

第九条　中法两国前立各条约章程，除由现议更改外，其余仍应一体遵守。至此次续约，现由大清国大皇帝批准，俟大法国大伯理玺天德批准后，即在中国京都互换。

光绪二十二年六月二十八日在北京互换。

谨将中法续议界务条款照录恭呈御览

两国前派勘明中国与北圻边界末段，自红江至湄江，现已竣事。经大清国大皇帝钦差全权大臣管理总理各国事务衙门庆亲王、总理各国事务衙门大臣徐，大法民主国大伯理玺天德钦差出使中国全权大臣施，各执所奉全权文凭，互相校阅，均属妥协，并代各本国，将光绪十三年五月初六日，即西历一千八百八十七年六月二十六日，互订续议界务专条更正修全。除两国委员互立画押之节略、界图各件均行定准外，彼此商定办法，开列如左：

一、滇越边界第二段，自丁字处起，至戊字处止，界线改绘如下：

界线自丁字处起，向东北至漫美止，又自漫美向东，至清水河之南纳止。漫美归越南，猛峒上村、猛峒山、猛峒中村、猛峒下村各地归中国。

二、滇越边界第五段，自龙膊寨起，至黑江止，界线改绘如下：

自龙膊寨，云南、越南第五段界线，溯龙膊河，至红崖河入龙膊河之处，即图上甲字处为止。自甲字处，向西北偏北，顺分水岭，至平河发源处。又顺平河、木起河，至木起河注打保河之处，又顺打保河，至打保河注南拱河之处，又顺南拱河，至南拱河注南那河之处为止。又界线溯八宝河，至八宝河与广思河合流之处，又溯广思河，即顺分水岭，以至南辣比与南辣河相注之处，又顺南辣河，至南辣河注黑江之处，又从黑江中心至南马河即南纳河为止。

三、滇越边界，自黑江与南马河相注之处起，至湄江止，绘定如下：

自南马河注黑江之处，界线顺南马河，至河源处止，又向西南，又向西，顺分水岭，至南杆河、南乌江两水发源处。又自南乌江发源处，界线顺南乌江与南腊河并各支河中间之分水岭，其西边之漫乃、倚邦、易武、六大茶山等处归中国，其东边之猛乌、乌得、化邦、哈当、贺联、盟猛地各处归越南。又界线以南北向、东南向，至南峨河发源处，又顺分水岭，以西北偏西向，绕南峨河及注南腊河南岸诸水发源之山，以至南腊河注湄江，在于猛辫西北之处而止。其猛莽、猛润之地归中国。至八盐泉一名坝发呰之地仍归越南。

四、将来两国各派官员前往，遵照勘界委员所绘签押各图，及此次界务附章所载，会同办理安设界牌事宜。

五、中、法两国前立勘界各件，除由现议更改外，其余仍应一体遵守。至此次专条附章，并光绪十三年五月初六日续议界务专条，现由大清国大皇帝批准，俟大法民主国大伯理玺天德批准后，即在中国京都互换。

光绪二十二年六月二十八日在北京互换。

附法国公使致总署照会

为照会事。

照得本国驻京使署与贵衙门遵照光绪二十一年五月二十八日商务专条附章第一条，既已互议边界会巡章程定妥各条字样，本大臣即依彼此先商，现将该章程刷印成本，汉文、法文各二，共四册，先行盖用使署之印，照送贵王大臣，一面盖印，以昭信守。并请将印讫汉文、法文各一册查留存案，其余印讫二册，仍希交还本大臣存案。如此往返，用印互换。其光绪二十一年五月二十八日约章第一条内载应立之章程，即当与原约一体遵守。且此次章程彼此业已商妥，仍系顾全光绪十一年四月二十七日和约第一款申明照办，犹执两国军兵永不得过界之义。惟有第二十二等节，确切设法，以保每遇匪类过界，彼此实力接追。其第十五节内载长行准单单费一事，本大臣现已照贵署之意，行致驻越大臣，酌准极廉数目，作为定例，并咨商遇有可悯良民准全免单费，以示恩惠。本大臣又将排印会巡章程两国文字咨寄驻越大臣及边界各处法国领事官多本，足以分发承办各文武官员，一如贵署前述当将汉文章程速行咨送两广、云贵总督、广西、云南巡抚多本，以便分发承办之各文武官员，是该章程应即遵行。溯查此事既赖两国国家同心深愿于边境盗风久炽过惨致弭其患，既已和衷力商成事，本大臣与贵王大臣似可同为欣悦。会巡章程恪守实行，非特所以征我两国异常友睦，且于该处交界诚两邦交好之区亦所当然也。为此照会。

光绪二十二年三月十九日。

附总署致粤督滇督桂抚文

光绪二十二年三月十九日，准法国施使照称：现将中、法两国互议定妥边界会巡章程用中、法文字各印成本，共四册，照送盖印讫，各留中、法文各一册存案。此次章程系仍顾全光绪十一年四月二十七日和约第一款，申明两国军兵永不得过界之义。第二十二等节确切设法，以保每遇匪类过界，彼此实力接追。其第十五节内载单费一事，现已行致驻越大臣，酌准极廉数目，作为定例，并咨商遇有可悯良民准全免单费，以示体恤。并将印成中、法文章程多本咨寄驻越大臣及边界各处法国领事等官，应请总理衙门亦即排印多本，速行咨送两广、云南三省督抚，以便分发承办之文武员弁等因。查会巡边界，载在光绪二十一年五月二十八日《中法新约》。法使催商此事，经本衙门与之往返辩论数阅月，议成章程六条，共二十八节。又法使迭次照称，仍系遵守光绪十一年约章第一款，申明两国军兵永不得过界之义，尚可允照办理。惟章程既定，法使即欲开办，除将法使原印本盖印送还立案外，相应先将钞本咨行贵督查照办理，分别咨札晓谕，并声复本衙门，以便照复法使开办可也。

光绪二十二年三月二十三日。

附总署致法国公使照会

为照会事。

光绪二十二年三月十九日，准照称：现将三省交界会巡章程用中、法文字各印成本，共四册，照送盖印讫，各留中、法文各一册存案。此次章程仍系顾全光绪十一年四月二十七日和约第一款，申明两国军兵永不得过界之义。第二十二等节确切设法，以保每遇匪类过界，彼此实力接追。其第十五节内载单费一事，现已行致驻越大臣，酌准极廉数目，作为定例，并咨商遇有可悯良民准全免单费，以示体恤。并将印成中、法文章程多本咨寄驻越大臣及边界各处法国领事等官，应请速行排印多本，咨送两广、云南三省督抚，以便分发承办之文武员弁等因。查此次章程既系申明光绪十一年约章第一款两国军兵永不过界之义，一切办法，本衙门自无不可照允。惟三省边界地方辽阔，人民众多，示谕要使周知，单照亦须给领，事属创始，办理需时。除将章程排印多本，咨行三省督抚，分别咨札承办各员弁查照遵行外，相应将贵大臣所送章程印本盖印送还，请俟该三省复文到齐，由本衙门照会贵大臣，一律开办，以免参差可也。

光绪二十二年三月二十五日。

中越边界会巡章程

中越边界会巡章程系照光绪二十一年五月二十八日商务专条附章第一条所立。

第一条　两国派员会同巡查中越边界。

一节，两国应行会同巡查中越之边界分三段：第一段，广东省与越南接壤边界。第二段，广西省与越南接壤边界。第三段，云南省与越南接攘边界。

二节，以上所开三段，各由中、法两国选派一大员，会同督办巡查事宜。

三节，法国各督办大员于其责成巡查一段各事宜，均准饬令该段边界越南境内文武各官遵办，专受驻越大臣节制。中国各督办大员于其责成巡查一段各事宜，均准饬令该省文武各官遵办，专受该省督抚节制。

四节，法国督办大员，第一段驻扎芒街，第二段驻扎谅山，第三段驻扎保胜。中国督办大员，第一段驻扎东兴，第二段驻扎凭祥，第三段驻扎河口。

五节，每段中、法两督办大员所驻之处，以德律风或电线相接，以便随时通信。

第二条　如何巡查之法。

六节，巡查边界以对汛各驻本国官兵。

七节，每处对汛以法国一汛，中国一汛，在边界通衢中、越两边相望之处而设。其有地势不宜扎营处所，则于或左或右，斜角遥对亦可，总期两边相望，声气可通。

八节，中、法各汛至少驻官兵三十名，各有军械，每汛以一弁管带。

九节，中、法各对汛一俟能设德律风或电线之时，应及早相接，以便随时通信。

十节，对汛所设之处开列于后：

一、芒街与东兴。二、北市与里接。三、横模与洽洞。四、中国峙马与越南峙马。五、同登与南关。六、中国平〈而〉与越南平而。七、那烂与布局。八、驼龙与水口关。九、中国里板与越南里板。十、朔江与平孟。

十一节，以上所开各对汛，将来准由两国先期知照，会同商酌增删、挪移。至滇越边界对汛，暂且不定。

第三条　陆路边界办理巡查条规。

十二节，按照光绪十一年四月二十七日中、法两国在天津立定条约，凡有法国人民及法国所保护人民，与别国居住北圻人等，欲行过界入中国者，须俟法国官员请中国边界官员发给护照，方得执持前往。倘由北圻入中国者系中国人民，只由中国边界官员自发凭单可也。至有中国人民欲从陆路由中国入北圻者，应由中国官请法国官发给护照，以便执持前往。

十三节，两国民人往来之路，现章未曾另立之先，只准一律由第十节所开十路出入。凡有发给护照、凭单，务须注明其人准由何路过界。

十四节，护照、凭单应于过界时到法国对汛呈验，该汛弁签字，到中国对汛呈由该汛弁验明。

十五节，两国人民及别国寓居北圻人等，有因生理、通商、耕种之故，必须轮次过界，在界限之两边暂住者，可由两国地方官、对汛汛弁会同发给过界长行准单，无庸照十二、十三、十四等节办理。

十六节，以上所开长行准单，均应按年于西历正月初一至初十日一换，惟须先一月知会中国官员，转行周知。

十七节，长行准单应由两国发给之员弁册报本国督办大员存案。

第四条　聚众生事并股匪执械办理巡查条规。

十八节，越南界内报有股匪聚会，一经闻信，法国汛弁即当飞行转知该对汛中国汛弁，并禀明该段边界法国督办大员。

十九节，中国界内报有股匪聚会，一经闻信，中国汛弁即当飞行转知该对汛法国汛弁，并禀明该段边界中国督办大员。

二十节，于是两督办大员会商妥法，各自转饬所辖，查拿聚匪。至中、法督办大员会商办法，转饬汛弁遵行，应由每对汛中、法两弁奉饬后即行互相通知。

二十一节，每遇事机急迫，中、法对汛两汛弁应即径行会商查缉之法，各自报明本国督办大员。

二十二节，凡有匪徒在越南境内被法军追迫过界入中国者，即由就近法国对汛知照中国对汛，或由追匪之法军管带知照就近中国军兵管带，俾中国军兵迅速接追捕获。遇有匪徒由中国境内过界入越南者，应由中国对汛或剿匪之中国军兵管带，速即知照法国对汛或就近法军管带，俾法军即行接追捕获。至如此接追知照，倘有稍涉疏忽迟延之汛弁、管带等员，即应查问重办。一经本国拟定，会知彼国督办巡查该段边界大员。

第五条　责成督办巡查大员及各对汛汛弁。

二十三节，凡中、法督办大员有不遵现章定明职分者，即由两国大臣彼此各行查明应归之咎，俟此国拟定罚办处分，知会彼国，仍各按本国律例办理。

二十四节，中、法对汛汛弁或中、法军营管带有不遵现章所定职分者，即由该段边界中、法督办巡查大员彼此各行查明，仍各按本国律例酌定罚办，并知照彼国该督办大员。

第六条　越南群岛办理巡查条规。

二十五节，凡中国人之船艇驶往越南水面，应领有原出之口法国领事、地方等官或原出之口中国海关、地方等官发给盖印准单，注明船载丁口、货色、前往处所。其有近村船艇，或因趁墟，或因渡人，势难一一令其注明船载丁口，应由各地方官发给护照，准其驶行。惟遇有事，应向发给护照之地方官是问。其丁口、货物应免逐一琐注。

二十六节，此项驶船准单，若遇法国兵舰或越南海关巡船查验，应即呈阅。

二十七节，如前查验，应先空放一枪或一炮示知，若须再行空放一枪一炮亦可。倘有不听空放枪炮查验准单之船艇，即或疑为匪船办理，亦属自召。

二十八节，凡中国人之船艇驶进越南海边处所，应将前领第二十五节所载发给之准单，呈由关口或地方官查验签字。

滇越界约

光绪二十二年九月十九日，即西历一千八百九十六年十月二十五日，两国官员会同在保胜河口商定，设立中越第一、第二、第三、第四段界牌。大法国五花官·督办中越界务本义德称，法国总督派办界务委员以及边界各道防营官员俱系委员［一］五花官尉麻、四花官罗本司、柯倪、安马、安端等。大清国总办滇越界务·分统云南南防全军·开化府正堂刘春霖，中国云南督部堂、抚部院派办界务委员彭继志、王钟海、邓大治、柯树勋、张贵祚等。所有两国委员言定，如有列名之员恐后别有公干，只要两国总办或各有一、二委员，亦可办理。所有两国会同官员查此四段边界，仍照前中法界务章程定后。

或界线遇有以河中为界者，勿容立牌。但以河为界之河能通船者，两国往返，两边皆可通行。倘若后来此河有水大小、深浅、沙石崩培成洲者，均以河中水深船舟可行之处为界。

又界线经陆道者，仍以分水岭为界线，或遇在高山险隘不好立牌之处，或在侧边，或在路边，亦可立牌，或就山石，当两国委员刻有字样、号数，亦准为牌。

所有两国委员所定之牌式样一张，并呈为凭。所在何处立牌，先分派委员查明，另两国总办仍会同各委员到界勘明为妥。又中、法两国上界分处立标之委员，各派二员，并两国各派弁兵五十名，俾资保护。

又中、法两国委员到每处会办，彼此进止同行，不宜分隔，则两国保护弁兵亦当紧随。或内遇有分办，亦当各派一员同行，两国弁兵均应随护。此行不拘中、越地面，两国委员各宜小心，互相保助。尚有未尽事宜，俟后办清，按段图说注明。

一、第一段界线，兹照光绪十二年九月二十二日，即西历一千八百八十六年十月十九日议定章程办理。查新店到戈索河一节，前图未载，今两国委员会查派入，改由龙膊至戈索河为一段。所有此段界线图上注明，画对清楚，将来中、法两国以此图约为凭。边界之线式样注明于后。

一、第一段界线：由龙膊河与红河会纳处，向东南，顺红河，至南溪河会纳处，由此转入南溪河，向东北，至坝结河会纳处，至此向北，溯坝结河至干河会纳处，至此向西北，入干河一里半，有谷方至老凹厂之大路过干河处为止。此节界线，均以河中为界。由此向东北，经分水岭，直抵戈索河为止。此节界线由干河与坝结河会纳山嘴经山起，其一，西面水归干河者归滇，东面水归坝结上河者归越；其二，西面水归崖那者归滇，东面水归干沟者归越；其三，西面水归南溪小河者归滇，东面水归大郎河者归越；其四，西面水归南溪小河者归滇，东面水归坝结小河者归越；其五，西北水归桥头小河者归滇，东南水归黑江小河者归越。

一、第一段界牌：第一牌立在干河与坝结河会纳山嘴处；第二牌立在龙波美到白石崖过岭路边；第三牌立在南寨到夹马石过岭路边了口处；第四牌立在南寨到新寨过岭路边了口处；第五牌立在南寨到水碓房岭顶路边；第六牌立于干河寨到水碓房岭顶路边；第七牌立于新寨去新店经岭脊大路边与独木桥旧寨相隔里半后山；第八牌立在猛康到靛塘岭脊小路边；第九牌立在猛康到新店与黑山坡到新店之路岭脊三岔会纳处；第十牌立在新店到土马过岭了口路边；第十一牌立在万年树到田房过岭路边；第十二牌立在新店到芭龙与斑茅寨过保头寨岭脊十字路口；第十三牌立在落水洞到石马洞岭脊了口路边；第十四牌立在卡房到石马洞岭脊路边；第十五牌立在草菓箐到石马洞过岭路边；第十六牌立在老打拉到老保寨过岭了口路边；第十七牌立在崖头到塘子边过岭了口路边；第十八牌立在茅草寨后面了口路边；第十九牌立在翻山卡到黑皮寨过岭了口路边；第二十牌立在新寨到黑皮寨过岭了口路边；第二十一牌立在芭龙到老留寨过岭了口路边；第二十二牌立在老卡新寨到田房口路边；计共立二十二牌。

一、第二段界线，自戈索河到高马白止。现两国委员议定，不能照前图红线办理，今改照实在边界定界，村寨各归各管。其余事件，仍体照光绪十二年九月二十二日，即西历一千八百八十六年十月十九日，又光绪十三年五月初六日，即西历一千八百八十七年六月二十六日，又光绪二十一年五月二十八日，即西历一千八百九十五年六月二十一日，三次会议章程办理。所有此段界线，图上注明，尽〔画〕对清楚，将来中、法两国以此图约为凭。边界之线式样注明于后。

一、第二段界线：向南经戈索河至黑河，即转东，溯黑河与铜街河会纳处止，又由此转向东北，经山以铜街河、黑河分水岭为界，直抵南松河、戈街河分水岭至南北寨后山顶止。至此转南，顺山嘴下，入戈街河，转东，顺戈街河，入南北河，转南，顺至南江河会纳处，转东，入南江河至昆脑河会纳处，在大茅草坡山嘴止。由此仍向东，上大茅草坡，经板子山为界。至野猪塘南面，即稍转北，接经猛峒河、清水河分水岭为界，至那拉河头止，即转北，入那拉河为界，即横过开化河，上偏马山，由此转西，顺偏马山至白石崖，此节以山顶为界，由此转北，经南洞东分水岭为界，直经绿水河卡，到新崖为止。

一、此二段地界，所有聚义社、聚和社、都龙、猛峒、奋武及东安里各地归中国所有；聚仁社、有朋社、漫美社、丰乐社、大沔社、南天门各地归越南。

一、第二段界牌：第一牌立在白河、铜街河与黑河会纳山嘴处；第二牌立在新寨到石卡拉过岭路边；第三牌立在漫盖到箐门过岭路边；第四牌立在落水洞到箐门过岭路边；第五牌立在茅坪到箐门过岭大路边；第六牌立在茅坪到下南箐过岭大路边；第七牌立在南松到漫美过橄榄坡了口路边；第八牌立在南北河入弋街河，计程约一里远，在橄榄坡南面山嘴处；第九牌立在保良街到大茅草坡山嘴路边；第十牌立在大茅草坡山顶大路边；第十一牌立在猛峒到老寨过岭了口路边；第十二牌立在新寨到清水河岭顶路边；第十三牌立在开化河之北面半山与偏马寨、发汗寨相对当中处，在清水河到龙潭大路边；第十四牌立在白石崖山顶上；第十五牌立在龙潭、漫生过岭路边；第十六牌立在山脚到漫生过岭路边；第十七牌立在石笋到铁厂过岭路边；第十八牌立在石笋之东面后山顶上；第十九牌立在绿水河卡东面卡前了口处；共立十九牌。

一、第三、四两段界线，兹照光绪十二年九月二十二日，即西历一千八百八十六年十月十九日在保胜定界章程办理。查三、四段之地，议定两段合为一段，其四段之牌号，仍照三段接立。至所定三、四两段界线，注明图上，画对清楚，将来中、法两国以此图约为凭。边界之线式样注明于后。

一、第三、四段界线：自新岩东南二里起，往东，经绿水河北之大岭，到高马白之北，向东北，至那郎卡，过大石岭，到岩脚街丛岭止；又由那郎卡，向东，过石山大岭，挨那更，往东北，过坝不河，上至达干路；又下东南，挨至坝不河，自此往东北，过大山岭，经扣览大卡、龙勒卡、洒扫卡、普龙卡至茅山卡，自此往东，上下经统散卡、小卡、穿洞卡至毛稗卡；自此向东北，经马生卡，弯中国马江卡、越南马弄卡当中，过顶高岭，至中国龙戛卡、越南龙姑卡当中，下普梅河湾处，下流以河为界；至中国凉水井、越南岩龙当中上岸，往东南，经龙潭卡，又转东北，经龙楼卡，至越南上蓬；自此往东南，顺颜洞河、普梅河分水岭，分颜洞河归中国，分普梅河归越南；经中和卡、小卡，下至颜洞河卡，以广西三交界止。

一、第三、四段界牌：第一牌立在新岩之东南二里许大岭了口；第二牌立在高马白之北，凹塘之西，山后大岭了口；第三牌立在岩头、茅草坡居中小了口；第四牌立在中国棒甲寨东南二里许往越之那林路；第五牌立在攀枝花往越之岩脚路；第六牌立在奎布寨南五里岭脊，奎布卡往越之那更路；第七牌立在扣满大寨南二里许，往越之他门捏哈路；第八牌立在龙勒卡，系扣览往茅山卡路中；第九牌立在洒扫卡南一里山梁大路；第十牌立在茅山寨南三里，中国茅山卡了口，往越之新街路；第十一牌立在中国锍散卡小了口，往越之水题路；第十二牌立在中国小卡小了口，往越之普那路；第十三牌立在穿洞大卡两山了口，中国马生寨往越之普棒路；第十四牌立在毛稗寨南里许，往越之普棒路；第十五牌立在马生寨东南二里，马生卡大了口中国马生寨，往越之马那路；第十六牌立在马林东五里，中国马江卡，往越之马弄路；第十七牌立在龙戞寨东北二里许，龙戞卡了口，往越之龙姑路；第十八牌立在凉水井南半里，西下普梅河一里，中国凉水井，往越之岩龙路；第十九牌立在中国龙潭寨西南四里，龙潭卡小了口，往越之中渡路；第二十牌立在中国龙楼寨东南里半龙楼卡，往越之上篷路小了口；第二十一牌立在上篷东半里小了口，往中国之田篷街路；第二十二牌立在中和寨西四里，中和卡了口，往越之大口路；第二十三牌立在中和寨南五里，小卡岭岗东，下小卡寨三里西，往越之中篷路；第二十四牌立在中国猺人寨，往越之龙兰街颜洞河；共立二十四牌。

计第一、第二、第三、第四段，共立六十五牌。

所有龙膊河至广西边界各段界务事宜，于光绪二十三年五月十四日，即西历一千八百九十七年六月十三日，两国界务委员在保胜河口会勘竣事。中国委员送每段缮约文二张，界图六张，法国委员送每段法约文二张，界图六张，各核对图约线牌地方清白，画押据执，后来为凭。

旨户部奏日偿款事着咨行内外各大臣等各抒所见电

军机大臣面奉谕旨：户部奏，偿款太巨，请饬通盘筹画折。当此时事艰难，国用匮乏，中外臣工各宜合力同心，共图匡济，着户部咨行大学士、六部、九卿暨各直省将军、督抚，各抒所见，如有可兴之利，可裁之费，能集巨款，以应急需者，即行详晰陈奏，用备朝廷采择。

五月二十八日

依克唐阿长顺裕禄致军务处日本增兵其情叵测大高岭之兵未可遽撤电

现在刘坤一电传陈湜，奉旨：该臬司所部十营调回锦州，与魏光焘等军会同驻扎，并可酌量裁汰，妥为遣拨等因，该臬司亟应钦遵办理。惟近日迭据探报：自换约后，始则凤、岫、海、盖等处之兵渐少。迨本月十六日以后，海城又陆续添兵约二万余人。岫岩、大孤山及凤凰城亦添有二万余人。其海城之贼，内又分两股：一股向吉峒峪，一股住红冈堡，约均五六千人。且据牛庄、营口一带难民传，有日人运到炮百余尊，白板、浮桥、小船及子药、粮食甚多。查和议已成，前敌既无战事，各军自应陆续抽撤，惟刻下迭据探报情形，则日兵实有增无退，我军当仍加严防。陈湜十营皆扎于大高岭西南各隘，周围百数十里，处处皆与海、岫等处贼巢逼近。从前日人犹假仁义，以笼络居民，近则颇肆抢掠，而本地土匪即藉以勾结为害。诚恐该军骤撤，必致民心摇动，土匪四起，别滋事端。且日兵未退，敌情叵测，亦未可遽撤藩篱。所有陈湜十营回扎锦州之处，可否暂行从缓？请示。

五月二十八日

帮办军务宋庆致军务处拟汰弱留强俟日军退完再行请旨电

旨，当即咨商刘坤一，汰弱留强，毅军先再汰五营，暂留新旧三十营，以备缓急镇慑。俟零星各军散后，日军退完，再行请旨。

五月二十八日

署江督张之洞致总署报唐景崧脱身内渡应否遵旨陛见电 附旨

奉钧署阳电，令前护台抚唐景崧设法脱身内渡，唐抚已遵旨于二十七日到江宁。应否入京陛见？请代奏。

五月二十八日奉旨：张之洞电悉。唐景崧着即休致回藉〔籍〕。

总署致李鸿章转龚使告英外部法约画押与中缅条约无干电

法约今日画押，欧使来署力阻，法使又不允缓画，欧使以违缅约，一怒而去，词甚激烈。本署告以姑先画押，尚待批准。但猛乌、乌得之地远在思茅之东，久已专属中国，后来兼属缅甸，与中缅条约无干。薛使原订第五款太笼统，欧使持以诘难。中英素睦，中国不得已之举，乞电龚使，告外部相谅，如有违言，希与商两全之法。

五月二十八日

清季外交史料卷一百十四终

清季外交史料卷一百十五

光绪二十一年闰五月

使俄许景澄致总署报与俄外户两部磋磨借款条件并归辽事宜电

遵与外部、户部切商照改。据称，此次订息，实省中国银千数百万，合同添列俄国一层，全为银行售票轻速起见。但言确信不愆，证仍不足，今拟云，或遇付款阻滞，俄国与中国商妥，允许银行一面蝉联发给股票本息，以代垫付，说法较为两便。又俄款末端，持以《天津条约》已括正意，彼始允删去全条，惟称，因此次借款之事，中国声明必无允许他国有管理钱财之权并利益，如或有何国得此权利，亦准俄国均沾等语。如可订定，并十七电俄款前三端核奏示复。又问日兵在辽情形，答云，不知。叩以归地近议，据云，俄意原因退兵筹款，俟款事定后，当即催办。语颇狡。

闰五月初一日

帮办军务宋庆致总署报和议已成分别遣撤各军电

和议已成，各军宜撤。所有吕本元之盛军、徐邦道之拱卫军、蒋尚钧之精锐营，现尚分扎大高岭、辽阳等处，已咨行设法遣撤回津，由王文昭分别裁并。姜桂题之铭军、刘世俊之嵩武军，距敌较远，似应先撤，各归原省。吴凤柱新队前已遣撤，旧队现存无多，应令带回本任。张光前马步四营现驻义州，正值荒歉，应暂留防。庆本部毅军，拟再汰五营，暂留新旧三十营，以备缓急。俟日兵退清，可否全撤？请旨遵行。余由刘坤一筹办。

闰五月初二日

全权大臣李鸿章致总署报照约日军驻威海中国军队不得逼近应令酌移电

驻京日本公使林董前过津商请照约准暂驻兵威海卫一节，已电属东海关刘道预为筹商妥协。兹据驻津领事荒川迭次函称：奉林使函，日本军队八千人，俟威海卫兵房预备齐整，即可由旅赴威。现拟派员赴威，与该地方官会商一切。该员等于闰五月初九日可行抵该处，务望饬知该处地方官接待，为祷等语。查原约，威海口湾沿岸约在中四十里以内地方，中国军队不得逼近或扎驻，以杜衅端。闻南岸距威三十里尚有防营，应令照约酌量移驻。派印委官绅速往探询，日员至威，妥与会商照料，并带英文翻译前往通词，可也。

闰五月初二日

旨寄李秉衡日军驻威海事宜着刘含芳照约办理电

电李秉衡：日使到京照称，派弁往威海会商驻兵事宜，据该抚电称，令东海关道预为筹商，着令刘含芳照约办理。

闰五月初三日

总署致许景澄向俄借款如与前电相符可照办电

电许景澄：来电悉。借款删去末端，声明：他日如各国得有权利，准俄均沾，尚无碍；至改拟付款阻滞，该银行蝉联发股票等语，未明晰，著详复。此外三条，如与前电相符，自可照办。至借款与归地，系属两事，合同内切勿牵连。

闰五月初三日

谕奎焕藏哲边界业经订约着切实开导照约办理电

上谕：奎焕奏，藏哲边界，番众坚以鄂博为凭，开导万端，迄无转移一折。藏哲边界，东自布坦之支莫挚山起，西抵廓尔喀边界止，以分水流之一带山顶为界。光绪十六年间，业经订立条约，此时如再有异议，必启衅端。据奏，第穆呼图克图及各噶布伦未尝不知事体，均愿往办，乃以三大寺僧众从中阻挠，殊属不知轻重。即着奎焕饬令该第穆呼图克图等，迅速会同委员惠德，传集三大寺僧众，切实开导，晓以利害，照约勘明办理，毋得固执成见，迷而不悟，致蹈覆辙也。

闰五月初四日

总署奏中法续议新约画押事竣折

总理各国事务恭亲王奕䜣等奏，为续议《中法新约》盖印画押日期事。

光绪二十一年五月二十七日，臣衙门谨将与法国使臣施阿兰续定新约各条并先后办理情形恭折具奏，本日奉朱批：另有旨。钦此。并奉旨，派臣奕劻、臣徐用仪与法国使臣画押。钦此。臣等当即面订法国使臣施阿兰于五月二十八日在臣衙门将续定中法界务、商务新约二本，彼此缮就汉、洋文各四分，应由臣等公同画押，以昭信守。

光绪二十一年闰五月初五日，谨奏。

奉朱批：知道了。

使英龚照瑗致总署克款借款合同已遵示改订电

克款，遵宥电议改，立户部借款合同，删去原订合同内无论何时还清本利一层，余照原合同办理，九五五折外，自闰五月初九日六厘起息。克已允，即日画押，乞即奏。录旨照会英使后，驻沪麦加利行收关票缴款，二十五日内分起缴清。奉旨及沪出关票日期，请随时电示，以便告克，电该行遵办。

闰五月初五日

署滇督崧蕃致总署猛乌非江洪境请与英使辩明电

来电悉。滇界误于委员会印画押，法使执以为据，又因助争辽地，索此酬答，不得不从其请。其商务之大有害者，已峻拒之。通商后行销土货，于边民生计似亦无损。法来收地，必有兵队驻扎。将来尚须立界，务派干员妥为交接，免生枝节。滇南十三板纳，旧时通称车里，实则雍正时改土归流，普洱府江内六板纳已归内地，江外六板纳归车里土司，志载甚明。英约江洪即指车里，而约图内江洪界限已跨湄江东西，未免牵混。新界图至英东经度一百一而止，确有明证。猛乌系在一百一度以外，即非江洪之境。英使援缅约辩难，已以此说折之。

闰五月初五日

总署致龚照瑗请执缅图与英使辩明以破其误电

江电悉。英不让猛乌、乌得，必惑于欧说，疑在江洪境内。查江洪即车里，本在湄江以西，欧使则谓跨江而东。阅缅约界图，东至英经度一百一而止，内有红线两道，载明江洪洋字，虽跨湄江东，而实在一百一度以内，此为江洪界限之明证。猛乌、乌得远在一百一度以外，中间尚隔思茅各土司，确与江洪无涉。执此与辩，可破其误。

闰五月初五日

使俄许景澄致总署俄款四端添垫款一层酌改妥协再行成订电

筱电：俄款四端，据外、户部口述，嗣商拟稿。因末端全改，故先撮电其二端。添俄国代垫一层，径电已述及，故但言其略，亦以俟定时再核。顷，晤罗拔，说明未将后稿全电钧署缘由，彼已理〔知〕会喀使，速订明日外、户部邀议，将应贷俄款立合同要节酌改妥协，电明再行成订。又罗拔允两电均不牵连辽事，并允电驻日使，询问日添兵云。

闰五月初五日

使俄许景澄致总署俄国垫款允改为俄国代银行接付本息电 附旨

俄外部因我不愿称俄国代中国垫付关款，故言俄国代银行接付本息，并除去海关字样，以取委婉。照洋文对译，系俄国国家与中国国家商妥，允许立合同之银行一面如期蝉联，用备发给到期应销票息票本之款。先闻。

闰五月初五日奉旨电许景澄：电悉。合同各条，着许景澄斟酌妥协，即与俄外部画押订定。

驻藏大臣奎焕致总署藏番难以理喻可否商英使缓至五年换约电

皓电悉。连日开导至再，藏番持以鄂博为词，不肯轻往，实属难以理喻。可否确商英使，缓至五年换约并办。

闰五月初六日

使英龚照瑗致总署请将缅约暂缓批准电

奉微电，午后晤金外部，详告前后电意。金云：欧使闻华让猛乌、乌得与法，往阻约，署不俟商，仍画押，系毁约，欧阻无不是之处。瑗云：钧署已告，虽画押，尚待批准。兹特来声明，让地实与江洪无涉。金云：明日交卸，沙侯接手后再议。又晤山侍郎详告，山云：约待批准，俟与沙侯议，我等定不生事云。查使署存新划界图，江洪全境至英东经一百三度而止，跨湄江东西。江洪城在一百一度，所误在绘图未将全境各土司注明，故英以缅甸约第五条藉口。法界约请暂缓奏请批准，容与沙侯辩论后，再电闻。

闰五月初六日

使俄许景澄致总署俄外户部拟借款定稿作为两国互订专条电

外、户部会拟俄款定稿，作为两国互订专条：一、俄国凭中国驻使知照海关上年进项及已押借款与每年分还本息各数为据。二、中国允将关税拨还前押本息外，即还此款。至以后借款，每年应在分还此款本息后再行拨用。三、如遇付款阻滞，不拘何故，俄与中国商妥，允许银行一面如期蝉联备给应销票款本息，中国应以他项入款加保，由两国大臣在北京办理，将所添代垫关款改去。四、因借款中国决不允他国办理照看税入等项之权利，如允何国此项权利，准俄均沾。前拟钱财字宽，故指明税项。五、此专条至还清借款。商添此条，以示限制。大旨均本前拟情节。

闰五月初六日

总署致龚照瑗英使馆存缅界图恐不足据电

四月间寄到盖印界图，实至一百一度而止，江洪在湄江西岸，江形斜上西北，上下皆有红线记明，江洪界限虽跨湄江东西，仍在一百一度以内，江洪地即止于此，猛乌在界图外，故与缅约无涉。可告外部查图自明，使馆存图何以不符，恐不足据。

闰五月初七日

使俄许景澄致总署中俄四厘借款合同请知照喀使电 附合同及声明文件

合同十九条，中国驻使奉准全权谕旨与银行会董订立。第一、二条，借数四万万佛郎，由驻使出给借款总据，会董收执。四、八、十一、十四条，此款按九四又八三一扣，再扣印税、造票、工本、发寄等费，周息四厘，西历本年七月一日起算，每年还本息二千一百十五万四千七百五十二佛郎，加银行用费四分厘之一添印息票、刊报等费。十年一发，三十六年还清，十五年后亦可全还，在巴黎交款汇华，摊给汇费。首期至迟限八月朔，次期十月，末期正月，或一期全付。未交款前，所起息由银行贴还。九，海关作保，另立押据。下按三十豪电所拟，如遇付款阻滞，至俄允许银行发给票款等语，改去加保之字。十六，中国在六个月不另借款并售票。此条系西例，银行恐碍售票而设。三、五、六、十、十二、十三条，皆售事。余条，合同例语。各费确数，再查陈。即日户部导见银行会董，如与专条，均准画押。请知照喀使，并示遵。

闰五月初七日

中俄四厘借款合同

中国奉准全权公使许景澄，奉到中国大皇帝谕旨，准与俄国各银号商董商定合同，以下各条开列于后：

第一条　现中国国家订借四厘息法银虚数四万万佛郎，计合德银三万二千三百二十万马克，合英金一千五百八十二万镑，合和兰银一万九千一百二十万佛洛林，合俄银一万万金卢布。此项名为西历一千八百九十五年中国四厘息金钱借款。所有本息，均可照佛郎、金镑、马克、和兰之佛洛林、俄之金卢布合算，即以五百佛郎合德银四百零四马克，英金十九镑十五先令六本士，和银二百三十九佛洛林，俄银一百二十五金卢布为定价。

第二条　西历一千八百九十五年七月初一日，中国国家准借此款，并准中国驻森彼得堡公使将以下所开各条商定画押，作为切实凭据，另立借款总据，由中国办理款事之员照式画押。此据即交森彼得堡各国商务银号存执，另缮各分，由中国使馆校对盖戳后，分送立合同各家收存。此款还清之后，总据原件应缴还中国。

第三条　此项借款，按照中国所立总据，分为股票，计一号一张者五十万张，五号一张者五万五千张，二十五号一张者一千张。每号以法银五百佛郎，德银四百零四马克，英金十九镑十五先令六本士，和银二百三十九佛洛林，俄银一百二十五金卢布为定。此股票并不写明购票之人姓氏，其票文应用法、英、俄三国文字。

第四条　此项股票应写明，照金本，虚数，周年四厘行息，自西历九十五年七月初一日起，每六个月一付，每年以西历正月初一及七月初一日为期。此款最久分为三十六年清还，自九十六年为始，用掣签之法，由森彼得堡各国商务银号办理，中国使馆派员照看。现以一千八百九十六年三月为掣签第一期，以后按年均以三月为期，每年照虚数总款百分之一二八八六八八分还票本并四厘息，仍加付已销票本之息牵算。所掣股票号码应还之本，在是年七月初一日付给。付时，须验对股票连收条并未到期之息票完备。如未到期之息票有缺，即在应还本内扣算。每次所掣号码，应并上届已销未领之票号码刊列清单，并登列俄报及巴黎两报、柏林两报、伦敦、和兰、佛郎格福尔、比利时、瑞士等报。所有刊登各费，均归中国发给。其在一千九百十年正月初一日以前，每期掣签之数，不能增多、不能议减年息，亦不能将借款全本还清。

第五条　此项股票应听购票人之便，如在巴黎、伯罗色尔及瑞士之什纳甫地方购票则用佛郎，在柏林、佛郎格福尔用马克，在伦敦用金镑，在阿姆斯达姆用佛洛林，在森彼得堡用金卢布。

第六条　此项股票并息票，无论此时及以后，均不纳中国各税。

第七条　此项未经掣销之票，其息票用完，应由森彼得堡各国商务银行添造息票，发交各票主。其造费仍归中国发给，票主不必另行出费，亦不纳中国税。

第八条　现将所有办理借款之各银号开列于后：在巴黎之霍丁格尔公司银号、巴黎和兰银号、利杭银号、推广制造商务银号、巴黎爱斯刚脱银号、制造商务银号，在伯罗色尔暨什纳甫之巴黎和兰分号、利杭分号，在阿姆斯达姆之巴黎和兰分号，在伦敦之巴黎爱斯刚脱分号、利杭分号、俄罗斯通商分号，在柏林暨佛郎格福尔者，俟森彼得堡各国商务银号酌指，在森彼得堡各国商务银号、俄罗斯通商银号、森彼得堡爱斯刚脱银号、倭尔噶喀玛商务银号，以上各银号，经办费用均照借款票本票息之数给与四分厘之一。

第九条　此项借款，以中国海关所入税项及存票作为押保。如遇有付款阻隔滞缓之处，不拘何故，俄国国家与中国国家商明，允许立合同之号各商董，一面如期蝉联周备发给到期应销票本及票息之款，现由银号商董将中国所给森彼得堡各国商务银号之借款总据立为各处分售之股票，其票均以中国借款标称。

第十条　每年掣签之事，应由中国驻俄使馆经理，亦可派人代办。第四条所云刊报之事，亦由使馆详细稽查，以免错误。中国使馆有事与银号商董通函，可由森彼得堡各国商务银号代寄此银号。即总理借款之事，料理分送各处应用款项，并稽查每年各银号出入之本票息票，每年中国国家应还本息，即由中国驻俄使馆经理。其款应由使馆约上届所用之数预备，银号商董应在一月前将本期需用若干通知使馆。其款极迟须在还款之期之十天前如数交付银号商董，以便临时发给。

第十一条　银号商董均允于合同画押后即将此借款全行承揽，照虚数法银四万万佛郎，合德银三万二千三百二十万马克，英金一千五百八十二万磅〔镑〕，和兰银一万九千一百二十万佛洛林，俄银一万万金卢布，作为九四又八分之一扣，用法银照付。此借款除费用外，应用佛郎存于巴黎，听中国国家提用。驻俄公使可以出合例收条将此款提用。此项股票在未经刊竣分给以前，应先由银号商董自行出资刊印草票，分给各处购买股票人收执。

第十二条　所有法国印税及刊印股票工本、发寄股票至各处银号等事，均由银号商董料理，所需各费应由中国国家发给。以上各费若干，即在借款内扣算。至刊印新报及应完他国印税、刊布各处招贴〔帖〕、在各衙门存案等费，均由银号商董自给。每股票均有取息之票附连此息票，自西历一千八百九十六年正月初一日为首期，并以后息期。

第十三条　银号商董将此项股票刊印新报，拓揽销售，极迟在西历一千八百九十五年七月三十一日起即行刊登。其所刊之稿，应先由中国驻俄公使阅定，方可发印。

第十四条　此借款系照佛郎四万万虚数，作九四又八分之一扣交付，另加贴还中国自一千八百九十五年七月初一日起至交款之日止应出之四厘息。此两款均合作佛郎，存于巴黎，听中国驻俄公使提用。银号商董可将此借款或一期统付，或数期分付，但极迟不能过一千八百九十五年八月二十日付第一次三分之一、西十月初一日付第二次三分之一、西九十六年正月初一日付第三次三分之一之期。所有法国印税、刊印股票工料及发递各处股票信费等项，均由银号商董清理后，在预备中国提款内照扣。其预备中国国家提用之款，存于巴黎，银号商董应代中国驻俄使馆指汇欧洲各处，不收汇费。如将此款指汇在欧洲以外各地方，应由森彼得堡各国商务银号筹一最有利益中国之法办理。

第十五条　凡合同内画押之各银号，彼此不相牵连。兹将摊分之数开列于左：霍丁格尔公司银号六千二百五十万佛郎，巴黎和兰银号六千二百五十万佛郎，利杭银行六千二百五十万佛郎，巴黎爱斯刚脱银号二千五百万佛郎，推广制造商务银号二千五百万佛郎，制造商务银号一千二百五十万佛郎，森彼得堡各国商务银号七千五百万佛郎，俄罗斯通商银号二千五百万佛郎，森彼得堡爱斯刚脱银号二千五百万佛郎，倭尔噶喀玛商务银号二千五百万佛郎，共计总数四百万万佛郎。

第十六条　在西历一千八百九十六年正月十五日以前，除与银号商董商明外，中国暂不另行借用金钱各债，亦不准他人售卖各种借款股票，惟遇有战事，此条可以不凭。

第十七条　自合同画押之后，有银钱市价意外之事，如法国股票跌至一百以下，俄国股票跌至九十八半以下，则银号商董可以辞办此事。然此酌量之处，只准在西历七月初六日之前。银号商董如经辞办，此合同即为作废。

第十八条　森彼得堡各国商务银号，可代银号商董与中国驻俄使馆商办各事，并能代银号商董出具无论多少数目之合例收条。

第十九条　此合同应立两分，一交中国驻俄使馆收存，一交银号商董收存，即由总商董按各银号商董人数另钞数分分送存查。此钞稿应由中国驻俄使馆核对加戳。遇有可疑不符之处，以法文为凭。

声明文件

兹将中国国家为订借西历一千八百九十五年四厘息金钱之款，与俄国国家彼此商妥各条，开列于后：

第一条　俄国国家接准中国驻俄公使于西历一千八百九十五年六月二十四日来文知照，中国以海关作保，前借之款，若每年应还前借款本息若干，与每年海关税入全数若干，俄国即以此为据。

第二条　中国允将海关税项，除还前以海关押保之款本息外，应还此次借款虚数四万万佛郎分年本息，但预备此项应与预备别项格外看重，并声明此项未经清还以前，无论所借何款，在此款后者，于每年分还此款本息之前，不能取用海关税项兑付。

第三条　此款付还时，不拘何故，遇有阻住及滞缓之处，俄国国家已与中国国家商明，允许立合同之银号一面周备蝉联发给按期此款之分年本息。惟中国国家应另许俄国以别项进款加保。至另商加保之事，应由两国大臣在北京办理。

第四条　因此借款之事，中国声明，无论何国何故，决不许其办理照看税入等项权利。如中国经允他国此种权利，亦准俄国均沾。

第五条　此声明文件与条约一例看重，自中国与承办借款之银号合同画押日为始，至还清此款之日止。兹钞录两分，由奉准画押之员画押盖印。

光绪二十一年闰五月十四日，俄历一千八百九十五年六月二十四日，订于森彼得堡。

为中国商订俄历一千八百九十五年四厘息金钱借款，中、俄两国订立声明文件，于俄历一千八百九十五年六月二十四日在森彼得堡画押。现由两国画押大臣于本日会于俄国外部公署，将此声明文件公同校阅，查核妥善，彼此互换，为此立据二分，由画押大臣盖印，各自收执。俄历一千八百九十五年六月二十四日立于森彼得堡。

使俄许景澄致总署合同六个月不另借一条俄不允删电

佳电悉。惟合同六个月不另借一条，彼不允删，仍候复到与歌电专条同画押。

闰五月初十日

署江督张之洞奏遵旨保荐黎庶昌等堪充日使电

旨命保荐使才，系选择出使日本人员。查川东道黎庶昌，两次出使东洋，情形最熟，日本文人从游者多，藉其旧日声望，尚不至为彼族所轻，似为合宜。又查有奏调江南差委湖南候补道陈允颐，曾以随员、领事等官到过东洋，亦熟洋情，可以备用。

闰五月初十日

全权大臣李鸿章致总署据刘含芳称日兵欲占民房请总署按约驳辩电

东海关道刘含芳电：日本委员詹男初十日到岛，面称，军队日内可到，先将民房移出。凡民房六间，让出三间。差员按约与辩，云：须请示全权大臣。故此电禀等语。鸿复之云：原约第八款，中国为证明认真实行约内所订条款，听允日本军队暂行占守威海卫，又另约驻守威海专条第三款云，日本军队所驻地方治理之务仍归中国管理，但遇有日本司令官为军队卫养、安宁、军纪及分布、管理等事，一经出示颁行，则于中国官员亦当责守等语。所称地方治理者，自因借地驻兵其地方寻常事件仍归华官管理，并未指明军队须占民房。前据林公使面称：先派员前往修理兵房，再调军队往驻，必无先占民房之说。且威海民穷房少，天气炎热，易生疾病，亦非军士卫养、安宁之法。今惟劝日员赶修兵房，或择地自行支搭帐房，以期兵民相安。若逼令民人退让，必激事端。除电总署就近与林大臣商办外，合先电复云。

闰五月十二日

全权大臣李鸿章致总署据刘含芳称借民房事已与日本委员商通融办法电

昨遵电与日本委员言，且据约与说，并言：总署已与林大人通融。伊云：凡所言民房之事，如不照办，伊自有办理之权。委员等见其言强气充，不可理喻，因许以相距威海二三十里之村庄所有闲房庙宇一律查清，编号开单，明日送阅。该委员尚不满意，只得通传各绅商设法暂挪，各民等亦不得已许以暂挪。然兵多至一千，住非一年半载，或可一时暂借，断须搭盖兵房方能永久相安。刘含芳禀请电闻。

闰五月十三日

旨寄张之洞廖寿丰日约改造土货一节关系甚重着筹复电

旨：日本约中改造土货一节，关系甚重。江浙等省，如丝布、绵花可否于出产处先抽厘金，方准运出；并招商多设织布、织绸等局，广为制造；又筹款购置小轮船十余只专在内河运货，以收利权？着张之洞、奎俊、廖寿丰妥速筹商复奏。

闰五月十三日

闽督边宝泉致军务处报日用兵轮八艘载兵万余由基隆上岸南进电

探报，日犯台中，屡为林朝栋所败。接仗在中立、居笼等处，距大田湾七十里。又闻日用兵轮八艘，载兵万二千，由基隆上岸南进，华人多附商轮往厦门。

闰五月十三日

全权大臣李鸿章致总署据刘含芳电日人请将草庙防营迁徙与约不符乞奏明电

刘含芳又电：詹男十一日已派弁于威海城外标记民房，今日往各村庄标记。卑职据约与商，难于挽回。即代寻庙宇民房，亦来不及。且云草庙营兵何以不遵条约迁徙，要到府理论。查原约，海湾沿岸日本五里计，核中国四十里，草庙以威海计则在四十里外，以海湾算则在四十里内。昨呈禀图，乃威海四十里外，又添海湾四十里彼此界地，更非原约所有。应请速电总署，与林大臣商定，电属该员一切如约，由芳派轮送交为妥。查草庙现尚有东军防营，实在海湾四十里以内。原约只有海湾，无威城字样，恐东抚拘执，不肯迁徙，必滋口舌。乞奏明，饬令照约办理。

闰五月十四日

全权大臣李鸿章致总署已电伊藤请照约修兵房电

顷，已照刘道来词之意电致伊藤，请其饬令带兵官照约办理，缮修兵房，勿占民房。俟其复到，再电闻。

闰五月十四日

全权大臣李鸿章致总署威海口岸划界已饬妥办电

顷，电刘道云：元电所称划界一节，不甚明白。如草庙以威城计在四十里外，以海湾算则在内。查原约只有威海口湾沿岸四十里内为日本军队驻守，华兵亦不能越，是于中间留为瓯脱之地，彼此免去嫌衅。但原约并无四十里外又划出瓯脱若干里，断不能再圈至四十里之多，势惟先将海湾四十里内威城起算之说。草庙距海湾南岸仅三十里，原驻防军若不迁移，显系违约。至日员划界图，于距威四十里外又圈四十里，据称日兵不能越境，所驻东营移出另扎，免其藉口生事，再议瓯脱应留若干里，约明两国兵均不能过界，是在该道之相机善处矣！

五月十四日

全权大臣李鸿章致总署孙万林扎营在海湾南岸四十里内请饬移扎电 附旨

顷，刘含芳电：今日巳刻，彭令乘轮回烟面禀，据日本委员詹男照会，本官拟于冶口地方择定营房，于中历本月十三日派兵十名前往该地，遇贵国东字营兵二十余名，云奉上官命驻扎，又据该村人言，草庙尚有兵二、三百名。本官查和约第三条内，刘公岛至威海卫一带起，日本里五里，即贵国四十里以内，为日本军队驻扎区域。今城内有贵国兵驻扎，实属违约。请查明咨退，即速见复等语。卑职等当函告孙统领，据称：无抚院行知，不能移营。事关重大，卑职只可乘轮回烟请示等语。查彭令呈阅詹男照会，与所禀各节相同。应如何飞电东军统领孙万林遵照之处，伏候电谕饬遵云。闻东抚前有严札，沿海各营如未奉该抚札谕，擅自移扎，辄以军法从事。孙万林扎营，实在海湾南岸四十里以内，如不移扎，必开衅端。务电饬遵，毋得迟误生事。

闰五月十四日奉旨电李秉衡：接刘含芳电称，日本委员以草庙营兵何以不遵条约迁徙来问等语。马关另约第二款，在威海卫，应将刘公岛及威海卫口湾沿岸照日本国里法五里以内地方，约合中国四十里以内，为日本国军队驻守之区。现在草庙防营系在海湾四十里以内，自应照约迁徙，着李秉衡即将防营择地迁徙，免滋口舌。

鲁抚李秉衡致总署日使所绘驻兵图线违约多占两县请与辩明如约办理电

据刘含芳电称：日本委员辰伕连日在威强欲占民间住屋，难以理喻等语，并将日员所绘地图呈送前来。查条约及林使所商，系允日兵暂驻威海，自盖兵房。该日员竟迫民让房，殊出条约之外。现在东军驻扎草庙、酒馆等处，按约远在四十里以外。今该使所绘驻兵分线已违原约里数，又复另加画线，将文登、荣城两县城一概圈入，更为原约所无，且约准暂驻兵威海耳！如遂其要挟，则两县城且势如彼之固有。如因战而失两城，衡万不敢逃罪，如听违约而让两县城，实无以对朝廷。相应请旨饬下王大臣与林使辩明，迅饬日员如约办理。倘竟无理取闹，衡惟有不怕敌强，与之力抗。事到如今，忧愤极矣！请代奏。

五月十五日

使俄许景澄致总署俄借款合同已画押电　附旨

俄外部接喀复相符，本日合同专条均已画押。

闰五月十五日奉电旨：借款既定，归辽事即应接办。着许景澄询问外部，曾否议有端倪，将来如何交割？此事为东方全局所系，俄国既有帮到底之说，必不食言。至赔款万难再允，许景澄与外部婉言，总当竭力维持为要。

鲁抚李秉衡致总署日员背约要求尚未定局拟暂驻莱州电

旨：李鸿章奏，刘含芳电，日本委员詹男以草庙营兵何以不遵条约迁徙来问等因。查草庙系扼要之区，衡已饬将左近放卡勇丁调回本营，不至生衅。现在日员背约要求，尚未定局，可否暂缓移营之处，请旨遵行。再，衡前电奏请回驻省城，现看只有仍暂驻莱州，俟各事定局，再行回省。

闰五月十六日

全权大臣李鸿章致总署接伊藤电日军俟兵房盖妥来威电

顷，接伊藤十五日电复：李中堂阁下，本日已将昨电转达兵部，令其由电谕知军队司令官，展缓赴威，俟至该处暂驻兵房起盖后方行云。除转电刘含芳外，合电闻。

闰五月十六日

江督刘坤一奏密陈大计联俄拒日以维全局折

钦差大臣两江总督刘坤一奏，为密陈大计，联俄拒日，以巩陪京而维全局事。

臣维华洋交涉垂三十年，时至今日，事益棘手。中国刚柔之用，贵随时变通；各国向背之机，在因势利导。自越南之役，中国措施失当，颇为各国所轻。此次与日议和，诸多迁就，益启外人窥伺之渐，虎视眈眈，皆思择肥而噬。我自度力不能及，不可不亟联邦交，以资将伯之助。以臣愚见，各国之患犹缓，惟日本之患为急。盖其国与我逼近，若得台湾、辽东，则来路益便，直从枕席兴师随在被其侵轶也。日本之患，沿海犹缓，东三省为急。盖知为我龙兴重地，三陵所在，势所必争，动辄觊觎，以图要挟也。此系切肤之痛，有识者莫不以为深忧。第日之强，非俄所愿。日之扰我东三省，尤为俄所忌。是以中日和约业经割予辽东而俄与法、德勒令退还，讵专为我，兼自为耳！我乘此时与之深相结纳，互为声援，并稍予以便宜，俄必乐于从我。纵不能保我沿海各省，而东三省与俄毗连之地，日必不敢生心，则保全之利较沿海各省奚啻万倍！倘东三省有失，则我朝何以奠根本？皇上何以对祖宗？此臣每一虑及，不禁心惊肉颤也。或谓俄与中国接壤最宽，将来必为害于中国。臣前此亦以为然，今则颇知其说之谬，亦视我之抚驭何如。俄疆宇已广，且信义素敦，与我修好二百数十年绝无战事，实为千古所未有。前以伊犁还我，此次与法、德争还中国辽东，其为德于我更大。而顾疑其有他，不复推诚相与，则是合者离之，厚者薄之，将谓中国不足为缘，益成孤立之势。伏乞皇上密饬总理衙门及出使诸臣，凡与俄国交涉之事，务须曲为维持，有时意见参差，亦复设法弥缝，不使起衅。中、俄邦交永固，则日与各国有所顾忌，不至视我蔑如，狡焉思启矣！国是所系，不敢缄默。敬抒一得之愚，伏候圣明采择。谨奏。

光绪二十一年闰五月十六日。

江督刘坤一奏请饬密商俄国促日还辽予以新疆数城为谢片

刘坤一片。

再，臣维辽东决不可弃，无辽东即无东三省，无东三省即无我朝矣！俄与德、法三国令日还我辽东，其实以俄为主。乃辽东之日去而复返，似在游移，得无俄意中变。如俄责报于我而不肯明言，似应电饬许景澄与之商订密约，果能使日还辽而不再索赔款，则我即割新疆数城予俄为谢。夫新疆之与辽东，轻重为不侔矣！以俄国今日之强，如欲得新疆数城，恐非中国所能制，不若自我予之，藉可结欢，以收辽东已失之地。至朝鲜，许其自主，亦应归中、俄保护，或归各大国保护，我东三省暂得息肩矣！谨奏。

光绪二十一年闰五月十六日。

旨派裕庚充出使日本钦差大臣

上谕：二品衔・广东惠潮嘉道裕庚，着开缺，以四品京堂候补，充出使日本国钦差大臣。

闰五月十八日

鲁抚李秉衡致总署威海日兵回旅顺不住民房电

刘含芳电：本日酉时，接威海委员禀，十八早，旅顺有船到威，大队未到。在威城日兵，闻十九日乘该轮回旅，只留詹男带兵十余人在威。刻已与卑职约定，明日八点钟采择修理营房之地。似日员已接其政府来文，不住民房之意，其气已稍杀矣！王带来孙万林函，冶口勇已经遵谕调回云。

闰五月十九日

旨寄许景澄赔款万难再允请罗拔始终力护电

电许景澄：赔费万难再允，罗拔既有议驳之言，着即属其始终力护，无令中国为难，以尽彼此相交善事。至何时开议，探闻电复。

闰五月十九日

旨寄张之洞铁路重要着奏保数员以备简用电

旨：兴修铁路，为方今切要之图，亟应查办。惟责任至重，必操守廉洁、明干有为、熟谙情形之员方能胜任，着张之洞悉心遴选，奏保数员，以备简用。铁路支干，前据张之洞条奏，颇为详晰，着将由京至清江一路作何修造之处再行妥筹具奏。

闰五月二十一日

使英龚照瑗致总署俄法催日还辽并法廷已饬法商以轻息贷款电

哈告庆常：接驻日法使电云，俄、法催日退辽旅，日意或先交费若干，或稍加费，即可议结。法廷已饬法商借款，息轻，以后仍可借助。华匪扰越，请饬文武与法官筹画妥善办法。

闰五月二十六日

翰林院侍讲张百熙奏通商条约弊混滋多请饬详慎订议折 附旨

翰林院侍讲张百熙奏，为通商条约弊混滋多，中国利权宜防损失，请饬通商大臣详慎订议，悉意维持，以防后患事。

窃维中国许日条约，如割地、赔费之失，天下所共知，不必论矣！至割地、赔费之外，其所失为最甚者，则莫如第六款之所列各条。盖割一台湾，其地犹有所限也。赔费二万万，其数虽多，而亦有所止也。若以中国华实之区，如江、浙、川、湖，并称繁盛，而许于苏州、杭州、重庆、沙市等处添设通商口岸，水程陆路悉听其任便往来，租界林立，中国并不能过问。且如第二条日本轮船得驶入各口，附搭行客，装运货物；第三条日本臣民在中国内地购买经工货件，若自生之物；第五条日本臣民得在中国任便从事各项工艺制造，又得将各项机器任便装运进口，止交所订进口税。日本臣民在中国制造一切货物，其于内地运送税、内地税、钞课、杂派以及在中国内地沿江及寄存栈房之益，即照日本臣民运入中国之货物，一体办理各等语，易滋弊混，不可不详慎订议，以免侵蚀利权。

查中国财赋，岁入之款，乾隆以前三千余万，至嘉庆时增至四千余万，今且增至六千余万矣！臣尝见嘉庆十八年户部汇核各省出入钱粮税课清单，实入银四千一十三万有奇。除岁出实银外，尚余银五百九万四千余两。又尝见光绪七年户部岁计簿数所入各直省地丁、盐课、关税、洋税、厘捐、杂税等项，实银六千六百余万两，而岁需出款至七千万两上下，常年所入固已不敷所出。略综而计之，所入昔无今有之款：一曰厘金，岁约一千五百余万；一曰洋税，岁约一千余万。所出今有昔无之款，则除长江水师兵饷约银一百万两，各省制造机器等项约银百余万两外，岁费防军饷银一项至三千余万两之多。咸同间军务倥偬之时，度支奇绌，洋税尚少，专赖厘金以为接济。今各省防军虽未能遣撤而已渐裁减，所有厘金出入之款正可逐加厘剔，严行查核，以重饷需而舒帑藏。乃时会艰难，猝遭日患。款局既定，条约繁兴。果如所开第六款诸条，准其所行，将内地厘金必悉数化为洋税，使常年入不敷出之帑项得藉厘金以资挹注者，后此益形短绌，一去不可复回。即无二万万赔偿之费，中国亦势成坐困。其故何哉？盖人心之嗜利，非理谕势禁之所能止。近年以来，中国奸商因厘金较洋税为重，往往贿通洋商，以中国货物作为洋货，请用子口税票，以免内地各局厘金。中国货厘日见减少，实由于此。今复准日本轮船附搭装运，又购买经工货件若自生之物，又制造一切等项即照运入中国之货物办理，臣恐中国奸商趋之若骛，更不必贿用子口税票，而所有中国货物为日本改造者固以洋货论，即不经日本改造者皆得藉口改造，用日本商人字号图记，诡免厘金。若不明定章程，何以保自主之权利、杜奸商之影射？又此次江苏巡抚赵舒翘、浙江布政使胡聘之先后入觐，与人言及各该省新立通商口岸忧形于色，意以所议通商条约各地方官若不与闻其事，虑立约之后，或多窒碍情形，一有为难，不独上劳宵旰，下扰闾阎，即外国商人亦不得遂其贸迁之乐。

臣深维事理，似该巡抚等不为无见。相应请饬通商全权大臣，将日本臣民入口以后商务及中国目前之商务易滋弊混处划断明晰，详慎订约，并请饬电商两江、两湖、浙闽、四川通商地方各督抚，悉心定议，以防后患，庶厘金不致日益减少，尚可随时整顿，以裕军饷。不特各督抚得尽维持之力，即日本臣民之往来侨寓于各口岸者亦可并受保护之益矣！谨奏。

光绪二十一年闰五月二十九日奉旨：有人奏，通商条约弊混滋多，请饬详慎订议一折，据称，中日条约所失最甚者，莫如第六款内所列各条，苏州、杭州、重庆、沙市等处添设口岸，听其任便往来，中国不能过问；又如第二条日本轮船得驶入各口，搭客运货；第三条日本臣民在中国内地购买经工货件，若自生之物，第五条日本臣民得在中国制造各项工艺，又得将各项机器装运进口，止交进口税。日本在中国制造一切货物，即照日本运入中国货物，一体办理。以上各节，易滋弊混，恐中国奸商藉口改造，用日商字号图记，诡免厘金等语。此次开议商约，关系中国利源、商民生计，其事甚重，急应尽力维持，预防流弊。着李鸿章、王文韶按照原奏各节，悉心妥筹，详慎办理，毋许迁就。该大臣等身膺重寄，总须自保权利，力与磋磨，将所议条款易于弊混之处详细剖晰，以免贻患将来。是为至要！

使俄许景澄致总署俄外部言借款不足请预补备俟辽议定即全付早令退兵电

俄外部称：借款合日费一万万两，不足，请预补备，俟辽议一定，中国即可全付，早令退兵。否则，不必早付，兼作辽事之操纵。

闰五月二十九日

清季外交史料卷一百十五终

清季外交史料卷一百十六

光绪二十一年六月

总署奏请令各省嗣后奏折不得指日本为岛夷折

总理各国事务恭亲王奕䜣等奏，为请旨通饬事。

据日本使臣林董来言：各省奏折，每指该国为岛夷，请饬禁阻等语。查我国既与日本重订和约，应与中国最为优待之国一体礼遇。嗣后各省奏折自不应指日本为岛夷，方为合礼。拟请申明条约，饬下各省将军、督抚臣等遵办，以联络邦交。是否有当？伏乞训示。谨奏。

光绪二十一年六月初一日。

使俄许景澄致总署报在伦敦交日本赔款办法电

银行告：本日开售股票颇顺，适数日内全款可交。如克、镑汇伦敦，照合同不收汇费，惟须分每礼拜兑一百万镑，庶免涨价吃亏等语。款既备妥，自以早交撤兵为便。可否商日使，即将银行指定随兑随交，取该银行收据汇核，约九月交齐？

六月初一日

旨寄张之洞鹿传霖谭继洵日约改造土货一节着悉心妥筹补救电

电张之洞：此次日本约内改造土货一节，现尚未开议。其关乎国计民生，应如何补救之处，着张之洞悉心妥议以闻，并谕鹿传霖、谭继洵将中日新约第六款添设各处口岸之事详核复奏。

六月初一日

使俄许景澄致总署罗拔言日廷索辽东赔费现恳俄力驳电　附旨

罗拔函告：接驻日俄使电，日本索辽东赔费五千万两，付此款及如〔首〕期偿费，退出金州界，付二期偿费，议定商约，全退等语。罗拔现赴俄主谒商，俟订晤，恳其力驳，再闻。

六月初三日奉旨电许景澄：电悉。此次赔款过巨，财力已竭，日索辽东赔费，万难再允。许景澄将中国为难情形向罗拔切实言之，属其力驳，以副俄国国家始终相助之意。

户部尚书熙敬等奏整顿洋税逐渐收回利权片

熙敬等片。

再，东西税额，大致值百取二十，或取四十、六十，最多值百取百，进口税重，出口税或轻或免，此西国之通例。道光二十二年《江宁条约》，各货税则之多寡，以价值为率，每价百两，征税银五两。咸丰十年《天津条约》，始定洋货、土货子口之税，于首至之关口总纳一次，每百两，征银二两五钱，给半税单为凭，无论运往何地，不得再征。夫值百抽五，较各国税则，轻者减什之三四，重者减什之七八，中国吃亏已甚。而自半税单盛行，洋商避重就轻，获利更厚。同一土货，由香港来，则准报子口税，无厘捐，由广东省城来则否；同一洋货，洋商运入内地则免厘，华商则否。且同一纸也，墨也，金银器也，毡毯也，衣服也，密饯、烟叶、烟丝也，皆出口有税，进口则免。待洋人则优，征华商则重，办理不得其平，故洋人入内地藉华商为导虎之伥，华商买报单又藉洋人为腐鼠之吓，偷漏影射，百弊丛生，常税、厘金，因之减色，良由总税务司及各口税务司皆用西人，譬诸秦人视越人之肥瘠，故自各口通商以来，徒使利源外溢，民生坐困，莫可如何。

查条约税则及通商各款，遇修约年分，原准酌量议改。日本海关，从前亦进口税轻，出口税重。自去年与英国立约加收，美国从而附和，日本关税今昔异形。中国洋药加税，前大学士左宗棠初创是议，举朝皆以为难行。迨出使大臣曾纪泽等与英国外部辩论数年，卒定税厘并征之议。可见利权所在，据理力争，未尝不可挽回万一。为今之计，宜将有约各国进出口税则悉心参考，知我吃亏所在，先与英国商订，以英商贸易华为最多，商务亦最盛。英国不以加税为怼，各国当必从同。明知西俗无不护商，诚非片言所能遽定，日本加税之议，亦几经磨砻而成，但使经年累月，反复申论，争得一分即得一分之益。就令税则不能加重，而于向不收税之吕宋烟、洋酒、米面、毡绸等物，如能照西例一律收取进口税，微特将来可从此进步，即目前利益亦自不少。惟事关通商约章，臣等不敢轻议，相应请旨饬下总理衙门，相机设法，遇有可乘之时，竭力妥办，勿视为不急之图，庶几得尺得寸，逐渐收回利权。臣等为整顿洋税起见，是否有当？理合附片具陈。谨奏。

光绪二十一年六月初四日。

旨户部及各省将军督抚着整顿厘金裁减制兵电

旨寄户部、各直省将军、督抚：据户部奏，需饷孔殷，谨陈办理情形一折，现因息借洋款，每年本息过巨，各路防军需饷孔繁，亟宜预先筹备。该部所称查核、转报、整顿厘金各节，皆切实可行，着各直省将军、督抚认真妥办。又裁减制兵一条，着该督抚体察情形，认真裁汰。另单所称盐斤加价各条，亦着一并议办。

六月初四日

编修陈荣昌及公车等奏请拒绝法国要求割让普洱蒙自以保边圉折

都察院代递云南京官［公车］陈荣昌及公车等为呈请代奏，以保边圉而固民心事。

窃闻近与法国换约，有割普洱、蒙自边界地方若干里，并允其开办锡厂之说，闻者莫不太息！不独荣昌等谊关桑梓，视为切肤之灾，亦谓国家大计，不宜一误再误至于如此也。自法人吞噬安南以来，普洱、蒙自实与接壤。其处心积虑、狡焉思启者，已非一日，特无隙可乘耳！今见我朝于日人小丑辄割台湾以媾之，则法人之欲进占滇土以遂其无厌之求者，诚意中事。然割台湾已一误矣！一之为甚，其可再乎？在议者以为彼所求者边界无用之地，与之足以偿其欲，且与我无损也。诚使于彼无益，于我无损，彼亦何所图而必欲得之？今既有所图而欲得之，则其有益于彼，有损于我，不待言矣！即国家幅员甚广，区区边土亦复何惜？第自朝廷视之以为赘疣之可弃，自本省视之以为唇齿之相依，自今日无事视之则谓其舍地以睦邻，自他日有事视之乃知其开门而揖盗。与其悔之于后，不若慎之于始，故边陲土地，尺寸不可予人。且外人何厌之有？今闻割地与法，而英国使臣已积不能平，啧啧焉议其后矣！英人自得缅甸，其垂涎滇疆者亦非一日。以是推之，其不启齿已耳！若一启齿，则滇之西鄙腾越、永昌诸边境亦将拱手而授之乎？我国之疆宇有数，敌人之欲壑难填。古人云：以地事秦，如抱薪救火，薪不尽，火不灭。夫以六国事一秦尚有不尽不灭之虑，况今之耽耽焉欲吾土地者更不仅如六国时之独有一秦耶？此不可不以为戒也。

且蒙自有锡厂之利，普洱有茶山之利。此二利者，国计所关，亦滇民所相依为命者也。今闻蒙自锡厂准其开办，又闻议者以为彼开彼厂，我开我厂，彼此分办，两不相涉。此自愚之说，诚不可听。何者？我之采矿以人力，彼之采矿以机器，人力之艰难，远逊于机器之便捷，是我一年之经营，有不敌彼一月之求取者。名为分办，实则彼专其利矣！彼既专其利于蒙自之锡厂，又必图利于普洱之茶山。两利俱失，必有两害。两害者何？内忧与外患交作也。滇之民尚称疾苦，其倚此二利为生活者不可胜计。一旦失利，则民无以生。民无以生，则变不可测。内变既起，彼必乘而煽之，又起而图之。内忧外患，两害交作。虽有孙吴之将，贲育之士，恐不能善其后矣！弭乱之机，正在今日。今日许之，适以启乱之渐，今日勿许，正以杜乱之萌，此不可不以为念也。查公法，民不愿附，虽全权画押尚可废其议。于和约未定之际，应请代为呈奏，仰恳皇上天恩，饬下总理衙门，将所议割普洱、蒙自边地及准法国开办锡厂两事妥筹更正，改换和约，以保边圉而固人心，实为德便。

光绪二十一年六月初五日。

仓场侍郎许应骙奏日患方殷请联俄以资控制折

仓场侍郎许应骙奏，为日患方殷，请及早联俄，以资控制而固疆域事。

窃日以弹丸小国，率尔称戈。和局虽成，祸机未已。我皇上宵衣旰食，力图自强，举凡练兵、筹饷诸大端，一经臣下指陈，均蒙嘉纳，此诚拨乱反正之机也。臣谓当今时局，武备固贵亟修，而邦交尤宜加意。溯我朝自互市以后，风气日开，译署设于京畿，使臣通于绝徼，睦邻之道，既详且尽，然而终怀中外之见，莫效指臂之联，一遇变故，群相携贰，其素蓄异谋者争啖渔人之利，其稍知大体者静为壁上之观。彼常协谋，我常孤立，不得不亟思变计矣！臣尝览天下大势，昔当联英以拒俄，今则当联俄以拒日。敬为我皇上缕晰陈之。

英人以商务致富强，向恃五印度为外府。五印度土腴产阜，夙为俄所垂涎，英人捍卫不遗余力。从前阿富汗之役，经营防务，着着争先，此左〔佐〕证也。其余通商口岸多在中国，既愿利权之永保，常思友谊之相维，故曩年彼国议院及各处报章佥以结好中朝共防俄患为说。嗣窥我无意联属，而创建之东省练军、北洋战舰，类皆虚应故事，势难制俄，遂中止耳！至日之改用西法，英导其先，故尝虚已事英，厚相结纳。出使者贪其小利，执政者悦其甘言，交赞于廷，淆乱黑白。英廷惑于其说，以为藉日果可制俄也，乃听其蹂躏中国为强大计，不惟不阻，又阴助之，计亦左矣！迨款局甫定，俄忽仗义执言，日气既夺，英谋亦沮。环球诸国，窃非笑之。然固结已深，势难遽拔。是事至今日，联英未可轻议，而防俄转属缓图矣！何则？俄之叵测，未形者也，日之强横，已著者也。犬羊之性，得食勿饱，又骤获二万万之偿款，增置船械，凶焰益张。台湾为山海奥区，险要可以屯兵，财赋可以济饷，一经划据，则开矿、垦荒诸务势将次第举行，于是贫民之无业者从而归附之矣！黠民之作奸者起而勾结之矣！乘间抵隙，防不胜防。非特此也。日人文字与中国同，一俟立足稍牢，必卑礼厚弊〔币〕，以罗致不得志之士，询我政治得失，审我舆情向背，藉其诡计，济彼阴谋。若辈在华只属樗栎之才，而在日则为心腹之患，深可虑也。顷者军实不充，饷源奇绌，纵认真整顿，收效总须数十年。设日再起波澜，一旦猝发，岂不坐困耶？此臣不得已而为联俄之请也。

夫俄雄视六合，原有囊括之志。特测其意向，当先图欧洲而后及亚洲也，故二百年来与中朝未尝失好，间有龃龉，旋即释嫌，是较他国之肆意要求、动相恫喝者似尚有别。即就此次日事而论，归辽南侵地，贷我万万偿款，不图自利，不扣重息，其有意输睦可知。朝廷宜乘此时特简忠贞夙著、胆识兼优之大臣前往申谢，孚以信义，托以腹心，彼此订约，为局内之国，无事同沾利益，有事共矢匡扶。俄与我同属亚洲，必不膜〔漠〕视。迨中俄既合，微特日人有所震慑，即诸国亦无从觊觎矣！而或谓俄乃虎狼之秦，拒之犹恐伤人，引之得无噬我？不知此时兵力制日不足，何有于俄？则与其此猜彼忌而或启戎心，曷若开诚布公而转收臂助？总之，中、俄联合，方为各国所忌，度必百计离间，入以游词，尤望我皇上坚持定见，勿为所动，庶远交之道得，而近攻之势可成。然后广揽人才，精求战具，本尝胆卧薪之志，为长驾远驭之谋，边备日修，国威自畅，斯日仇不难卒复，而俄好于以永敦矣！臣管见所定，未敢安于缄默，伏惟圣明垂察。谨奏。

光绪二十一年六月初六日。

使俄许景澄致总署已商俄外部力驳赔款并陈罗拔对于赔款意见电　二件　附旨

商请外部，力驳赔费，彼称，俄廷现已转商法、德，尚未酌定办法。

六月初六日

遵旨又切属力驳，罗拔云：日本索赔过多，退期迁延，意颇不善，不给费，断不能办，现惟核减赔数，撤去商约，冀早结局。已商德、法，如所复意同，即电驻使商办。又冬电情节，罗云：日本嘱，俟四国商定，方告中国，系关切，预达，请总署弗作明告云云。

六月初八日奉旨电寄许景澄：辽事迁延可疑，罗拔所云，撤去商约，冀早结局，办法甚是，仍着随时探询具奏。

署江督张之洞致总署拟派员测勘沪宁路线电

外国铁路要义，利商与利兵两大端并重。芦汉干路，兵商兼利，此为中国铁路大纲。此外尚有一路可以兴办。查由上海造铁路以通苏州而至江宁，旁通杭州，此路最有利于商。货物丰，行旅多，道路平，大河、小河道里近，成功易而获利速，又可杜外国小轮之害，于江南富商筹饷之道均有益，借款亦不难。且去年办防以来，苏杭精华，力筹保卫，然各处距海皆不甚远，内河纡迟，实难得无数重兵军械，分防援应。若铁路既通，江宁、苏杭联为一气。外远内近，可以随行策应，省兵省饷，是于兵亦有大益。洋商劝开此路、营谋代造者甚多，其利厚可知。朝廷如有意兴办，拟派员带洋匠测勘，酌议筹商办法，再奏明请旨办理。请代奏。

六月初十日

鹿传霖谭继洵致总署遵议中日新约第六款设法补救熟筹审度条约利弊电

初一日，准艳电，奉旨：中日新约第六款即须开议，有何设法补救之处，着鹿传霖、谭继洵妥速筹议复奏。钦此。遵即熟筹审度，谨拟各端，恭候圣明采择：

一、工艺制造必须指定通商各口租界也。查第六款所云中国通商口岸城邑任便用机器制造等语，语涉含混，亟应指定口岸租界为断。缘口岸租界地面中外一家，见闻习惯，积嫌可泯，文武各官易为保护，日人经营工艺制造尚可相安。至内地非通商码头，地既偏僻，民易惊疑，复传言将以西法夺彼生计，必生事端，地方万难保护，恐碍和局。此最紧要，务须力争。且非水陆通衢，运送不便，于日人尤毫无利益。

一、洋船行止宜有定章也。除重庆口岸应照由宜昌至重庆行船章程办理，所有沙市与宜昌、汉口无异，应查照宜、汉两口办法，由地方官勘定码头，划清界限，各国船只只准在界内停泊，不许稍有逾越，亦不准在未通商之口岸及内江、内河私行往来停泊。违者，船货入官。至查验、征税等事，亦应照宜、汉两关办理，以昭划一。

一、华民生计宜善为维持也。中国各口准日本工艺制造，于民生必多妨碍，须先指定何项，示以限制。查俄商在汉口以茶叶制砖，英商在上海以蚕茧制丝，此为制造土货之始。然英、俄各国所务者大，故民间仍得工作，自保利源。今议日本新章，似应指明几项，由总署折衷议定口岸地方，方准制造。其余不在议内，概免添设。既为黎庶留生机，即为国家保元气。否则，听彼侵占，民生日蹙，害何可言？

一、厘金宜设法保全也。查日本在通商各口岸制造货物，一体办理等语，取巧之中，尤多轇轕。倘使制造土货悉照洋货纳税，各国复从而效尤，不独小民生计将尽，势必驱奸商假冒影射，弊不胜防，而厘金从此无来源，何以自立？今议新章，日商既在租界制造，必先买货，似应照洋商卖土货向章办理。如在内地买土货运到通商各口岸，应领单照，先完子口税；如在本口买土货，应验明华商完厘凭据，方准存栈；如制成货物出口，须完出口征半税；如在本口制成货物在口销售者，应完一正税；若运入内地，应照中国土货，逢关纳税，遇卡抽厘；此日商在各口制造运往本国及转运别口运入内地须归一律之办法。其日商由本国运来之货，到通商口岸应完进口正税，方准存栈；如已在别口完税，有单呈验，应准免征，待运入内地，再完子口半税；此日商自运本国商货到各口岸及入内地完纳正半税之办法。如此，则较之从前日本人不准运日本商货擅入内地，其所沾利益已与各国相同，兹准在各口制造，更视各国为优，而中国抽收厘金虽不免吃亏，仍稍有把握。

总之，以上各端，不能不预防流弊。凡洋商向作贸易应如何稽税，杜漏防弊，应再体察情形，随时酌办。其有关中国体制，并有关华民生命，如火油池栈之类，均应力为阻止。如有不肖华商藉洋人为护符，在租界冒开行栈，意存包揽，甚或匿藏匪类，及一切不法等事，应由中国各官会同领事查禁拿办，外国洋商不得有意庇护。此就管见所及，为补偏救弊起见。是否有当？伏乞圣裁。请代奏。

六月初十日

使英龚照瑗致总署滇缅分界俟勘清再商巴山船案索赔款应不理电

庚电敬悉。查薛使呈总署界图，系就英原绘缅图于图之滇缅分界处加红线至一百度十二分而止，红字洋文注明江洪。至江场界，未详悉，未画界。薛使绘存使馆图，江洪全境画界线至百三度，自不能作准。沙侯约俟日内勘界员绘清图看阅后再商。法与英辩，英亦未复。再，外部云：巴山船装美货，英例不与闻。船遇意外事，船行例不赔货。船行控赔船六千五百余磅〔镑〕，咨文催欧使办结，该行请电催，暂未允。倘日内不允，照前议，则船案不能在英结等语。英律师云：货商不能向中国索赔，索应不理。

六月初十日

使英龚照瑗致总署法外部谓猛乌乌得与英无涉当晤商沙侯电 附旨

青电敬悉。庚电想达钧鉴。瑗与庆常近日往来商办交涉函中有云：华认猛乌、乌得属宁洱，英认属江洪，法认属越猛爰。惟俟英、法商办。庆常复云：哈言，此地与英无涉，疑有爽约意，以英藉口，是失信义，约既画押，已告议院，无可挽回，请告总署等语。总之，须晤沙侯，方知英如何复法，再将沙侯所商办法电钧署裁夺，才可妥结。法外部又云：三月间，粤匪越界，掳法商妻女，现在钦州十万山，已告法领事交还。此外不知告庆常电达何事，抑或径电钧署。

六月十二日奉旨：猛乌、乌得地方向属中国，本不在缅图分界之内，前此薛福成进图可据。现在英国勘员所绘清图究竟如何？沙外部复法国办法有无争执？即着袭〔龚〕照瑗切实询明具奏。近日法使在京哓哓不已，此事不可再有延搁，致生枝节。

署滇督崧蕃奏宁洱县之猛乌乌得本系华地查明委员贻误据实纠参折

云南巡抚兼署云贵总督崧蕃奏，为遵旨划交猛乌、乌得地方，并查明从前委员贻误，据实纠参事。

窃奴才于五月三十日承准总理衙门电开：奉旨，准将猛乌、乌得让与法国及思茅允通商等因。奉此，查猛乌、乌得两土司，隶普洱府宁洱县，属地多盐井，内通思茅六茶山，法人窥伺已熟。自奴才到任后，据勘界委员·补用知县黎肇元等暨普洱府思茅厅各地方文武等官先后禀称：猛乌、乌得两土司系车里十三版纳之猛地，多产盐、茶，为滇省边民养命之源。今法员巴威将该二处任意划归彼界，并强勒黎肇元会印。黎肇元初未允从，嗣巴威词色俱厉，黎肇元恐成决裂，于图内注明此图界线系法员自画字样，会同钤印，并另绘原定本图一张，暨土司所绘图四张，禀请咨明总理衙门查核等情。奴才当即据情先后发电备函，迭请由京与法使辩论，总理衙门屡经力为争议，奈法员总以委员会印藉口，又以调停日事要求补报，势处两难，蒙皇上准将猛乌、乌得让与法国，固因法人望报甚殷，究由该员黎肇元会印在先，致难争议，不得已勉允所请，仰见朝廷从权办理之至意。惟查黎肇元委员勘界本无画界之权，即使巴威盛气凌人，勒令会印，亦应预为请示办理，何得擅先会印，堕其术中？巴威既诱会印之后，旋即携图托故先出，卒致驻京法使执此为据，索去猛乌、乌得二处地方。将来通商、划界，头绪益繁，倘皆如黎肇元冒昧粗疏，贻误何堪设想？况办此创局，承办委员妥慎竣事，例得优奖，似此误事，岂容不究？应请旨将勘界委员·补用知县黎肇元即行革职，以儆效尤，仍将该员留省，为交接两处地方，设有龃龉，以资质证。至滇省与英、法两国接壤，此后遇有交涉，关系甚重。除咨请总理衙门先期知照，俾会同筹议，期臻妥善，并已飞饬普洱府思茅厅各地方文武等官，将交割让地事宜妥慎经理，·面出示晓谕愚民，毋得疑阻启衅外，谨奏。

光绪二十一年六月十三日奉朱批：黎肇元着即行革职。

总署章京沈曾植呈日约将次开议密陈事宜以备采择文 附旨

总理衙门章京沈曾植谨呈，为详约将次开议，密陈事宜，以备采择事。

窃维交涉之事，约章一定，永远遵行。西国遇有此事，莫不合通国上下之思虑，究将来利害之情形，先定主见而后派员会议，盖两国和商，不能有争而无让。主见定者，虽退让地步常有余。主见不定者，虽争持形势已先绌也。伏读近日谕旨：电饬各省督抚筹议和约第六条办法，先事图维，集思广益等因。谨详据约文字句及马关争改电文，揣测敌情，逐条加注，综其大要，凡有三端：其一曰条约无碍税厘，其二曰条约文意不过至均沾西约利益而止，其三曰内地行船。土货尚可设法限制，平心筹度，事似可行。如详约斟酌尽善，改法兴利，事乃有济。否则，权利处处为他人所制，守法不能行，改法亦不能行也。伏候钧裁。不胜惶悚之至！

光绪二十一年六月十三日奉旨电李鸿章、王文韶：中日新约第六款现将开议，此事于国家税厘、华民生计有碍，该大臣等必须坚定把握，力与磋磨。凡此次所许利益，皆不得溢出泰西各国之外。所有蜀、鄂、浙各督抚电奏及沈章京原呈各件，一并抄阅，以便采择。

谨拟遵守条约挽回税厘办法

第六款约文：订立通商行船条约及陆路通商章程，应以中国与泰西各国现行约章为本。

谨按：末句最紧要，准驳以此为断，可以立论，凡所求有溢于泰西利益之外者，皆与现行约章违背者也。本字只可认作根本解，不可认作底本解，如此乃有下手处。

附条第一：所有添设口岸，均照向开通商海口或向开内地镇市章程，一体办理，应得优例及利益等，亦当一律享受。

谨按：此条照向章一体办理，一言已尽，第当遵守，不可复有增让。增让即非一体矣！

附条第二：日本轮船得驶入马关各口，附搭行客，装载货物，从宜昌溯长江至重庆，从上海驶进吴淞口及运河以至杭州、苏州。

谨按：此条无可挽回。惟速电沿江、沿海督抚，除华民在内地行驶轮船之禁，先占埠头，舟楫之利，或犹彼此共之。

附条第三：日本臣民在中国内地购买经工货件，若自生之物，或将进口货物入内地之时欲暂行存栈，除勿庸输纳税钞、派征一切诸费外，得暂租栈房存货。

谨按：此条为马关初次约本第四条，其原第三条举关税、厘金一切废除，用意极为恶毒。其文云：日本臣民运进中国各口一切货物，随办理货物之人与货主之便，于进口之时，若运进之后，按照货物原价，输纳值百抽二抵代税。所到地方，勿论政府官员、公举委员、私民公司及有何项设立之名目、为何项利益所有课征、抽税、钞课、杂派一切诸费，勿论其根由名目若何，均当豁除，日本臣民在中国所购之经工货件，若自生之物，运贩中国口岸，一经输纳口岸通商税钞，除勿庸输纳进出口税外，亦照前开所有抽税、钞课、杂派一切诸费，均当豁除。但逐时所定洋药进口章程与此款所订毫不相涉云云。复经李大臣一与驳论，彼即自行删去，是关税、厘金，彼固知为我自主权利，不复妄行干预矣！三月十八日李电云：原约第三条所称进口、出口每百抽二抵代税尽行删除，系因连日辩论，通例，正、半税不容更改，故自行删去。据此，则洋货正、半税固在也。又电言：伊藤函称，不提内地厘税，使中国易于筹款，便于偿费。据此，则厘金亦无恙也。有此明据，自可据以执争，彼此均宜勿忘初意。三月十三日电旨所谓通商一节，彼既云以西约为本，可执此力争者，固已片言居要。况有此辩论删除情节，我争彼允，具有明文。挽回洋税、厘金，似非甚难之事也。此条之解，当以日本通商约章第十四款明之。款文云：中国商货进日本口岸，完税后，中国人不准运入日本国内地；日本商货进中国各口岸，在海关完清税项后，任凭中国人转运内地各处，逢关纳税，遇卡抽厘，日本人不准运入内地，违者，货均入官，并将该商交理事官惩办。又第二十二款文云：两国通商口岸若欲设立官栈储货，所有设立章程，当由两国自行酌定。惟货物初行入栈，均应暂免纳税。至销售时必须完清税项，方准领出。倘欲转运别口，只交栈租，亦免纳税。以上二款，乃日本与西约不同之大者。云将进口商货运入内地者，暗破日本商人不准运入内地也。云除免输税钞、派征杂费外得暂租栈房存货者，明破完清税项栈租方准领出也。旧约既经废绝，一以西约为主。交子口税后，运入内地，自属不能不准之事。栈租为数无几，争回当亦不难。惟勿庸输纳税钞、派征一切诸费字样，原约承第三条而言，既将第三条删去，而此等字样当时未经改净，殊不可解，将来藉词朦混，势所必然。如于此略一放松，则正半税、厘金一齐失去，详细章程之流弊更甚于和约条款矣！此非以全力持之不可。

附条第四：日本臣民得在中国通商口岸城邑任便从事各项工艺制造，又得将各项机器任便装运进口，只交所订进口税。日本臣民在中国制造一切货物，其于内地运送税、内地税、钞课、杂派以及在中国内地沽卖及寄存栈房之益，即照日本臣民运入中国之货物，一体办理。至应享优例豁除，亦莫不相同。

谨案：此语不过云改造之土货与进口洋货办法无异耳！文烦意晦，日本文法实然，未必有深意，然亦不可防其舞文欺我也。三月十三日李电云，日商仅拟在通商口岸用机器制造，合并声明，此语应于章程内注明之，以存限制。运送税、内地税、钞课、杂派云云，亦原第三条字样删除未净者，应予删除，不可留此淆感〔惑〕视听也。此后惟广兴机器制造之利，仍声明洋货入华商之手，仍照例逢关纳税，遇卡抽厘，节节维持，或尚保商利十分之五。若各省督抚能就本地情形别筹办法，尤善之善者，非凭空结撰所能悬拟。至在口岸机器制造，其设局所在应限诸租界之中，庶免扩充，日新月盛。

署直督王文韶致军务处报有日俘二名俟交换时发还电

文电祗悉。奉天前敌有无日本俘虏？迭经电核饬查，仅据宋庆、魏光焘查复：该军均无俘虏日人。陈湜查复：该军于老君堂、八会寨等处接仗，擒有三方润冶、尾上顺吉二名，均受重伤，讯系日本兵库县人，现在发交辽阳州收管，俟日军交还华俘时，即发还收领等因。除电催裕、依、长三将军速行查复外，合先电陈。

六月十三日

使英龚照瑗致总署猛乌地方究属何国晤商沙外部再陈电 二件

奉电旨：猛乌、乌得地方向属中国，不在缅图之内，薛使进图可据。着切实询明沙外部，勘员所绘清图究竟若何，复法国有无争执等因。钦此。瑗遵即往询，据外部侍郎云：沙外部现赴粤斯巴行宫奏事，准十八日回伦敦，即约晤，详告一切。乞先代奏。

六月十三日

顷，山侍郎云：沙侯现选绅事烦，绘图未暇看，勘界员不暇见。驻英法使来商猛事，亦告以迟日再谈。至沙之意见，皆不知。

六月十三日

使英龚照瑗致总署即赴巴黎晤哈外部详告界约电

元电想已代奏。英外部前云法辩猛事，亦未复。瑗询庆常确否？庆常云：十二日，哈外部云：复与英辩猛地属越，无与华为难，英未置辩。现法正助辽事、款事，界约不行，难对议院，有碍大局等语。沙外部十八日始回伦敦，瑗即晚赴巴黎，晤哈外部，详告一切。

六月十四日

谕李鸿章王文韶等此次议约关系国计民生甚巨慎毋含混迁就

上谕：中日新约第六款现将开议，此事于国家税厘、华民生计大有妨碍，惟藉约款详明，尚足以资补救。前经特简李鸿章、王文韶为全权大臣，专司议约。该大臣等必须先持定见，开议时方能力与磋磨。新约内有订定行船条约及陆路通商章程，应以中国与泰西各国现行约章为本之语，即当坚执此语为凭。凡此次所许利益，皆不使溢出泰西各国章程之外，庶可保我权利。谅该大臣已将应议各条熟思审处。李鸿章为原定新约之人，尤当惩前毖后，力图补救，总期争得一分，即有一分之益。其应如何设法，力杜狡谋，着即先行妥议复奏。前谕江、浙、川、鄂各督抚预筹善策，迭据廖寿丰、谭继洵、鹿传霖先后电奏，又据总理衙门代递各章京条陈，均属剀切详明，深中窍要。着李鸿章等按照所指各条，悉心筹画，商定办法，以为辩论地步。总之，此次议约，国计民生，关系甚巨。该大臣等受国厚恩，身膺重任，慎毋含混迁就，致贻后患。是为至要！

六月十六日

署江督张之洞奏时事日急万难姑安谨陈九事急图补救折

署理两江总督·湖广总督张之洞奏，为时事日急，万难姑安，吁请修备储才，急图补救，以支危局而固邦基事。

窃查，此次和议未经换约以前，臣屡次电奏，沥陈日约凶很〔狠〕，种种贻害，万不可允，恐从此中国不能自立，并请购兵船、募洋将等事，电奏在案。只以言轻术浅，不能仰动宸听，挽回万一，惶悚痛愤，寝食难安！此次和约，其割地、驻兵之害，如猛虎在门，动思吞噬；赔款之害，如人受重伤，血气太损；通商之害，如鸩酒止渴，毒在脏腑。及今力图补救，夜以继日，犹恐失之。若再因循游移，以后大局何堪设想？此臣之所以痛心疾首，不能不披沥迫切上陈于圣主之前者也。

或谓和约已成，中国若安于积弱，目前尚可息肩，不知此次日本之和，与西洋各国迥异。台湾资敌矣！威海驻兵矣！南洋之寇在肘腋，北洋之寇在门庭。狡谋一动，朝发夕至。有意之挑衅，无理之决裂，无从预防，无从臆料。试思去年之事，曷尝真有启衅之端？日本必欲代朝鲜改政，则挟朝鲜以必从可矣！我为东学党发兵，而日本不愿，则催我撤回可矣！何至不下战书而遽然击我兵船？又何至从此尽占朝鲜？又何至犯我辽东内地？又何至必欲攻我京师？不过兵力已强，窥我无备，欲藉端称兵，以偿其欲耳！此尚有何理之可论？何约之可言哉？以前例后，则此次之和犹未和也。

赔款两万万，目前必系借洋款以应之。折扣之外，加以东、西洋两层息银。至镑价亏累，尚难预计。即分数十年归还，每年本息亦须二千万两，势必尽以海关洋税作抵，而又提厘金、丁赋以足之，且洋人制造之土货均免厘金，则进款益绌，此后国用更何从出？虽以白圭、翟墨之省啬，亦断不能省出此数。以桑、孔、王、杨之搜括，亦不能括此巨款。百方掊克，以资仇敌，民穷且怨，土匪、奸民藉口倡乱，而国家以饷绌兵弱，威力又不足以慑之，是赔款之害，必由民贫而生内乱。向来洋商不准于内地开设机器，制造土货，设立行栈，此小民一线生机，历年总署及各省疆臣所力争弗予者。今通商新约一旦尽撤藩篱，喧宾夺主，西洋各国援例均沾，外洋之工作巧于华人，外洋之商本厚于华人，生计夺尽，民何以生？小民积愤，断不能保相安无事。今日毁机器，明日焚栈房，一有他变，立启兵端，是通商之害，必由民怒而开外衅。久闻日人扬言，此次和约意在使中国五十年内不能自振，断不能再图报复。又闻日人以中国舆图用五色画界指示西洋各国，拟与各国瓜分，宣言十年之外必可立见此局。其封豕长蛇之谋，令人发指！今更以我剥肤之痛，益彼富强之资，逐渐吞噬，计日可待。朝廷虽有守约之信，窃料日人断无永好之心。且西洋各大国从此尽窥中国虚实，更将肆意要挟，事事曲从则无以立国，稍一支吾则立见决裂，是日本之和不可恃，各国之和亦不可恃矣！故今日事势徼幸无事者，或以为可偷旦夕之安，而愚臣独以为不久即将有眉睫之患。夙夜忧惧，不知所出，谨条陈九事，愿圣朝决而行之：

一曰宜亟练陆军也。中国自剿平发捻以来，军威颇振，何以此次军务竟不能支？查发虽猛悍，然究系流寇，与敌国不同。日本用兵，皆效西法，简练有素，饷厚械精，攻取皆有成算，弁兵皆有地图，以及登山涉水之具，糇粮御寒之物，无不周备，而又不惜重利广购间谍，故今日之敌迥非发捻可比。我军则仓卒召募以应之，心既不齐，械亦不足，技又不习，以致动辄溃挫。且十年以来，宿将上选所存无多，其次者暮气及积习已深。将领以克扣为故常，以应酬为能事，其自爱者亦仅能约束不扰而已。至于忠义奋发、训练精强、锐意灭贼者则实罕见其人。故非一变旧法，必不能尽除旧习。今外洋各国无一国不汲汲于兵事，日夜讲求猝厉，以相角相伺。我若狃于和局，从此罢兵节饷，而不复为振作之计，是中国永无战胜之一日矣！一思及此，可为短气寒心。英将戈登常言，中国之民耐劳而易使，果能教练，陆兵可使为极强之兵。窃谓中国此时必宜趁一年之内，于海疆各省，急练得力陆军三万人，乃能支拄目前。陆军以德国为最强，自宜取法于德。至练兵事宜，他省督抚、统兵大臣自有良谋硕画，非臣所敢妄说。臣谨就江南情形酌量筹议，拟练万人为一军，其教练之法大率有三：一则募洋将管带操练。练兵之道，无权不行。若仍以华官为管带，发饷仍归营官，则缺额克扣之弊如故，成见自是之习如故，事事掣洋将之肘，教练必无实际，故用洋人为教习而不使之为管带无益也。其法必宜即派德国将弁为统领、营官，令其悉照洋法操练，并其行军应用军火器具、营垒工程、转运、医药之法亦俱仿之，中华员弁仅令充哨官以下职事。而洋将上则统属于该省督抚、将帅，次则所立合同约定会商该省营务处司道，下则勇弁皆系华人。一军之中，洋弁不过数十人，断不至有尾大不掉之虞。练成数年而后，即可用该营练成华弁升补营官、统领，逐渐将洋将辞退，或令转教他营，尤无他虑。一年之外当可用以战矣！且于洋弁操练之时，使中国将弁从旁观看，令其习见习闻，自能捐弃故技。如有杰出人才，更可触类引伸，本其精熟之法，参以运用之妙，是数年之后，华将多解洋操，即可择其廉洁切实者以接统此洋操之军矣！一则遣员弁出洋学习。无论文武官阶大小，遴选年力精壮、明敏有志者百余人，令赴外洋，附入学堂、营局，将武备、营垒、炮台等事分途肄习。观摩既便，领悟必速，较之在中国学堂所练必更切实。学成回华，视其阶资、才艺，分别充补营官、哨官等职。查日本武弁皆向德国学习，德国特留兵官六十缺，专备日人充补。中国若派往学习，令出使大臣与之切商，多留数十名之额，必无不允。一则各直省各设陆军学堂，延西人为师，择强壮朴实之少年子弟入学，学成亦发各营量加委用。三途之中，以用洋将管带教练见效为最速，以出洋学习功夫为最实，益处为最广，而中国自设学堂亦可相辅而行，以扩各营之耳目心思。另为一条奏陈，数年之后，则三途所出人才又可展转教练各防营，驯至中国练成能战精兵十万人，不特永无内患，必可不忧外侮矣！

一曰宜亟治海军也。今日御敌大端，惟以海军为第一要务。沿海七八千里，防不胜防，守不胜守。彼弃坚而攻瑕，避实而攻虚。我劳彼逸，我钝彼灵，彼横行海面而我不能断其接济，彼空国出师而我不能攻其巢穴。虽竭天下之力，费无穷之饷，终无完固之策，而国已困而不可振。故今日无论如何艰难，总宜复设海军。查近日海战，洋人皆以船快、炮快为要着，与从前专恃船坚、炮巨者稍异。大约每一军必有大铁舰二三艘为老营，而以穹甲快船为战兵，以鱼雷炮船为奇兵。每军约计穹甲快船四五艘，鱼雷炮船七八艘。穹甲、雷船所配皆系大小快炮。中等穹甲，一艘长三十余丈，每一点钟行二十二海里，连雷炮在内，约需银一百五十万两。鱼雷炮船长二十余丈，与鱼雷艇之轻小者有别，每一点钟行二十八海里，最为捷速，连雷炮在内约需银六十万两。中国海军尤以断敌船接济为要策，加以防内海，护长江，则鱼雷炮船之轻速尤为合用。每厂穹甲八个月可成一艘，一年可成五艘。鱼雷炮船五个月可成一艘，一年可成十艘。铁舰年余可成一艘。大约海军一枝，船炮鱼雷各费，共需银约一千数百万两至二千万两以内。若分向英、法各大厂订造，则一年内外海军数枝之船皆可齐备应用，庶免悠忽延误。去冬曾与德国伏尔铿船厂、克虏伯炮厂询商，允为垫办。该价分二十年归还，计息六厘，经臣于上年十二月二十九日电奏在案。各厂情形，必可相同。此时和局既成，利息必可减省。论今日大势，自以南洋、北洋、闽洋、粤洋各设海军一枝为正办。若限于物力太巨，则南、北洋两枝断不可少。此攻彼战，此出彼归，或分或合，变动不居，方不至困守一隅，坐受敌人之牵缀。至水师尤难于陆路，将领必用洋将为之。中国未经战阵之学生、粗疏不谙之武弁，断不能用。且非用洋将，则积弊必不能除，操练必不能精，考核拔擢必不能公。俟洋将于各船弁勇中考有出色可信者，再行留充各船管带。至各船应如何配用布置，应请旨敕调琅威理迅速来华，并带精熟水师将弁数人同来，以便通筹全局，及早举办订购。至于船上所用弁勇，则仍须多派精壮员弁及有志子弟赴英国学之。此举尤宜从速。我有筹巨款购多船之举，先声所播，足见中国志策未衰，已足以隐折各国吞噬之志矣！至如福州船政局亦宜速筹整顿展拓，令其每年可成两三船。惟既设海军，必宜多筹船坞。至可造坞之地甚不易得，除旅顺、福州原有船坞外，山东胶州澳、广东虎门以内宜分设大兵舰船坞，长江以内尤宜分设中等船坞。除铁舰外，若穹甲及雷船皆能入江修理。盖兵船攻敌，无论胜负，必有伤损，海军交战，不能定在何处，船坞若不多设数处，设一坞为敌所据，或海道为敌所截，我船不能归坞修理，数战之后，多船均废矣！此则今日固圉卫民之先务，无论如何艰难负累，而必当竭蹶以成之者也。

一曰宜亟造铁路也。方今地球各国无一国不有铁路，千条百道，交错纵横，军民农商，事事称便。至各国专设有铁路学堂，并设有各国铁路公会，每两年大会一次，互相讲求。即以日本论之，该国变法才二十年，而国势日强，几与各大国抗衡。寻其收效之着，实莫如铁路一端。盖版图既广，其利不能兴、弊不能去者，皆由地势阻隔，不能相通故也。铁路成，则万里之外旦夕可至，小民生业靡不流通，朝廷耳目靡不洞达，山川之产靡不尽出，风俗之陋靡不尽除。使中国各省铁路全通，则国家气象大变，商民货物之蕃息当增十倍，国家岁入之数亦增十倍。至于调兵捷速，可省多营，转漕无阻，可备海梗，民间省差徭科派之因，官吏无驿站办差之累。种种利便，臣于光绪十五年冬间两奏已详言之。臣原议由汉口至芦沟桥先成干路，再设枝路，分达各省。醇贤亲王极以为然，决意备造。嗣后以议造山海关铁路，遂将此项经费改归北洋。军事之兴，一切隔阂，军饷、军火转运艰辛，劳费百倍，而仍有缓不济急之患。使铁路早成，何至如此？中国应开铁路之地甚多，当以芦汉一路为先务。此路南、北、东、西皆处适中，便于通行分布，实为诸路纲领，较之他路之地处一偏、利止一事者，轻重缓急，大有分别。若巨款大举而不先造此路，以后物力愈绌，恐难再举。伏愿圣明深维时局，锐意创造。此事需款虽巨，可使洋商塾〔垫〕款包办芦汉一路，限以三年必成，成后准其分利几成，年限满后悉归中国。如此，则费不另筹，而成功可速，弊端浮费亦少。至干路成后，枝路尤宜多造。曾与比国柯克里大铁厂议及此事，该厂极愿承办。此外，尚有奥国商人亦请承办。若定议修造，不患无人。惟此事断不宜英、法诸大国商人包办，恐致以后收回或费唇舌，惟小国、远国商人则无虑此。若中国自办，委员视为利薮，旷时糜费，十年亦难成矣！

一曰各省宜分设枪炮厂也。此次军事不振，固由将士之不练，亦由器械之不精。外洋新出火器，所及愈远，施放愈速。大凡连珠数响者，谓之快枪，药弹相连，炮弹与枪马同式者，谓之快炮。旧日快枪，系大口铅弹。今之快枪，系小口钢弹。旧日快炮，系四管、五管。今之快炮，系单管。小口径快枪可及三里，能于大半里内击穿二分厚钢板。陆路快炮，过山快炮，能于一分钟放十余出至三十出。不特前膛枪炮已成土苴，即单响之毛瑟枪、大口径之哈乞开斯、黎意等快枪犹嫌其攻击不远，弹力不猛。旧式药弹分装之过山炮，旧式之罗登飞、哈乞开斯等快炮，犹嫌其迟缓不速。而船台快炮竟有至百磅弹之大者。中国不为远计，临时购买，式样既杂，价值亦贵，而且不可必得。若与外洋开战，相持日久，实属可危。虽有良将精兵，亦同徒手。总之，无论水军、陆军，若不讲求精利枪炮而欲战胜洋人，无论如何勇猛，皆属欺人妄谈，故枪炮子弹均非多设局厂速行自造不可。凡要冲之地，根本之区，均宜设局，尤宜设于内地，有事时方能接济沿海沿边。若设于海口，既嫌浅露，且海道梗阻，转运亦难。其湖北枪厂，臣数年以来竭力经营，日前甫经就绪，只以经费有限，力量未充。拟由江南筹款，再加开拓，经费既可较省，其地据腹省上游，尤为稳固。即江南及上游各省需用，一水可达，肆应不穷。此外如天津、江南、广东、山东、四川原有制造局，或制造军需水陆应用各件颇多，而所成枪炮甚少，或仅能造枪弹，而不能造枪炮，或能造枪，而机器局厂尚少，似应各就本省情形，酌加扩充。如福建船政局，现有大锅炉汽机及打铁各厂，并多谙悉机器员司工匠，若添枪炮，似乎费可较省，工亦易集。其余如奉天，根本而道远，难于接济，宜专设一厂。陕西奥区，且可以接济西路，亦宜专设一厂。至各厂制造，大率皆宜以小口径快枪及行营快炮为主，或枪炮兼造，或枪炮分造一项，总之必宜择定一式，各厂统归一律，以免诸军参差。臣历加考验，快枪以西班牙小口径五响毛瑟快枪为最，以其式样最新，乃光绪十九年所造，其机器仍与比国、奥国、德国小口径快枪大致相同而益加灵捷。其机器仍系德国力拂厂所造，故与德国快枪同一精工。查外洋风气，本国兵枪口径总与他国兵枪口径微有参差，不肯一律，以防为敌所用。中国新造快枪，似亦宜将口径略加增减。所改或一密里，或两密里，或即中尺三、四厘，便与各国枪弹有别矣！快炮以德国格鲁森厂为最，一分钟能放三十余出。该厂向系专造快炮，已为克虏伯厂归并合办，其工作之精巧可知。腹地之局，只须陆路、过山小快炮即足供陆战之用。若沿海、沿江数局，并宜造船每〔台〕大快炮，益取其身轻而及远。中国兵勇手法既迟，炮准又疏。今日守台及兵船若仅用旧日之后膛炮，尚不能久与敌人相持。大约每一厂每年须实出快枪五、六千枝，陆路、过山两种小快炮百余尊，方能济用。一面雇用洋匠，一面商之洋厂，派工匠赴外洋该厂学习。如其多设为难，亦宜迅速添设扩充两三处。一旦有事，乃无束手之虞、糜费之患矣！

一曰宜广开学堂也。人皆知外洋各国之强由于兵，而不知外洋各国之强由于学。夫立国由于人才，人才由于立学，此古今中外不易之理。不蓄而求，岂可幸致？惟敌国愈强，则人才愈不易言。泰西诸大国之用人皆取之专门学校，故无所用非所习之弊。今外洋各国与我交涉日深，机局日逼，如我仍持此因循之习，固陋之才，浮游之技艺，断不足以御之。应请各省悉立学堂，自各国语言文字以及种植、制造、商务、水师、陆军、开矿、修路、律例各项专门名家之学，博延外洋名师教习，三年小成，乃择其才识较胜者遣令出洋肄习。如陆师则肄业于德，水师则肄业于英，其他工艺各途皆就最精之国从而取法。惟待此项学生三年以后再令出洋，收效过迟，当今时势断不能待，惟有一面选募粗通洋语洋文者，即先分赴各国学之。此时洋文不必甚深，到彼以后众咻渐染，自然能通，庶免旷时失机，此臣历访之出洋学生而深知之者。惟出洋必择其理路明白、志气尚不鄙琐者，学成方为有益。查日本之制，出洋归国后，分归各部署考列其高下，即任以实官，入仕以后，再由绩劳升擢，是以各途需人取之不竭。日本赴德国学兵事之学生，回国即充本国兵官。前此船政水师制造学生亦曾办有成案。今宜令各出使大臣重与商办，外洋无不乐从。大抵向来各省所设学堂及出洋学习之学生视之皆不甚重。国家糜无数经费，教育累年，迨学成返国，更未尝予以出身，收其实用，听其去就，实为可惜。盖培之于先，必思所以用之于后，如能预定章程，则人心鼓舞，必有人才出于其中矣！

一曰宜速讲商务也。自中外通商以来，论者或言通商便，或言通商不便，此皆一偏之论也。大约土货出口者多，又能自运货赴外洋销售，不受外洋挟制，则通商之国愈多而愈富。土货出口者少，又不能自运出洋，坐待外人收买操纵，则通商愈久而愈贫。考日本与西人通商，专讲精造、土货自运外洋两端，商本亏累则官助之，不以赔折而沮。今该国商利岁入至八千余万元，其取于美利坚者约四千万元。商务盛，则交涉得手，国势自振，其明效若此。中国上下之势太隔，士大夫于商务尤不讲究，但有征商之政，而少护商之法。西人常论中国商人最工贸易，惜国家不为保护，任其群起逐利，私作奸伪，不顾全局，以致百业皆衰。盖护商之要，不外合众商之力以厚其本，合国与民之力以济其穷。今宜于各省设商务局，令就各项商务悉举董事，随时会议，专取便商利民之举，酌剂轻重，而官为疏通之，勿使倾轧坏业，勿使作伪败名。凡能集巨资多股设一大公司者，奏请朝廷奖之。藉招股玩骗者，重治其罪，勿以瞻徇而宽之。并准其各派董事出洋学习，由使馆代为照料。至现有之招商局，尤宜选任董事，速加整顿，总以公正均平为主。为总董者，不可稍存自私自利之心，而后商务可兴矣！尤须令出使大臣将各国商务情形随时考究，知照总署及各省督抚，以便随时消息筹画。查各国公使皆以觇国为密谋，护商为专责，而中国使臣事简心闲。此事亦使职之最要者也。

一曰宜请求工政也。世人皆言外洋以商务立国，此皮毛之论也。不知外洋富民强国之举实在于工。讲格致，通化学，用机器，精制造，化粗为精，化少为多，化贱为贵，而后商贾有懋迁之资，有倍蓰之利。周官考工记以百工列六职之一，舜命九官，责以时亮天工之事，而共工之官居其一。孔子论为天下之九经以来，百工为足财用之本。可见唐虞三代之圣人其开物成务，未有不加意于此者。后世迂儒俗吏视为末务贱业，不复深求，于是外洋技巧遂驾中华而上之。查西洋入中国之货，皆由机器捷速，工作精巧，较原来物件本质价贵至三四倍、十余倍不等。甚至毡羽、煤油、洋红、水泥之类，则尤属贱质弃物，一加制造，便成大利。即如日本，尤重工政。该国于各通商都会遍设劝工场，聚民间所出器用百货，第其最精者，亦仿西洋之例，国家予以赏牌，使专其利，是以百工竞劝，制造日精，销流日广。今日本土货，其实在物产不过海菜、铜、煤数端，此外凡所以图中国、西洋之大利者，大率皆资之于人力而非仅取之于地产。中国生齿繁而遗利少，若仅恃农业一端，断难赡养。以后日困日蹙，何所底止？尤宜专意为之。非此不能养九州数百万之游民，非此不能收每年数千万之漏卮。今宜于各省设工政局，加意讲求。查各关贸易册中每年出口易销之土货，则加工精造之，扩充之，以广其出。进口多销之洋货，则加工仿为之，以敌其入。如开煤、练铁、制器、缫丝、种棉、种茶、种蔗、造糖、磨面、造瓷器、织呢羽、造洋绸、洋针、洋钉、洋酒、火柴等事，或广土货之销，或敌洋货之入，责成各省督抚招商设局，各就本地土宜销路筹办，总以每省必办成数件为主，即以此为各督抚、藩司之殿最。并分遣多员，率领工匠，赴西洋各大厂学习，一切种植、制器、纺织、练冶、造船、造炮、修路、开矿、化学等事，皆肄习之。回华之日，即以充办理工政之官。委员以求其法通其精者，工匠以习其艺得其精者，中国人数之多，甲于五洲，但能于工艺一端蒸蒸日上，何至有忧贫之事哉？此则善民之大经，富国之妙术，不仅为御日计，而御侮自在其中矣！

一曰宜多派游历人员也。汉赵充国之言曰百闻不如一见，王守仁之言曰真知自能力行。夫洋务之兴已数十年，而中外臣工罕有洞悉中外形势刻意讲求者，不知与不见之故也。不知外洋各国之所长，遂不知外洋各国之可患。拘执者狃于成见，昏庸者乐于因循，以致国事阽危，几难补救，延误至此，实可痛心。今欲破此沉迷，革此积习，惟有多派文武官弁出洋巡历一策。查外洋各国开疆拓土，行教通商，皆以游历为先导。前此中国虽有派员游历，旋即停罢。而派出各员不谙外国语言文字，仅视粗浅，莫探精微，或限于资斧，无从游览。今宜多选才俊之士，分派游历各国，丰其经费，宽其岁月，随事翻译，纵令深加考究，举凡工作、商务、水陆兵事、炮台、战舰、学校、律例，随其情之所近，用心考究。归国之日，由总理衙门课其能否，察其优劣，将此项人员发交有洋务交涉省分分别委用，或派往各省商务、工政等局差委，或令充补总理衙门章京，或再派充出使参赞、随员等官。劳绩期满，即行迁擢。内外互用，必广其出身之途，方能鼓舞，则不惟使才出其中，而中国文武人才之出，正未有艾。或谓从前游历各员出色者少，庸陋者多，徒糜经费。此乃因噎废食之说，最为误事。不知拔十得五，即不为少。岁费不过十万金，但得十数有益大局之人，所获不已多乎？至于亲贵大臣及满汉世家子弟，尤宜选其贤者，遣出游历，优予褒奖。风气自上开之，视在下者事半功倍。知己知彼，乃可谋国。转移鼓舞之机，无捷于此者矣！抑臣尤有进者，国家用人取士，首重科目，公卿大臣皆出其中。而科目出身者，毕生困于考试，见闻狭隘，精力销磨，以致未能尽娴经济，若洋务、军务更难语此，故议者多欲变通科举取士之法。然兹事甚大，未易更张。窃谓游历人员可多取诸翰林部属及各项正途出身之京外官，回华后优予升迁，盖以科目进者，平日诵法圣贤，讲明义理，本源固已清明，不过见闻未广，世事未练，如令遍游海外，加以阅历，自能增长才识，将来任以洋务等事，必远胜于洋行驵侩，江湖杂流，且较之词曹但考文字、外吏但习簿书者，裨于实用多矣！

一曰宜预备巡幸之所也。近年凡与外洋有构兵之事，各国洋人之议多谓京都距海口太近，必宜迁都腹地，于战事始能操纵自如。昨当东事紧急之时，建言者亦多持此说。窃谓立国形势，历朝不同。我朝以辽沈为肇基之所，陵寝在焉！若都会偏西，则相距太远，不能控引援应。至京师乃天下根本，人心所系，岂宜轻议迁移？况秦晋贫狭，亦不足以容万乘而供六师。若一一缔造经营，今兹物力亦所未逮，且方今大势重在交涉，兵势之强弱全在海防，商务财源之盈绌多在海口，若建都关中，则去海辽远，南、北洋皆鞭长莫及，耳目难周，都下士大夫更不考求沿海防务、商务等事，海防海军必致敷衍粉饰，从此断无筹巨款、养重兵、造炮台之事，各海口战守之备皆不可恃矣！惟天津榆关距京太近，外人专恃此为要挟。正以朝廷久不修巡狩之典，重于举足，彼族窥我所难，动辄以此恫喝，以彼各国纷纷要求，正不仅一日本，又将何以应之？为今之计，似宜择腹省远水之地，如山西、陕西等处，建设行宫。遇有外警，则暂时巡幸。道路素治，行殿素修，则临时不致劳扰。夫然后滨海及边关诸将可以放手攻战，毫无牵制顾忌。彼若舍舟深入至三四百里之远，则四面环击，截其归路，必可歼除。彼知我进退自如，控制有策，则要挟恫喝皆无所施，京城从此安于磐石，必如此而后可以不必迁都。且我既有巡幸之地，将来敌人即不注意京城，且可并无巡幸之事矣！此兵法所谓伐敌之谋者也。

以上九条，非特远虑，实为近忧。惟需款浩大，猝不易筹。窃思廷议必以为难于举办，而臣区区之愚，窃谓此数事乃中国安身立命之端，万难缓图。若必待筹有巨款始议施行，则必致一切废阻，自误而后已。今日赔款所借洋债已多，不如再多借十分之一二。及此创巨痛深之际，一举行之，负累虽深，而国势仍有骎骎日上之象，此举所借之款尚可从容分年筹补。果从此有自强之机，自不患无还债之法。且铁路可令洋商包办，兵轮又令洋厂垫办，此两大宗目前尚可不需现款。如畏难惜费，隐忍图存，将益为各国所轻侮，动辄借端生事，侵占索赔，一再相辱，则天下之事有非臣子所忍言者矣！譬如病亟而求医，虽赤贫告贷犹不能已！何则？惟命能保，何忧于贫？当今之势，何以异此？惟是以上所陈诸事犹其迹也。若夫自强之本，实在朝廷圣心时时以大局为可危，则天下之人心警动而偷惰之习变；圣心时时以此约为可耻，则天下之士气奋发而智勇之才生。伏愿我皇上存坚强不屈之心，励尝胆卧薪之志，博采救时之策，广求忠直之言，将向来因循废弛、图利营私、膜〔漠〕视君国之习严惩切戒，令天下现有之人才激励奋发，洗心涤虑，庶几所欲措施之要务可以实力奉行，所欲造就之人才可以接踵而起，夫然后有成效之可睹矣！仰恳宸衷裁断，早赐施行。天下幸甚！谨奏。

光绪二十一年六月十六日。

依克唐阿长顺致军务处海城日兵运弹制衣用意叵测电

近据探报，海城日兵于初七、八连日车运子药百余辆，卸后挽运双山、欢喜岭各炮台存放；又向铺购买蓝花旗布，令成衣，仿华式，赶做单小衫裤，并裁头布，竟莫测其用意。已密饬各军严防，及随时稽察确探，以免疏虞。谨请代奏。

六月十七日

使英龚照瑗致总署猛乌地方法外部不愿商英电

晤哈外部，问：总署有复电否？答：奉旨，先询商英如何复法，再定夺办法。哈云：屡与英辩，猛地属越，勿与华为难，英未辩，不必理英。瑗云：中国以猛地属宁洱，已允让法，英谓华违缅约。查阅界图，实未划到猛地，与英无涉。哈以英未助华，又无理生事，中国交地，即日应电总署办理。瑗以出使两国，为难之至，应俟沙侯晤商如何再告法。哈甚不洽，谓：英纵不利，如华嘱电总署，法照界约，饬越督守，请电滇，如华违约，法难助辽事、款事，并电华使云云。瑗无可如何，拟仍即回英。法事完，再电。刻奉盐电，已悉。教案，回英办，再陈。

六月十七日

署江督张之洞奏今日救急要策莫如与俄立密约以结强援片

张之洞片。

再，今日救急要策，莫如立密约以结强援。从古各国角立之时，大率皆用远交近攻之道。而于今日，中日情势为尤切。今日中国之力断不能兼与东西洋各国相抗，此时事机甚紧，变故甚多，即日夜汲汲征缮经营，仍恐不及。若不急谋一纾祸患，恐无喘息自强之暇。查外洋近年风气，于各国泛交之中必别有独加亲厚之一二国，平日预订密约，有战事时，凡兵饷、军火可以互相援助。若无密约者，有事便守局外，不肯干预。今欲立约结援，自惟有俄国最便。缘英以商朘中国之利，法以教诱中国之民，德不与我接壤，美不肯预人兵事，皆难议此。查俄与中国乃二百余年盟聘邻邦，从未开衅，本与他国之屡次构兵者不同。且其举动阔大磊落，亦非西洋之比。即如同治庚午天津教堂之事，各国争哄，而俄国不与其事。伊犁之约，我国家将十八条全行驳改，而俄国慨然允从。此次为我索还辽地，虽自为东方大局计，而中国已实受其益，日人凶锋，藉此少挫，较之他国袖手旁观，隐图商利，相去远矣！正宜乘此力加联络，厚其交谊，与之订立密约。凡关系俄国之商务、界务，酌与通融。如俄国用兵于东方，水师则助其煤粮，准其兵船入我坞修理；陆路则许其假道，供其资粮、车马一切，视其所资于我者量为协济。而与之约定，若中国有事，则俄须助我以兵，水师尤要，并与议定如何酬报之法。盖俄深忌英独擅东方之利，中俄相结，则英势稍戢，俄必愿从。总之，中国惟海军练成不易，如有俄人之助，将来无论何国寻衅，数旬之后可以立发兵舰数十艘游行东方海面，则我得以专备陆路战守之计，而敌人亦不能为深入内犯之谋，此尤邦交之微权、救急之要策也。中国于外洋各国向皆一例齐观，此次遂无援助。此等事须平日预筹，及今图之，万不可缓。应请旨敕下王大臣，密行筹商妥办，惟万不可使赫德闻知，恐其忌阻误事。谨奏。

光绪二十一年六月十八日。

署滇督崧蕃致总署两乌交地已饬思茅同知遵办电

谏电敬悉。两乌交地，因奉东电，英有违言，商办需时，是以令黎肇元暂缓起程，并行知各该地方官在案。今法人催交甚急，即饬该员等克日前往，约计赶七月中旬到界会勘。除专差飞饬思茅同知遵办外，先此电复。

六月十八日

旨着鹿传霖将法国教案赔款迅速议结电

旨：鹿传霖电悉。法国教堂赔款，现与定约，亦只可如此了结。惟现在库储支绌，此款须由川省筹画。所称分年措交，语未明晰，究竟作何分交之处，详复。英、美教堂及省外法堂，仍应迅速议结为要。

六月十八日

使英龚照瑗致总署古田案已饬严办业告英外部电

咸、筱电敬悉。瑗在巴黎奉盐电，当电〈马〉格里，赴外部，告知古田案情，中国已饬严办，即往晤沙侯。惟查薛使开寄钧署江洪十二土司名单，内有猛瓦即猛乌、乌得，据张斯栒云，系译文之异。俟晤沙后，再电闻。

六月十九日

使英龚照瑗致总署英告驻英法使猛乌与法无涉电

顷，晤沙外部，告以猛乌、乌得属中国宁洱。奉旨饬询勘绘图如何，沙出勘员所绘图，猛地在江洪极东至一百二度半而止，与薛使绘存使馆之图大致相同。查薛使与英议让江洪时，英曾绘江洪草图交薛使，薛使即以草图存案，未曾附进呈图内并送总署，故与进呈之图不符。此薛使疏忽处，故有此枝节。幸沙外部仰体我朝睦谊，知未画江洪全境图进呈，据称：猛地在江洪境内，毫无疑义，已告驻英法使，此地与法国无涉，而法与中朝屡次为难情形，英亦详悉。但须使英有词，可否告议院，拟允将猛地让中朝，以新得幕北野人山地酌让若干归英，如是允俟履勘中英浑侔分守之地再定界，请电商总署照此复奏，英候复示办理等语。至古田教案，照瑗详告：已奉旨饬令严办。沙外部以此事再不严惩，有伤中外体面，亦请奏闻。沙论以上两事，语皆和平。请代奏。

六月二十一日

驻藏大臣奎焕致总署藏界因番人力阻未克会勘电

皓电谨悉。藏界未克会勘，因番人力阻委员往办，非敢以无夫马塞责。近复开导已久，先往查看，容后定界牌，求先照明印督，复文到即遵办。焕查印前文有委员会勘确界之语，似非一勘即定界。应否由焕据情照会？请示电复。

六月二十五日

总署致许景澄询俄款折扣数目是否载入合同电

盐电：照尊处鱼电，办理俄款，九四又八之一扣，周息四厘，合同内是否照此载明？如照九三扣，大有出入，此节必须更正，即电复。

六月二十六日

旨寄许景澄辽地索偿日久未决着探俄情有无变动具奏电

旨：许景澄电悉。辽事撤去商约，甚是。缓交兵费及辽地不再索费，此论发自俄廷。今又云，论赔款事，与德不合，可见俄实有帮助到底之意。惟电商日久不决，究竟有无变动，着确探具奏。外间纷传俄调兵与日争朝鲜。确否？并探闻。

六月二十七日

署江督张之洞致总署恳饬调洋将琅威理筹办海军事宜请代奏电

南洋必需海军，而现在各船皆木质，难御敌。仰恳圣恩，饬调琅威理来华，令先到南洋察看情形，筹议应设战舰几艘，或大或小，若何配搭布置。然购舰款巨，恐一时难集。拟令先筹一教练人才之法，就现有兵船，择其尚可用者，即令该将督练习娴熟，以备一有新船即可驾驶应用，以免仓卒乏才，且不致虚糜养船经费，实于船防有益。伏候圣裁训示！请代奏。

六月二十八日

粤督谭钟麟致总署报越匪掠李约濂眷属至马头山不便逾界往拿电

沁电悉。李约濂眷属被越匪掠至马头山，地属越南，我兵不便逾界往拿，但饬营县严防越匪窜入粤境。惟越匪以李约濂为奇货，意在勒赎。惟闻法兵攻马头山两次败回，而越匪掠李约濂，或水或陆，无定所。此探报中语。钦州萃营，现派潘守培楷接带。培楷向充苏提督营哨，此次派统萃营，亦冀与苏营通气。苏如到东边，决无呼应不灵之虞。法请苏提署暂辖钦州防军，自无不可，然非兼辖越军，法军亦恐未能得手。已饬潘守遵照答复。

六月二十九日

清季外交史料卷一百十六终

清季外交史料卷一百十七

光绪二十一年七月至八月

旨着许景澄查明德厂订造坚利之船需费若干电

电许景澄：重立海军，以铁甲船为根本。前造镇、定两舰，共银二百六十六万两。今若在德厂订造最坚利之船，需费若干，几时可成？着许景澄切实查明。此外如有现成上等船只出售者，一并查明具奏。

七月初一日

署滇督崧蕃致总署已催两乌交地委员到界电

前奉谕电，查询派往两乌交地委员何时到界，当于洽电复达，催饬各员赶于七月中旬到界在案。顷，据蒙自领事业〔叶〕国麟十八日照称：准河内总督电开，奉驻京大臣文开，猛乌地方原系越南辖地，本大臣已同总督言明，中国毋庸派官交割，只须该督一面饬令宋德来前往，一面达知驻蒙领事，照会中国官查照办理，所有本国应派驻防官兵，不久即要派往驻防等语。来文是否属实，未准总署电知，殊难臆度。除催交地各员仍速前往外，专请详示遵行。

七月初二日

使俄许景澄致总署报德廷不愿减日本索费电　附旨

顷，罗拔称：德廷不愿减日本索费，本部力主核减，近日德稍松口。又议交赔费即退辽，不牵首、二期兵费，德谓须并付，故尚未决。此但密述，俟商妥，即电喀使明告等语。朝鲜电不通，俄外部未得详情，现无举动。请代奏。

七月初三日奉旨：许景澄电悉。归辽之议，发自俄廷。如仍赔费，则与俄之初议未合，且于中国交谊亦未为完足。现在德既松口，即当趁此定议，一面令日本将辽地交还，一面由中国将首、二两期兵费一并交付。如此，则于中无损，于日有益，而俄国从中说合亦易于措词。该大臣膺此重寄，务与罗拔悉心密商，使辽地早归，赔费悉去，以符前此操纵之说，方为妥善。

使美杨儒致总署美外部言中美交厚古田案决不附英作难电

密。古田案，照会外务，未接复。见副外务，云：美前电田使，意在查明秉公办理。中美交厚，决不附英作难。科复函称，伊不便电田使，恐有损无益。

七月初三日

使英龚照瑗致总署古田案英皇甚重视请严办电

密。英视古田案甚重，君后特临议院，云：已令政府请中国严办，以安众心。昨外部云：古田案，地方官不与领事会审，并不欲观审，此案难结。云：会审不合公法，观审西例有之。

七月初四日

谕庆裕边宝泉英领所拟办法着分别准驳严办电

电悉。领事所拟办法七条，诸多窒碍，应分别准驳。获犯六十余名，有确供者，不及十人，未获各犯，仍着严办，总期速了。据龚照瑗电奏，会审不合公法，观审西例有之，即可坚持此说办理。

七月初五日

署江督张之洞奏教堂买地不先报官流弊太大拟请照约由地方官查明方准税契折

署理两江总督・湖广总督张之洞奏，为教堂买地不先报官，流弊太大，拟请申明约章、西例，须由地方官查明无碍，方准税契，以冀护持国体，消弭衅端事。

窃臣承准总理衙门咨，法国施使照称：嗣后法国传教士如入内地置买田地房屋，其契据内写明立文契人某某，此系卖产人姓名，卖与本处天主教堂公产字样，不必专列传教士及奉教人之名。立契之后，天主堂照纳中国律例所定各卖契税契之费，多寡无异，卖业者无庸先报明地方官请示准办。又准总理衙门咨，法使照称：教堂在内地买产一事，请通行各督抚，自行出示晓谕，自用上宪印信，广为张挂各等因。

臣伏查，教堂在内地置产，地方官不得与闻，流弊滋多，或有碍公所形势，或有妨商民生业，以及界址不清之地、历年轇轕之产，地痞勾串，朦混成交，讼狱繁兴，酿成巨案。华民固受累无穷，洋人亦被欺枉费，且于中国地方官管辖土地之权亦大有妨碍。查近年各国教士皆援引法国第六款，有并任法国传教士在各省租买田地，建造自便等语，以为藉口。殊不知法文续约并无此语，且法约第四款载明：自今以后，所有议定各款，或有两国文词辩论之处，总以法文作为正义，是法文所无，中文虽有，仍不得援以为例。臣尝见光绪十二年美国议院所刊各国交涉政书，有美使田贝致外部一书，光绪十二年九月十二日，即西历一千八百八十六年十月初六日，由北京发，所论此事最为公允，谨撮译大意云：法约华文载各省租买田地、建造自便二语，法文并无此语，亦无一字一句可强译为此义者，不知当日华文约内何以增此二语，殊不可解。美国教士每欲援引此约，历任使臣多不以为然，谓法国未立约以前，内地已有教堂，中国有不得不允其买地建造者，别国则不可一概而论；且在内地居住，亦甚不便，是以英国政府向不欲坚执教士入内地居住之说。惟中国地方官既自愿听其在内地买地建堂居住，即应一律保护。如有被人扰害，外国自不能漠视不理。如中国官不愿教士入境，仅可照约商办，但不应擅行驱逐，庶合于理。所谓在内地居住亦甚有不便者，何也？外国人在中国内地不归地方官管辖，其间良莠不齐，在外国已然，在中国何独不然？自不能无非理犯法之事。使各国能在内地编设审司官长执法，以断其曲直而惩其暴戾，则居住内地自可无弊。今各国既不能在内地处处设官，而中国地方官又无权以管辖之，其势不能不限定外国人居止处所，使居于通商口岸，有洋官以管辖之，庶可历久相安而无流弊。本大臣之为此论，并非有所贬责于教士，特准情酌理，期有以补偏而救弊耳！在教士以劝善行道为心未必遽有不法之事，本无可议。而自国法视之，教士亦齐民耳！但当论其守法不守法，不复计其存心之臧否与执业之贵贱也等语。

由此观之，是内地置产居住一事，各国本无可争之理，亦无必争之意。前湖北利川县教堂买地一案，法领事悻悻来见，词气暴横，经臣援引，指出法国条约法文并无准其买地之语，明白揭破，严词驳斥，该领事竟无词以对，气焰立沮，默然而去，是其明征。自后遂不复引约纠缠。今法使乘东洋有事之时，复以教堂置产一事要挟，并声明卖业者无庸先报明地方官请示准办，总署自系因结援方急，未便重拂其意，是以允其所请，咨行各省，出示晓谕，并转饬地方官一体照办。外省自惟有查照办理，碍难更改。然听其私买私卖，地方官概不预闻，诚恐地方从此多事。种种棘手，自不可不设法补救，既弭民教嫌衅，且可保中国地方官辖地之权。

臣详核法使文中有照纳中国律例所定各卖契税契之费，多寡无异等语，是彼亦知不能明言侵中国辖地之权，不能废税契盖印之事。查光绪十一年粤省所译《英例全书》载：购产来历不清而故为隐饰，是骗诈也，买约作罢论，买价追回；又云：地有关于众用者不知而买买［买卖］，约可废；又云：立契约不法，其故有三，皆不可从，一伤德，二碍分，三骗诈，均有罪名等语。是各国购产条例，遇有来历不明，串买盗卖，经官查出，契据作废，且须罚办。此为国家管辖之权，外国公共之理，中国固不能捐弃此权，教士亦岂能违背此理？应请敕下总理衙门，与法使订明，将上项所引法文约章、外国条例切实告知。中国近年准教堂于内地置产，乃我国愿睦谊加厚，格外通融。惟建造自便之语，法文本无此言，自不能不示以限制，以符公例。此后教堂购产，虽无须先报明地方官，惟税契之时，须由地方官查明，果系该地毫无违碍葛藤，明买明卖，两造情愿，地方官自必照章税契用印，断不至无端阻止，勿庸过虑。如遇来历不明，侵占盗卖，缠讼不清，种种弊端，一经查出，或别经告发，即将契暂留，速告洋人，万勿付价，地方官当秉公持平照例查办。如欺诳得价者，追缴原价，将契作废，教士亦不得恃势袒庇。如此则侵占盗卖之弊除，而争讼之端亦少，庶地方官得以认真保护，民教得以历久相安。嘱其饬各教士一体遵办。凡此皆情理兼尽确有根据之言，法使似不能不允。俟商妥后，通行各省，使地方官有所遵循，或可挽回于万一。谨奏。

光绪二十一年七月初六日奉朱批：该衙门议奏。

署江督张之洞致总署俄造西伯利亚铁路意在网罗亚洲东方贸易利权电

密。俄国建造西伯利亚铁路，意在网罗亚洲东方一带贸易。此路一成，凡欧亚相通之英、法、德三国公司轮船无不大受其损。盖行旅及细货之取速达者，莫不舍舟就陆。惟剩重大货物而又不求速达者，尚由船运耳！先闻总署允其假黑龙江南岸造铁路，以接于海参崴已成之路，可省千里。近英文新闻纸又言：中国允其沿鸭绿江而南建造铁路，以江口为水陆衔接之所。查俄国久谋在东方觅一冬冻不久之海口。今以鸭绿江口畀之，此路一成，俄可独擅二洲东方贸易转运之权。今中国方谋以铁路自强。查铁路之利分二大项，一收本国往来之利，一收外国货物经过之利。中国目下力虽未逮，日后必须扩充，收外国之利，而后路愈富，国愈强。中国居亚洲东方，此一带贸易之利，中国应收之，俄国不应夺之也。且辽东根本重地，后患甚大，不可不防。为今之计，惟有速与俄议，凡自俄境入华境，以后无论鸭绿江南岸、黑龙江南岸，达于海口，其铁路皆由中国修造，俄国运货、运兵皆可行用，惟运兵须议定章程限制。造路之费，即以本路作押，不须海关，其款即托俄代借，彼亦可有沾润。我由此路可操纵各国经由货物之利权，运价少多〔多少〕，由我酌定，其利甚大。既可振中国富强大局，且防无穷后患，不可不竭力挽回。不胜急切扼腕之至！此事关系东方海面、商务，事涉南洋，非敢越俎。俄人是否允许？可否谕知洞处，以便另筹办法？请代奏。

七月初八日

署江督张之洞致总署遵旨筹议日约补救办法电　附旨

密。奉旨筹议日约第六款补救办法，谨拟十九条：一、宁波口岸并无租界名目，洋商所居地名江北岸，即名曰洋人寄居之地。其巡捕一切，由浙海关道出资，雇募洋人充当。今日本新开苏、杭、沙市三处口岸，系在内地，与海口不同，应照宁波章程，不设租界名目，但指定地段纵横四至，名为通商场。其地方人民管辖之权仍归中国。其巡捕、缉匪、修路一切，俱由该地方官出资募人办理。中国官须力任诸事，必为妥办，不准日本人自设巡捕，以免侵我辖地之权。二、制造货物，自系单指通商口岸而言。华文有含混内地之意，须更正。任便两字太宽，宜定限制。三、出示晓谕，产货地方须先完坐贾厘捐，方准售卖，无论洋商、华商，一律办理。日本人在内地收买土货，只可暂行租栈存放，不准自行开行，不准自向散户收买，以免夺我产货地方坐贾厘税，且杜华商影射洋票漏厘。四、内地收买土货，准其租栈暂存，不准购买房地，悬挂招牌。所买土货，务须运载出口，不得在内地暂售。洋货运入内地，须大宗贩卖，不准零售。租栈应给地方公举费用，须照华民房屋摊派。五、日本人在内地制造土货，出厂后即完正税一道，运出通商地界，无论行销内地及运出外洋，均须再完半税一道。六、通商章程善后条约第二款所载各项器用食物，进出通商各口，皆准免税，原为洋商在各口岸自用，为数无多，故邀宽免，若作货物转售，应照值百抽五纳税，不得藉口家用杂物，朦混免税。七、日本轮船不准贩运食盐。八、米谷、铜钱不准贩运出洋。九、军火禁贩，非有官给执照不准进口。十、日本轮船不准拖带民船，免致影射漏厘。十一、日本行内河轮船尺寸大小、时刻早晚，须有限制，以免伤碍民船。十二、日本轮船只准到指定口岸装卸人货，不准沿途起卸搭载。十三、内河轮船应收船钞，须较长江加多，以备修理河道之费。十四、日本人入内地办货卖货，不准薙发改为华装。违者，查出即作为华人，照奸细治罪。十五、雇用华民工作，须按日给值，听其自愿，不得立约限期抑勒作工，更不得鞭挞虐待。十六、装运机器制造各物，须无伤民命，方能照准，不得以任便两字藉口。十七、船只非日本商人购置，行户借日本商人资本，不准悬挂日本旗。如有冒名包庇，查出即行充公。十八、制造各厂，如有装〔藏〕匿犯法华人，一面由地方官知照领事，一面即派人到厂缉拿，厂主不得袒庇。如厂主确知为好人，须照洋例，存银作保，到审讯日交出候审。十九、厂内如有华工滋闹，毁伤机器厂屋，地方官只能办犯，不能赔偿。若仅罢工细故，须由厂主自行调停，官不与闻。此外如再有筹画所及之处，当再续陈。请代奏。

七月初九日奉旨寄李鸿章、王文韶：中日新约第六款，已谕令李鸿章、王文韶妥议复奏。前据张之洞电拟补救办法十九条，剀切详明，堪资采取。着李鸿章等按照所拟各节，悉心妥筹，商定办法，毋令贻患将来。

使英龚照瑗致总署野人山关系甚重即晤商沙侯电

阳电敬悉。让野人山，可否？尚未奉旨。沙未提及，瑗亦不便言，恐占实。令马格里便询山侍郎：前沙侯言野人山究系何处山？云：定是转圜之法，沙亦不详悉地界，已电询印督，俟复到，如中国允商，再告知地名边界等语。查薛使与英定界约及缅图上画野人山界，今请让，似系昔马、美利等地。姚文栋勘界记曾言：野人山关系甚重，业于寄钧署江洪图时函内声明。又奉悉阳电，即约晤沙侯。俟晤后，再电闻。惟新报云：古田案，派刘督查办，西人哗然。是否？乞示。

七月初九日

使英龚照瑗致总署沙侯嘱电请持平办理川案电

密。昨接外部文，询易地事究如何议，瑗顷晤沙侯，云：前奏尚未奉旨，总署令询议让野人山究系何地？沙云：俟总署电允议，并示在何处商议，即言此地名。瑗云：即电请示。现川教案，欧使言过分，总署颇为难。沙云：查欧所言刘督情形是实，欧告总署各语系奉国谕。瑗云：如此于中法邦交皆有碍，且中国体制何在？沙云：各国皆心不服，不予罪名，不能休。瑗云：我朝廷自有权衡，查实必予以应得之罪。沙云：此语颇爱听，望速电请总署，必持平办才可服众心，固邦交各等语。沙独怪刘督事前不肯出示，闹事时不保护，以欧言为实，他国又附和之。如何辩解不伤体制？古田案，准领事听审，英无异言，西人皆悦。

七月初十日

使俄许景澄致总署俄外部意如退辽须兵赔两费并交电 附旨

旨详商罗拔，并付首、二期兵费，不给赔费，催速退辽。据称：不赔，实办不到。现三国公议，减去二千万两，此乃与德再四争执才无异议。德谓非兵、赔两费并交，日必不允，致仍不决。惟事不可再延，请即密询中国，除借款外，能否添凑？从速见复，以便定办。复商兼用刚断，全驳此费，彼云：俄已尽力，商办两月之久尚无成说，可见事极费手等语。请核奏。

七月初十日奉旨寄许景澄：赔费减二千万，中国力实不能照办。着商罗拔，竭力磋磨。

黑龙江将军依克唐阿致军务处中日约期交俘电　附旨

中日交俘一节，迭蒙准督办处李鸿章、刘坤一、王文韶札咨：该国订期，约西历八月二十在大沽交付，第二次约九月二十在旅顺口交付，旋又称：在海城之五百九十八名改在甘泉堡交付等因。查西历九月二十，即中国八月初二，当会同长顺，一面咨商奉天、直隶并刘坤一、宋庆等处，一面预备派员，届期往收。忽七月初三日午刻，据辽阳州徐庆璋面呈海城日官山澥静吾照会，七月十三正午在甘泉堡交还俘虏，并声明日本俘虏亦于是日交换等语。正在商办，自未至戌，连准李鸿章、王文韶、宋庆以中日俘虏，于七月七日在甘泉堡彼此换交等因。是日已晚，赶办不及，只得准照日官，照称七月十三之期。不意商办甫备，是夜，日官率领中日人等千余名已来甘泉堡，候交俘虏。依克唐阿初八辰刻始悉其情，业由徐庆璋照复，仍以十三为期。当思日官既来，即亦不必拘定，立即会同长顺，电知裕禄，派员速往妥收。窃查，日人约期屡爽，狡诈无常，当此辽地未归，添兵运械，贼心叵测之际，故为颠倒错乱，以窥我虚实，或混进奸细，乘隙蹈瑕，均意中事。倘有贻误，越数千里外请战，依克唐阿一身不足惜，如大局何？现饬各营在原扎处所严密戒备，日如有变，即与相机决战，断不肯以一身是惜，贻误天下。如日实无他意，亦断不敢衅自我开。合先陈明，候请代奏。

七月十二日奉旨电寄裕禄、依克唐阿：海城、甘泉堡互换俘虏一事，只须按照各数妥收，不必过事猜疑，致生别衅。至安插遣使事宜，督饬地方官妥为经理。

吉林将军恩泽致总署报俄员来商松花江通商章程并俄官等径赴长白山奉天游历电

据三姓咨报：俄国廓米萨燠玛秋宁乘轮来吉，拟商办松花江各处通商章程。吉省只奉购买谷畜电示，余未奉有明文。俄员到后，如何答复？俄使在京曾否议有定章？请电示遵办。又据珲春电称：俄官带人十数名，持俄国护照，拟取道南岗，赴马〔长〕白山、奉天游历，请饬保护等语。当告以地属荒山，碍难保护，俄照行于内地，与定章不符。嘱令来吉换照，竟不允从，业已径行矣！

七月十三日

伊犁将军长庚致总署报俄派兵往吐鲁番应否照准乞示电

据伊犁道禀，吴领事来商，俄国现派马兵七十名前往吐鲁番，住领事寓所，拟由伊犁、库邻〔伦〕一带行走等语，请示前来。查该处领事虽经准设，惟俄兵往住内地，事系创举，应否准其前往，祈鉴夺赐示。

七月十四日

使英龚照瑗致总署与英外部接洽解决川案办法电

今早外部函复，正有要事，须面叙。顷，晤山侍郎，云：沙昨赴乡，将来函交阅。函云：中国如不即予刘督相当之罪明发，即派兵船到华海口报复等语。瑗云：川案未结，即明与刘处分，我朝有大为难，且于川案不利。兹详告之，请达沙电欧，山允。瑗回署，接盐电示，与瑗言恰合，复往晤山，告知电语。山云：已将总署为难、非不愿即请严办情形告沙，即电欧应缓数日，俟中国办理。

七月十五日

使英龚照瑗致总署野人山易地事宜早议并已与山侍郎接洽电　二件　附旨

密。山侍郎言及易地事，早议益处甚多，沙平正宽大，向有面情，议院散后，即过海。以后公文议事，定然笔不如口，此关切语，请谅云。瑗窥其意，似已知派员交地。法已电于英，若英说出，则其欲恐不在野人山小处。

七月十六〈日〉奉旨：缅约所定野人山界，中国所得无多，岂容再议？惟英与我邦交已久，八幕左近之红奔河以南尚可酌让数里。着龚照瑗明告外部，此系情让，毋再求益。

密。昨晚奉旨，饬告明外部野人山地事，今早奉悉铣电，称沙已赴乡未回。约晤山侍郎，晤后再电闻。前山云系奉廷谕，议派船，故沙有此急函等语，自系欧为害。

七月十七日

使俄许景澄致总署罗拔云已约德法商减赔费俟日廷复到再述电

赔费事，遵旨谆商罗拔，中国力难照办，嘱其再筹。据云：商减费手情形前已密达，此时万难想法。顷，又约晤力商，坚称：三国公议已定，惟请中国体察实情，免再耽延。并云：俄、德意见尚未尽合，本部因欲赶办，已约德、法，将公议大略各电驻使，先告日廷，得复再述等语。请代奏。

七月十七日

浙抚廖寿丰致枢垣拟就苏杭设洋关置税司厘税并征电

旨恭悉。缫纺各局，藉可扩充商务，补救究属无多。小轮只分商利，无济货厘。厘重税轻，不啻驱华入洋，所损尤巨。若以官为商，经理不善，徒滋弊耳！丰意莫如就苏杭设洋关，置税司，厘税并征，中外两得其平，商务可兴，利权可振，似为执简驭繁。如荷允行，应请总署会同总税司将税厘各项逐细核明，商订条款。管窥之见，无当万一，乞察酌。

七月十九日

署江督张之洞致枢垣有人集股承办内河小轮船电

内河小轮一节，饬上海道黄祖络劝办，众商愿者极多。现拟分为六路：由沪至苏为一路，由沪至杭为一路，由苏至镇江为一路，由镇至清江为一路，由沪至崇明、海门、通州为一路，由沪至宁波、台州为一路。后三路非日本条约所有，因商人所愿，又便于民，故一并议约。现据该道禀：已有人集股承办，无须发给官款。每年除该船经费外，愿以余利一半报效充饷。惟请目前照完厘金，以后如洋人小轮开行时，彼此完一正税，或再完半税，相去悬绝，则华轮无人雇用，恳比照洋人章程一律等语。窃思果如所请，则内河厘金全减为洋税，断不可行。查内河小轮之利，全在拖带民船、剥船运货。洋人小轮自应照长江章程，不准拖带民船、剥船。据税务司言，此必可行。但能坚持旧章定约，且限制每河只准几只，则华轮自可照旧完厘。不知总署议约如何？复望谕知，以便速饬定议赶造。请代奏。

七月十九日

署江督张之洞致枢垣产货地方先抽厘金办法电

产货地方先抽厘金一节，查茧丝、棉花两大宗，茧及丝向来于卖出时并抽一道。浙丝亦同棉花，视运行远近、厘金多少不等。现拟饬江北、江南、通州等产花之处，皆责令花行分别销售何地，将径达厘金并为一次完纳。其为数较重者，酌予核减。盖如此办法，偷漏自无。且向来厘卡多系减成招徕，今并抽，则虽减而实数无损。此外各货，屡与苏、宁两厘局熟商，据云，类繁路歧，一时难得良法，且尚非洋人注意，只可从缓陆续酌议。惟我于花行并抽，日本商人若向散户收买，则仍无益。查日本新约只云暂租栈存货，并无准其开行字样。惟有详细切实议明，不准设行收买。一面密饬地方官，卖花皆须归行发售，彼自不能买之散户。即或间有向散户私收，总不甚便。本日询造册，税司葛显礼云：开行一层，必可禁止。林董来询先抽厘金一节，总署似可答以此乃江南因厘卡太多累商，故量加核减而并抽之，此中国恤民内政，与外国无涉。盖此事终不能不使洋人知，不如明告，较为得体。且核减亦是实事。请代奏。

七月十九日

署江督张之洞致枢垣拟调熟悉洋务人员来苏电

苏州创办通商，诸事繁难，此系发端，尤关紧要。江省熟悉洋务、商务之员甚为难得。查有前广东候补道杨枢，曾到东洋充当随员，熟悉洋务，精细老练，且通晓洋文洋语。该员系广州驻防，现丁忧在广州。拟请旨饬调该员迅速前来江南差委，以便筹办一切。再，浙江海宁州知州李圭，久在浙海关当差，曾经出洋，于商务最为究心，苏杭商务事多贯通，昨与浙抚廖商调该员来江，筹办通商事宜，候诸事议有端绪即令回浙。廖已复允，饬其即来苏州及江宁。因李圭系实缺，请代奏。

七月十九日

使英龚照瑗致总署哈外部言日允还辽旅电

哈外部告庆常：驻日法使电，退辽旅，日可照办，数日后得明文，请先电约钧署。俄外部在法所告相同。哈又云：复与英论界务，英愿与华和商。如太要求，法再劝解。施使议铁路事，请速办等语。

七月十九日

署江督张之洞致总署请于日本新约指明河道经过地方免致牵混电

日本新约第六款，从上海驶进吴淞江及运河至苏州府、杭州府等语，此条内运河二字，殊未明晰，当系由苏州至杭州之运河而言，抑系指由镇江至苏州之运河？窃思上文既承从上海进驶吴淞江之言，自当系由苏入杭之路，非镇江至苏之运河也。洋文只系河渠之意，并非专指运河，务宜于详约内指明河道经过地方，免致牵混。请代奏。并祈迅赐电示，以便筹画小轮及厘金事宜切祷。

七月十九日

署江督张之洞致总署遵旨筹办芦汉铁路拟并勘沪宁粤汉京张陇海等路电

奉旨：饬筹芦汉铁路如何办法，需费若干等因。连日悉心筹画，熟商西人及曾出洋人员。查造铁路以勘路、绘图、估工为第一义。外洋各国皆专设有铁路部，尊如六部，其长官略如尚书。铁路惟德国造最后，而工最精，利最厚。此举必须电出使大臣，商托德国铁路衙门，派精熟诚实之员数人，并约带驱策之人，来芦代我勘路。除芦汉一路外，如有将来必须接修之干路、必修之枝路，亦应趁此一气勘明，以便通筹，各路分起四出测勘。即芦汉一路，亦可南北分勘，方可迅速，大约至速必须一年。俟勘毕绘图后，注明道里，议定路宽若干，钢轨用若干吨重者，估定桥梁、车栈及火车头、客车之数，石印数百纸，分寄外洋各国工作大厂，令其估价，限若干日密封寄华，会齐拆封。择其价廉而又系著名大厂者，令其承办，包定工料用费若干，年限若干。不如式者，如何议罚。外洋即系如此办理。洋厂只包办工程，其款悉由官筹，不必令兼揽借款。其买地、弹压等事，须有委员经理。至工料、地价一切，平地每里在万金以内，山河每里在万金以外。道里及需费确数，须俟洋员勘划方确。若筹款一节，不外借洋款一法。华商集股，断无其事。干路成后，其路短而利厚之枝路，或有商股愿办。外洋惟借款修铁路最为乐从，款巨而息轻，以为此债最稳固也。即可以本路作押，无须海关作保。分还年限宜稍宽，以舒气。现询上海洋行，有愿息四厘半者。惟此款太巨，应请饬使德大臣许侍郎向外洋银行议借，因许使操守最可信，于托办船械物料各件从不沾染经手费也。总之，铁路为今日自强首务，无论运兵运饷之便，即为富民筹饷计，亦惟铁路为最大，远胜开矿等事。德国境内铁路进款余利每年四千兆马克，合银十三万万两，是其明证。盖铁路之余利，尤在载人，不仅在运货。近时论者尚多隔膜。窃谓朝廷既决意兴办，必宜就此通筹全局，将应修各路一齐勘绘估计，然后体察缓急，审时量力，次第举行，免致虚劳筹计。外人见中国有此大志，已可隐戢欺凌。

护鄂督谭已奉旨委员查勘湖北至江西、广东之路，自系朝廷有意将干路接修至粤。此路若能开通，则中国气脉大畅。惟大庾岭须洋匠测勘有何修造之法，应以芦沟一路接至黄梅，在九江过江，经江西抵广东省城为干路。此外应修者尚有数路：一由河南干路孟津以西分修枝路，入潼关，至陕西省城；一由通州以北分修枝路，至河南省城，以达济宁、清江；一由磁州以北分修枝路，在临清州以北作桥跨运河，至山东省城，以达烟台、威海。又一由上海修一路，经苏历镇江，以达金陵，另为一事，此路行人最多，故利最旺，洋人极羡愿承办，此路行，于江浙海防、调兵、运械亦有大益；一由通州造至张家口，此路据西人云，每年此路出口之茶、进口之羊驼毛、牛皮、牛乳及各货，计车驼价甚巨，修成铁路，亦有大利，可富蒙古。

德国洋员应请多募数人，将六路一并分投勘估。干路应接河北、河南、江南、岭南，分为四段测勘。到华后，计一年余即可勘毕，再行请旨定议先修何处。勘路得人，则虽多费十数万，将来所省不止数百万。桥〔此〕费实不能惜，盖勘造铁路一事，中国委员所勘不能为据。高山能否开通？隘坡能否直上？桥梁能否建造？城市若何绕避？均须洋员习此者方解其法。惟黄河能否造桥，或即用船过渡，均由洋员勘议。此时未勘估兴工以前，似不必先派修路之员。既系包工，则修造以洋匠为主，可无须另设专员。窃谓宜请钦派总理铁路大臣一两员，即驻京城，必须清正有声望者为之，不在熟习工程与否。设一公所，令择数员为总办，随同筹画。至明晓铁路者亦须访求数员，以资询考。官阶不必甚大，庶免朦混渔利。铁路所过省分，即派该省督抚为帮办，委员经理买地、弹压、保护、看守等事，但委员不得掣肘。至所用钢轨铁料，自应先尽湖北官局所造给价购用，不敷者购之外洋。如此办法，工可坚好，费无浮糜，时不延旷，法简而有把握。此乃国家大政，华商断无此巨款，且亦不可令商操此道路之权。若请集股者，必系洋商托名附股。所有自请集股承办之官员，报效包揽之洋商，皆系贪狡妄人，务望驳斥不理。

再，洞前奏开铁路一条，原拟令小国商人承办，俾余利与中国。细思究有流弊，仍以我自筹款，只令商匠包工为妥。谨声明更正。请代奏。

七月十九日

旨归辽之议不发于俄而发于法着许景澄确探实情详复电

旨：据龚照瑗电称，哈告庆常云，日本退辽旅，可照办，数日后得明文，俄外部在法所告相同等语。归辽之议，何以不发于俄而发于法？是否索费并未提及？此中转折，着许景澄确探详电，毋失事机。

七月十九日

盛京将军依克唐阿致总署报日藉口安平河等处抢案要求派兵保护电

徐庆璋禀：初十，接凤城日官照会，内开，橐占领地起，安平河口溯其上流，延至五间房、龙滟、山城、雪里站、曲家府、新开岭、大汤沟、齐花甸一带，以向准拨和约已属我国，近因抢案层出，我国务要派兵保护云云。又据探报：海城聚粮可支半年，营口于初三日到粮船五只，兵船三只，万余人云云。依克唐阿查，日所指各地，并未奉日属明文，而彼竟据为已有，且已占之地未还，而又图未占之地，被其恫喝，易启兵端，惟有严饬所部，妥为防备。乞代奏。

七月十九日

川督鹿传霖致总署川案宜速议结免生枝节电

昨电旨，刘督已重处，英使当帖服，美员亦可不来否？电奏附参各员，想已即行议处，特此案仅议处，恐未必即允结，究如何议结，似以从速为妙，免再生枝节。又刘督言，革职即可乞归，属代奏。未敢冒昧，敬祈示遵。

七月十九日

使俄许景澄致总署请知照德使准赓音泰照代办应有职权办理电

赓音泰电称：德外部云，两国交涉，代办无权，由在俄使臣酌夺不成，尚须授阁下全权，径为往来，方能面商事件等语。现澄难离俄，而德有猜意，拟请知照德使，准赓照代办应有职权办理，并电赓候酌。

七月十九日

旨寄许景澄龚照瑗应交日本五千万两着在伦敦交日使电　二件

电许景澄：第一期应交日本之款，许景澄于伦敦存款提付龚照瑗，交与日本驻英使臣接收。

七月十九日

电龚照瑗：第一期应交日本五千万两，派龚照瑗在伦敦与日本驻英使臣交代清楚。

七月十九日

旨着张之洞等筹办商务须于兴利之中先筹防弊电

旨：张之洞、赵舒翘电悉。江苏息借商款二百二十六万两，着准其借给商务局，分十年归还。惟开办机器、仿制洋货，原为抵制外人起见，该厂商人亦须自筹资本，不可全用官款，致外人藉口于官饬商办，转生枝节。小轮船专走内河，崇明、宁波两路则涉外海，可不必办。所请完税免厘，万不能准。棉花就行抽厘，甚为扼要，着即照行。总之，此事务在得人。该督抚当协力同心，于兴利之中先筹防弊之法，是为至要。本日廖寿丰奏称，机器厂获利无多，小轮船流弊甚大，拟于苏杭设洋关，置税司，厘税并征等语，是否可行，已交总理衙门斟酌办法。张之洞请调杨枢、李圭两员，着准其分别咨调。

七月二十日

使美杨儒奏派员查明墨国情形并墨约暂难定稿折

出使美、日、秘国大臣杨儒奏，为派员查明墨西哥情形，并墨约一时暂难定稿事。

窃奴才于光绪二十年十月初一日承准总理衙门咨称，七月二十九日奏请饬杨儒迅与墨使妥订约章一片，恭录朱批，钞录原奏，咨行到津，仰见朝廷轸念侨氓、通商惠工至意，曷胜钦佩！

查上年六月间，奴才于通筹寓美华民善后事宜折内，将派员赴墨西哥察看情形一节奏明在案。旋据该委员黎荣耀、余思诒等，先后将沿途见闻，及抵墨后采访情形，酌筹开办事宜，陆续禀报前来。奴才详核所禀，黎荣耀自金山附轮舟由海道赴墨，周历墨境西北、西南、东南三面，凡过大埠十有四处，始达墨都。各埠华民或数十人，或百余人，亦有数处尚无华人到彼。大率佣工为业，经商者仅百之一二，土人相待颇优，惟工值所得远不如美，商税尤重，殊以为苦。该员所历之地，悉系濒海。大抵西北富矿产，西南多腴田。其东南之夏里那古卢司一埠，枕山临海，铁道初成，为商贾所萃之区。绘有墨境全图，详细译注，颇为明晰。余思诒自美都乘火车，由陆路赴墨。初入墨境，地名巴梳，与美国一河为界，河北属美，河南属墨。其地有华民五六百人，在美境者十〈之〉九，墨境仅十之一。自美禁华工后，凡华民阳为赴墨佣工，实则仍由此处潜入美境，虽美国稽查甚严，而贿结土人暗中接引来者尚联络不绝。巴梳系墨国北境，由此而南，凡历九部，始抵墨都。沿途过埠八处，均有华民迎候道左，皆言闻中国派员来墨开办，欣喜过望。据称：在彼佣工，土人并不忌嫉，惟工值无多，与黎荣耀所禀略同。该委员等均于六月下旬在美起程，余思诒因火车迅速，途中并无停留，七月初八日即抵墨都。黎荣耀查埠较多，舟车屡易，守候需时，于八月十三日始抵墨都。该两员抵墨后，会同往见墨外部，外部款接甚殷，称该国总统之意，甚欲与中国立约通商，如有相需之处，极愿尽力干〔斡〕旋。又订期九月十五日谒见总统，总统面称：望华人来墨日多，地方可期兴旺等语。以上皆上年八、九月间该委员等禀报沿途见闻及抵墨后谒见总统、外部之大略也。

该员等自到墨境，诹察舆情，译查图籍，并询欧洲英、德、日、义各国寓墨商人，确知墨国地土肥沃，民情庸惰；全境分二十七部，北寒南燠，其距赤道纬度与中国江浙、闽粤等省略同；北部雨水稀少，种植未易；南部一岁三获，膏腴遍野，只以土人性懒，地利未辟，工作未兴。该国近二十年来设有开荒大臣、垦田公司，招徕各国人民至彼承垦，是以各部良田、佳矿现为英、法等国商人早经认垦在先。又准墨外部送到开垦部所定例章及免税则例，凡各国人民至墨寄居入籍，均听其便，开垦地亩即作永远之业，可享免税利益十年、十五年、二十年不等。察其招徕之意，惟恐不及。该委员等访悉情形，因酌拟开办事宜五条及所应防损取益者十端，并将开垦定例等册译送前来。

奴才查，墨国之意，非徒招工，兼欲招致业主，集本开荒，不独与从前古巴、秘鲁等处招工情形迥别，即与美国初年招致华人之意亦不相同。该委员等所拟开办各条亦云：从前华工出洋系往繁盛之区，到彼即有工作。墨则草昧初开，必先有富商在彼经营认垦，方可布置局面，俾工人源源而往。至创设中墨往来轮船，并纠集招商公司二条，尤属巨资方可兴办。奴才虑其空言无实，或图一时动听，饬令确实禀复。旋据禀称：墨国通商一事，华民盼望已久。近年商人或结伴往探，或守候旅居，耗费资财，不一而足。兹闻派员察看开办，众心踊跃，系属实情。现华人预备购地经营者固不乏人，即欧美股商已购之地欲招华工承垦者亦属不少。至轮船一事，墨国已有公司预筹创设，华商议与合办，并非空言无实等语。以上皆上年十月以后至本年正、二月间该委员等禀报察看情形酌筹开办事宜之大略也。

综计前后所禀各节，华民赴墨，工值虽廉，而土客可以相安，商税虽重，而开垦之人可以邀免。且一经认垦，即为永业，洵足为海外侨氓裕衣食之源。惟是开办诸事，总须条约既定之后，约款未定，无从设施。并虑墨国政府谓我相需之殷，转或居奇，致碍约中权利。奴才于上年四月间与墨使卢美路将约稿互相斟酌，增订各款。送去后，七月间墨政府又另拟一稿寄来，于前稿稍有删并，而彼国所冀得之利益则增入之。奴才以立约之始不惮磋磨，复就所增删之款另拟酬报专条，于八月初译稿交去，墨使亦谓事属可行，谅不日即可定议签押。乃自此之后，迭晤墨使，云：未接墨政府复文。迨十月间，奴才承准总理衙门来咨，因复催问墨使，云：该国近与毗邻之危地马拉国因争边界，恐不免起衅，故无暇及此。其时内地日氛正盛，奴才亦念事有缓急，当权轻重，未再催询。本年正月间，外洋日报传述，日患愈深，因念委员察看情形已悉，而换约设官尚难定期，未便久羁在墨，徒滋糜费，饬该员等暂行回美。临行之时，往辞墨外部，外部尚云：惟盼约章早定，两国交易等语。然自二月初旬该委员等离墨之后，迄今已四月有余。据墨使云：从未接政府来文提及此事，是该国目前实有观望迁延之意。奴才揣测其故，或因近见洋报纷传，此次中日议和，款内有废去旧约另定新约之说，意在俟日约定后援以为例，冀得多沾利益，亦未可知。墨系遐陬小国，通商招工，议本发之自彼。中国允与立约，只为美国禁工过严，藉此疏通去路。查自中美新约定后，华工在美现已安堵，即墨约暂缓定订，于侨氓生计尚属无妨。若此时催令定约，求之太急，彼必故意推延，我将多方迁就，转觉未便，似应从容少待，仍俟彼来就我，届时相机应付，与之定议，签押办理，较为妥洽。此又墨约目前暂难定稿之大略也。谨奏。

光绪二十一年七月二十日奉朱批：该衙门知道。

使俄许景澄奏俄国经办借款遵旨订定合同折

出使俄国大臣许景澄奏，为俄国经办借款，遵旨订定合同等件，谨陈办理详细情形事。

窃本年四月间，俄国户部大臣威特慎述其国主之意：深愿中国速给偿款，俾日本早日退兵，并令伊部代筹巨项，以备周转，必于中国有益等语。旋拟推荐俄法银行承办。经臣迭奉电旨暨总理衙门来电，与其外部大臣罗拔诺夫会同威特慎商办，先与商明不干预海关之事，不派员赴中国另议，复于合同改定俄国加保字样，并删改俄外部所拟专条末端，以杜别索利益，合同专条声叙均不牵连辽事，业经外、户二部照允。闰五月初三日奉旨，饬臣将俄款各端斟酌，订定初五初六日与外部、户部会拟专条定稿并合同各条，撮要电达总理衙门核定。初九日奉旨：合同各条，着许景澄斟酌妥协，画押订定。钦此。俄外部随电俄使喀希尼，与总理衙门王大臣商晤一切。十三日，外部据喀希尼电复相同，即订臣于十四日将两国议订专条并银号合同核对洋文无误，分晰画押讫。查合同内载：中国订借法银四万万佛郎，按九四又八之一扣，再扣印税、造票、工本、发寄等费，周年四厘起息。由中国驻使出给借款总据，银号商董先将总款全揽，刊印股票散售，每年分还票本票息共二千一百十五万四千七百五十二佛郎，另加银号经办费用四分厘之一，并刊报添印息票等费，半年一结，至三十六年清讫。十五年后，亦可将票本增还，或全还其息。以西历本年七月初一日起算，交款极迟自西历八月二十日至明年正月初一日止，分期交清。未交款之前，应给息银，由银号扣存抵付。此项借款以海关作保。遇有借款阻滞，俄国允许立合同银号按期接付股票本息。中国在六个月内不另借款。每年银号经办掣签、销票、刊报、对号等事，由使馆派员稽察。借款全还，银号即将总据缴销。以上各节，计列十九条。此臣与俄法银号商董互订合同之情形也。

俄外部以专条名目较重，商定改为声明文件，内载：第一端，中国公使知照海关作保前借之款，及每年应还前项本息各若干，海关每年税入全数若干，俄国以此为据。第二端，中国允将海关税款，除还前借本息外，即预备此次借款本息，其以后借款，不能于每年分还之前拨款先付。第三端，此款奉还时，遇有阻滞，俄国与中国商明，允许银号备给分年股票本息，中国另许俄国别项加保，由两国大臣在京商办。第四端，因借款之事，中国决不允他国办理照看税入等项权利，如允他国此项权利，亦准俄国均沾。第五端，此声明文件自借款合同画押日为始，至还清此款日为止。以上各端，彼此言明，专用法文缮写，各不配本国文字，以从常例。此臣与俄外部、户部订办声明文件之情形也。

窃查，泰西银号揽办各国国债，无不以散售股票为裒集巨款之计。民间购票，必择厚息。惟英、法、德、俄数大国之票，议息虽轻，仍能速售。中国距泰西较远，从前借款年息最少均在六厘，今欲减至四厘，银号虑票不易销，即不敢骤允承订，故俄户部请由经办之国助任其事，俾银号得招徕之资，而中国收撙节之益。惟利弊倚伏，所贵兼筹。现就合同及声明文件再三改订，自可释外议而防后患。果至十五年后提早清还，则中俄订件亦一并作废。其间期限尚可由我操纵。至此次海关作保，并不由税司出票，应请旨饬下户部暨总理衙门，转行总税务司存案，并于每年应给本息先期拨备，以资汇付，冀于商项、邦交均臻妥顺。谨奏。

光绪二十一年七月二十日奉朱批：该衙门知道。

使英龚照瑗致总署日事英本与闻而未得利近教案迭出恐有藉口请外示联络以免决裂电

密。沙赴乡未回。又饬马格里到外部约期，瑗赴外部宣告，并令告：前沙云报复，言太重，川案数日内定不能结，刘应得罪实不能请。山侍郎云：沙已过海，两月方回，现设线通电，如有回电，请二十一到部与巴侍郎晤。叙报复，语系廷谕。刘定罪名，务请总署先密告，欧可圆辙〔澈〕等语。前山云，沙平正宽大，而实沉鸷。察彼乡邦人言行，皆不可测。我国日事，英本与闻，亦未得利，多不足意。教案迭出，且各国附和，欧又挟轻视之嫌，易于挑衅。瑗方言不敌欧一电。适时势处此，惟祈优容，外示亲密联络，免决裂。再，让法猛地，广长里数，祈酌示。

七月二十二日

使美杨儒致总署报川教案美欲以英法所查为据意见电

密。昨礼拜，顷见署外部，辩驳良久，据称：钧署闰五月十四日已允美派人，会英领事，赴川查案。美教士产业，川省独多，不论所损多寡，非确查妥办，难弭后患。法已查毕，英派人在即。美在华利益一体均沾，总统欲以英、法所查为据，兼体中国不愿美、英会查之意。前称不附英，谓英借端要挟，美不预闻。至保护教民，美、英无异云。

七月二十二日

使英龚照瑗致总署旨允酌让红奔河以南数里此地在纬线几度乞示电

顷，晤外部山、巴两侍郎，宣明旨意。伊等将薛使换约划野人山盖印缅图查出细阅。山云：沙已派巴与印度部侍郎议此事，应将野人山界图另绘。约二十五到外部公看，再将沙意言明等语。英存薛使盖印图，自与进呈图无异。查图内红奔河自北而南，流至太平江，向东行。旨允酌让红奔河以南数里，究在纬线几度？乞示。

七月二十二日

使俄许景澄致总署据法外部言三国公议辽东赔费三千万两日廷已允电

顷，基斯敬告：昨晚接驻日使复电，日廷允三国公议辽东赔费三千万两，并云不牵涉商务。自付清款起，三个月退出全辽等节，后与法、德商定如何立据，在日京画押，再由喀使通知等语。法外部所言，尚系料度，非先得确信。请代奏。

七月二十二日

旨着许景澄告俄外部订归辽约请俄帮助到底电　三件

旨：前据法外部告庆常，日退辽旅，可照办。俄外部在法所告相同。数日以来，俄、法两使均未来告，而日使忽欲与中国订立归辽之约。拒之则事机恐误，允之则三国失欢，甚难措置。着许景澄径告俄外部，以归辽之议创自俄廷，此时断无撇开三国与日开议之理。俄前云帮助到底，顷，复云，日可照办，其何时退兵，有无赔费？想两国已有成言。着再切询外部，必得确音，以便饬该衙门照会日本。速即电奏。

七月二十二日

电许景澄：归辽事，前言三国候日廷复音，近若无消息，着即详探电复。

七月二十八日

电许景澄：俄、日交情，谅能探悉。辽议迁延，应切告外部转圜，以符帮助到底之说。俄如有他意，亦应据实奏陈。开诚相与，上紧催问，是该大臣专责，毋得因循致误。

八月十一日

使英龚照瑗致总署与山侍郎言川案结可议刘罪电

密。昨与山又言川案结，可议刘罪，并辩报复字，山云：此意我等皆抱歉，沙故转计，请总署密告欧，刘何处分，可俟川案结再办等语。外部总以轻视英介怀，皆欧先入之言，瑗力辩稍解。

七月二十三日

驻法参赞庆常致总署俄法外部言日退辽限三个月加费三千万已定议电　附旨

俄、法外部面告：限三个月，加费三千万，已定议，请电钧署云云。

七月二十三日奉旨电许景澄：辽费三千万，虽经三国议定，并无明文告知中国，中国亦未允许。此事必应切商俄外部，如能再行酌让，中国方可照办。并着庆常即告法外部，极力帮助。

驻法参赞庆常致总署辽费三千万业经三国议定如商减日必翻议电

三千万之数，业经三国议定。告以中国力量难办。基斯敬云：俄、德争论赔数，几致不合，再有异议，恐启嫌隙，即法国亦不谓然。今早已电驻使，与日外部互换照会，事已定局。至立据后如何付款、收地等事，中国可与商办。现复商哈侍郎，据云：日恃援延宕，法、俄约德立逼定议，如再商减，日必翻议，恐误大局，祈审慎之云。俄外部已照行。

七月二十六日

川督鹿传霖致总署川东道黎庶昌屡次推诿教案电

教案，屡电催，川东道不复，今来电忽称：英领事云，不办，又不议教案，非电请总署，与英使商定日期，发电领事，不能议等语。当复电严饬，告以毁堂匪犯业已分别正法拟办，不得再藉词推延。该道黎庶昌屡次推诿，请总署与英使商定转饬遵办，不知是何意见？查此次匪犯，系劫杀多案而并抢毁教堂者，设法拿办，藉以销案。合并声明。

七月二十六日

粤督谭钟麟致总署与法督互商搜捕越匪情形电

法兵攻破马头山，闻越匪携李约濂眷藏匿铜摩岭。十九日，苏提督至东兴，与法督互商。法谓：匪窜两国交界之北仑地方，彼此擒执。现定二十九苏提督率八百人，潘培楷率六百人，赴北仑土洞田一带搜捕，法兵往铜摩岭里火一带围拿。如在粤界内，即时获送。若在越南境，法自往捕。两粤地方官各悬重赏。凡可代为设法之处，必出力相助。俟有续报，再电达。

七月二十六日

使英龚照瑗致总署红奔河以西归英请将允让野人山地经纬度数酌示电

有电敬悉。查薛使划界图，穆雷江南、红奔河以西归英，英执印图为据，难争论。乞查进呈印图，将允让野地经纬度数酌示遵办。

七月二十六日

福州将军穆图善致总署古田案罪犯已正法余俟有确供再办电 附旨

许道星翼与领事晤商，据称：必先办犯，如办犯认真，再由驻京公使酌量议结。办犯，伊可议结。结案，须公使奏达彼廷云云，余近恫喝。现各犯定供，经领事签字者十三人，内柳久速、陈番仔、林难民、林先、叶明日、陈侵赎、戴收堂七犯情罪最重，已饬即行正法，以示严速而免藉口。余犯俟讯定确供，再分别轻重拟办。请代奏。

七月二十八日奉旨：古田案已办七犯，余须审取确供，不可妄杀。

江督刘坤一致军务处山海关裁炮队一营电

本年二月间，坤以山海关外红墙子关、二郎庙，先经督办处委派洋员汉纳根勘修炮台两处，相距太远，记名提督周兰亭以炮队一营分守，兵力太单，商之胡燏棻，电奏添募一营，由东征粮台筹给月饷，奉旨照准在案。今防务粗定，所有周兰亭添募炮队一营，饬即裁撤，以节糜费。请代奏。

七月二十九日

使英龚照瑗致总署与英议界为难请不动缅约另设办法电

二十六，外部将请野人山就薛定界印图另绘划线，由萨伯坪起，偏东向南，顺山脊到三达，又向西南，顺南碗河，折向东南，至瑞丽江，循江南支至猛卯相近处，又向东北，向南，顺山脊，至工隆入关，科干皆在内。沙未回。英派庸、梨两侍郎约二十八会议。瑗云：看所划请让野地之图，非是待友邦之意。巴历叙欧到钧署屡请缓与法画押，不允，系失约轻视我国各情形，今请非过分。瑗以猛地属宁洱，载志乘，总署未见，议江洪界图，欧又不肯将图借证，虽与法画押，未批准，允欧容与英〔法〕商，何爽失缅约、轻视英？英若以此索多地，恐人见笑，于英声名有碍。巴云：容复议。瑗云：前已告明，奉旨作交情，于红奔河西酌让数里。此番所划界线，不能与议，亦不能复命。巴云：如缅约第五条何？瑗云：不动缅约足矣！巴默然久之，曰：应否候信再商？瑗云：请重邦交，方可再议。言论数时之久，英实要挟贪得，恐难结束。现不敢遽请代奏。英始终以失约轻视见怪，明露骗端。大国亦如此，奈何？惟祈酌度不动缅约，另设办法示瑗，并密告施使，英为难事多，勿言英索野地多寡。瑗奉示后再与法外部商。英知与法又有办法，不受挟，或易商减。否则，至交猛地时莫可挽回，关系甚大云。速酌示。

七月三十日

陕抚魏光焘致军务处报山海关等处防军已撤关防益薄似应移营入关电

魏光焘电：现在宋帅亲驻锦城，各营分扎大小凌河及松山、石山站等处，门户已固，惟山海关之九门口等处防军已撤，若方友升五营西行，关防益薄。光焘似应移营入关，以重汛地。请示遵行。

八月初七日

使英龚照瑗致总署川教案英颇重视欧意如何乞示电

新报：四川教案，中国不肯议刘秉璋罪，英派多轮上长江等语。探外部于此事极重视。现与欧如何言之？如有为难，乞详告，以便与外部说。

八月初八日

旨着张之洞通筹湖北铁政局毋蹈前失电

电张之洞：有人奏，湖北铁政局距大冶太远，且近处无佳煤，查湖北业铁者甚众，不患无铁，而患铁质不佳，铁价太贵，该局犯此二弊等语。湖北铁政，经营数年，未著成效。即如快枪一项，至今尚未制成。着张之洞通盘筹画，毋蹈前失。

八月初八日

旨刘秉璋办理教案督率无方革职永不叙用并着龚照瑗告英外部电 二件

旨：川省屡出教案，刘秉璋督率无方，厥咎甚重，刘秉璋着即革职，永不叙用。

八月初八日

电龚照瑗：本日已将刘秉璋革职，并将办理不善之道府查明惩办，着该大臣告知外部。

八月初八日

使英龚照瑗致总署据庆常晤法外部告界务为难情形并允商借款造路催日归辽旅电

庆常晤哈外部，告界务为难情形。哈云：屡理论，英谓另与华议，不挠猛事，法有公文责欧无礼，英已调换。今英与华为难，当再与辩。英国因川案入江寻衅，约俄防范，保大局。日延退辽旅，当再催。川闽案，宜速结，布告各国，杜英藉口。华造铁路，归西人承办，若需款，法商可集。俄外部现在法，即面商一切，已电施使云云。哈虽云猛地再与英讲，英未必理，幸法今肯认自办一语。瑗于英一边执定未失约为辞，哈期未议定。前不交猛地，英无藉口，俟法转圜，两不伤和，容再电陈。欧调俄，驻京英使未选定。

八月十一日

总署致龚照瑗第一期应交日款如数照办电

第一期应交日本兵费库平银五千万两，合英金八百二十二万二百四十五镑一希令十本士又四之三。此款由许大臣买镑存伦敦。顷，有旨，电令如数提付贵大臣，届期与日本驻英使臣加藤高明签押交收。日本林使允由银行交京。统希如数照办，电复。

八月二十日

旨寄奎焕准第穆呼图克图辞退藏番政教归达赖接管并着相机操纵电

寄奎焕：据奏，第穆呼图克图因病辞退，即准所请。所有藏番政教两务，即归达赖喇嘛掌管。奎焕传知达赖，切实开导三大寺僧众，仍遵前旨，将藏番勘界事宜照约办结。所称简派大臣带兵镇慑一节，断不可行。藏番不知大体，若遽慑以兵威，转恐大众惊疑阻挠。奎焕务当密度番情，相机操纵，方为不负委任。

八月二十一日

使英龚照瑗致总署请留庆常驻法电

闻庆常又辞，乞万勿允。猛事，法与英商，无益。现沙已回，晤谈，有活动意。办法容磋磨，电闻。

八月二十一日

江督刘坤一奏还辽偿款三千万可照议完结电

风闻日本还辽，经俄、法、德三国议定偿款三千万。据三国领事云，势难再减，三国之力已尽于此等语。窃谓此次马关偿款过巨，中国力本不及，然事已至此，若再求三国出力，即能再让，数亦无几。万一三国撤〔撒〕手，令照马关原约定议，纵省此三千万，而辽地永无归期。其得失迥不侔矣！坤一等私相拟度，似可照议完结，不必再作推敲。早了一日，以全三国之好。当否？还请钧裁，奏明请旨。

八月二十七日

旨着派李鸿章为归还辽旅全权大臣电

旨：着仍派文华殿大学士李鸿章为全权大臣，将归还辽旅事宜与日本使臣林董开议。

八月二十八日

清季外交史料卷一百十七终

清季外交史料卷一百十八

光绪二十一年九月至十月

使法庆常致总署哈外部云铁路不伤中国利权已电法使和商电

遵俭电，详询哈，云：铁路不仅急开，应请声明，允许商办，以便从容妥议，不伤中国利权，已电法使，相机和商等语。

九月初一日

总署奏俄国派员分往东三省查勘修接铁路事宜折

总理各国事务恭亲王奕䜣等奏，为俄国派员分路前往东三省查勘修接铁路事宜，恭折密陈事。

窃臣衙门于本年五、六两月间迭接出使大臣许景澄函，述俄户部大臣威特所言，俄国防日甚亟，现已赶造西伯利亚铁路，劝我造路与彼接连，两收通商、调兵之利。述之再四，但仅作为私论，未有明文。又俄国新报论及西伯利亚之铁路取道东三省，以达黄海，言之不已，必将有向我明商之举，此正中俄邦交关系要键等语。臣等以未见该国明文，新报不能为据。兹于八月二十六日接准俄国驻京使臣喀希尼照会，以该国兴造西伯利亚铁路，将来或与我国在满州〔洲〕地方兴造铁路相接，须预先查明路径所过，以择趋向。拟派游历人四起，由乌苏里、黑龙江等处交界起，分道前来内地查勘，并请电饬照料等语。臣等查该使所称各节，证之许景澄来函，适相符合。详译该使照会，以将来或与中国在满州〔洲〕地方兴造铁路相接为词，是刻下竟有借地修路之势，中国于东方铁路岂能置为缓图？查边界铁路，两国接连，西国习为恒蹊，中土尚为创举，其中利弊，亟宜预为详细考究。许景澄与该国大臣尚能联络通洽，相应请旨饬下该大臣与俄外部详探确情，速筹办法，据实密陈，以定进止。兹特钞录俄使照会，恭呈御览。谨奏。

光绪二十一年九月初二日奉朱批：另有旨。

总署奏俄人在东三省借地造路关系甚大应自行查勘兴办片 附旨及照会

奕䜣等片。

再，俄国修西伯利亚铁路以畅东方商利，经营布置，积有岁年。其拟与东三省修接之意，虽未与中国明商，而各国新报已纷纷传播。七月中，署南洋大臣张之洞电奏：风闻俄于黑龙江南岸接造铁路，以达海参崴，又言沿鸭绿江而南，以江口为水陆衔接之所。此路一成，俄可独擅二洲贸易之权，而英、法、德三国无不大受其损。中国居亚洲东方，此一带贸易之利，中国应收之，不应听俄人夺之也。拟请速与俄议，凡自俄境入华境，以后无论鸭绿南岸、黑龙江南岸达于海口，其铁路均由中国接造。造成以后，其利甚大，可振中国富强之局等语。

臣等查，俄人在东三省借地造路，为中外形势交涉一大关键。今俄派员勘路，事已萌芽，盖两洲之大利所存，两国之地形相倚，此时若不设法，他日必难与争衡。计惟有中国自造铁路，在边界处所与彼路相接，庶通商之权利尚可稍分，而辽海之形胜不致坐失。惟其中有二难焉：一则腹地未造，岂能远及边疆？一则岁息难偿，何容更借巨款？然执此二说，则东三省必为俄所蚕食，而所造之路将永无归还中国之期。权其利害，似不如奋力兴办。即使专借各国洋债，当不失为自强切要之图。臣等拟一面电令该将军等遴选干员，藉保护洋人之便，即查勘山川道里，粗具规模；一面筹借洋款，由榆关至珲春，视彼铁路所向，与之相接。事关重大，其详细办法容再妥商具陈。是否有当？伏候圣裁。谨奏。

光绪二十一年九月初二日奉旨：俄派员四起分赴东三省勘路，虽以与我接路为辞，实有借地修路之势。此事原委，许景澄曾经函述，谅已了然。现在俄外部何以不与该大臣面商，遽欲兴办？至中国办法，惟有自造铁路，在中俄交界与彼相接，方无流弊。着许景澄即将此意先与俄外部说明，总期勿损己权，勿伤交谊，方为两得。

照录俄使喀希尼致总署拟派员分往东三省查勘铁路照会

为照会事。

今准本国知会，兹因本国在中国东三省毗连地方兴造西伯利亚铁路，又因此铁路将来或可与贵国在满州〔洲〕地方日后兴造各铁路举办相接，自应将满州〔洲〕铁路所能经过各地情节数端预先查勘，是以现拟派往满洲地方学士等数起查勘各该处地势，便可照该学士等所得各情形，决定本国邻贵国疆界已开工西伯利亚铁路各段之所向，以免再移之难。兹据伯里总督咨称，该游历人共四起，现今备装成行二起，应由乌苏里交界三岔口，即俄称伯陆塔伏斯齐村起程，又二起由黑龙江省交界粗鲁海图卡起程。其初二起，内一起计二十八人，以色威精公率领，前往查勘交界宁古塔之间地方；一起计三十六人，以阔鲁勒克威楚率领，前往齐齐哈尔、海兰泡等处；其次二起，由粗鲁海图前往者，各计十二人，内一起以墨勒则克伏斯齐率领，亦往齐齐哈尔，一起经过大兴安岭向南至辽东湾。惟时已晚，将届严寒，该学士等应不稍失时动身，故不能待北京发来护照。因此之故，又加以固知贵国于游历人士前往本为推广两国邻疆往来起见，两国均有利益，深为关切，特请贵王大臣刻即电行黑龙江、吉林将军等，转饬所属，将该游历学士等放行无阻，随时量力照料。其如何电行之处？务祈刻即见复，以便电复伯里总督可也。

使俄许景澄致总署俄谋借地修路若先允自造转少退步电

奉冬电旨等因，俄谋借地修路，举动渐著。若先允自造，而彼乘此请借，转少退步。查此事由俄户部主议，当时商答，但劝接路，未言借地，拟先向探。现得政府复称，以中俄同心拒日为请，倘以后俄国议及接路，愿与妥商办法。俟所答如何，再与外部启谈。是否？候酌示。

九月初四日

川督鹿传霖致总署委张华奎署川东道以重商务电

宥电悉。查重庆现有英商太古、立德、怡和、美商利泰、永丰，共五家。至租界，十七年开设洋关时，署川东道张华奎曾禀，勘定南岸王家沱可作租界。因该处无房屋可租，暂于狮子湾停泊，租寓开关，至今尚未在所勘租界建屋。兹日本商定租界地，以该处为妥。已密饬黎道妥筹办理。惟该道有病，精神恍惚，此次日本商务关系甚重，恐致贻误。拟请旨将该道送部引见，仍委张华奎接署，以期妥慎。不知于英使请暂留黎道有碍否？乞示。

九月初五日

全权大臣李鸿章奏与日使会商归还辽旅因三国定议在先偿款未能减少折

全权大臣·文华殿大学士李鸿章奏，为与日本使臣会商归还辽旅，因三国定议在先，偿款未能减少事。

窃臣于八月二十六日奉上谕，派为全权大臣，与日使商办归还辽旅事宜等因。钦此。伏查，日本占据奉天辽旅一带，臣前在马关，迭与争辩，除减去原索辽城三分之一外，其余日兵已据各处，坚不允退，并谓已让至尽头，无可减改。当以停战期迫，事机万紧，电奏奉旨允准，实属万不得已之举。议约之日，臣曾告知日本使臣伊藤等，将来欧西必出而干预，该使悍然不顾。及定约后，俄、法、德三国果有违言。当经总理衙门王大臣相机力劝，三国驻京使臣出为挽回，臣在津时亦迭次电商各使，冀收转圜之效，三国方允力任此事。而日人意存要挟，索望甚奢，闻其国中妄议，须得偿款一万万两。后减至五千万两，经三国磋磨五月有余，始说定三千万两。迭蒙电饬许景澄、庆常向各国外部商减，旋接许景澄电，据俄外部称，三国公议，减定此数目，既允复，难与商减，如再有异议，即启嫌隙，辽事必至决裂，请照议了结，于大局有益。又据庆常电，法外部称，日恃援延宕，法、俄约德力逼定议，如再商减，日必翻议，有误大局，祈慎之各等语。迭经总理衙门先后奏闻在案。

臣现奉派商办归还事宜，自应以偿款为大端，再与辩论。当即恭录谕旨，知照日使林董，订期会议；并晤商俄、法、德使臣，从中助力；一面电致许景澄、庆常，属其转向各外部商减。臣于本月初三日率同参、随、翻译各员赴总理衙门公所，与林董晤面。臣以偿款数目系三国所许，中国初未预议，现派臣面商，自须另行议减。而林董以此系三国定议之数，断难再减分厘。臣与往复辩驳竟日，唇焦舌敝。林董固执成说，毫不放松，日入始散。旋接许景澄、庆常先后复电，以此事三国称系自行公办，一经议定，不肯再商，难再议减。若撇开三国，又恐不易收束。复由总理衙门钞送俄使喀希尼、法使施阿兰照会，内称：已将中国允如三国所订办理之处报明本国。又接裕庚、许景澄电，俄、法、德三国已在日本将辽议偿款定数，画押互换各等因。窃维日本允还辽南，全恃三国劫持之力。偿款数目已由彼定议画押，即为凭据，无可更改。此时再以减少相商，必不肯协从，日本更无所畏忌，殊于邦交、国体有碍。且恐耽延日久，另生枝节，如许景澄等电所言，尤不可不虑。臣仰蒙特简，际此财力艰难，原冀争回一分，即有一分之益。乃徒劳唇舌，无补纤毫。瞻顾徬徨，莫名愤疚！事关大局，既不敢拘执贻误，亦不敢专擅允行，自应据实上陈，伏候圣明裁夺。如蒙俞允，再由臣将撤兵交收各事宜节目妥为商订条款，务期早日办结，不令再有延宕。谨奏。

光绪二十一年九月初八日。

滇督崧蕃致总署法据两乌并将磨丁及黄竹板画入彼线请留意电

两乌交割日期，已于八月愿电驰达。迭据普洱道府禀称：法勘员自到猛乌，苛虐土民，夷情不服。据六项土弁刁林锡等致刁丕文缅文称：奉车里司缅札及九龙江四大司公信，饬调公项练丁数百，会齐十二板纳夷练，力争猛乌等语。该道府恐酿事端，即派刁丕文前往弹压，勿得一练入两乌之界。惟法勘员嗜利贪功，甚欲据茶山门户，令收盐井利权，规占南乌江，即爷宽河，全势蓄谋已久。现已割据两乌，势必横恣肆决，于巴威图内已将车里宣慰之整法、猛腊土司属之磨丁、猛伴土司属之黄竹板画入彼线。此数处本非猛乌属地。该处民悍，归法必生衅端，恐地方官弹压不服，求先电达等因。务求钧处与法使详议定界时，于此数处留意。设有龃龉，求先密商，忽遽定议，免贻后患。如界图已有定议，核明所指数处不归法界，即乞速为指示。

九月初九日

浙抚廖寿丰致总署日界勘定开办商务需人请饬温州道袁世凯赴任电

日本通商地段，已勘得杭州武林门外，南自拱宸桥起，北至瓦窑头止，径直三里，横约二里，四至标插木籖。该领事、税司来，再行会勘。如不敷，仍可向北展。温州枫林案，大致可了。该道宗源瀛一年将届，求接替。现在开办商务，正需人，可否饬令正任道袁世凯赴任，俾资帮助？

九月初九日

江督刘坤一奏拟以魏光焘西援陈湜留扎榆关电

旨催陈湜西援甘州，当即钦遵。惟该藩司营头不多，碍难启行。因思魏光焘自道员渐涉藩司，俱不出甘肃一省。此次复蒙调补陕抚，与甘肃辅车相依，情形浃洽，于军事尤属相宜。如令即就现部一军挑选二十营，率以西行，可以克期就道，且与董福祥一军亦易联络，可期迅奏肤功。而陈湜为湘军宿将，历练最深，以之统领湘军，留扎榆关，亦足以资屏蔽。一转移间，似于防剿机宜可期迅速。请旨饬遵。

九月初九日

使英龚照瑗致总署猛地不能挽回英认改缅约商务界务二事须允其一电

猛地不能挽回，英不与法商，法亦无商办事，惟属庆使告法外部，容缓交地，俟转圜。瑗屡在英外部议此事，现沙侯密告云：中朝以索野人山地太多，不允。英为友邦，东西洋利害相关，势必代筹。日事定后，元气大伤，极望富强。强必由富致，务在通商。既已法开海防口岸，火车入华内地，华收出口税不及半，东南数省商利必尽归法，由于粤东西海口岸大开也。转瞬海防铁路达华界，有贪华边省土地者，有互争开西海口岸者，皆在意中。中国受逼四邻，西北边地更无把握。观中日此番军务，凡通商处无恙，可知通商大益。开西江，英亦有利，而中国得正半两税。香港、两广，唇齿相依，必然永固，不虞外人觊觎南东边地。如总署以为可，英将于野人山地尽可少让，从省商办，及各事皆易商量。至开西江商务便宜办法，再详叙。此私谈，非法所愿，请电总署裁夺密示等语。又晤其侍郎，知沙促华造内地铁路，遂请开西江商务，为中英利益。立言冠冕，免多让野人山之周折。如不能允，前送彼划野人山界图难复议减。窃思野人山地，明撤藩篱，尤深蚕食。开西江口岸，与各口通商一例，则其中有无流弊，不敢妄议。计猛地期近，英认改缅约，所请商务、界务二事，不允其一，不肯干休。事未定议，不敢复命。乞酌示。

九月初十日

陕抚魏光焘致军务处遵旨援甘即率队前往电

旨：陈湜着留扎山海关。援甘之师，着改派魏光焘于所部挑选精锐，迅速拔队等因。于本月十五日，率步队二十八营两哨及马队四旗，陆续开拔，至津取道保定、山西入陕。至焘部月饷，系由刘大臣湘军粮台支发，现拟仍由该台拨领两月粮饷，以利遄行。以后应请饬部暂拨海关及四川、河东等处可靠的饷，每月银十三万，解交焘军应用。伏乞代奏，请旨遵行。

九月十二日

署江督张之洞致总署报苏绅等拟办沪宁铁路俟估工筹款后请旨电

金陵至镇江、苏杭、上海铁路，有益商务、筹饷、海防三端，洞已两次电奏。现接苏抚函，苏绅筹商务节略，拟办由苏至沪铁路。现拟先委洋弁勘路绘图，候估工筹款后，再请旨办理。大约先自吴淞口达上海县，自沪达苏、达镇、达宁，分枝达杭，节节相机办理，办一节即有一节之利，不比他处。请代奏。

九月十二日

总署奏商订俄国借款并交还日本第一次偿费折　附单

总理各国事务恭亲王奕䜣等奏，为商订俄国经办借款，并交还日本第一次偿费，谨陈先后办理情形事。

窃查，中日新约第四款，内载：中国约将库平银二万万两交与日本作为赔费，第一次五千万两应在本约批准互换后六个月内交清，第二次五千万两应在十二个月内交清，余分六次交清，如三年之内清还全数等语。原约奉批互换后，自应筹款交付。其时各国商人纷来订借，俄国又以索还辽地之谊代为张罗，迭准出使大臣许景澄来电，略谓：俄国外部大臣罗拔诺夫偕户部大臣威特，述其国主之意，愿中国速给偿款，俾日本早日退兵，令户部代筹巨项，以资周转，必于中国有益。旋俄户部以与德、法争揽借款为嫌，后荐俄法银行合办，准借法银四万万佛郎，合银一万万两之数，五厘息，无折扣。每年还本息共银六百零四万三千余两，三十六年本利全清。嗣以便于售票，改为九四又八之一扣，再扣印税、造票等费，不及一厘。周年四厘起息，以息抵扣，计尚有赢无绌。俄外部初意派员来华查询税关，经臣等电属许景澄驳阻，许景澄与之磋商，但立专条四端：一、告明海关已押各款每年应付本息及上年收税总数。一、以后借款敷付与否，先尽拨付俄款。一、倘至海关不能付款，应预告俄国以何项另押。一、中国以后借款，如允海关及他项权利，亦准俄国均沾。即将派员来华之举作为罢论。惟仍欲声明，此项借款由俄国国家担保，并言俄不代保，不能办到轻息。臣等深虑俄国或有别图利益之处，不得不预为之防，电令许景澄与俄外部切实相商，俄外部允将加保字样改为如海关付款愆期，由俄国国家垫付。臣等复以垫付名目仍觉有伤国体，相持至再，始准许景澄来电，改为或遇付款阻滞，俄国与中国商妥，允许银行一面蝉联发给股票本息，以代垫付之说。而俄于前议专条第四端内又添入中国如许他国预收关税，监守、稽察、管理地方刑名，制造商务等项，亦准俄国得之之语。复经臣等往返电商，始将末端改为中国无论何故，决不允他国照看税入等项权利，如允他国此种权利，亦准俄国同沾。许景澄复与俄外部商允，四端之外，声明此项文件，自借款画押日为始，至还清此项之日为止一条，以示限制。前后辩论阅时两月有余，始得就绪。闰五月初八日，准许景澄将定议借款合同二十条择要电达来署，臣等复逐条推求，尚属妥协，当将许景澄历次来电照录呈览。闰五月初九日奉谕旨：许景澄电，六日电已悉，合同各条，着许景澄斟酌妥协，即与画押订定。钦此。当即电知许景澄钦遵办理。闰五月十五日，接许景澄十四日来电：本日合同专条均已画押等因。嗣于七月十三日复准许景澄将合同专条汉文、洋文各件咨送到京，臣等复加察核，均与迭次来电相符。此臣等与许景澄商订借款一万万两之详细情形也。

闰五月二十二、七月初五等日，日本使臣林董呈递国书后，持其政府之电，来总理衙门催商交款办法，谓：如将库平二万万两，照英国伦敦近三个月内以银易镑市价，酌中牵算，合成英镑若干，两国各派驻英使臣，在英都交收，实为两便等语。臣等公同商酌，此款既须由俄国借款内提拨，若令汇至中国，保险、汇费等项折耗实多，且为数过巨，尤恐银行要挟，诸多繁费。许景澄所立借款合同，有指汇欧洲各处不收汇费之条，自应如该使臣所请，即在英都交收为宜。迭经臣等电致许景澄及使英国大臣袭〔龚〕照瑗，将近三个月英国金镑市价详晰开报，核定酌中之数，复饬总税务司赫德详查核算，大致不差。惟该使原开葛林之数，每库平银一两，申合五百九十九葛林零八四，臣等核与现行秤码不符，当饬赫德详细比较，每库平银一两，实申合五百七十五葛林零八二，以二万万两计之，约银一百三十余万两，与之辩正，该使亦无异词。至预定镑价一层，臣等不无顾虑。该使以此时以银易镑，酌中定议，可免银行临时居奇，原属公允。否则，此项交镑以后，仍照约交银。臣等询之赫德，谓：此数年间镑价无大涨落，刻下预定，谅不吃亏。当于公立议单于八月十八日在总理衙门署名盖印，彼此互换，以昭信守。谨将库平银两合成英镑细数，开具清单，恭呈御览。此后每届交款之期，即照此数交收，以归简易。至许景澄所订借款，已报陆续交齐。除提拨日本第一期赔款五千万两外，下余之项交原银行暂存，听候提用。其每年应还本息银两，由臣等随时知照户部先期拨汇，俾免迟误。谨奏。

光绪二十一年九月十三日奉朱批：知道了。

谨将库平银二万万两合成英镑细数开单恭呈御览

一、库平银二万万两，每两合英量五百七十五葛林八二，共合二万三千九百九十二万五千盎斯。

一、将前数核成英国九二五定例银二万五千九百三十七万八千三百七十八盎斯又三十七万八千三百七十八。

一、照本年西历六、七、八三个月英国伦敦镑价酌中核算，每一盎斯合三十弁士，又三十四万四千四百四十八分之十五万二千五百六十三，计库平银二万万两，合英金三千二百九十万九百八十三镑七希令七弁士。

使俄许景澄致总署晤罗拔说明中国愿造铁路与俄路相接彼深称谢电

遵旨晤罗拔，说明中国愿自造铁路，与俄路在交界相接，并引俄外部前说相证。据称，深谢中国相告，现俟铁路会工员勘定何地分路至华界，再行通知。语气似无他意。请代奏。辽费是否付英？乞预示。

九月十四日

全权大臣李鸿章奏与日使会商交收辽南各款议定条约折　附条约及专条

全权大臣·文华殿大学士·一等伯李鸿章奏，为与日本使臣会商交收辽南各款，拟定条约，缮单呈览事。

窃臣奉派与日使臣会议收还辽旅事宜，当将初次会议偿款数目由俄、德、法三国议定未能减少各情，于本月初八日具奏，奉旨：该衙门知道。钦此。由总理衙门恭录知照到臣，即函约日使林董，于十二日至总理衙门会议。臣先将该使交来条约稿本逐细改订，届期携往，仍将偿款数目与该使婉商，谓：三国虽经议定银数，并未议定平色，现应就平酌改。该使谓：改平即是减数，与三国定议不符。坚执不允。复查原开条约共八款，除第四、五、第七、八各款均可照办外，其第二款云：中国约不将此地让与他国，殊于中国自主之权有碍，第六款云：中国若不将偿款如期交付，须按日给算军费，于中国信义之名有碍，此二款均应删去。其第一款内，应将退还地方疆界海面详细载明，并申明将前拟订立陆路通商章程作为罢论。第三款内，应添入撤兵之先，不得将台垒、厂署及属公物件毁坏搬迁。反复辩论，自未至酉，该使请将约稿带回细酌，再订会期。旋即函约十八日会议，是日该使交出另缮约稿及代拟照会稿。据称：如删第二款，须将此意另备照会为据。臣即正言斥驳。该使虽以请示本国为辞，可置勿论，先将应列各款商明定议，当将约稿详细对勘。原开之第二款、第五款均已删去。第一款内应增各节均已列入，并将拟添入第三款内各语附载第一款中，其余词句尚无歧异。臣与该使当面审定，分为六款。惟条约互换，往返需时，虑撤兵日期因此延缓，即与该使筹定通融办法，于定议五日内奏奉允准，互相达知，即与互换无异，俾应办各事早得遵行，另立专条附载约后。

伏查，此次议约，日本自以退还已据之地，索望颇奢，所拟条约皆偏执一面之词，经臣迭次据理折辩，始肯降心相从。惟偿款数目由俄、德、法三国与日本定议画押在先，无可更改。此外各款，悉心酌核，大加增删，斟酌再四，然后定稿，尚不失交际之平，于中国体制、权利并无亏损。全辽收回以后，撤减防边营队，既可稍节饷需，其停止日本陆路通商，尤为隐杜后患，于大局不无裨益。兹将条约全分缮具清单，恭呈御览。如蒙俞允，即由臣知照该使，会同署名盖印。订明十日内中国将酬款在伦敦合镑价交付，其交款三个月以内，日本将军队一律撤完。所有辽东各厅、州、县，由盛京将军派员届期收回。旅顺口、大连湾两处，应由北洋大臣收回。并请敕下调任将军裕禄、新授将军依克唐阿、北洋大臣王文韶，分别派员前往办理。金州为辽旅要冲，帮办军务大臣宋庆现驻锦州，迨辽南收回，该处无须重兵，应否饬令移驻金州，以资镇抚？除分咨查照外，理合恭折，详析具陈。再，条约内未写交款月日，应俟署名盖印之日商定填写。合并声明。谨奏。

光绪二十一年九月二十一日奉旨：该衙门知道。单并发。

谨拟日本交还奉天省南边地方条约及议定专条缮单呈览

大清国大皇帝陛下，大日本国大皇帝陛下，欲缔结条约，由日本国交还奉天省南边地方，一切仍归中国管理。大清国大皇帝陛下特简钦差全权大臣·太子太傅·文华殿大学士·一等肃毅伯爵李鸿章，大日本国大皇帝陛下特简钦差驻扎北京全权大臣·正四位·勋一等·男爵林董，均作为全权大臣，互示所奉文凭妥当，议定各条，开列于左：

第一款　日本国将光绪二十一年三月二十三日，即明治二十八年四月十七日，订立下之关条约第二款，中国让与日本国管理之奉天省南边地方，即从鸭绿江口抵安平河口，至凤凰城、海城及营口而止，以南各城市邑，以及辽东湾东岸、黄海北岸奉天所属诸岛屿，并照本约第三款所定日本国军队一律撤回之时，该地方内所有堡垒、军器工厂及一切属公物件永远交还中国。因此，下之关条约第三款并拟定立陆路通商章程之事作为罢论。

第二款　中国约，为酬报交还奉天省南边地方，将库平银三千万两，迨于光绪二十一年九月三十日，即明治二十八年十一月十六日，交与日本国政府。

第三款　中国将本约第二款所定之酬款库平银三千万两交与日本国政府，自是日起，三个月以内，日本国军队从该交还地方一律撤回。

第四款　中国约，日本国军队占据之间，所有关涉该国军队之中国臣民概予宽贷，并饬有司不得擅为逮系。

第五款　本约缮写日本文、汉文及英文各二分，校对无伪，署名盖印。汉文与日本文遇有解释字义不同之处，以英文为凭。

第六款　本约钦奉大清国大皇帝陛下、大日本国大皇帝陛下批准，自署名盖印之日起，二十一日内，在北京互换。为此，两国全权大臣署名盖印，以昭信守。

大清帝国钦差全权大臣·太子太傅·文华殿大学士·一等肃毅伯爵李鸿章。

大日本帝国钦差驻扎北京全权大臣·正四位·勋一等·男爵林董。

光绪二十一年九月二十二日，明治二十八年十一月八日，订于北京。

议订专条

本日盖印之交还奉天省南边地方中日条约内，其为遵行条款所订定之期以前，虑或未克依期互换，大清国大皇帝陛下政府，大日本国大皇帝陛下政府，为预防前开条约内各条款失误遵行之期起见，由其全权大臣协同公议如左：

中、日两国政府，应自订立本专条之日起，限五日内，由其全权大臣将前开条约已奉大清国大皇帝陛下、大日本国大皇帝陛下允准等因，互相达知，嗣后前开条约一切均各照办，即与互换相同无异。为此，两国全权大臣署名盖印，以昭确实。

光绪二十一年九月二十二日，即明治二十八年十月八日，订于北京。

旨寄张之洞归辽议定着将南洋各船移泊旅顺电　二件

电张之洞：归辽，议定三月退兵，旅顺地方虽已残破，而形势扼要，颇有他国觊觎。着张之洞将南洋所有各船收集查验，一俟彼兵将退，即派数舰北驶，将船坞填扎。该督其熟筹利害，毋稍拘泥。

九月二十二日

电张之洞：前令将南洋各船预备移泊旅顺，至今未复。兹牛庄、营口于十四日归还，旅顺交期在即，如虚而勿守，恐启耽视。着该督速派各轮整顿北驶。

十月十一日

旨寄宋庆辽地归还着带各营前往旅顺分扎电

电宋庆：辽地归还，敌兵议定于三个月内全退。宋庆前驻旅顺最久，着预先审度形势，俟敌人兵退，即带各营前往分扎，并着抚循劳徕，安抚居民。

九月二十二日

旨寄许景澄辽费三千万着于伦敦存款内提交龚照瑗转交日使电　二件

电龚照瑗：辽费三千万，着龚照瑗于九月三十日交日本驻英使臣接收清楚。

九月二十三日

电许景澄：辽费三千万，着许景澄于伦敦存款内提交龚照瑗，转交日本使臣。

九月二十三日

旨寄裕禄归辽换约后着接收各州县并整顿税务电

电裕禄：归辽，业经换约，三月内退还。裕禄会同依克唐阿，择道府中明干有为者数员，奏派接收。州县各缺，须择人而畀。营口、牛庄税务，亟须加意整饬。

九月二十三日

帮办军务宋庆致军务处遵旨带马玉昆十营往营口抚循电

旨，钦遵。庆先以派员往探，拟日内先派二营进至距田庄台九十里之双台子候信，俾不误填扎。俟营口日人退出，庆即先带马玉昆十营前往，一路抚循，并知照山海关道廷雍速至，整顿地方，庆仍节节前进，沿途分扎。旅顺虽为最要，而金州水陆交冲。去冬，日犯旅顺，即先由此抄后，尤须重兵。只可分拨一军到旅，庆亲往相机分扎，劳来〔徕〕百姓。是否有当？祈代奏。

九月二十四日

使英龚照瑗致总署已劝英外部电公司罢铁路议电

屡劝外部，电公司，罢铁路议，皆允电施使等从容变通，勿要挟。语意已稍缓。

九月二十八日

盛京将军裕禄等致军务处遵旨接收辽南各州县电

九月二十六日，钦奉二十三日电寄谕旨：归辽，业经换约，接收之员，须预选派，着裕禄会同依克唐阿，择道府中明干有为者派往等因。钦此。遵即往返电商。查此次收回各地，东南之凤凰、岫岩、安东等城，为东边道属境；金州、复州、海城、盖平、营口、牛庄、熊岳、旅顺等处，为山海关属境。除现接李鸿章电称，旅顺、金州为毅军久驻之地，旅顺、大连湾前此设防之台垒、厂坞、局库、楼房，皆由北洋历年所经管，应由王文韶、宋庆酌派情形熟习之员，届时前往收地，并由日员妥商办理外，其余应行接收事宜，均当由奉派员前往。查东边道张锡銮、山海关道廷雍，职任所归，人均明干。裕禄等并于道府中拣选得候补道余濬、候补知府福培、协领英凯、李玉琢等四员，皆明干有为，堪与东边道张锡銮、山海关道廷雍等同办接收事宜。谨遵旨先期奏明，俟日本定有交还日期，即饬分投前往，将接收事宜妥为办理。至安辑流亡及重整税务，当此规复之后，在在均关紧要，所有州县各缺暨整理税厘人员，诚如圣谕，尤须择人而畀。裕禄谨当与依克唐阿加意选择，妥商派委，另折奏明，冀经理得人，断不敢因现经调任稍存退诿也。

十月初四日

黑龙江将军依克唐阿致军务处筹备鸭绿江一带防务电

窃维时事多艰，外患踵集，鸭绿江一带江海防务较昔更紧，唯有水陆兼扼，庶无瑕隙可乘。北洋水师前曾分驻旅顺，然隔省遥制，贼氛猝至，电线一断，或不及闻。兵机瞬息万变，胜负只争毫厘，岂容晷刻之误？去岁，旅顺失守，日兵将至，师船转驶威海。敌兵登岸之易，或归咎口外无船。奉省办防，事事仰给于直隶，虽无畛域之见，不免牵顾之虞。朝廷加意海防，汲汲为补牢计。今归辽在即，依克唐阿拟乘接收之便，拣派熟习洋务兵事者数员，查勘各海口情形，及水师陆路应如何添设驻守，炮台、船坞一切应如何讲求整顿，以便通盘筹画。依克唐阿职守攸关，责无旁贷，何敢因循推诿，贻误国家。除接收一节与裕禄会商具奏外，谨先电陈。伏乞代奏，候旨遵行。

十月初四日

粤督谭钟麟致军务处拟调刘永福署南韶镇电

南澳镇刘永福回粤，细询情形，因日人在台北杀戮甚惨，台南民坚留不放。此次潜遁得归，勇丁欠饷万余未清。查南澳与澎湖对照，令其回任，恐生枝节，可否调署南韶镇之处？恳代奏。请旨遵行。

十月初四日

黑龙江将军依克唐阿致军务处接收辽地拟分三路弹压以防他变电 附旨

接收一节，与裕禄往返电商，仍均由裕禄派定道府各员前往办理。依克唐阿驻军前敌，各该员贤否，殊未深悉。惟念各城糜烂，十室九空，土匪、奸民乘机可虑，非得良将数员与地方官相为联络，虽有贤吏，恐难着手。况辽地东由岫、凤，迄九连城，与高丽划江为界，为江防重地，西南由海城至营口、盖平，正南自复州至金州之旅顺、大连湾，皆为旅顺要口，宜分三路前往弹压，以防他变。兹拟东路派寿山、贵权两军，南路派荣和、石柱两军，西南一路派札克丹布、寿长两军。其辽海一带，仍派翼长晋昌带同钟祺、富保、王永庆三军驻扎，以备调遣。各军均令自备行粮，勿扰地方。日兵未撤之先，严戒不准前往，免致生事。至各路文武官员能否加意安辑，依克唐阿当随时派员查访，认真整顿，以除积习而固民心。谨先电陈。伏乞代奏。

十月初六日奉旨：电悉。前因辽地归还，谕令宋庆，俟彼兵退后，即带所部前往分扎。本日据王文韶、宋庆奏，已派定各员，乘轮赴旅，商办接收矣！金、旅一隅，斗绝入海。以形势论，与北洋为近，故台垒归北洋经营，防兵派专员驻扎，此一定之理。今阅依克唐阿所奏，三路派兵前往弹压，自备行粮，勿扰地方，办理甚为周妥。惟正南一路，业经宋庆等派员商办交收，一俟彼兵撤退，仍由宋庆驻扎，该将军即无庸派兵前往，以专责成。

帮办军务宋庆致军务处日本交收旅顺金州已派员迅往电

歌、申电悉。庆已电商北洋大臣，会委直隶州顾元勋、石赓臣、游击龙殿扬、降道叶润含等，由津乘轮赴旅顺、金州，与日本委员商办交收。俟南路退兵有期，庆即率队驰往，沿途遵旨抚循劳来〔徕〕，安辑居民。庆并先派两营于初九晨起程，先到双台子，俟日兵退出，该营就近前往弹压。又电催山海关道廷雍，迅速到营口等处交收。

十月初六日

旨寄李秉衡俄水师轮船借泊胶澳过冬着饬地方官照料电

旨：俄使来言，该国水师轮船拟借山东胶澳暂泊过冬，屡经总署驳诘，据云，暂时守冻，为时无几。俟船到时，着李秉衡饬令地方官妥为照料，毋滋事端。

十月初七日

鲁抚李秉衡致军务处遵旨准俄轮借泊胶澳过冬请商退出日期电　附旨

衡查河至齐东县舟次，承准鱼电，奉旨：俄使来言，该国水师轮船拟借山东胶澳暂泊过冬，屡经总署驳诘，据云，暂时守冻，为时无几。俟船到时，着李秉衡令地方官妥为照料，毋滋事端。钦此。自应钦遵，转饬照料。查烟台芝罘岛并非不可泊船，胶州向非通商口岸，俄使必借此停泊，其心叵测。既云暂时守冻，为时无几，应请旨饬询该公使，进泊后何日退出，务须订明一定期限，以杜觊觎。请代奏。

十月初九日奉旨电许景澄：据喀使言，俄船拟借胶口过冬，朝廷重顾邦交，允令暂泊。许景澄当与俄外部申明，一俟春融，务即开去，以昭大信。

使俄许景澄致总署请赏给德宰相等宝星电

辽议成，德宰相·王爵乌亨洛、外务大臣·男爵马沙尔，敦睦邦交，请照俄外部案，均赏给头等第三宝星。请代奏。

十月初九日

署江督张之洞致总署日约无理已甚择要先达务请坚持电

传钞日本约稿四十款，无理者过半，视之痛愤，知钧署必与驳辩。第七款，沿江停船处欲尽行卸载货物、客商。查长江五关之外，烟台约准停泊者六处，近来私自停轮者数处。除六处外，均止上下客商，并无一件货物。日破此藩篱，从此非通商口岸尽可卸载货物，万不可行，宜与限制。第初创，贸易非游历可比，货物非行李可比，岂得牵连图混？第十三款，新改税则，必较旧税则受亏。查和约通例，从无附税则者，只为一国专权，损益由己，原不与和约同。惟我与各国立约，向均附税则，一时不能删去，更未能加重，彼货似以仍守旧税则为宜。第十四款，此租界运至彼口租界无税。如同一口岸，自可不税。如此口租界运至彼口租界，岂可不征？第十五款，制造土货，正宜照旧税则加重，乃欲值百抽三，大谬。又无论货主与经手系何国人云云，是货入华人之手，仍不能征他项厘税，从此中国几不能自征华民货物厘税，尤谬。第十六款，欲将制造各货此口运彼口无税，断无是理。第十八款，欲将厘金章程告知彼国。抽厘乃我国内政，岂能详告？必致事事受制。西洋各国频探此事，均经驳斥有案。第十九款，明夺我官员征收税钞之权，第三十款，暗移我管辖旅日人民之权，关系尤巨，均所必争。其他应驳之处尚多，想已筹及。兹择其要者先达，以备辩论。至内河小轮不准拖带船只一条，之洞早经电奏，必宜留此为华船地步，极为紧要关键，务望力为坚持。总之，凡有彼得我利益者，约内均宜添入中国商民在日本者，彼国亦一律照办云云，以昭平允。谨候裁酌。

十月初十日①

署江督张之洞致军务处遵旨派闽兵轮并扎旅顺俟修竣即往电 附旨

真电。奉旨恭悉。前奉旨调轮填扎旅顺，庙谟深远，已饬速备。南洋五兵轮，一艘搁浅，余均应修方能出海。焦急万状！旬日迭催设法。顷，据沪局电复：四轮分入华洋各局厂修，约月内赶紧修竣。前旨三月退还，计期尚来得及。查闽有兵轮二艘，拟商调，并扎旅顺。如月内未能全修齐毕，拟随竣随派往。如月内彼即退旅顺，只可先派闽轮往。我有轮占坞，他国即不能生心。并陈明本日沪局始复到，故前未敢冒昧具奏。请代奏。

十月十二日奉旨电张之洞：电悉。南洋五轮，一搁浅，四待修。设无移泊之旨，竟任其废置海滨耶？该督留心军事，何以疏忽若此？现在旅顺未交，着将四轮勒限赶修，并饬将弁整顿一切。闽轮二艘，准先调往。

全权大臣李鸿章奏与日使互换归辽条约事竣折

文华殿大学士李鸿章奏，为与日本使臣互换归辽条约事竣事。

① 原刊目录标为“初九日”。

窃查，日本交还奉天省南边地方条约第六款，内开：本约钦奉批准，自署名盖印之日起，二十一日内，在北京互换。又虑互换逾期，复订立专条，由两国全权大臣将条约奏奉允准，互相达知各等因。前于九月二十二日将画押日期及议办情形具折奏奉谕旨：依议。钦此。兹据日使林董函称，该国批准条约业已寄到，订期互换。臣系原派全权大臣，自应一手经理。即与该使订明换约凭单，定于十月十三日，在总理衙门，敬将奉颁批准条约全分与该使复加校对，一同互换讫。当将凭单及该国批准约本交总理衙门，转送军机处存备查核。并据该使函称，该国军队在海城及凤凰厅者，准于十四日起撤退。臣已电知裕禄、依克唐阿、王文韶、宋庆等，分别派员前往各处接收，不至迟误。除分咨查照外，理合具奏。谨奏。

光绪二十一年十月十四日。

总署奏代递英美两国教士条陈中国教务折　附李提摩太等奏折

总理各国事务恭亲王奕䜣等奏，为英、美两国耶稣教士条陈中国教务，缮备册折，吁恳代递事。

窃本年九月二十六日，准美国使臣田贝函称：有各国耶稣教人公举在华办理教务教士李提摩太、惠志道，缮备一册，拟亲呈查阅，请订时日谒见等因。臣等允其谒见。该使即于是月二十八日带领该教士等来见，面呈清折一分，书一册，并另具照会，内称：李提摩太系英国上议院大员，秩中国一品，惠志道系美国人，美本民主之国，教士品虽不同，其等则一，皆得觐各国君主及与各大臣往来，拟请由臣衙门带领引见，面递折书，或代为呈递，以冀教案永息等语。

臣等查，该教传之中国历有年所，各国立约均载此条。当日以该教意在劝人为善，只载安分传教、习教之人当一体优恤保护，并未议及不安分传教、习教之人应如何科定罪名，于是教民倚教士为护符，教士纵教民为奸恶，民教相仇，展转报复，各省教堂之案层见迭出，至近年而益甚。现在四川、福建两省英美教案尚未议结，该教士目击时艰，情殷挽救，其志可嘉，并拟定三条，以备重修传教章程，所陈亦不无可采。惟其中仍只论传教之益，而不计传教之弊，殊欠周密。臣等拟乘该教士等立意就商之际，为因势利导之方。

即如所称各种诬蔑教会之书，请一律铲除一条。查民间匿名刊刻之书，造言生事，本干例禁，即《海国图志》《经世文编》等类，亦属私家记载，其中谤教之书，不难概予销毁。特以止谤，莫如自修，该教果无可议，人亦孰得而指斥之？近年各省教案，大都因有教堂迷拐幼孩、挖眼剖心之谣而起，此倡彼和，几于无处不然。纵多方谕禁，不为止息。该教士折内既称教士传教、治病、设学皆是大公无私，本不畏人考查，拟请嗣后凡有教堂雇用华工或养育民间幼孩，均须先向地方官报名注册，以备稽考。遇有辞工他出及抱病身故等事，亦即报明地方官，饬差勘验有无别项情弊，使百姓晓然无疑，然后将册销除。如此，则群疑顿释，谤书不期禁而自禁矣！

又如所称中国人民如愿入教，悉听其便，不可迫之使背教规一条。查该教既经编入条约，准其传习，亦孰从而迫之使背？惟传教者既兼容并包，奉教者即不无倚势作恶，种种妄为，擢发难数。该教士折内既称凡酗酒、谎诈、赌博、淫恶之徒一概不准入会，间有匪人混迹，经久必斥，拟请嗣后华民入教，亦须开列姓名、籍贯，报明地方官，查明从前并无犯案之人，方准注册教籍，照约保护。教民本系中国人民，遇有案件，依华例惩办，不得因其入教妄分轻重，亦不得恶其入教颠倒是非。民教一律，务持其平，期教民不至欺压贫民，平民亦不致歧视教民，民教不期安而自安矣！

至如所称教士为中国求益而来，应令各官绅采访各国教养善法，和衷商办一条。查中国现在讲求制器、练兵、开矿、炼铁诸大端，西士之有技艺者恒不惜重价敦聘，况教士既有善法，岂有不望相助之理？无如教士良莠不齐，往往袒护教民，干预公事，挟诈侵权，无所不为。该教士曾面称，如有此等情弊，即当公议驱之回国，拟请嗣后即照该教士所称办理。其有安分传教者，地方官绅不妨与之往来，以礼优待。近年该教中颇喜劝孔孟之书，其颖秀者亦能略窥大义，著书立说，略知逐渐观摩，骎骎乎中外一家之盛。如此，则黜邪崇正，中西不期和而自和矣！

以上各节，皆由该教士先发其端，臣等即拟迎机导之，以期就我范围。俟有成议，再行知照英、美使臣，与之重订章程，颁行各省，一律遵照办理。该教士既愿重订，该使臣当无异辞，耶稣教既愿重订，天主教当亦无异辞，或亦为中国教案挽救之一策。至该教士所陈书折，虽于体裁不甚合式，尚无违悖字样。谨将原折、原书恭呈御览。所请带领引见、面递之处，应毋庸议。再，教士惠志道已回国，乃举美教士刘海澜代办。合并陈明。谨奏。

光绪二十一年十月十四日奉朱批：该衙门酌核办理。

附教士李提摩太等请维持教务折

英、美等国教士李提摩太等奏，为愚人诬陷教民，扰害教堂，隐忧方大，谨陈管见，冀杜乱萌而敦睦谊事。

窃维五洲万国，政与教相生而实相成者也。朝廷果为教会设立妥善章程，民间断无龃龉之事。否则，猜嫌疑忌，纷然并起，必致别滋事端，诚以道德之与权势不能水乳交融也。中国唐、宋、元、明诸令主闻西教来华，专以劝人行善为宗，非颁赐地亩，即勒建堂屋，准令任便设教，与他教不分轩轾。圣朝开国之初，圣祖仁皇帝一视同仁，尤加优待。雍正间删去旧章，禁止传教，教士亦不复来。道光季年，与泰西各国立约通商，始复许来华传教。孰意同治九年天津猝起教案，戕害二十命。光绪十七年扬子江一带教堂惨遭焚杀之祸，至本年而四川又见告矣！额兵营勇，棋布星罗，谁膺斧钺之尊严，坐令乱党鸠张，竟不闻出一令，拘一犯乎？寓川教士百余辈，累日连旬，性命悬于俄顷。更不图川案未定，又有福建古田一案。古田教士久安居处，无端而猝被攻围，竟至惨死十一人，负伤五人。迄今每一念及，不禁扼腕惊心。恭读光绪十七年钦奉上谕暨内外臣工章奏、各省地方官告示，历言不逞之徒捏造无稽谰语，藉端滋事等因。然而四年以来，所出各案未尝按照造言生事之律严行办理，亦不闻禁止凭空惑众之谤书。祸根蟠结于人心，而欲冀乱苗之不发也，其可得乎？臣等睹此情形，万难缄默，谨仿西例，联名敬乞皇上、圣慈，饬下总理衙门，会同教师，速议保护教会章程，不特弭后患于无形，且于内治、外交不无小补。

伏念中华为自古驰名之邦，早知民教相安为治国第一要务，故自唐以降，千余年来，儒、释、道、回回、基督各教迭兴，皆邀一体保护，并立有善法以处之，民间遂相安于不觉。独今日在华之基督教，虽屡奉上谕，迭准官示，而恒不得享安辑之乐者，盖因新刻之《经世文续编》及《海国图志》等书诋谤教会之语，诬陷教民，累牍连篇，耸人观听之所致也，而于教中所行之善事概不提及，即或有所称述，亦隐刺西人心怀叵测，务使见此书者皆视教民如秕莠，避之惟恐不速而后已。况迩来此等书籍重刊贱售，遍传各省，以种种污蔑教会之语，杂于国家紧要官书之内，平民固信为实事，官绅士子亦或不得不以为然，遂有好事之徒依样罗织，编造俚词，民间展转流传，误怀义忿，每遇教民，辄共痛心疾首，滋闹延于数省，伤命不止一人，焚毁房屋又不知其若干所。总之，皆此等书阶之厉也。明哲之大吏深知其书之妄，而欲考教会之立志与其定章，则有《新约全书》记救主耶苏〔稣〕与其亲炙门徒之遗训，其大旨略云：上帝君临万国，父爱万民，覆帱之下，谊属同胞，必以讲求忠孝为立身之大端，又必思效法救主耶苏〔稣〕仰体上帝，不忍斯民陷于罪恶苦难之心，愿万国万民化争为让，化恶为善，化愚为智，化贫为富，不独享承平于光天化日之下，更沐神贶于永生不灭之中。似此宏愿，明知中西各国尚属未能实践，而有道者深信此事为天意所定，旦暮间必能有此一日，初不必专恃何国之帝王为之成就也。故凡本国与他国有所交涉，恒思设立善法，务使六合之内永不见有兵革之祸。即不幸而事机决裂，犹请他国公举明正之员断其是非曲直，免致生灵涂炭。而又每阅七日共聚一堂，阐扬天道，使人知仰赖神贶，以克私念，视天下黄、白、黑等诸种人皆如兄弟，于是以养则有施医、养老、育婴等事，以教则有书院、义塾等类。举凡有益于人者，无不次第相授，期于有利必兴，有弊必革。不第有益于一国，亦且有益于各国，更能扶持乎弱国。至于教会规条，尤属严明，凡酗酒、谎诈、赌博、淫恶之徒，一概不准入会。间有匪人混迹，经久必知，既知必斥，待其悔艾，始许重收。

其立法、立志如此，皆有实效，并非徒托空言，有二千年史记可考而知也。且欧洲、美洲各国养民、新民、安民诸大政，固皆赖救世教以日增而月盛也，西国名臣硕彦又往往皆热心乐道人也。阿斐利加洲各国民人本极顽梗，日寻干戈，迨救世教兴而纷争始息也。太平洋群岛人自相食，本如禽兽，迨救世传教及岛中而人亦渐知感化也。亚洲印度国近百年来属于崇奉救世传教之英国，成亘古未有之盛也。日本西学卓然可观，多赖教士之教授也。此皆他邦之事，历历可证者也。更以中国言之，在华教士已将西国经史并格致、机器等书译成华文，又将中国经史译成西文，更设书院、学墩〔塾〕教华人以西国有益之学，而四书五经乃不偏废。通商各埠及内地所设各医院皆以治病至精之法治之，遇有灾荒，助赈不遗余力。前山东、山西、盛京之灾难有数人因放赈而捐躯，仍有起而继之者。又有教士查水旱各灾之缘起并贫弱之根由，拟有补救预防之法，足令各省每岁增收数千万金，倍臻从古未有之盛。且教士既明乎各国治乱盛衰之理，其在华者苦口相劝多历年所，诚使中国早采其言，不至如今日受困之甚。然及今亟起而图之，教士仍有救之之法，此皆在华教士办事之效也。总而言之，政与教相辅而成。正教行于何国，何国则兴。正教不行于何国，何国则衰。各国史册，斑斑可考。

至于教士之来中国，非奉本国帝王命令，乃以其乐善不倦之故，是以本国之官民上下皆尊重而爱护之。矧教士于平日礼拜之时，又常恭祝皇上以及官民咸有一德，克享天心，聿臻郅治，与为各国所诚求者毫无歧异。倘中国志士仁人与教中人同体上天救世之意，欲拯万邦诸苦，和衷协力，固所愿也。如或不然，亦惟各行其志，断不有所勉强。是故自古舍己救人之善事未有如今日遍行于地球之大者。中国若肯携手同行，一转移间即可仍为天下首出之大国。若见人行善而必欲阻之，是非愚人，即恶人也，岂中国之素志哉？总之，教民果有闲隙，如《经世文续编》《海国图志》等书所记，则宇内各大国断不能深信教会而加以敬礼也，各国名人学士亦岂能信道而终守之哉？且何能化一切化外之人使为善类哉？可见若辈书中所载不过造言谤毁，或不知中华以外之事，自诩管见耳！然无论若辈是何居心，而究其终极，必将有害于国，有害于民。今中国若不以护善惩恶为当务之急，深恐各国自爱其民，自来保护，将不知何光景矣！况各国教士之存心，遇有人评论教务之轻重得失，不特不肯阻止，且更不胜愿望以为人能详加考核，必知遵有益而去无益也。夫谤人以毫无实据之言，固中西各国之所同禁者也。乃中国于各种谣言既云久经禁止，而何以污蔑教民者依然任其流传？诚恐闹教不已，不但有害于民生，亦恐将伤及邦交矣！且各教士无论传教、治病、设学，皆系大公无私，本不畏人查考，特恐人不之查考耳！设人于教务犹有未能了然之事果肯详悉询访，亦可剖明而毫无疑虑矣！查西例，各国帝王常延教师面为讲道，此不独有裨于人心，要亦关系国家之兴衰。且匪第西俗已也，即中国自唐宋以来，世世帝王亦莫不然。惜乎近年教师觐见之礼废矣！臣等以为，在京大臣或外省督抚暨通国绅士如有疑义，不妨循中国旧制及各国常例，准令中国官民人等与教士往来常见，然后乃无扞格之虞，而凡百皆有益无损矣！不然，彼此一有隔阂不通之隐，久必酿成教案。既酿教案，则外国不得不向中国理论。此可见不相往来凡百有害无益之一证也。

应请旨明谕各省督抚以三事：一、将《海国图志》《经世文续编》内谤教之文及各种诬蔑教会之书尽行按法实在铲除禁止。一、声明各教士既系为中国办理有益诸事，中国人民即不得视为异端邪教。且无论官民，如愿入教，悉听其便，万不可迫之使背教规，皆当实准奉教无容歧视也。一、今万邦协和，各国有各国之所长，教士既为中国求益而来，应令各处官绅采访各国教养善法，凡有益于民者，不分中外，务期和衷商办，相助为理，实讲修睦。曩者恭阅邸抄，见皇上迭降谕旨保护教民，而官长尤能钦遵，出示晓谕，属在教士、教民曷胜感佩！然近闻各省有谓，保护教民一节，非出朝廷本意，乃系西国要求之所致，故迄今教案仍见继起，不断葛藤，致令各国教士卒无安枕之时。

臣等再四思维，惟有吁恳天恩，俯准以上所求三事，饬下各省官员认真办理，则通国之人咸知保护教民乃朝廷之诚心，而万民自无不遵行，教案亦可永息矣！且教士、教民亦各有效忠之心，原不应受此冤屈。今若力为洗除，则天心必随之而顺，而各国有益民生之善法次第传于中国，亦可与他国同获无穷之利益。盖中国本为最古最大之邦，又为天下各国所景仰，而地大物博，人知礼让，欲复兴也何难？万不可列于小国之内，当列于大国之中。将千祸变为万福，诚所愿也。倘蒙皇上俯赐鉴纳，采及刍荛，不仅中国各省之民幸甚！即耶稣教各国亦莫不幸甚！不仅中国祸患永除，即五大洲之人亦罔弗欢欣鼓舞，而教会中人更为逐日讽经，虔求上天眷佑中国永享太平矣！兹据在华传教之教师公举数人，将在华传教之大略著为一书，名曰《耶稣圣教入华说》，谨并恭呈御览。谨奏。光绪二十一年九月二十八日，呈请总理衙门代奏。

臣慕维廉、臣耶士谟、臣包尔腾、臣戴德生、臣杨格非、臣林乐知、臣金护迩、臣狄考文、臣惠志道、臣李修善、臣赫斐秋、臣文书田、臣斐雅谷、臣刘海澜、臣谢卫楼、臣李提摩太、臣仕文、臣娄士、臣史嘉乐、臣李佳白。

旨着督办军务王大臣传知中外集股筹办芦汉干路

上谕：督办军务王大臣奏，请简派大员督办铁路一折。铁路为通商惠工要务，朝廷定议必须举行。前谕王大臣等令将近畿一带先拟办法，当经该王大臣选派广西臬司胡燏棻前往查勘。兹据奏称：自天津起，循运河西岸迤逦而北，绕越南苑，以达芦沟桥，计二百一十六里，估需工料银二百四十余万两，并绘图贴说，请派员督办等语。夫创举之端，难于虑始，任用之际，要在不疑。胡燏棻既经条奏于先，又复履勘于后，津芦一路，着即派该臬司督率兴办，以专责成。所需经费，着户部及北洋大臣合力筹拨。至由芦沟南抵汉口干路一条，道里较长，经费亦巨。各省富商如有能集股至千万两以上者，着准其设立公司，实力兴筹，事归商办，一切赢绌，官不与闻。如有成效可观，必当加以奖励。将此电谕中外知之。

十月二十日

旨寄王文韶辽地次第归还大高岭应即撤防电

电王文韶：辽地次第归后，大高岭应即撤防。孙显寅、吕本元十七营全行撤回。如不得力，妥为遣撤。

十月二十三日

旨寄王文韶津榆铁路用款过巨着查奏电

寄王文韶：有人奏，津榆官办铁路，较商办用银几逾三倍，自吴懋鼎接办以后，更属不资。着王文韶查明具奏。

十月二十六日

旨寄张之洞俄修铁路通大连湾与其彼来莫如我接着勿与商借款电

旨张之洞：电悉。俄路现修至托穆司克，本欲东通海参崴，今派员假道勘路，则意在大连湾矣！与其彼来，莫如我接。前谕三省将军一面伴送俄员，一面随地查勘，正是此意。惟集股甚难，借款亦不易。该督所陈，岂能遽办？至俄款利息并非五厘，该督亦无庸轻与商借也。

十月二十八日

清季外交史料卷一百十八终

清季外交史料卷一百十九

光绪二十一年十一月至十二月

旨寄王文韶金州旅顺炮台交收着悉心筹度电

电王文韶：金州、旅顺即日交收，该处所有炮台向归北洋经理，此后应如何布置？着该督悉心筹度。

十一月初三日

旨询张之洞南船何日北驶并电复苏沪铁路情形电

电张之洞：金、旅收复，船坞尚虚，南船何日北驶，迅即电复。由沪达苏铁路有成议否？并以电闻。

十一月初三日

旨金旅已收着宋庆带队移扎并安辑抚循电

电宋庆：金、旅已收，宋庆即日带队移扎金州，为旅顺后路接应。该提督宜相度地势扼扎，并安辑抚循，使民不扰。

十一月初三日

署江督张之洞致总署遵旨令兵轮赴旅顺并苏沪铁路已开办电　二件

歌电奉旨恭悉。南洋寰泰、开济两轮已修竣，料理器具、薪粮，挑选水勇，准于初九日北驶。闽福靖一轮初八日自闽北驶，镜清、南瑞两轮亦随后陆续北驶。至苏沪铁路一节，久已分派洋工师偕委员两头勘绘，一自江宁至镇江，而达苏州；一自吴淞至上海，而达苏州，再接杭州。宁镇一段，洋员已勘毕，民情欣悦。苏沪一段，勘路洋员不日即抵苏。查苏沪一段，利益最速，已定议兴办，事在必成，华商踊跃愿办。已饬议详章及官路商路交接章程。现拟吴淞至上海县三十里官办，上海至苏州二百余里商办，但商办仍须官为督理。入苏州至江宁一段，另行筹议。请代奏。

十一月初六日

寰泰、开济两轮初九日已开，福靖初六日已开，均径赴旅顺，余船接续北驶。

十一月十一日

直督王文韶致军务处旅大已收回拟派员履勘炮台局厂再核办电

歌电谕旨祗悉。旅大闻已收回，而接收委员尚无报至，以该处电线未通，须由海舶寄信烟台方能发电也。炮台、局厂是何情形，如何布置？拟委开缺东海关道刘含芳前往，督同接收委员顾元勋等，详细履勘明确，再行核办。刘含芳在北洋年久，精细耐烦，卸事后因办理交代尚在烟台，病亦痊愈。津河已封，由烟台往就近为便也。请代奏。

十一月初七日

旨寄边宝泉福建船政制造稀而支用滥着查复电

寄边宝泉：福建船政兴办已久，近年来制造日稀，难免滥支滥用情弊，着该督即行确查具奏。应如何整顿办理情形，俟复奏到时听候谕旨。

十一月初七日

旨寄谭继洵英人在鄂毙官案已饬总署理论电

电谭继洵：电悉。湖北英人赛力枪毙华官，案情重大，已饬总理衙门与巴使理论，将兵轮调回。该抚速饬文武官员妥为弹压，并将详细情形电闻。

十一月初七日

使英龚照瑗致总署晤英外部侍郎商开广东西江电

顷，晤山侍郎，云：前电宝署使，并无已开送所减地段语。宝前电称：总署告知中法界约已批准，沙侯以前请转圜办法未示允商，已批准法约，显失缅约，英本不愿与中国为难，乃实逼处此，刻将开议院，何以对众？若不允商开西江，彼此转圜此事，英不能先议减野人山地，只得自行办理，已电宝告知总署等语。瑗回复：未闻批准之信。究竟然否，乞电示。山又云：中英交情，关系大局，极欲保全等语。瑗前与沙晤面时，伊曾有若允开西江，无事不可商量之言。钧署如可允商开西江，似不妨示明。倘英仍索野人山多地，亦可以沙前言为证，英自不能以允开西江为凭。仍乞酌。

十一月初八日

直督王文韶致军务处报接管旅顺并船坞无恙电

密。红。顷，据接收旅大委员顾元勋等本日电称：初六日，金州日人退出，叶润含、石赓臣到金接收，交厅接管。是日，旅顺亦退交顾元勋、龙殿扬接收，船坞无恙，机器仅存十之三，留小轮二号。又湄云兵船一艘，惟机器残缺，难自行驶。拟派镇海大副孙智熊暂管，雇匠夫八名，照料船事，明春请示修理。初七日，大连湾会齐。日人初十日全退出。安辑地方，再回旅顺，饬妥为照料外，合亟电陈。乞代奏。

十一月十二日

帮办军务宋庆致军务处报接收金州大连湾等处电

顷，接赴旅委员来禀：二十六收海西鱼雷营等处，初三日交海军公所各库台垒。石、叶两委是晚赴大连湾，初四到金，见日提督。初五交金州，初七交大连湾。顾、龙两委初四收大坞，初五收黄金山。日兵初九、十可一律退尽，均预借烟台营勇分守等语。庆初十已督同马玉昆等队抵双台子，仍即趱行赴旅，沿途抚循。俟到防再禀。

十一月十二日

旨派王之春为致贺俄君加冕专使电

电王之春：明年四月为俄君加冕之期，着派王之春为专使，赍奉国书，前往致贺，迅速起程。所有致赠俄君宝星，已饬许景澄在洋置备。

十一月十二日

总署奏拟准英国通商西江并野人山事仍与磋磨折

总理各国事务恭亲王奕䜣等奏，为请旨遵行事。

窃本年夏间，法国使臣施阿兰来臣衙门商议，以猛乌、乌得两处适界暹越之交，因藉调停日事索谢，坚请以猛乌、乌得归法，经臣衙门于本年五月间奏奉俞允在案。旋经前英使欧格纳称，彼国外部以两乌地属缅之江洪，今竟让法，指为违背缅约，欲我将八幕北野人山地，由萨伯坪起，东南到盏达，西南顺南碗河折向瑞丽江，循江至猛卯，向南至工隆，八关、科干皆在内，让归英国，作为补报。臣等复以两乌地方原隶普洱府属，岂得指为违约？野人山地关系甚重，未可轻许。九月间，英使濒行，忽又有由广州上游之西江若允设埠，则野人山界事即可通融之语，臣等亦未允许。嗣接出使大臣龚照瑗电，亦称，英外部之意，如允西江通商，则野人山地尚可稍让，各事亦可商量等语。臣等以减让若干，应由英国先行指明，方可议及通商，而英外部坚欲我允其通商，方肯说明减让之地。迭经电属龚照瑗往询外部，及臣等与英使窦纳乐屡次辩论，彼仍坚执前见，不肯先说让地，且有若不照允，即自行办理之语。查西江通商，虽于厘金有损，尚有洋税抵补。野人山地，则系云南屏蔽。且照英外部所索，又不止野人山地，竟将包络西南，延及车里土司一带，形势全失。两害相形，则取其轻。且恐迁延不决，又将别起波澜，更难收拾。臣等公同商酌，拟将西江通商允准，而野人山界事仍与实力磋磨。事关重大，臣等未敢擅便。谨恭折具陈，伏乞训示。

光绪二十一年十一月十五日奉朱批：知道了。

使俄许景澄致总署马沙尔称德助争辽请借地储煤事甚棘手候示电

马沙尔邀晤称：德助争辽，现请中国助德商利，德厂造船较美国精良，克虏伯厂铁钢料最佳，现均在华揽售，极盼成订。又德兵船在华无埠，不便，请中国或租或借，允划一地储谋。此船一护商利，一均东方势，以后有事，德能出理，亦于中国有益，非有占地他意，请勿疑。告以中国决不疑德国，允借德地，他国亦必仿效，恐致为难。马云：英有香港，法有东京，德无之，且俄舰已有海口度冬矣！告以俄系暂泊，在水不在陆，借地则失自主权。马谓：可声明不碍主国管辖之权，已令绅使商及，恐总署过虑，再请详达。事甚棘手，候核示。

十一月十五日

署甘督陶模致总署报俄领在省过年明春赴吐电

俄领事在省过年，明春赴吐，吐离省五站，在省在吐，利害相等，民情尚便。惟领事在省应照约抽税，请持前议与商。模十七交卸，腊初起程。

十一月十五日

旨寄王文韶着查盛宣怀所管招商等局被参一案并保员任使电　二件

寄王文韶：盛宣怀所管招商局关系紧要，屡次被人参劾，谅非允协。该督务须慎择接手之人，才识兼长、操守廉洁者，方克胜任。着该督将各局现在情形详细确查，并酌保熟悉招商等局妥实之员，以备任使。

十一月十八日

旨：前有人奏，津海关道盛宣怀招权纳贿，任意妄为各节，当交李秉衡确切查明。兹据查明具奏，所参各款，或事出有因，或查无实据，惟总办电报，害则归公，利则归己，复克扣军饷，搜罗股票，平日居官，亦多攀援依附，并请撤去该道电报局总办各折片。盛宣怀所管电报、招商局务关系紧要，接手之人必须才识兼长、操守廉洁者，方克胜任。着王文韶将各局现在情形详细确查，并酌保熟悉招商等局妥实之员，以备任使，毋稍迁就。

十一月十八日

旨着张之洞回任后当加意举办炼钢轨制快枪电

寄张之洞：湖广地方紧要，铁厂、枪炮厂甫经告成。现当开办铁路、整顿陆军之际，需用甚繁。炼钢轨、制快枪，实为当务之急。银元铸成后，能否流通各省？张之洞回任后，当加意举办。江南防营太多，交卸以前，妥为遣撤。

十一月十八日

旨着刘坤一回任后实力筹办铁路商务及陆军电

寄刘坤一：两江地方紧要，张之洞办理铁路、整顿商务、开练陆军诸大端，该督回任后，实力筹办。

十一月十八日

御史陈璧奏筹饷术穷请仿行印花税以济时艰折

御史陈璧奏，为筹饷术穷，请仿行印税之法，以集巨款而济时艰事。

窃维和议定后，户部竭力筹饷，岁有的款者，只扣廉俸一百二十余万为一大宗，裁并折漕未能遽举，盐斤、烟酒加抽无几，捐输既成弩末，息借又作罢议，计岁增出款且二千万两，是所筹者未及十分之一二也。而善后诸大端陆续待办，皆不容缓。于此欲求岁筹巨款，确有把握不病商、不扰民之策，则惟有仿行印税一法而已。

查印税创自荷兰，盛于英吉利，今则遍行各洲，无国无之。谓之印税者，盖令民间买国家所制之印花粘于各项契券字据之上，以为纳税之证也。其造之之法，应于京师设厂，并购办制印、制纸二种机器，雇匠创造。其纸则中藏纹理，其印则细极毫厘，以杜作伪。如或一时开厂未成，可仿日本造钞之例，令英厂暂行揽办，严立合同，防其偷漏。俟官厂能制，即行自办。其行之之法，应取各国税则参较，详定章程，务从简便。先行颁示天下，然后于各省会城普设督销局一所，为总卖印花纸之地，将此项印花转发民间各市镇铺户代为零卖。每百两中，铺户得一两，官收九十九两。其查之之法，应严定漏私罚款律例。凡一切契券字据，不粘印花者，皆作废纸，事发照例议罚。遇有词讼，官不为理。印花既粘于纸，应即行勾抹，以禁再用。其有已粘而未勾者，亦行议罚。凡印税之大略如此。

缘此税取之买主，而责成则在卖主，是以毫不扰累。加以所取至微，而罚则至重，是以民皆易从。核其情形，实属有利无弊。今英、俄、德、法诸国，此项岁征皆约一万万至二万万。日地最小，亦征二千余万。若以中国之大，仿而行之，开办之始，不妨疏阔，民觉其便，必将竞趋，约计每岁所集当不下一万万，则不特洋债易于清还，从此罢抽厘、停捐纳，举数十年欲除而未能之弊一旦廓清，全局转机必在于此矣。自我朝丁赋并完，取民之轻，不徒千古所无，实亦万国所未有。民智渐开，莫不知外国租税之苛重，今即加行一印税之法，臣敢决其相安无事。伏愿我皇上断而行之，即饬总理衙门，转电出使各大臣，将各该国现行印税律例章程详译一分，并取现用各种印花列粘于册，注明用法，限期驰奏，进呈御览，然后发交户部，速筹兴办，不过一年，可以试行。既纾目前之急，又除从来之弊。臣诚窃见时艰日亟，不宜拘守成法，故择诸国之通行有效，尤为易举者，敬陈于我皇上之前。谨奏。

光绪二十一年十一月二十二日。

署江督张之洞致军务处报到旅兵轮前后五艘电

江南镜清、南瑞，闽省福靖，共三轮，于二十四到旅，连前于十六日到旅之开济、寰泰，前后共五轮。请代奏。

十一月二十六日

旨寄李秉衡所筹征酒税裁兵额两节着照所请电

寄李秉衡：所筹周妥。征酒税一项，有旧案可循，即着酌办。裁减兵额，体察东省情形，拟裁五成，着照所请。此外如有变通尽利之处，仍着随时妥办。

十一月二十八日

使英龚照瑗致总署报与英商开西江为商埠电

英贪，既允商开西江，又纠缠野人山地。瑗思遵示不改缅约，外部不允，正可藉病，令马格里先与磋磨，自留余步。沙前有易商之言，事当不致决裂。容到外部，再电闻。宝署使电外部：总署支吾其辞，开西江无着实语云。外部生疑，英驻京已派麦克登。

十一月三十日

帮办军务宋庆奏报金旅各炮台毁损并接收情形电

庆前将毅军十五营到金、旅分驻大概情形先后电奏在案。复经庆周历察看，查旅顺炮台，东自老蛎嘴，西自城头山，共十一座，全毁，惟黄金山石券库屋尚存；大连湾六台，黄山一台未全毁，其余五台拆尽。船坞局二坞、东澳石工厂库无甚毁伤，现存机器约计四成，所失六成，皆是大件。毅军原驻营垒仅存大墙。候后队到齐，亦须冰融，方能修造房屋。此炮台、船坞、兵房应修之情形也。二十九日晚，俄国铁甲兵轮一只抵旅顺口外下碇，庆即派南瑞兵轮管带李田往问来意，据云，三十早八点钟升贺炮进口相见，言无他事，来看情形，当派弁陪之周览。据云，既将台、坞交还而毁坏如此，外国向无此例，言甚不平。先与庆谈时曾云：炮台之炮无须过大，最要灵便，快而及远，多多益善。除与北洋大臣计议应如何办理，容随时禀报。

十二月初二日

署江督张之洞奏创练新军须选乡民责成洋将管带操练折 附旨二件

署理两江总督·湖广总督张之洞奏，为创练新军，选募乡民，责成洋将管带操练，以洗积弊而图自强事。

窃臣前因海氛粗定，愤兵事之不振，由锢疾之太深，非认真仿照西法，急练劲旅，不足以为御侮之资，拟在江南练陆军万人，而以洋将管带操练，其经费在江南自借洋款项下拨用，于本年闰五月二十七日具奏，经部议复准咨行在案。查自外洋调来之北洋原订德国将弁，并由臣商托出使大臣许景澄代订之德国将弁，共三十五员，自夏秋至今，均已先后到齐。臣于夏间令先就卫队、护军等营内选择操练，以试其材。数月以来，颇有成效可观。亟宜选募新军，刻期训练。

查今日练军必须改用洋操者，其故有七：承平之时，绿营有积习。军兴以后，勇营亦有积习。人皆乌合，来去无恒，不练固无用，练成亦不能禁其四散，徒劳无功，一也。里居不确，良莠难分，二也。无论征军、防军，从无不缺额之事，即其实有之勇，亦多系安置闲人，令当杂差，则虽不缺额，亦与缺额同，三也。层层克扣，种种摊派，长夫视为津贴，营官皆有例献，将拥厚资，士不宿饱，四也。外洋新式快枪、快炮，精巧非常，旧日将领大率不解，亦不爱惜，粗疏者任意抛掷，动致损坏，谨慎者收藏不用，任其锈涩，其于擦拭、拆卸、装配、修理、测准诸事，全不讲求，将弁不知，何论兵勇？操练不能，何论临阵？五也。营垒器用，但守旧法，绘图、测量、行军、水陆工程诸事，尤所不习，讨内匪则可，御外侮则不能，六也。营官、统领专讲应酬，奢华佚惰，用费繁多，营谋请托，无所不有，既视为营私谋利之路，岂尚有练兵报国之心？七也。惟有改以洋将带之，则诸弊悉除，无论将来临敌之效若何，总之，额必足，人必壮，饷必足，军火必娴熟，技艺必多，勇丁必不能当杂差，将领必不能滥充。此七者，军之体也。至于临阵调度运用之妙，赏罚激劝之方，军之用也。凡事必其体先立，然后其用可得而言。夫中国岂无智勇之将，敢战之兵？临战运用又岂能拘守绳墨？特以各营积习锢蔽，深入膏肓，若〈非〉捐弃旧法，别开局面，虽事前力加申儆，终无大益。事后加以诛戮，已难补救。此一军练成，则此项洋将弁移以教第二军，而此军渐令华官将弁带之。规矩既定，数年以后，相沿成例，将弁兵勇皆视为固然，则短扣废弛之弊无自而萌，即他营将弁，或亦可观感愧奋，舍旧图新。此微臣必改用洋将练洋操之微意也。

臣详加筹画，拟先练二千数百人为一军，照洋法分为十三营，即名为自强军。俟成军半年以后，操练已有规模，即行推广加练，酌增人数一倍，总以增至万人为止。如届时饷巨难筹，则至少亦必须增至五千人。兹就江苏之淮、徐、通、海四府州，安徽之凤、泗、滁、和、太平五府州及江宁府属之六合、江浦两县，常州府属之宜兴、荆溪、江阴、靖江四县，镇江府属之丹徒、丹阳两县，民气较为强壮者，每府州各募一营。取其距金陵皆不甚远，年籍、身家易于清查，以杜远省招募淆杂劳费、遣散流落之弊，而各处分练，冀以广开风气。此即略寓西洋、东洋举国之人皆可为兵之意。各营皆选择土著乡民，年在十六岁以上，二十岁以下，体气精壮，向不为非者，取具族邻、团董甘结，声明情愿效力十年，只准开革，不准辞退。凡城市油滑，向充营勇者，一概不收。更用西医验其身躯壮健，并无隐疾，目光及远者，厚给饷糈，编为新军。至一切饭食肉食、冬夏衣履、居住房屋，西法均由官为筹备。盖洋操勤苦严肃，毫无通融，若非饱暖强健，断不能胜此劳苦。夏间初派营勇练洋操，时不过旬日，即以畏劳纷纷辞退，后允以加给饷费乃止。若照旧日饷章，必无肯应募者，自不能一律仿照办理。委派洋员德国游击来春石泰为全军统带，其营官、哨官均以洋将弁为之。别设副营官、副哨官名目，选武职中壮健有志、不染习气者为副营官，选天津、广东两处武备学堂出身之学生为副哨官。带兵练操之权悉以委之洋将弁，而约束惩责之权则专归华官，一以适新募兵丁之情，二以事权互相维系，三以逐渐观摩，俾华弁储营官、统领之才。若洋弁不敷派充，哨官则选学生中之出色者补之。并派候补知府沈敦和、奏调差委知府钱恂为自强军洋操提调，为之经理各事。一切仍归营务处考核约束。其部伍人数，俱照德国营制，计现设步队八营，营二百五十人，分为五哨；马队二营，营一百八十骑，分为三哨；炮队二营，营二百人，分为四哨；工程队一营，营一百名。西例，随营有医官、枪匠、兽医等项，挨次徐筹添设。现除杂役人等不计外，共马队、步队、炮队十二营，工程一营，江北人较强健，练为马、步各队，江南人较聪颖，练为炮法、工程各队，实数勇丁二千八百六十名，大约此系德国军制，每一军人数四分之一，正勇饷银每名每月给官铸银元五元，合库平银三两六钱，勇目递加，其官给饭食、衣履等费在外。洋员薪水，外洋订有合同。华官副营、副哨既无丝毫沾润，亦无公费名目，酌量优给薪水，俾足自赡效力。计长年额支华洋兵将衣食等项，约须四十四万两有奇。饷数虽多，洋将弁薪水虽巨，然数足而艺精，一人必可抵旧日两人之用。其发饷，以洋将会同另派之委员当场给发，不归该营华将弁，专用银元，永无平色参差、分两短小之弊。其详细饷费章程，另行咨部立案。若建造营房、马棚、操场等项，动用一次者，尚不在内。方今财用支绌，诸事自必力求撙节，惟既仿外洋制，自必处处得其精意之所在，又不敢稍事刻啬，徒贻削趾适履之讥，以致办理棘手，有名无实。至于应敌攻守之方，图绘测量之学，悉令详教熟练，不准徒袭口号、步伐之皮毛，致蹈向来洋操陋习。臣当督率华洋官弁认真训练，随时亲往考察校阅，俾成有用劲旅，以仰副圣主奋武自强之意。谨奏。

光绪二十一年十二月初三日奉旨电张之洞：所奏南洋创办练兵新章，责成洋将操练，并金陵、上海兴办铁路，均照所请行。惟洋将是否上等之才，薪水尚宜斟酌。该督既经创办，条理秩然，即交刘坤一赓续成之，以为补牢之计。邮政一节，业经总理衙门筹议，俟有头绪，将来再行通知。

又，寄谕刘坤一：昨据张之洞奏，南洋创办新军，责成洋将操练，并金陵、上海兴办铁路各折，均照所请行，并谕令移交刘坤一续办矣。际此时局艰难，全在封疆大吏竭虑殚精，力图自强，以为补牢之计。张之洞意在恢张，其所创办各节，于帑项或不无多费，然要皆方今切要之图，该督回任接办，但当悉心酌核，就已定之规模次第经营，以竟全功而裨至计，用副朝廷倚畀之意。

十二月初五日

署江督张之洞奏筹办宁沪铁路已派洋员测勘分段兴造折

署理两江总督・湖广总督张之洞奏，为金陵、上海铁路兵商两利，并于南洋交涉大局有益，已派洋员测勘，拟分段筹款，分段兴造，以纾财力而速功效事。

窃惟外洋铁路要义，利兵、利商，两端并重。芦汉干路，南北贯通，兵商兼利，此中国铁路之大纲。现已奉旨估计兴造，招商承办。此外尚有上海分走江浙直达金陵一路，关系重而利益多，自亦以亟筹兴造为宜。查此路由吴淞口起，以达上海县，由上海县以达苏州，由苏州以达镇江，由镇江以达江宁，另于苏州横接一枝，以达杭州。所历皆富庶之区，货物本蕃，行旅本多，加以内地新准通商，凡机器、生料之运载以入，与夫制成货物之运载以出，皆将络绎不绝，悉心核计，获利必丰。或谓内河既准行轮船，则傍河建路，恐无大利。不知贸易日盛，则行人之往来亦日多，重大货物宜水，轻货与行客宜陆，固有并行不悖者。即如德国莱因河，长约千里，轮舶畅行，然河之东西岸火车往来如织，昼夜不绝，可为明证。况上海、金陵、苏杭一路，河轮之利各国共之，铁路之利中国专之，尤可隐杜外国小轮之害，此利于商者也。自去年东洋有事以来，苏杭、淞沪处处皆离海不远，处处皆系精华，不能不力筹保卫。两省增兵、增械，繁费实多。设一旦有警，如欲调兵、运械，亟谋援应，而海道梗阻，不能出口，内河民船行走纡迟，必致贻误事机。如各处皆设重兵，断断无此财力、兵力。倘铁路既通，则金陵、苏杭、上海联为一气，外远内近，可以随方策应，互为声援，省饷省兵，赴机迅速，此利于兵者也。不惟此也。金陵平定三十余年，元气至今未复，民生萧索，城市空旷，毫无振兴之机。此地乃东南都会，长江门庭，岂可任其颓废贫耗、不加振作？铁路一通，则商贾云集，民物繁滋，三年必然改观，十年可臻富庶。且江宁为南洋大臣所驻，交涉之事日多，加以苏杭通商事皆创始，而距苏沪颇远，距杭尤远，消息不灵，遥度岂能中肯？因应尤难应机。况南洋大臣以商务为职，而金陵城内但有仕宦之家，绝无大宗贸易，以致商情隔阂，振兴无由。铁路成，则耳目既广，盈虚易知，控引既便，因应尤速，可以开无数之利源，弭无穷之敌衅，此尤有利于民生、洋务者也。此路道途平坦，并无高山、大河，既无山岭开凿之艰，亦少桥梁冲激之患，成效较易，见效较速。数月来，洋商劝开此路，情愿借款，营谋代造者甚多，其有利益可知。

现拟分五段筹办：以吴淞至上海三十余里为一段，上海至苏州将近二百里为一段，苏州至镇江约三百里为一段，镇江至金陵一百八十里为一段，由苏至杭约三百里另为一段。铁路必取直线，较水路纡折为近，统计江浙两路亦及千里。地平河通，施工运料皆不甚难，约略估计每里当在万金以内。此路既分段办理，筹款尚不吃力。东南商富熟悉洋情，习知铁路利益，一闻江浙定议造路，明知工省利巨，闻风踊跃，今拟请集资承办者颇多。现拟吴淞至上海三十余里归官创办，以开其端。查吴淞口沙浅，胶舟必须乘潮出入，海轮剥载进口甚为不便，故近年来洋人屡有疏浚吴淞之请。此次日本议约时，该国使臣亦曾议及此事。市情瞬息万端，商贾意在从速。若自码头上铁路即可径达内地各要区，其旺可知。其自上海以内之铁路，现拟通盘筹议，将由沪至苏一段及由苏至镇一段，一归官办，一归商办，或官商合办，统俟筹款确实后妥酌办理。其自镇至宁、自苏至杭两路，或官办，或商办，续行筹议。此时筹一段之款，即办一段之路，成一段之路，先收一段之利，不比他路必须全局修成始见利益也。臣自迭次电奏后，即经派委江苏候补知府沈垣、知县沈翊清，会同洋工师锡东巴、克勒博等，测勘苏沪一路；候补直隶州汪鸿年，会同洋工师马悦、戴治礼等，测勘宁镇一路，分头并举。刻下苏沪一路业经勘毕，宁镇一路初勘已毕，仍令复勘。现正绘画苏沪细图，一成便可估价兴工。总之，铁路一开，百废俱兴。人货运载为有形之利；风气开通，才智增长，工商奋兴，穷民有业，上下情通，百事迅速，为无形之利。其收运费有形之利者犹小，而收振作无形之利者乃大，故无论官办、商办，均属有裨大局。其官路、商路互相衔接，将来如何计里分利之法，当俟定议后妥为筹计。谨奏。

光绪二十一年十二月初三日奉朱批：另有旨。

署江督张之洞奏拟请饬办邮政片

张之洞片。

再，泰西各国视邮政一端重同铁路，专设邮政大臣，比于各部尚书，以综厥事，递送官民往来文函，取资甚微，获利甚巨，日盛一日。即以英国而论，一岁所收之资，当中国银三四千万两。各国通行，莫不视为巨帑。且权操于上，有所统一，利商利民，而可以利国。中外通商以来，英、法、美、德、日本五国先后在上海设立邮局，其余各口岸亦于领事署内兼设邮局，侵我大权，攘我大利，有背于万国通例。光绪十一年间，前升任浙江宁绍台道薛福成，据委员李圭条陈，译有章程，尝请中国自行设局，以挽利权。并经税务司葛显礼前往香港、日本，向彼国商议收回上海所设英、日两邮局，已有端倪，事属可行。原任南洋大臣曾国荃曾据总理衙门饬令总税务司赫德议复办法，赫德亦谓：此举裕国便民，并系办得到之事。陈其要端七层，事甚详晰，并称：须有奏准饬办之明文，使各国知系中国国家所设之邮政，即可商令各国，将在中国所设之局撤回，并与商入万国邮政会之举各等语。查各关试办邮递有年，未见大有起色，推行亦未及远，外国在各口所设信局并未裁撤，良由税关所设之邮递与国家所设之邮政体制不同，外人有所藉口而不撤局，故推广办法每多窒碍。现经臣饬调葛显礼来江宁，与之面加筹议。该税务司力申前请。查此事该总税务司考究有年，情形熟悉，且各关税务司熟谙邮政办法，如葛显礼者，当不乏人，相应请旨，饬下总理衙门，转饬赫德，妥议章程，大举开办，推行沿江、沿海各省，兼及内地水陆各路，务令将所设信局全行撤去，并与各国入会，俾传递文函互相联络。如果中国邮政认真，各国在华所设信局必肯裁撤。此本各国通行之办法，实属有利无弊之胜算，诚理财之大端，便民之要政也。谨奏。

光绪二十一年十二月初三日奉旨。

使英龚照瑗奏交收日本第一期兵费银两事竣折

出使英、法、比、义国大臣龚照瑗奏，为遵旨与日本国使臣交收第一期兵费银两事竣事。

窃臣于本年八月二十日承准总理衙门电开：奉旨，第一期应交日本库平银五千万两，着派龚照瑗在伦敦与日本驻英使臣交收清楚。钦此。同日复准总理衙门电开：第一期应交日本兵费库平银五千万两，合英金八百二十二万五千二百四十五镑一先令十辩士又四之三等因。臣遵即订晤日本驻英使臣加藤高明，预商事宜。据称，所接日廷电信相符。旋准驻俄使臣许景澄将应付英镑如数由英国官银行拨交臣收存。臣以此项款目过巨，签收立据必须先与该使臣商定格式，方期周妥。嗣由日使送阅收款拟稿，经臣互相斟酌，意见相同。因查中日合约第一期兵费应在本约互换后六个月内交清，计扣至九月十四日为六个月期满，臣即与订定是日付款。届期，日本使臣加藤高明送到签押洋文字据一件，内称：今代日本国家收到英金八百二十二万五千二百四十五镑一先令十辩士又四之三，合库平银五千万两，此系中国国家按照《马关条约》应给兵费之第一批等语，译对汉文，字义、款数均属符合。当将英金八百二十二万五千二百四十五镑一先令十辩士又四之三由英国官银行照数拨付，交收两讫。谨奏。

光绪二十一年十二月初三日奉朱批：该衙门知道。

使英龚照瑗奏与日使订交收归辽费银两事竣折

出使英、法、比、义国大臣龚照瑗奏，为遵旨与日本国使臣交收归辽费银两事竣事。

窃臣于本年九月二十四日承准总理衙门电开：奉旨：归辽费库平银三千万两，着龚照瑗于九月三十日交日本驻英使臣接收清楚等因。钦此。复准驻俄使臣许景澄咨称：承准总理衙门电开，即用伦敦存款划拨归辽费三千万两，合英金四百九十三万五千一百四十七镑一先令一辩士又二十分之十三。当由伦敦汇丰银行划拨英金二百万镑，又由英国官银行划拨英金二百九十三万五千一百四十七镑一先令一辩士又二十分之十三，如数交臣收存。臣旋与日本驻英使臣加藤高明商定事宜，仍令预送收款拟稿，斟酌妥协，并将汇丰银行所拨镑数先期提并英国官银行，以便整数过付。至九月三十日，日本使臣派其参赞官国府寺新作送到该使签押洋文收据一件，内称：代日本国家收英金四百九十三万五千一百四十七镑一先令一辩士又二十分之十三，合库平银三千万两，此系议定追还《马关条约》第二款所载大清国让与大日本国奉天省南部之偿款等语，译对汉文，字义、款数均属相符。随派参赞官马格里、曾广铨与该参赞偕赴英国官银行，收英金四百九十三万五千一百四十七镑一先令一辩士又二十分之十三，照数拨付，交收两讫。谨奏。

光绪二十一年十二月初三日奉朱批：该衙门知道。

署江督张之洞奏江南息借洋款收银实数并分饬司局认还折

署理两江总督・湖广总督张之洞奏，为江南息借洋款，收银实数，并分饬司局认还事。

窃惟上年海氛不靖，江南办理防务需款甚亟，经臣于上年十二月十九日及本年正月十二等日电奏，息借洋款，钦奉谕旨允准。嗣因炽大、克隆两洋行展转推阻，议而未成。续经奏明，由署上海道刘麒祥改订瑞记洋行英金一百万镑，六厘息，九六扣，此外无行用，仍在江苏盐课、厘金、筹捐三款归还。复于四月十七日准总理衙门来电，奉旨：张之洞电奏，退还克隆借款，改订瑞记借款，经总理衙门、户部议定，借用英金一百万镑，即着照所请办理，并已由该衙门知照德使矣。钦此。电饬钦遵在案。兹据刘麒祥禀称：前款已交齐九十六万镑，查明历次交银日期、市价兑收，共合规银六百二十八万六千八百三十七两九钱七分，听候随时拨用。议定合同十二条，呈送前来。伏查，息借洋款，历由各海关认还。惟前准户部电，令由江苏盐课、厘金归还，自系因各关指拨太多，恐难应付，是以遵照部电，订由江苏厘金、盐课、筹捐等款勉力承认归还。现在款已收齐，亟应分派认还。经臣核定，饬江宁、苏州、淞沪三厘局、两淮盐运司各认二十五万镑，按照合同分期本息数目，依限筹拨，先期解交上海道，汇齐转付。设遇不敷，务于两个月以前预先禀明，以便斟酌，筹补拨足，俾免贻误。恭录谕旨，并照录历次电奏暨总理衙门、户部来往电函，分别咨行立案。谨奏。

光绪二十一年十二月初六日奉朱批：该衙门知道。

使英龚照瑗致总署江场既归法应请庆常告法与英说明电

外部昨寄密电，内有华另有失约事，仍令索偿语，系指与法划江洪界、江场界在内而言。前奉冬月初三电，当告外部，据称不能作解说。瑗查英刻蓝皮书，湄江东岸之江场，英于光绪十六年让与暹罗，暹罗十九年让法，而不知英又向索，因于冬月十二备文申解，外部云：此不可作为解说，但将来中法定界时，英当出阻等语。已于十八函详总署。查薛使盖印图，江场虽跨湄江东西，而约内并未言及江东岸之江场，当持此以驳英使。湄江东岸既认划法，应请庆常务告法与英论明，免英为难。

十二月初七日

使法庆常致总署报国书呈递法总统电

本日呈递国书，法国总统深感中朝简派专使，愿固邦交。乞代奏。

十二月初八日

旨着张之洞速将湖北铁厂现办情形复奏电

电张之洞：湖北铁厂采炼合同，火垆业已烧通，每年可出快枪七八千杆。张之洞经理此事有年，速将现办情形复奏。如经费不敷，亦应确切查明复奏，以便酌量办理。

十二月十一日

边宝泉谭钟麟奏遵旨派员赴新旧金山集股创办船械等厂电

前奉寄谕，闽粤督抚派员赴新、旧金山等处，劝华民之商于外洋者，集股创办船械、军火、机器等局厂。迭经物色，难得其人。前查福建候补道廷年曾历外洋，其父现抚江西，人亦见信，该道亦自愿效力，请旨遵行。

十二月十六日

旨寄刘坤一辽海解严着传知各军及早裁撤电

电刘坤一：辽海解严，兵宜早撤。陈湜所部，着刘坤一传知，料简精壮，暂留二十营，毋庸另添。至宋庆所部，如姜桂题、张光前等营，皆零星收拾，断不得力，并着该大臣传知各军，及早裁撤。

十二月十六日

总署奏续陈接收辽旅地方情形并请赏给俄德法三国使臣宝星折

总理各国事务恭亲王奕䜣等奏，为续陈接收辽旅地方情形，并请赏给俄、法、德三国使臣宝星，以示嘉奖事。

窃日本归还辽旅一事，自本年九月二十二日两国全权大臣画押后，声明彼此达知，即以照约开办。当经臣等将收回营口、海城、盖平、凤凰城、岫岩日期，于十月二十三日，具奏陈明在案。嗣接调任盛京将军裕禄、北洋大臣王文韶、提督宋庆先后电报，十月二十四日收回复州，十一月初六日收回旅顺，其金州、大连湾等处十一月初九、初十等日一律收回。随经宋庆派令马玉昆十营移驻大连湾、金州一带，邱明礼三营、毅军二营移驻旅顺，宋庆即于十一月二十一日到旅顺，周历察看，妥筹布置。并经署南洋大臣张之洞遵旨拣派镜清、南瑞、福靖、开济、寰泰兵轮五艘，于十月十六、二十四等日，驶赴旅顺填扎。至应修炮台、船坞、营垒等项，应由宋庆会商王文韶，随时奏明办理，冀复旧观。溯查本年三月马关立约，日本要求辽地，事机迫切，迭奉电旨，饬令出使大臣许景澄、龚照瑗切商俄、法、德三国，实力相助。臣等亦遵旨迭与三国驻京使臣会晤熟商。旋由俄国外部商同法、德两国，各电其驻扎日本公使，照会日本政府，不允日本割据中国辽地，并各调兵轮驻泊日本海口，隐相挟制。日本初允归辽之半，继请加赔费五千万两，并俟首、二两期兵费交清，通商行船约章定妥，再行归地。经三国坚执原议，约定加费三千万两，限立约三个月内归还全辽，坚持不懈，日本始俯首就议。此皆仰赖宸谟，友邦效力，俾辽旅重地得以早日归复，实于大局有裨。俄国使臣喀希尼、法国使臣施阿兰、德国使臣绅珂，各与其本国往复电商，始终勤挚，自应仰恳恩施，以酬劳勚。查光绪七年臣衙门宝星章程，各国二等公使应给二等第一宝星。惟此次争回要地非寻常交涉可比，臣等公同商酌，拟请赏给俄国使臣喀希尼、法国使臣施阿兰、德国使臣绅珂头等第三宝星各一座，以示嘉奖而联邦交。惟俄使喀希尼本系世爵，前年中、俄接通恰克图电线，曾经奏蒙赏给头等第三宝星，该使续有勋勤，照章无可再加，而此举倡议自俄，自不能略俄使而不赏，臣等悉心筹酌，只可准头等第三宝星略为区别。原头等第三宝星，照章中嵌光面珊瑚。此次拟就赏给该使宝星中嵌珊瑚，环以真珠宝石，华赡饰观，特示优异。访之各国通例，亦复相符。如蒙俞允，即由臣等如式制造，备文送交各该使臣祇领。是否有当，伏候圣裁。谨奏。

光绪二十一年十二月十七日奉朱批：依议。

张之洞边宝泉鹿传霖谭继洵赵舒翘廖寿丰致总署日本商约重要请切实辩论电 附旨

通商公理，原以利民，非以害民。新约任便制造一语，须不背公理而后可。中国小民多恃手作谋生，若漫无限制，尽用机器以代手作，则小民生计顿绝，岂能束手待毙？请与订明：外国向有是物进口为中国所无者，准其任便制造，或中国商民已用机造者，日本人亦准其任意制造，此外，凡有夺小民手作致害其生计者，皆不准制造，庶近情理。各省官绅商民为此事纷纷呼吁，现正议通商详约，务请力与辩论。亦知彼族贪妄，不肯遽许，然事关民生，总期稍留界限，能争回一分，则为亿万小民多留一分生计，彼断不致因此决裂。用敢不避烦渎，谨合词电达，请鉴察采酌。

十二月二十三日奉旨寄李鸿章：有人奏，商约关系重大，请坚持定见等语。税则为中国自主之权，此次日本新议商约，制造土货，征收税则，最为全约关键。倘令漫无限制，条约一定，各国将藉口利益均沾，于中国海关、税务大有妨碍。该大臣当坚持定见，力与磋磨。

谕李秉衡督饬李兴锐查勘宁海矿产择要兴办电

上谕寄李秉衡：御史陈其璋奏，山东开矿不宜停止，请饬派贤员实力勘办一折。山东矿务，前据李秉衡以历办并无成效，奏请封禁，当照所请行矣。兹据该御史奏称：开矿之法，果能慎选矿师，购备机器，相度地势，禁用私人，总可大获利益。宁海矿产饶富，久为德商垂涎，无故请停，必启彼族贪谋。且工匠、勇丁亦已招募不少，封禁之后，不特历次开办之功尽弃，矿丁犷悍性成，必贻后患。登莱青道李兴锐精于西学，请饬派办等语。现在帑项支绌，筹款维艰。前经谕令各省疆吏体察本省情形，将矿务实力开办，原欲收地利以裨国用。该抚前奏不过以办理不得其人，暂请封禁，今该御史谓不宜停止，颇属有见，自未便因噎废食，即着李秉衡督饬李兴锐详细查勘，择要兴办，该抚毋得因已允封禁之请稍执成见也。

十二月二十四日

御史胡孚宸奏俄君加冕宜派重臣前往致贺片　附旨

胡孚宸片。

再，中俄交睦，明年俄君加冕，遣王之春前往致贺，资望太轻，似宜派李鸿章前往，而以王之春辅之，方昭典重。谨奏。

十二月二十七日奉旨：明年正月十四日为俄君加冕之期，着派李鸿章前往致贺。

旨着派张荫桓为全权大臣与日使妥议通商事宜电

旨：李鸿章现在出差，着派张荫桓作为全权大臣，与日本使臣林董妥议通商事宜。

十二月二十七日

旨着张之洞传知邵友濂为致贺俄君加冕副使电

电张之洞：明年俄君加冕，派李鸿章为正使往贺。前湖南巡抚邵友濂熟于俄事，着授为副使，以辅其行。着传知该前抚即日驰往上海，俟李鸿章到，即日起行。

十二月二十七日

清季外交史料卷一百十九终

清季外交史料卷一百二十

光绪二十二年正月至三月

谕派李鸿章为出使俄英法德美五国亲递国书大臣敕书并着李经述随使前往 三件

皇帝敕谕：一等肃毅伯·文华殿大学士李鸿章，著授为钦差头等出使大臣，前往俄国，致贺俄君加冕，典礼隆重，故特命尔远行，尔其仰体朕意，联络邦交，敬慎行事。参、随各员，听尔酌调，以期办理妥协，毋负委任。特谕！

正月初十日

皇帝敕谕：一等肃毅伯·文华殿大学士李鸿章，着授为钦差头等出使大臣，前往英、法、德、美四国，亲递国书，奉宣德意。皇华遣使，责任甚严，尔其善体朕意，联络邦交，毋负委任。特谕！

正月初十日

旨：大学士李鸿章奉使遄行，精神稳固，惟年逾七旬，远涉重洋，朝廷良深廑系，伊子李经述，著赏给三品衔，随侍前往，以示优眷。

正月初十日

总署奏拟增进口洋税酌筹办法请饬相机办理折

总理各国事务恭亲王奕䜣等奏，为拟增进口洋税，酌筹办法，请旨饬下使臣相机办理，以维利权事。

窃臣衙门于光绪二十一年六月初四日准军机处交片，奉旨：户部奏，商改税则，收回利权等语。伏查，洋货进口正税值百抽五，子税值百抽二五，始于道光二十二年江宁之约、咸丰十年天津之约，较华商出口税已轻，视各国税额则尤轻。且原定税则时系以关平银三两作一金镑计算，近来镑值日昂，税数仍旧，名为值百抽五，实则抽不及二三。至于洋烟、洋酒，西人税额最重，其入中国则以为食物也而免之；他如纸、墨、蜜饯、毡毯、衣服、金银、器皿各物，西人以为自用也而亦免之，尤漏卮之大者。洋货复进口半税既可抵拨，又可换取现银，洋商权利愈普，则华商生理愈艰。国计民生，均有关系。及今而筹补救，则增收进口洋税应亦各国所共谅。日本税关情形初与中国相埒，自前年与英国立约加税，美国翕然从之，大抵邦交所系，各国亦不能坚持利己损人之见也。中国通商口岸，英国最多，亦惟英国商务最盛，英如允从，各国当易就范。现在大学士李鸿章奉命使俄，兼使英、法、德、美，该大臣深明税则利害，望重诸洲，此次恭奉圣旨，得与各该外部商论损益，拟请旨饬下该大臣，妥酌机宜，或先就俄、德、法三国发凡起例以取成于英，或先与英商妥而及诸国，均由该大臣酌办，务将从前税则酌增。至例不收税之纸、墨、烟、酒等件，均援西例征税。若使馆需用物件，亦明定限制，以杜渔利偷漏之弊。至申明初定税则时关平银三两作一金镑计算，设各国以未届换约之年拖宕，亦可与订明现在议定税则，俟换约之年开办。至关平银三两抵一金镑，此与换约无涉，订定即行，似亦情理兼尽。该大臣耄年远涉，已在圣明廑注之中，此事商务开议以后必与磋磨，亦非匆促所能定议，惟该大臣历肩重任，当此度支窘急，洋债层叠，该大臣体念时艰，正可乘此一行，为国家挽回利权，摘除积弊。各国大臣如愿商量，即由该大臣修议大略，未尽事宜，或由驻使，或另请专使接办，统由该大臣届时请旨遵办。谨奏。

光绪二十二年正月十一日奉旨：依议。

专使李鸿章致总署报由沪坐法船赴莫斯科电

朔日抵沪，定于十四日坐法公司船放洋。俄廷拟派俄船至埃及之朴塞口岸接换前进，由土耳其黑海径赴莫斯科加冕地方。水陆兼程，计四十余日可到。

正月十三日

盛京将军依克唐阿致总署怀仁安东之韩人迁避我境如何办理请示遵电

查怀仁、安东一带，向有韩民流寓，约数千人。近闻朝鲜下改装之令，该国士民因此迁避东边境内者不少，诚恐源源而来，容之必贻后患，拒之恐滋事端。该国今既改为自主之国，情势较前不同，其交涉之事，或照向章办理，或另有定章，或照各国通商之例，与韩民旧徙、新来者均应如何办理，请示遵行。

正月十八日

吉林将军长顺致总署闻日俄两国议开温贵海口电

据黑顶子委员禀：去冬日员勒令韩民剪发改装，民多不服，日员与韩员均各受伤。民间欲谋杀日官，惧而夜遁。又闻俄日两国因牛畜由中国往来不便，两国会议，拟开设温贵海口等语。

正月十九日

全权大臣张荫桓奏遵议日本商约谨陈大略折

全权大臣·户部左侍郎张荫桓奏，为遵旨接议日本商约，谨陈大略情形事。

光绪二十一年十二月二十七日，奉上谕：大学士李鸿章现在出差，户部左侍郎张荫桓着作为全权大臣，与日本使臣林董妥议通商事宜。钦此。闻命之下，自当仰秉宸谟，坚持定见，力与磋磨，期副委任。惟此约端绪纷繁，中外属望。彼此凿枘之处，群疑众谤之交，早邀圣明洞鉴，无待微臣渎陈。查林董约稿悉以马关约为底本，既不能废马关约，则现议各条岂能别开生面？论者乃欲藉此商约为马关约匡救，甚且欲为泰西各国已定之约争回利益，此皆未悉此中为难之故也。臣详译李鸿章与该使历次问答节略，其中轩轾之处实未易结束，请将为难情形为我皇上缕晰陈之。

查机器制造土货，从前各国屡经求请，中国从未允许。日人乘战胜之后，一旦遂其所求，实系非常利益。中外臣工率多注意此款，谓宜加重税课，使制造之货不能随处畅销，庶进口之货不致日渐减少，此诚至当不易之论。李鸿章改拟约稿，令于货物造成之后，离厂之先，完一值百抽十离厂正税，然后方准发售。乃林董坚执马关新约为据，谓：该约但载有制造货物应完纳内地税，并无应纳在口制造正税字样；且云：中国征收洋商货税只有三项，一进口税，一出口税，一内地税，制造货物系在口内制成，并非从口外运进，断不能比照进口货征收正税。充其所欲，非但离厂税值百抽十断不能遵，即比照进口货值百抽五似亦不允。李鸿章与之会议，舌敝唇焦，卒难折服。林董屡请将制造货税即按马关原约办理，无庸再行议订，并有如必欲议收制造正税，则商约只可暂停不议，其说尤谬。李鸿章上年奏陈议约情形，所称林董交来原稿及此次改稿均不能作为定论，盖已早见及此。至马关约浑言制造一切货物，并未分晰种类，沪上来电有欲将土货酌定限制，分别准造、不准造者，更与马关原约不符，无从议办，其难一也。

同治年间所订日本修好条规限制较严，日本以为较西国约章相形见绌，心怀怨毒，垂二十年，兵衅一开，旧约遂废。此次重议商约，林董坚执马关约以泰西各国约章为本一语，即并李鸿章改拟中国使臣携带眷属，及在日本设立领事，暨中国寓日人民应照日本相待最优之国人民一律优待各节，林董均谓：英、法等国条约所无，不允照办；并云：泰西各国系专指欧洲各国而言，美国续约及秘鲁、巴西各约虽有设立领事优待华民之款，然非泰西之国，不得援引为例。可云无理取闹！顾彼处处以马关条约藉口，我复何从设法箝制？其必从揆诸取益防损之方、救弊补偏之道，我但冀使不于西国旧约所载之外更肆要求，断难望于西国旧约所有之中再图补救，其难二也。

重庆行驶轮船，川省民情不顺，是以李鸿章改稿拟令仍照英国专章办理，而林董谓：马关约业已载明，日本轮船得驶至重庆，不能将已许之利益复行收回，所言尚非无据。既有马关成约在前，类此均难抵拒，其难三也。

各国遣使议约，我但不与定议，彼即不能通商，此次议约情形则又迥异。马关约内载：订约章未行之前，日本官吏、臣民及商业、工艺、行船、通商等与中国最为优待之国礼遇护视一律无异，是商约虽不遽定，而日人仍可照旧通商，定约之早迟，于彼固毫无出入，而在我实有受损之处，盖马关约内并未提及商约未定之先中国商民在日本作何办理，故日本现在待中国寓日商民几与无约之国等，使臣无如之何。且马关约载明：日本军队暂行占守山东省威海卫，通商约章未经批准互换以前，虽交清赔款，仍不撤回军队，隐以兵力相挟。虽或未必因此启衅，而卧榻之旁岂可容他人鼾睡？其难四也。

如果苏杭通商及制造货物能使暂缓开办，必俟商约议定方准照行，尚可略为牵制。无如马关约订明：自该约互换之后之日起，六个月开办。现在已逾六月，苏杭租界勘定，上海制造土货厂亦纷纷设立，彼挟马关约开办，现虽设词延宕，究无抵制之方，其难五也。

具此五难，欲使就我范围，翕符观听，殆非易易。然犹约举大端而言，至于款目繁多，辩论轇轕。臣才轻任重，捉襟见肘，固不敢畏难巧避，贻误事机，又不敢草率迁就，转增后悔。究应如何定议，容臣届时请旨遵行。谨奏。

光绪二十二年正月二十五日奉旨：览悉。着该侍郎力与磋磨，毋得畏难迁就。

总署奏订借英德商款草立合同请旨遵行折　附草合同

总理各国事务恭亲王奕䜣等奏，为订借英德商款，草立合同，请旨遵行事。

窃光绪二十一年闰五月间，经出使大臣许景澄订借俄法银行法银四万万佛郎，约合中国银一万万两，业经奏明在案。嗣于九月间提付日本第一次偿费库平银五千万两，归还辽地加费库平银三千万两，余存原行之款为数无多，而应付日本第二次偿费期限已迫，自须先期筹画，以免临时周折。俄法银行原定合同声明：自行借之日起，六个月内，暂不续借他款。扣至上年十二月初二日为满。未经期满以前，英、德两国使臣即屡向臣等就商，由汇丰银行合借金一千六百万镑，合中国银一万万两，周息五厘，九五折扣，行用、杂费五厘五毫，开具合同底稿，声明十二月十六日以前即须订妥，过期尚须另议。臣等因其折扣过重，法国使臣亦来议借，初言利仍五厘，折扣必较汇丰大减，乃磋商多次，仅减去费用五毫，与初议不符。适英、德使臣迭请接续前议，臣等复与磋磨，该银行愿仍照周年五厘行息，改为九四折扣，一切费用在内，由总税务司赫德撮合。臣等查，此次所定息扣数目，较之汇丰初开合同，息仍五厘，而每银百两多收银四两五钱，较之俄法借款息增一厘，每银百两多收银八钱七分五毫。先经电行出使大臣查报外洋借款行市，亦与此不相上下，无可再减。斟酌再三，只可就此定议。当属赫德，偕英、德两馆翻译官及汇丰、德华银行董事，于正月二十八日至总理衙门议定草合同二十条。臣等照案饬令总办章京舒文与该银行董事画押。谨录呈览，请旨定夺。如蒙俞允，再由臣等饬令该银行按期交款。至法国商借未定之款，业由总理衙门照例照会法国使臣，并电知出使大臣庆常，转告法国外部，作为罢论。顷，正月二十九日，法国使臣来言：接外部电称，庆常与外部辩明，从此作罢等语。是法国借款毋庸筹及，省却无限笔舌矣。谨奏。

光绪二十二年二月初一日奉朱批：依议。

谨将商订英德两国借款草拟合同缮单恭呈御览

钦命总理各国事务衙门代中国国家，向汇丰银行暨德华银行代德英银行总会，定立借款草合同章程，开列于后后凡用德英银行总会名目俱书银行等字样：

第一款　中国国家准银行等办中国五厘利借款，数目英金一千六百万镑，或照泰西他国金钱合算，计本银利息，每一镑按他国金钱若干，招帖内言明。

第二款　此借款售卖股票或一次一千六百万镑〔一千六百万镑，或一次〕，或二次，随银行等之意。惟第二次不得过六个月之限。

第三款　此借款常年利息，按本银虚数系五厘，合每年八十万镑。此利息按月交付。自何日起算，由银行等自定。

第四款　此借款定为三十六年清还，其本银每年付还十六万六千九百五十二镑，亦应按月付还。自何日起算，由银行等自定。三十六年期内，中国不得或加项归还，或清还，或更章还。

第五款　每月应还之本银及利息，统计系八万零五百七十九镑六西林八本士，由中国国家付还与汇丰银行暨德华银行之上海分行等，均分各半。此付还之项，按上海银两合算，以便该行等预备金钱，按期在泰西交还。每一镑合银两若干，应与该两银行等同日商办。至此项于何日交付，由银行等自定，于后所提之正合同内言明。

第六款　此借款全数准银行等出股票，或英金镑，或招帖内言之他项金钱为价。此股票系何式样，及何文字，并数目若干，均由银行等随时自定。此股票由中国或驻德国、或驻英国出使大臣加盖关防，以昭信守。

第七款　此一千六百万镑之借款，全应以中国通商各关之税银为抵偿还。除以前抵税所借未还之款仍应先为偿还外，嗣后若再有抵税款目，总以此次借款本银利息尽先偿还。此款或全未还清以先，倘有用税借抵他款用付本利一切事宜，不得订明在此次借款之前，亦不得订明与此次借款平行办理，并不得令此次借款以关税逐年抵还之质保有所窒碍减色。将来若再订立抵税借款，务于合同内载明：所有付还本利等事，俱在此次借款之后办理等语。至此次借款未付还时，中国总理海关事务应照现今办理之法办理。

第八款　此款应由总理衙门会同户部按所借金镑本利之全数发给关票，均须盖有总理衙门暨户部印信，并由总税务司签字，以该票联环作保。此项关票每张应载明第七款所列尽先偿还字样，于代中国所借款项交付以先，应将此项关票交与德国钦差公署及汇丰分行，均分各半，收执为凭。

第九款　通商各关应另备金镑关票合借款本利全数。此项关票由江海关监督并两江总督〈盖〉印，由上海税务司签字。此项关票应至本年三月初三日，即西历四月十五日，交付德华银行及汇丰银行之上海分行等各半收存，以便联环作保。如中国或本银或利息一次不按照所订之期付与汇丰及德华之上海分行等，此项关票应可一律抵完中国所有通商各口税饷。此节应请旨谕饬各该口官员遵照办理。

第十款　此借款全数，自卖股票之期起，六个月内，中国不得另借他款。

第十一款　此项股票息票及付还收还之款，此时及以后均不纳中国各税。

第十二款　总理衙门准银行等权衡代中国国家按照以上各节借款，此权衡应至本年二月初八日，即西历三月二十一日为期。期内，银行等或可应允，或推辞办理。

第十三款　俟银行等声明此借款按以上各节可以办理，于出招帖之先，即由总理衙门奏明请旨，允准照所拟章程办理后，应由总理衙门将奏稿并允准之上谕照会德国驻京钦差大臣及英国驻京钦差署大臣，转为知会银行等知悉。

第十四款　此借款卖股票、交银、收银等事并出招帖及立正合同所有详细各节，凡此章程内尚未言明者，由银行等随时自定。所请上谕照会英、德两国驻京大臣等之后，即准银行等权衡出此借款招贴〔帖〕，以期迅速。中国国家应饬驻英、德两国出使大臣等，并饬驻伦敦中国海关税务司，遇有会商等事，同银行等商董商办。

第十五款　银行等如应允办理此借款后，交付中国，按本银虚数每一百合九十四镑，系统计一千五百四万镑，此项存于伦敦，听中国国家提用。至每一次提若干、何日提用等事，应按照招帖定准。

第十六款　如有在泰西或关系大局或关系银行格外之事，于各国股票价银妨碍甚重，此借款第二次未能按以上各节卖票，则银行等可以辞办此事，此合同即作为废纸。

第十七款　此草合同嗣后应速换立正合同，由两面，或于北京，或于伦敦，或于柏林，签字画押。其正合同章程，应请旨允准。此旨由总理衙门照会德国驻京大臣及英国驻京署大臣悉知。

第十八款　此草合同应缮英、华文各三分，以便两面收存各一分。遇有所可疑不符之处，以英文为准。

第十九款　此合同由两面于光绪二十二年正月二十四日订定，二十八日缮写，十一日签字画押。

第二十款　德、英银行等办此借款应各分一半，彼此不相牵连。

光绪二十二年二月十一日奉朱批：览。

总署奏广西龙州边境拟开办铁路请旨饬行折

总理各国事务恭亲王奕䜣等奏，为广西龙州边境拟开办铁路，谨呈图说，请旨饬行事。

查光绪十一年四月二十七日中法商约第七款，内载：中国日后创设铁路时，中国自向法国业此之人商办。其招募人工，法国无不尽力劝助。惟言明：不得视为法国一国独有之利益。又二十一年五月二十八日续议商约第七款，内载：越南铁路，或已筑者，或日后拟添者，彼此议定，可由两国酌商妥订办法，接至中国界内各等语。嗣于七月二十一日准法国使臣施阿兰照称：广西龙州地方与越界同登铁路联接，事属有益。现有法商费务林公司系奉我国家之命承办该铁路，应查照本年五月二十八日商务专条附章第五条，将此铁路合同照会附送，请即与订定。又欲由龙州接至百色，绘图一纸，附送查阅。该使臣迭次到臣衙门催促办理，臣等以内地干路未成，未遑议及边境，再三驳阻，辩论数月。该使藉口前言，希图影射，谓：新约有接至中国界内一语，按接字系接长之接。中国界内铁路可由越南接至龙州、百色，均在计画中。臣等查，百色距龙州数百里，需款过多，渐近内地，已与法使臣言明不办。只龙州至同登一段，里数无多，尚可照约接造，惟应由中国自行建造。即酌用法国工料，固无不可。他日筑成，于商务亦不无裨益。因电咨广西抚臣，派员勘估丈量，以凭核计。兹准广西巡抚来文，勘丈完竣，计长一百五十里有奇，绘图贴说，咨送前来。臣等公同商酌，事势既难中辍，自办犹保利权。谨将原图进呈御览，请旨饬行。如蒙俞允，即由臣衙门商筹的款，咨行广西巡抚，派员开办，仍照会法国使臣，以符成约。谨奏。

光绪二十二年二月初七日奉朱批：依议。

旨着长庚会同饶应祺派员勘办和阗金矿电

寄伊犁将军长庚、署甘肃新疆巡抚饶应祺：和滇金矿，前据陶模奏，业已派员查勘。兹据御史陈其璋奏，近日所译俄图罗布淖尔一带共有金矿十七处等语。和阗系属内地，俄人无可藉口，着该将军会同饶应祺酌度办理。至所称中俄界间二水发源处及提封以南五金各矿等，着密派妥员查明，请旨办理。

二月初九日

旨派文海为驻藏大臣着筹画分界开导藏番电

旨：贵州按察使文海，着赏加副都统衔，作为驻藏大臣。现在筹画分界，开导藏番，着文海一切详慎办理。

二月初九日

总署奏遵旨订借英德商款议定章程照案画押折　附单

总理各国事务恭亲王奕䜣等奏，为遵旨订借英德商款，议定详细章程，照案画押事。

窃臣等议借英德商款一千六百万镑，合中国银一万万两，周年五厘行息，九四折扣，一切费用在内，当经草立合同二十条，于本月初一日具折陈奏。本日奉朱批：依议。钦此。即经恭录谕旨，照会英、德使臣，并札行总税务司赫德，转饬德华、汇丰两行遵办。去后，旋据总税务司呈称：该银行于借款一事业经允行，可以立即举办等语。臣等当与议定详细章程，照缮汉文、英文三本，总理衙门存一本，汇丰、德华两银行各一本。当令总办章京舒文与该银行董事于本月初十日会同画押，俾昭信守。谨缮清单，恭呈御览。伏候命下，臣等即饬令该银行如期交款，以资应用。谨奏。

光绪二十二年二月十一日奉朱批：依议。

谨将订借英德商款详细章程缮具清单恭呈御览

钦命总理衙门代中国国家，向汇丰银行暨德华银行代德英银行总会，定立借款合同后凡用德英银行总会名目俱书银行等字样。

光绪二十二年正月二十八日，即西历一千八百九十六年三月十一日，中国与银行等将中国五厘利金借款草合同签字盖印。

光绪二十二年二月初四日，即西历一千八百九十六年三月十七日，准西国电称，银行等允按草合同章程办此借款。

光绪二十二年二月初一日，即西历一千八百九十六年三月十四日，按草合同第十三款之意，奉旨允准，照草合同章程所拟办理，由总理衙门将此允准之上谕业经照会德国驻京钦差大臣暨英国驻京钦差署大臣悉知。

现将定立正合同章程开列于后：

第一款　中国国家准银行等办中国五厘利借款，数目系英金一千六百万镑。

第二款　此借款自西历一千八百九十六年四月初一日，即光绪二十二年二月十九日起算，名为一千八百九十六年中国五厘利英金借款。此项售卖股票二次，数目一千万镑。其第一次股票，售于正合同签字后，愈速愈佳。下余之款应卖股票，至一千八百九十六年十月初一日，即光绪二十二年八月二十五日为止，清还借款，无论二次，均一律照算。

第三款　此借款常年利息，按本银虚数系五厘，合每年八十万镑。此利息由中国按月交付，自一千八百九十六年四月初一日起算，应付还之数目、日期按另备单内所开办理。

第四款　此借款定为三十六年清还。其本银每年付还十六万六千九百五十二镑，亦应由中国按月付还之数目、日期按另备单内所开办理。三十六年期内，中国不得或加项归还，或清还，或更章还。

第五款　每月应还之本银及利息，统计系八万零五百七十九镑六西林八本士，由中国国家付还与汇丰银行暨德华银行之上海分行等，均分各半。付还之数目、日期，按另备单内所开办理。按此单日期付还之项，照上海银两合算，以便该银行等预备金钱，按期在泰西交还。每一镑合银两若干，应与该两银行等同日商办。利息及本银应如何付还于买股票之人，由银行等随时自定。

第六款　此借款全数准银行等出股票，以英金镑为价。此股票系何式样，及何文字，并数目若干，均由银行等随时自定。此股票由中国，或驻德国，或驻英国出使大臣加盖关防，以昭信守。

第七款　此一千六百万镑之借款，全以中国通商各关之税银抵还。除以前抵税所借未还之款仍应先为偿还外，此后若再有抵税款目，总以此次借款本银利息尽先偿还。此款或全未还，或未还清以先，倘有用税借抵他款用付本利一切事宜，不得订明在此次借款之前，亦不得订明与此借款平行办理，并总不得令此借款以关税逐年抵还之质保有所窒碍减色。将来若再订立抵税借款，务于合同内载明：所有付还本利等事，俱在此次借款之后办理等语。如有中国海关税银付还此款本利不敷，中国国家应另外设法付还。至此次借款未付还时，中国总理海关事务应照现今办理之法办理。

第八款　此借款应由总理衙门会同户部按所借金镑本利之全数发给关票，均须盖有总理衙门暨户部印信，并由总税务司签字，以该票联环作保。此项关票每张应载明第七款所列尽先偿还字样。于代中国所借款项交付以先，应将此项关票交与德国钦差公署及英国汇丰分行，均分各半，收执为凭。

第九款　通商各关应另备金镑关票，合借款本利全数。此项关票由江海关监督并两江总督盖印，由上海税务司签字。此项关票应至本年三月初三日，即西历四月十五日，交付德华银行及汇丰银行之上海分行等，各半收存，以便联环作保。如中国或本银或利息一次不按照所订之期付与汇丰及德华之上海分行等，此项关票应可一律抵完中国所有通商各口税饷。此节应请旨谕饬各该口官员遵照办理。

第十款　此借款全数，自卖股票之期起，六个月内，中国不得另借他款。

第十一款　此借款股票息票及付还收还之款，此时及以后均不纳中国各税。

第十二款　此借款卖股票、交银、收银等事、出招帖所有详细各节，凡此章程内尚未言明者，由银行等随时自定。此合同签字盖印后，即准银行等权衡出此借款招帖。中国国家应饬驻德、英两国出使大臣等，并饬驻伦敦中国海关税务司，遇有会商等事，同银行等商董商办。此款招帖，按照柏林银行章程，应由中国驻柏林大臣签字。

第十三款　银行等允办此款，交付中国，按本银虚数每一百合九十四镑，系统计一千五百零四万镑，此项正合同签字后即存于伦敦，听中国国家提用。至每一次提若干、何日提用等事，应按照招帖定准。所存八百万镑之款，至迟以一千八百九十六年五月初六日，系中国本年三月二十四日为期。

第十四款　如六个月内有在泰西或关系大局或关系银行格外之事，于各国股票价银妨碍甚重，此借款下余之项未能按以上各节卖票，则银行等可以辞办此事，于合同内下余未办之项作为罢论。

第十五款　此合同章程签字盖印后，未出招帖之先，当应请旨允准，按照办理。此旨由总理衙门照会德国驻京大臣暨英国驻京署大臣悉知。

第十六款　德、英银行等办此借款各分一半，彼此不相牵连。

第十七款　此合同应缮英、华文各三分，以便两面收存各一分。遇有可疑不符之处，以英文为准。

第十八款　此合同由两面于光绪二十二年二月初十日，即西历一千八百九十六年三月二十三日签字画押。

全权大臣张荫桓奏遵议日本商约删改各款折

全权大臣·户部左侍郎张荫桓奏，为遵议日本商约，驳删九款，驳改七款，现准日本使臣另缮约稿候商，仍须切实驳改，谨陈大概情形事。

窃臣奉派接议日本商约，曾将为难情形于正月二十五日陈奏，钦奉批旨：仍着力与磋磨，毋得畏难迁就等因。钦此。仰见圣主灼烛几先、实事求是之至意。臣自接办后，迭与林董会议，当将该使原交约款四十款逐条详议，每次问答，累牍盈篇。自正月二十八日起，至二月二十日，计会议四次，照原稿驳删第五、第九、第十、第十七、第十八、第十九、第三十一、第三十四、第三十五、第三十六等款，尚余三十一款，内照原稿未改者二十四款，驳改者七款。

查原稿第五款系日本官照会中国官均用日本文，不用汉文；第九款系日本人在中国如遭扰害，地方官立即追赃缉匪；第十款系日本臣民财产、船只，中国官不得擅动；第十七款系日本船装载中国土货，在通商口岸此口运彼口及沿江停泊之港就地销售；第十八款系中国厘卡章程应告知日本；第十九款系中国官员误征日本臣民税项，惟中国是问；第三十一款系罚款充公案件归日本领事官判断。以上七条，关系国体、利权，万难核准。臣率司员繁征博考，随宜钩稽，以为辩驳，该使乃不得已而删除。

其第三十四款系日本官商财产，遇有办理案件，均照相待最优之国一律；第三十五款系日本商民所有事件，均照中国臣民、中国船、中国货并相待最优之国臣民、船货一律相待；第三十六款系他国国家官员、船货、人民得有利益，日本一律均沾。以上三款，皆日本饮恨旧约，不得与各国均沾，欲于新约取偿者也，所论亦太繁琐。现只仿照英约第五十四款，改拟一条，删此三条，视原稿较为近理。

核计删驳各款，似觉渐有端绪。惟于税务诸大端仍未肯和衷通改，一时断难定议。其机器制造土货及约本所附减税、免税货，则有碍通行税章，必须再为驳论。至设立领事保护商民，亦应持平办理。兹据该使将删除、驳改各款另缮候商。臣现与订期十一日会晤，详论一遍，随将此次另缮约款三十一款逐加酌改，然后再与商订。该使最为阴鸷，且有马关成约藉口，尤难控驭。其中紧要各款，一经定议，各国必援一体均沾之便，于商税大局所关匪细。此次删驳各款，似较开议之初机局稍活，未敢遽云就范。臣惟有恪禀宸训，力与磋磨，断不敢稍涉迁就，庶为海关争一分税课，即为国家保一分利权，期以仰纾圣廑。谨奏。

光绪二十二年三月初一日。

川督鹿传霖致总署询廓藏因何失和请示机宜电　附旨

廓尔喀与西藏失和，意欲决战。谕旨派员设法解散，当即钦遵派员驰探，并飞咨藏中查复。惟近接藏函，并未言及此事。川藏远隔，消息不通，究竟廓藏因何失和，钧署必得确耗，欲求电示，以便斟酌缓急办理。印藏划界，能否照会英使商缓？俟劝导藏番就绪，再办此事，方不至枝节。若英廓并扰，藏更危矣。

三月初三日奉旨电鹿传霖：现在廓尔喀与藏番失和，廓悍而附英，藏愚而奉佛，廓若得志，全藏将不可问。著鹿传霖迅派干员，设法解散。藏恃俄援，廓必英所主使。如何措置合宜之法，著妥商筹奏。

旨寄奎焕讷钦藏哲勘界藏番固执着设法开导电

电寄奎焕：据讷钦奏，藏哲勘界，藏番仍持定见，不肯前往一折。查勘界事关系邦交，断难失信。本年春夏间，若商上不肯偕往，即由该大臣照会英之印度派员会勘。藏番既始终固执，止可暂为通融，一面设法开导达赖喇嘛暨番众，毋得执迷不悟，致蹈隆吐覆辙。现在文海尚未到任，讷钦责无旁贷。至奏调棍噶札拉参，已据杨昌濬奏，在洮州圆寂矣。再，藏番迭次梗命，是否有外人为之奥援？又闻廓与藏失和决战，该大臣等必已知悉，务当设法劝导。

三月初五日

川督鹿传霖致总署廓藏失和已派员由海道驶往查看并请修川藏电线电　二件　附旨

奉旨，近闻廓藏失和，意欲决战，着鹿传霖设法解散等因。遵即飞饬知府李毓森由海道驶往察看。惟川藏文报迟滞，拟请修电线先由成都至打箭炉，再议接展入藏，以省边报。川本有款十万存盛宣怀处，可备用。请代奏。

三月十四日奉旨：电奏悉。著即传知盛宣怀迅速接展。

旨饬查委员李毓森由海道驶往就近取道何处，着详复等因。伏查，海道系由上海、香港，经新嘉坡，至印度孟嘉纳，再乘轮车，一日程，达印藏交界之处独脊岭，至藏由成都行两月余可到。廓藏失和，事机紧迫。行海较速，并可在印暗探英人情形。先绕至廓尔喀，相机解说，为釜底抽薪之计。前会办藏务·已革知府稽志文，即由此道往也。

三月二十日

专使李鸿章致总署报抵俄都递国书并俄主在行宫接见电　二件

顷，抵倭得萨，俄水师提督接待甚殷。俄皇令外部电催，趁此暇日，先赴彼得堡，递国书接见。明日未正，乘官车行两三日到彼，酬应稍毕，再往莫斯科贺加冕。请代奏。

三月十七日

十八日，抵彼得堡，晤外部，请期定于二十二未正俄主在皇村行宫接见。

三月二十二日

鲁抚李秉衡致总署兖州教案遵旨办理德国教士之事已获犯惩处电　三件

兖州教案，如此办法，民情本属不愿，如再令知县迎接，绅士摘顶，必至更启衅端。知县为亲民之官，太示卑辱，何以治民？绅士无过，何能惩责？他省皆有教堂一处，如此他处效尤，势将不可究诘。彼如欲藉端生事，则此次即事事曲从，彼仍可另生枝节。衡即获罪，未敢遵办。

三月二十一日①

旨：前谕饬县照料保护，并非令其迎导，余均遵前旨办理。当即照行。至所指张贻燕三人唆使等情，即属实，亦只能责惩倡议之人，谨遵旨将张贻燕暂行摘顶。

三月二十四日

兖郡房屋，去冬早已备妥。安主教上年之事，已获犯惩办，并由兖沂道出示居民，复查明张贻燕等委无敛费唆使情事，未便处分。至安主教进教堂，派武弁迎护，德使所称滋阳及兖镇迎导，万难曲从。盖彼等事事要挟，知我不欲启衅耳。岂彼真不欲相安无事？倘因处理失平，致犯众怒，更恐变生不测，愈难收拾。惟有仍请向之开说，俾勿得步进步。如万不能了，即请奏明治衡以办理不善之罪，亦有词可藉，藉以转圜。总之，衡本无交涉之才，即难辞不职之咎，纵干天谴，亦不敢有所怨怼也。

三月二十五日

专使李鸿章致总署报俄户部要求筑路先密陈电

俄户部微德来谈：东三省接路，缘自尼布楚至伯力，道纡河多，工费太巨，不如由赤塔过宁古塔之捷速省费。本欲借路速成，藉抒日患。今中国虽认自办，但素习颟顸，恐十年无成。鸿谓：代荐公司，实荐俄代办，于华权利有碍，各国必多效尤。彼谓：若竟不允，自办又无期，俄拟做至尼布楚一带，即停工候机会，但从此俄不能再助中国矣。查此议系微德主持，其才略，俄主最信任。罗拔两次均未提及。合先密报。

三月二十四日

① 原刊目录标为“二十日”。

张之洞谭继洵致总督鄂省拟铸铜钱以济急需电

沿江各省钱价奇贵，鄂省茶市在即，需银既多，钱价尤贵，市面惶急。除严办私销、禁止出口、兼赶铸银元外，亟须多铸铜钱，方足以济民用而平市价。现已购办铜、铅寄粤，用机器铸钱，运鄂行用。查粤局奏案，铜钱每文重八分。目下铜钱价贵，钱重则私销必多，旋铸旋毁，无补大局。详加核计，因时制宜，莫若每文改为六分，既可杜绝私销，兼免多亏成本。事关急需，请旨遵行。

三月二十五日

总署致李秉衡兖州教案向德使说亦无济希照前电查办电

德使言：照会四端，系奉国谕，难更改。本署向说无济，即奏参亦不能转圜，仍希查照前电查办。德方借端生衅，非欲相安无事，不值因此生波，为国增累。若能抵拒，本署何必如是繁琐？御侮之道，总须内外一心，庶免疏虞。

三月二十六日

总署奏遵旨议复陈其璋请定教案章程折

总理各国事务恭亲王奕䜣等奏，为遵旨议奏事。

光绪二十二年二月十一日，准军机处钞交御史陈其璋奏请定教案章程一折，奉旨：该衙门议奏。钦此。查原奏内称：西教行于中国，分天主、耶苏〔稣〕两门。教民良莠不齐，往往滋事。近来每遇教案，各国公使饰词狡辩，要挟多端。从前津、滇及上年川、闽各案，即为明证。办理教案，向无专章，故各国得以逞所欲为。若与各国先行议定，则在我自有遵循。谨疑十条等语。

臣等查，西教传入中土，莠民每藉入教为护符，包揽官事，讹诈乡愚，民教积久成仇，遂至迭酿巨案，各国使臣复藉端要挟。臣衙门目击时艰，亟图补救，曾于庚午天津教案后酌拟教案专章八条：一曰教堂不准设立育婴堂，应由地方官自行办理；二曰不准妇女入堂，并不准女教士在中国传授；三曰教士应归地方官管束，遇有教案，教士不得干预；四曰教案只应照章定罪，不得再议赔偿，教民犯罪，教士不得庇护；五曰教士领护照往某省传教，不得潜往他省，并不准偷漏税项；六曰教堂所收教民，应报明地方官，按年造册备案；七曰教士应遵中国体制，不准僭越；八曰教士买地建堂，应报明地方官，有无风水窒碍，契上写明教堂公产，不得驾名他人各等语，钞寄前出使法国大臣崇厚，令与该外部筹办。臣衙门复与各国驻京使臣酌核，乃各国均以条约所无，不能应允，遂令良法善意经久无成。

今该御史所议十条，与臣衙门原议宗旨亦不甚相远。然事有已经议行者，有难为照办者。如原奏内称：教务宜责成总教士，应令各国公使于教士中举出一二人驻京为总教士，一切教务教章，由总教士呈请总署议定等语。臣等查，西洋传教向无总教士名目，惟罗马教王可与有约之国专派教使，凡天主教民悉归管辖。现在教王势弱，意大利、法兰西诸国复将教王权力多方裁制，教王仅拥虚位，屡有教王贡议请中国与教士立约，臣等权衡，其事利害参半。教王派使可免法、德各国藉保护为词，遇事要挟，而教民概隶教籍，中国地方官不得过问，亦非保民之道，故数年来教王之约迄未与商。至耶苏〔稣〕教则英、美两国为多，久与天主一教分门别户。外洋有新教、旧教之称，其实异流同源，教规各立而已。今若设总教士名目，无论两教不能强同，一遇教案，转使总教士从中作难，是徒增口舌，无益于事。

又原奏内称：教堂买地宜查照旧章，同治初年定章，教堂买地，须先报明地方官，契内写明教堂公产字样，地方官始能盖印，近来每私卖于教士，并不先报地主官，以致一切公产因而私售，地方官不肯盖印，教士遂执契来争，请申明旧章等语。臣等查，教堂买地先报明地方官一节，系臣衙门于同治四年因案咨行江苏巡抚曾有此语，并非与法国订明条款。是年法国使臣柏德固与臣衙门定议专章，本无先报明地方官字样，各省每多误会。前年法教士吕推案起，法使施阿兰执柏德固原议来争，臣等以章程内既未载明，颇难援咨案驳论。因于上年通行各直省，仍照柏德固原议办理。复恐漫无限制，因与施阿兰商议，如遇国家禁地，民间公产，不准误买，以杜朦混侵占之弊。现正与磋磨，尚未定议。

又原奏内称：教堂处所宜造册呈报总署，通行各省，查明教堂是否洋式、华式，房屋若干，按年册报，现闻各省有报有不报者，应令地方官造册等语。臣等查，通商以来，教堂林立，漫无稽考。臣衙门于光绪十七年通行各直省分别详查册报，但查地名房式，不问教规，近今数年均已册报，嗣后倘有迟延未报者，应由臣衙门咨催造册备查。

又原奏内称：教民人数宜造册呈报，教民受伤身死，往往索赔恤款，其人果否入教，无从查考，应令各教堂将入教之男妇、雇佣之华工开具姓名，报明备查等语。臣等查，各国教士均有护照可凭，易于查考。至教民人数众多，造册不易。如各府州县概令造册，恐徒增纷扰，确难清厘，而民教从此多事。至教民受伤身死议给恤赏，该地方官必详细查明，方允给赏，断无任教士影射之理。

又原奏内称：教民犯罪，宜将教册除名，入教华民大率败类，一经入教，鱼肉乡民，应令教堂将犯罪教民永远除名，不得回护等语。臣等以华民甘心入教，见异思迁，断非安分之民，健讼欺人，在所不免。教士每倚为心腹，恃作爪牙，一遇斗殴，必相袒护。数十年来，臣衙门办理教案，从未见有教士责罚教民之事。今若令教堂将犯罪教民永远除名，恐阳奉阴违，终无实际。如果情真罪当，臣衙门必力与各使相持，能否就范，却无把握。

又原奏内称：教民被控传案，教士不得阻挠，教民被控，地方官自应按册指传，教士毋得隐匿等语。臣等查，条约载明：中国习教民人，凡中国律令之事，仍由地方官照例惩办。现在各省地方官指传教民，尚未闻有抗传不到情事，似可无须另议。

又原奏内称：传教地方宜重申禁地，山东曲阜为圣人故里，恐洋人前往开设教堂，应将曲阜地方照蒙古、西藏等处一并归入禁地等语。臣等查，洋人欲赴兖州府传教，蓄意已久，经臣衙门驳论多年，坚持不允。现在德国使臣绅珂照会言明，兖州府城不设教堂，惟教士安治泰有地方商办教务之事，请准暂行进城，由官代觅房屋居住，妥为接待。臣等查，兖州不准建堂传教，本未载明条约，该使臣执约来争，我转无词以对。因函商山东抚臣李秉衡，大意惟在不允建堂，其余小节不妨通融办理，刻尚未准抚臣妥定办法。至该御史请照蒙古、西藏归入禁地一节，查蒙古各地方均有教堂，西人多往游历，西藏现亦议准通商，均非禁地，似可不必援引。

又原奏内称：教堂不准育民间婴孩，教堂育婴，往往布散谣言，怀疑激变，应令该教士无须收养等语。臣等查，教堂收养婴孩，其意本为行善。无如杯影弓蛇，群疑莫释，及至查办，究无戕害实据，每令洋人多所藉口。光绪年间督臣张之洞曾奏请按月派员赴教堂查看，因各国使臣均以为不便，迄未允行。

又原奏内称：教士入境，宜先验护照，洋人出外传教，均由该国发给护照，方准来华。若赴内地传教，亦须领地方官执照，方准放行等语。臣等查，教士来华传教，须验明该国护照，方准入境，为约章所无。若到内地传教，均由臣衙门发给护照，业经历办有案。

又原奏内称：教士入境，宜归地方官管辖，查公法，无论生斯土，或自外来者，皆当归地方法律管辖，应由总署商诸公使，以合公法等语。臣等查，中西异教，中国与各国立约均无管辖教士之条。中外交涉，皆以条约为凭。其为条约所有者，可据以力争。其为条约所无者，自难强辩。若于条约之外另议新章，须俟换约之年，与各国订明，庶无轩轾。谨奏。

光绪二十二年三月二十八日奉朱批：依议。

王文韶张之洞致总署遵旨令华商承办芦汉铁路电

十二日奉寄谕：准华商承办，不得以洋商入股等因。仰见思深虑远，自应遵旨，详加体察。惟芦汉铁路为拱卫京畿要举，实未可再托空论，应请钧署速电粤督，饬许、武、方三人迅赴直隶、湖北，由鄂而津，以便面询，公同考察，所招商股各一千万两是否皆属华股，有无洋商在内，如何承办分办，查明确切，再行通筹复奏，请旨定夺。再，吕庆麒、刘鹗均已到津，文韶面询一切，现饬赴鄂矣。

三月二十八日

鲁抚李秉衡致总署兖州教案四条均经照办若必尽餍其欲恐激变电

德使照会四条，房屋已备；殴辱安治泰跟人正犯系张华亭，不与张贻燕等相干，张华亭已枷责；兖州道又出示禁煽惑生事；安治泰进城，又派弁迎护，是四条均已照办。窃思彼有国谕，我国家岂遂不可与之理论？如必尽餍其欲，衡即受严谴，亦难遵办。盖因此民心不服，激成变端，则安治泰之性命或不可保，其开衅更大，仍为国增累，不如将衡奏请治罪，藉以谢过。

三月二十九日

清季外交史料卷一百二十终

清季外交史料卷一百二十一

光绪二十二年四月至六月上

川督鹿传霖奏遵旨派员查办廓藏失和要案折

四川总督鹿传霖奏，为遵旨派员查办廓藏失和要案，就近随同开导划界，并筹议情形事。

窃臣钦奉电旨：览鹿传霖奏西藏情形，殊深廑系。奎焕已令来京，纳钦[①]到任未久，一切操纵事宜，着鹿传霖驰函商酌，或拣派熟悉藏务公正明干之员，随同纳钦办理，俾资臂助。至瞻对桀敖不驯，尤宜妥为开导，毋激事端。钦此。正拣员赴藏间，三月初三日又奉电旨：近闻廓尔喀与西藏失和，意欲决战。廓悍而佳兵，藏愚而奉佛，势必不敌。廓若得志，全藏骚动，务须派熟习边防之员前往，设法解散。藏番既恃俄为援，则廓之动兵必系英所主使。该督留心边事，应如何措置之处，着筹议具奏等因，飞咨驻藏大臣查询，并飞札署后藏都司耿绍宗确探实在情形，迅速驰报。

伏查，印藏勘界为期甚迫，而藏番愚暗争执，事难就绪。此时忽有廓藏失和之报，是廓之动兵必系英人主使，仰见圣明洞鉴万里之外。伏思英、俄交窥藏地，蓄意已久，而互相猜疑，忌于先发。今藏已通俄，恃以为援，故敢于争持界务。若划界不定，英将以兵至藏，藏必求援于俄，则英、俄且明明因藏互争矣！盖英不欲明露与俄失和之形，故唆廓与藏构兵。藏断难敌，必乞俄援，英即从旁观衅而动。臣窃揣英之用心必出于此。然廓虽附英而亦忌英，决战之说或属虚声，姑徇英之意，以恫喝藏番。若得一通达机变、具有胆识、谙练洋务之员先往廓尔喀，为之详陈利害，劝令释嫌修好，或可听从，庶藏境暂安，妥商划界，以免生事。惟遍察川中人员，殊难其选。适有补用知府李毓森因接办电局来川谒见，臣与接晤数次，察其人颇明干，胆识俱优，前在朝鲜办理电局商务有年，熟悉洋情，因语以廓藏失和拟派员前往解散妥慎筹办之意，该员情殷报效，不惮险阻，因与讨论办法，所陈均合机宜，洵堪任使，拟即派往妥办，当即先行电奏。惟由川陆路入藏，台站节节险阻，更换夫马，非数月不能遄回。再，前藏至后藏，

① 下文也作“讷钦”。

赴廓尔喀又需月余，计需半年之久，实属缓不济急。查已革雅州府知府稽志文，前奉派襄办藏务，曾航海取道上海、香港、新嘉坡、恒河海口直达印度孟加拉登岸，乘轮车至印度交界之独脊岭入藏。故此议令航海亦取此道前往，以期迅速。且探得由独眷〔脊〕岭铁路轮车已可直达廓境，更为捷近。并由川拣派熟悉藏务得力员弁，随同前往。该员道经上海，尚须选觅汉翻译偕往，以期达语言而昭妥慎。惟李毓森远涉重洋，筹办要务，所有轮舟、轮车往返雇价，随从犒赏，一切需用浩繁，必须宽给公费薪水，可否援照出使之例，于重庆洋关出使项下，照四品副使例，月支薪水银七百两，以资应用？仰恳天恩，饬下总理衙门、户部核议饬遵。一面先由川库垫发银八千两，交该员收领应用，事竣后，着该员核实报销，勿许少涉浮冒。一俟廓藏案结，即饬该员就近随同驻藏帮办大臣讷钦劝导划界事宜。至新授驻藏大臣文海，臣已电催迅速来川。旋据复称：四月初由黔起行。俟其到川，臣与面商，妥筹一切，即可驰赴藏中，相机妥办。再，川藏相距窎远，驿递万难迅速，消息不灵。昨谨电拟赶修电线，先由成都至打箭炉，再议接展入藏，以速边报。所需经费，查前川省创修电工时筹款十万，存筹办电报道员盛宣怀处，可以拨用，勿须另筹现款。钦奉电旨，准饬照办。遵即派员勘路，购运线料赶办，以速文报。谨奏。

光绪二十二年四月初四日奉朱批：着照所请。该衙门知道。

总署奏遵旨议复张仲炘请商俄人改订税额折

总理各国事务恭亲王奕䜣等奏，为遵旨议奏事。

光绪二十二年四月十六日，军机处交片，本日御史张仲炘奏，商务不振，请商俄人，改订税额一折，军机大臣面奉谕旨：着总理衙门议奏。钦此等因。臣等查原奏内称：各国商务，惟英独获赢余，各国则无不绌，俄为尤甚，所需中国货物甚多，而入口货仅大呢哈剌。若将进口之税加重，出口之税减轻，俄必甚愿，法、德、美等亦且乐从。现在俄商我办东三省铁路，亟宜乘此机会，以允筑铁路偿其望，即以改增税则要其酬。俄一允从，即可与各国一律改定等语。

臣查，海关税则，华重洋轻，国课、商情，两皆亏损，积弊已非一日。户部议增进口洋税以为补苴。本年正月间，因李鸿章奉命出使，臣衙门酌拟办法，请旨饬下李鸿章，于经历英、德、法、美呈递国书之时，与各该国外部商论损益在案。该御史所论商税利害暨烟酒、衣服等之应免税，均与臣衙门原奏大致相同。臣等以英国商务最盛，年来日本增税之议先由英国商允，各国旋亦乐从。臣等因奏陈其略，仍请由李鸿章妥酌机宜，或先就俄、德、法发凡起例以取成于英，或先与英商妥而及诸国。观时度势，后先次第，原不必拘泥。现李鸿章方在俄都，又值俄以东北铁路求助于我，则乘此机会，先与俄外部发端，如该御史所陈，亦属因利乘便之势。拟请旨饬下李鸿章，即以朝命商诸俄廷。揆度情形，倘得转圜之机，径与俄重定税则，以为各国先声，于国计裨益良非浅鲜。如使彼心存观望，商议需时，亦可与商订彼此扩充商务变通税则专条续附约章，以为异时张本。虽陆路海道情事略殊，但得一国允增，推之他国，自皆易于发议矣！如蒙俞允，即由臣衙门密电李鸿章，令其妥筹开议。谨奏。

光绪二十二年四月二十五日奉朱批：依议。

总署奏筹交日本二次赔费等项交收清楚折

总理各国事务恭亲王奕䜣等奏，为筹交日本二次赔费等项交收清楚事。

窃查，中日新约第四款，内开：中国约将库平银二万万两交与日本，作为赔偿军费，分作八次交完：第一次五千万两，应在本约批准互换后六个月内交清；第二次五千万两，应在十二个月交清；余分六次，递年交纳。第一次赔款交清后，未经交完之款应按年加百抽五之息。如从条约互换之日起，三年之内全数清还，将应付利息于应付本银内扣还。又另约第一款，内开：所有暂驻威海卫之日本军队需费，中国、日本约互换日起，每一周年贴交四分之一库平银五十万两各等语。所有第一次应付银五千万两，业经臣等将库平银两合成英镑数目，与日本使臣林董公立议单，计合英金八百二十二万五千二百四十五镑一先令十弁士四分之三，拨交出使英国大臣龚照瑗，于上年九月十四日，与日本驻英使臣在伦敦交收，取具收据存案。本年三月二十六日，又届第二次交款之期，先准林董照会：此次赔费五千万两愿在英、德两国各交一半，息款一百二十五万两、威海卫军费愿在英国交收。臣等查，此次交款为数甚巨，只可由息借英、德两国款内拨付，日本使臣请在英、德两国分交，可省拨汇之烦，尚属可行。当即查照上年会议，将赔费五千万两合成英镑，英、德两国各交一半。至息款一百二十五万两及威海卫军费五十万两，均交英国交付。当札总税务司赫德，分电英、德两银行，如数备齐。一面电知出使英国大臣龚照瑗、出使德国大臣许景澄，届期与日本驻英、驻德使臣交收，旋准该大臣等电称：均已如期交收，取具日本使臣收据等语。除俟各该大臣寄到收据存案外，谨奏。

光绪二十二年四月二十五日奉朱批：知道了。

专使李鸿章致总署递国书后俄皇藉回宫验收礼物为名再见密谈情形请代奏电

向例，递国书后不再见。俄皇籍〔藉〕回宫验收礼物为名，未正接见，令带经方传话，不使他人闻知。先将礼物逐一查问，属代奏谢。旋出示所藏镂金托金玉如意、乾隆古稀天子玉玺，皆精品。即行至便殿，赐坐畅谈。彼谓：我国地广人稀，断不侵占人尺寸土地。中俄交情最密，东省接路，实为将来调兵捷速，中国有事亦便帮助，非仅利俄。惟华自办，恐力不足。或令在沪俄华洋行承办，妥立章程，由华节制，定无流弊。各国多有此事例，劝请酌办。将来英、日难保不再生事，俄可出力援助云云。较微德前议加厚，未便壅于上闻。请代奏。

四月二十九日

专使李鸿章致总署晤俄外部会议接修东省铁路电

昨，罗拔邀赴外部晚饭，与微德会议。该大臣皆以东省接路为急，微德谓：二年必成。鸿云：赤塔至三岔口向多山险，我办漠河矿，久知漠至齐齐喀〔哈〕尔省高山丛莽，人迹不通，必强穿过，亦甚难办。彼谓：多费工而直捷，合算，中国自办，无款无期，不如俄华银行承办较速。姑属妥议章程送核。

四月二十九日

总署奏广西龙州至越南同登与法国接造铁路片 附合同

奕䜣等片。

再，广西龙州至越南同登与法国接造铁路，本年二月初七日奏请开办，并进呈图说，奉朱批：依议。钦此。钦遵在案。当由臣衙门电商广西抚臣史念祖，派员设局开办。旋据复称：拟派广西提督苏元春为督办，知府康际清为帮办，与法国费务林公司按照图说公同商酌。迭据该使臣照送合同底稿，臣等公同检阅，其合同内有铁轨宽窄须与越南铁轨一迈当相同，以便衔接，又有将来中国铁路欲展接至南宁、百色等语。臣等以中国铁路始于天津，酌定轨宽四尺八寸五分，遂为成式。环球通例，一国之内，轨度无异。此次龙州铁路自应统归一律，不得参差。且于中越边境，方能划清界限。至南宁、百色应否展接，须俟龙州铁路成后，察度情形，再为酌量，此时不能预定，与该使臣往复辩论，复电致出使大臣庆常，向其外部缕说，始克就范。该使臣无可矫辩，遂将合同删削请核，并拟援英德借款之例，仍由臣衙门总办章京舒文与费务林公司葛理义于四月二十四日画押。臣等以龙州铁路之事，臣衙门章京系代官局画押，与英德借款有别，不能盖用臣衙门关防，而又须有以示信，因刊龙州铁路官局图记，以便盖用。该公司现暂回国，俟秋凉始赴龙州，与官局复勘。谨将合同钞呈御览，俟命下之日，由臣衙门飞咨广西抚臣史念祖，转行提臣苏元春，查照办理，并咨户部拨款开办。谨奏。

光绪二十二年五月二十一日奉朱批：依议。

谨将广西龙州与越南同登铁路合同照录恭呈御览

第一条　中国予令费务林公司承办广西龙州至镇南关铁路〈工程，由中国铁路〉官局稽察，其办法各款，开列于后：

第二条　费务林公司因此专为无名贸易公司，承受中国官局令，于官局名下筑造铁路，由官局稽察。其造路并预先勘路均系包办。凡筑造及家伙、机器、房屋、物料、车辆等件，应于勘路后，由官局、公司会商，包估价值。造路须占之地，均由官局自公司呈交铁路占地各图式之日起，至多六个月限内交清。公司修造，官局即将费用与工程节次随成随还。每月底由公司计开费用，呈报官局。自呈报日起，至多三个月限内，饬令付价。倘有限内未付之款，按每年七厘即百分之七行息，至付清日止息。至所开账目，均用法银法郎计算。俟付还银两时，均按呈交账目日期前三个月内兑换中法两国银行市折中算结。至造路工程，除遇有意外事故外，均限自将地交与公司日后计，至多三年内造成。

第三条　费务林公司照以上所载专为无名贸易公司，承受中国官局令，于官局名下经理铁路，由官局稽察。如此经理，均系包办。由官局与公司勘估后，会商统计，特开酌算款式，内以补还经理实在用费若干，并贴与总用杂项若干，及经理进项实存项下酬赏令公司花红若干，包还公司。至经理进项内所有搭客、进货，系自龙州至镇南关，并自镇南关至谅山以次各处，由中国往越南，或越南往中国，即仿照各电报局之例，互相较对，分归清算。

第四条　中国铁路搭客、运货，及越南之法国铁路搭客、运货，均由公司酌拟价目，中国则请中国官局定准，越南则请法官定准，总宜一律相同。

第五条　龙州越南各路相接，为经理铁路之用，须设沿路电线，自应照通例，任各铁路局自用，不纳电费。或有转送电报与经营铁路无涉者，应照各电报局价目纳费如常。

第六条　凡筑造、经理铁路之材料、什物、机器、车辆、器具、家伙等件，无论何项关税差费，一概豁免。至铁路所用华洋人员，中国自设妥法，令其相安如命，工作无滞。

第七条　龙州至中国边界铁路，其经理办法，由中国官局与越南法官会商章程，总期与经理越南之镇南关至谅山等铁路不致断绝。其铁轨宽窄，履勘后酌量情形，由中国官局自定。此次合同以三十六年为期，期满，亦准会商展久新立。

第八条　中国官局，与此章程订明如何承办筑造、经理之公司，遇因事故参差，应由官局、公司各择一人，此二人复公择其一，以便三者会议公断，惟三者必须法国或中国之人。此次合同，缮就汉文、法文各二分，彼此各存一分。遇有可疑不符之处，以法文为准。

光绪二十二年四月二十四日，西历一千八百九十六年六月初五日，在中国京都立。

专使李鸿章致总署报抵德法两国递国书电

初四午，在柏林皇宫见德皇，递国书。事毕之后，二十一戒行，二十四到荷兰，二十八到比利时，初四到巴黎。约本派塔克计讷递呈。请代奏。

五月二十五日

旨寄鹿传霖廓藏界案着即派员会勘迅速完结电

旨电鹿传霖：近日英使正拟开议，所请断不能行。廓藏均已呈出实据，着即派员会勘，迅速完结。

五月二十五日

中丹英会订电报合同

中国电报总局，丹国大北公司，英国大东公司，会议订立。中国电报局以后即称电局，丹国京城古本海根之大北电线公司以及英国大东电报公司以后即称公司。今电局与公司愿将办理外洋往来电务并电局与公司交涉各事尽善尽美，特订以下各条，彼此允照办理。中国电局由督办盛宣怀主政，大北、大东公司由两总办恒宁生、直德主政，授有全权，订此合同。所议各条开列于左：

第一条

第一节，中国与欧洲俄国不在其内并美国以及欧洲过去诸国经过欧洲来往各报，由中国与亚西亚之俄国各接线处，或由公司之印度孟达赖斯线、亚西亚之俄国线传递者，其总价须一律照此合同第十一条价目表内所定之法郎克办理。

第二节，此总价应于电局至亚西亚之俄国本线报价并公司至印度孟达赖斯至亚西亚之俄国线之水线报价中酌定。

第三节，此条第一节内指明之报，如中国别处路线边界已有接线处，或以后再设接线处，电局日后再订合同价目表，或展年期，或更改价目时，允将总价内所得之本线报价酌定，务致该项电报总价由该线处传递不得低于第一条第一节内指明各线路传递之总价。其公司于此等电报，由已有之线路，或以后在印度并西伯利亚之线头过去再设之线路传递者，亦允照一律办理。

第四节，英国之香港与欧洲俄国不在其内并美国以及欧洲过去诸国经过欧洲来往各报，亦照此条内第一、二、三节办理。

第五节，此条内第一、二、三、四节指明各报，除由该一、二、三节内指明各线路传递外，由已有接线处或以后再设接线传递者，电局与公司彼此允为竭力保护此合同订定三公司之利益。此条第一、三节内所指明电报，不论经过电局或公司之线路，除公司之欧洲线路所得之费不在其内，电局与公司彼此允照此合同第二条将所收之费悉归公款之内。

第二条

第一节，此合同第一条第一、三、五节内指明各项电报，电局并两公司允将于总价内各所得之本线报费，不论由何条线路传递，照此合同第十一条电价目表内核定三分，悉归公款之内，此公款应照以下分派：局得三分之一，两公司各得三分之一，惟一切日用经费均由自备。

第二节，报费既如此分派，此合同第一条第一节内所指各报由公司之水线传递者，电局不得再加收本线报费。若由西贡至茅缅已有之线路传递者，照此办理，详在此合同第十一条价目表内。

第三节，电局与公司于此合同第一条内指明各线路，均须各自善为保护畅通。

第三条

公司即停向来所收九龙界至香港水、旱线费，照一千八百八十四年正月二十一号电局与大东公司所订合同。电局即停向来所收上海至吴淞、川石至福州水、旱线费，照一千八百八十三年五月十九号电局与大北公司所订之合同，并一千八百八十三年五月七号以及一千八百八十四年十月十七号电局与大东公司所订之合同。

第四条

第一节，此合同第一条内各项电报，电局与公司在中国各局以及香港均须照此银所合之价收费。

第二节，电局与公司每年底会同核定法郎克实在通折之价，次年收费算账即照此价办理。

第三节，电局与公司倘不能商定法郎克实在通折之价，应请上海最著名之外国银行总办定夺。

第五条

欧洲俄国不在内并美国以及欧洲过去诸国经过欧洲与他国往来电报经过中国者，电局日后订立合同价目表，或展年期，或更改价日，允酌定过线费不得低于此合同第一条第一、三节内所收之各报本线费。

第六条

电局并公司于收外洋报价并结算账目，理应将银洋照实在金价合算。倘有别电报公司与电局或公司订有电报合同，于收外洋电报并结算账务，亦欲照实在金价核算，电局并公司均当允照办理。

第七条

除此合同第一条内指明各国外，其中国与他国往来电报由公司之水线传递者，电局允用法郎克定一律之本线报价，此价不得高于该项电报由中国别条线路之已定或以后再定之通折本线报费。

第八条

第一节，电局并公司于上海、福州、厦门、香港四处互相往来各报，价须一律。

第二节，凡有该四处互相往来电报交到电局或公司，均应随时收递，所收之费照以下分派：电局得上海、福州、厦门三处互相来往之报费，公司得香港与上海、福州、厦门往来之报费。

第三节，外洋电报，除此合同第二条内指明外，经过以上四局者，各归各收，不在三公司公款之内，但允收一律之报价。

第九条

第一节，电局并公司应将此合同第二、八两条内指明各报，在电局、公司交涉各局妥为登册。

第二节，电局在公司之上海、福州、厦门、香港四局各派一司事，公司在电局已设并以后接线之处各派一司事，随时可以进局，俾得稽查清册、清单、账簿，务尽照此合同主意办理。

第三节，电局所派之司事，公司须先允准，公司所派之司事，电局须先允准，方能定夺。如有不合，彼此随时可请撤调。

第四节，公司所派之司事，均须在本籍注册内添写本人名氏，并须遵照中国之律例以及中国与各国所订之条约。倘有不测等事，与电局无涉。

第五节，所派司事须听本局总办命令，其薪水、川资等费均由各该主人发给。

第十条

第一节，电局与公司来往各报，并此合同第二、八两条内所定三分，均于每月底在上海结算。其找款，于结账之月后六礼拜内，在沪付清。

第二节，电局与公司交涉各局之月结清单，照此合同第九条，由局并公司所派之司事签字。倘公司无司事在局，即由电局委员代签，电知上海，登入总账，由上海结算。俟该清单并另钞报底寄到上海后，可以随时复核。

第三节，月分照西历。

第四节，结算并付账各报，作为二等公务，不给报费。

第十一条

第一节，此合同后另附价目表，一俟合同订妥，照此合同第二、八两条内指明各报电局并公司即照所开之价收费。所收之费，即照合订之价核算。一切账务并三公司分派之款，并照此合定之价结算。

第二节，所有价目表内指明各条，电局并公司须先函商，彼此允后，方可更动，以便照此合同条款办理。

第十二条

电局与公司来往电报，悉照万国电报公例内公务章程办理。凡于取巧、转报并有意误会章程诸事，于彼此有损无益者，彼此尤为尽力阻止。

第十三条

查有数等官报并新闻报馆之报，由此合同第一条第一、三、五节并第八条内指明之线路传递。电局并公司因定有条款，彼此允照此合同第十一条内指明之价单收费，各将于总价内所得之费归入三公司公款之内，并照此合同第二、八两条分派。

第十四条

第一节，此合同或全，或一条，或数条，断不能抵押，或出售，或让与他人。设或亏空，其债主或他人，不论何法，万不能夺之。

第二节，此合同内各条之意，电局并公司或有解法不同者，应由核准此合同之各国家或驻中国京城之各大臣公断。

第十五条

公司之线路，除电局允准外，不得再在中国界内推广。但电局与两公司已订各合同，除因此合同更动外，其余一概照旧，年期亦展照此合同一律，即一千八百八十三年五月十九号电局与大北公司所订之合同，一千八百八十三年三月三十一号、一千八百八十三年五月七号、一千八百八十四年正月二十一号、一千八百八十四年十月十七号电局与大东公司所订之合同。

第十六条

第一节，此合同应由总理各国事务衙门大臣，英国、丹国、俄国驻京大臣核准。

第二节，此合同即于核准后之次月一号起，至一千九百十年十二月三十一号为止，期满后，仍照旧办理。倘欲更改或停止，彼此须在六个月前关照。此合同于光绪二十二年六月初一日，即西历一千八百九十六年七月十一号，在上海缮就华、英、法三国文字各三分，校对无讹。

附本合同第十一条内所指定之价目表平常四等商报费

一、中国各处并香港与欧洲俄国不在其内来往各报，由此合同第一条第一节内指明之线路传递者，每字八法郎克半，合定英洋二元七角五分，须外加欧洲过去报费。再，此八法郎克半，即于一千八百九十六年在布德沛史地方万国电报公会核定价目之日起，改为七法郎克。

二、第五条内指明过线费，每字五法郎克。此价须照电局与他电报公司所定合同内合定之价算法。

三、此合同第八条上海、福州、厦门、香港来往报价列左：

甲：上海、香港，每字英洋四角。

乙：上海或香港至厦门或福州，并厦门至福州，每字英洋两角。

丙：甲、乙内指明之报，如系真正华报，减半收费。如何为真正华报，由电局与公司随时商定。

平常四等商报每字报费应归入公款数目

一、由此合同第一条第一节指明之线路，每字五法郎克，照八法郎克半合洋二元七角五分。

二、由此合同第一条第三节如下：

甲、由水线传递，五法郎克，照八法郎克半合洋二元七角五分。

乙、由边界之旱线，五法郎〈克〉，照电局所订接线合同合定之价收费。

三、由水线公司之西贡至茅缅，二法郎克四十二生丁，照八法郎克半合洋二元七角五分。

四、中国与欧洲俄国不在其内并美国经过欧洲以及欧洲过去诸国来往各中国官报，经过两公司之亚西亚水线者，减半收费。此报费不论由何条线路传递，不在三公司之内，亦不在合同第二条所规定分派之内。

五、英、法两国官报，查照此合同第二条，由大东公司之水线传递者，减半收费，即照寻常半价归入三公司公款之内。

六、法国官报，查照此合同第二条，由古本海根大北公司之水线传递者，概不收费，亦无费归入三公司公款之内。

七、公司在中国各局与欧洲俄国不在其内来往各新闻报馆各报，由大东公司之水线传递者，将该公司所得之费统归入三公司公款之内，现在订定每字收一法郎克八十二生丁五，每法郎克合定英洋四角。倘电局与古本海根之大北公司亦允该项新闻报馆之报减费传递，亦应将所得实在之费归入三公司公款之内。

八、此合同第一条第一节所指之总价八法郎克半减为七法郎克，其应入三公司之款须同时更改，仍照现在价目表所定之法办理。

特减报费各项电报

一、香港与上海、福州、厦门往来各中国官报，由电局之旱线传递，不在此合同第八条指明分派之内，则中国各处来往各官报，经过两公司之上海、福州、厦门、香港四处水线者，减半收费。

二、上海、福州、香港来往英国官报，由大东公司之水线传递者，减收半费。

三、上海、厦门、香港来往法国官报，由大北公司之水线传递者，免费。

四、上海、福州、厦门、香港来往日本国官报，由两公司之水线传递者，减半收费。

五、上海与香港来往各新闻报馆电报，由两公司之水线传递者，减半收费。

六、中国官报及中国各部院衙门、总理衙门、海军衙门、各省督抚、水陆总统、出使大臣、参赞、领事等官各报，须本官印信。

七、其余各官报，在此价目表内注明者，照万国电报公例内公务章程办理。

合定之价

除此合同价目表内注明各报费核定全价外，其余各报随时核定。现在核定每法郎克合英洋四角正。

光绪二十二年六月初一日。西历一千八百九十六年七月十一日。

全权大臣张荫桓奏日本商约删驳请即定议画押折

附日本商约原送条款并改定条款各一件

全权大臣·户部左侍郎张荫桓奏，为日本商约删驳，请即定议画押，谨将原送条款、及改定条款、暨与日使林董往来说帖分缮三单，敬呈御览事。

窃日本商约四十款，前与该使驳删九款，驳改七款，于国体、利权均关紧要，于三月十一日缕陈在案。嗣复屡次会议，凡应再商者迭加折辩。该使不得已请命政府，旋于四月二十六日备具说帖，附送约稿，意将取决此稿，否则罢论。臣详核此稿，前后遵删十一款，遵改二十款，余九款皆泰西各国通行者，而将制造货税剔开。其说帖云：机器制造货税拟于新约内一提，一俟起有专案，即按马关约应如何译解办理。马关约字句辞意迟早总须讲解，候案另商，于中国无碍。若以抽税一层，与此约合办，则商约难成，必至罢议等语。非如去年初议直谓制造货税无须完纳，无可商论，机局稍异。臣复予说帖历叙马关约无免税明文，仍嘉其和衷，隐以设法抵制，该使并未驳回。五月十七日会议亦未驳论。此后中国自定制造税章，该国当不能置喙也。现在凡非理要求之款删驳净尽。即减税、免税货物三十一种，该国所最注意者，亦经删去，但日本参改照美国参纳税而已。制造货税，该使以并入新约，必至罢议，其词甚决。盖马关约载：商约未定以前，日本通商行船，悉照中国相待最优之国人民一律礼遇护视等语。罢议于彼无损，我则不能设立领事，寓日侨氓无所依托，且须按年贴给兵费，威海日虽偿款给讫亦无撤退之期。该使屡以罢议为言者，此也。臣奉命之初，曾将此约为难情形具折上陈，早邀圣明洞鉴。现该使遵删遵驳至三十一款之多，减税、免税各货不在〔再〕要索，惟将制造税剔开另议。臣查，制造一节关系最重，已由总理衙门奏定制造货税值百抽十，华洋一律，正系另筹箝束，以保利权。现已预定税章，以后办法自有依据。该使初欲只完内地值百抽三税，臣坚不许，故该使此次约稿，凡涉制造字样一概删去。就现在所存各款，核与臣正月所奏不合于泰西各国成约以外别有要求，似尚符合。此皆仰秉宸谟，力与磋磨，不敢畏难迁就，往复数月，约已渐次就范。臣之初念尚不及此。现在应否即与定议画押，抑或敕下军机处、总理衙门王大臣详加核议，以昭慎重之处？伏候圣裁。谨奏。

光绪二十二年六月初六日奉朱批：依议。

照录日本商约原送条款

日本商约原送条款计四十条，所有应删、应改、应准之处，于每款下分晰注明。

第一款　大清国大皇帝陛下与大日本国大皇帝陛下，及两国臣民，均永远和好，友谊敦睦。

谨查：此款但说和好敦睦，未与两国人民如何保护，究嫌空泛，应驳改。

第二款　大日本国大皇帝陛下可任便派一秉权大员驻扎中国北京，大清国大皇帝陛下可任便派一秉权大员驻扎日本国东京。大日本国大皇帝所派驻扎中国北京大员，准其携带眷属、随员，常行居住。

第三款　两国所派秉权大员，应照各国公法，得享一切权利并优例及应豁免利益，均照相待最优之国所派相等大员一体接待享受。其本员及眷属、随员人等，并公署、住处及往来书信等件，均不得侵犯擅动。凡欲选用员役、使丁、通译人及仆婢、随从等，均准随意雇募，毫无阻挡。

谨查：第二款只日本使臣可以携眷，中国使臣无此权利，其实第三款已有眷属字样，日本初议不肯两国一律，旋举第三款诘之，彼亦无词，遂将第二、第三款驳合一款。

第四款　大日本国大皇帝陛下酌看日本国商务情形，设立总领事、领事、副领事及代理领事，得住中国已开及以后约开通商各口岸城镇。各领事等官，中国官员应以相当礼貌接待，并各员应得分位、职权、裁判管辖权及优例、除免利益，均照现时或日后相待最优之国相等之官一律享受。

谨查：此款专言日本可在中国设立领事，而于中国可在日本设立领事全未提及，应驳改。至领事管辖审判本国人民案件之权，各国现于日本立约均已让去，该使允我设领事，惟将此节标明，期与旧式有别，合并声明。

第五款　日本所派秉权大员及领事等官与中国官员照会、公文概用日本文，中国官员与日本官员照会、公文概用汉文。

谨查：各国公牍均用汉文，独日本拟用东文，与体裁不合，应删除。

第六款　日本臣民准带家属、员役、仆婢等，在中国已开及日后约开通商口岸城镇，来往、居住、贸易、从事商业、工艺制作及别样事业，如于条约不相违背，均可照行。又准其于通商各口岸城镇任意往返，随带货物、家具，无论水陆装运，或用自备车船，或用价雇车船，均听其便。凡通商各口岸城镇，无论现在已定及将来所定外国人居住地界之内，均准买卖、租赁房屋、地亩，并盖造教堂、坟墓、医院。至一切应享优例豁除利益，均照各租界向章与优待各国之例，一律无异。

谨查：日本事业太杂，设有别项事业一句，容易影射。又各国在通商口岸止准租地，不准买地，原稿均准买卖、租赁房屋、地亩等语，亦属含混，应驳改。

第七款　中国沿江各处所有现在已准停泊之港，及将来所准停泊之港，均准日本船卸载货物、客商。

谨查：长江通商章程及烟台条款，沿江各处准轮船停泊之港上下货物、客商，皆用民船起卸，仍照内地定章办理。此款所载与现行约章不符，且未标明各约所准地名及违章私往作何办理，应驳改。

第八款　日本臣民准听持照前往中国内地各处游历、贸易。执照由日本领事发给，由中国地方官盖印。经过地方如饬交出执照，应随时呈验，无讹放行。所有雇用车船、人夫、牲口，装运行李、货物，不得拦阻。如查无执照，或有不法情事，就近送交领事官惩办，不可凌虐。执照自发给之日起，以华十三个月为限。若无执照进内地者，罚银不过三百两之数。惟在通商各口岸有出外游玩，地不过华百里，期不过五日者，无庸请照。

谨查：送交领事官惩办，设沿途无权拘管，恐成具文，又船上水手向与客商有别，应驳改。

第九款　日本臣民在中国如遭欺凌扰害，应由中国官加意保护，令其身家安全。设有放火焚烧房屋及抢掠毁坏物件者，地方官立即设法查追，随时弹压，并将焚抢匪徒拿获惩办。

谨查：此款虽各国条约所有，究于中国声望有损，应删除。

第十款　日本臣民所有各种财产物件，在中国地方，中国官民必须重视，不得擅动。至日本船只，中国官员不得藉词封禁，亦不论公用、私用，均不得擅自强取。

谨查：中国官民安有擅动洋人财产及强取洋人船只之事？此款要求无理，应删除。

第十一款　日本臣民在中国通商各口岸可雇用中国人民，办理合例事务，中国政府及官吏不得阻碍禁止。

谨查：此款与各国条约相符，应照准。

第十二款　日本臣民任从自雇船只，剥运货客，不论何项船只，雇价银两听其与船户自议，中国政府官吏无庸干涉。其船不得限定只数，并不准船户、挑夫及各色人等把持包揽运送等情。

谨查：此款与各国条约相符，原可照准，惟藉端走漏，不可不防，应驳改。

第十三款　本约计附税则甲、乙二件：甲为进口各货，凡日本国民臣〔臣民〕运进中国口，或他国商民由日本运进中国，均照此办理。乙为出口各货，凡日本国臣民由中国运出口，或他国商民由中国运往日本者，均照此办理。如有货物未列所附税则章程之内者，日本国臣民运进中国口，及他国商民由日本运进中国，或日本国臣民运出中国口，及他国商民由中国运往日本者，均照中国与泰西各国现行各税则办理。凡货物于本约所附税则之内，及中国与泰西各国现行各税则之内，并无限制禁止明文者，亦准照运。其运进中国口者，只输进口税。其运出中国口者，只输出口税。至日本国臣民所输进、出口税，比中国臣民及相待最优之国臣民所输之数不得加多，并增设别项名目。又凡货物由日本运进中国，或由中国运往日本，其进、出口税，亦比相待最优之国现时及日后所输进、出口税不得加多，并增设别项名目。

谨查：原稿所附税则，进出口货二十三种，所拟税数均照现行税则减纳，又日本瓷器、陶器、各种酒、烟草、烟卷、罐装鱼及中国蚕茧、生绵、净绵等竟要免税，所损甚巨，应驳改。并将所附甲、乙税则驳除。惟日本参准照美国参税则办理，另备照会存案，合并声明。

第十四条　凡日本臣民或他国臣民由日本照章装货运入中国，并日本臣民在中国制造该货，在外国人租界之内，或由此租界运至彼租界，无论由水路、陆路运送，所有税赋、钞课、厘金、杂派各项，一概豁免。至该货主及运货者，不论何国之人，亦不论运货船只、车辆是何国人，均豁除一概杂项。

谨查：此租界、彼租界究竟同一口岸，抑非同一口岸？语欠明晰？又归辽约内载明陆路通商作为罢论，则此约含有陆路字样，应驳改。

第十五款　以上第十四款所列各货物，若系应纳税者，按照进口税五分之三输纳内地过境税。又凡免税货物并日本商民在中国制造之货，按照货物价值，每百抽三输纳。无论货主与经手系何国人，该货在中国何处地方，所有赋税、钞课、厘金、杂派各项，无论国家官员、私民、公司、社会各名目赋课若何，均当豁除。所有金、银、各种洋钱及自用物件，系属日本臣民者，在中国各处，一概免除各项杂税。惟运进鸦片不在此条之内。

谨查：制造货应征离厂正税，岂能仅以运入内地值百抽三了事？该使现拟将制造货税随后另议，所附税则既经删去，自不合再提。十四款所列货物，应驳改。

第十六款　日本臣民与中国通商各口岸之外购买中国货物、土产，欲运出者，如系应完税之货，俟于出口时，照则完出口正税，必先完子口半税，如系应免税之货，照原价每百抽二五完纳。自后不论在中国何处，所有赋税、钞课、厘金、杂派各项，一概豁除。惟自完子口税之日起，限十八个月内，装运出口。又日本臣民在中国通商各口岸内购买中国货物、土产，不运往内地者，所有内地税赋、钞课、厘金、杂派各项，一概豁除。如运出口，止完出口正税。又日本臣民在中国各处制造货物，或购买货物，以备出口，准由此通商口岸运到彼通商口岸，无论水、陆装运，均无庸完纳复进口半税，并税赋、钞课、厘金、杂派各项，不拘如何装运，一概豁除。

谨查：洋商在各通商口购买土货，并无复进内地之例。且土货出口向只一年限期，所称十八个月内出口亦太宽泛，尤须声明运往外国，应驳改。

第十七款　日本船可装载中国货物、土产，由此通商口岸到彼通商口岸，或运至沿江可停泊之港，以便在本地销售。该货知〔如〕系应完税之货，只完复进口半税。如系应免税之货，只完每百抽二五之税。其货如运载时，所有出口、进口及各项杂税，一概豁除。

谨查：洋商运土货在本地销售，流弊滋大，应删除。

第十八款　此约未行以前，中国政府将中国厘卡若干处所、设何处地方、并例定厘金章程告知日本驻北京秉权大臣，以后如有更改，应随时立即知照。

谨查：厘金系中国内政，厘局章程、厘卡处所，日本安得过问？应删除。

第十九款　凡中国官员以中国国家之名征收日本臣民及货物、船只税赋、钞课、厘金、杂派各项，惟中国国家是问！若查出系违例征收，或照条约所定税则加征等情，中国国家立即将不应征及浮收之款交还。

谨查：此款词气傲慢，隐以贪黩相待，应删除。

第二十款　凡货物如实系洋货，已完进口税后，自进口之日起，限三年内，不论何时，准日本臣民复运出口，俾往外国，毋庸再纳出口税。惟复运出口之货须实系原包原货，并未拆动抽换，准将已完之进口税由海关给发收税存票付执。如该臣民愿持票赴关领取现银者，听。

谨查：此款与各国条约相符，应照准。

第二十一款　中国国家在通商各口岸设立关栈或栈棚，其一切章程即由两国从速议定。

谨查：栈棚字样太新，且关栈章程无须与日本议订，应驳改。

第二十二款　日本商船进中国通商各口，应纳船钞。一百五十吨以上者，每吨纳钞银四钱，一百五十吨及以下者，每吨纳钞银一钱。如该船未经开舱欲行他往，限四十八点钟之内出口，不纳船钞。如已纳船钞之船，自领出口红票之日起，限四个月之内，可往通商各口及可停泊之港，毋庸再纳船钞。凡日本商船在中国修理之时，亦毋庸纳船钞。又日本臣民使用各种小船，装运客商行李、书信，并一切已完税之货，及应免税之货，往来通商各口及可停泊之港，均毋庸纳船钞。惟各种小船及货艇等运往货物，其货于运载时，应输税课者，该船须按四个月纳船钞一次，每吨纳银一钱。所有日本大小船只，除纳船钞外，并无别项规费。至所纳船钞，不得过于华船及最优之国各船所纳之数。日本臣民、公司等设立常行轮船来往中国通商各口，如已纳船钞之船，未满期限，准以他船替代，期内免纳船钞。但替代之船吨数多寡如与原船不符，须于初次进口时查明核算办理。

谨查：各国通商行船条约向无与主国人民船货比拟者，稿内华船字样太侵越。至纳钞之船未满期限以他船替代，适形纤小，且多窒碍，应驳改。

第二十三款　日本商船进中国各口，听其雇觅引水之人。完清应纳税项之后，亦听雇觅引水之人带领出口。

谨查：此款与各国条约相符，应照准。

第二十四款　日本商船遇有损坏或别项事故致逼觅避难之处，不论中国何处，准其驶进附近各口暂泊，无庸纳船钞。其船因修理起卸货物，报归海关委员查察，则无庸纳税。凡日本船在中国沿海地方碰坏搁浅，中国官员须立即设法救护搭客及船上一切人等，并照料船货。所救之人当加意看待，并随时察看情形，有须设法护送者，即妥送就近领事官查收。

谨查：日本只知恤商，而于中国商船绝不肯相提并论。中、日邻近，设中国商船或因遭风遇险，驶避日本，将何处置？应驳改。

第二十五条〔款〕　中国通商各口官员，凡有严防偷漏之法，准其相度机宜，设法办理。惟于本条约各款，并现时及将来两国所定章程，毋得违背。

谨查：严防偷漏，中国随宜设法，何至违背条约、章程？著此数语，既碍中国自主之权，且于相度机宜、设法办理词意矛盾，准字亦太倨，应驳改。

第二十六款　日本船只被中国强盗、海贼抢劫者，中国官员即应设法将匪徒拿办追赃。

谨查：此款与各国条约相符，应照准。

第二十七款　日本师船巡游海面，为保护商民起见，或因捕盗，准其驶入中国海口。一切买取食物、甜水、修理船只，地方官妥为照料。船上管带官与中国官员平行礼貌相待。所有船钞及一切税项概行豁除。

谨查：此款各国条约所有，惟当于巡游海面字下增别无他意四字。又师船本不装货，所有船钞及一切税项等语应节去，以免影射。究以全款删去为净。

第二十八款　日本在中国之人民及其所有财产物件专归日本妥派官吏管辖，凡日本人控告日本人，或被别国控告，均归日本妥派官吏讯断，与中国官员无涉。

谨查：此款与各条约相符，应照准。

第二十九款　凡中国官员或人民控告在中国之日本人民负欠钱债等项，或争在中国财产物件等事，归日本官员讯断。凡在中国之日本官员或人民控告中国人民负欠钱债等项，或争中国人之财产物件等事，归中国官员讯断。

谨查：此款与各国条约相符，应照准。

第三十款　凡日本臣民被控在中国犯法，归日本官员审理。如果审出真罪，依照日本法律惩办。中国臣民被日本人在中国控告犯法，归中国官员审理。如果审出真罪，依照中国法律惩办。

谨查：此款与各国条约相符，应照准。

第三十一款　凡有与本条约并现时及将来两国所定章程违背者，或应罚款，或应将物件充公，案归日本官员判断。惟所罚之款、充公之物件，应归中国收办。

谨查：罚款、充公物件应归中国自办，既归中国自办，断无归领事官判断之理，应删除。

第三十二条款　中国人有欠日本人债务不偿或诡诈逃避者，中国官务须严拿追缴。日本人有欠中国人债务不偿或诡诈逃避者，日本官亦应一体办理。

谨查：此款与各国条约相符，应照准。

第三十三条　日本人犯罪及逃亡负债者，潜往中国内地，或潜匿中国臣民房屋或船上，一经日本领事官照请，即将该犯交出。中国犯罪人及逃亡负债者，潜匿在中国之日本臣民所住房屋，或中国水面日本船上，一经中国官查明，照会日本领事，即将该犯交出。

谨查：中国与日本并无互交逃犯条约，日本不肯将中国罪犯逃至日本国内者交出，中国自未便允交由日本逃来之犯，应驳改。至互交逃犯一节，须订专约，已与该使商明，由总理衙门另行办理。

第三十四款　凡日本国家及官员、商民并财产物件等，在中国遇有办理案件讼事，一切均照相待最优之国一律无异。

第三十五款　日本商民所有事件，如进口、出口、引水、泊船、起卸、船邮便及拨货过船，后①出口、沿海运货、内地运货、沿海贸易、惟〔堆〕栈、官赏存票回票、一切税关条规，便宜征进口税、征出口税，复进口税、内地税、船钞，日本臣民及船只、日本进口货、出口货，不论日本船装运，或他国船装运，系由日本运，或运往日本者，均照中国臣民、中国船、中国货并相待最优之国臣民及船与货一律相待。至应得优例、豁除利益，一体享受。

第三十六款　大清国大皇帝现时或将来给予他国国家、官员、船货、人民特恩、旷典、优例、豁除利益等事，日本国家、官员、船货、人民一律同获其美。

谨查：三十四、三十五两款太繁冗拖沓，兹与驳论，连第三十六款一并删除，酌照英约另拟一款。

第二〔三〕十七款　此次所定税则，及此约内关涉通商条约，日后如有一国再欲重修，由换约之日起，以十年为限，期满，须于六个月之内知照，酌量更改。若两国彼此均未声明更改，则条款税则仍照前办理，复俟十年再行更改，以后均照此限此式办理。

---

① 据王芸生编著《六十年来中国与日本》第3卷，（生活读书新知三联书店，1980年，第147－148页），此处为“复”字。

谨查：此款与各国条约相符，应照准。

第三十八款　今两国欲照此次所立条约遵行，须迅速商定各条并通商章程。惟于各条及章程未定以前，应照中国现与泰西各国所立章程规条与此约不相违背者，两国一律遵办。

谨查：制造货税须另议通商章程，自无庸亟订，应驳改。

第三十九款　本条约缮写汉文、日本文，署名为定。惟防以后有所辩论，两国全权大臣增译英文各一分，将来汉文、日本文有参差不符，均以英文为准。

谨查：此款既以英文为备将来辩论，彼此署名应并及英文，应酌改。

第四十款　本条约于　年　月　日，即西历　年　月　日批准，于　年　月　日，即西历　年　月　日互换。①

谨查：批准互换，无须订明月日。该使欲在日本东京互换，以期迅速。惟中国与别国立约，在中国议订者，向在北京互换，应驳改。

谨查：以上条约，日本原稿四十款，计删去第五、第九、第十、第十七、第十八、第十九、第二十七、第三十一、第三十四、第三十五、第三十六，共删去十一款；驳改第一、第二、第三、第四、第五、第七、第八、第十二、第十三、第十四、第十五、第十六、第二十一、第二十二、第二十四、第二十五、第三十三、第三十八、第三十九、第四十，共驳改二十款；照准第十一、第二十、第二十三、第二十六、第二十八、第二十九、第三十、第三十二、第三十七，共照准九款。合并声明。

日本商约改定条约

改定条约计二十九款

第一款　原稿第一款改：

大清国大皇帝陛下与大日本国大皇帝陛下，及两国臣民，均永远和好，友谊敦睦。彼此臣民侨居，其身家、财产皆全获保护，无所稍缺。

第二款　原稿第二、第三款驳合：

大日本国大皇帝陛下可任便派一秉权大臣驻扎中国北京，大清国大皇帝陛下可任便派一秉权大臣驻扎日本国东京。两国所派秉权大员，应照各国公法，得享一切权利并优例及应豁免利益，均照相待最优之国所派相等大员一体相待享受。其本员及眷属、随员人等，并公署、住处及来往公文、书信等件，均不得扰犯擅动。凡欲选用员役、使丁、通译人及仆婢、随从等，均准随意雇募，毫无阻挡。

第三款　原稿第四款改：

大日本国大皇帝陛下酌视日本国利益相关情形，可设立总领事、领事、副领事及代

① 原文如此。

理领事，驻扎中国已开及日后约开通商口岸城镇。各领事等官，中国官员应以相当礼貌接待。并各员应得分位、职权、裁判管辖权及优例、豁免利益，均照现时或日后相待最优之国相等之官一律享受。大清国大皇帝陛下亦可设立总领事、领事、副领事及代理领事，驻扎日本国现准及日后准别国领事驻扎之处。除管辖在日本之中国人民及财产归日本衙署审判外，各领事等官应得权利及优待悉照通例给予相等之官一律享受。

第四款　原稿第六款改：

日本臣民准带家属、员役、仆婢等，在中国已开及日后约开通商各口岸城镇，来往、居住、从事商业、工艺制作及别项合例事业。又准其于通商各口任意往返，随带货物、家具。凡通商各口岸城镇，无论现在已定及将来所定外国人居住地界之内，均准赁卖房屋，租地起造礼拜堂、医院、坟茔，其一切优例、豁除利益，均照现在及将来给予最优待之国臣民一律无异。

第五款　原稿第七款改：

中国现已准作停泊之港，如安庆、大通、湖口、武穴、陆溪口、吴淞等处，及将来所准停泊之港，均准日本船卸载货物、客商，悉照现行各国通商章程办理。如日本船违章到中国别口，非系准停泊之港，亦非准通商口岸，或在沿海、沿江各处地方私做买卖，即将船货一并由中国罚充入官。

第六款　原稿第八款改：

日本臣民准听持照前往中国内地各处游历、通商。执照由日本领事发给，由中国地方官盖印。经过地方如饬交出执照，应随时呈验，无讹放行。所有雇用车船、人夫、牲口，装运行李、货物，不得拦阻。如查无执照，或有不法情事，就近送交领事官惩办，沿途止可拘禁，不可凌虐。执照自发给之日起，以华十三个月为限。若无执照进内地者，罚银不过三百两之数。惟在通商各口岸有出外游玩，地不过华百里、期不过五日者，无庸请照。船上水手人不在此例。

第七款　原稿第十一款照准：

日本臣民在中国通商各口岸可雇用中国人民，办理合例事务，中国政府官吏不得阻碍禁止。

第八款　原稿第十二款改：

日本臣民任从自雇船只，剥运货客，不论何项船只，雇价银两听其与船户自议，中国政府官吏均无庸干涉。其船不得限定只数，并不准船户、挑夫及各色人等把持包揽运送等情。倘有走私漏税情弊查出，该犯自应照例惩办。

第九款　原稿第十三款改：

凡各货物日本臣民运进中国或由日本运进中国者，又日本臣民由中国运出口或由中国运往日本者，均照中国与泰西各国现行各税则及税则章程办理。凡货物于中国与泰西各国现行税则及税则章程之内并无限制禁止进出口明文，亦准任便照运。其运进中国口者，只输进口税；运出中国口者，只输出口税。至日本臣民在中国所输进、出口税，比相待最优之国臣民，不得加多，或有殊异。又凡货物由日本运进中国或由中国运往日本，其进、出口税，亦比相待最优之国人民运进、出口相同货物，现时及日后所输进、出口税，不得加多，或有殊异。

第十款　原稿第十四款改：

凡货物照章系日本臣民运进中国或由日本运进中国，在中国照现行章程由此通商口运至彼通商口时，不论货主及运货者系何国之人，不论运［机器］〈货〉船只系属何国，所有税赋、钞课、厘金、杂派各项一概豁免。

第十一款　原稿第十五款改：

日本臣民有欲将照章入中国之货进售内地，倘愿一次纳税，以免各子口征收者，则听自便。如系应完税之货，应照进口税一半输纳。如系免税之货，则按值每百两征收二两五钱。输纳时，领取票据。执持此票，内地各征一概豁免。惟运进鸦片烟不在此条之内。

第十二款　原稿第十六款改：

日本臣民于中国通商各口岸之外，购买中国土产，为运出外洋者，除出口时完出口正税外，如照以上第十一款所列数目，照出口税则核算，完纳子口税，以抵各子口税项。此后不论在中国何处，所有税赋、钞课、厘金、杂派一概豁免。惟完子口税之日起，限十二个月内运往外国。又日本臣民在通商各口岸购买中国货物、土产，非系禁运出外洋之物，运出口时，只完出口正税，所有内地税赋、钞课、厘金、杂派一概豁免。又日本臣民在中国各处购买货物，以备出外洋，准由此通商口岸运到彼通商口岸，惟应照现行章程条规办理。

第十三款　原稿第二十款照准：

凡货物如实系洋货，已完进口税后，自进口之日起，限三年内，不论何时，准日本臣民复运出口，俾往外国，毋庸再纳出口税。惟复运出口之货须实系原包原货，并未拆动抽换，准将已完之进口税由海关给发收税存票付执。如该臣民愿持票赴关领取现银者，听。

第十四款　原稿第二十一款改：

中国国家允在通商口岸设立关栈，所有章程日后再定。

第十五款　原稿第二十五〔二〕款改：

日本商船进中国通商各口，应纳船钞。按注册吨数，在一百五十吨以上者，每吨纳船钞银四钱；一百五十吨及以下者，每吨纳钞银一钱。如该船进口后未经开舱欲行他往，限四十八点钟之内出口，不纳船钞。如已纳船钞之船，自领出口红票之日起，限四个月之内，可往中国通商各口及准停泊之港，毋庸纳船钞。凡日本商船在中国修理之时，亦毋庸纳船钞。又日本臣民使用各种小船，装运客商行李、书信及应免税之货，往来中国通商各口，均毋庸纳船钞，惟各种小船及货艇等运往货物，其货于运载时应输税课者，该船须按四个月纳船钞一次，每吨纳银一钱。所有日本大小船只，除纳船钞外，并无别项规费。至所纳船钞，不得过于最优之国各船所纳之数。

第十六款　原稿第二十三款改：

日本商船进中国通商各口，听其雇觅引水之人。完清应纳税项之后，亦听雇觅引水之人带领出口。

第十七款　原稿第二十四款改：

日本商船遇有损坏或别项事故，致逼觅避难之处，不论中国何处，准其驶进附近各口暂泊，毋庸纳船钞。其船因修理起卸货物，报归海关委员查看，则毋庸纳税。凡日本船在中国沿海地方碰坏搁浅，中国官员须立即设法救护搭客及上船〔船上〕一切人等，并照料船货。所救之人当加意看待，并随时察看情形，有须设法护送者，即妥送就近领事官查收。如中国商船遇有损坏或别项事故，逼入日本附近海口暂避，日本官员亦照以上所载一律办理。

第十八款　原稿第二十五款改：

中国通商各口官员，凡有严防偷漏之法，任凭相度机宜，设法办理。

第十九款　原稿第二十六款照准：

日本船只被中国强盗、海贼抢劫者，中国官员即应设法将匪徒拿办追赃。

第二十款　原稿第二十八款照准：

日本在中国之人民及其所有财产物件，专归日本妥派官吏管辖。凡日本人控告日本人，或被别国控告，均归日本妥派官吏讯断，与中国官员无涉。

第二十一款　原稿第二十九款照准：

凡中国官员、人民控告在中国之日本臣民负欠钱债等项，或争在中国财产物件等事，归日本官讯断。凡在中国日本官员或人民控告中国臣民负欠钱债等项，或争中国人之财产物件等事，归中国官员讯断。

第二十二款　原稿第三十款照准：

凡日本臣民被控告在中国犯法，归日本官员审理，如果审出真罪，依照日本法律惩办。中国臣民被日本在中国控告犯法，归中国官员审理，如果审出真罪，依照中国法律惩办。

第二十三款　原稿第三十二款照准：

中国人有欠日本人债务不偿或诡诈逃避者，中国官务须严拿追缴。日本人有欠中国人债务不偿或诡诈逃避者，日本官亦应一体办理。

第二十四款　原稿第三十三款改：

日本人在中国犯罪或逃亡负债者，潜往中国内地，或潜匿中国臣民房〈屋〉或船上，一经日本领事照请，即将该犯交出。中国人在中国犯罪或逃亡负债者，潜匿在中国之日本臣民所住房屋，或中国水面日本船上，一经中国官照请，日本官即将该犯交出。

第二十五款　原稿三十四、三十五、三十六三款删去另拟：

按照中国与日本现行各约章，日本国家及臣民应得优例、豁除利益，今特申明，存之勿失。又大清国大皇帝陛下已经或将来如有给予别国国家或臣民优例、豁除利益，日本国家及臣民亦一律享受。

第二十六款　原稿第三十七款照准：

此次所定税则及此约内关涉通商各条款，日后如有一国再欲重修，由换约之日起，以十年为限，期满后，须于六个月之内知照，酌量更改。若两国彼此均未声明更改，则条款、税则仍照前办理，复俟十年再行更改，以后均照此限此式办理。

第二十七款　原稿第三十八款改：

今两国欲照此次所订条约遵行，须商定通商章程条规。惟于未定以前，应照中国与泰西各国现行章程条规与此条所订不相违背者，两国一律遵办。

第二十八款　原稿第三十九款改：

本条约缮写汉文、日本文、英文，署名为定。惟防以后有所辩论，两国全权大臣订明，如将来汉文、日本文有参差不符，均以英文为准。

第二十九款　原稿第四十款改：

本条约两国大皇帝批准后，在北京迅速互换。其互换日期，由本日署名起，至迟不逾三个月。

为此，两国全权大臣署名盖印，以昭信守。

光绪二十二年六月十一日。明治二十九年七月二十一日。

全权大臣张荫桓奏日使请缓议制造货税尚无窒碍拟随时商订片

张荫桓片。

再，通商章程，该使本欲与条约同时议订，胪列货色，拟如英、法之式，附载约后，嗣乃请缓。想因约款内已将制造货税剔出，故欲留此为他日另议地步。查现在减税之款悉已删去，海关征税既仿照他国现行税则，通商亦暂照各国现行章程，于各口关章、税章均无窒碍，自无须亟亟于此。况通商章程本与条约有关，随时均可商订。且有仅订条约并无通商章程者，荷兰、日斯巴尼亚、秘鲁、巴西、葡萄牙诸国是也。臣改稿第二十七款，既经声明，章程未定以前，悉以现行各国章程条规办理，则章程之迟速、有无均无关紧要，自不妨准其从缓。谨奏。

光绪二十二年六月初六日。

清季外交史料卷一百二十一终

清季外交史料卷一百二十二

光绪二十二年六月下至八月[①]

专使李鸿章与俄外部大臣罗拔户部大臣微德订中俄密约　附专条

大清国大皇帝陛下，暨大俄国大皇帝陛下，因欲保守东方现在和局，不使日后别国再有侵占亚洲大地之事，决计订立御敌互相援助条约，是以：

大清国大皇帝特派大清国钦差头等全权大臣・太子太傅・文华殿大学士・一等肃毅伯爵・北洋大臣李鸿章，大俄国大皇帝特派大俄国钦差全权大臣・外部尚书・内阁大臣・上议院大臣・实任枢密院大臣・王爵罗拔诺甫，大俄国钦差全权大臣・户部尚书・内阁大臣・枢密院大臣微德，为全权大臣，即将全权文凭互换校阅，均属如式，立定条款如左：

计开：

第一款　日本国如侵占俄国亚洲东方土地，或中国土地，或朝鲜土地，即牵碍此约，应立即照约办理。如有此事，两国约明，应将所有水陆各军届时所能调遣者尽行派出，互相援助。至军火、粮食，亦尽力互相接济。

第二款　中、俄两国既经协力御敌，非由两国公商，一国不能独自与敌议立和约。

第三款　当开战时，如遇紧要之事，中国所有口岸均准俄国兵船驶入，如有所需，地方官应尽力帮助。

第四款　今俄国为将来转运俄兵御敌，并接济军火、粮食，以期妥速起见，中国国家允于中国黑龙江、吉林地方接造铁路，以达海参崴，惟此项接造铁路之事不得藉端侵占中国土地，亦不得有碍大清国大皇帝应有权利。其事可由中国国家交华俄银行承办经理。至合同条款，由中国驻俄使臣与银行就近商订。

第五款　俄国于第一款御敌时，可用第四款所开之铁路运兵、运粮、运械。平常无事，俄国亦可在此铁路运过境之兵粮。除因转运暂停外，不得借他故停留。

第六款　此约由第四款合同批准举行之日算起照办，以十五年为限。届期六个月以前，由两国再商办展限。

① 原刊目录还有“附四月一件”。

专条

两国全权大臣议定：本月〔日〕中、俄两国所订之约，应备汉文、法文约本两分，画押盖印为凭。所有汉文、法文校对无讹，遇有讲论，以法文为证。

光绪二十二年四月二十二日，俄历一千八百九十六年五月二十二日，订于莫斯科。

总署奏预筹朝鲜通商办法以存体制折

总理各国事务恭亲王奕䜣等奏，为预筹朝鲜通商办法，以存体制事。

窃臣衙门于本年六月初二日准北洋大臣王文韶函称：据委办朝鲜商务知府唐绍仪来禀，韩王欲与中国修约，拟派使赴京，请订约款，经唐守与朝鲜翻译官朴台荣辩驳等情，照录来禀，送呈察核。臣等检阅唐绍仪原禀，内称：初七日，韩王见其臣卞元圭，告以拟请中国订立约章，派充斯职，未识中国以为如何？次日即饬朴台荣向唐绍仪申说：韩为中属，历有可考，今逼为自主，实出无奈，想中朝必不过责。既废旧章，亦不可不修新约，未知中朝厚意何在？唐绍仪答以韩王现驻俄馆，究系俄宾，是无独立之权，何能派使？朴又云：韩拟贷俄巨款，并请俄兵来韩保护。倘俄兵一到，君立还宫，是时派使何如？唐绍仪答以他国兵士驻扎国都，即为他国保护之国。派使一节，亦为公法之所不许。如韩王径行派使，中国恐不以礼相待云云。朴台荣旋即告退。惟韩王派使意切，此次虽经驳阻，仍恐竟备国书，派使请修约款，假论公法，未可拒辞，预请鉴核等因。

臣等伏查，上年《马关条约》既经认明朝鲜为自立之国，倘其援照各国通例，径请派员修约，或竟介俄国驻使代为陈请，我似无辞拒绝。惟朝鲜久为我朝藩属，亦未便与泰西各国等量齐观，自应预筹办法，以便临时策应。臣等公同商酌，如果韩王必欲居自主之国，拟准商订通商章程，准设领事，不立条约，不遣使臣，不递国书，中国派总领事一员驻扎韩城，代办使事，以存属国之体。犹恐所筹未尽妥协，复经电商出使大臣大学士李鸿章，博访欧美成案，电复酌办。现准李鸿章复称：英、法、德驻韩皆系总领事，南美如秘鲁等小国，俄、奥、德亦派总领事。按公法，应由总署寄信凭于彼外署，不递国书。所拟准订通商章程，设总领事，正合等语。臣等所拟各节，既有欧美成案可循，自不致别滋异议。相应照录北洋大臣王文韶原函、唐绍仪原禀、并臣等与李鸿章往来电信，恭呈御览。如蒙俞允，俟将来朝鲜来请时，臣等即照此次所奏，据理答复。谨奏。

光绪二十二年六月十八日奉朱批：依议。

中俄陆路电约续订知照

查光绪十八年七月初四日所订中、俄陆路电约第九款，内因结算账目及征收电价所订银两行市与目下银两实价不合，以致两国与各国电报政结算往来各报账目时有所不便，是以大俄国、大清国允将该约第九款内所载改作如左：

所有按照原约七款内所列电则以金佛郎克征收电价并结算彼此账目，应用鹰圆，照银实价合算。为此，俄国电报政、中国电报局，按照西历，每年年底，应行查明银圆适中实价，合佛郎克若干数目，作为次年内在中国及香港中国各电报局征收电价以及结算账目应用，行平银每鹰圆百圆合行银七十两之准。

此章自俄历一千八百九十六年七月二十日开办。惟于一千八百九十六年在布大撇士特万国电会所订电则未举行之前，征收电价，结算账目，两国允以每八个佛郎克半订作鹰圆两圆七十五个先士。

光绪二十二年六月二十日，西历一千八百九十六年七月十八日，在北京立。

总署奏中法换约事竣折

总理各国事务恭亲王奕䜣等奏，为换约事竣，恭折具陈事。

窃臣衙门前因与法国使臣施阿兰互换光绪二十年三月二十二日通商条约、十三年五月初六日续议商务界务各专条、二十一年五月二十八日续议商务界务各专条附章，于光绪二十二年六月二十四日具奏，请旨特派大臣与之互换等因，本日奉朱批：着翁同龢互换。钦此。钦遵将约本三分恭请盖用御宝，臣即照会法国使臣施阿兰，于二十八日，在臣衙门互换。是日该使臣到臣衙门，将以上三次汉、洋文约本各三分彼此校阅，细对无讹，随即互换。除将所换各约本仍留臣衙门收藏，并分咨各省遵照办理外，所有中、法换约事竣缘由，理合恭折具陈，伏乞圣鉴。谨奏。

光绪二十二年七月初三日奉朱批：知道了。

查：此文所称续议商务界务各专条附章，已见光绪二十一年五月二十七日总署奏中法续议界约商约专条，请旨派员画押折内，即卷一百十四第三页以下也。

使英龚照瑗奏报与日使交收第二期兵费利息等款事竣折

出使英国大臣龚照瑗奏，为微臣与日本国使臣交收第二期兵费之半、又第二期兵费利息、暨威海卫守费等款事竣事。

窃臣于光绪二十二年三月十八日承准总理衙门电开：本月二十六日应交日本第二期款库平银五千万两，德款一半，在柏林交收，英款一半，英金四百十一万二千六百二十二镑十希令十一边士，已令赫德电银行，先期照交臣，转交驻英日使接收。是月二十二日续准总理衙门电开：应交日本息款库平银一百二十五万两，合英金二十万五千六百三十一镑二希令六边士，守费库平银五十万两，合英金八万二千二百五十二镑九希令，已饬银行交臣，转交驻英日使接收各等因。臣遵即先后订晤日本驻英使臣加藤高明，商定事宜，据称，各款数目相符。臣仍令其预拟收据稿送阅。彼此斟酌妥协，一面知照汇丰银行，将应交英镑各数先期拨付英国官银行，以便届时转交。至三月二十六日，日本使臣派其参赞官国寺新作送到该使签押洋文收据三件：一、称代日本国家收到英金四百十一万二千六百二十二镑十希令十一边士，合库平银二千五百万两，系第二批兵费之半；一、称收到英金二十万五千六百三十一镑二希令六边士，合库平银一百二十五万两，系第二批兵费库平银五千万两全款之利息；一、称收到英金八万二千二百五十二镑九希令，合库平银五十万两，系按照在海关新立专条第一条日本国暂驻威海卫兵第一年守费各等语。译对汉文字义，款数均属相符。随派参赞官马格里、曾广铨与该参赞偕赴英国官银行，按款照数，计共拨英金四百四十万五百六镑二希令五边士，交收两讫。除将洋文收款字据配译汉文咨呈总理衙门备案外，谨奏。

光绪二十二年七月初五日奉朱批：该衙门知道。

专使李鸿章致总署报与沙侯会议照镑加税电

旨饬商照镑加税，二十二，先将赫德节略面交英外部察阅，旋据沙侯称，须由各总办核议，约初六申刻会商。是日，同龚照瑗赴外部，切实辩论。沙云：应俟修约届期再议。鸿云：中国吃亏已久，急切难待，且非议改税则可比。彼以照镑须加税一倍，商情不愿。鸿谓：日本加税并改订镑价，英先允行，未便歧视。沙云：前外部舍伯理所允，英商咸怨，我不敢擅许。鸿谓：德、法皆允商办，必俟英定议，中、英交情素厚，不应薄待。沙谓：我必尽力，但须确询香港、上海商会众议。鸿云：启程在即，请由龚使与商。沙云：可行。沙甚疲滑，德使谓，与彼交好，止公事难商。信然！

七月初六日

川督鹿传霖致枢垣屡催达赖更换番官不遵请旨严责电

顷，接驻藏帮办大臣讷钦咨称：瞻对番官现经撤换，照例拟送正、陪两番员，奏请简放等语。查瞻对已革番官称兵犯顺，业经奏明进剿，刻正围攻其巢，可期得手，自不应再派番官。纳钦奏请时，计川中咨文尚未到。前屡催更换，达赖抗玩不遵，今既申天讨，该达赖始请更换，似未便准行，仍贻后患。相应请旨，于讷钦奏到时，严责达赖庇纵抗延之罪，应即收回瞻地，谕以前有功则赏之，今有罪则夺之，以示朝廷赏罚大公之至意。请代奏。

七月十七日

中俄合办东省铁路公司合同章程　附函暨合同

钦差驻俄大臣许钦奉光绪二十二年七月二十日谕旨，允准与华俄道胜银行订定建造、经理东省铁路合同。中国政府现以库平银五百万两入股，与华俄道胜银行合伙，开设生意，盈亏均照股摊认。其详细章程，另有合同载明：

中国政府现定，建造铁路，与俄之赤塔城及南乌苏里河之铁路两面相接。所有建造、经理一切事宜，派委华俄道胜银行承办。所有条款列后：

第一款　华俄道胜银行建造、经理此铁路，另立一公司，名曰中国东省铁路公司。该公司应用之钤记，由中国政府刊发。该公司章程，应照俄国铁路公司成规，一律办理。所有股票，只准华、俄商民购买。该公司总办，由中国政府选派。其公费，应由该公司筹给。该总办可在京都居住，其专责在随时查察该银行暨铁路公司于中国政府所委办之事是否实力奉行。至该银行暨该公司所有与中国政府及京外各官交涉事宜，亦归该总办经理。该银行与中〈国〉政府往来账目，该总办亦随时查核。该银行应专派经手人在京都居住，以期一切事宜就近商办。

查：此条及诸条所称政府字样，洋文系作古威勒芒，即近来为国家之称。又所称总办字样，洋文系作伯理玺天德，亦有总办之义，而名目较大。按西语，无论公署、商会，其首领人皆称为伯理玺天德，译者以此称专属民主，甚误。以所译与洋文实事无甚出入，故皆仍之。其原议薪俸字样现改公费，措词较为得体。

第二款　凡勘定该铁路方向之事，应由中国政府所派总办酌派委员同该公司之营造司暨铁路所经之地方官和衷办理。惟勘定之路所有庐墓、村庄、城市，皆须设法绕越。

第三款　自此合同奉旨批准之日起，以十二个月为限，该公司应将铁路开工。并自铁路勘定及所需地段给与该公司经理之日起，以六年为限，所有铁路应全行告竣。至铁轨之宽窄，应与俄国铁轨一律，即俄尺五幅地，约合中国四尺二寸半。

第四款　中国政府谕令该管地方官，凡该公司建造铁路需用料件、顾〔雇〕觅工人及水陆转运之舟车、夫马并需用粮草等事，皆须尽力相助，各按市价，由该公司自行筹款给发。其转运各事，仍应随时由中国政府设法，使其便捷。

第五款　凡该铁路及铁路所用之人，皆由中国政府设法保护。至于经理铁路等事需用华洋人役，皆准该公司因便雇觅。所有铁路地段命盗词讼等事，由地方照约办理。

第六款　凡该公司建造、经理、防护铁路所需之地，又于铁路附近开采沙土、石块、石灰等项所需之地，若系官地，由中国政府给与，不纳地价。若系民地，按照时价，或一次缴清，或按年向地主纳租，由该公司自行筹款付给。凡该公司之地段，一概不纳地税，由该公司一手经理，准其建造各种房屋、工程，并设立电线，自行经理，专为铁路之用。除开出矿苗处所另议办法外，凡该公司之进项，如转运、搭客、货物所得票价并电报进款等项，俱免纳一切税厘。

第七款　凡该公司建造、修理铁路所需料件，应免纳各项税厘。

查：此条定议时，核对法文，修理下尚有经理字样，据税务司柯乐德称，当时李相谓，与本条修理语意重复，因将原译汉文删去经理二字，然非有故驳改，未令将法文并删，故汉、洋文微有详略等语。合并声明。

第八款　凡俄国水、陆各军及军械过境，由俄国转运，经此铁路者，应责成该公司径行运送出境。除转运时或必须沿途暂停外，不得藉他故中途逗留。

第九款　凡外国搭客，经此铁路，于中途入内地，必须持有中国护照，方准前往。若无中国护照，责成该公司一概不准擅入内地。

第十款　凡有货物、行李，由俄国经此铁路，仍入俄国地界者，免纳一概税厘。惟此项货物，除随身行李外，该公司应另装车辆，在入中国边界之时，由该处税关封固，至出境时，仍由税关查明所有封记并未折〔拆〕动，方准放行。如查出中途私〈行〉折〔拆〕开，应将该货入官。至货物由俄国经此铁路运往中国，或由中国经此铁路运赴俄国者，应照各国通商税则，分别交纳进口正税。惟此税较之税则所载之数减三分之一交纳。若运往内地，仍应交纳子口税，即所完正税之半。子税完清后，凡遇关卡，概不重征。若不纳子税，则逢关纳税，过卡抽厘。中国应在此铁路交界两处各设税关。

第十一款　凡搭客票价、货物运费及装卸货物之价，概由该公司自行核定。但中国所有因公文书、信函，该公司例应运送，不须给费。至运送中国水、陆各军及一切军械，该公司只收半价。

第十二款　自该公司路成开车之日起，以八十年为限，所有铁路所得利益全归该公司专得。如有亏折，该公司亦应自行弥补，中国政府不得作保。八十年限满之日，所有铁路及铁路一切产业全归中国政府，毋庸给价。又从开车之日起，三十六年后，中国政府有权可给价收回，按计所有本银并因此路所欠债项并利息照数偿还。其公司所赚之利，除分给各股人外，如有盈余，应作为已归之本，在收回路价内扣除。中国政府应将价款付存俄国国家银行，然后收管此路。路成开车之日，由该公司呈缴中国政府库平银五百万两。

查：此条内给价收回一节，因恐将来讲解有异，复商总办，另缮凭函，附于合同之后，以期相信。

附录华俄银行总办罗启泰来函

启者：本公司账目，按年结算刊布。其中载明各项账目及一岁出入款项，并所欠之债、所借之款还本付息等情，将来中国给价收回此路，应以每年结算刊布之账为凭。其收回缘由，详载公司章程之内。

光绪二十二年七月二十五日。西历一千八百九十六年九月二日。

中俄银行合同

钦差驻俄大臣许景澄钦奉光绪二十二年七月二十日谕旨，与华俄道胜银行订立入股伙开合同。所有条款，开列于后：

第一条　中国政府以库平银五百万两与华俄道胜银行伙作生意，即自给付该银行此款之日起，所有赔赚照股摊认。

第二条　每年于俄历正月初一日该银行结算大帐〔账〕时，应将中国政府之股本与该银行之股本比较核准。至年底，凡中国政府所有赔赚之款，即照此准期，仍以库平银核计。

第三条　照核银行章程，每年所赚利息先提出若干分，作为各总办之花红。于提出花红之后所余利息，中国政府与该银行按股摊分。惟所分之利，各应提出一成，作为公积，并核计成本，如所剩余利过于六厘，则于股息六厘之外，将所剩余银提出二成，作为办事各人酬劳。若生意赔累，中国应认赔之款先由其公积提出弥补。

第四条　该银行月总年总，由股东总会核准后，即送由该银行驻华经手人，随时呈交中国所派之东省铁路总办，查核转呈。

第五条　若该银行因事收歇，或因生意赔累收歇，应核明中国政府股本折耗若干外，其余本银仍应照数归还。

光绪二十二年七月二十五日。西历一千八百九十六年九月初二日。

专使李鸿章致总署报抵美晤外部商镑价加税事电

二十七，到纽约，美总统来见，续晤外部，将镑价加税节略面交，据云，各国若允，美无不从。拟在此酬应，赴坎拿大搭船回国。

七月二十〈八〉日

专使李鸿章致总署报由坎拿大回国电

刻由坎拿大英督专车送至万库屋，登舟放太平洋，约二十二至横滨，即换商局船赴津，略为休息。

八月初六日

户部奏常年应还俄法英德两项借款数巨期促亟应预筹办法折

户部谨奏，为常年应还俄法、英德两项借款数巨期促，亟应预筹办法，以免临时贻误事。

窃查，近时新增岁出之款，首以俄法、英德两项借款为大宗。俄法借款，计一年，共应还本息二千一百十五万四千七百五十二佛郎，现在佛郎合银时价核算，约需银五百余万两。一年分二期付还：一期还息，约需银一百八九十万两；一期还本并息，约需银三百一二十万两，皆半年为一期。英德借款计一年，共还本息九十六万六千九百五十二镑，照现在金镑时价核算，约需银六百数十万两。一年分十二期付还，每期还本并息，约需银五十余万两，皆一月为期。二者岁共需银一千二百万两。益以所借汇丰、克萨及华商等款本息并袁世凯、宋庆、董福祥、魏光焘等军饷干，则岁增出款已不下二千万两。国家财赋出入皆有常经，欲开源而源不能骤开，欲节流而流亦不能聚节，其将何以应之？此非各省关与臣部分任其难不可。

查汇丰、克萨及华商等款本息并袁世凯等军饷干，与俄法、英德二款本息，同关紧要。而俄法、英德二款为数犹巨，为期尤促，若不预为筹定，则一月一付之五十万两转瞬即临。即半年一付之一百八九十万或三百一二十万两，亦非克期能办。臣等昼夜焦思，万不得已，计惟有先将俄法、英德二款本息由臣部库与各省及各海关分别认还，庶几犹足集事。拟以每年应还俄法、英德二款作为一千二百万计算，先尽部库旧有之西洋款改为加放俸饷一款，并新筹之盐斤加价一款，及应提之广东闱姓捐输一款，三款内凑银二百万两作抵外，下余一千万两，派令各海关分认五百万两，各省司库分认五百万两。量其物力，定以等差，开具清单，恭呈御览，请旨饬下各省将军、督抚，查照臣部单开分认数目，于各省所收地丁、盐课、盐厘、货厘、杂税及各海关所收洋税、洋药税厘项下，除常年应解京饷、东北边防经费、甘肃新饷、筹备饷需、加放俸饷、加复俸饷、旗兵加饷、固本京饷、备荒经费、内务府经费、税务司经费、本关经费、出使经费等项，仍照常分别批解留支外，其余无论何款，俱准酌量提划，各照分认数目，按期解交江海关道汇总，付还俄法、英德两款本息。明知各省库储均非充裕，而款巨期促，不得不预令分认，以免临时贻误。该督抚等公忠夙抱，自当分任其难，共维大局，不得推诿。如各将军、督抚、司道按期照数解清，拟照筹解甘肃新饷成案，按年由臣部汇总，奏请奖叙。至此外汇丰等款本息并袁世凯等军饷干，应由臣部另行筹办。合并声明。谨奏。

光绪二十二年八月二十三日。

谨将俄法、英德两款每年应还本息，约银一千二百万两内，俄法一款约银五百一十万两，英德一款约银六百九十万两，今由臣部指拨盐斤加价、加放俸饷、广东闱姓捐输三项共二百万两，内应分还俄法、英德两款各一百万两；摊派各省地丁、厘金等项共银五百万两，以二百零五万两作为认还俄法之款，以二百九十五万两作为认还英德之款；摊派各海关洋税、洋药税厘共银五百万两，以二百零五万两作为认还俄法之款，以二百九十五万两作为认还英德之款。所有常年指拨、摊派细数，分别开列清单，恭呈御览：

一、俄法一款应还本息每年约银五百十万两，由盐斤加价项下指拨：

长芦四万两、山东一万两、河南三万两、四川十五万两、广东五万两、浙江六万两。

淮南四岸共十三万两，由某岸应解若干，应由两江总督核定。

河东三万两、湖北川盐六万两。

由西征洋款改为加放俸饷项下指拨：

浙江五万两、福建五万两、湖北五万两、广东五万两。

由广东闱姓捐输项下指拨：

闱姓捐输二十四万两。

以上共拨银一百万两，内闱姓捐输之项，系臣部上年九月奏准解部充饷，行知在案。应令该省照此次指拨之数分别提解。其各省盐斤加价及加放俸饷，除此次指拨外，下余之款仍归部库。

由各省地丁、盐课、盐厘、货厘、杂税等款项下指拨：

广东二十四万两、江苏二十万两、四川二十万两、浙江十六万两、湖北十六万两、河南十四万两、直隶十二万两、山东十二万两、山西十二万两、安徽十二万两、江西十万两、湖南十万两、福建十万两、陕西十万两、广西七万两。

由各海关洋税、洋药税厘项下摊拨：

江海关四十万两、粤海关三十六万两、闽海关十六万两、浙海关十六万两、镇江关二十二万两、九江关十八万两、江汉关十六万两、宜昌关八万两、重庆关四万两、蒙自关四万两、瓯海关四万两、津海关十二万两、东海关三万两、山海关四万两、芜湖关二万两。

以上提拨并摊派共银五百一十万两。

查本年应还俄法息款，十月间系第三期，应令各省关照臣部指拨摊派之数，各按四成，于九月内解赴江海关道交纳。嗣后每年分作二次，于三月解交六成，九月解交四成，不得稍有延欠，并令江海关道将收到某省某关款项随时电达臣部备查。

一、英德款应还本息每年约银六百九十万两，由盐斤加价项下指拨：

长芦四万两、河东三万两、广东五万两、山东一万两、四川十五万两、浙江六万两。

淮南四岸共十三万两，由某岸应解若干，应由两江总督核定。

河南三万两、湖北川盐六万两。

由西征洋款改为加放俸饷项下指拨：

浙江五万两、福建五万两、湖北五万两、广东五万两。

由广东闱姓捐输项下指拨：

闱姓捐输二十四万两。

由各省地丁、盐课、盐厘、货厘、杂税等项下指拨：

广东三十八万两、江苏三十二万两、四川三十二万两、湖北二十二万两、河南十九万两、浙江二十二万两、直隶十七万两、山东十七万两、山西十七万两、安徽十七万两、江西十四万两、湖南十四万两、福建十四万两、陕西十二万两、广西八万两。

由各海关洋税、洋药税厘项下摊派：

江海关六十万两、粤海关五十二万两、闽海关二十四万两、浙海关二十四万两、镇江关三十二万两、九江关二十六万两、江汉关二十四万两、芜湖关四万两、重庆关八万两、宜昌关十二万两、津海关十八万两、东海关五万两、山海关六万两。

以上指拨、摊派共银六百九十万两。

查本年应还英德本息，其期甚迫，应令各省关照臣部指拨摊派之数，先分一半，务于六月间解到江海关道。其余一半银匀分二次，八月间解到一半，十月间一律解清。嗣后每年匀分四次，于二、五、八、冬四个月解赴江海关道交纳，不得稍有延欠，并令江海关道将收到某省某关款项随时电达臣部备查。

户部奏各省摊还洋款请旨饬各省赶紧设法片

户部片。

再，朝鲜一役，馕军购械，合天下全力以供之，仅得无误。今又派令各省关分还仍应还俄法、英德两项借款，每年一千万两，计各海关岁入洋税、洋药税，除常年留支、起解外，尚有盈余，可以抵此五百万两之数。而各省地丁、盐课、盐厘、货厘、杂税则仅敷留支、起解之用，一旦令其摊派认五百万两巨款，未免无米之炊。然天下财赋出于各省藩运各库者，数倍于各海关。若均能仰体时艰，早为设法，力除中饱，严汰冗费，则筹此数百万两似尚不致十分为难。是以臣部迭议整顿赋税，裁减兵勇，冀得及时补苴。又以偿款太巨，沥陈万难筹措情形，请饬各省将军、督抚通盘筹画，如有可兴之利，可裁之费，于国有益，于民无损，勿畏烦难，勿避嫌怨，勿拘成法，务令各抒所见，奏候圣明采择，均经钦奉谕旨允行，而各省复奏率多空文，鲜有实济，即按照臣部所拟条目举行一二，而亦大半截留本省应用，终致有名无实。然则此三十余年内之还款其将何所取给哉？即以本年而论，英德一款本息，计七月、八月共三期，每期各需银一百十余万两，九月至十二月共四期，每期各需银五十余万两。俄法一款，十月间为第三期，亦需银一百八九十万两。共约需银七八百万两。转瞬即陆续届期，既无余款可拨，又无闲款可挪，臣部又将何以应之哉？盖此次借款实从古所未闻，即臣部办法亦出于万不得已，惟有酌量各省岁入之多寡，定为分认之等差，俾各省赶紧设法，竭力通融，以上纾宵旰之忧劳，下应强邻之诺责，庶几不失大信，不误邦交。天下幸甚！谨奏。

光绪二十二年八月二十三日。

清季外交史料卷一百二十二终

清季外交史料卷一百二十三

光绪二十二年九月

总署奏中日通商条约请批准互换折　附照会五件　说帖二件

奏，为中日通商条约请旨批准，并请钦派大臣互换事。

窃中日通商条约二十九款并互换声明照会三件，业经臣荫桓于本年六月十一日与日本使臣林董画押盖印，是月十二日奏明在案。兹于八月二十四日准该使臣照称：两国通商行船新约，该国业经批准，约计九月初十前后递寄到京，请预备互换等因。相应照案请旨特派大臣与之互换，以昭信守。恭候命下，臣衙门遵照向章，将约本咨送军机处，请用御宝，作为批准，发下臣衙门，即由换约大臣定期与该使臣互换。谨奏。

光绪二十二年九月初一日奉朱批：着派张荫桓互换。

张大臣致日使林董照会

为照会事。

照得现订中日通商行船条约，日本臣民应得优待利益均经详载，惟中国商民如何办法，屡经商论，贵大臣以按照欧洲条约，并无华民在外国一律优待之条，本大臣举奥国条约相证，贵大臣以奥国路远，华民足迹不到，故奥国肯注于约。惟本大臣重核马关条款，有此次商约以欧洲各国条约为本。美国本有一律优待之约，贵大臣谓：美非欧洲，似也，然则奥斯马加非欧洲帝国乎？贵大臣若按照马关约办理，以欧洲各国约章为本，则奥国之约不能抹煞不算。贵大臣屡言贵国家无不优待华人，但不必分注约内。贵大臣言必有信，本大臣深相敬佩。现在约款大致已具，惟中国商民、商船往来贵国者贵国究何以处之，尚祈贵大臣查照历次会议问答，迅赐见复为荷。

须至照会者。

六月十一日

日使林董复张大臣照会

为照复事。

明治二十九年七月二十一日，接准照称：现在中日通商行船条约大致已具，惟中国商民、商船往来者贵国究何以处之等因前来。案查历次会议问答，贵大臣屡以优待华人一节为言，而本爵大臣不肯分注约内者，我国近与欧美各国更改条约，数年之内应开通国，俾各该国人往来居住，从事生业，此次中日约内若将优待华人一节一经分注，届时不可不照欧美各国人应得优例一律办理。顾观贵国未开通国，日本臣民除在通商口岸居住、从事生业外，其往来内地者亦为条约所限制，不甚自便。彼此所享大形轻重。且贵国曩与别国订立通商条约，虽有华民应得按照相待最优之国一律相待之条，后因于该国内之益有所妨碍，或与该国内或该国内一处地方之平安有所妨碍，该国终立限制之条。贵大臣当能记忆也。若夫奥国华人稀到，所有条约未可比照而论。以上情节，本爵大臣屡与贵大臣会议，业已面告一切矣！至其将贵国商民、商船应如何办理之处，苟非于国内之益，或平安有所妨碍，我政府务期公允而昭睦谊。

须至照复者。

明治二十九年七月二十一日

张大臣致日使林董照会

为照会事。

案查马关约第八款，内开：中国为保明认真实行约内所订各款，听允日本军队暂行占守山东省威海卫。又于中国将本约所订第一、第二两次赔款交清，通商行船条约亦经批准互换之后，中国政府与日本政府确定周全妥善办法，将通商口岸关税作为剩款并息之抵押，日本可允撤回军队等语。两国自应照依办理。今第一、第二两次赔款业经如期交清，通商行船条约已经本大臣与贵大臣逐款议定，于六月十一日署名盖印，订明至迟不逾三个月在北京互换，一俟此次通商行船条约互换后，中国政府自可与日本政府妥商剩款及息如何交收，以便撤回驻威军队。此系按照马关约办理。应即备文照会贵大臣查照，并祈见复为荷。

须至照会者。

六月十一日

日使林董复张大臣照会

为照复事。

明治二十九年七月二十一日，接准照称：此次通商行船条约互换后，中国自可与日本政府妥商剩款及息如何交收，以便撤回驻威军队等因前来。案查此层其应如何办理之处，《马关条约》载有明文，除遵照外，本爵大臣似勿庸赘一辞。

须至照复者。

明治二十九年七月二十一日

日使林董致张大臣照会

为照会事。

本日经署名盖印之中日通商行船条约第九款，内开，凡各货物，日本臣民运进中国、或由日本运进中国者，又日本臣民由中国运出口、或由中国运往日本者，均照中国与泰西各国现行各税则及税则章程办理等语。所有日本参应按照美国参税则一律办理。特此声明。

须至照会者。

明治二十九年七月二十一日

张大臣复日使林董照会

为照复事。

顷，接来文，内开：本日经署名盖印之通商行船条约第九款，内开，凡各货物，日本臣民运进中国、或由日本运进中国者，又日本臣民由中国运出口、或由中国运往日本者，均照中国与泰西各国现行各税则及税则章程办理等语。所有日本参应按照美国参税则一律办理。特此声明等语。披阅之余，本大臣并无异议。特此备文声明可也。

须至照复者。

六月十一日

日使林董致张大臣说帖

自去冬十二月二十九号开议商约，将阅半年，尚无成议。按《马关条约》，日本臣民侨寓中国，已得按照相待最优之国臣民一律相待，是则商约不定，于日人固无窒碍，此显而易见也。然商约未定，究非有裨于两国睦谊。本大臣深怀此义，极愿此约从速议成，故于前交李大臣原稿之中曾酌改大半，满谓必邀允诺，不料贵大臣重加删驳，至为歉然。本大臣素愿以和衷共事，终始不渝，兹再就来稿细加酌量，再三商让，审时度势，本国家能许让者，本大臣于此次改稿一一允许。若如此将就仍复见驳，本大臣即万无再让之处，惟有坚持此次拟稿，必至罢议而后已矣！此约成否，在此一稿，维贵大臣实图之！至日本臣民在中国机器造货免抽厘税一节，《马关条约》既准日人机器制造，若尚须征收厘税，断无不提及之理。盖收税者，即与机器制造原意权利背弃也，是马关约第六款应照本国家所立见解，乃为妥协。但审贵大臣词意，贵国家于此一节见解迥殊。此时既无从解释，本大臣拟将此节于新约内不提。一俟起有专案，即按马关约应如何译解办理。若贵大臣仍复坚持不允，深恐此约成议无期。尔时，中国国家及中国臣民在日本者既无条约之权利，自必诸多窒碍。望细思之！至马关约所载字句词意，迟早总当商议辩解，则候案另商，于中国似尚无碍。若区区以抽税一层与此约合办，则商约恐难成议。利害相形，尚望裁夺。不胜切盼之至！

四月二十六日

张大臣复日使林董说帖

四月二十六日，贵大臣送来说帖并续改约稿，阅悉一切。

贵大臣谓：商约自去冬十二月二十九号，即中历十一月十四日，由李中堂开议，将阅半载。惟本大臣奉命接办，始于本年正月二十八日，与贵大臣会议。本大臣日行公事本极繁重，早荷贵大臣涵鉴。此次约稿又最紧要，条目纷如，既不敢轻率从事，自难仓卒告成。迭次会议，逐款详论，烦征博引，笔舌并劳，固非托故延宕，当亦贵大臣所鉴谅也。兹幸彼此相让，再三酌改，仅逾三月，大致已具，亦不得谓之迟缓矣！至在中国机器制造货物征收税项一节，本大臣屡次与贵大臣面晤，和衷商议，以期妥筹善法。今阅台牍，贵国仍执前议，必欲剔开另商意者，本大臣历次面谈，尚有未能详尽者乎？查《马关条约》只言内地运送税、内地税、钞课、杂派以及在内地沾及寄存栈房之益耳。至制造货离厂等税应否豁免，一字未提。如果可以免征，断无不提明之理。既不提及，其为应征，自无疑义。且中国系自主之国，原可任便妥定公平章程，征收税项。若虑中国将制造货税加重苛征，使制造之权利化为乌有，无乃以不公不平相待乎？中国应征制造货之离厂税，不过以之抵所失洋货之进口税，于就货抽税之间仍寓恤商惠工之意。贵大臣拟将此款于新约内不提，又以《马关条约》字句词意迟早总当商议辩解，于中国无碍，若区区以抽税一层与此约合办，则商约恐难成议，具纫贵大臣和平忠亮之雅。惟是事关国课，义重国权，条约中既未让去，然则中国分内所应为之事，贵国政府当不见怪也。各国商情所系，有以征税为损者，亦有以不征税为损者，统俟晤教缕言之。详阅此次改稿，已较前稿通融。此中仍有数款尚须面商，方能定议。拟请贵大臣于本月十五日以后何日得暇，酌定准期，以便会议可也。

五月十四日

总署奏统筹南北铁路请设总公司折　附盛宣怀说帖

总理各国事务恭亲王奕䜣等奏，为统筹南北铁路，拟请设立总公司，以一事权而便展拓事。

光绪二十二年八月初九日，直隶总督王文韶、湖广总督张之洞复陈芦汉铁路另筹办法各折片，奉旨：王文韶、张之洞会奏，请设铁路公司，并保盛宣怀督办一折。直隶津海关道盛宣怀，着即饬令来京，以备咨询。当经臣衙门恭录，电寄王文韶、张之洞钦遵办理，并准军机处钞交王文韶、张之洞折片。八月十六日，盛宣怀亲赍咨文来署。臣等公同接晤，遵旨咨询。并据盛宣怀呈递说帖，所论官办之难、商办之难、合洋股之难、借洋债之难，均确有见地。所拟招股四千万两，先借用部款一千万两，由南北洋拨官款三百万两，招集商股七百万两，借洋债二千万两，洋债则拟借诸美国，此其大略也。部款一千万两，臣等自当如数筹济，以彰国家维持铁路公司之盛意。南北洋之三百万两，系现成存款，亦不难就近拨用。至该道所拟先收商股七百万两，事权有属，当可招徕。即拟借洋债二千万两，亦归该道自行筹办，由公司订借，商借商还，条理亦甚明晰。核之王文韶、张之洞原奏，大致吻合，自应妥速定议，毋为道旁筑室之谋。

臣等以为，铁路亟宜兴办，官款不吝通融，惟事期有成，总当前后贯澈。臣等拟就英德款内提存银一千万两备拨，俟该道将商股招足，洋债借定，即行应付，以符王文韶、张之洞原奏一面招商、一面借款之意，庶几官商维系，成兹巨工。惟此公司自必合南北统筹，始能展拓，苏沪、粤汉亦当次第举办，督办之员亦必隆以事权体制，然后呼应始灵。王文韶、张之洞所奏，诚不易之理也。臣等更有请者，中国拟办铁路，规画逾年，既定以芦汉为铁〔干〕路，各国观听所属，非双轨不足为各路之倡。双轨加费，亦复有限。况湖北铁厂钢轨精良，则双轨之工更不宜惜。此外，测量道里、制造工需与夫设栈用人一切未尽事宜，条绪纷繁，应由王文韶、张之洞与盛宣怀逐一详议，奏明办理。谨将盛宣怀所递说帖一并抄呈御览。谨奏。

光绪二十二年九月十四日奉上谕：前据王文韶、张之洞会奏，芦汉铁路另筹办法，请设铁路招商公司，并保盛宣怀督办一折，当交总理衙门王大臣查阅。旋据奏称：遵旨咨询盛宣怀，据陈一切办法均确有见地，请准设铁路总公司，令盛宣怀督办。从芦汉办起，苏沪、粤汉亦次第扩充。即由公司招商股七百万两，借洋款二千万两，商借商还，并提拨借款一千万两，南北洋存款三百万两，以期官商维系，速成巨工。并称：芦汉既为干路，非双轨不足为各路之倡等语，并将盛宣怀所递说帖钞录呈览。昨召见盛宣怀，奏对具有条理，已责成该员实力举办，以一事权。仍着王文韶、张之洞督率兴作，如勘路、购地及设栈、造船等事，条绪极繁，该督等不得因荐举有人，遂尔稍宽责任，作事谋始，务策万全，着再详细考校，电商妥协。盛宣怀开缺，以四品京堂候补，督办铁路总公司事务，此后折件着一体列衔具奏。

谨将盛宣怀拟办铁路说帖敬缮清单恭呈御览

窃维芦汉为南北一大干路，于拱卫京师大有裨益，于转运商货尚在其次。此中利弊，谨缕晰陈之：

或曰官本官办，直捷痛快。无如巨款难筹，尤恐将来督抚志趣各殊，办理纷歧，因噎废食。如福建船政创办之初，左宗棠、沈葆桢言之何其郑重，卒至虚糜公费，不能推广造船，在人以为利器，在我以为漏卮。以彼例此，势必相同。此筹官办之难也。

或曰商本商办，便宜干净。无如华商眼光极近，魄力极微，求利又极奢。问路工何日可成？答以四五年。问路本实需若干？答以四千余万。问路息岁获若干？答以四、五年全工未竣，无利可给。闻者无不爽然而去。夫华商本无远识，绅富则暗置恒产，有钱惟恐人知。商贾则挟资营运，一日不能无利。此集华股之难也。

或曰拼合洋股，款足易成。无如洋人合股之公司事权全属洋人。此路原为征调而设，苟遇紧急之秋，彼守局外之例，不准运兵馈饷，适与造路本意相左。恐此一路予人以开端，各执利益同沾之例，相与要求，必将路路被人占造。今日路属何国，即他日地属何国。此合洋股之难也。

或曰借用洋债，事半功倍。无如国债向以海关实款质抵，故各国趋之若鹜。倘由公司出名，商借商还，只能以铁路抵押，而路未造成之际，本利全属蹈空，洋人以操为纵，势必多方要挟，仍须国家批准，保其本利有着而后可行。此借洋债之难也。

又查芦汉地当上游，东南各省之货客，江浙两省之漕粮，由沪至津，与由沪至汉，轮船运费、日期相埒，万无轮船由沪运汉之后再转轮车之理，是车运仅有云、贵、川、湘之货客，路长而费繁，本重而利轻，华商熟筹已久。况路经鄂、豫、直三省，无甚富商大贾，故欲专指芦汉而招股，恐直无人过问。盖洋税、商务惟粤、沪风气先开，乃居粤、沪之商人而视芦汉之公司以为远矣！此铁路专指芦汉而招股尤难也。

又查此项干路，据德国工师锡乐巴云，由信阳州形似弓弦，约二千八百里，由襄樊形似弓背，约三千二百里，照津芦二百十六里估价二百四千余万两，约平路每里将及一万二千两。加之黄河大桥，并凿山填湖，共估四千万两左右。勘路、绘图，分头开造，至速必须四五年。似此艰难旷远之巨工，付诸位卑望浅之外吏，士夫读书稽古，必诧为旷代未有之奇，不解公司条例，银钱俱属股商公举之总董经手，或仍误会利权操于一人，稍不遂欲，谤议横生，能使功成而后退，成败自有定论，若竟事隳半途，一身不足惜，其如大局何？此铁路委诸宣怀而任事尤难也。

以上情形，宣怀在津、在鄂业已据实禀明。兹奉饬传到京，仰蒙咨询所及，遵当直抒所见，以备采择：

一、请特设铁路总公司，先造芦汉干路，其余苏沪、粤汉等处亦准该公司次第议请展造，不再设公司。似此，西北造路，东南商股方能号召，且可泯各国窥伺之心，断却无数葛藤。即使各国来议，或可援照电线饬交公司，查照公法理论，亦可稍助公家之力，隐消萌蘖不少。

谨查：直督、湖督会奏苏沪铁路归并芦汉公司，不再另设，系恐南北两路同时并举，商力愈难，更恐南商专力南路，转致北路落后，莫如通力合作，庶可先成北路。及八月初四日调回新加坡领事张振勋到沪面称：南洋各埠及粤港华商均以芦汉不愿入股，无法招徕，如准其带造广东铁路，粤人方愿入股等语。查许应锵招股章程内本有续由汉口接至广东，以期节节灵通之语，拟请现立公司不以芦汉限制，并非迹涉恢张，实系注重干路。

一、请由铁路总公司招集商股四十万股，每股银百两，共总收齐计银四千万两。自开工日起，至工竣日止，拟先收商股七百万，为公司根基。并请暂入官股三百万两，为天下倡率。官股亦照商股掣发公司股票，申送户部存储。俟大功告成之日，官商股分一律收利。将来或永远列作官股，或俟商股充足，随时归还，悉听官便。

谨查：南洋请办吴淞至金陵铁路原奏内称，估计七百万两为度。所借瑞记洋款尚余二百五十万两，体察两年后两淮盐务尚可再筹一百万两，共计可得三百五十万两，足敷成本之半，其余一半，概招商股。先令造吴淞至苏州一路，再令造苏州至镇江一路，以达金陵等语。今会奏请将苏沪铁路归并芦汉，合一公司。所有备存苏沪造路官款二百五十万两，可否照原奏拨作铁路总公司之官股？至两淮盐务之一百万两，恐不可靠，拟请将直隶所收海防捐款拨银五十万两，共成官股三百万两之数目。前拟先造吴淞至上海一路，将来续造上海至苏州一路，俱无庸再请官本。

一、请由公司先借官款一千万两，续借洋款二千万两，五年之后分为二十五年归还，每年应还官债本银四十万两，洋债本银八十万两。按商股四十万两，每股每年仅须缴付本银三两。中国商民不富，而庶零星积攒，轻而易举。照西例，买票后有需钱用者，股票听其售与他人。但执票者不准不依限续缴。如不缴，即作废纸。约至十余年后，各人已执有股票五十两，以六厘利息计之，即可将利缴本矣！公司忠信为主，揣度此票似可通行。

谨查：商股必在路成之日有利可收，方能招集。洋债亦须俟工将及半有路可指，方能抵借。所以除官商股分千万之外，必须先借官债千万，赶紧造轨，分道开工，俟造成轨道一段，再向洋商贷借一款，拟以实抵，不作空欠。先与该洋商订定合同，庶不致受其要挟。至公司请借官款，官亦无非将所借之洋款挪拨。一俟路工告成，即当与公司洋债一律按期缴息，分限归本。惟路工未完之先，暂免缴利。仍俟将来余利充足，如数补缴。并拟定公司股分得利在一分五厘之外，酌提余利一半归官，藉伸报效。

一、请铁路悉照公司章程办理。应遴选各省公正殷实、声望素著之体面绅商举充总董十二员，又选身家殷实、熟悉商务之帮董二十四人，公同招股。再由三十六人公举银钱总管、工程总管、参赞、监察诸执事，俱按西国规模，尽除官场习气。如有丝毫弊窦，准由有股商人指实究办，并由户部及直、湖两督随时派员到工查察。如果查出员董有弊，即可随时指发究办，一面由铁路督办另议撤换。

谨查：铁路必先遴选头等工程洋师〔洋工程师〕勘路绘图，谋定后动。否则，毫厘千里之谬难以半途更改。拟借何国之款，即募何国之匠。美国未贷官债，并于中国无所觊觎，铁路工程尤精，如借美债，用美匠，各国忌心稍逊。中国于铁路工程尚无专门之学，驾驭洋匠、教习华徒、考求工料、研究地形，随在俱关紧要。而用人、理财，尤非精神贯注不能取精用宏，风清弊绝。宣怀管窥蠡测，略贡所知，断难驱策群材，肩斯重任，惟乞另简贤能，早成要举。大局幸甚！

九月初六日

使英龚照瑗致总署报告孙文到英应即扣留电

孙文到英，前已电达。顷，该犯来使馆，洋装，改姓陈。公法，使馆即中国地，应即扣留。解粤颇不易，当相机设法办理。祈速示复，勿令英使知，并请电粤督。

九月初六日

旨着鹿传霖迅拔西藏之瞻巢以安边圉电

旨：鹿传霖电悉。瞻对一事，该督之意欲藉此收回，使达赖慑朝廷之威。正恐达赖不能慑服，转致激动藏番，驱令外向。此中消息，毫厘千里，该督亦当深思，此时军务总以能否得手为断。果能得手，则虽能设番官何难从长布置？若不得手，则虽不设番官于事奚补？该督惟当督饬将士，迅拔瞻巢，以安边圉。至准放番官，已有明发谕旨。所请撤回批折之处，着无庸议。

九月初六日

总署奏日本催订马关约请互立文凭折　附文凭一件　照会二件

总理各国事务恭亲王奕䜣等奏，为日本催订马关约，请互立文凭，并商订制造税抵换利益事。

窃臣衙门于九月初五日日本使臣林董来署会晤，据称：马关约准新开苏、杭、沙市、重庆四口租界，应照向章办理。现中国自定行船章程，日本又不得以专界专管，及威海卫山东驻兵之地，均与马关约不符。商催逾年，各省迄不遵守。至所定机器制造税，日本可以照办，惟须增开津、沪、厦、汉四口租界，以相抵换。当即面递节略，次日复来照会，将所拟文凭底稿送阅。臣等以内河行船，略见于现定商约。中国所定者，系沪、苏、杭关章，按照设法防弊之条办理，不仅为日本一国而设。该使无可强辩，乃不再请撤回关章，惟以未遵马关约与之定议为嫌，力请另议。未定议以前，暂照长江章程办理。至苏杭内地租界与沿江沿海不同，各省均以自设巡捕为宜，不愿日人专界专管。臣衙门与苏、浙、鄂三省往返电商，均无妥善办法。威海卫驻兵东省，意在进扎。臣衙门亦经屡电商矣！现该使臣坚谓：奉国家训条，马关约本意如此，期于必办。否则，新约即行停换。臣等迭与辩论，并准裕庚电述该国外部之言，日本政府更换后，林董惟命是听，非复前此和商。顷，十一日竟以照会来称，允否，以明日正午时为定。

臣等查，马关约准开四口，本有均照向开海口及内地镇市章程办理之言。我欲以宁波办法为程，彼欲以上海章程为法。使外间善于因应，尚不难于就范。无如苏省初与日领事荒川原订六款，日政府驳之，续与珍田商议，久而未定，遂贻日本寻衅之端。杭界渐有规模，沙市现在商论，重庆似定非定，均难舍马关新约别开生面者也。至机器制造税，关系甚重，林董议订新约必须剔开另议，臣衙门因有值百抽十之奏，日本知中国志在必行，故允相让而别求抵换利益，以津、沪、厦、汉四处租界为请，且有即非抵换利益，亦可援一体均沾为说。现若该口通商已久，别国本有租界，原难独拒日本。我虽全许，谅彼力亦尚不能全开。此次新约议定，日本武臣、议士以未得格外利益颇多不满林董之词，林董来署，自言政府责其颟顸，撤调回国。当该外部易人、意存反复、利害之间，不能不力权轻重，相应请旨饬下南洋大臣、湖广、四川总督、山东、江苏、浙江各巡抚，遵照《马关条约》，饬属奉行，毋令启衅。一面由臣衙门再与林董晤订互立文凭，字句之间，详慎斟酌，期纾近患而免疏虞。谨奏。

光绪二十二年九月十三日奉朱批：依议。

中日通商公立文凭

大清国钦命总理各国事务大臣敬、荣、张，大日本国钦差全权大臣男爵林，为公立文凭事。

第一款　添设通商口岸专为日本商民妥定租界，其管理道路以及稽查地面之权专属领事。

第二款　光绪二十二年八月初三日，江海关所颁示之洋商苏、杭、沪三处通商试办章程内，其系轮船以及雇用自置船只之事，当与日本妥商而定。未经商办之前，务依长江章程照行。

第三款　日本政府允，中国政府任便酌量课机器制造货物税饷，但其税饷不得比中国臣民所纳加多，或有殊异。中国政府亦允，一经日本政府咨请，即在上海、天津、厦门、汉口等处设日本专管租界。

第四款　电达山东巡抚，凡距日本军队驻守区之划界，日本里法五里约合中国四十里以内，中国军队不宜逼近或驻扎，以符条约。

为此，公立文凭。

须至文凭者。

以上缮写汉、日文各二分，校对无讹，署名盖印。彼此各执一分，以昭信守。

光绪二十二年九月十三日。明治二十九年十月十九日。

总署至日本公使照会

光绪二十二年九月十三日，贵爵大臣与本衙门公立文凭四条，均经本衙门电致各该省地方官照行。除第三条另行备文照会外，其第一条，按照马关约添设苏、杭、沙市、重庆口岸租界事宜，承贵爵大臣面称：杭州办理甚妥，其余各口均宜照杭章办理，与贵爵大臣九月初一日来函大致无异。第二条，关章内行船各条未与日本商定之前，务依长江章程照行。第四条，除已电致山东巡抚先将酒馆集防营撤退，此外如有逼近驻扎之营，亦饬查明撤回。以上各节，均照商定办理，相应照会贵爵大臣，查照见复可也。

九月十五日

总署至日本公使照会

为照会事。

光绪二十二年九月十三日，贵爵大臣与本衙门公立文凭第三条内载：日本允，中国任便酌量课机器制造货税，惟所征之数不得比中国臣民加多，或有殊异。中国允，日本在上海、天津、厦门、汉口设专管租界等语。查本月初十日曾与贵爵大臣商明，以上四口，将来租地时，应由地方官与领事官和衷商议，毋强以万不能租之地。贵爵大臣亦以为然。除由本衙门咨行各该省外，相应备文声明，即希贵爵大臣查照见复可也。

九月十五日

鄂督张之洞奏华商用机器制造货物请从缓加税并改存储关栈章程折

湖广总督张之洞奏，为两湖商务风气初开，华商用机器制造货物，恳请从缓加税，并请改定存储关栈章程，以劝商业而裕民生事。

窃照光绪二十二年五月总理衙门具奏机器制造货物酌定规则，奉旨允准。续据总税务司酌拟章程九条，经总署核定，由南、北洋大臣通行各国在案。伏查，光绪八年北洋大臣奏准上海织布局只完正税一道，概免沿途税厘，此后各省机器纺织皆援此例。此圣主爱养民生之深仁，而即古来兴国者通商惠工以致富强之至计。天地覆庇，感颂同声，从此中华商务骎骎渐有生机矣！此次加税之举，在总署原意，谓洋商得在中国设厂造货，人工运费，种种省便，利益甚优，故议酌加税，则洋商既加，则凡华商用机器造货亦应一律照加，以免洋商藉口，此总署谋国裕课、统筹中外之深心。臣虽至愚，亦能领解。特是详察商情，知机造各货加税一层不免有损多益少之病，有不敢不为我皇上陈之者。

溯自马关定约以后，臣在署南洋通商大臣任内，钦奉闰五月十三日电旨，饬令招商，多设织布、织绸等局，广为制造。臣当即宣布德意，广为劝谕招徕，中国商民知外人得来内地设厂造货，莫不感慨奋发，思有以防内蠹外漏之患，而又深悉朝廷恤商轻税之章，其议集股分、图占先着者颇不乏人。凡各处禀请购器造货者，臣多从允准，且为之筹备厂地，归并厘税，计画销路，曲意维持。江南、湖北纱丝各厂，更屡奏明，助给官本巨款之举，总冀厚集商力，以挽此外溢之利源。计数年以来，江浙、湖北等省陆续添设纺纱、缫丝、烘茧各厂，约三十余家；又此外机造之货，苏、沪、江宁等处有购机制造洋酒、洋腊、火柴、碾米、自来水者；江西亦有用西法养蚕缫丝之请；陕西现已集股开设机器纺织局，已遣人来鄂考求工作之法；四川已购机创设煤油，并议立洋烛公司；山西亦集股兴办煤铁，开设商务公司；至于广东海邦，十年以前，即有土丝、洋纸等机器制造之货，近年新增必更不少；天津、烟台更可类推；湖北、湖南两省已均有购机造火柴及榨棉油者，湖北现已考得机器制茶、机器造塞门德土之法，正在督饬税务司劝谕华商兴办，湖南诸绅现已设立宝善公司，集有多股，筹议各种机器制造土货之法，规模颇盛。似此各省气象日新，必且愈推愈广。彼洋商虽亦声称集巨资，设大厂，而迄今造就者只上海二三家，他处未有之也。无如华商智虑初开，行销未广，已成之厂获利无多，未成之厂集资非易。洋商见我工商竞用新法，深中其忌，百计阻抑，勒价停市。上年江浙、湖北等省缫丝、纺纱各厂无不亏折，有歇业者，有推押与洋商者。以后华商有束手之危，洋商成独揽之势，商民延颈举踵，正以宽恤保护之法望之朝廷。两湖风气初开，商力甚薄，尤为惴惴。此近年来商务之实在情形也。

臣愚以为，洋商在内地改造土货，本于华商生计有妨，是以旧约悬为厉禁。今迫于事势，不得已而允之，则又当就已成之局而熟权利弊，庶免我华商民有累上加累之虞。窃谓今日各洋厂设否听之，而华商机器制造之税如故。洋商开一厂则华工习一法，洋商创一货则华民晓一用。大抵华商情形惮于精思创物，而乐于摹仿争利。华商用度较俭，土产较熟，可与之相胜。果使华商本轻利稳，愈开愈多。洋商见华厂已经充牣，利息愈分愈薄，则续开者自少。即如湖北织布局一开，而江海关进口之洋布已岁少十余万匹，可为明征。目前华厂已将十倍于洋厂，是机器制造之利洋商得其二，华商得其八。且就华洋各厂合计，出货自多，税额虽轻，税数必溢，此有益于民生而仍有益于国计者也。

即使洋厂因税轻而争开不已，然洋厂所获之优利亦华厂之所同沾。其出货之数，分利之势，自足相敌。且洋厂所在，其一切物料必取之中国，工匠必取之中国。转移间，民必资之中国。彼洋商所得者，商本盈余之利，而其本中之利留存于中国者仍复不少，是华商之利虽去其半，而中国农工畋渔之利仍得其全。华民沾其利又晓其工，则华商购机制造之厂必不能绝。从古未有农工盛而商独衰者。此目前不求有益于国计，而必无损于国计，且尚不尽有损于民生者也。至于华商鼓舞方见萌芽之时遽行加税，则华商困阻于内，洋商抑勒于外，数年之间，已成者歇业，未开者绝响，是九洲〔州〕之地产物力、万国之巧法厚利尽为洋商垄断之资。如谓明文则一体加税，暗中则曲予维持，目前中华局势，外洋情形，窃恐未能办到。且洋商之究竟肯加税与否，亦尚不知何时，而华商则已先敝矣！即使洋商于华造者遵加，而其来自外洋者仍不能加。明知华商不能再开机厂，则不造于中华，而专运之于本国。销流日广，货价日增，徒存内地制造加税之虚名，而受华商阻塞利源之实害，此有损于民生而仍无益于国计者也。

从来华民最朴，不晓物宜，华工最绌，不谙机器，华商最散，不筹巨本，是以拘守旧法，坐弃万物之菁华，不究阜财之大用。今幸而鉴于巨创，怵于强邻，一旦幡然损〔捐〕弃故智，争购机器，畅土货、集公司之法，正是中华自振之基。若再从而梲之，以后更复何望？私忧过计，不胜悚惧。近日与江苏巡抚赵舒翘、浙江巡抚廖寿丰往返电商，均以暂缓加税为保护华商之生计。合无仰恳天恩，饬下总理衙门，将机器造货值百抽十之新章暂行缓办。一俟商务大盛，而各国又一体允加进口税之时，再行举办。彼时洋货价涨，华货即使加税，尚且相抵，而目前不致无自立之患。大局幸甚！

又总税务司所拟章程二条：凡有制造之货，均须一律存储关栈，俟拨等语。在总税务司之意，只为杜绝偷漏。然商民成货待价而沽，瞬息变易，有失之须臾而盈亏迥判者。又如机器造砖、机器碾米、机器造水泥、火泥，此等笨重之物，如何搬运？如何封存？又如机器造煤油、机器造火柴，此等危险之物，同栈之货孰不畏其延累？设有损失，恐洋关赔不胜赔矣！大抵商情乐简而恶烦，喜活便而畏胶滞。若一概存储关栈，交货看货，动须报关，即使不至留难，而货主既嫌经官之周折，又不如本厂自存之放心，种种窒碍，必致纷纷歇业。至洋商则仍出纳自如。此明明力窒华商之生机，而暗畅洋商之销路矣！窃谓宜在运货出口时切实查验，不在货成后概予封藏。应请一并饬税务司重改章程，方为妥善。此乃农工商民公共之利害，中外贫富强弱之枢机。臣为自强大局、力固根本起见，反复焦思，不敢不言。谨奏。

光绪二十二年九月十三日。

川督鹿传霖奏统筹川藏情形瞻对亟宜改设汉官折

四川总督鹿传霖奏，为统筹川藏情形，瞻对亟宜改设汉官，以顺民心而固边圉事。

窃臣恭奉电传谕旨：鹿传霖电悉。瞻对用兵，系暂时办法。事定之后，应否仍设番官，当再斟酌妥办。讷钦尚未奏到，当谕以从缓再办，不能因此严责喇嘛，转生他衅。藏事棘手，该督当通盘筹画，切勿鲁莽。并谕文海知之。钦此。仰见圣主慎重边陲之至意。臣待罪川疆，稔知藏事岌岌，详探熟悉，思为安内防外之策，曷敢鲁莽从事，致肇衅端？实以瞻对为川省藩篱，其地本系川藏土司，去藏远而距川近，杂处各土司之中。当年瞻酋叛乱，川藏会剿，藏兵先克，并垫兵费三十万，惟时款项无出，前督臣奏请赏给达赖，原属一时权宜之计。乃自派番官管理之后，暴虐异常，瞻民不堪其苦。光绪十五年群起叛逐番官，恳求内附。彼时又未乘势收回，仍由藏改派番官，并添一堪布及番官八百名，以致愈肆横强，瞻民更遭荼毒，而且威胁各土司。数年以来，包〔巴〕、里两塘及霍尔、瓦述等十余土司，皆以川省威令不行，相率依附瞻对。该番日益骄恣，直欲各土司尽归管辖，故连年侵占明正土司，寻衅构兵。今更因朱窝、章谷土司争袭，朱窝投之，竟敢纠众赴章谷勒令投顺，不遵委员开导，先开兵端。此皆积久生玩之所致也。臣前迭次陈奏，业经详细声明，先后奉旨遵办在案。

初意尚谓该番或可理谕，拟先将土司袭案断结，再行设法招抚瞻民，使之内乱不生，乘势收回瞻地。今天夺其魄，该番竟敢抗拒官兵，情同叛逆，自宜及时声罪致讨，使瞻民早归内属，固我藩篱。此次大兵所至，瞻民纷纷效顺。即各土司亦均震慑兵威，应调前来助剿。及此天时民心交顺之会，改设汉官，妥为抚绥，内可以安各土司向化之心，外可以夺藏番藐视之气。即藏中一旦有事，此地已归川属，亦有门户可守。况瞻对地素产金，诸番不知开采，惟勒令土民拣淘贡献，岁得之金约值银二万有余。除自借支外，每岁输之达赖大约银万余两。而我苟得其地，设法开采，颇足供改设汉官一切经费，不待另筹，且冀办理丰旺，可助饷需。若失今不取，而仍派番官，不惟自失地利，莫固藩篱，且使瞻民重遭涂炭，各土司咸怀异心，甚非皇上怀保小民、慎固边陲之至意。今日瞻对关系甚重，在所必争。臣现复先后添派四营陆续前往应援，期于必克，想负嵎小丑定可指日驱除。至藏事之棘手，实由达赖之玩〔顽〕抗。惟其有藐视汉官违背朝廷之心，故敢出此，今收回瞻地，以示薄惩，或可稍知警惕。且探闻达赖近日情形狂悖，实有众叛亲离之势。班禅既与之水火，而乍了之呼图克图亦有怨言。今复有察木多呼图克图与其所辖喇嘛阻路聚众互斗之事，是藏中之内乱已萌。前藏本我之属地，我若自行整顿，使之畏威听命，则界务或易了结，外人自无敢干预。若不使之稍知畏惧，致令划界始终梗阻，英人必藉词生事，彼又将远结俄人以为援，则藏中之危亡可立而待。若瞻对属藏，亦即与之俱亡，而川中直无门户可守，其何能支？此臣所以日夜图维，而以早收瞻对为固川之计，即为固藏之权。藏番之暴横如此，又值人心解体之时，不夺瞻对，彼并不知恩，即夺瞻对，彼亦不能抗论。我之兵力御外人则不足，制藏番则有余。且瞻对本系内属，藏番前有功则赏之，今有罪则夺之，益足昭朝廷赏罚之大公。虽达赖饶舌，亦不能大肆鸱张，不足为患，似并可使知畏惧，界务当或易就范围，盖畏威不怀德是其本性。今之愚顽抗执，恐非一味劝导所能听从也。臣与驻藏大臣再四相商，意见皆同。吁恳圣明独断，敕下驻藏大臣，不准再派番官，定须收回瞻地，改设汉官，以顺民心、安土司而固边圉。川省幸甚！大局幸甚！谨奏。

光绪二十二年九月十五日。

总署奏中日通商行船新约换约事竣折

总理各国事务恭亲王奕䜣奏，为换约事竣事。

窃臣衙门前准日本使臣林董照会，中日两国通商行船新约，该国业经批准，请预备互换。当于光绪二十二年九月初一日奏请特派大臣与之互换，本日奉朱批：著派张荫桓互换。钦此。遵将约本咨送军机处，请用御宝，一面照会日本使臣林董，定期互换。兹于九月十三日准该使臣照称，定于十四日赴臣衙门互换等因。臣即于是日与该使臣林董将汉、洋文约本彼此校对无讹，缮立凭单，随即互换约本。照案仍由臣衙门收藏，并分咨各省遵照办理外，谨奏。

光绪二十二年九月十六日。

鲁抚李秉衡奏日本不遵约退兵自请罢斥电　二件　附旨

奉寒电：日使照会谓，中国有心违约，如不退兵，即将新定商约作废。已与互立文凭订明，距界四十里，中国军队不宜逼扎，奉旨允准等因。查约载，赔款一、二次交清，商约互换，剩款请定办法，即退回军队。今赔款一、二次已交，商约已定，彼当退兵，反藉口我不退兵即将新约作废，是彼固蓄意寻衅。我退则彼进。查宁、文、荣三州县俱距威一百数十里，实已在彼所谓四十里外。若此番退扎，再并此而不得，势必并三城无以为守。彼既得我二万万，复割台湾，并通商各要害，乃当彼应退兵之际，反藉端抵赖，其祸何可胜言？此事总署既奉谕旨，衡复何敢抗违？惟以衡之愚，势不能与彼族并处。惟有吁恳天恩，将衡罢斥，另行简员办理。不胜感激之至！

九月十六日奉旨：李秉衡电，具见奋发之忱。惟马关约内两次债款交清，商约互换后，尚有将关税作为剩款并息之抵押，如不确定，日本不允撤队等语。抵押一节，断不可行，故未能责以撤队。至威海彼占四十里外再空四十里不驻兵队，庶可彼此相安。此等办法，原属不得已之举。该抚务当从权办理，毋致因此再起波澜。是为至要！

洽电，钦奉谕旨，不责衡之愚戆，俯加温谕，读之涕零！谨当仰体朝廷不得已之办法，遵旨于彼占四十里外将我军移于再空四十里外。惟择地筑垒非旦夕可以竣事，拟限我各营于十月初旬一律退毕。惟我退之后，此空界四十里中彼亦不得再进一步。请旨饬与订明，庶可彼此相安。请代奏。

九月十九日

清季外交史料卷一百二十三终

清季外交史料卷一百二十四

光绪二十二年十月至十二月

闽督边宝泉奏借款数巨势难持久宜亟图补救以济时艰折

闽浙总督边宝泉奏，为筹还借款数巨期长，势难持久，宜亟图补救，以济时艰事。

窃臣接准户部咨，预筹英、法、俄、德借款，各省关每年认还一千万两。因事关大局，即应如期筹解，以济要需。除将挪移各款另折具陈外，窃维度支出纳岁有常经，酌盈济虚，不容稍缺。今入款如故，而岁出之款骤增一千余万之多，历时三十余年之久，若不迅筹长策，设法补苴，以一无可指之来源，应万不容缓之期限，固无日非剥肤之痛，累卵之危驯至，内蚀外竭，何堪设想？此臣所为腐心焦虑而不能已于言也。

自兵事定后，议者瑟〔毖〕后惩前，竞策富强。臣私忧窃计，惟以培养元气为难。夫口岸日开，市舶鳞萃，而我之商利夺；洋货充斥，制造日新，而我之工业夺；树艺蚕织，考究日精，出产不旺，不惟丝、茶无需于我，米面、药物且浸灌于中华，而我之农产地利亦夺。数十年所藉以制国用者，独洋关税厘耳！今则商疲工旷，农困地荒，洋关徒以洋货日用为漏脯之充饥，税厘则以土货日衰如旱泉之立涸。即目前情势，以三十年通计之，虽无新增数百万本息，民生国用已觉岌岌难支。自非正本遏流，何以收回利权，渐期苏复，而欲广农以聚工，程工以裕商。举所谓课树蓄、开矿产、仿制造、保商务、役游民者，皆需巨资创办。竭全力以赴事机，徒以挹注甚难，或知之而未能行，或行之而未能尽。部臣所谓欲开源而不能骤开者，此也。然在部臣虽知各省需款之急，而国债峻迫不能不分其责于外僚。在各省虽知就地筹款之难，而时局艰危，何敢复贻其忧于君父。但税厘则加无可加，捐输则广无可广。虽移缓就急，其所缓亦应预筹弥补之方。如顾此失彼，则所失必永无振兴之望。现尚各省无事，勉强凑解，支持目前，已恐后难为继。况至三十余年之久，天时人事，岂能逆睹？万一水旱之灾，萑苻之警，或一二省无力筹解，或一二年偶有愆期，食言之责终不获免，势必举债以还债，加息以偿息，更何以支？

臣日夜筹思，国家岁入只有此数，聚增借款，开源不易，惟以节流为救急之方。然节流必先其大者，而倡之自上，使天下晓然以朝廷卧薪尝胆之心，各自刻苦奋励，以扶危局。即照设官以治事，有职任重、属官繁而公事实简者，漕督是也；有分相埒而权实一主者，同城之督抚是也；有可归并于地方官者，河督、各关督、织造是也。至于京官及内外各武职与粮、盐、守、巡各道，亦多可并可裁。应请饬下廷臣，悉心合议，请旨裁定。

我朝圣圣相承，世崇俭德。伏读圣祖仁皇帝圣训格言，曰：我朝军国之需，与明代略相仿佛。至于宫闱之中服御，则一年之用尚不及当日一月之多，盖深念民力维艰，国储至重，祖宗相传家法，以勤俭敦朴为风。古人有言，以一人治天下，不以天下奉一人。以此为训，不敢过也。彝训昭垂，可为万世法守。乾隆年间，海内殷阜，普免天下钱粮数次，其时岁入不过四千万两，库藏有余。近年岁入且六七千万，济以捐输而犹苦不足，固由海防、勇营诸费倍多于前，而其虚糜亦不少矣！近者皇上亦尝训饬内务府而惩警之。窃谓内务府滥支滥销，已成锢习。少一造办，自少一侵蚀，少一费用，自少一浮冒。惟愿我皇上敬维祖训，以身作则，宫廷之中力行节省若干金。一面饬下户部，通盘筹画，何者可省，何者可减，必期于六七千万出款中每年省出一千万。各省关仍竭力撙节，设法筹措，庶拨还借款无剜肉补疮之苦，无措手不及之忧，而于地方常年应需之款与开浚利源之资均不至仰屋坐困。抑臣更有请者，皇上修理颐和园以备皇太后临幸，随时点缀，非侈游观治。皇太后轸念时艰，犹复黜华崇朴，不自暇逸。窃以皇太后有戡乱致治之功，虽归政颐养，亦惟以海宇乂安为乐，而不以台馆侈丽为娱。伏愿我皇上善体三十余年谆谆训政之心，嗣后一切工程暂皆停罢。俟中外敉安，民物丰阜，再行式廓经营，养志承欢，莫大于是。方今时势危迫，犹恃朝廷德泽久浃寰区，天眷在兹，民情可见。果能上下一心，中外一心，缓急通筹，标本兼治，转移之机，当即在此。不然，部臣以推诿为急公，疆臣以罗掘为尽职，日疲精劳神于悉索，而国计民生诸大端均不暇计，富强何日而臻？富强〔元气〕何时而复？内侮外患，在在堪虞，此固不待智者而后知也。臣怀愚悃，迫切沥陈。谨奏。

光绪二十二年十月初一日奉旨：留中。

总署奏各关税项递增暨添设洋关拟加税司经费折

总理各国事务恭亲王奕䜣等奏，为各关税项递增，暨添设洋关，拟加税司经费事。

溯查各关设立税务司，征收税钞，于同治二年间岁征银六百余万两，议给各税司办公费银七十万二百两。旋于六年添设山海、东海等关，岁征银八百余万两，加给经费银至七十四万八千二百两。嗣于光绪元年各关岁征银一千一百余万两，增添经费银一百九万八千二百两。续于六年新开口岸，增设琼海、北海、瓯海、芜湖、宜昌五关，共新旧十九关，岁征银一千三百余万两，加给经费银一百五十万八千二百两。复于十四年各关岁征银一千五百余万两，并添设九龙、拱北两关及购买缉私巡船，加给经费一百七十三万八千二百两。又于十九年添设龙州、蒙自、重庆及朝鲜之汉城各关，加给经费银一百八十五万八千二百两。历经总理衙门奏准遵行在案。

兹据总税务司赫德呈称：通商各关税务司经费一事，前经先后奏准，每年拨发关平银一百八十五万八千二百两之数，而除台南、淡水两关经费每年七万二千两停发外，现在各关实发一百七十八万六千二百两。查西藏前开亚东一关尚未征收税项，然不能不动用经费。且新添苏州、杭州、沙市、思茅等关，均经派有税务司等前往。惟前项奏准经费数目并无北〔此〕新开三关在内。且各关今年上半年所征之数较去年上半年所征约多至一百七万两。旧有之关公务较繁，办公人等因之较多，又加邮政，在在均须费用，只可请准添拨，以资办公。应请将年款一百八十五万八千二百两奏准之数改为一百九十六万八千两，并开具各关应添经费数目清单，请饬各关于光绪二十二年八月二十五日起按月发给。申请核办前来。

臣等查，总理衙门原议，各关收税逾一千五百万两，准其加增经费。比年以来，因收税逐渐加增，迭经奏请照章添给各该关经费，均奉谕旨遵行在案。今因收税加增，并添设苏州、杭州、沙市、思茅等关，又加邮政，在在均须费用，该税司所请加给经费尚属实在情形。查请拨之数每月加银九千一百五十两，臣等公同酌核，其所请增拨之数尚非无因，应如所请，照案拨给。如蒙俞允，当由总理衙门分咨南、北洋大臣，暨札行各关监督并总税务司，于光绪二十二年八月二十五日如数加拨，遵照办理。谨奏。

光绪二十二年十月初三日奉朱批：依议。钦此。

旨派杨儒罗丰禄黄遵宪伍廷芳充出使欧美各国钦差大臣

旨：杨儒调充出使俄、奥、和国钦差大臣，罗丰禄充出使英、义、比国钦差大臣，黄遵宪充出使德国钦差大臣，伍廷芳充出使美、日、秘国钦差大臣。

十月十二日

旨着鹿传霖详思善策保川保藏并令三瞻心服一并议复电　三件

旨：鹿传霖电奏，瞻对碉寨全克，逆目遁逃，甚慰廑系。惟上、中、下三瞻是否全克，又未详叙月日，尚应查奏。该督于易换番官一事坚执前议，不知三瞻界在里塘，乃入藏要路，此等办法，达赖岂肯甘心？即无藏兵援瞻之谣，亦当虑及。文海尚无折来，俟奏到再议。总之，保川固要，保藏尤要。筹善后，设汉官，此保川之计，非保藏之计也。叛则诛之，服则抚之，已给之地不索还，已授之官不更易，隐示达赖以兵威而不使藉口生衅，此保藏而并保川之计也。该督身膺边寄，务当详思善策，速即电复。

十月十二日

寄鹿传霖、文海：三瞻虽已全克，或收回内属，或赏还达赖，均于大局有碍。即使酌赏银两，能否令其心服？此事鹿传霖力主改设汉官，亦不可不熟思审处。应如何通盘筹画，外不使达赖萌反侧之心，内不使瞻民罹水火之厄？该督自当确有见地，接到此次谕旨，务即设法会商，奏明办理。

十月二十八日

寄鹿传霖：有人奏请撤番官，建汉官，所陈是否悉合机宜？着该督归入前次上谕一并妥筹具奏。另片奏，请在打箭炉厅设巡道一员，再于里塘以南接壤处所设文武官二员，着一并议复。

十月二十九日

川督鹿传霖奏遵旨妥筹瞻对改归内属电

奉文电谕旨，诡〔跪〕诵之下，惧悚莫名！查瞻巢系九月二十六日克复，上、中、下三瞻全境一律归顺。瞻对在巴塘、里塘之旁，并非入藏要路，藏图可考。查通藏大路，文报、茶商均往来无阻。历年瞻番肆虐，瞻民受害实深。土司被胁，谓从此次大兵出关，景然归化，不愿再隶藏番，土司亦各受其害，情词颇切，自应许其改归内属，故相率用命助剿。今若令仍归藏辖，使土司、瞻民仍受藏番苛虐，不惟大失民心，亦无以昭大信而广皇仁。从来招民使内附，未闻驱民使外向者，瞻民不甘受藏番之虐，势必纷纷吁请，其将何以应之？况瞻地实川省门户哉？臣仰沐圣恩，畀以川疆重任，何敢不通筹熟计？此事达赖虽不免哓舌，而决不敢别生衅端。藏番亦知顺逆。况英乘其后，廓伺其旁，彼再叛天朝，何以自存？俄亦万难遽通，均可无虑。如其藉口生衅，臣愿身任其事，必得一当，以报朝廷，如仍如臣前请撤回番官，以便妥筹善后，不惟保川，即以保藏。不胜迫切待命之至！

十月二十九日

川督鹿传霖奏瞻对全境收复番官请撤回折

四川总督鹿传霖奏，为瞻对全境收复，番官应请撤回，达赖难遽启衅外向，及英、俄窥藏情形事。

窃臣迭次陈明，瞻对为全省门户，应设法收回。嗣因逆番对堆夺吉派仔仲率兵侵占章谷，拒伤官兵，先开衅端，遂声罪致讨，攻剿瞻巢，业经收复三瞻，另行驰奏。惟臣屡请免派番官，迭奉电旨训示，已择要电奏，谨再为我皇上缕晰陈之。

查藏界通俄一节，事在印藏构兵之时，俄人乘间，借游历为名，取道后藏而来，甘言厚币，以诱藏番，又因语言文字不能相通，特予密函三件，约令遇有急难，将函驰送俄境，即可电达，助兵援应。藏番欣然信从，结好而去，秘之未敢宣也。及后藏班禅，素与达赖不睦，而附于英，因泄其事，前驻藏大臣升泰闻知查究，追出原函存案，惜未及时销毁，迨升泰出缺，藏番贿通司文案者，仍将三函盗去。然此后不闻再有往来之事。盖俄之距藏，远隔万里，夏秋水潦，不能通行，且必道经后藏，若有勾结，则班禅必为泄之，英亦防之甚严，此藏番遽难通俄之实在情形也。否则，以达赖之藐抗顽梗，如其道路能通，不待我驱之，早已外向矣！固无关瞻对之予夺也。至番官之肆虐滋事，直欲将边地土司概归其属，以遂其逆谋。瞻民创巨痛深，土司被胁依附已有年矣！此次大兵出关，纷然向化，坚求内附，自不能不许其效顺之忱。故先后仅到六营，阅时亦只三月，即能深入险阻，攻克瞻巢。若非土司、瞻民之相率归诚助兵向导，何能成此大功？今既收回三瞻，经营善后，自应改设汉官，尽心抚驭，以顺民情而彰天讨。若仍以已封之瞻地委之藏番，其苛虐侵扰必更甚于前，是此次瞻民效顺助剿不惟无功，反受其害，前功尽弃，大失人心，非所以布皇仁而昭大信，更何以对土司、瞻民乎？况臣前已迭次奏明，藏一有事，瞻对即属之他人，是其地之得与失尤关川省之安危。此臣所以再三奏请免派番官收归内属也。

伏思近年边事皆由事前敷衍畏难，不能早为规画，一旦事变猝临，遂致溃败决裂，不可收拾。历维往事，可为寒心。皇上不以臣为庸愚，畀以川疆重任，臣固不敢鲁莽从事，肇后日之衅端，又何敢敷衍畏难，贻无穷之隐祸？区区愚忱，神天可鉴。臣接藏员探禀，达赖闻川省进兵，颇有惧意，故前此抗不缴枪，今始请改派番官，其畏威不怀德，即此可见。夫从前瞻对之赏给达赖，原属一时权宜。乃历年番官虐民滋事，今更敢拒伤官兵，实属罪大恶极。姑念达赖远在数千里外，或不知番官之不法，今不深责其纵容之罪，已足示皇上宽大之仁。惟土司不能任其侵占，瞻民不能任其苛虐，应请广降谕旨，以昨据讷钦请派番官系属照例允准，今据臣奏明番官种种不法情形，自应收回瞻地，仍归番属，改派汉官管理，其新派之番官四郎多布结，无论行抵何处，即饬回藏，毋庸赴瞻，译行商上钦遵。即使达赖饶舌，不难以理喻之。若其藉口生衅，则其势有所不能，何也？藏番亦知顺逆，其信从达赖者惑于佛教耳！若公然背叛，番民未必听从。且廓伺其旁，英乘其后，今若再叛天朝，更复何能自存？彼纵极愚，亦断不敢出此。况藏中达木八旗以及三十九族皆属我而不属藏，如驻藏大臣号召该旗而善用之，更足以制达赖，使不敢逞。顷，接讷钦来咨，虑藏饷皆由番官汇兑，恐其作梗。不知藏番实贪购茶之利，故乐于在打箭炉收我饷银，购运入藏售买，藉以汇兑。然川省有自行运茶入藏销售者，亦可汇兑。如达赖敢于藉口生衅，臣愿力效驽骀，身任其事，必不致激成大患，上贻宵旰之忧也。

至英、俄交窥藏地，实皆注意印度。英为商务最盛之国，久有富名，而辖境四处零散，不相联属，印度尤其奥区，近年颇有持盈自危之意。俄之垂涎印度已久，以西藏据印度之巅，思得藏以图印，藉取建瓴之势，特远在万里以外，道路险阻，势难遽通，而英人颇以为虑，防范甚严。迩来俄、法交密，英人疑之，亦结好法国，以为助。彼此相忌，莫敢先发，故英报之言曰：上年构兵，取藏易如反掌，其不肯取而愿画界以和者，惧俄之争而开兵端也。若英、俄争藏，则兵连祸结，将无已时。藏为中国属地，万国共知，俄碍于公法，决不能显然图藏。中国如自行整顿藏务，英、俄皆不能干预，则划界早定，尚可暂时相安云云，非虚语也。无如藏番冥顽梗抗，难以理喻，英甚恨之，欲嗾使廓尔哈喀等部藉事与之构兵，而彼从旁观衅而动。达赖外甚狡抗，而中情实怯。据藏员禀称：廓藏米盐之案，藏人狡执不肯用印，闻廓兵临界，即行遵印立约。又瞻对番官抗不遵撤，一闻川兵进剿，遂请改派。其情之怯可见。今我如自行设法整顿，实英人之大愿，俄所不愿，而公法所在，亦复无可置词。昨接由印赴藏委员李毓森电称：行抵印度，与英之界务官晤谈。其意尚可通融办理。臣已函告文海，促其速行入藏，设法先将界务办结，徐图整顿，则藏可暂安，川省亦藩篱永固矣！谨奏。

光绪二十二年十月三十日。

川督鹿传霖奏瞻地如不内属恐边地从此多事片　附旨

鹿传霖片。

再，臣接准讷钦咨送达赖寄咨文一件，察其情词，虽多狡饰，而其心实已畏慑天威。臣当即据理开导，冀其稍知警悟。其实，达赖冥顽无知，皆左右贪劣之噶布伦等从中播弄之故。又准文海咨送奏稿中多过虑之辞。其酌赏达赖银两一节，臣以为，此端切不可自我先发，待其理屈词穷，再由驻藏大臣以酌赏为转圜。在彼得之意外，庶知感戴皇仁。否则，番情贪得无厌，转滋口实。况自瞻对赏给达赖，迄今将三十年，每岁所得瞻地赋税已倍于三十万之数乎？现复据提督周万顺禀称：瞻民近闻仍有新番官将至，纷纷惊疑，赴营禀诉，求勿撤兵，代为作主。并私相窃议，如番官果来，将纠集全瞻之众，抗拒驱逐，不甘再受苛虐。万一汉官再失信不管，将推立当日工布朗结之子仍规复其土司旧业。当经明白开导，已阻番官勿来，毋庸惊疑。请速咨明驻藏大臣，并行沿途粮务，劝止番官，万勿前来等语。似此情形，瞻地如不收归内属，必致瞻民自逐番官，思复土司旧业，是更徒失民心，达赖仍不知感，边地且从此多事矣！除饬周万顺等妥为弹压开导外，谨奏。

光绪二十二年十月三十日奉旨：览奏，均悉。现在事处两难，必须通盘筹画，俾达赖、瞻民均无窒碍。朝廷并无成见，该督等酌定一至当不易之策，会奏候旨。

川督鹿传霖等奏遵筹瞻对朱窝章谷善后事宜拟设汉官辖治土民折 附谕

四川总督鹿传霖奏，为遵旨再行密陈，并筹办瞻对朱窝、章谷善后事宜，拟设汉官，抚治土民事。

窃臣准军机大臣字寄上月三十日奉上谕：鹿传霖奏，瞻对全境收复，撤回番官，着与文海详细筹画等因。钦此。伏查，瞻对在川省西南众土司之中，去藏远隔数千里，而距川甚近，形势最为扼要。自归藏属以来，番官连年苛虐瞻民，威胁土司，直欲使关外全归其管辖，为害已属不浅。况今藏势岌岌直属之他人，其祸尤大。此次用兵，寓抚于剿，逆番势穷力竭，始献策出降。即将降番数百人善遣回藏，可谓仁至义尽。达赖苟稍有天良，应感皇上如天之仁。前攻剿吃紧时，据察木多文武禀报：仔仲逆番诈传达赖之命，于该处附近调番兵六千，该番等佥称不敢抗拒天朝，该逆百般迫胁日久，应者仅三百人。迨该文武晓以大义，遂哄然散去。是众番尚知顺逆，决不能助达赖背叛也。今三瞻幸已收复，土司、瞻民归心向化，藏番震慑兵威，或不致如从前藐抗，不独保川，兼可保藏，盖惩之所以保之也。达赖愚冥无知，近来骄抗异常，藐视大臣，动辄阻挠，皆由贪劣番官从中播弄。今示以天威，彼番官亦可稍知警惧。虽收回赏还，事属两难，然两害相形，当取其轻。收回瞻地，达赖纵不心服，不过狡执哓舌，不致别滋事端。如再行赏还，则大失土司、瞻民之心，而藏番且视为当然，并不知感，其势益横，瞻民不甘再受荼毒，必致纠众相抗。民胜则民与藏交相恶，令我措手尤难，藏胜则土司全为其胁服，川藏阻隔，边患益深，此尤切近之灾。藏番之性，畏威而不怀德。我若将就，彼更得志，界务、通商益复任意抗违，激怒英人，藏之危亡可立而待。藏若不保，瞻为藏属，并关外土司，全非我有，逼近打箭炉内地，其祸尤不堪设想。臣商之文海，所见略同。此时收回瞻地，如蒙谕旨，饬令驻藏帮办大臣纳钦，译行商上，切责番官害民侵地之罪，一面委员善为开导，恩威并用，较易听从。达赖计无复之，终归求赏为结束。虽或贪利多索，而可免无穷之后患，亦较之赏还为益实多。臣待罪疆圻，身亲其事，利害所在，曷敢不熟计深思？方今番官未撤，汉官一日不设，瞻民之心一日不安，藏番之觊觎亦一日不息，亟应乘此立威，设官抚治，涤除苛政，绥辑瞻民。即章谷、朱窝两土司因互相争袭，致酿祸端，朱窝土司四郎多登结藏构兵，固应严拿治罪。即札喜旺申本系麻尽土司之子，业经承袭其职，复因章谷老土司病殁，无兼子，争欲兼袭，致肇衅端，亦应不准兼袭。并请将章谷、朱窝两土司辖地一并改设汉官，略仿松潘五屯旧案，遴派委员管理土民、赋税、词讼一切等事，以安民心而杜后患。俟三处善后办妥，即次第推行，经营里塘、巴塘、德尔格忒一带地方，酌度情形，开荒修路，逐渐整顿，直至川藏交界为止，庶可固川省之藩篱，慑藏番之狡抗，则界务、通商均可次第了结，英人亦自输服。一面取道德格土司辖境，展修电线，西接三十九族地方，以达前藏，不经唐古忒辖境，彼自无从阻挠。从此极力经营，二三年后，电线既通，边防就绪，声息灵便，达赖自必仰慑天威，不敢仍前违抗。政令仍操之驻藏大臣，则川藏巩固，可纾朝廷西顾之忧。臣刻已会商文海，函致讷钦，派员晓谕达赖，并札饬参将喻立诚，劝谕番官折回，一面开导，一面饬令驻扎瞻对之知县张继抚绥瞻民善后，并饬知县唐承烈清查章谷、朱窝两土司之土地、户口，以备派员分投前往管理，渐次整顿，以保岩疆。如蒙俞允，容再详议章程，奏明办理。谨奏。

光绪二十二年十二月初五日奉上谕：鹿传霖、文海奏遵旨会商妥筹瞻对办法、鹿传霖奏筹办瞻对朱窝、章谷善后事宜一折，所陈瞻对地方形势及瞻民向化、藏番镇慑各情，通筹全局，利害相形，自以收回瞻地、改设汉官为正办。着鹿传霖、文海即将前后情形及现在办法详细函知纳钦，剀切详明开导达赖，晓以大义，并译行商上，示以朝廷保护黄教二百余年，瞻对距藏穹远，鞭长莫及，此次收回内属，实为藏中省却无数葛藤，免致瞻民与藏番交恶。并饬现在察穆多暂驻之参将喻立诚，向四郎多布结、青饶彭错等相继开导，总应令番官折回，纵费唇舌，不致别生枝节，掣动全局，则办理自易就绪。其赏银一节，并准通融办理。如达赖撤回番官，即可藉此转圜，是在该督等之相机因应矣！至所请将章谷、朱窝两土司一并改设汉官，将来次第经营里塘、巴塘一带地方，展修电线，界务亦易就范各节，并着该督等通盘筹画，妥慎办理。鹿传霖另行奏酌留三营驻扎瞻对，筹办善后，着照所议办理。总之，鹿传霖身膺疆寄，文海、讷钦统辖全藏，均属责无旁贷，务须酌度情形，刚柔互用，保藏、保川，两无窒碍，方为不负委任。一切操纵机宜，朝廷不为遥制也。将此谕令知之。

鲁抚李秉衡奏中俄密约中国受制太甚请改议折

山东巡抚李秉衡奏，为中俄新约中国受制太甚，无以自立，谨沥陈中外大势，恳敕下王大臣，熟权利害，酌中改议，以维大局而固邦基事。

窃维辽东之役，俄人以其有德于我，索报甚奢。朝廷息事安人，政策宽大，自当酌予利益，以联邦交。然臣近阅九月所订新约十二条，皆要挟过甚，许之则无以立国。谨总举全势，为我皇上披沥陈之。

俄人蚕食回部，拓土开疆，环中国万余里，经营水陆两军，凡数十年，其囊括席卷之谋，蓄志已久，以英、法、奥、义诸国助土耳其遏之于黑海，而不能逞志于西也，于是欲改辙而东，又以东方无不冻之海口未能遂其志也，于是改辙而修西伯利亚之铁路。

西伯利亚偏俄之东境，西起乌拉岭，东距大洋海，北距北冰海，南抵外兴安岭，与黑龙江、索伦、喀尔喀、乌梁海诸蒙古、哈萨克回部均相毗连。其旧有铁路，西自圣彼得堡俄京起，东至珲春海口止，而西伯利亚铁路横亘其中，纵横一万五千余里，其枝路复由阿摩斯直达哈密，约计六七千里，闻均限五年告成。夫俄土广而民贫，度支之绌视我为甚，而不惜集款至一二万万之巨，修路至一二万里之长，环我东西两部而笼罩之，其久蓄制我之谋可知。我制而日且随之。初未尝谋制日也，辽东一役，日人崛然而起，竟敢与我树敌，俄遂援制我之术以先制日，然阳为制日，而阴实制我。观今日所定新约，挟辽事居间之惠，迫之以势，其制我之谋已著矣！

新约第一条，允彼之铁路与中国边界接连，自珲春筑至吉林之恒春，向西北通吉林省城，另一支由西伯利亚筑至黑龙江之艾珲，由艾珲向西南筑至齐齐哈尔，又由齐齐哈尔至伯都讷，再向东南，绕至吉林省城。其第三条，中国拟由山海关接至奉天省，由奉天省接至吉林省，准俄国预借银两，代中国由吉林筑起。果尔，则奉天、吉林、黑龙江三省皆为彼所有矣！虽第二条，吉林、黑龙江铁路允三十年后由中国备价赎回，奉天铁路允十年后由中国备价赎回，然此二年中所借俄法、英德之款已摊还至三十余年之后，其能否偿清，尚不敢必，更从何处筹此巨款为买回数千里铁路之资？且买回章程届时再行商订，彼必故昂其值以难我，藉遂其久假不归之私，是俄人以之欺我，我即以之自欺。窃恐赎路之议未成，而制我之害已先见矣！又如第四条，中国自山海关至奉天、牛庄、开平、金州、旅顺、大连湾等处，均须照俄国章程办理。夫所谓照俄国章程者，照其车轮之广狭耳！车轮广狭既从兵制，则彼由俄京调兵转饷电掣风驰，不过七八日可抵山海关，且可由山海关迳达津沽，以抵卢沟桥，彼之来诚便易矣！其如我不能往何而彼犹虞我之或能往也，于第五条又申之以准俄人派马步兵队自行保护之约。查万国公法，未有假道筑路之事，更未有准邻国派兵越境保护之事。如其有之，必是彼之属国。否则，归其保护不能自主之国耳！以堂堂中华大国，而彼以此危我，以此辱我，我讵不能据公法以争之。况彼族立约，展转翻译，文意淆杂，偶一不慎，辄受其欺。如此条许以派兵保护，势必节节分布，回环数千里。分似无多，合则盈千累万。铁路神速，咄嗟可集。设彼一旦与我为难，其能阻之御之乎？此害之彰明较著，不待智者而知也。又如第九条，将山东胶州湾赁与俄人建筑营库、船坞，第十条，辽东湾、旅顺口、大连湾等处，如俄国别有兵事，准其将海陆各军屯驻。果尔，则中国方自顾不暇，更何能为他人担当战事，以树众矢之的？且胶州为东海咽喉，辽东湾、旅顺口、大连湾为北门锁钥，彼据而不退，南北洋即梗塞而不通。纵彼第为蛮触之争，我能无灭虢之惧乎？其他如第七条，准俄人在黑龙江、吉林长白山等处开矿，在此十二条中，尚非要害，然长白山为我朝发祥之地，滂溥郁积，以奠我亿万年丕基，乃裂山穿石，陵阜变迁，焚凿所加，山陵能无震动？我皇上宅中国之大，丰镐旧治，当必有深加护惜之思，亦不忍任他人纵其寻斧也。

臣常举十二条新约反复观之，无非彼享其利，我罹其害。假我吉林、黑龙江之道接铁路以运陆兵，而东三省非我有也。假我胶州、旅顺、大连湾之地修船澳以泊水师，而黄海以北、辽海以西非我有也。我有地而彼据之，我有矿而彼开之，因我之财，凭我之险，束缚我权力，煽惑我人民，环而蹙我土疆，以制我之命，是不但胁我谋我，直从而藐我玩我矣！俄之所谓厚施于我者，不过反〔返〕我辽南数州县之地耳！而我亦尝以三千万赎之于日矣！今复以修铁路允俄铁道附于我土地，有土地而后有铁路，今我之土地而俄修之，是俄之有矣！夫失之于日者，不过奉省数州县，乃德、俄之居间排解，不独酬以奉天全省，并吉林、黑龙江两省之地而附益之，恐未有如此失计之甚者矣！且今之谋危我大局者，又不止一俄也。即以保辽一役言之，俄之外有法，有德。酬德者不过扩充天津、汉口租界，酬法者不过于潞河、湄江两国轮船彼此通行，皆不及酬俄远甚。万一德、法援俄为口实，以肆其无厌之求，其徇之乎？否乎？至不与于保辽之役而与俄为敌者，则又有英。夫英因阳昵我，阴袒日，而实则嫉俄者也。中俄之合，英且以嫉俄者嫉我矣！万一英以俄为争霸而逞其捷足之谋，其徇之乎？否乎？不徇其请则立开兵衅，徇其请则无以立国。如之，何其可也。且英、德、俄、法互谋兼并，皆非有爱于我而不为我害也。特彼此牵制顾忌，欲观衅而动耳！越南入于法，法之铁路遂由西贡以达东京，今则已抵镇南关矣！缅甸入于英，英之铁路遂由印度以达新街，势将直抵白马关矣！再过数年，两关之外胥有英、法铁路骎骎乎环中国之藩篱，无一非外人之轨辙。如以俄约为先路之导，法必请由镇南关接路至两粤以通南洋，英必请由白马关接路至滇蜀以通西藏。当是时也，其结英、法以拒俄乎？仰〔抑〕结俄以拒英、法乎？外国与中华交涉，往往先之以恫吓，恫吓不已，继之以讧阻，讧阻不已，继之以要挟，要挟不已，继之以保护，保护不已，继之以攘夺，至攘夺而亦受之，则兼并之志成，而中国无以自立矣！伏愿我皇上圣度如天，驭远以信，既助我于危急之日，我自当酬其答报之情。方今军事虽平，敌氛犹恶，既不肯别开边衅，又何肯轻绝外援？朝廷万不得已之苦衷，应为天下臣民所共谅，然必我自可以立国而后可厚结于人，不审慎于先机，必贻悔于后日。

查西洋各国遣派使臣，相与议定条约，均应由各国核准施行，是准驳之权仍操自皇上。此次所定新约系九月定议，距六个月画押互换之期尚远，仰恳饬下总理军务处暨总理衙门王大臣，会同俄国议约之员，另行妥议，于假道修路、借地屯兵各条拒而不许，或以各国牵制为解，或以公法扞格为难。彼如不就范围，再别予以通商优例，如酌订税则，扩充商务之类，但择其害之较轻者予之。并恳圣谟独断，明降谕旨，将此各条为公法所无、万难允许之故反复晓谕，推至诚以宣示，杜非分之干求。彼如震慑皇威，庶可挽回大局。说者谓俄人阴鸷非常，彼其蓄志已深，不予恐开边衅。臣愚以为，予之则腹心之疾将永不可除，而边衅亦并不能缓。欲求纾急之方，宜务自强之计。东三省为根本重地，物产丰饶，风气刚劲，自古兵马所萃，为控制天下之资。应请敕下东三省将军大臣，于练兵事宜加意讲求，认真整顿。将才必须慎选，黜贪诈而拔廉诚。士卒宜予附循，禁克扣而惩虚额，兼之集流亡以实边圉，广屯垦以助军糈，务使田有余粮，士怀斗志。此备边之切务，即御侮之要图。臣尤伏愿我皇上圣敬日跻，神谟广运，法祖宗之成宪，严察辩言乱政之非，定中外之大防，仍任用夏变夷之术，黜陟分明，以驭群吏，信赏必罚，以励戎行，节无益之费，以裕饷源，求敢死之将，以任边事。君臣交警，上下一心，常矢卧薪尝胆之忱，力求亡羊补牢之计。外洋之人各有耳目，果使生其敬畏，自不敢肆其欺陵，正不必断断〔断〕于铁路、矿产而后为自强之计也。我能自强，即失俄之援，俄亦无如我何。我不能自强，俄即援我，我其如英、法何？且俄不我援〔援我〕反而谋我，我又其如俄何？

纵观古今得失之林，横览中外成败之迹，未闻有恃人为援而可以自强者也。请以中国前事证之。韩、魏附于秦，假秦以攻齐、楚、燕、赵之道，齐、楚、燕、赵未下而韩、魏先亡于秦。南宋合金以破辽，继又合元以破金，辽、金破而南宋之社亦随之而墟。乞援以攻人者，其害固如是也。再请以外洋近事证之。土、俄交讧，英人纠德、法、奥、意诸国合力助土以拒俄，俄虽请和，而诸国于土之险塞、名城以保护为名，豆剖瓜分十之三四，近年英更以兵力箝制之，论者谓不至如印度之尽为所并不止，乞援以自固者，其害又如是也。古今一貉，中外同揆。图兼并人国者始以利饵，继以威胁，终必制其死命而无能救药，是皆往事之可为殷鉴者矣！查此约近尚秘密，外臣不应与闻，然已刊之《申报》，传播远近，阅者咸疾首蹙额，诧为异闻。臣待罪疆圻，胶州是臣守土。况东三省为我朝龙兴旧地，拱卫神京，根本既危，枝柯安附？剥床有象，切近之灾。臣藉隶奉天，先人耕陇之乡，蝼蚁私忧，亦孺结而不能自已，每一念及，辄中夜以兴，绕室彷徨，罔知所措。用敢披肝沥胆，冒死上陈。不胜悚惶屏营之至！谨奏。

光绪二十二年十二月初十日。①

旨寄鹿传霖瞻对设官各节着派员宣示后再行定议电　二件

旨：鹿传霖驰奏瞻对设官各节，览奏已悉。此事关系川藏全局，是以迭谕该督妥慎办理。今据所奏，于川省藩篱绸缪甚固，而于藏卫情形仍无把握。达赖尚无回信，又未撤兵，其包藏贰心已可概见。设因一隅内属而全藏动摇，得不偿失，该督岂未深思耶？着该督将瞻民愿仍归川并朝廷垂念藏番可以酌赏银两之意明白宣示，妥派干员，乘时入藏，必得达赖的实声复，且以观其向背之儿，俟有确情，再行定议，切勿孟浪从事，致误大局。

十二月二十日

旨：鹿传霖电悉。朝廷慎重，在瞻对设官一节，至朱窝、章迈〔谷〕及巴、里塘布

① 原刊目录标为“十月初十日”。

置，原与藏中无涉。然若因朱窝等先设汉官，遽将瞻对一体改设，则前此简放番官之旨必须撤回，难保藏番不从此生衅。着遵前旨，迅派干员，前往宣示，取有的实回信后，再行电闻。此时有四营在瞻，必无他虑。

十二月二十五日

总署奏遵议王文韶筹修旅顺大连炮台请拨购炮经费折

总理各国事务恭亲王奕䜣等奏，为遵旨议复事。

光绪二十二年十一月十六日，准军机处钞出北洋大臣王文韶奏，筹修旅顺、大连湾炮台，请拨购炮经费一折，本日奉朱批：该衙门妥议具奏。钦此。查原奏内称：旅顺为北洋门户，大连湾扼其吭，金州抚其背。不修复各处炮台，则不能固北洋之防。仅修复各处炮台，而不弥其罅隙，则仍不足以固北洋之防。本年德国克虏伯炮厂委员克驰马、格鲁森炮厂总办年弥先后来津，商令前往旅顺等处详细查勘，各陈所见，详略虽异，而主于水、陆兼顾之义则同。合计旅、大两处各台安设大小炮位，连电光灯、钢甲炮架等项，共约估需价银三百五十万两上下，建台需费约数十万金，须俟定议后核估请拨。拟请先行酌拨银三百万两，以为购炮之用等语。

查筹修旅、大等处炮台，定购大小快炮，以固北洋水路各防，该大臣系为未雨绸缪之计，自应准如所请办理。该德员克驰马、年弥曾先后绘图帖说，由该国使臣绅珂转递臣衙门。查阅所称兼顾之义，与该大臣所奏略同。应由该大臣察核，督饬兴办。其所称先筹经费三百万两一节，户部查原奏内称：建台需费约数十万金，俟定议后核估请拨。现在旅、大炮台既须修复，日后由该大臣核定确数，奏请拨款。惟炮以台为主，若必待购炮之后乃始建台，则台之成尚须时日。拟请先由天津海防支应局所存海军巨款内拨给湘平银十万两，交该大臣先将旅、大炮台扼要布置，以为始基。仍俟核估确数奏到日，再由臣部如数筹拨。至所称水陆要隘安设德厂快装大小各炮，共需二百三四十尊，约估需银三百五十万两等语，究竟某种快炮需价若干，该大臣与该炮厂如何订立合同，何时缴炮若干，付价若干，所需之项酌分几年缴清，原奏概未议及。应请饬下该大臣分晰开报，其二十八生的及二十四生的快装大炮共应若干尊，十二生的及十生的半暨五十七密里快放小炮共应若干尊，每尊订明需银若干，并将订购合同分咨总理衙门、户、工二部考核。俟核准后，应需经费或先行酌拨，或分年归款，再由臣部会同各该衙门奏明办理。所请拨银三百万两之处，此时应毋庸筹议。谨奏。

光绪二十二年十二月二十三日奉朱批：依议。

俄人在亚西亚洲建筑铁路节略　二件

俄人建设马尔罕铁路，在中国西界外：

查俄国现造铁路一道，自里海东滨起，至萨呜吁城。告成后，凡运送兵戈、粮饷各处到萨城者，均可无碍。该处距中国边疆远约一千零一十里，距喀什噶尔约一千四百三十五里。其现造铁路若能扩至塔什干城，似近于中国边疆不过七百二十里之数。再查俄国运兵至该处时，约系现在里海东地驻防者，自其防处运起，至萨城、塔城各地，其情形在无事时或缓限十二天可到，有事时则紧限八天准到，如运少许之军，则更可迅速矣！又查俄国北方铁路，现时告竣之工，至呿门城而止。其直距额尔库特士克三千七百一十五里，而额尔库特士克距中国边界约三百四十五里，距海参崴三千九百六十里。查自呿门城连额目额城、海参崴等处，既有水路几分其中，亦有轮船可行。现在拟将铁路推至海参崴，即由两尾处交界一并造起，其水路亦可一律挑通矣！

俄人建海参崴铁路，在中国东界外：

俄人今在西伯利亚所拟建造之铁路，为连国都以通海参崴而设。由么士科至萨马剌一路，现已接成，计长二千一百八十里。由萨马剌起至乌发区，计九百七十里，亦已告成。由乌发至斯剌拖乌士特，计长八百七十六里。由斯剌拖乌士特至俄木士克，计长二千四百里。由俄木士克至拖木士克，计长一千八百里。由拖木士克至额尔库特士克，计三千四百里。由额尔库特士克至纳尔钦士克，计二千四百里。此五段虽则经营，并未告成。由特尔钦士克起，暂用所通之水路，过什里喀河及黑龙江并乌苏里河一路，可通布色城，此水路长六千里。由布色城至海滲崴，长八百里，再设铁路。综计海参崴距么士科都城二万八千二十六里，内以六千里可用水路，其余一万四千八百二十六里均设铁路。此间有三千一百五十里已告竣者。俄廷筹建铁路，由萨马剌至纳尔钦士克，并由布色城至海参崴，共计一万二千六百四十六里，须用四万四千一百万鲁波勒。以一里之路合算，须用三万五千鲁波勒。以此观之，似不甚贵。查该铁路轨道定为一密达二十五生的铁轨，在平地用一密达长二十五启罗重，过山处一密达长用二十七启罗重。其火车来往时速率，每一点钟可走四十二里。以此速率而算，自萨马剌至额尔库特士克，计九千四百四十里，用二百五十点钟可到。若仅用白昼来往，须十六天可到。由额尔库特士克至海参崴，系三千三百里铁路，六千里水路，大约再用十五天亦可到矣！

十二月二十六日

清季外交史料卷一百二十四终

清季外交史料卷一百二十五

光绪二十三年正月至四月

总署奏筹议粤省西江通商并重定滇缅边界折　附条约暨专条

总理各国事务恭亲王奕䜣等奏，为筹议粤省西江通商，重定滇缅边界，拟定附款专条，谨缮清单，敬呈御览事。

窃臣衙门于光绪二十一年十一月十五日具奏西江通商一案，当经照会英使，并咨龚照瑗，与英外部商订野人山地，仍留缅约，以全邦交。本年二月间，迭据龚照瑗电述：英人减让野人山地界，而于西江通商口岸，请在肇庆、梧州、桂林、浔州、南宁五府设立领事，佛山、高要、封川、南新墟等处停泊轮船，由广州、澳门出入。臣等以野人山地减让无几，而通商口岸太多，且桂林在北江之北，浔州、南宁在藤江、龚江上游，并非西江，岂能强索？因电令龚照瑗，再与切商，责以践诺。四月间，复据龚照瑗寄到英外部减索野人山地图，较之薛福成定界原图，自萨伯坪起，偏向西南，以昔马一处划归缅界，复循旧线至南碗河之西，斜向西南稍曲处，地曰南坎，归入缅界；又自西而东，地曰北丹尼、曰科干，英外部以此两地原系缅甸门户，当时误划与华，乘机索回。此外无甚更易。龚照瑗与臣等电商未定，英使臣窦纳乐来华接任驻使。八月间，窦纳乐来言，奉到外部训条，面交换改缅约节略二十款，洋文地图一纸。其增改野人山界线，核与龚照瑗所寄之图尚符。惟第十二条内缅甸现有及将来续开之铁路接入中国，第十三条腾越、顺宁、思茅三处设领事，第二十条光绪二十一年五月中法条约利益一律让于英国，又续增专条请在新疆设领事，通省任便游历，并照光绪七年俄约准英人在新疆各属贸易，无所限制，亦不纳税各等语，未免变本加厉。而西江通商坚索至南宁以上，又多索停泊处所，否则决废缅约，以为要挟。臣等再三驳辩，该使始电其外部，逐渐转圜。首将新疆设埠及援照法约利益两节删去，滇缅接路一节，改为俟中国铁路展至缅界时，彼此相接滇界，领事一节，改为将已设之蛮允领事改驻或顺宁，或腾越一处。其思茅领事系援利益均沾之说，尚非英国独创也。其野人山界线改将南坎一处作为永租，余俟两国派员勘定。

综原约之可留者，臣等详与商留共为十九条，附于缅约之后。该国废缅约之谋已消弭矣！惟西江通商一节，辩论最繁。经臣等明白开导，援据舆图，指陈利害，辩驳数月，该使始允自梧州而止。梧州之东，只开三水县城江根墟，商船由磨刀门进口。其由香港至广州省城，本系旧约所准，仍限以择定一路，以通西江。沿途停泊处所，限定江门、甘竹、肇庆、德庆四处。惟南宁之议，该使仍以外部已徇英商之请，断难全驳，因订俟彼此察看商务情形，如果情形兴旺，设埠有益，及中国铁路展至百色时，亦可作为通商口岸。给与文函，不载条约。

此事筹办经年，诸多棘手。现计野〈人〉山界线，减索只科干误划之地仍归缅界，多一转折，余无大碍。西江通商口岸，始索至五府之多，今订自梧州而止。停泊处所，分别准驳，且声明照长江停泊章程办理，以杜流弊。至驳删援照俄、法利益两款，可免无数葛藤，较有关系。臣等公同商酌，就此定议，宜可结束。如蒙俞允，应请敕派大臣与该使画押，以符成案。此外，设关、分界事宜，仍由臣衙门与滇、粤督抚臣随时妥商办理。谨将中缅条约附款及专条暨附约文函，恭呈御览。谨奏。

光绪二十三年正月初三日奉朱批：着派李鸿章画押。

中英续议滇缅界务商务条约附款

大清国、大英国国家为续议附款事。

今因英国不再索问中国于光绪二十一年五月二十八日与法国订立条约所让江洪界内之地，致与二十年正月二十四日与英国订立之中缅条约相违，彼此和商，于原订条约内，或增或改，拟立附款，如左：

第一条 今议定两国边界，自北纬二十五度三十五分起，由格林尼址东经九十八度十四分，即北京西经十八度十六分之尖高山起，随山脊而行，向西南，至瓦伦山尖即高良，由此接至萨伯坪。自萨伯坪起，其线顺分水山向西而行，稍向南，过式脱仑坪，到纳门格坪，其线由此分西衣、冈木萨两处而画，直至大巴江，然须俟就近考查后再定，自大巴江至南太白江，自南太白江至巴克乃江，自此顺巴克乃江到该江源头大郎坪相近处，由此顺大郎坪岭至畚辣希冈，自畚辣希冈，线顺西南而行，至列塞江，顺列塞江至穆雷江，分克同村及列塞村于两处，线自中画，自此顺穆雷江至该江与既阳江相会处，再顺既阳江，至爱路坪，顺南奔江即虹蚌河①，至太平江。

第二条 自太平江及南奔江相会处，此线顺太平江到瓦兰岭相近处，由此顺瓦兰岭及瓦兰江至南碗河，顺南碗河至该河与瑞丽江即龙川江相会处，南碗河之南那木喀相近有三角地一段，西濒南莫江之支河及蛮秀岭之垒周尖高山，从此尖高山遵岭东北至瑞丽江，此段地英国认为中国之地，惟是地乃中国永租与英国，管辖其地之权咸归英国，中国不用过问。其每年租价若干，嗣后再议。

① 后又作红蚌河。

第三条　自南碗河、瑞丽江相会处，线顺今之新威部落北界至萨尔温江即潞江，将瑞丽江合流之处及万定、孟戈、孟戛等处将及全地划归中国。自瑞丽江于南算相近转北之处即瑞丽江与南阳江相会处，线顺南阳江上行，至该江源头孟哥山，约在北纬二十四度七分，东经九十八度十五分，自此顺丛树山岭至潞江与南迈江相会处，由此顺潞江上行，直到科干西北界，顺接科干东界，直抵工隆界上，将工隆全地划归英国。由此循英国所属之琐麦与中国所属之孟定分界处之江而行，仍随此两地土人所熟识之界线，至界线离此江登山处以萨尔温江及湄江即澜沧江之支江水分流处为界线，约自格林尼址东经九十九度，北京西经十七度三十分，北纬二十三度二十分，约至格林尼址东经九十九度四十分，北京西经十六度五十分，北纬二十三度，将耿马、猛董、猛角归中国。在格林尼址东经九十九度四十分，北京西经十六度五十分，北纬二十三度处，边界线即上一高山岭，此山名公明山，循山岭向南而行，约至格林尼址东经九十九度三十分，北京西经十七度，北纬二十二度三十分，以镇边厅地方归中国。然后其线由山之西斜坡而下，至南卡江，即顺南卡江而行，约过纬度十分之路，以孟连归中国，孟仑归英国。然后循孟连与康东之界线，此界线亦皆土人所熟悉，由南卡江分开，至北纬二十二度稍北处，即离开南卡江，向东略南，循山脊而行，至南垒江，约在北纬二十一度四十五分，格林尼址东经一百度，北京西经十六度三十分，由此循康东及江洪之界线，此界线大半系顺南垒江而行，惟除属江洪一小带之地系在南垒江之西，北纬二十一度四十五分稍南，界线行至江场边界后，约在北纬二十一度二十七分，格林尼址东经一百度十二分，北京西经十六度十八分，即循江场与江洪之界线而至湄江。

第四条　与原约无所增改。

第五条　今彼此言明，日后中国未经先与英国议定，不能将现在仍归中国在湄江左岸之江洪土地以及孟连与所有在湄江右岸之江洪土地，或全地，或片土，让与他国。

第六条　今彼此议定，将原约第六条拟改如左：现在所定边界各线应由两国所派勘界官比较划定，以免地方官民争论。如查得无论何处有未甚妥协者，应行更正。两国勘界官应于此附款画押后十二个月之内，在两国届时所定之地相会。勘界官自首次相会之日起，应限定不出三年之外，将两国界线一律勘定。如确守附款所定界线必有骑线之乡村部落地段，勘界官员可量为迁改互易。倘勘界官有不能商妥之处，应速将未妥情形各报明本国国家核办。

第七条　与原约无所增改。

第八条　与原约无所增改。

第九条　凡货由缅甸入中国，或由中国赴缅甸，过边界之处，按照原约，准其由蛮允、盏西两路行走。兹彼此言定，如将来两国勘界官员查明另辟他路，与贸迁有益，所有查明之路皆准照原约所载一律开通行走。

第十条　与原约无所增改。

第十一条　与原约无所增改。

第十二条　一、英国欲令两国边界、商务兴旺，并使云南及约内中国新得各地之矿务一律兴旺，答允中国运货及运矿产之船只由中国来，或往中国去，任意在厄勒瓦谛江即大金沙江行走。英国待中国之船，如税钞及一切事例，均与待英国船一律，中国答允将来审量在云南修建铁路与贸易有无裨益，如果修建，即允与缅甸铁路相接。

第十三条　按照原约，中国可派领事官一员驻扎缅甸仰光，英国可派领事官一员驻扎蛮允。中国领事官在缅甸，英国领事官在中国，彼此各享权利，应与相待最优之国领事官所享权利相同。如将来中缅商务兴旺，两国尚须添设领事官，应由两国互相商准派设。其领事官驻扎滇缅之地，须视贸易为定。今言明：准将驻扎蛮允之领事官改驻，或腾越，或顺宁府，一任英国之便择定一处，并准在思茅设立英国领事官驻扎。所有英国人民及英国所保护之人民，准在以上各处居住、贸易，与在中国通商各口无异。英国领事官在以上各处驻扎，与中国官员会晤、文移及往来酬应，亦与通商各口领事官无异。

第十四条　原约内载，华民欲赴缅甸，可向华官请英国驻扎蛮允之领事官给发护照云云，今既言明，将驻扎蛮允之领事官改驻，或腾越，或顺宁，自应将此条内驻扎蛮允之领事官字样改为驻扎或腾越或顺宁领事官。

第十五条　与原约无所增改。

第十六条　与原约无所增改。

第十七条　与原约无所增改。

第十八条　与原约无所增改。

第十九条　原约后加增　通商章程如未能议妥如何修改，则仍应遵守原约所载之章。

光绪二十三年五月初六日，在北京互换。

专条

光绪二十一年十二月初六日，经总理衙门照会大英署理钦差大臣，以光绪二十一年十一月十五日，本衙门具奏西江口岸通商一折，奉旨：知道了。钦此。相应恭录谕旨，照会查照等因。今彼此言明：将广西梧州府、广东三水县城江根墟开为通商口岸，作为领事官驻扎处所。轮船由香港至三水、梧州，由广州至三水、梧州往来，由海关各约定一路，先期示知，并将江门、甘竹滩、肇庆府及德庆州城外四处同日开为停泊上下客商货物之口，按照长江停泊口岸章程一律办理。

现在议定：以上所定中缅条约附款及专条各节，应于画押后四个月之内开办施行。其批准文据，应在中国京城速行互换。为此，两国大臣将此附款专条画押盖印，以昭信守。

此附款、专条在中国京城缮立汉文三分、英文三分，共六分。

光绪二十三年正月初三日，西历一千八百九十七年二月四日。

总署奏山东胶州海口形势紧要拟建设船坞屯扎兵轮折

总理各国事务恭亲王奕䜣等奏，为山东胶州海口形势紧要，现拟建设船坞，屯扎兵轮，以资扼守而杜觊觎事。

窃查，山东胶州海口，内湾宽深，可容巨舰，外口窄束，易于防守，口门左右依山为险，敌兵不能抄袭，地气和暖，严冬不冻，实为海军天然船澳。是以光绪二十一年十月间俄国兵船请借该处停泊守冻，钦奉谕旨，饬令出使大臣许景澄与俄外部订明暂泊之说。旋届春融，久已驶回。而德国外部大臣马沙尔以英有香港，法有西贡，俄有海参崴，亦屡向许景澄申说，欲向中国借一海口，以为东方屯泊兵船之地。德国驻京使臣绅珂、海靖亦迭来臣衙门商请，无论何处海岛，并未指索。上年十二月间，海靖竟指明胶州澳，恳请借让。虽经臣等迭次坚拒，而该国借地之谋始终未已，难保日后不更来尝试。臣等会同商酌，非有先发制人之策，不足以杜外人觊幸之心。上年八月间，臣等奏明订购德国穹甲快船三艘、英厂铁甲快船二艘、德厂雷艇三艘，均已开工制造，计期今冬明春可以陆续来华，若即在胶州澳停泊，实足以固吾圉而折敌谋。惟船坞、炮台一切工程必须先期经理，方臻妥协。已由臣衙门电商王文韶、李秉衡，妥为筹办。相应请旨饬下北洋大臣王文韶、山东巡抚李秉衡，迅派大员前往胶州，查明该处海口情形，应如何妥为布置之处，绘具图说，咨明臣衙门核办。应需经费，亦即确实估计，由臣等商之户部，陆续筹拨。谨奏。

光绪二十三年正月十二日奉旨：依议。

署江督张之洞奏严禁租界以外洋人任意侵占以收地利而维政权折

署理两江总督·湖广总督张之洞奏，为严禁租界以外洋人任意侵占，以收地利而维政权事。

窃维上海为中国第一口岸，其地处南北两洋之交冲，握中外各商之枢纽，欲振中国商务，必自上海始。惟各国逼处，应行整饬防闲之事甚多，而今日急务则莫如限制洋人于租界外占地一事为最要。若不亟筹堵截之法，将日辟日多，上海县城外及宝山县滨海地方皆成洋界，流弊无穷，不堪设想。前据江海关道黄祖络禀称：闻英国拟自沪北泥城桥界外跑马场，直达静安寺，沿苏州河而下，至新闸，法人由八仙桥界外起，到徐家汇止，均欲划归租界，较原订之界大至数倍。闻该领事已详公使。当经电达总理衙门向该公使驳阻在案。

查上海有英、法、美三租界，法租界居中，其地略小，英、美居外，其地均大。租界之中，洋商自用有限，皆转租华民以实之，户口已不下二三十万。现在法界之地无可扩充，惟南市一带与之毗连，幸有十六铺桥为限。该处华民不肯卖与洋商，坚持甚力。现经奏明，由官自筑马路，正为力杜侵越。英、美两界，地既散漫，四处可通。繁盛之区，市廛日满，而界线之外，仍复扩充无禁，起造洋房。按图，英界以泥城桥为限。今则由泥城桥外直达徐家汇等处十数里，皆有马路通行。此英界之所占也。美界定线最浮，尤无限制。同治初年所租止九百余亩，嗣后美领事西华不商关道，自画界线，将未租民地圈入万余亩。光绪十九年十月，经本任督臣刘坤一饬江海〈关〉道与美领事商议，将界线内东北一带未租余地收回二千六百亩，咨明总署在案，而于西北一带界外所占之地未及清厘。查美国领事自立界石虽在苏州河边，而该河里面之地今亦起造洋房。此美界之所占也。

又该河西岸大王庙一带至万航渡等处十余里，与其中路由虹口达江湾至吴淞三十余里，亦皆由马路通行。浦东虽无马路可通，近年洋房亦已不少。推其占地，必先筑马路，继则设捕房，挂路灯，编门牌。闹市渐开，未几而已成为租界。按《烟台条约》第三端之二内载：各口岸已定租界应勿庸议，界线之外但为洋人侨寓之所，不能以租界论。法约第十款，虽有各口地方，法人房屋间数、地亩宽广不必议定限制等语，然系指法人租地造屋而言，并非即言租界。今上海则不然，地方官或加诘问，则以索还马路经费为词，多端要挟。租界既成，缉匪拿人之事非照会领事协同洋巡捕不可。但我抽华商之厘，而洋人工部局留为按月收捐之地。奸商避抽税厘，又复张挂洋牌，自甘化外，利权尽失，欲挽无由。推本厉阶，皆由于此。历年上海地方官但知素餐渔利，形同聋聩，以自辖之境土、中国之精华一任外人侵据开拓，占尽地利，商利付之，不闻不问，此诚可为叹息痛恨者也。

又闻洋人谈论，以上海为各国商务最重之区，遇有兵争，作为局外，以便保护，故不但洋人乐居其地，华人亦莫不然。地价之昂，势尚未已，则洋人之占地，其势亦恐未已。尤可虑者，近西南一带为由沪入松江之要地，近北一带为由沪入苏之要道，西南有制造局，自筑马路堵截尚易，其近北一带，万航渡以上，倘再任其接修马路，扩充租界，势必及于嘉定、昆山境内，将成不可收拾之势。

窃思上海要区，华洋杂处，洋人为政，事权旁落，隐忧已深。现经臣奏明，筹开铁路于洋场东北，筑马路、码头于洋场西南，正所以防其侵越。讵意各国竟欲将此繁盛之区全作租界，占尽上海权利，喧宾夺主，实出情理之外。查租界之设，原为洋商建造行栈起见。果洋商不敷居住，索地推广，犹有可说。岂知各国本有之界已属极宽，洋商无几，近二十年任意侵占，已逾原有租界甚远，乃又欲假租界之名，尽收沪上华民之利，漏厘捐，扰政权，实属关系大局。今日为我计，惟有坚持定见，断不许其再行扩充租界，并须力筹杜渐防微之法。凡界线之外洋人已筑马路，约明不得再接；其未筑者，约明不得添设。并谕民间，不得以界外之地私自卖与洋人。如有私卖者，上海县不准给单，上海道不准转契，即将该民人严治其罪，并将该地充公，地价追缴入官，以示严罚。如此认真办理，则私卖暗占之风或可渐息。一面责成苏松太道随时访察，凡租界外洋人马路已到之所，即于其地接造马路一段，迎头拦截，彼自不能轶出范围。经费准其禀请筹给，所费亦不甚多，而越界侵占之弊不言而自绝，不令而自行，尤为善策。此事不惟有关中国利权，实有关中国管辖土地之权，实为要政。并请敕部严定处分，如以后洋人于上海吴淞等处租界以外任意侵占，华人私行卖给，地方官不行禀明，一经查出，即将苏松太道及该管之上海县或宝山县俱照溺职例严行惩处，庶足以儆贪吏而重海疆。

除严札苏松太道，转饬上海县，并会清丈局严密查禁外，相应请旨敕下总理衙门，与各国公使议明，转行上海各领事知照。此举与中国约章、各国公法均属不准逾越之端。如洋使必不肯明允，则由外间迅速力筹自造马路拦截洋人筑路之策，彼谋自沮。惟有中外合力坚持，严予限制。大局幸甚！不胜屏营激切之至！谨奏。

光绪二十三年正月二十五日奉朱批：该衙门议奏。

总署奏酌定宝星式样请旨遵行折

总理各国事务恭亲王奕䜣等奏，为酌定宝星式样，请旨遵行事。

窃臣衙门于光绪七年十二月十二日奏定宝星章程，奉旨：依议。历届钦遵办理。嗣于二十二年三月二十一日复奏，请将头等第二、第三宝星颁给限制，立案声明，奉朱批：依议。钦此。近日邦交益密，往来赠答，事类繁多，上而列国君主之周旋，下及贵戚臣工之颁赐，典仪所在，义贵精详。宝星取象列星，外国制造多为光芒森射之形，以显昭明而彰华贵。中国旧式形方且重，与内地功牌相近，外人往往以艰于佩用，似无以达彼向风拜宠之忱。臣鸿章奉使欧洲，十请旨颁给洋员宝星案内，曾将应行厘定情形附片陈明在案。现臣等公同酌议，嗣后宝星式样应请量与变通，参酌欧洲各大国通行式样，加以星芒改制，精工铸造，藉示恩荣。其名目、藻饰、錾刻一切，均照旧章。其铸造，拟选募津沪良工，范以银模，俾臻精美。其大小佩带，均无庸加绣龙形。似此斟酌变通，其于樽俎雍容，颇为宜称，亦慎固邦交之一道。谨将新拟宝星式样绘图，恭呈御览。如蒙俞允，即由臣衙门遵照改造，照会各国使臣，暨知照南北洋大臣、各省督抚、出使大臣，一体遵照办理。谨奏。

光绪二十三年二月十一日奉朱批：依议。图留中。

豫抚刘树堂奏陈中俄密约于彼有利于我大害折

河南巡抚刘树堂奏，为恭折密陈事。

臣闻自强者不败，因人者无成。去岁以来，道路传闻，皆谓与俄罗斯国定有密约，归其保护。臣初不之信，近乃有人以约稿钞示，中言：中国准俄国西伯利亚接筑铁路，由黑龙江以达吉林省城，归俄国管理，准三十年赎回；复由吉林代筑铁路，经奉天以达牛庄，准十年后赎回，均照俄国章程办理，并准其自派马步兵保护。又山东胶州湾赁与停泊兵船，辽东湾、大连湾、旅顺口归其保护，并准驻海陆各军。又黑龙江、吉林长白山一带，准中、俄百姓开矿等语。计十二事，事事皆俄人经营西比利亚铁路求逞之雄心，而铁路既成以后，必肆之凶焰，此固我国朝野上下及泰西各国所稔知而熟虑者也。臣检阅之下，既骇且愤！且疑以为猛虎将噬人，乃惜其不能飞又从而传之翼，此固必无之事。既而详译约稿，见有自中日交战以后，俄国助中国索取辽东等语，或者俄挟此以要我，亦在意中。不然，此十二条皆我所万不能允准之事，大利彼国，于我有无穷之害，而无毫厘之利者也。臣请为我皇上披沥陈之。

俄自窥伺印度之谋不遂，乃改计东封西比利亚之铁路，命三道并举，限五年蒇事。其急急不遑者，先实注意朝鲜以为彼囊中物耳！不图路未成而日人先之，代索辽东之举，特其变计所出，非真有爱于我。果如新约所议，准其接筑铁路，由黑龙江而抵吉林，复由吉林而至奉天、牛庄。凡此铁路所经之地，不必三十年，十年之后，臣决其必非我有矣！其约文曰铁路归俄国管理，俄制不同于各国，既曰管理，则不得不分段设官。又曰准其派兵保护，既准其保护，则不得复限其兵马数目。官随地而可设，兵随地而可驻，毫无限制，岂复尚有自理之权？其第七条曰：中国黑龙江、吉林长白山一带之矿从未准人开采，自此约订后，准中、俄百姓开探。向未准开采者且因俄人而弛禁，其它产业盖已视为固有之物。三十年以后，果能不渝此盟，如约赎回，而积重之势已成难返，我拥其虚名，彼享其实利，抑或届回赎之时，彼数倍其价值以勒索，如奥人挟持土耳其故智，我亦将举天下利权归其会计，若土之听命于奥乎？此犹患在异日者也。请言其近者。各国深忌俄强，曩仅陆师称雄，其水师之在波罗的海、黑海间者处处受制。近虽能游弋地中海，而由印度洋以趋南洋，煤、水皆仰给于人，殊不便利。若准在胶州湾屯泊兵船，辽东湾、大连湾、旅顺口诸处驻兵，复有自彼得罗堡以达牛庄之铁路，一气灌输，其关系欧亚利害尤大。各国不责问于俄，必发难于我，恐俄之保护未成，而各国之责言先至，此犹患之在外者也。

请言其在内，东三省之弃置勿论矣！门户既开，藩篱尽撤，腹心为所盘据，手足为其缚扎，一有违言，祸端立见。其陆师循榆关而南，其水师掠直东而北，防不胜防，备不及备，御敌于闺闼之近，思之寒心。然使有利可图，则犹可说。今我商务未兴，土货无多，铁路之成，只以畅销客货，耗蠹民财，于彼有益，于我则大损。或者谓东三省铁路之筑，诸臣早建此议。然前日之议专为防俄，今使俄人自为之，如原议何？或又曰西伯利亚之铁路绵亘新疆、蒙古、黑龙江、吉林诸省，俄固已视东三省若机上肉，不若因而与之，以图目前之安，徐为恢复之计。为此说者，是饮鸩酒以解渴，餐毒脯而疗饥，岂谋国之忠哉？至约中开矿一条，尤万万不能应允。臣决以为理所必无，未便置议。

总之，此项约章，臣固深知其伪而不能无疑者，特疑俄人耳！如果实有此约，不妨请各国使臣按公法评论，事关各国利害，必不至袖手旁观。即使并无此约，而俄人之交亦万不足深恃。臣当纵观各国大势，惟俄国主权独重，专以开疆拓土为雄。其余之国，主权皆主于商业，非万不得已不遽兴戎。臣逆料此数十年内俄不生心，可保他国无兵戈之事。若与俄人订立此约，窃恐合从之师不旋踵而即至，吴越之人同舟则共济。臣闻泰西各国本有缓急相救之私约，其共事之国必其利害相同，今各国之中惟英吉利商业在中国居十分之七，俄如得志于东，英之商务必大损，且于印度国势亦有未利。往年帕米尔定约，英先遗我车里以西之地，意实结我以防俄。迨日韩事起，以我为不足共事，卒乃毁约败盟。英人虽嗜利无信，究之利害所在，缓之则离，急之则合。若许以额外利益，如日人待英、德故事，彼既怵于害，又动于利，必能为我外援。上年保护长江之案，可以借鉴，盖保我即所以自保也。以大势论，自应舍俄而取英。其余各国与我休戚虽不相关，亦当联络羁縻，厚结美、德，散其连横之谋，包容俄、法，消其桀骜之气。徐以修我政令，饬我戎行。中国四万万之人材，二十余省之物产，环地球之所不能及。穷久必变，急则治标。但能改用金币，抵制外洋之盘剥，而财不外溢；广兴工艺，供应各国之取求，而逸以待劳，致富之策一新，自强之基斯立，何为仰息于人，亏国体而灰士气？况以包藏祸心之俄引为可共患难之助，犹所谓独坐穷山养虎自卫者也。臣既有所见，不敢不贡其愚忱，以备圣明之采择。谨恭折密陈。谨奏。

光绪二十二年二月二十二日。

王文韶张之洞盛宣怀致枢垣借款造路请以铁路为抵保电

筱电谨悉。洋债向以抵保为主，如上年借英德国债第三款载明：关税中还本利不敷，国家应另外设法付还；第九款载明：或本或利，一次不按期付给，此关票应可抵还税项，此海关抵借，明知必还，尚须如此申说也。又如招商局从前以码头船栈抵借怡和、汇丰洋款，约内载明：如本利短少，码头船栈均归怡和、汇丰改名执业，此实产抵借，明知不短，亦须如此订定也。今以未成之铁路作抵，虽由公司签押，洋人知铁路现属公司，而后来予夺之权仍在国家，故非国家作保不可。如不写作保字据，必须照抵押常规，写明：如公司本利不敷，铁路均归债主执业。措辞既不得体，流弊亦复难知，故宣怀说帖曾经声明：借洋债之难，以公司出名，商借商还，仍由国家批准，保其本利有着而后可行等语在案。大抵无论何国以路借抵，而国家不保，断不能成。惟在国家于公司事体维持保护，使其一气贯注，事无旁挠，自然根柢坚固，展步裕如，断无中辍赔累之理。是以前奏请合南北铁路为一局，苏、粤不可另设公司。职此之故，但望朝廷坚持原议，不为浮言摇惑，俾公司通筹缓急，酌剂盈虚，一面分成集股，一面拓取路利。核计此款，照现议，前十年每年还息二十万镑，后二十年每年通扯还本及利二十九万五千镑，是摊还之数仅由一百数十万两至二百万两，综计虽多，分年则少，公司合力，此数必能措办，断不致误。毋吝此每年一二百万之还款，而弃此数千万金之巨路也。但官商之间，应如何昭大信而免猜疑、拒请托，准总公司承办，或五十年，或四十年，庶使商人还清洋债后可沾三年之利，股分方能踊跃。限满即由国家收回，或仍准公司续办，惟命是听。如果限内或有洋债不清，国家可以随时收回，取其路利以还洋债。至其时铁路已成，值既数千万，每年所收路利可得数百万，每年应还洋债本利不虞落空，公司众商正愿长久承办，无论如何为难，总必设法筹还。若公司果不能还，则债既归国家代还，路必归国家收回。公司倡其难，国家为其易。公司谋其始，国家享其成。此正国家意外之大利，似无庸过虑及此也。至慎重借款之法约有两端：一则借来洋债心须全归路用，一则所获路利必须偿还洋债。此三十年内，债主必派洋人驻公司，查察出入，总署、户部亦可派人稽查。总之，借款既归实用，路工自可告成，洋债还期必能无误。现在比国洋行已到湖北。俟议有眉目，比较英款，再行详陈。但无论英、比，皆不能出此范围。应否代奏，乞酌裁。

三月二十二日

总署奏海参崴应设商务委员请派李家鳌充任片

奕䜣等片。

再，咸丰八年中俄条约第八条内称：俄国可以通商之处设立领事官，以便管理商人，并预防含混事端。除伊犁、塔尔巴哈台二处外，即在喀什噶尔、库伦设立领事官。中国若欲在俄罗斯京城或别处设立领事官，亦听中国之便等语。臣等查，泰西通例，凡有约往来之国，各得互设领事，以管辖其本国寄寓人民。中国于英、美、日本所属商埠，凡有华民之处，均设立领事有年。惟东三省毗连俄境之海兰泡、海参崴各处，旗丁客籍出疆谋食人数孔多，无华官为之保护，未免良莠不分，疾痛无告。臣衙门曾因俄使有吐鲁番领事移驻乌鲁木齐之请，于光绪十一年间照会俄使，商设海兰泡、海参崴二处领事。该使藉词外部迁延悬宕，迄未复回。近年吐鲁番领事已准其移驻乌城，臣等以睦谊日亲，交涉亦日增烦琐，因复以海参崴必应早设领事以资钤束，向商俄署使巴布罗福，再属出使大臣许景澄就俄外部议之。该署使谓：海参崴系有炮台处所，俄例向不准各国设立领事，但可照德国、日本之例，设商务委员。旋准许景澄电复，俄外部允我设商务委员。巴布罗福亦有照会来称：设商务委员，不沾染领事习气，本国自无滞碍等语。臣等查，海参崴近年华民麇聚，喧宾夺主，俄人亦穷于抚驭之方。彼允我设商务委员，虽明靳领事之名，未尝不隐冀我能任领事之实。既于此口开端，将来海兰泡、伯利、庙儿、摩阔崴等处或逐渐增设委员，或即令该委员相机兼领，商务、边情，两资裨助。惟开办伊始，必得熟谙洋务人员始堪胜任。查有北洋俄文翻译官・候选知县李家鏊稳练强干，洞悉俄情，曾随刘瑞芬、洪钧、许景澄久驻俄都，归时由西伯利亚游历海参崴等处，于各该处风土民情了如指掌。现经札调来京，拟即派为海参威商务委员，由臣衙门刊给关防，饬令前往。如蒙俞允，所有开办章程以及长年经费，即由臣衙门查照向章酌办。谨奏。

光绪二十三年三月二十八日奉朱批：依议。

王文韶张之洞盛宣怀奏芦汉铁路借款请由国家担保以维大局电

二十九日，奉电旨：铁路既设公司，借款，归该公司担保，何以洋人复索国家作保？况此路未成及甫成而未获利时，此项洋息从何取给？岂亦由国家代还耶？着再分晰电奏等因。钦此。

查前五年路未成时，每年止还利二十万镑，即在成本内开支。所招之商股，所借之洋债，皆成本也。后五年路甫成时，并不还本，仍止还利二十万镑。其时商股亦已云集，应还洋息即在商股及路利内开支。考路之全工，约计本不须借洋款四百万镑之数，所以多借数十万镑者，正为此十年内未成甫成之际，商股、路利设或不敷周转，以此数十万镑备续拨之用。照此计算，可资取给公司，既无失信之虞，国家自更无代还之事。查公司系属认还之人，不仅担保。国家但有作保之例，决非代还。惟洋人以三十年为日方长，公司之予夺，督办之委任，铁路之利益，操纵均在国家，此各国会议借路款仍须国家保其本息有着之故也。近日比国银行所拟合同原稿，国家作保之下，尚有公司如不能还，应将铁路由国家收回，代还本利字样。因此句不妥，特与力辩删去，止云作保，可见作保与代还不同。既与比行熟商，令其并将作保二字删去，比行决意不肯。该银行直言：比系小国，既无图占中国铁路之心，又无兵力，故不能不仰望国家作保。前与各洋行议借章程亦有作保字样。现已属比领事，请其公使姑且电商彼国，意甚为难，允约三日内回信。大抵仅给借款之额利则必保，若并予承办管路之全权则不必保。权衡轻重，似宜循借款抵保之原议，未可贻事权授人之巨累。

窃维芦汉一路乃中国全路之大纲，将来南抵粤海，北接吉林，中权扼要在此，生发根基亦在此。气势常通，全局自振，运载之利犹末也。且俄人造路，呈功甚急，势必于五年之后即催我与之相接。否则，要求代造，我虽欲不接造而不能。故此铁路论近效则联中国各省之气脉，论远效则通欧洲各国之转运，但患路工之不速，不患路利之不丰。如芦汉铁路有所阻碍，则官款、商股一时力绌，无以为腾挪周转之资、生发扩充之地，其关系事权之得失，诚非细故。臣等肩兹重任，所难惟在谋成。时局艰危，急须补救。事机易误，岁月如驰，若其五年之内自强大计尚未立有规模，则五年以后中外如何情形实难逆料。深虑巨工未能早成，不胜忧惧。谨遵旨会议，分晰复陈，仰恳朝廷俯念路工关系时局，保借并无流弊，请予照准维持。大局幸甚！

四月初四日

王文韶张之洞盛宣怀奏遵旨商借比款办法已立草约即可画押电　附旨

奉旨电王文韶、张之洞、盛宣怀：借款代保，流弊滋多，务与该公司切商删去。如决意不肯删，即另筹办法，毋得迁就，贻误将来。初四日电复奏后，又与比行切商，总公司系奉旨承办，但经国家核准其权利，必能归还借款。顷，比行面称：果能如此，即不写国家作保亦可。比使自京复电，意亦转圜。惟该行必欲知该公司之权利确能措还借款之实际，即允立合同，只须国家批准，删去担保字样，当即告以已请朝廷准总公司承办四五十年，并准推广苏杭、粤汉、吉沈南北铁路，日久则自有展转孳生之利，利孳生则自有周转酌剂之权，尽可放心。该行闻此，欣然当即定议。已立草约，一二日内即可画押。谨此会同电奏，以慰宸廑。

四月初七日奉旨电王文韶、张之洞、盛宣怀：借款代保改为批准，原可允行，惟批准二字亦非可轻下，合同亦无御笔批字之理。若批于折奏之内，则此折尚未奏到，该督等何得知为必准耶？即使批准，亦专指借款，不得牵涉公司权利及推广办法等项。草合同可电奏呈阅，再定画押。

王文韶张之洞盛宣怀奏复与比公司先立草合同电

旨：借款合同底稿，着电来，且弗画押等因。钦此。查草合同本系载明：会同具折奏陈，候旨批准，由总署将批准日期照会比使，于两个月后再行画押，立为正合同等语，并与订明，正合同必候具〔旨〕批准，如不准，仍作废。因各国猜忌，新闻纸屡言借款难成，或致变动，故拟先立草合同也。至条款毫无牵涉权利及推广办法。惟该行虑本利三十年还清，若须展限，则更久，欲将总公司承办年限凭据添入合同。告以无此体制，许其候奏准后钞给阅看。盖西例，承办之人可随时更换，而承办之总公司必有年限也。彼又虑芦汉无甚利益，则还款亦无把握，与朝廷所虑之意相同，故告以公司可请推扩生发。此仅面告，以安其心，并未列入合同也。兹遵将草合同电陈，此合同如能照办，较之美国包办分红股之议，利权尚不至失。至利息，原议五厘，不扣。现美国与议四厘，九扣，另给买料五厘酬劳，尚须俟本利数目清单算准再定。应否定议？伏候圣裁。

四月初十日

中丹英续订电报合同

中国电报总局，丹国大北公司，英国大东公司，会议订立。中国电报局，大东电线公司，大北电线公司，现奉本国国家政府核准，允将一千八百九十六年七月十一号来往各信所拟大北公司在厦门、大东公司在南台安设电线办法各件收回注销。至于一千八百九十六年七月十一号中国电报局与两公司所订合同期内，大东、大北公司仍遵照合同所订，在原处安设电线，照常办理，前今无异。此据用汉、英文字缮就四分，核对相符，各执二分，彼此签押存照。

光绪二十三年四月十二日。西历一千八百九十七年五月十三号。

中丹会订电报合同

中国电报总局，丹国大北公司，会议订立。

中国电报局以后即称电局，丹国京城古本海根之大北电线公司以后即称公司。

今电局与公司愿将办理外洋往来电报尽善尽美，特订以下各条，俾外洋往来电报由电局、公司传递，经过亚细亚电线者，其总价务须一律。中国电局由督办盛大臣，大北公司由督办恒宁生主政，各有全权，订此合同。所议各条，开列于左：

第一条

第一节，中俄往来电报，由公司现有之水线以及将来在亚细亚所设接连中俄之水线传递，勿论公司自有或与该公司相连者，所收本线报费，应与电局在亚细亚与俄国相接之陆线所收本线报价一律，即照西历一千八百九十二年八月二十五号中俄电约订定之价办理。

第二节，俄国与香港往来电报，所收本线报价，应照此条第一节办理。

第三节，此条第一、二节内指明之报，如由中国别处陆路边界已有接线处或以后再设接线处，电局日后再订合同，或展年期，或更改价目时，允将总价内所得之本线报价酌定，务致该项电报总目由该接线处传递，不得低于第一条第一、二节内指明各线路传递之总价。其公司于此等电报由将来再设接连中国香港与俄国之水线传递者，亦照此办理。

第四节，此条内第一、二、三节指明各报，由该一、二、三节内指明各线路传递外，由已有接线处及以后再设接线处传递者，电局与公司彼此允为竭力保护此合同订立电局与公司之益。

第二条

第一节，此合同第一条内指明各项电报，电局并公司允将于总价内各所得之本线报费，不论由何条线路传递，照此合同第七条价目表内核定之分，悉归公款之内。此公款应照以下分派：电局、公司各得一半，惟日用经费均由自备。

第二节，报费既如此分派，此合同第一条第一节内所指明各报，由公司之水线传递者，电局倘必须加收本线报费，只可收若干，务须总价与电局并公司之线路总价一律。此项本线报费，亦须归公款之内，电局、公司各得其半。

第三条

电局并公司于此合同第一条第一、二节内指明各线路，均须将各自有之线善为保护畅通。

第四条

第一节，此合同第一条第一、二节内各项电报，电局与公司在中国各局以及香港均须照此银所合之价取费。

第二节，电局与公司每于年底会同核定法郎克实在通折之价，次年收费算账，照此价办理。

第三节，电局与公司倘不能商定法郎克实在通折之价，应请上海银行总办定夺。

第五条

第一节，电局并公司应将此合同第一条内指明各报，在电局、公司交涉各局缮写实在清册，互相调换，以便查考。

第二节，电局在公司之上海、福州、厦门、香港四局各派一司事，公司在电局已设并以后接线之处各派一司事，随时可以进局，俾得稽查清册、清单、账簿，务尽此合同主意办理。

第三节，电局所派之司事，公司须先允准，公司之司事，电局须先允准，方能定夺。如有不合，彼此随时可请撤调。

第四节，公司所派之司事若驻通商口岸租界以外之电局，均须在本籍注册内添写本人名氏，并须遵照中国之律例以及中国与各该国所订之条约。倘有不测之事，与电局无涉。

第五节，所派之司事须听本局总办命令。其薪水、川资与别项经费，均由各该主人发给。

第六条

第一节，此合同内指明电局与公司来往各报并第一条内所定之分，均于每月底在上海结算。其找款于结账之后六礼拜内在沪付清。

第二节，电局与公司交涉各局之月结清单，照此合同第五条，由电局并公司所派之司事签字。倘公司无司事在局，即由电局委员代签，电知上海，登入总账，由上海结算。俟该清单并另钞报底寄到上海后，可以随时复核。

第三节，月分照西历。

第四节，结算并付账各报，作为二等公务，不收报费。

第七条

第一节，此合同另付价目表，一俟合同订妥，照此合同第一条第一、二节内指明各报，电局并公司应即照所开之价收费。所收之费即照合定之价核算。一切账务并分派之款，并照此合定之价结算。

第二节，电局及公司可以随时将表内价目更改，惟须照此合同条款办理。

第八条

电局与公司来往电报，悉照万国电报公例内公务章程办理。凡于取巧转报并有意误会章程诸事，于电局、公司有损无益者，彼此允为尽力阻止。

第九条

中国或香港与俄国来往之中国官报，自应分别办理。若经公司在亚洲之水线公司，只收半费。再不论由何线路传递，所收报价不在此合同第二条所指明电局、公司公款之内。

第十条

第一节，此合同或全，或一条，或数条，断不能抵押，或出售，或让与他人。设或亏空，其债主或他人，不论何法，万不能夺之。

第二节，此合同内各条之意，电局并公司或有解法不同者，应由核准此合同之各国家或驻中国京城之各大臣公断。

第十一条

第一节，此合同应由总理各国事务衙门核准，俄、丹驻京大臣核准。

第二节，此合同即于核准后之次月一号起行。

第三节，此合同行至一千九百十年十二月三十一号为止。期满后，仍照旧办理。倘欲更改，或停止，彼此须在六个月前关照。此合同于光绪二十三年四月十二日，即西历一千八百九十七年五月十三号，在上海，缮就华、英两国文字，华三分，英二分，校对无讹。

附本合同第七条内所指定之价目表

合定价目：

此合同第一条内第一、二节所指各报，电局、公司本线报价，定收每字两法郎克。

电局公款办理章程 合同第二条

一、寻常四等商报，由此合同第一条第一、二节内所指线路传递者，大东公司水线既与大北公司相连，其所收本线报价自应一并归入公款。香港、厦门、福州与俄国来往之报，定每字一法郎克六十生丁；中国各处与俄国来往之报，每字两法郎克，均归一律，归入公款。

二、平常等商报，由此合同第一条第三、四节所指线路传递者，电局、公司所收本线报价，除公司欧洲所有之线所收报价不计外，全数归入公款。

鹰洋法郎克合定汇价 合同第四、第六条

以一千八百九十七年七月一号为止，八法郎克五十生丁作定鹰洋两元七角五分。光绪二十三年四月十二日，即西历一千八百九十七年五月十三号，在上海，缮就华文三分，英文两分，校对无讹，彼此签字为凭。

大清光绪二十三年四月十二日。西历一千八百九十七年五月十三号。

督办中国电报事宜·太常寺少堂盛。

总办大北电报公司恒宁生。

王文韶张之洞盛宣怀奏筹办芦汉铁路情形并钞呈议借比款草合同折 附合同

直隶总督王文韶、湖广总督张之洞、太常寺少卿盛宣怀奏，为沥陈筹办芦汉铁路情形，并钞呈议借比国洋款草合同事。

窃光绪二十三年三月二十九日奉艳电谕旨：芦汉铁路既设公司，派大员督办，则借款自应归公司担保，何以洋人复索国家作保？倘此路未成及甫成而未获利时，此项洋息从何取给？岂亦由国家代还耶？着再分晰电奏等因。又于四月初七日奉到阳电谕旨：借款作保，流弊滋多，着力与磋磨，务必删去。如比国银行决意不删，即另筹办法。毋得依违迁就，贻误将来等因。又于初八日奉到庚电谕旨：借款代保，改为国家批准，原可允行，惟批准二字亦非可轻下。即使批准，亦专指借款而言，不得牵涉公司权利及推广

办法，以免含混。草合同底〈稿〉，著即电奏，再定画押等因。钦此。经臣等次第钦遵办理，并将草合同底稿电请总理衙门代奏在案。

窃维芦汉干路，臣等原奏，铁路未成之先，华商断无数千万之巨款，惟有暂借洋债造路，陆续招股分还洋债之一策，若华商自向西商移借，必指铁路应入之款作抵，所订合同条款亦须国家核准等语。总理衙门复奏后，钦奉谕旨，亦准借洋款，以期速成巨工。迨与美商议借，要挟多端，以致新闻纸屡言，借款难成。嗣有英、德洋商来议，因欲牵涉粤路，颇虑该国或有深心。正在迟疑，比国商人缘其驻京公使荐引来鄂。比系小国，以钢铁起家，重在工作，故仅于购料、雇工斤斤较量，别无他志。并虑及他国干预，条约内载明：中国铁路公司只认比国公司，不认别人。其余各条，亦无牵涉权利。至其利息，较英德关税抵借债项有减无增，磋磨已至极处。并告以总公司系奉旨设立，先行承办芦汉二千八百里之全工，将来一面招集商股，一面收取路利，自有归还借款之把握。既以铁路作保，便无庸再写国家作保字样。开导再三，比公司于初六日允先议立合同，俟臣等奏奉谕旨批准，彼亦候禀准该国，再订正合同盖印，方为定约。此与比国所议借款之情形也。

日来驻汉口比领事屡来催询，以草合同议定已逾十日，外间谣言纷至，意究如何？当以请旨未定复之。英、德、美三国亦俱至公司诘问，其猜忌之心形于言表。臣等以为，铁路为自强第一要端，铁路不成，他端更无论矣！芦汉不成，他路亦可知矣！自光绪十五年初议铁路之日起，忽忽八年。自光绪二十一年下诏自强之日起，忽忽又三年。今则吉黑北路已经许俄代造，桂滇南路法亦来争代造，边患已岌岌不可终日。只有此中权干路犹可及时自主，而英、德眈眈虎视，几若不得此不为快。种种谣言，皆从此出。若再当几〔机〕不断，坐使外人藉端争攘，恐他日将无事可以自主矣！况西伯利亚之路方日夜经营，我之干路则部款既请而未拨，洋债又议而未定，华股更观望而不前，或且枝节横生，利其中止，似此传播，欧亚外人将以为中国决无自强之日，从此觊觎环生，祸且至于不可思议。此臣等不能不鳃鳃过虑者也。

夫芦汉既不能缓办，则洋债必不能不借。初则谣传造路之洋款必借不成，及至借成而又谓铁路不可抵保。凡持此论者，殆以此路成亦无利，不成亦无害，以故局外旁挠之论纷纷百出而莫知所止。臣等肩斯重任，总期及早观成，为自强根本。除将议借比款造路情形迭次电陈大概外，谨将所拟比国借款草合同底本缮具清单，恳赐批准，即由臣等电请总理衙门，照会比国驻京使臣，彼此按此合同办理。谨奏。

光绪二十三年四月二十四日奉朱批：依议。

谨将中比议立铁路借款合同缮单呈览

第一款　中国铁路总公司奉旨承办由京城之芦沟桥以达汉口铁路，除铁路总公司已有成本一千三百万两外，并准总公司筹办借款四百五十万金镑，专为营造铁路经费。

第二款　比国银行工厂合股公司允备借款四百五十万金镑，九扣，实付四百零五万镑，分作四批交付。每批应付实银一百零五万二千五百金镑。其批期列下：定准西历一千八百九十八年正月初三为第一期，西历七月初三为第二期，西历一千八百九十九年正月初三为第三期，西历七月初三为第四期。按总期兑于比京银号。其银号应由铁路总公司指明何家，听候总公司自行汇兑。

第三款　比国公司借付之款，按年起息四厘，即每百镑每年起息四镑，其息应于递年西历正月七日算清。

第四款　中国铁路总公司允将本合同所载借款前十年不还本，由西历一千九百零八年起，分作二十年还清。每年正月应还二十二万五千金镑。其应还利息并递年划还本银应兑于在中国之银行。其银行由比国公司指明何家。每年应还本利数目，另开清单，附于合同之后，按照办理。

第五款　应还利息暨所借本银，中国总公司奏请国家批准，以芦汉铁路及其产业与一切属于该铁路之物作为抵押。议定：凡已允作本合同所载借款之保者，理应作该款之保。嗣后所有添借别款所允之保，不得有碍于比国公司现在已有之保。

第六款　芦汉铁路工程，除意外之事外，应于五年内一律告竣，并即开驶运行。

第七款　无论何地有兵争之事，两公司均不得藉此推诿，不按合同办理，抑或中国有战事，倘中国国家愿得在差比员之助者，则该员照常供差。

第八款　比国公司派一公正谙练工程之人代其监察修路工程，并委任筹画办理一切工程，惟统须呈由督办核定施行。此员但听督办大臣一人调度节制。所有一切办理铁路之权，仍归于总公司。其在本合同期内，该监察工程之人薪水，由督办与比公司商定应给若干，由总公司支给。

第九款　铁路总公司欲用外国工程人员，或令办造路之工，或令管车路之事，在合同期内，均准由比国公司所派监察之员代为遴荐，仍候督办大臣核定委派。其合同听凭督办酌定，或定长限，或订短限，均听督办之便。凡总公司所用人员以及非在路工之人，除监察之员外，俱归督办所派之该管委员管制。再，督办所选［办］，无论何色人员，或华人，或他国洋人，均当和衷共济。如中外人员意见不合，悉听督办秉公核定，但准比公司之监察工程人员在旁听断。

第十款　倘以上第八款、第九款所用之比国人员，无论何职，经总公司查出，有粗疏庸劣不能胜任，或酗酒，或失检误公，或不遵督办调度约束等情，督办大臣可将与该洋人所订合同作为废纸，勒令引退，立遣离工。

第十一款　凡造此铁路应用料件，除中国自行制造以及将来自造之件外，其中国尚未能自造之件，欲向外国购办，由督办大臣与比国公司所派监察人员酌定。先以若干招商投标，但投标之件至多不过一半。无论何国商人，均可得标。其余准比公司照投标之价值一律货色承办之后，遇有欲购料件曾经投标者，如比公司愿照总公司所择最廉之价值、运费、货色一律，应准比公司承办，如比公司不肯照别处最廉之价值、运费，应听总公司向别处购办，比公司不得阻挠。如系不能分开投标之料，比公司愿照总公司所择各处最廉价值并一律货色承办，仍准比公司承办。总公司探听最廉价值、运费，无论所用何法，均从总公司之便。如比公司不肯照别处最廉价值、运费承办，亦听总公司向别处购办，比公司不得阻挠。

第十二款　中国总公司于此项铁路所需向外洋购办料件，应按实在价值，除运保费外，另给五厘，即百分之五，与比国公司，以作酬劳之用。芦沟至保定料件不在其内。

第十三款　凡比国所买料件，由总公司选派一人，比公司选派一人，在比国厂内公同查验。其两人酬劳费用，各自支给。如两人意见不合，该两人别请一人定夺。其另请一人之经费，由无理者出。

第十四款　比国公司并公司委派之人只认中国铁路总公司，不认别人。中国铁路总公司，只认比国一千八百九十七年所立之银行工厂合股公司，不认别人。合同期内，比公司不得由他国商民接办，并不能将此合同转与他国。

第十五款　倘中国铁路总公司按照本合同所订各款妥协办理，万一遇有不得已之故，则中国所有应还利息及本银，比国公司当从容妥商展期办法，利息照本合同算。如中国公司未到合同之期限愿将所借之款一概还清，利息即以还清本银之日停止。

第十六款　以上所载各条款，于本日先定草合同，经中国总公司督办大臣签押盖印，比国公使委派各员签押，并由比国领事代为盖印，总公司督办大臣即行会同直隶总督、湖广总督具折奏陈，候旨批准，并由总理衙门将此合同钦奉谕旨批准日期照录，咨会比国驻京大臣，于两个月内，中、比两公司照前再行画押，即作为正合同，并由直隶总督、湖广总督盖印，比国驻京大臣盖印。

第十七款　此合同照缮汉文、法文各二分，经两公司翻译、校对无讹。如遇查对合同之时，汉文、法文皆可为据。

光绪二十三年四月二十四日奉朱批：览。

清季外交史料卷一百二十五终

清季外交史料卷一百二十六

光绪二十三年五月至七月

旨寄张荫桓使事竣后着即讲论加税及免厘事电

旨：张荫桓使事竣后，即宜讲论加税之事。此事固不易办，全在该大臣善为说辞。至免厘一节，万不可允。厘金历办多年，加税则尚无把握。饷源所系，该大臣于问答之际，语气切勿松劲。是为至要！

五月初五日

总署会同李鸿章奏互换重订滇缅条约附款及议定西江通商专条约本折　附条约附款暨专条

总理各国事务衙门恭亲王奕䜣、文华殿大学士李鸿章奏，为谨将互换重订滇缅条约附款及议定西江通商专条约本日期，恭折具奏事。

窃臣衙门与英国议订滇缅条约附款及专条，业经臣鸿章于本年正月初三日遵旨与英国使臣窦纳乐画押盖印在案。嗣据该使臣照拟〔称〕：议定条款已奉本国批准，应请互换等因。当经臣衙门于四月二十九日奏请批准，并请钦派大臣互换，奉朱批：着李鸿章互换。钦此。遵即会商英使，公立凭单，于本月初六日，与该使臣窦纳乐在臣衙门将凭单画押，并条约正本互换。除由臣衙门将条款刊刻成本，咨行两广督臣、广东、广西抚臣、粤海关监督照约开办，并通行各省将军、督抚、府尹一体遵照外，谨奏。

光绪二十三年五月初六日奉朱批：知道了。

滇缅条约附款

大清国、大英国国家为续议附款事。

今因英国不再索问中国于光绪二十一年五月二十八与法国订立条约所让江洪界内之地，致与二十年正月二十四日与英国订立之中缅条约相违，彼此和商，于原订条约内，或增或改，拟立附款，如左：

第一条　今议定两国边界，自北纬二十五度三十五分起，由格林尼址东经九十八度十四分，即北京西经十八度十六分之尖高山起，随山脊而行，向西南至瓦仑山尖即高良，由此即至萨伯坪，自萨伯坪起，其线顺分水山向西而行，稍向南，过式脱仑坪，到纳门格坪，其线由此分西衣、冈木萨两处而画，直至大巴江，然须俟就近查考后，再定自大巴江至南太白江，自南太白江至巴克乃江，自此顺巴克乃江到该江源头大郎坪相近处，由此顺大郎坪岭至畚辣希冈，自畚辣希冈，线顺西南而行，至列塞江，顺列塞江至穆雷江，分克同村及列塞村于两处，线自中画，自此顺穆雷江，至该江与既阳江相会处，再顺既阳江，至爱路坪，顺南奔江即红蚌河至太平江。

第二条　自太平江及南奔江相会处，此线顺太平江到瓦兰岭相近处，由此顺瓦兰岭及瓦兰江至南碗河，顺南碗河至该河与瑞丽江即龙川江相会处，南碗河之南那木喀相近有三角地一段，西濒南莫江之支河及蛮秀岭之垒周尖高山，从此尖高山遵岭东北至瑞丽江，此段地英国认为中国之地，惟是地乃中国永租与英国，管辖其地之权咸归英国，中国不用过问。其每年租价若干，嗣后再议。

第三条　自南碗河、瑞丽江相会处，线顺今之新威部落北界至萨尔温江即潞江，将瑞丽江合流之处及万定、孟戈、孟戛等处将及全地划归中国。

自瑞丽江于南算相近转北之处即瑞丽江与南阳江相会处，线顺南阳江上行，至该江源头孟哥山，约在北纬二十四度七分，东经九十八度十五分，自此顺丛树山岭至潞江与南迈江相会处，由此顺潞江上行，直到科干西北界，顺接科干东界，直抵工隆界上，将工隆全地划归英国。由此循英国所属之琐麦与中国所属之孟定分界处之江而行，仍随此两地土人所熟识之界线至界线离此江登山处，以萨尔温江及湄江即澜沧江之支江水分流处为界线，约自格林尼址东经九十九度，北京西经十七度三十分，北纬二十三度二十分，约至格林尼址东经九十九度四十分，北京西经十六度五十分，北纬二十三度，将耿马、猛董、猛角归中国。在格林尼址东经九十九度四十分，北京西经十六度五十分，北纬二十三度处，边界线即上一高山岭，此山名公明山，循山岭向南而行，约至格林尼址东经九十九度三十分，北京西经十七度，北纬二十二度三十分，以镇边厅地方归中国。然后其线由山之西斜坡而下，至南卡江，即顺南卡江而行，约过纬度十分之路，以孟连归中国，孟仑归英国。然后循孟连与康东之界线，此界线亦皆土人所熟悉，由南卡江分开，至北纬二十二度稍北处，即离开南卡江，向东略南，循山脊而行，至南垒江，约在北纬二十一度四十五分，格林尼址东经一百度，北京西经十六度三十分，由此循康东及江洪之界线，此界线大半系顺南垒江而行，惟除属洪江一小带之地系在南垒江之西，北纬二十一度四十五分稍南，界线行至江场边界后，约在北纬二十一度二十七分，格林尼址东经一百度十二分，北京西经十六度十八分，即循江场与江洪之界线而至湄江。

第四条　与原约无所增改。

第五条　今彼此言明，日后中国未经先与英国议定，不能将现在仍归中国在湄江左岸之江洪土地以及孟连与所有在湄江右岸之江洪土地，或全地，或片土，让与他国。

第六条　今彼此议定，将原约第六条拟改如左：现在所定边界各线，应由两国所派勘界官比较划定，以免地方官民争论。如查得无论何处有未甚妥协者，应行更正。两国勘界官应于此附款画押后十二个月之内，在两国届时所定之地相会。勘界官自首次相会之日起，应限定不出三年之外，将两国界线一律勘定。如确守附款所定界线必有骑线之乡村部落地段，勘界官员可量为迁改互易。倘勘界官有不能商妥之处，应速将未妥情形各报明本国国家核办。

第七条　与原约无所增改。

第八条　与原约无所增改。

第九条　凡货由缅甸入中国，或由中国赴缅甸，过边界之处，按照原约，准其由蛮允、盏西两路行走。兹彼此言定：如将来两国勘界官员查明，另辟他路与贸迁有益，所有查明之路，皆准照原约所载，一律开通行走。

第十条　与原约无所增改。

第十一条　与原约无所增改。

第十二条　一、英国欲令两国边界商务兴旺，并使云南及约内中国新得各地之矿务一律兴旺，答允中国运货及运矿产之船只，由中国来，或往中国去，任意在厄勒瓦谛江即大金沙江行走。英国待中国之船，如税钞及一切事例，均与待英国船一律。中国答允，将来审量在云南修造铁路与贸易有无裨益，如果修建，即允与缅甸铁路相接。

第十三条　按照原约，中国可派领事官一员驻扎缅甸仰光，英国可派领事官一员驻扎蛮允。中国领事官在缅甸，英国领事官在中国，彼此各享权利，应与相待最优之国领事官所享权利相同。如将来中缅商务兴旺，两国尚须添设领事官，应由两国互相商准派设。其领事官驻扎滇缅之地，须视贸易为定。今言明，准将驻扎蛮允之领事官改驻，或腾越，或顺宁府，一任英国之便择定一处，并准在思茅设立英国领事官驻扎。所有英国人民及英国所保护之人民准在以上各处居住、贸易，与在中国通商各口无异。英国领事官在以上各处驻扎，与中国官员会晤、文移及往来酬应，亦与通商各口领事官无异。

第十四条　原约内载：华民欲赴缅甸，可向华官请英国驻扎蛮允之领事官给发护照云云。今既言明将驻扎蛮允之领事官改驻，或腾越，或顺宁，自应将此条内驻扎蛮允之领事官字样，改为驻扎或腾越或顺宁领事官。

第十五条　与原约无所增改。

第十六条　与原约无所增改。

第十七条　与原约无所增改。

第十八条　与原约无所增改。

第十九条　原约后加增　　通商章程如未能议妥如何修改，则仍应遵守原约所载之章。

专条

光绪二十一年十二月初六日，经总理衙门照会大英署理钦差大臣，以光绪二十一年十一月十五日本衙门具奏西江口岸通商一折，奉旨：知道了。钦此。相应恭录谕旨，照会查照等因。今彼此言明，将广西梧州府、广东三水县城江根墟开为通商口岸，作为领事官驻扎处所。轮船由香港至三水、梧州，由广州至三水、梧州往来，由海关各约定一路，先期示知，并将江门、甘竹滩、肇庆府及德庆州城外四处同日开为停泊上下客商货物之口，按照长江停泊口岸章程一律办理。

现在议定：以上所定中缅条约附款及专条各节，应于画押后四个月之内开办施行。其批准文据，应在中国京城速行互换。为此，两国大臣将此附款专条画押盖印，以昭信守。

此附款、专条在中国京城缮立汉文三分，英文三分，共六分。

光绪二十三正月初三日，西历一千八百九十七年二月初四日。

旨寄恩泽延茂俄人请改设路线着通盘筹画并速复电

旨：俄路方向，前已由总署寄知。今俄使来京，请将路线改由呼伦贝尔，顺淖尔河，历札赉特、郭尔罗新〔斯〕两旗边界，至伯都讷，经泄水甸子，趋宁古塔，至三岔口出界，计移南二百余里。据称，此路较平，比两江处较窄，究竟地势、民情若何？且经内蒙古地方有无窒碍？着恩泽、延茂通盘筹画。该将军当深念朝廷联络邦交之意，又须预防后患。如不允其请，将如何藉词？切勿袭拒俄成说，徒生枝节。再，松花江可置小轮，黑龙江可行通海大轮否？着一并筹度，速即电复。

五月初八日

总署奏驻和兰使事拟由驻德使臣兼领奥使仍由俄使兼任片

奕䜣等片。

再，查奏派出使大臣之始，驻俄、驻德本系各有专责，奥司马加、和兰两国始由驻德使臣兼领。嗣于光绪十三年间，臣衙门以兼驻之国宜令附近分隶，以便往来，奏请以出使俄国大臣兼驻德国，而以奥、和两国附之，奉旨允准，历届遵行在案。现在德国既复设专使，和兰地与奥近，自应由出使德国大臣兼领，庶于往来照料，一切相宜。拟请酌量更改，将和兰改隶德使，其奥国仍隶俄使，均甚近便。理合附片陈明。谨奏。

光绪二十三年五月初九日奉朱批：依议。

黑龙江将军恩泽致总署密陈俄人改设路线居心叵测电

顷，准电传谕旨：俄人请改设路线，着通盘筹画，速即电复等因。钦此。奴才查，中俄会建铁路，本意所在，原为厚民生而资利用，理必就现有城池地方经过，庶货物辏集，搭客众多，地方因之兴旺，买卖藉以增益，固不嫌路之曲折也。今俄人欲改初议路线，拟走蒙古草地，直至伯都讷，路虽平坦，究之一片荒土，人烟绝少，毫无生意，竟将齐齐哈尔省城撇在一边，诸事不便，两国均无利益。且将来开办之日，所派弁兵难以照料。至呼兰地方为江省精华所萃，尤为轨道所应经。愚意仍请照前议之路建修，或俟干路造成有可旁通之处，不妨徐增枝路。至于松花江、嫩江固在我之境内，其水涨落无定，只可置小轮船。惟煤矿尚未大开，烧柴诸多不便，故小轮至今亦未能畅行。若黑龙江固能通海，然轮舟过大，遇两山狭隘处亦不易行，所以至今只有俄轮行走。再者，俄人请改议路线，实虑包藏祸心。如果听其取道蒙古，齐省既撇在以外，则东边数千里又将划为俄有。盖火车迅疾，我之奏报一切皆不济事矣！且江省地方，夏秋雨水，即数十里之地，动须数日，诸多笨滞，不得火车之益，何须修此？伏乞宸衷独断，可否照前电之说，出自圣裁。并请代奏。

五月初十日

总署致法使粤桂滇边界路矿两事照前定约章商办照会

照得本衙门会同贵国驻京使署商议，互定中国国家、法国国家按照和约条款，并以示和好情意，彼此一愿将中国与越南邻界通商来往便宜兴盛，更明白详细，专订中国与法国前定约章内载数条办法，专以为此，本衙门与贵使署互议字样三节，开列如左：

一、按照光绪二十一年五月二十八日商务专条附章第五条，并二十二年四月二十四日费务林公司与同登至龙州铁路官局订立合同，及二十二年四月二十一、五月十五等日本衙门与贵使署往返文牍，现即议定：一俟同登至龙州铁路筑竣，如果费务林公司办理妥当，中国令该公司接造往南宁、百色。

二、按照光绪二十一年五月二十八日商务专条附章第五条，现即议定：在广东、广西、云南南边三省界内矿务，中国国家开采之时，即延用法国矿师、厂商商办。

三、议定由中国于红江上游水道碍难行船处所修理疏通，并于河口至蛮耗、蒙自以达省城各旱路平垫修妥，以利贸易，定允准自越南交界起，由百色河一带，或红河上游一带，修造铁路，以达省城，应由中国渐次察勘办理。

以上各节，现在彼此互照，备载作据。本衙门会同贵使署将两国国家相同之意恪遵，当即议明该节为定。两国前订约章内载数条，并以两国一律均沾，互相信任，彼此欲尽美意，用作俾属成就，可也。

五月十九日

总署致延茂恩泽俄人改路希集各盟长切实开导电

真、灰电悉。铁路改线，顷，俄乌使来署，谓：北线山峻水宽，暂难修造，必须改向南移，按合同七月开工，现奉本国来电，催令赶紧商定云云。当照来电各节与之驳论，并告以蒙古地段与中国内地不同，未能相强。乌云：开工先从满洲地界入手，蒙地随后续造，请先电吉、江两省，示谕无阻。查中、俄睦谊方敦，若阻改线之议，不惟顿失前好，且恐彼一意坚持，难以终拒，已允其先就吉、江两省界内开工，即由贵将军饬令地方官妥为照料。至此路所经之蒙古各部落，风气未开，或致为难，务即迅集各盟长，切实开导，晓以事势攸关，非空言所能推宕，此系万不得已之举，且待另筹抵制也。

五月二十二日

黑龙江将军恩泽致总署铁路改线请由绰尔河至省城再经伯都讷电

马电敬悉。铁路改线，争辩自知为难，能请其由绰尔河直至省城，再经伯都讷，路亦平坦，以江省少就其便，庶不背中俄会建二字。况此事各国皆抱不平，横议多端，俄人亦当深念邦交既称弥笃，理须两国有益，恩泽非敢固执也。

五月二十四日

吉林将军延茂致总署俄路改线已咨盟长惟蒙民顽蠢无从开导电　二件

俄使请改路线一节，奉旨复奏等因。查吉林伯都讷一城，西北两面均以松花江为分界，外均系蒙界。若路经伯都讷，必由蒙古腹地修路，并非边界也。蒙民顽蠢，见异而哗，又非地方官所属，则开导、保护无从措手，诚恐徒生枝节。至入吉林界后，无论道出南北，凡造经理防护铁路所需之地①，多系民田，均须照定合同议价，万无白占之理。总之，此事本属万不得已之举。至将来有无后患，目下亦不敢虚为拟议。要在中国内政修明，凡事求一实字，自能树立先声，或可消弭万一。又松花江可行小轮，容再陈奏。其黑龙江能否行通海轮船？俟恩泽复奏。

五月二十四日

马电敬悉，谨遵办。查蒙古各部落仅郭〈尔〉罗斯公地与吉省接界，惟该公向与吉林将军平行，不相统属。蒙饬迅集各盟长开导，已先照咨该公遵办。能否不致有碍，尚无把握也。

五月二十六日

出使大臣张荫桓致总署英外长未返加税难遽议电

毕外部乡居，月底初返伦敦，因刻难遽论公事，加税尤难遽议。因假游历作宕，且联邦交。署中近事茫然，加税外无可商。俄署询借款，已告以由李相与罗使筹办矣！

六月初七日

伊犁将军长庚奏查明中俄界间二水并提封以南五金各矿情形折

伊犁将军长庚奏，为查明中俄界间二水并提封以南五金各矿大概情形，恭折复陈事。

窃奴才于光绪二十二年二月初九日奉上谕：新疆和阗金矿，前据陶模复奏，业已派员前往查勘。兹据御史陈其璋奏，近日出使大臣许景澄所译俄图称：和阗至罗布淖尔一带共有金矿十七处，皆经俄人测绘可凭。又光绪六年西报称：西伯利亚与中国接壤，每座界石相距三百里间，界有二水，直注俄境，而发源于新疆，在中国境内。近得金矿之总脉亦在江水发源之处。如界线作弓背形，则江水之源应归俄国。又英人卡卜登议云：中、俄之隔，仅界一线，提封迤逦而南，五金之矿遍于地中各等语。际此库储匮乏，全在广开矿产，以济急需。俄国现与中朝倍敦睦谊，亦未可因开矿一事致碍邦交。和阗金矿系属内地，俄人自无可借口。俟查勘之员回省，如果矿苗实系畅旺，即著饶应祺酌度情形，官办、商办，究以何者为宜，迅速定议具奏。至所称中俄界间二水发源之处及提封以南五金各矿，着长庚、饶应祺密派妥实可靠之员前往确切查明，究竟如何情形，再行奏明，请旨办理等因，寄信前来。

① 疑漏“筑”字，为“凡筑造、经理、防护铁路所需之地”。

伏查，新疆南北两路素多产金之地，不惟游历西人艳称不置，即中国旧日图志亦班班可考。以当今时势论之，自宜设法开采，以供国用而杜外人觊觎。原奏所谓西伯利亚大小八省与中国科布多、乌里雅苏台、库伦、黑龙江等处所属地方接壤，其界间二水，虽未确指何名，奴才详加访询，并购卖俄人地志译阅，与《会典》《图说》等书互相印证，当即俄之叶尼赛江及鄂毕江二水。叶尼赛江上源为克穆河，在中国乌里雅苏台所属唐努乌梁海境内，其源有二，曰：华克穆河、贝克穆河。华克穆河出努克图、额不吉克等山岭之西，搭尔噶克台干山托罗斯岭之南，西南流，折而北，与贝克穆河会。贝克穆河出华克穆河源之西南流，折而西，与华克穆河会。蒙古语为伊克克穆河，《会典》曰大克穆河，俄图为乌鲁克穆河，其实一也。西流又有克穆齐克河，自西来会合而北，流经克穆克穆齐克博穆界牌东边石门出界，入于俄境，始合叶尼赛江，流经叶尼赛省北，入北冰洋。此外，色楞格河虽亦发源中国喀尔喀三音诺彦部，东流入土谢图汉〔汗〕部，与鄂尔坤河会，北流经恰克图西出卡伦，入于俄境之拜克勒湖后，由湖溢出，为安噶拉河，经伊尔古特斯克，为上通古斯河，虽亦注于叶尼赛江，同流入海，当系另为一源，似不在原文所指二水之内。其鄂毕江凡有三源：一为额尔济斯河，发源于中国阿勒台山阳，西北流会合克栈、固尔图、布鲁春、哈巴、毕里色克等河，至阿勒克毕克河交界，入于俄境，为伊尔特什河，又西北流潴为斋桑诺尔，复由诺尔西北流出，经斜米帕拉停斯克、鄂木斯克、托波尔斯克与鄂毕河会，北入北冰洋。其余二源为哈屯河及毕雅河，旧皆中国阿勒台诺尔、乌梁海蒙古游牧之地，同治九年分归俄境。二河各西北流经俄国毕斯克州，会为鄂河东北，纳入穆斯克省各水，又西北与伊尔特什河会合入海。此中、俄界间二水之源委也。

奴才于同治十一年道经乌里雅苏台，即闻该处商人云：俄人在唐努乌梁海境内偷挖金砂者不少。光绪十六年夏间，接前署乌里雅苏台将军祥麟函称：越界在克穆克穆河开地盖房，挖金数十处，业经奏请派员勘办等语。近译阅俄书内载：华克穆河、贝克穆河合流处有俄国商人屯货大市镇，大船、大筏可以往来；又载：俄人于额列格叶斯等河汇入乌鲁克穆河处淘取金砂；并载明：有俄人固斜伏及柏波伏者，为入该处淘金之始等语。是叶尼赛江上源为产金之所，已有明征。至阿勒台山，古称西金山，蒙古谓阿勒台，自俄以物产得名。奴才详阅俄书：阿勒台山后布赫塔尔玛河口旺利斯坦地方产银铅矿。斋桑诺尔西北布昆河旧日塔城边境，今俄人开采金矿，由乌利巴河造船运至斜米省。又载：哈屯河金砂石子相间，所产各矿为阿勒台最著之地。毕斯克州银矿较金矿为旺，阿勒台山金矿为旺，毕斯克州五金各石矿有数处水源最旺，亦最佳，俄国设有专管矿务库档、稽核金数之司，为多穆克所属淘金总汇之地各等语。是鄂毕江上源为产金之所，又有明征。

奴才派委候选县丞杨立三密往阿勒台山查勘，兹据禀称：阿勒台山自平定准部以来，未曾设官驻扎。同治年间，棍噶札拉参呼图克图收辑十苏木等众，在该处游牧，建盖寺院，蒙赏承化寺名，从此始有居人。遍询土人，皆云该处并多产金，亦未经人开采。惟该山迤西南偏汇入额尔斯河之克稑河河源诺尔及哈巴河河源诺尔间有金砂，亦不甚旺。其余各山沟内有无金砂伏藏地中，非深矿学之人不能勘验等语。至和阗金矿并提封以南五金各矿，已由抚臣饶应祺派员确查。以奴才素日所闻，新疆南路金矿以于阗为最，北路金矿以塔所属达尔达木图为最。达尔达木图厂，乾隆、嘉庆年间屡经奉旨封禁，嗣于嘉庆十八年经伊犁将军松筠奏请开采，所收课金向交便员带解内务府交纳，想户部、内务府当有案档可稽。咸丰八、九年，乌鲁木齐兵饷奇绌，商民赴内地办货者皆赖达尔达木图所产之金，以资周转。奴才饬县丞杨立三于查阿勒台山金矿之便，取道塔城，将各厂一并查明。兹据禀称：塔城旧金夫头仅遗一二人，近年均已物故。有陈理者，承平时曾在达尔达木图各厂贸易，情形最为熟悉。据达尔达木图俗名铁厂沟，该沟计有五大金厂，其余小厂，旋作旋弃者无虑百十余处，大坑、小濠三百里中处处皆是。惟五大厂为最著：一为车路厂，在铁厂沟半程，所产金矿系金黄石质金兼石木分片粒，轧砾成粉，澄洗取金，用水银收炼成块，谓之不工金。再东一程为�工厂，红黑砂石中夹有卤灰砂石，金锌脉络纵横上下，入地甚深。该处承平金户作场最大者上下联接三家，每家占地宽不过十丈。中段为刘姓承办，凿取十余年，井深至八十余丈，岁获金矿尚亏工本，于是截弃底屋，由井轳横穿而始获矿路正脉。其矿高厚约尺五六寸，采法将上下屋夹矿黑石凿宽八九寸，深尺许，以柴火烧之，淬以酽醋，待冷，然后挖矿，用相确之金黏成块而石去，是为硬工厂，产金甚旺，旋因回乱荒弃。今到井，梯架犹存，但井中为积潦所灌，水深不测。又铁厂沟西一程为西石工厂，迤东十里为老新工、新工二厂，皆产硬矿金矿苗，采法情形相同。又兰州湾子厂在铁厂沟正西两程，亦系硬矿。附近沟内产金砂，凿砂成井，至石版再横穿为洞，以荆条扎帚，刷扫金砂，淘洗取金丹。西为红山子厂，再西十里为民地厂，均产硬矿。又附近七八里为西五沟，产草皮金等语。

奴才译阅俄书，内载：斋尔山近噶加尔德恩山口南面之穆呼尔岱山腰半坡一带产金矿，沟内有水处多金砂，自沟内上源至沟外，近大小桂那地方中国里二三百里内，处处产有金砂。绵达斯沟，即兰州湾附近之沟，掘去上层浮砂，深约中国尺丈余七、八、九尺不等，下际青砂石版，地脚有金砂附著一层，厚约三分许，每砂一普达，可淘纯金一、二分。地段宽处中国里三里至五里，极窄处半里，长约七八十里。又乌图台即庙尔沟东稍北，产豆瓣金砂，大者五六钱，或二三钱，多在旧流两水冲激回旋之处，地段亦广，惜浅处纯系干砂，无近水可资淘洗。掘地深至丈许，即见水矣！人力难施。若用涮砂机器，可获厚利。

查加尔德恩山口，即高家磴口，穆呼尔岱山坡，即铁厂沟，核与该员杨立三所禀颇多吻合，是达尔达木图金厂北路似无出其右者。又据杨立三禀称：该员于光绪十九年随同伊塔道英林赴塔城收还巴尔鲁克山，访闻该山之萨喇布拉克上源产黄砂石质金矿，惟石兼铁，性极緻密。金虽旺，而磨炼不易。再向东偏，石质较松，而金成色亦减。再南五十里许，有软炭山阴产铁，周可百五十里，入地深六七十丈等语，亦与俄书相符。此外，如乌鲁木齐南山一带，并奎屯河、呼图壁、玛纳斯、库尔喀喇乌苏等处，均产金砂。乾隆四十七年，经都统明亮奏明开采，曾设司金局。四十八年，裁局改归镇迪道总理，各州县承办，但矿产衰旺不时。如库尔喀喇乌苏之奎屯、济尔噶朗两厂，奴才同治初年在乌鲁木齐即闻所产已不如前。迪化昌吉所属各厂，竟不闻人道及。惟科布多所属呼图斯山场产金，其地在古城西北。乾隆年间有奸民私挖，即奉旨永远封禁，精华或未尽泄。至于伊犁，向无金厂。惟旧章，巴彦岱所属霍尔果斯河源、兖坝沟、额鲁特营所属之库库乌苏、济尔噶朗有巡查偷挖金砂之差。译阅俄人图说，亦谓：伊犁霍尔果斯河源、济尔噶朗河等处产金，砂质美，惜地段甚微。奴才现派佐领博贵、札拉丰阿等分往查勘，因不谙矿学，尚未得其端倪。其余铜、铁、铅各厂，乾隆四十一年，伊犁将军伊勒图奏，请于伊犁哈尔罕图开采铜斤。嗣因矿竭，移于哈什山内，复因不旺，移于巴彦岱呼巴海地方。乱后久经荒废，前署将军锡纶曾经试办，因伊犁人工太贵，该处采取柴薪路远，以致赔累。铁矿，乾隆年间先后在索果尔峪、郭罗鄂博等处采挖，其矿现犹未衰。奴才因西人枪炮迅利，非中国旧械之所能敌，屡次购办机器，设厂学习制造，苦于筹款不易，未敢轻举。铅矿，向在额鲁特游牧察奇尔阿璘玛采挖，该处现已分归俄境。奴才上年嘱察哈尔领队大臣春满派员在北山一带试采，尚未据其呈复。他若新疆各厂，铜矿当以阿克苏之滴水崖、盐池沟为最，铁矿以济木萨之水西沟为最，铅则以科布多所属都兰哈喇为最，咸丰八年曾经乌鲁木齐都统倭什珲奏请开办，同治三年因回乱停止。此提封以南五金各矿之大概情形也。

总之，天山南北不患无产金之地，特患无识辨矿苗之人与其器耳！奴才询访俄人采金之法，其产金之区先由专习矿务之士查勘明确，始准殷实商户给照开采。或由砂中淘洗拣取，或由矿石内轧磨而出。不经熔炼者，不杂他质之低金也。其与他质相杂之金，须由五金各石矿内分化提取。俄人于淘砂则有戽及扇风之具，凿矿则有穿井开槽之器。他如辨识矿苗，试验分数，起矿则有举重法，轧磨则有压力、滚力法，盘〔搬〕运则有轮船、铁路。在铁路、轮船各路，凡堪以省人力而节费用者，无不日新月异，周备靡遗。所取砂矿又必交官设总厂提炼，而商得金价，以防偷漏。其法甚密，大率不外官督商办，用能备极矿务之盛。中国于矿学素未讲求，相沿采取旧法，不外置床淘洗，用箕簸扬而已，并无有机器，所得每不偿所费。

新疆兵燹之后，人工极贵，采办尤难。即如拜城达坂域之铜，喀喇沙尔之铅，噶斯山等处之金，升任抚臣陶模、现任抚臣饶应祺办理均不遗余力，无如工艰费巨，经始自非容易。奴才前函询南路各厅州县矿务情形，据前办于阗金厂委员易寿松禀称：于阗县大金厂名曰克里瓦，即索尔戛克，距县城东南四站。小金厂名曰恰拍，即阔帕，距城东十二大站。又行四则站〔站则〕为卡墙，与罗布淖尔界达六产金，弋壁居多。沿山边而行，运用一切维艰。大金厂每开一穴约深十余丈、二十余丈不等，复从底横挖，将土取上晒干，扬去沙土，拣之，每人日不过获金一二分。十〔小〕金厂乱石甚多，每穴深不过一二丈，即可见金，大者如桃核，小者如枣核，然不能多得，甚有挖数穴而不获分金者。又据署莎车州知州潘震复称：于阗大、小金厂，民间于农隙备器采挖，日得之金只敷一日之用，不能多有余积。按夫责课，万不能公。该处收金之人向系预给金夫成本，随挖随交，多有金夫欠本无交，因而逃逸无可追寻者。至莎车州属泽普勒善河等处亦有淘砂取金者，屡次细查，并经试办，亦属利不敌工。听民间自食其力尚可藉活身家，若由官办，或能用机器藉省工费则可。否则，欲言兴利，终乏良谋各等语。并据前署和阗州知州甘承谟禀复，所言大略相同，自系实在情形。

奴才与抚臣饶应祺函商，接其复书，亦谓：无精于矿学之人，即难议及办法，必须切实勘查，确有把握，然后计施力之难易，与收效之迟速，庶不虑浪掷成本，洵为踏实见地。现已经饶应祺咨请总理衙门，由天津调派专门矿务学徒，携带小机器一具，出关查勘。如果拣派有人，似可先就于阗暨达尔达木图各厂产金最旺之区查勘确实，仿照漠河章程，设法试办。俟有成效，再行逐渐扩充，以免骛广而荒之弊。并于新疆省城专设矿务学堂，俾资讲习。至外洋办矿笨重机器，如实难于购运，新疆现有铁厂，但雇觅能制机器之匠，令本处工人随同学习，就地仿造，当较转运省费。况能触类旁通，他日无论何项机器以及枪炮等件均可仿而为之，不必仰给邻国，亦不劳运自内地，似于新疆边防尤为裨益。臣素不谙悉矿务，于西法尤为隔膜，惟往来西域有年，谨就平日所知者据实陈明，以备圣明采择。谨奏。

光绪二十三年六月初七日奉朱批：该衙门知道。

使英罗丰禄奏与日使交收第三期军费等款事竣折

出使英、义、比国大臣罗丰禄奏，为与日本使臣交收第三期军费暨第三期军费半年利息、威海卫第二年守费等款事竣事。

窃臣承准总理衙门电开：四月初七日应交日本第三期款二百七十四万一千七百四十八镑七先令三本士，又半年息银六万八千五百四十三镑十四先零〔令〕二本士，又威海卫守费八万二千二百五十二镑九先令，据驻京日使内田照称：均在伦敦接收。顷令赫德电知汇丰、德华两银行，先期照交臣处，转交驻英日使接收，仍取收据电复等因。臣即订约日国驻英使臣加藤面商，据称，各款数目相符。臣令其预拟收据草稿互阅，一面知照汇丰、德华两银行，将应交英镑各数先期拨付英国官银行，以便届时转交日使接收。至四月初七日，日使派其参赞林董送到该使签押洋文收据三件：一称代日本国家收到英金二百七十四万一千七百四十八镑七先令三本士，合库平银一千六百六十六万六千六百六十六两六钱六分，系第三期军费，即第一次平分递年之款；一称收到英金六万八千五百四十三镑十四先令二本士，合库平银四十一万六千六百六十六两六钱，系第三期军费半年利息；一称收到英金八万二千二百五十二镑九先令，合库平银五十万两，系按照《马关条约》所附另约第一款暂守威海卫第二年军费各等语。译对汉文字义，均属相符。遂派参赞马格里、罗忠尧与该参赞偕赴英国官银行，按款照数，计共拨英金二百八十九万二千五百四十四镑十先令五本士，交收两讫。谨奏。

光绪二十三年六月初十日奉朱批：该衙门知道。

出使大臣张荫桓致总署见俄皇言真心和好并述外户两部语意电

昨，俄皇接见，力言真心和好，愿勿为他人摇惑。越日，赠宝星。外部迭晤，皆邦交勿替语，因告以法使无状，屡欲侵我国权，俄、法交密，宜代开导。外部云：法总统将到，必代言。户部来言：接京电，商借款，俄力薄，必资法，法非购其船炮不允。若英、德不诺，俄再为力照前次办法云。加税，允商水路，俄外部甚和平。外部尚书穆拉斐得福请赏一等第三宝星，示联络。明日赴德。

六月十二日

黑龙江将军恩泽奏俄路改行南线遵旨通盘筹画折

黑龙江将军恩泽奏，为铁路改行南线，江省势同孤悬，恳恩饬令妥商，并遵旨通盘筹画事。

窃五月初八日接准总理衙门电传谕旨一道等因。钦此。当以改道不便，应请仍照初议电咨代奏。奴才非故为拘执，兢此区区，亦非不知此役之兴出于万不得已也，夫事机所值，在圣人亦第能辅时而不能违时。犹忆客岁俄员勘道来江，足迹所经，群惊且骇。近时内省友人亦频贻书见诘，且告山东抚臣已有疏陈，既任边疆，胡不一摅忠愤，痛陈利害？皆经奴才反复指陈，告以利便之可资，闭关之无术。盖尝综彼己而计之，俄为天下所共忌。其为国也，又多诈取而鲜以力攻。如今铁路之通既求之而得之，十年、二十年之间或不致有同室操戈之事，而我得以相因为重，借纾目前之外患，以力图自强，未为非计。况辽疆之复，俄与有功，既借其力于前，自不得不徇其请于后。而路工之巨，在吉、江地面者约三千里，倘展榆关之线联为一枝，不过费二千里修筑之资，可以修五千里轮车之益。独是弭患而后能获利，强邻可以相结而实不可以久依。管子曰：邻国皆险，已独易，国非其国。今以火车之捷，入我腹地，就令险隘林立，犹恐不足以制之，况复听其避实就虚，纵横于无人之境？奴才前电奏称利国之无资，商民之不便，尚是言其浅者、小者，仅以资总署之辩论。其实绝大利害，则尤在划省城于界外，势如拊我之背，扼我之吭。在朝廷以为既经假途，同是在我域中，自不必拘拘于为南为北。不知一地自有一地之要害，一省自有一省之责成。万一不虞，彼已电掣而来，我尚不闻声息，命脉中断，孤立无援，坐毙之道也。日昨复与总理衙门电商，略谓必不得已而南，但能绕道省城，亦尚易筹抵制。当此毫厘千里之际，恭译预防后患之谕旨，忧思不寐，中夜彷徨。窃思俄人如竟不我听，根本所关，不能不预为筹及，将来只有移省就路之一法，或以副都统仍驻齐齐哈尔，而移将军于伯都讷对岸之茂兴站，庶几稍据水陆之冲要，扼吉、江两省铁路之咽喉。至于吉林更须移将军于宁古塔城，以严东道之防。然时际艰难，事关定制，苟非万分无法，安能轻议更张？亦只可虚拟备此一说耳！

伏查，绰尔河沿岸移属哈阳，尚不如雅尔河之高燥，两道皆已越过兴安大岭。论其平坦，雅尔河亦正相同。该使所称北线山高，系指此岭而言。既逾岭以东，倘由绰尔河源历雅尔河，以直指省城，并不过增劳费。况为两国会建之路，自须两国咸得其宜，故合同第二条郑重言之，谓：方向之事，必与地方官和衷办理。此约订自彼国，当不至遽背明文。且该国方笃邦交，又何不稍予变通，彼此共沾利益？即吉江旗民闻之，亦知俄之与我曲从迁就，则后之交涉自更相安。所费者微，所益者大，尚不仅以各国侧目为该国所当深念者也。伏乞圣明饬令总理衙门，详与申办，一意坚持，以冀挽回于万一。开工虽云在即，究必由呼伦贝尔属境办起，计非一半年所能修成。至绰尔河者，刻下尽管开工，此节徐从详议，尚非迫不及待也。昨准呼伦贝尔副都统咨称：该工需用木料允令就地取材，第恐林脉伤残，有妨旗人生计。其本地牲畜向逐水草搬移牧放，更须时由铁路横行，恳令每十里间多留三四横门之用，以免碰撞之害，业由奴才咨请总理衙门商办矣！

再，齐齐哈尔、嫩江沿岸并呼伦贝尔，凡铁道所经之处，日后均应择要布置，或驻兵队修置一切，或并于嫩江、松花江陆续购置轮船，以备不虞，目下固是无力置办，然此亦须早为筹计。否则，值我可办之时，彼得借词禁阻。奴才除将现有营伍加意训练外，惟有仍于垦、矿诸务讲求开办，期使本省无不兴之利，无不辟之荒，盖非财有余，则万事皆系空谈，仍属无从下手。而内政倘以次渐理，自能推广于边防，亦知事重材轻，断非奴才所能奏效，然责无旁贷，不敢不竭心力为之。并求饬知总理衙门，预将日后应办事宜婉告该国使臣，譬如通家邻好，不得以往来无间，遂废管籥之司，而此事又非暂时所能经营，不过先事说明，似不致启彼猜疑，遽生枝节。谨奏。

光绪二十三年六月十七日奉朱批：该衙门知道。

总署奏议复台货改照洋货收税事宜折　附征税办法四条

总理各国事务恭亲王奕䜣奏，为遵旨议奏事。

窃准军机处钞交光绪二十三年五月十八御史张仲炘奏，台湾土货进口，请照洋货收税一片。本日奉谕旨：该衙门查核具奏。钦此。钦遵钞出到臣衙门。查原片内称：台湾既归日本，其由该处所产各物自应比照洋货收税，不得仍前办理。拟请饬下总署，转饬税务司，改照外洋进口税章抽收，以裕饷源等语。臣等遵即札饬总税务司妥筹申复，嗣据呈称：马关定约以后，情事改变，台湾一处应作为外国看待，开具洋货、土货进出口征税办法四款，并声称：此项台货入内地之税单，厘卡委员以台货与土货相似，不肯遵照税单放行，应饬各厘局免征放行等因。

臣等查，台湾既非内地，该处进出口货物非改照通商各口税章办理，不足以昭划一，该御史所陈不为无见。既据总税务司申复各款，核与通商各口税章办法相同，自应查照办理。至该总税司所称台货与土货相似，凡领有入内地之税单，应饬各厘卡照章免征一节，核与领单之洋货入内地不再重征之章相符，亦应准如所请，以免轇轕而杜口实。如蒙俞允，应俟奉旨后，由臣衙门咨行南北洋大臣、闽浙总督、福州将军、两广总督，并札行各海关道、总税司一体遵照办理。谨将总税司所拟办法四款另缮清单，恭呈御览。谨奏。

光绪二十三年六月二十二日具奏，本日奉朱批：依议。

谨将总税务司赫德所拟台湾土货进口征税办法开单呈览

一、凡台湾之土货，自今以后，应作为洋货看待，于运进中国口岸时征收进口正税。若运入内地，或按中国办法，逢关纳税，过卡抽厘；或在新关完纳子口半税，请领入内地之税单，运赴单内载明之处概免各项税捐，悉听货主自便。若复运通商他口，应给免税执照。若复运外国，应给存票。

一、凡中国之土货运往台湾，于出口时，应完纳出口正税，不给何项执据。如该货自台湾运回中国他口，则作为洋货，应完进口正税，后与他洋货办法无异。

一、凡洋货已在中国完纳税饷者，若限内运往台湾，应给存票。

一、凡船只已在中国完纳船税，领有四个月为期之专照，如驶赴台湾，所领专照无碍行用。

浙抚廖寿丰致总署浙人集股筑杭州铁路请作为商办电

杭筑商路，自拱辰桥西岸起，至江干闸口止，计长四十里，于去年十二月二十一日电奏在案。兹据洋务局禀称：此项铁路，绅董已集有股本现银五十万两，举分省道林维臻总办，并请专归商办，毋庸由总公司兼辖等情。查杭埠通商，其铁路不克自立，恐难免外人觎觊。该绅商等自行集股筑路，实为枝路开风气之先，但得有成，可期推广，于国家洵有利益。盖此举既属商本商办，似可官不与闻。所请无庸总公司兼辖之处，可否恳恩照准请旨。

六月二十七日

出使大臣张荫桓致总署英外部允加税未索免厘电

英外部允加税，未索免厘，已饬窦使与总署妥议。因商务在华，故此间无可辩论。已报起程。

七月初三日

大学士李鸿章奏遵旨向英商借一千六百万镑议订草约折 附草约

文华殿大学士李鸿章奏，为遵旨筹办借款情形事。

窃本年五月初二日奉上谕：添派李鸿章办理借款事宜。钦此。查日款尚有未交银约一万万两，若不如期交清，于国体、利权均有损碍，然除续借洋债更无别法，而借款之难，多方勒磕。本月初间，据盛宣怀电称，有英商呼利詹悟生公司遣来董事加尔福禄克，称允借银一千六百万镑，周息五厘，九五扣，五十一年还清，皆如臣等筹借，所议较前英德借款少扣银一分，颇为合算，惟须急立草合同，先与画押，因与翁同龢商量，令盛宣怀与之照办，并订明于年内交清。现议定草合同八款，先与就草约画押等语。

查此次英商所议借款，直截了当。现订草约八款，尚不出原议范围。其第五款，请将还款按月付交中国银行收存，每届半年，到期拨付。据盛电称，从前中国借还洋款，每因镑价吃亏，若按月拨付，银行相机买镑，临时不受磅〔镑〕价增涨之累，如银行收银，未经买镑，亦可照例算息归公，出入之间，于公款合同不无裨益。现在草约画押后，仍令该董事亲身来京商办。如有变通本利之处，当会同总理衙门、户部详酌，请旨遵行。谨奏。

光绪二十三年七月十九日奉旨：该衙门知道。

谨将盛宣怀与英商加尔福禄克议订借款草约八款缮单呈览

此草约订于光绪二十三年七月十七日，即西历一千八百九十七年八月十四日。一为盛大臣，代中国国家立此草约，此草约中称中国国家；一为加尔福禄克，代欧吾士脱梯勒呼利及约翰由士的司詹悟生并伦敦呼利詹悟生公司各股东立此草约，此草约中称公司。互相订定条款，列左：

第一款　公司允借与中国国家英金一千六百万镑，照九五扣，即每一百镑交足九十五镑，准于一千八百九十七年十二月三十一号或三十一号之前交清。

第二款　此借款以交银之日起，定五十一年，期满还清，年息五厘，每年付息两次，随时应照未还之本核算。

第三款　自交银之日起，十年为止，照长年五厘计算付息，不还本。自第十一年起，至五十一年止，将借本核定到限之年数分匀摊还，即四十年每年还本四十万镑，连五厘年息，每年亦作两次付给。其息随时应照未还之本核算。

第四款　中国国家俯允，将海关所收之税，除抵先借别债外多余之数，并中国所收盐厘金，此两宗，现今并未抵押与他人，作为抵还此项借款之本息。

第五款　此项借款，公司准交英国总银行，或交公司择定之头等银行在伦敦者，代中国国家收取。其借款本息，中国国家准按月付交中国银行在上海收存，或中国分行在伦敦收存，均可每半年由中国银行代中国国家付还公司，是以中国银行亦允保借款本息到期交付。惟到期付还之本息应交何人或何银行，由公司指定。

第六款　所有此项借款一切开销费用，均归公司自备。

第七款　下款所指正约一经签定，中国国家即降谕旨，准借此款。

第八款　此草约签定后，加尔福禄克即行赴京，限二十日内，在总理衙门签定正约。其正约条款意义，即以此草约条款意义为底稿。

出使大臣张荫桓奏请订借八千万两偿日本兵费片

张荫桓片。

再，中日《马关条约》日本偿款库平银二万万两，分八次交完。第一次赔款交清后，未经交完之款按年加息五厘。如从条约互换之日起，三年内全数交清，除将已付利息于应付本银扣还外，余仍全数免息。又日本军队暂行占守威海卫，每年贴交库平银五十万两，未经交清赔款之前，日本军队不撤各等语。所有应交第一次银五千万两，第二次银五千万两，第三次银一千六百六十六万六千六百六十六两，三次并共交过息银六百六十六万六千六百六十六两零，威海卫军费两年共一百万两，计尚欠偿款银八千三百三十三万三千三百三十三两零。约内声明：三期内全数清还，将已付利息扣还，余仍免息。自换约之日起，扣至光绪二十四年闰三月十八日，已届期满。如逾期未能还清，非特已付之息无从扣回，且须递年加付息银，共需一千四百五十二万三千三百三十余两，又每年威海卫军费五十万两，总计展缓四年，递年分还，须多耗银二千三百十九万两，为数甚巨。现在俄法、英德各项借款所余无几，苟非续筹借贷，无以偿此巨款。即使勉从递年分还之约，而本年十月应付息银四百六十万六千六百六十六两，明年闰三月应付第四期偿款银一千六百六十六万六千六百六十六两零，息银四十一万六千六百六十六两零，约计部存借款亦恐不敷措拨，以后每年应还之期更刻不容缓，是迟早均须筹借。若能及早借定，可免种种耗费。惟历届借款均以各关洋税作抵。上年洋税收至二千二百万，原未能率以为定约，照每年税银二千一百万两内外，除应提出使经费、各关经费、船钞等项外，余银约一千七百余万两；而俄法借款、英德借款、英商汇丰银款、镑款、克萨借款，岁须本息银约一千五百余万两；沪粤息借华商之款，岁须筹还银三十余万两。关税所余无多，各洋商佥谓不足抵借巨款。若不别筹抵款，空言商借，浮滑洋商藉端撞骗。窃虑迁延时日，债期既届，来年无措，及今绸缪，诚宜实事求是。臣出京时，迭与户部诸臣筹商，复于陛辞之日撮要陈奏。现为时渐迫，相应请旨饬下总理衙门、户部通盘筹画，指定抵偿的款，先将关税已抵数目与总税司赫德核对清楚，庶知关税可拨抵者实有若干。沪粤华商借款剔归司库归还，可腾出关税若干。再由户部统筹，另拨的款。现计订借八千万两，足了日本重累。先其所急，别有需用，再行设筹，期免贻误。谨奏。

光绪二十三年七月十九日。

清季外交史料卷一百二十六终

清季外交史料卷一百二十七

光绪二十三年八月至十一月

中俄陆线续约

中、俄现以更改一千八百九十二年八月十三日所定两国相接陆路电线章程内数条为善，今改订如左：

一、原约第三条之第三节改作：恰克图相接电线，俟中国电报局由北京至恰克图电线告竣后，刻即相接。惟相接之事，无论如何，不得逾于一千八百九十八年年底之期。安设此路电线应于本年夏间开工。其由北京至张家口一段电线，应于本年底前完工。

二、因立约两国至各界应得传递电报之资，既在今已更改之第七款内载明，则原约第六款之第一节本为多赘，应行删除。

三、原约第七款之第一节，直至所有欧洲及欧洲外诸国，除俄国外，往来电报各等语为止，以上文字改作第二款内指明相接电线之处，报资订列如左：

来往电报俄国应取报资：

甲一、凡中国各处并香港与亚细亚之俄国上乌的斯克经度以东各报，每字取价七十生丁。

甲二、凡中国各处并香港与亚细亚之俄国上乌的斯克经度以西各报，每字取价一法郎克。

甲三、凡中国各处并香港与欧洲之俄国格格苏亦在其内各报，每字取价一个半法郎克。

经过电报俄国应取报资：

乙、所有各报，每字取价二法郎克二十五生丁。

来往电报中国应取报资：

甲一、凡中国各处并香港与俄全境格格苏、亚细亚之俄国各报，每字取价一法郎克五十生丁。

甲二、凡中国各处并香港与欧洲及欧洲之外各国，俄国不得在此内，每字取价四法郎克七十五生丁。

甲三、其余各报，每字取价一法郎克五十生丁。

经过电报中国应取报资：

乙一、欧洲及欧洲之外各国，俄国不在其内，与他各国来往各报，每字取价四法郎克七十五生丁。

乙二、其余各报，与俄全境格格苏、亚细亚之俄国亦在其内，每字取价二法郎克。

所有应给欧洲各国报资，照万国通行电章及电则内开之数，均由中国甲二、乙一两段所开四法郎克七十五生丁内拨给。

此条内所定报资，应自俄历一千八百九十七年六月十九日起举行。非立约两国商酌，不得更改。惟今两国政府相订：中国应取甲一、甲三之报资一法郎克五十生丁，应由两国政府与丹京大北电线公司后定之期施行。而未定之先，上指各报，中国仍取资两法郎克。

所有第八款第二节结还账目一事，改作其账目应于每月月底清结。其应付之款，在上海每下月二十一天内结算清楚。

付款应用鹰圆，照俄历一千八百九十六年七月十八日续约为每年所定行市核给。

所有原约暨俄历一千八百九十六年七月十八日续约内各条，在此次所订续约未经更改者，仍旧遵行。

光绪二十三年八月初十日，西历一千八百九十七年八月二十五日，在北京立。

驻藏帮办纳钦致总署撤瞻归川保无他衅请代奏电

六月二十日电敬悉。撤瞻归川，保无他衅，无可游移，更不敢稍有回护。加赏完案，彼非不愿。因偏听瞻酋禀报，其气不平，是以竭力疏通，仍无成效。裕钢七月十三日到藏，现正开导。如加赏之说不行，愚见莫如据其所禀，奏请简派大员查办，庶可折服，就我范围。并须该番导往勘界，方代疏陈。否则，我无所挟，界事更难望举办。谨请代奏。

八月十七日

新抚饶应祺等奏会勘科布多属宝尔吉银矿畅旺请试办折

甘肃新疆巡抚饶应祺、科布多参赞宝昌、科布多帮办达新奏，为会勘科布多属宝尔吉银矿畅旺，请旨弛禁试办，以兴地利而裕饷源事。

窃奉本年正月三十日上谕：开办矿务，以金、银矿务为最先。除黑龙江漠河早经开办，新疆和阗业已往勘外，各省如能实力访查，确有金、银矿地，设法兴办，自较煤矿等项得款为巨。各将军、都统、督抚，其各振刷精神，实力奉行，毋得畏难苟安，仍蹈从前陋习等因。钦此。

臣等渥受殊恩，自应共体时艰，实力遵办。臣应祺查和阗产金之处本多，惟山险路远，粮贵运艰，工费太多，得不偿失。前抚臣陶模委员查勘，业将难办情形据实复陈。臣应祺重加委查，拟聘洋师购办机器，亦恐难期实效，已咨总理衙门酌商办法，尚无把握。非路、昌吉、绥来、库尔喀喇乌苏、精塔城，均有产金处所，委员四出勘采，有携来省者，监视淘洗，获金甚微，不敷工本，尚须设法再筹。惟查有巴里坤界连科布多属札哈沁之都兰哈喇，银矿最佳。自嘉庆年奉谕旨封禁，不准开采。咸丰时奏开，旋止。每年巴里坤镇与科布多派员会哨稽查，奏明有案。现既迭奉谆谕，凡属有矿之处一律开采，臣应祺正拟派员往查，前任魁福与臣达新适遵旨开办，出示招商办理，因科属无熟悉矿务之人，咨商臣应祺，会同筹办。臣应祺复访闻都兰哈喇封禁日久，矿洞闭塞，重开甚难，有距科城五台河紫盖迤东二站宝尔吉尔札哈沁所属矿苗最旺，且易采挖，当委候补知府奎光、补用同知柳葆元于上年冬前赴科城禀商办理，并饬矿务委员·候补知县齐从贤带领匠工赴山试挖。时雪深地冻，掘地未深，所获矿苗带省查炼，非惟无银，并不出铅。今年三月，齐从贤复选经炼老匠前赴宝尔吉，掘地二丈余，另获新矿数百斤，驮运回省。臣应祺亲督匠役，在署设炉，试炼数次，计矿坯百斤可得铅二十斤有奇，每铅百斤可提足色银十六七两或十四五两，洵属异常佳矿。其地约三十余里，如果深掘广挖，随处皆是，有增无减，则可大开利源。但深山戈壁，一望弥漫，附近无柴炭，必驮至十一站之树窝始能采炭熔炼。米粮、器具、什物又须由距该处十九站之奇台县驮运。应用糜费多，则余利少，取课仍属无几。臣应祺饬齐从贤酌带工匠，再于该厂较近可有熔矿之处设法开办。运脚省一分，则课银多一分。先行试办，一自核计每矿一驮除工食费用外尚有余利若干，约能抽十之一二，或三分之一，会同酌定收税章程，将来或归商办，或官督商办，按驮就厂收税，准蒙民、汉民一律采挖，由新省委员驻厂设局，经理开矿、征税、修路、运粮诸事。由科城派员稽查弹压，以防私挖、包庇、隐匿、漏税诸弊。总期商沾余润，大利归公，以副朝廷开矿阜财之意。第封禁日久，相应请旨弛禁，准其开采。俟议定税课章程，再行奏咨立案，以兴地利而裕饷源。谨奏。

光绪二十三年八月二十六日奉旨：着准其试办，并酌定税课章程奏复。

滇督崧蕃等致总署呈送滇越界约请查核文　附滇越界约

窃照滇越界务，自光绪十二年，经钦差勘界大臣周德润会同前督部堂岑毓英与法使狄隆会勘大概，当以老界、新界各持不让，致未议定。十三年，准贵衙门咨行续定界务商务办法，附寄界图，饬照所画红线，遴员会办设牌事宜，并接法员培尼来函，订期勘界，随派印委各员星驰赴约。嗣因培尼有事，又请展期缓办。十六年九月，准贵衙门咨开，中越边界设牌，法国另派法兰亭主议。前督部堂王因界务轇轕甚多，遴派印委各员分段预行履勘，另札署关道陈灿暨升调广南府兴禄分董其事。十八年十二月，法督办西威仪抵开化，与陈道、兴守会议分段上界，以便详细查考，遇有参差出入，随时酌改。延至十九年九月，西威仪欲转河内，惟广南属之第四段勘定无异。二十年四月，西威仪重来蒙自。适升任关道汤寿铭接办，查得第二段之猛峒既应收回，第五段之黑江亦已移易，旋带测绘各员亲历履勘，拟改红线，辩驳再三，西威仪始议剖分办法。当经绘图，咨请贵衙门照商法使，查核更正。嗣准电开：法使照称，欲将二段之猛峒与五段之猛梭互换，黑江源流不合，未便拘定原图云云。前兼护督部堂谭札委候补知府蒋实英等率同测绘及熟悉边情各员弁分路勘办。本督部堂到任后，计安边莫急于定界，检校各图，互有出入。委因从前游匪出没，沿边勘界或未周到。值此更换地段，尤恐轇轕滋衅，特派洋务局道员李必昌、兴禄，督同试用直隶州知州邱淮、试用府经历阮振千、李光远等，饬将一切图约综核异同，辨明中外，补阙订讹，藉资依据，并使承办界务免为彼族所愚。二十一年四月，据禀：地段界限，划定绘图，咨请贵衙门核示。七月间承准咨寄：该段总散各图标识立牌处所，维时原勘各员另有差遣，改派妥员，照图立讫，业经咨达在案。嗣因法兵先后侵占内地，筑垒扎营，是界牌一日不立，则界务一日不清，尤虑猛峒或有翻复。援案电请照商法使，将一、二、三、四各段定界立牌。二十二年七月，准贵衙门电开：法使照称，自红河之保胜至广西交界止所立界牌，法派副将白诺赓在保胜会齐，九月初旬开办等因。本部堂以附近界线地名太略，难免牵混侵越之弊，应就沿边村寨详确查明，当派分统南防各营本任开化府知府刘春霖督办，饬即遴选印委妥员，分为四段定界立牌，由省添委前沾益州知州彭继志等随同办理，以臻妥速。刘春霖驰抵保胜，与法员白诺赓等商酌，必须复勘定议后插标立牌，次第分办，方免往返迁延。因复禀调文武各员，以便更番上界。所幸一切办法督令洋务局随时电商，一、三、四各段陆续勘定。惟第二段红线太直，村寨实多割裂，法员坚请通融，未敢擅便。先后电请贵衙门查核，旋准函寄法使所交草图，饬将芳度、大沔、奋武、聚美等社照图互让各在案。兹据刘春霖申称：滇越边界立牌，一、二、三、四各段均已一律完竣，于光绪二十三年五月十四日，即西历一千八百九十七年六月十三日，中法委员会同查对图约无误，业经画押，互换蒇事。查原图分四段，法员以长短不均，分改为三段：自龙膊河至戈索为一段，自戈索至高马白为二段，自高马白至猺人寨为三段。其牌仍分段记数，计共立六十五牌。当由法员换送界图六张，汉、法文图约各五纸，共十纸，呈送到院，札发洋务局逐一考核。据详查，一、三、四各段俱照红线立牌，二段颇有更易，实因原画界线一字平列，其中地势曲折，又无山水可以分界，不得不从权互让。兹查立牌各处，核与咨滇法使草图所改界线相符，里数亦足相抵。理合呈请咨送总理衙门备案等情。据此，除将界图照摹存案外，所有法图及汉、洋文图约各件，相应咨呈贵衙门，谨请查核，备案施行。

九月初八日

滇越界约

光绪二十二年九月十九日，西历一千八百九十六年十月二十五日，两国官员会同在保胜河口商定设立中越第一、二、三、四各段界牌。

大法国五花官·督办中越界务本义德称，法国总督派办界务委员以及边界各道防营官员俱系委员一五花官尉麻、四花官罗木司、柯倪安、马安端等。

大清国总办滇越界务·分统云南南防全军·开化府正堂刘春霖，中国云南督部堂、抚部院派办界务委员彭继志、王钟海、邓大治、柯树勋、张贵祚等。

所有两国委员言定，如有列名之员恐后别有公干，只要两国总办，或各有一、二委员，亦可办理。

所有两国会同官员查此四段边界，仍照前中法界务章程定后。

或界线遇有以河中为界者，勿容立牌。但以河为界之河能通船者，两国往返两边皆可通行。倘若后来此河有水大小、深浅、沙石崩培成洲者，均以河中水深船舟可行之处为界。

又界线经陆道者，仍以分水岭为界。界线或遇在高山险隘，不好立牌之处，或在侧边，或在路边，亦可立牌，或就山石，当两国委员刻有字样号数，亦准为牌。

所有两国委员所定之牌式样一张并呈为凭。所在何处立牌，先分派委员查明，另两国总办仍会同各委员到界勘明为妥。

又中、法两国上界分处立标之委员各派二员，并两国各派弁兵五十名，俾资保护。

又中、法两国委员到每处会办，彼此进止同行，不宜分隔，则两国保护弁兵亦当紧随。或内遇有分办，亦当各派一员同行，两国弁兵均应随护。此行不拘中、越地面，两国委员各宜小心，互相保助。尚有未尽事宜，俟后办清按段图说注明。

一、第一段界线，兹照光绪十二年九月二十二日西历一千八百八十六年十月十九日议定章程办理。查新店到戈索河一节，前图未载，今两国委员会查派入，改由龙膊至戈索河为一段。所有此段界线，图上注明，画对清楚，将来中、法两国以此图约为凭。边界之线式样注明于后。

一、第一段界线：由龙膊河与红河会纳处向东南，顺红河至南溪河会纳处，由此转入南溪河，向东北至坝结河会纳处，至此向北，溯坝结河，至十〔干〕河会纳处，至此向西北，入干河，一里半有谷，方至老凹厂之大路，过干河处为止。此节界线均以河中为界。由此向东北，经分水岭直抵戈索河为止。此节界线由干河与坝结河会纳山嘴，经山起：其一，西面水归干河者，归滇；东面水归坝结上河者，归越。其二，西面水归崖那者，归滇；东面水归干沟者，归越。其三，西面水归南溪小河者，归滇；东面水归大郎河者，归越；其四，西面水归南溪小河者，归滇；东面水归坝结小河者，归越；其五，西北水归桥头小河者，归滇；东南水归黑江小河者，归越。

一、第一段界牌：第一牌立在干河与坝结河会纳山嘴处，第二牌立在龙波美到白石崖过岭路边，第三牌立在南寨到夹马石过岭路边了口处，第四牌立在南寨到新寨过岭路边了口处，第五牌立在南寨到水碓房岭顶路边，第六牌立于干河寨到水碓房岭顶路边，第七牌立于新寨去新店经岭脊大路边与独木桥旧寨相隔里半后山，第八牌立在猛康到靛塘岭脊小路边，第九牌立在猛康到新店与黑山坡到新店之路岭脊三岔会纳处，第十牌立在新店到土马过岭了口路边，第十一牌立在万年树到田房过岭路边，第十二牌立在新店到芭龙与斑茅寨过保头寨岭脊十字路口，第十三牌立在落水洞到石马洞岭脊了口路边，第十四牌立在卡房到石马洞岭脊路边，第十五牌立在草菓箐到石马洞过岭路边，第十六牌立在老打拉到老保寨过岭了口路边，第十七牌立在崖头到塘子边过岭了口路边，第十八牌立在茅草寨后面了口路边，第十九牌立在翻山卡到黑皮寨过岭了口路边，第二十牌立在新寨到黑皮寨过岭了口路边，第二十一牌立在芭龙到老留寨过岭了口路边，第二十二牌立在老卡新寨到田房口路边，计共立二十二牌。

一、第二段界线，自戈索河到高马白止。现两国委员议定，不能照前图红线办理。今改照实在边界定界，村寨各归各管。其余事件仍体照光绪十二年九月二十二日西历一千八百八十六年十月十九日、又光绪十三年五月初六日西历一千八百八十七年六月二十六日、又光绪二十一年五月二十八日西历一千八百九十五年六月二十一日三次会议章程办理。所有此段界线，图上注明，尽〔画〕对清楚，将来中、法两国以此图约为凭。边界之线式样注明于后。

一、第二段界线：向南经戈索河，至黑河，即转东，溯黑河与铜街河会纳处止，又由此转向东北，经山，以铜街河、黑河分水岭为界，直抵南松河、戈街河分水岭，至南北寨后山顶止，至此转南，顺山嘴下，入戈街河，转东，顺戈街河，入南北河，转南，顺至南江河会纳处，转东，入南江河至昆脑河会纳处，在大茅草坡山嘴止，由此仍向东，上大茅草坡，经板子山为界，至野猪塘南面，即稍转北，接经猛峒河、清水河分水岭为界，至那拉河头止，即转北，入那拉河为界，即横过开化河，上偏马山，由此转西，顺偏马山至白石崖，此节以山顶为界，由此转北，经南洞东分水岭为界，直经绿水河卡，到新崖为止。

一、此二段地界所有聚义社、聚和社、都龙、猛峒、奋武及东宏里各地归中国，所有聚仁社、有朋社、漫美社、丰乐社、大沔社、南天门各地归越南。

一、第二段界牌：第一牌立在白河、铜街河与黑河会纳山嘴处，第二牌立在新寨到石卡拉过岭路边，第三牌立在漫盖到箐门过岭路边，第四牌立在落水洞到箐门过岭路边，第五牌立在茅坪到箐门过岭大路边，第六牌立在茅坪到下南箐过岭大路边，第七牌立在南松到漫美过橄榄坡丫口路边，第八牌立在南北河入戈街河计程约一里远、在橄榄坡南面山嘴处，第九牌立在保良街到大茅草坡山嘴路边，第十牌立在大茅草坡山顶大路边，第十一牌立在猛峒到老寨过岭丫口路边，第十二牌立在新寨到清水河岭顶路边，第十三牌立在开化河之北面半山与偏马寨、发汗寨相对当中处、在清水河到龙潭大路边，第十四牌立在白石崖山顶上，第十五牌立在龙潭漫生过岭路边，第十六牌立在山脚到漫生过岭路边，第十七牌立在石笋到铁厂过岭路边，第十八牌立在石笋之东面后山顶上，第十九牌立在绿水河卡东面卡前了口处，共立十九牌。

一、第三、四两段界线，兹照光绪十二年九月二十二日西历一千八百八十六年十月十九日在保胜定界章程办理。查三、四段之地议定两段，合为一段。其四段之牌号仍照三段接立。至所定三、四两段界线，注明图上，画对清楚，将来中、法两国以此图约为凭。边界之线式样注明于后。

一、第三、四段界线：自新岩东南二里起往东，经绿水河北之大岭，到高马白之北，向东北至那郎卡，过大石岭，到岩脚街丛岭止，又由那郎卡向东，过石山大岭，挨那更往东北，过坝不河，上至达干路，又下东南，挨至坝不河，自此往东北，过大山岭，经扣览大卡、龙勒卡、洒扫卡、普龙卡，至茅山卡，自此往东，上下经铳散卡、小卡、穿洞卡至毛稗卡，自此向东北，经马生卡，弯中国马江卡、越南马弄卡当中过顶高岭，至中国龙戛卡、越南龙姑卡当中下普梅河湾处，下流以河为界，至中国凉水井、越南岩龙当中上岸，往东南，经龙潭卡，又转东北，经龙楼卡，至越南上蓬，自此往东南，顺颜洞河、普梅河分水岭，分颜洞河归中国，分普梅河归越南，经中和卡、小卡，下至颜洞河卡，以广西三交界止。

一、第三、四段界牌：第一牌立在新岩之东南二里许大岭了口，第二牌立在高马白之北凹塘之西山后大岭了口，第三牌立在岩头茅草坡居中小了口，第四牌立在中国棒甲寨东南二里许往越之那林路，第五牌立在攀枝花往越之岩脚路，第六牌立在奎布寨南五岭脊奎布卡往越之那更路，第七牌立在扣满大寨南二里许往越之他门捏哈路，第八牌立在龙勒卡系扣览往茅山卡路中，第九牌立在洒扫卡南一里山梁大路，第十牌立在茅山寨南三里中国茅山卡了口往越之新街路，第十一牌立在中国铳散卡小了口往越之水题路，第十二牌立在中国小卡小了口往越之普那路，第十三牌立在穿洞大卡两山了口中国马处往越之普棒路，第十四牌立在毛稗寨南里许往越之普棒路，第十五牌立在马生寨东南二里马生卡大了口中国马生寨往越之马那路，第十六牌立在马林东五里中国马江卡往越之马弄路，第十七牌立在龙戛寨东北二里许龙戛卡了口往越之龙姑路，第十八牌立在凉水井南半里西下普梅河一里中国凉水井往越之岩龙路，第十九牌立在中国龙潭寨西南四里龙潭卡小了口往越之中渡路，第二十牌立在中国龙楼寨东南里半龙楼卡往越之上蓬路小了口，第二十一牌立在上蓬东半里小了口往中国之田蓬街路，第二十二牌立在中和寨西四里中和卡了口往越之大口路，第二十三牌立在中和寨南五里小卡岭岗东下小卡寨三里西往越之中蓬路，第二十四牌立在中国猺人寨往越之龙兰街颜洞河，共立二十四牌。

计第一、第二、第三、第四段，共立六十五牌。

所有龙膊河至广西边界各段界务事宜，于光绪二十三年五月十四日西历一千八百九十七年六月十三日，两国界务委员在保胜河口会同竣事。

中国委员送每段缮约文二张、界图六张，法国委员送每段法约文二张、界图六张，各核对图约，线牌地方清白，画押据执，后来为凭。

依克唐阿延茂恩泽奏请勘定吉奉铁路预防俄路分枝南侵折

盛京将军依克唐阿、吉林将军延茂、黑龙江将军恩泽等奏，为敬陈管见，拟请勘定吉奉铁路，预防俄路分枝南侵，以保利权而弭后患事。

窃维中俄铁路之建，为朝廷不得已之举，飚通轮道，横亘于吉、江两省二千余里之中，时会所乘，闭关无术，惟有别筹抵制，以期防患于未然。按铁路图说考之，新改之线，系由俄界双城子接入吉界之三岔口，经宁古塔，以趋伯都讷，由蒙古郭尔罗斯前旗地抵呼伦贝尔交界处，与该国铁路相接。犹幸仅属自西徂东，尚无展修枝路南通奉省之说，是虽撤我藩篱，犹未趋我堂奥也。虽已多有妨我利权之处，亦尚可随时设法维持补救。惟查自八月初一日在三岔口开工以来，时有俄员赴长春一带采勘路径。盖若由伯都讷南通奉省，以长春地方为必经之地，则彼族意向之所在，已属显而易见。若不趁此尚未向我饶舌之先早为筹及，倘一旦公然肆其要求，恐将有许之不可，拒之不能，如今日者。臣等待罪边疆，相与逼处，剥床噬脐之戒，为虑滋深。苟为管蠡所窥，自应勉竭刍荛，以备圣明采择。但期言之而不中，万不容知而不言。现在往返函商，熟筹深计，惟有早将吉奉铁路定议，自行接修，庶为先发制人之一策。

查此段工程应由伯都讷接修，南趋长春，入奉属之昌图府界，以达奉天省城，直与榆路相接，计程不过九百里，且地皆平坦，易于施工。查关外铁路，现已奉旨饬交胡燏棻经手接办，此段工程即请饬令该府尹转饬所派关外勘路委员先行察看，禀由该府尹复核，奏请圣裁定夺。但此时先将基址勘妥，即为已占先着，使彼族知吉奉枝路已由中国勘定接修，其觊觎侵越之谋，当可嗒然内阻。至如何筹集资本，尽可从容谋画。总之，得步进步，为彼族惯技，在我预争一分利益，即塞一分漏卮，诚辨之不可不早也。谨奏。

光绪二十三年九月二十日奉朱批：着照所请。该衙门知道。

川督恭寿奏奉旨释放土司已送炉城交文海澈究电

奉二十二日电谕旨：鹿传霖奏，将德尔格忒土司释其长子，令充土司，其小土司母子暂缓释放，着恭寿察看妥办等因。查前奉电旨，令将该土司家属一并释放，业经臣遵将小土司兄弟提讯问，供系被张继诱省，实无废立献地各情，并供家产亦被张继占去等语。情节甚重，均应清查对质。当即宣布天恩，一并释放，见其向北碰头，诚感土众，闻知土司既放，张继之围自解，已于九月十二将该土司递送炉城，交文海审拟彻究矣！容再详奏。

九月二十三日

驻藏大臣文海致总署土司案无对质请免集讯电

敬电谨悉。到齐即讯，张继必曰献地是实，小土司必曰不知老土司已故，无对质，案外添传调卷，定生枝节，年内断无定案。明春大雪封山，海进藏无期，可否不集讯，免纷扰，或饬川督核办。

十月初一日

直督王文韶致总署日本大操应否派员前往校阅电

顷，据日本领事郑永昌面交节略一件，内称：本年十一月，日本九洲现拟演习陆军大操，第五、第六师团互相合演，特请贵宪派拟武职数员前往校阅。如蒙见允，即由敝国陆军省参谋本部备具请帖数分，预先送呈，一面派武员在长崎迎候照料。并据面称，各西国亦经先期延请各等因。应否照派？希代奏，请旨遵行。

十月初四日

德使海靖致总署称德教士在山东被劫请严惩照会

为照会事。

查在山东南境德国传教人遭一最凶横之事。二月初七日，曹州府有德国传教者二人，一人被杀，一人无下落，又寿张县德国传教人房屋皆被劫掠。本大臣请贵大臣急速设法保护往山东德国人性命、财产。此事全责之于中国国家，暂且先望设法严惩滋事之人，为德人伸冤。

须至照会者。

十月十三日

使德许景澄致总署闻山东杀毙教士应否预告外部稍占先着电

报称，山东杀毙教士二人。此信若确，海使必藉词要索。应否预告外部，已赶紧查办，顺致措词，稍占先着？

十月十四日

旨寄李秉衡曹州教案着速派员根究务获盗惩办电

旨：曹州杀毙洋人一案，该抚奏报迟延，着速派司道大员驰往该处，根究起衅情形，务将凶盗获办。李秉衡身任地方，总须办结此案，方准交卸。现在德方图借海口，此案适可为藉口之资，恐其启衅。福建古田案办理得法，着总署择要钞示。

十月十六日

鲁抚李秉衡致枢垣曹州教案遵旨派员澈查严拿凶犯电

十六日电旨，曹州杀毙洋人一案，遵旨即派臬司毓贤、兖沂道锡良驰往巨野，彻底根究有无起衅别情，并严饬督拿凶犯，务获伤教之案一并饬查妥办。

十月十七日

直督王文韶致枢垣据报德提督率兵于胶州湾上岸意图霸占乞速示电 二件

本日午刻，接登州镇章高元电：二十日早，德国棣提督率领德兵纷纷上岸，分布各山头，后送来照会，内开，胶州湾一带，限三点钟将驻防兵勇全行退出女沽口、劳山以外，只允带火枪一项，其余军火、炮位概不准带，以四十八点钟退清为限，过此即当整军办理。现在砍断电线，意在挟威霸占。变起仓卒，我军兵单，又未奉到本国公文，究应如何办理，望速示遵行等因。此事出人意外，无理可讲。除电饬该镇应机办理外，谨飞电驰陈。请代奏，并求速核示遵。

十月二十一日

顷，接章高元电称：今日早八点钟，德国兵轮三艘进澳，据称，停泊数日即行。

十月二十一日

鲁抚李秉衡致枢垣巨野教案办理甚速德竟图占胶澳乞敕总署理论　附旨二件

顷，据章高元禀称：二十日早，德国棣提督带兵上岸，勒令将胶州湾兵退出，以四十八点钟为度等因。查巨野教案已派司道前往督拿凶盗，现在盗已拿获四名，办理不为不速，乃德人竟以兵船登岸，图占胶澳。查各国从无因一抢杀案不容办理立即动兵占地之事，是其蓄谋已定，即无此盗案，亦将别起衅端。现在胶澳止有四营，恐难持久。衡拟调登州夏辛酉所带各营开拔赴胶，一面去电曹州镇万本华，在曹赶招五营，以足兵力。应请敕下总理衙门，与该国使臣理论，如不可以说动，则衅自彼开，非与之决战不可。衡不敢以交卸在即稍存退诿，乞代奏请旨。

十月二十一日奉电旨：胶澳事已悉。德国图占海口，蓄谋已久。此时将藉巨野一案而起，度其情势，万无遽行开仗之理。惟有镇静严扎，任其恫喝，不为之动，断不可先行开炮，衅自我开。所请添调募勇数营，着照办。凶盗已获四名，须讯确供。将来讯办时，安姓等必从旁观审也。

旨电李秉衡：敌情虽横，朝廷断不动兵，此时办法总以杜后患为主。若言决战，致启兵端，必至掣动海疆，贻误大局，试问将来如何收束？章高元、夏辛酉均着于附近胶澳屯扎，非奉旨不准妄动。新募之营乌合，适启戎心，毋庸招募。此事已饬总署与之理论，再定进止。新抚张汝梅已饬赴任。所有获犯讯供等事，着李秉衡上紧妥办。

十月二十三日

总署致许景澄希询德外部德兵上岸是否海使专擅抑奉训条电

曹州案，鲁抚派臬道查办，知县摘顶，已获正凶四名。正拟电请达外部，适北洋电言：接章高元电，德提督带兵上岸，给章镇照会，胶澳一地限三点钟将防兵退尽，过此即整军办理，现已砍断电线云。此案前接专电，谓德廷注重促海使回京商办，讵海使并不回商。德参赞今午来署，亦无一言宣露，遽令兵船入岛占据，殊非友国举动。因一教士为盗戕害，何至遂乖数十年睦谊？中国现已查办，今业将电旨示德参赞，该参赞亦无异词，且携示海使。乃照按北洋警电，是否海使专擅，抑奉训条？望询外部电复。

十月二十一日

直督王文韶奏请饬张汝梅赴任将教案从严办结电

电旨敬悉。此案颇难收拾，李秉衡素不喜谈洋务，深恐办理未能妥协。应否饬张汝梅速赴新任，将教案从严惩办，务期速结，仍责令李秉衡会同办理，不得置身事外。是否有当？伏候圣裁。

十月二十二日

直督王文韶致枢垣胶事棘手请饬聂士成速回防电

胶事棘手，防务亟应部署。关外马贼已剿除，零落不成股，请饬提督聂士成迅速回防，以资整备。仍令酌留营哨驻扎朝阳，搜捕余匪。

十月二十二日

直督王文韶致枢垣章高元报德提督又逼退军电

德兵突据胶澳，业已电呈。又接章镇电称：发禀后，德提督又逼退军，刻难缓待。各山子要地均已挖沟架炮，〈严〉密布置。元亲往面见该提督陈称，未奉本国公文，碍难擅离。反复争辩，坚执不允，声称，下午三点钟带队进营。元欲战恐开兵端，欲退恐失职守，不得已暂将队伍拔出青岛附近青岛山后四方村一带，扼要据守，元仍驻青岛，立候示遵等因。除电饬暂驻青岛附近听候核办外，请代奏。

十月二十二日

直督王文韶致总署遵旨往晤德使饰词不见电 附旨

德海使于今日午刻抵津，遵电旨往晤，不肯见，声称：明早赴京，未能晋谒等语。彼既饰词拒客，自未便径行前往。姑看明早是否成行，再设法挽留与议。谨先电奏。

十月二十三日奉旨寄王文韶：来电悉。敌情虽横，不可轻启兵端。鲁省往事，前车可鉴。着电章高元，于现扎处所稳慎防守，不准妄动。海使尚未到京，俟过津时该督与之切实理论，立即电闻。

使德许景澄致总署遵旨与德外部理论胶案电　附旨

遵旨切实理论，外部云：胶澳为东省地，故饬水师提督带船前往防护，以弭后衅。前日接海使电，已到烟台，即日可到京。彼有训条，与总署商办。告以中国业已查办获犯，而德水师上岸，勒撤守兵，用力在未商办前，有失公理。彼之国主另给海使及提督全权，自行酌办，本部亦无可言。又请其奏德主顾全睦谊，特饬持平相商。彼谓：德国曾因睦谊助中国，不意在华屡出不顺之事等语。谨闻。德报述现有四船赴胶，尚有一穹甲船由香港续赴胶，五船约一千八百人。敌党播论，劝德廷力办。安教士现在柏林。

十月二十三日奉电旨：巨野教案已获四名，海靖到京尽可商办，遽以兵船入澳，砍断电线，勒撤守兵，殊违公法。速赴外部与之理论。①

鲁抚李秉衡致枢垣报敌情益肆后患不堪设想电　附旨

奉二十一日电旨：所请添调招募，均着照办等因。比即钦遵，转电万本华等照办。正在电奏间，钦奉二十三日电旨：敌情虽横，朝廷决不动兵，此时办法总以杜后患为主等因。复遵旨转电暂行停招。惟衡忧愤之忱，有不能已于言者。

德藉巨野盗案为词，此案已派司道大员查办，获盗四名，续又获到五名，认真办理，不为不力。而德人当此案一出，不待查办，即称兵占地，任意欺凌。现在教堂布满天下，一处如此，他处效尤，中国何以自立？其患一。中外交涉，全凭条约。彼无端据我要害，逐我防军。揆其情势，即盗案办结后，胶澳必不肯退。此地为各国所垂涎，若竟以畀德，他国群起纷争，条约无凭，恐各海口皆非我有，大局何堪设想？其患二。朝廷驭将全凭赏罚。我军驻守之地，守将节节退避，令敌人如入无人之地，不加之罪，恐各处将领皆以不战为顾全大局，设有战事，谁肯出死力？其患三。

在朝廷本以不战为杜后患，衡以为，战之，胜负虽不可知，而患只在一国，不战，则各国皆思攘臂，患更不可胜言。现在赃盗已获，应请敕下总署及出使大臣据理争辩。如案犯讯结后再不将胶澳退出，则后患方长，恐非不战所能杜。可否仍遵前旨，预为招勇数营？查曹州府民风皆强悍敢战，多充军队，而曹镇万本华廉勇，又能得军心，虽仓卒招集，足备缓急。伏求宸断。

① 原刊目录标为“二十四日”。

再，遵电夏辛酉全军进扎距胶州百二十里之平度州，相机办理，并令酌留一营，以顾登防。又电孙金彪拨营填扎文登夏军原防营堡。现奉旨饬张汝梅到任，衡交卸在即，何敢哓渎？惟受恩最深，此事关系太重，不敢缄默不言。谨披沥上陈，请代奏。

十月二十四日奉旨寄李秉衡：电奏所陈各节，朝廷所稔知。其应争处在此，其难办者亦在此。洋人举动，全讲势力，力不能胜，必受大亏，此战事所以宜慎也。该省风气虽劲，然前数年用兵亦节节退守，前车可鉴。着遵前旨，毋庸招勇。夏辛酉各营仍择要屯扎，以防深入。至于将弁功罪，事定再议，不必渎陈。

直督王文韶致枢垣章高元报德兵整队来营情殊叵测电

未初，接章高元电：本日巳刻，德兵数百人整队来营，声称，非令军退远不允，今日非退不行。元面与理论，置若罔闻，喝令将亲兵戈什哈所有兵器搜去，并将办公处所严守，不放出入，立逼元许退军。元力与之争，伊见元坚持，逼元赴青岛见该提督。元思前奉旨镇静，又奉鲁抚严饬，何敢再退？然若不许以亲往，又恐兵心激变，起衅自我，当即挺身带数人随同前往，面与争辩。但敌情叵测，难保无意外之虞。元一身不足惜，惟致启兵端，深为可虑。万望速赐核夺，或相机从权，或誓死不退，伏乞速示云云。再，公所现由洋人把守，恐设法送电为难，望见电加速示遵。

刻即复电云：二十五日电悉。以身许国，忠勇可嘉！现在海使已回京，正在总署商论。此事必不至彼此失和，目前事仍以相机从权为要。顾全大局，与节节退缩不同，朝廷必能曲谅也。除电奏外，回营后一切情形望速驰告各等因。是否有当？祈代奏请旨。

十月二十六日

总署致许景澄德逼我兵远移恐激事端祈告外部电

径电悉。德兵据澳，章镇移屯四方村，又移沧口，距澳已三十里，德仍逼远移。章镇往商德提督，竟被拘留。德提督又于前日带兵进胶城，昨早始回塔口。本署备文诘问德使，属电提督勿再为此恶态，并促查照本署，先退据澳兵，以便彼此相商。讵今午来文竟称擒拿章总兵，实乖言归于好之意。现山东军民鼓噪，若激成事端，中国不能任咎。祈告外部，电海和商了结。

十月二十八日

使德许景澄致总署德相言德国须驻兵防护难以即退电

漾电商催退兵，德相告外部言：中国国家允行之事，外省大吏都不照准，德国须驻兵防护，察看后来所允效验否，难以即退。澄云：德因教案派兵，应随办案起止，此论太失公道。外部云：马相言如此，他无可论。查海索第四条，在我本不易背，马言隐与相应，其心叵测。

十月二十九日

使德许景澄致总署德主派王弟带甲船快船赴华电

拘留章镇，太无理，已据照会诘之，并催电海，和商了结。得复再闻。此案海恃兵力，蛮不受商，外部又不肯在德商议，致形棘手。先退兵，恐办不动。若就海索各条，除惩犯、给恤本应办外，余条酌就可允者，商明俟退兵后赶办，亦尚可牵制备酌。德报述，德主昨在溪干，派王第〔弟〕带甲船二、快船一赴华，拟西历腊月十号行，并在克利德岛调一舰，已达红海，举动颇可疑云。

十一月初一日

鲁抚李秉衡致总署德人将章高元留青岛运兵载械至胶州章誓死不从电

章高元电：德人将章拘留青岛，并言大队欲赴即墨、胶州一带，逼令我军退扎女姑北七十里，高元誓死不从。又电：胶州索火车二十辆，拟将各军驻所、洋枪、军械装载来岛。元答以我既不允，营官亦不敢从，若因激怒生事，曲在德国，并非我国启衅。德人忿忿而去。

十一月初四日

使德许景澄致总署拟托巴兰德疏导胶案电

巴兰德与外部尚通气，近与函论此案，彼既与澄晤，拟往相机属其疏导。

十一月初四日

使日裕庚致总署日院聚议德事有攘臂出头之势电

沁电祇悉。日人开院，日夜聚谈，大有攘臂出头之势。矢野一日数电。德索六条，西报已全登。事本地方官贻误，即予重惩，亦所应得，总以早了为是。英最乐祸，决不帮我，乞留意。

十一月初四日

鲁抚张汝梅致总署询可否俟德船去后再饬章镇移扎电

本日，奉电旨：张汝梅现已接印任事，章高元一军着调扎烟台，归该抚调遣，速饬该营遵旨，赶即移扎，为要等因。查德船尚在胶澳，可否请旨俟该船去后再饬章镇移扎之处？伏祈酌示。

十一月初四日①

直督王文韶致枢垣章高元报德限我军退出女姑请旨电

章高元电：初四日，德兵四五百名赴即墨，今又有三四十名于大道旁贴谕单，限我军于一点钟内如不退出女姑北七十五里即行用兵云云。似此恫喝，虽不为动，倘欺凌各军，奉旨不准开衅，亦不得退。进退两难，何恃不恐？又恐伊搜括军械，变生仓卒云云。章既被拘，人人怒愤，胜、败、溃三者均未可逆料。应如何权其轻重，请旨饬遵。又初四日奉旨：张汝梅已接印任事，章高元一军着调扎烟台，归该抚调遣等因。已饬该营遵办。

十一月初五日

旨着许景澄广设方法劝德廷毋失邦交电

寄许景澄：德事孔棘，着许景澄广设方法，如巴兰德、德璀琳等宜笼络之，俾劝德廷，毋失邦交，以顾大局。巴使前在华得力，着传谕褒奖。至彼国前派战船及别项情

① 原刊目录标为“初五日”。

形，随时探明电达。

十一月初六日

直督王文韶致枢垣报德兵密布胶州扼堵运道饷械均绝电

顷，接章镇营务处电：初四日，德兵齐赴即墨，夜宿柳亭。初五日，大队到南关，洋官五六人入城。初六日午后，又自青岛出二百余人，装载铜炮来，似有久据县城情形。现在女姑、柳亭均经德兵设卡，四面棋布，我军围困在中。又驻重兵扼堵运道，目下炮、饷、子药均无进路。倘更迟延，后患不堪设想。该统领消息时通，章军仍严扎不动云。

十一月初八日

总署奏山东教案拿获要犯拟定罪名折

总理各国事务恭亲王奕䜣等奏，为山东教案拿获要犯，分别拟定罪名事。

本年十月十六日，奉旨：曹州杀毙洋人一案，着李秉衡速派司道大员驰往该处，根究起衅情形，务将凶盗拿获惩办等因。钦此。当由臣衙门电咨前山东抚臣李秉衡钦遵办理。旋据该前抚电称，委派臬司毓贤、兖沂曹济道锡良驰往巨野县，澈底根究。嗣由该臬司等督饬该县，会同防营，先后拿获惠二哑吧等九名，并起获赃物等情，迭经照录，恭呈御览。

兹据李秉衡咨称：缘惠二哑吧，即惠潮现，雷协身，即雷继参，张高妮，即张沁椿，王大脚，即王莽，又名王衍溃，贾东洋，高大青，萧盛业，姜三绿，张允，分隶巨野、嘉祥等县，平素游荡度日，均先未为匪犯案。雷协身探知巨野县张家庄教堂存有钱物，起意行窃，说允高大青及惠二哑吧、张高妮、王大脚、贾东业〔洋〕、萧盛业、姜三绿、张允，并不识姓名二人，于本年十月初七日傍晚时分，在巨野县杨家楼村外空地会齐，即于是夜二更时分，惠二哑巴、张高妮、王大脚、贾东洋各携带尖刀，高大青持棍鞭，雷协身、萧盛业、姜三绿、张允及不识姓名二人分携刀棍，行至中途，萧盛业、姜三绿、张允三人畏惧同逃，惠二哑吧等偕抵张家庄教堂门外，惠二哑吧、雷协身爬墙进院，开启大门，放张高妮等进院，惠二哑吧用刀撬拨屋门未开，教士能方济、韩理惊觉，由窗孔开放洋枪，轰伤不识姓名二人，随各逃逸。惠二哑吧因伙被伤，气忿莫遏，起意行强，雷协身允从。惠二哑吧即与雷协身砸开窗户进屋，开门放进张高妮等。惠二哑吧用刀扎伤教士肚腹，雷协身亦用木棍抵格，随即搜劫赃物，分携逃逸，亦有将赃物、刀棍抛弃路上者。讵教士能方济、韩理伤重，旋各殒命，经教士薛田资报验棺殓。

获犯详讯，审供不讳，诘无另犯别案，将惠二哑吧、雷协身均依例拟办各等因。

臣等查，惠二哑巴等伙窃德国教堂，因教士能方济等惊觉开枪，轰伤伙犯，辄敢起意行强，与雷协身首先拒伤教士，实属罪无可逭，应如该抚所拟：惠二哑吧，即惠潮现，雷协身，即雷继参，均依强盗杀人奏请审决枭示例，拟斩立决。张高妮、王大脚、贾东洋、高大青四犯，供词尚有出入，应监候待质。其萧盛业、姜三绿、张允三犯，应从重监禁五年。其在逃之马东武、朱得法两犯，应悬赏勒缉，务获归案惩办。臣等查，此案惠二哑吧、雷协身两犯首先发难，因偷窃教堂，惨杀教士二命，以致酿成巨案，实堪痛恨。若由该抚照案奏交刑部核议，再会同臣衙门具奏，辗转需时，致令该犯幸稽显戳，殊非止辟明刑之道，应由臣衙门请旨即行正法，以昭炯戒。至该抚咨称：不能禁约为匪之犯父兄等照例提责，并已获之赃经主认领，尸棺亦经教堂领葬，起获之凶刀存库，均应如该抚所咨办理。被枪轰伤之不识姓名二名尚未弋获，应与在逃之马东武、朱得法两犯责令现任抚臣张汝梅一并缉拿，无稍宽从。谨奏。

光绪二十三年十一月初八日。

使俄杨儒致总署俄外部云德事愿效力但俄貌示交好恐不足恃电

外部云：德事愿效力而难于措词，或请中国指定海口，俾泊俄舰，示各国中、俄联盟之证，俄较易藉口，德或稍敛迹。已电署使，仍属转陈。窃以为德果否因此就范，亦无把握。胶事俄先知情，貌示交好，恐不足恃。现调驻韩署使驻华，明春到京。

十一月初八日

川督恭寿奏瞻对设官关系川藏全局遵筹弃取情形折

成都将军兼署四川总督恭寿奏，为瞻对设官，关系川、藏全局，谨陈遵旨筹度弃取情形事。

窃奴才承准军机大臣字寄，光绪二十三年九月十八日奉上谕：理藩院奏，达赖喇嘛恳请赏还瞻对地方，据呈代奏一折，与鹿传霖迭次所奏情形迥不相同。此事筹办将及一年，至今尚无归宿，以致达赖遣人来京呈诉。无论所诉各节是否属实，其心之不肯输服已可概见。究竟三瞻用兵因何启衅？是否鹿传霖过于操切查办不出？抑或达赖饬词强辩？着将确实情形查明，详细具奏。前据讷钦奏称，瞻对撤归川属，无可疑虑。复经谕令恭寿妥筹善法，现在该署督等筹办情形若何？未可坚执收回之说，致滋波折。如果查明该喇嘛所呈各节并无虚妄，自当设法转圜，速了为是。恭寿等务即会商一万全之策，一并迅速具奏。原折着钞给阅看，将此各谕令知之。钦此。遵旨寄信前来。奴才受恩深重，稍有所见，敢不据实沥陈，以慰宸廑？

伏查，三瞻用兵之由，实因关外那珍三村，乃革布什咱土司游收之地。同治年间，瞻酋工布朗结亲占其地，遂据为己有。近年那珍百姓苦于藏番苛虐，相率纷纷逃投明正。该番官挟明正收其逃民之嫌，遂时至明瞻交界各土司属地肆行焚掠。兼之朱、章土司翁婿争袭，朱窝投瞻对，番官复干预其事，迭扰章境。前督臣鹿传霖先后委员前往查办，适瞻对小番官仔仲则忠札霸驻兵朱窝，与川中委员候补知府罗以礼、候补知县穆秉文相值，委员所带之勇与番兵争寓行馆，互相斗殴。仓卒之间，彼此均枪伤有人。委员禀其抗拒，亦属事出有因。鹿传霖未加细查，遂续派记名提督周万顺率带安定各军，就近前往弹压，意盖欲示以兵威，使其知所儆惧，赴案投诚，初无剿办之心也。不料该番官见大兵临境，疑惧不敢赴案。周万顺见其凭塞固守，百姓不来，遂谓其叛形昭著，不得不认真惩办。此瞻对起衅之由，实以界在疑似之间，致成骑虎之势。虽误于委员带兵怀疑妄禀，而实启于藏中番官苛扰干预也。

鹿传霖若于惩创之后加以抚绥，一面咨商驻藏大臣，会咨达赖，令其严束番官，无任苛扰干预，则番众必知感知惧，何致退有后言？自倡议改流，关外人心为之骚动。在鹿传霖之意，以为瞻对系由藏入川之路，思欲收复其地，为边境之屏藩。又误听该处地产五金，拟开利源，为富强之本。不知瞻对在打箭炉西北，系干路旁枝，并非入藏要隘。且其地并无矿苗，间有沙金之处，即竭一人一日之力，不足供一人一日之食。夷性至贪，设使果产五金，岂有数百年至今无人开采之理？又况荒远不毛之地，地不可耕，民鲜知礼，恐既得之后，教养难施。设官戍兵，经费较巨。当此库款支绌之际，何堪增此漏卮？前督臣骆秉章识卓谋深，如果瞻对为必不可少之区，当时决不肯轻予西藏。曩日奏请恩赏，今则又复收回，无怪达赖不肯输服，遣人赴京呈诉也。

至讷钦所奏瞻对撤回川省，无可疑虑数端，语多牵强，似非确论。西藏涵濡圣泽二百余年，无论兵数多寡、兵力强弱，奴才亦知其不敢妄蓄异谋。如果心怀狂悖，何以鹿传霖收取瞻对已经一年，该夷毫无动静？即此益征其恪恭效顺，矢志无他。英人以印度茶叶入藏为利源大宗。幸藏番不食印茶，所以川省茶利不致外溢。果如讷钦所奏，以茶厄藏，藏番必改食印茶，不但必致生计立穷，且恐驱之外向。俄人垂涎印度已非一日。西藏不通，则印度无可乘之机。原谓俄国至藏五十余站，山路险阻，藏番不通险远难恃之异类，抗素受抚育之天朝等语，不知夷性反复无常，藏事既扶驭失宜，焉保其必无暗通之事？惟藏地间居两大，俄视之为入印要津，英视之为开埠利薮。更恐边衅一开，关系大局匪浅。且印藏界务，藏番以瞻对之故，挟制不肯会勘，日久迁延，失好邦交，英人藉口生端，尤属得不偿失。

奴才体察时局，静验夷情。达赖既吁请赏还，自应仰体不可坚持收回之谕，妥筹转圜。惟夷情谲诈，若不与之辩论，率还其地，恐其不知感激，反生枝节，尤虑其挟明正控告之嫌，怀瞻民情愿改流之怨，一朝反巢，愈肆苛虐侵扰，则兵连祸结，箝制为难，瞻民来苏无望，各土司安靖无日，大为边陲隐患。奴才反复筹思，拟请先将奴才查明此次兵端由于疑似而起、达赖喇嘛并无叛逆情形明降谕旨，由驻藏大臣译行达赖，以坚其恭顺之诚，而安其疑贰之心。奴才一面咨商文海、讷钦，面晤达赖，开诚布公，先责其苛扰干预之罪，使之知所儆畏，然后宣布朝廷宽大之仁，使之知所钦感。倘能由敬畏而激其天良，献地自赎，则收回瞻地有名而无患。否则，仍须筹议赏还，以广皇仁而安边境。奴才于此事弃取，既不敢偏执己见，措置乖方，亦不肯依违两可，意存诿卸。惟事关川藏大局，道远难于遥揣，不能不咨商文海、讷钦，就近相度情形，妥筹熟计，以期保藏、保川两无窒碍。我皇上柔远为怀，如蒙俯允，赏还瞻地，即请饬下文海、讷钦，一面宣布圣恩，饬令达赖仍旧派员前往戍守瞻对，一面取具达赖《慎选番官，严加约束，以期永远不准苛虐瞻民，侵优〔扰〕邻境，干预川事》文据，咨部立案，以毖后患。如此恩威并济，该喇嘛必涤面革心，涕泣知感，边境各土司亦得安枕无忧矣！事定之后，再由奴才会同文海、讷钦，传案奏结，并将驻防关外各军一律撤回。现在文海遵旨赶紧进藏，所有德格、朱章、巴里各案，即由奴才悉心妥筹，次第办理，务须权衡操纵，力求万全，仰纾宵旰西顾之忧。谨奏。

光绪二十三年十一月初九日奉朱批：另有旨。

鲁抚张汝梅致枢垣据报德逼章营移扎烟台无束手待毙之理乞示电　附旨

顷，据章营禀报：初七日午刻，德兵逼章高元上船，各将弁以主将被掳，愤极欲战，力阻不止。初八日奉旨，饬将章营移扎烟台，并知会德提督，容章回营整队移扎。讵德兵五六百人自即墨来，开放排枪。我军遵旨不战，移至东山山外，现已拔队向烟台云云。刻下兵端已自彼开，我军虽迭奉严旨，亦断无听其轰击束手待毙之理。现章已移扎，夏辛酉一军扎平度。设再逼迫而致占据胶州、即墨，节节退让，究到何处为止？如何办理？乞示遵。

十一月十一日奉旨：现在正议教案，尚未就绪，山东各军应稳扎勿动，着张汝梅严饬夏辛酉等镇静防守，毋得孟浪从事。

使德许景澄致总署德外部告议院派兵赴华系保护教士电

外部毕鲁昨告：议院现派兵赴华，保护教士，非欲生事，仍照和好友谊与中国商办。惟德国在东方应与各国同得权利，另有不洽之事亦欲办妥云。

十一月十五日

使俄杨儒致总署俄外部接巴电所商颇顺愿得公牍为信电

外部称：接巴电，所商颇顺手，既承许可，愿得公牍为信。又德乞储煤地，可迟允，示惠异日。德援，应严防，日已电复巴云云。乞议酌。

十一月十八日

总署致王文韶据裕庚报英谋占大连请饬宋军预备电　附旨

顷，裕庚电：英有谋占大连湾意。确否？未可知。证以成电，英提督现驻胶澳，裕电自非无因。希密电宋军预备，勿张皇。

十月二十三日奉旨：三电均悉。现议六条，正在吃紧之际，固不可耽延，亦不可草率。此等情形，该督谅能体会。章军着遵前旨驻扎。宋庆老于兵事，着饬镇静，毋得妄动。

旨派翁同龢张荫桓与德使海靖理论胶案

军机大臣面奉谕旨：着派翁同龢、张荫桓即日前往德国使馆，与海靖再行理论。

十一月二十三日

尚书翁同龢侍郎张荫桓奏与德使接洽胶案情形片

翁同龢、张荫桓片。

再，臣等昨日往晤德使海靖，所允拟六条之款已渐有端倪，拟即日先办照会，逐款详叙。俟其照复到后，即作办理教案之据。此事关系颇重，未可耽延。谨将办法陈明，恭候谕旨。谨奏。

光绪二十三年十一月二十四日。

旨寄刘坤一英船泊吴淞恐启事端着镇静严备电

电刘坤一：俄船到旅，防英外窥。今英亦有六船泊吴淞，恐启事端。该督当镇静严备。

十一月二十四日

旨寄宋庆俄船在旅应用物件着随时接济电

电宋庆：俄船在旅，所有应用物件随时接济，勿听将弁伪言，致启衅端。

十一月二十四日①

江督刘坤一致枢垣沈敦和报英将占吴淞长江各台岸电 附旨

二十四日电旨钦遵。昨晚沈敦和电：晤英将言，俄、德、法恃兵为国，前岁联盟后，俄侵朝鲜及东三省，德据山左，法图云南各省，奸谋毕露矣！英恃商为国，今见南北商权尽失，岂能隐忍？倘中、英、日本亦三国联盟，在中、日则保疆土，在英则保东方商利。惜华人不分泾渭，计不出此，殊为可叹！英惟有力保长江，专顾商务，然断不扰乱如海寇也。又电：英新派四烟筒大舰今日到香港，德廷派王弟汉纳理西为胶抚，二十一日启行来华云，是胶澳德不能还，英亦将占吴淞、长江等口岸，皆情见乎词。此时能联英最善。现虽力饬戒备，不事张皇，英舰既泊吴淞炮台上游，万一突据长江各台岸，势难退让。究应如何办理？不得不先请裁示，俾有遵循。求电复。

十一月二十五日奉上谕王文韶、刘坤一、张之洞：据刘坤一电悉，英将之言虽未可轻信，然联盟分占之说朝廷亦早有所闻。此机括全在胶澳，胶澳不退，则各国纷起。现在只可稳住各国，虚与委蛇。俟海靖回电到后，再与商办。若能将胶澳开作通商口岸，而另给澳中租界与德屯煤泊船之所，或可暂息纷争。若仅与一、二国联盟，此轻彼重，适启争局，恐非长策。该督等当从长计较，各抒所见，切实电奏，以备采择。

---

① 原刊目录标为“二十五日”。

谕各省将军督抚比来交涉棘手着激发天良练兵筹饷

上谕：自中东战役以来，中外诸臣竞言自强之术二年于兹矣！现在事机日迫，凡遇各国交涉之事，无不万分棘手，总缘窥我武备废弛，船炮不齐，以致强邻狡焉思启，合以谋我。目下欲图自强，自以修明武备为第一要义，惟是出、入两款不敷甚巨。前曾谆谕各该省将军、督抚，严杜厘金中饱，汰除练兵冗数，旋据陆续复奏，并未将厘金中饱之数和盘托出，所裁兵勇亦未确查空额。兹据刚毅面奏，今天下之急，莫如练兵、筹饷。练兵须练可用之兵，筹饷须筹常年之饷。即如国初，取民有制，既无厘金，亦无杂税，而未曾患财之不足，兵之不强。今有厘金、洋药、土药等课，每年增入三百余万之多，而财转不敷用者，盖因广取滥用，漫无限制故也。今欲筹兵饷，应先由户部查明咸丰三年以前各省岁入、岁出之数，原有入款不准欠，原有出款不必裁。其三年以后续增入款曰厘金、曰杂税、曰洋关、曰土药，续增出款曰练饷、曰购武备军火、曰各项经营，近年又有还借洋款一事，应饬户部查明续增入款、出款共有若干，可裁则裁，可减则减，务将练勇之空额开除，厘金之中饱严杜。余如盐场縻费，冗员薪水，出使经费，机器各厂杂支，均各减定数目，不许滥支滥用，庶款不至难筹等语。所奏尚属切实。当兹需款孔亟之时，部臣、疆臣自应不分畛域，竭力图维。惟是外省用款，疆吏实总其成，着即严饬在事各员，厘剔弊端，力除中饱，尤须正己率属，以期大法小廉。应如何认真整顿，集成巨款，总期激发天良，详核复奏。至于严查兵勇缺额，删汰疲弱，朝廷于此事不啻三令五申。前据徐桐折奏，请饬沿江、沿海各督抚，激励忠义，联络乡团，将备之疲软营勇之缺额赶紧挑补，减绿营无用之卒以养将士，调内地屯防之旅以固海疆，各省将官有老于兵事、缓急可持〔恃〕者，无论官职大小，现任、退闲，准其一律奏调等语，所奏尤为当务之急。着即迅速筹办，如有知兵之员为该将军、督抚素所深悉者，准其保以奏备干城之选。将此各谕令知之！

十一月二十六日

江督刘坤一奏如将胶澳开作口岸利益均沾各国可互助电

胶事，顷奉电旨，饬令各抒所见。德借教案据胶，各国又借德事互有举动，以阴遂其私。目下纷纷调舰，虽蓄而未发，实以胶案未定，尚在观望。若胶不速还，势必群相效尤，力图占据。以中国之财力、兵力，一国尚难与较，更难与各国争持。若一味包荒，则要害全失，何以自立？以后局势，和战两穷。是胶之能归与否，实目前安危要着。胶可保，则战争可息，不仅为一隅计也。辟口通商之议，既全国体，又杜狡谋。德能允从，良善。惟探报，德王弟督快船四艘，陆兵五千，于二十二日由包尔海口开行，尚有头、二等快船明春来华，大小约十六号，水雷艇六号，是海靖电商外部之说恐系推延之计。近阅新闻等报，胶事各国咸抱不平，特以事不干己，各国咸守局外。如开作口岸，利益均沾，当为各国所乐从。现在英、俄虽各存分据之心，而一则以自保商务为名，一若万不获已，一则以协保旅大为说，尚若敦睦邦交。彼既未露阴谋，我即可迎机以导。为今之计，惟有迅商各国公使，示以断难将胶澳与德之意，并告德人，此举实违公法。与各国则联之以情，动之以义，推诚相告，勉为调停。在中国既免失地之虞，在各国仍可获通商之益。若各允相助，德必就范。如各国意涉游移，德又不允所商，与其失胶而启争局，致将来受各国之敌，不如今日与德坚持，尚合两害从轻之义。各国知我意在必争，将有兵事，有碍商务，或能出为调处，事机得以转圜。愚虑所及，仍乞圣裁。现闻英舰有二十八在定海洋面会齐之说，坤一自当镇静戒备，不事张皇。如有意外占据之事，再行请旨办理。

十一月二十八日

江督刘坤一致总署沈敦和报据英将言中国联英联俄利害电　附旨

顷，沈道敦和电：据英将言，风闻华政府聘俄员参军事，此言果确，俄必间阻联英，为华心腹大患。俄忌英，英亦忌俄。政府能鉴高丽覆辙，勿与俄权，急图联英救危之策，英必乐从等语。英、俄势力均敌，俄志在东方，俄得志，不利于英，英必阻挠，是以英、俄相忌最深。中国邦交如有重轻，诚如谕旨，适启争端。第念德、法世仇，均经联盟于俄。虽中亦联俄，而强弱异势。然中联英、俄，系为自保疆土计，英将联交乐从之说果确，正可与之周旋。顷，吴淞急电：英到一舰，泊前船旁。事机已迫，莫名焦急。现仍密饬加意戒备。乞酌裁电示。

十一月二十八日奉旨：刘坤一两电均悉。两国相忌，必致交讧，此一定之理。现在英舰续到，正当问其来意，和平商酌，是亦联络之一法。如彼询及胶澳，告以不得轻让。如询俄船举动，则告以暂时停泊，以释其疑。该督务当慎重图维。俟有复音，再行电达。

提督宋庆奏恳派洋务人员来旅督办交涉电

英船先于二十五日开去，俟有各国船来，自当遵办。据马玉昆电，二十六日早，抵俄船一艘，云从仁川来，尚有两船未到。已饬从优接待。惟旅、大两处均驻俄船，庆衰迈昏愚，不谙公法，又无翻译之员，事事棘手，仰恳天恩简派大臣，酌带晓畅洋务人员，前来旅顺，督办交涉，庶不误事。现在情形，金州尤重，庆亦可从旁照料也。

十一月二十八日

湘抚陈宝箴奏德未还胶湾请要结外援代为纾祸电

闻德国事，普天同愤。现在教案已结，胶湾未还。又闻英、俄、日、法各调战舰，沿海观变，情形万分可虑。臣愚以为，惟有要结外援，或可代为纾祸。第平日恩信既不相孚，势力又未能互济，孰则真能仗义执言，竭力相助，且尤可虑者，欧洲五六大国眈眈虎视，窥伺久矣！我恃一国为援，隐相控制，则各国皆怀愤激，势不相下，必群与之为难，而此一国者将必不可终恃，转以构衅。至于别索酬谢，枝节横生，恐尚有意计所不及者。是在我既不足恃，外援又不足恃，然则如何而可？窃以为教案既结，德与我本无他仇，查其在胶布告之词，第云收地为质，又云中日失和，德曾竭力救援，以联邻好，是其意在得相酬，故为此恣睢之举。似只有急来缓受、以柔制刚一法。如能即与德使婉商，以闽粤间一岛抵换，将胶澳作为通商场埠，另订密约，许以东方有事借德屯兵。若能如此结束，较之听彼独据胶湾，遂其无限狡谋，兼启各国挟索要口，以图大举，尚不失为中策。如犹未能，请急派专使，赍带厚币，含垢忍辱，尤以逊谢之词、坚忍之意，行支展之法，语以胶地让与德国，各国将藉端要索沿海要口，角立争雄，是利在德者小，而中国将为战争之场，生民涂炭，为祸极大，于德亦失其本意。似此藉以行权，尚可纾祸眉睫，以图振兴。此使专请还地，不及他端。此案一日未了，则此地终未予人。日月稍稽，俟其欲稍餍而气可平，或可望抵换还地。臣夙夜忧愤，以事关安危，辄竭凄凄之诚。伏乞圣鉴。

十一月二十九日

清季外交史料卷一百二十七终

清季外交史料卷一百二十八

光绪二十三年十二月

鄂督张之洞致总署胶事危迫谨陈应付办法五条电

二十六日电旨恭悉。胶事危迫，焦愤万分，谨遵旨拟五条：

一、请电旨速派许景澄为头等钦差，酌加一衔以重之，令自谒德主，情悃易通，德主真意易测，商办较为活便。惟国书一时难寄到，恐彼不认，拟请办就国书，送海使一阅，嘱其电告外部，一面由总署迳电德外部，嘱其速认速见。许为人精密稳慎，虽头等，断不敢专擅。可否请由朝廷发国电，径达德主，尤得力。

一、此事以教案为根，闻德人言，山东教士历年愤郁。此案初出，教士迳电德主，言系官兵所杀，必有官主使，故德主甚怒，立电兵船据胶。嗣接教士续电，言系散勇，德廷立电水师提督离开胶州。十月二十八日电到沪，故水师旋出胶城。此时许使宜先将教案立论，言教案已极力速办，可优予所索，即在济宁发巨款十万，由官代建一新教堂，敕赐匾额，仿宣武门教堂故事，并酌赏古玩器物，一面明降谕旨，通禁薄待教士，并详述教系劝善。德虽是藉口占地，然教士之愤稍平，则助势激众者较少。

一、德有归辽之功，必应酬谢。德无屯兵之岛，必与一地。惟胶湾必宜设法商令退还，恐各国效尤。俄占旅顺，日占威海，英占吴淞，法占琼州，海口全失，海军无澳，永无自强之望，不可为国矣！只可以福建他岛与之，以为酬谢。虽或加他项利益，亦可。至胶改作商埠，多给租界，能如署议，最妥。

一、六条中惟山东铁路一条最毒恶，意在吞噬全齐。硬驳彼必不允，或以江宁至沪铁路与之相抵。海使曾遣德人来鄂，商盛京卿及洞，欲揽办宁沪铁路借款，利息五厘二毫半，本息具摊在内，六十年还清，不再还本。盛京卿细核并不吃亏，较招商股息尚轻。如肯以此路相抵，较胜。且路从沪起，各国牵制，为患较轻。

一、各国乘机效尤，纷纷占地，各国皆同。俄亦自为，并无轩轾。惟俄舰已集旅顺，无术麾之使去。闻俄禁兵登岸，嘱勿惊疑，且告我竭力相助，是俄尚有分寸，尚有体面，较之英来文明言索地者稍胜。只可因而用之，密速切恳相助，但议定事成后，大连湾万勿久占，以免他国藉口，我当别与酬谢。总之，三年以来，各国蓄谋分占，横暴无理，实无善策。惟有熟权利害之轻重、远近、缓急，但使其岁月稍缓，距京师、津、沪稍远，尚容我于数年间赶紧振作补救，尚可勉力支持。徐观各国之变，若各海口尽为各国分据，扼我咽喉，断我南北海道，四面困逼，富强无资，中国直如印度矣！至此事，许使与议，总以能将了结教案与让地屯兵划分两事为要。让地是酬谢，不归教案。如此，则以后教案方有办法。否则，一教案即占地，中国断无策以善其后也。海使延宕，专待彼大队兵舰之到，立逼定议，彼时各国劝不及劝，援不及援，谋不及谋，险狠已极，故此时尤以迅速设法为至要。事机万紧，痛愤忧灼，勉陈管见，以备朝廷采择。请代奏。

十二月初一日奉旨：五条尚协机宜，俟教案结束，退兵后划开办理。

使俄杨儒致总署报俄外部对华议论颇有担当电

国电敬译，面交外部，据云：京电仍愿俄效力，中、俄休戚相关，不但德事当效劳，以后遇事均同一例。俄现已预备一切，欲其如何办理，务希详示意旨，俾便尽力措置。并以巴代办力量、海使职分，恐嫌未足。德在俄有头等驻使，伊愿代面商，较为得力等语，谆嘱转达。聆其议论，颇有担当，未敢壅闻。

十二月初三日

鲁抚张汝梅致枢垣英俄兵船到胶请调董福祥驻兵海州电

窃查，德人占据胶澳已一月有余，朝廷息事宁人，不准动兵，业经钦遵办理，惟兵不可无备。迭据胶州文武各员禀报：英提督已来驻胶澳。十一月十五日，俄国又有兵轮二艘驶入青岛，德兵出队迎接。是各国蓄意谋我，其象已见。我无重兵可恃，设至万不能堪，事出仓猝，何以备缓急之用？查章高元四营、孙金彪四营驻扎烟台，兵力本单，且不足恃。现只夏辛酉一军移扎平度，兵力太薄。前抚李秉衡请饬曹镇万本华招募数营，未蒙俞允，饷无可筹，未敢再请。查董福祥一军驻扎甘肃。现在该省事已大定，陶模所部尚有数十营，足资镇慑，回众经此番惩创，只要地方官留意抚绥，万不至再行反侧。董福祥现已入都陛见，可否仰恳天恩，俯念山东为南北要冲，兵力太单，饬下董福祥，将所部扎海州，为游击之师，无论直隶、山东沿海有事，皆可策应。且饷项无须另筹，实于大局有益。乞代奏，请旨遵行。

十二月初四日

提督宋庆致总署英船来旅与俄有相持之意请议准示复电 二件

本日两点钟，突来英船两只。正派通济管驾李员往询，而该船主副将奇克士特已驰舢板先到通济。据称，奉其提督之命，由巨文岛来。李员告以奉总署训条，现俄船在旅转往，别国来船深恐不便。该副将愤称：中、英和好有素，既准俄船在此，亦不能阻我驻此。问：何事，何日去？据称，奉提督之命而来，未言何事，亦无走期等语。怒形于色，情不可测。巨文岛本驻五船，是否全来，尚不可知。明日仍来见庆，并言：纵口内不能允其停泊，能否照俄船一律停泊于口外？且总署并未知会各国，何以不准驻此？合亟飞电请示，究应如何办理，乞速电复。并请与英、俄公使确商飞示为祷。再，俄船今日又由长崎到旅一只，合并声明。

十二月初六日

昨将英船两只到旅电陈。顷，九点钟，英船主来见，以礼相待。因昨李员告以不便进口，颇为诧异。据称，英、俄同为和好之国，应同看待。庆答以俄船来，先有总署电，英船来，并不得知，现已电请总署训条。伊乃和平，言外有彼国提督亦拟率全船来旅之意。若果如此，则英、俄相持，未易调停。合请妥商英、俄公使。究应如何办理，速即由京议准示复，以便遵照，转告两国兵船，以免口舌。是为至盼！

十二月初七日

总署致张汝梅希速出示保护教民勿虚声贾祸电

顷，德使文称：初五日下午，据济宁州电，现在曹州府滋扰甚为危险，曹州镇将教民驱逐，声言仍欲杀害洋人。薛田资已两次逃生，现又须夜半逃命。兹定办法两层：一则教民被害，必须如数昭雪；二则前案未结，并不将所驻各地让迁，亦不将本军撤回等语。胶案正在商结，曹州又有滋扰之事，助其凶焰，益难设处。即希贵抚电曹州镇府，毋滋事端，约束兵民，毋以虚声贾祸，应即出示城厢内外，照约保护教民。否则，胶案固难善了，且别有要挟，勿再固执成见，以致国家受害。贵抚前月真电以曹俗强暴，请告外使，勿使该处传教，此与单县不允保护、令教士他适同意，万难办到。统希熟筹利害为要！仍将现办情形电复。

十二月初六日

鄂督张之洞致总署密陈英俄德相忌相谋情形电

连接上海道及在沪各委员函电，并称：洋报均云，英深忌俄，如中国予俄以权，英必力保长江商务。至保江一节，或云据吴淞口，或云英拟在吴淞自建炮台，或云据舟山及吴淞口外各岛，或云入江直至重庆一带。说虽异，意则同。据上海蔡道电称：英领事告该道，请准其兵船入口，每日往游炮台，已婉却之等语，是各种传说决非无因。路透电报云：闻中国借俄款修旅顺炮台，俄人监工，俄向中国索诸军须用俄人为教习，铁路英工师均须辞去等语。愤忌情形，迫切已极。现在德事既将胶湾划开另议，是所患又不在德，而在俄。总之，俄于此时若不明占旅顺，英必无从藉口。德不硬据胶湾，俄亦无从藉口。若俄有利，英必不甘，大局无从维持矣！再，我无论如何将他事迁就受亏，总须俄不擅北洋之利。俄、德系通谋，英、俄系仇敌，而其为效尤图我则一。日将事，另电详陈。请代奏。

十二月初六日

旨斥张汝梅办理教案颟顸聋聩若再迁延即严惩电

旨：巨野教案正在议结，又有曹州集众欲杀洋人之事，德使顿翻前议，实属可骇！总兵万本华，着即撤任回省，听候查办。该抚身任地方，一味颟顸，于朝廷现办情形全未体会。即如此案，洋人屡接电而该抚尚未闻知，其聋聩可想。该抚奉此旨后，若再延不奉行，饰词回护，致令外人藉口，定将该抚严惩不贷！

十二月初八日

鄂督张之洞致总署联英俄仍须联日以戢德焰电

闻教案已结又翻，英船亦赴旅顺与俄争泊，法六舰集沪，欲藉四明公所旧章生衅，危险万分。窃揆今日情事，必须将英国安顿妥帖，善为羁縻，不然必有急祸。英久擅东方海面商利，此时深忌俄、德、法而联日。英东方兵船最多，彼一面逞愤于俄，一面将肆毒于我。英水师将官向自强军总办沈敦和言，欲入长江，自吴淞至重庆，以护商，势恐不免。川楚或未必，镇江、吴淞危矣！前奉宥电谕旨，若仅联三国，适启争端，诚为确论。此时既不能拒德，又不能逐俄，显有偏重，似以兼联英、日为要策。德使诡计，乃藉端生波，恃其大队兵船，彼时各国同时下手。若我联英，尚可与商和缓办法。我不联英，彼自用兵力强占矣！英轮入江，将沿江炮台占据，于口岸处所陆兵登岸屯扎，腹心已溃。且各省商民惊扰，匪徒乘机遍烧教堂，大局不可为矣！今日急着，约有四端：首在迅速兼联英、日。英既联，则日附之。至联英之法，英将有中国出费予英舰保护之语，又云：英政府意，伊未能知，须中国派专使与英国商等语，似可切商赫德，英国意欲如何联法，即可与英使密商。告以专使前往太迟，恐来不及。即电驻英罗使，令速商外部，仍恳发国电，径致英主切商，一也。德事仍望电派许使为头等钦差，见德主面陈，并致国电，德主好兵而性暴，稍缓其焰，二也。俄既不能阻德占胶，又不劝了教案，且贻英国口实，帮助何在？宜切实恳之，许以他项利益，万勿占旅，三也。日性甚急，自能审利害，必无奢望，落得联之，另电详陈，事较易办，四也。大率俄、德、法为一党，英、日为一党。彼分党合谋，效尤图我，我并无轩轾，前三十电已详陈。特羁縻英、日，则俄情或稍有所忌。结好俄国，则英有所求亦不能甚奢，而尤在先息德主之暴。各国互相劝望牵制，或可稍戢凶锋，正与前旨不专联三国之意相符。刘坤一来电亦深愿联英、日。事机万紧，至腊底恐决裂，难补救矣！迫切上陈，请代奏。

十二月十一日

鄂抚谭继洵致枢垣德据青岛请饬各省整顿兵勇乡团以备征调电

德据青岛，其志不测。即另予一地，或设法辩论，亦恐不能退还。如青岛不退，则山东危矣！海口亦危。惟有请旨飞饬山东巡抚整顿兵勇，并速令各属练团，各省海口及内地均饬令遍查保甲，选练壮丁，以办乡团。盖兵勇有限，民团众多。洋人藐视中国兵勇不足畏，于团众或存惧。知各处有备，当亦渐戢雄心。但团练亦须责令保护教堂，可以安洋人之心。并由官督率训练，旗帜、器械操毕缴官，乡镇缴团总存储公所，不准擅动。民气一壮，众志成城，或当有可恃耳！再，京师密迩海疆，宜赶练五万大军，于近地十里内驻扎，择知兵将领统之，营哨官责其自选，克期认真操练，随时命亲信大员前往查阅。得力者赏，不得力者罚俸惩办。盖严令赏罚，分五大军各自争奋，必成干旅。他处有事，即可调遣。至于各省营兵，饬提督勤操。防勇，饬各督抚臣奏派知兵文武数员日夜经营，专司训练。官不必大，官小则可与士卒同甘苦，联为一体。亦严定赏罚，赶速勤练，以备征调。臣焦愤忧思，急无良策，勉陈所见，以备采择。请代奏。

十二月十一日

鄂督张之洞致总署称日武官力陈联英意见电　二件　附旨

日参谋副将神尾光臣到鄂，洞出差未回，江汉关道及洋务委员与深谈倾吐，大略言：前年之战，彼此俱误。今日西洋白人日强，中、东日危，中、东系同种、同文、同教之国，深愿与中国联络，此系其国二等提督川上操六之意，命之前来嘱转告洞等因。近日其参谋部员宇都宫太郎又来鄂见洞，致其提督川上操六之命，送来日本地图、政治书各一部，语极殷勤，意在两国联络，并言，今日武备最要，嘱派人到彼入武备及各种学堂，地近费省，该国必优待切教等语。复密向委员谈：日已与英联盟，日愿助中，助有三法：一、用兵船，日船足能敌俄、德现派来之船，但恐续到船多。一、用口说劝解，但恐不听。一、联英以助中。惟第二法尚易行等语。洞因其官阶较小，令电致神尾光臣，以速再来鄂，来时问明川上操六及其管陆军小松王主意，伊已发电矣！大抵日见俄日强，德日横，法将踵起，英亦效尤，海口尽占，中国固危，日四面受邻之迫，彼亦危矣！故今日急欲联英联中，以抗俄、德而图自保。彼既愿助我，乐得用之，盖日不能抗俄、德，英水师则能之，联日者所以为联英之阶梯也。日肯出力劝英与我联，则英不能非理要求，而我可藉英之援助矣！我不与日联，则彼将附英以窥长江矣！日人此举利害甚明，于我似甚有益。俟神尾来晤，即详陈。请代奏。

十二月十一日

日本参谋宇都宫今晚又密告，伊此来实系奉其内旨而来，密商联交之事。语尤切实，一劝我联英，力陈联英之利、不联英之害，颇有办法。察其语气，似英人阴谋，日已全知。今晨蒸两电想已上达，伏候谕旨此事大旨，以便斟酌，相机酬对。请代奏。

十二月十一日奉旨电张之洞：三电均悉。中、日修好之后，本无不洽，若遽连衡，恐北方之患必起。日将所请，断勿轻许。是为至要！

使法庆常致总署报法廷对华关切愿维大局电

本日法宫贺岁，总统面告：中、德之事，法廷关切，愿维持大局。外部力辩法、德协谋及琼州之谣，嘱电达等语。庚电谨遵。

十二月十三日

顺天府尹胡燏棻奏胶事日棘请知照各国调处折

顺天府府尹胡燏棻奏，为胶事日棘，请知照各国公议调处，以息兵争事。

窃自德军占据胶澳以来，朝廷特派总理衙门大臣翁同龢、张荫桓与驻京德国使臣妥为商议。初闻其所要挟数端，业经酌量允许，渐就范围，乃近因误听曹州教民之谣言又起波澜，可见德使居心叵测，任意要求。但目下兵力、财力俱有所不逮，固不敢轻于言战。然一味迁就，恐狡焉思启，群将效尤，后患亦不可终穷。踌躇西顾，际此权力既绌，而欲以一二人之笔舌相争，恐难遽行就绪。计惟有请旨敕下总理衙门，将此案起事情由并现在获犯办法及已允各节，行文布告各国驻京使臣，一面电达出使驻洋大臣，分致其国外部，备告以窃贼伤人之事为各国所恒有，其时事起仓猝，中国所不及防，业已获犯惩治，即为恪守条约之实据。从前日本亦有西国教师被杀之事，因查明实系贼盗所戕，并未作教案办理，与此事同一律。即以中国教案而论，以同治九年天津一案、光绪二十一年福建一案为最巨，亦只有获犯惩办，英、法两国绝无据地索偿之事。德为欧洲著名大邦，近年我中国购船、购械及延请陆军洋教习多向德国购聘。以理而论，似应彼此持平办理，方昭友谊。乃中国则降心相从，而德国则执持不让，欧洲各国私议亦群抱不平之叹。就此商请会议办法，从中调停，或可补救一二。查中美《天津条约》第一款本载明：他国有何不公轻藐之事，一经照知，必须相助，从中善为调处，以示友谊关切等语。美与德相距辽远，未必首为创议。以近日邦交而论，俄与华最为敦睦，而俄国水师兵舰虽调泊旅顺口，然窥其动静，俄与德亦联盟之国，断不肯首先仗义执言，失欢于德。似须注意于英国，英于日本交还辽东一事未曾与闻，彼国有识之士至今以为失策，此事若请英从中理论，当可得力。法、德积怨素深，师丹之战引为大辱。德若兴师涉远，国必空虚。宜由驻法使臣相机行事，并联络议院士绅，微讽以时不可失之意。一经英、法出而排解，俄、美等国亦必接踵而起。况胶澳许作通商口岸，各国更可措词，德使势难专制。此后沿海各口有此一重成案，亦可希冀保全。若山东铁路，与俄国于东三省假道造路情形不同，只允彼承办，不可听其专利。否则，芦汉便成废着，即长江险要从此失恃，京都门户亦将洞启，似万万不可轻许，当亦会议诸臣所能见及。至近年曹州土匪异常猖獗，畿南亦时受其患，非大加惩创，难期绥靖。即使无此教案，亦不可不亟为整顿者也。谨奏。

光绪二十三年十二月十三日。

顺天府尹胡燏棻奏胶案请敕许景澄往见毕士马克以期转圜片

胡燏棻片。

再，德国前相毕士马克老成持重，决不愿于数万里外与久敦和好之国轻起衅端，刻虽退位家居，而通国上下皆得其一言以为重。应请旨敕下驻德大臣许景澄，往见毕士马克，详告以此案起事之由，并与言两国素无嫌隙，一旦因事属细微几有决裂之势，深可惋惜，探其意旨，如不以德使举动为然，便可乘机与商办法。倘得彼主持其间，胶事转圜或易，似亦釜底抽薪之一策也。谨奏。

光绪二十三年十二月十三日。

鲁抚张汝梅致总署即墨县禀德人买地收粮无退还意电

据胶州即墨县禀称：德人在胶、墨两处征索钱粮册票，并于所指界内捐照钱粮，每银一钱，给地主京票四百，声言定买地亩，复与民人书立合同，令地主在名册上签押等情。查德人据胶已及两月，今复设谋买我民地，收我钱粮，似无退还之意。此事关系甚重，应请代奏。并作何办法，请示遵行。

十二月十八日

使日裕庚致总署报日议院对于德事开会情形电

日廷将预备兵简出候调，未言明其故。闻有派船赴威海观衅之说。议院开后，众议员共排执政，松方并各大臣先后皆退职。英十一舰泊舟山，七舰泊巨文岛。

十二月二十日

直督王文韶致总署德办山东铁路英法艳羡粤汉路应准归自办电

闻德国租胶澳并承办山东铁路，英、法皆甚艳羡。香港洋报载：英国所当急行者，建造铁路之利，理应营干中国中路，或广东建筑轨道，方不致落他人之后等语。近有日本人来鄂，密称：英国欲借款修路，并欲香港对岸深水埠地方。证之西报，英觊觎铁路，从粤东下手，以达汉口，蓄谋必确。今春英商屡求承造粤路，坚持未允。现在德与俄、法约得路权，英若迳向总署要索，势难空言拒绝。现据湘粤三省绅商公呈总公司吁请会奏，路由三省绅商自行承办，仍归总公司综其纲领。除批一面即行具折会奏外，如果目前各国有以粤汉铁路为请者，应即告以三省绅民已递呈，议定合立公司，准归自办，藉杜其口。现在沿海、沿边无以自保，要在保我腹心，徐图补救。若使英人占造粤汉轨道，既握我沿海咽喉，复贯我内地腹心，以后虽有智勇无以复施，中国不能自立矣！事机万分危迫，敢先行据实电陈。伏祈饬总署妥为防范。此事关系大局安危，不仅铁路一端也。请代奏。

二十三日

总署奏议结曹州教案并商办胶澳租界事宜折　附照会二件

总理各国事务恭亲王奕䜣等奏，为曹州教案办结，胶澳画界议租，谨陈与德国使臣商定情形事。

本年十月间，山东曹州地方杀毙德国教士二名，德国兵船遽袭胶澳。该使臣海靖致臣衙门照会，要求六款，势将决裂。业经具折奏闻，并将续来照会及臣等照复并问答节略随时呈览在案。臣等仰禀宸谟，与该使往复商论，分别准驳。该使照会以李秉衡屡违朝旨，不受中国政府之命，酿成巨案，请革职永不叙用。臣等坚持不允，议令删去永不叙用四字，但将不可再任大官之意奏请准行。德主教安治泰本在济宁倡建教堂，适有曹州之案，该使欲隆保护之名，请赐匾额，请给工料银两。臣等议令酌照成案，用敕建天主堂五字，酌给工料银六万六千两。至惩办盗犯，偿恤教士，原系教案应办之事。该使以被杀教士无家属领赏，只可建造教堂，作为偿恤，议定曹州城内及巨野县张家庄各建堂一所，由官拨地不过十亩，照济宁办法，每处各给银六万六千两，匾额仍用敕建天主堂五字，统于教堂门首立碑，为保护之据。被盗失去之款，另给三千两了案。该使复以现在教士租房甚难，拟请于巨野、荷〔菏〕泽、郓城、单县、武城、曹县、鱼台七处为教士各建住房一所，共给银二万四千两，均作为偿恤之用。现获盗犯照例惩办，失察之地方官从重参处而已。该使又索中国应保以后永无此等事件，臣等驳以保护教堂案约所准，惟盗贼猝发，岂能永保其必无？该使语塞。因与该使议定，请明发谕旨，饬地方官照约尽力保护。特该国教堂共有几处，臣衙门无案可查，并令将各府州县凡有教堂处所开送臣衙门查核，该使亦经答允，庶于保护之中稍寓稽察之意。此案失事之地方官，或调往他省，或从重惩办，均由中国自行酌办。该使又借教案并索商务，拟请嗣后山东如开办铁路及铁路附近矿务，先令德国人估办。旋又请设德华公司，造通山东省城并通省及铁路附近之矿，意在仿照俄华公司利益。臣等力与磋磨，允由胶澳至济南造铁路一段，俟此段造成后，再商造后段，与中国自办干路相接，均由德商、华商集股领办，声明不占山东地土，并另立合同，无庸比照他国章程，以为中国自商之证。该使又以德国办理此案所费之银，请中国赔偿，索款数百万，尤为无理取闹，臣等告以此案无赔偿之理，惟顾念数十年邦交及前此相助之谊，另筹办法，与教案绝不相涉，须截分两事，期杜他国藉口，断不能认赔一钱。该使以俟其国命为辞，延宕经旬，渐次就绪，已允敛兵下船，退出所占之地，赔偿作罢。初订明在臣署互换照会作结，适曹州地方又有驱逐教民、杀害洋人之说，该使顿翻前议，又照会臣衙门，仍请将李秉衡革职，永不叙用。经臣等力与驳诘，并钦奉谕旨，将万本华撤任讯问，该使始无可狡赖，于本月十二日来署会晤，臣等即将缮定教案六条、照复一件当面交讫，以符先结教案之议。

臣等窃惟中、德两国向无嫌隙，只以助还辽地索报未酬，该国注意所在，则英、俄、法均占有东方海口，该国独无，不足与各国均势。迭准许景澄函电相闻，胶澳又为该国垂涎。本年正月臣等有请在胶州创修船坞之议，即已筹虑及此。十月间教案初起，奉旨令李秉衡查拿凶盗，有德方图借海口之谕，敌谋之狡，早在圣明洞鉴。此次借教案，遽派兵船，袭据胶澳，分兵略地，直窥即墨，又派其王弟来华，用心实为叵测。该使所开六条，坚请照办，并无一语退胶。臣等仅恃笔舌与争，苦无却敌之方。再三辩论，该使始允就该提督所占之地分别退还，胶城亦在所退之内，余作租用，略如各口租界办法，周遍以百里为限，按年纳租，该地自主之权仍归中国，送来租地照会五条，大致以保全睦谊为辞。臣等逐款复核，租以九十九年为限；将来两国派员立界时认定周遍百里之限，胶澳海面中国兵、商各船任便出入，胶澳外各岛险滩准德国设立浮桩，惟中国各船往来出入概免纳费；至德国嗣后自愿将胶澳退还中国，所有费项应许赔还，另择相宜之处让与德国一款，此指租期未满而言，亦可照允，惟须订明，租期未满，德国不得将此地转租他国；至界内华民迁徙与否，悉听民自便，德国不得驱迫；中国原有税卡照旧设立；租地之内德兵应即全撤；租项若干，再与该使商酌。以上各节，臣等与该使面商，均无异词。翌日又备文声叙，作为完案。其一切应办事宜，恭候命下，再行东抚妥办。此案德国发难，各国多来干预。中外新闻纸所言，殊骇观听。臣等握定中、德自商，不愿他国调停。固知他国无实力相助，貌为居间，潜与要结，受害愈重。万一各国互争，竟以中国为战地，尤难收束。只可速结此案，徐图自强，计非腾出的饷，训练精兵，不足以御外侮，容臣等随时奏办。谨奏。

光绪二十三年十二月二十三日。

总署致德使教案六条意见相同照会

光绪二十三年十二月初三日，准贵大臣照复教案六条，与本衙门意见相同，即作为教案商定了结之据。惟第五条铁路由胶澳起往济南府及山东界一节，其由济南府往山东界之一道，应俟铁路造至济南府后始可开造，以便再商与中国自办干路相接。至一切办法，于另订详细合同内声明。此后段路所行之处亦应订明。相应照复贵大臣查照可也。

十二月十九日

总署致德使所开约稿五款分别准驳照会

光绪二十三年十二月十九日，接准来照，内称：十二月初六日，本大臣附送条约稿所开五款，中国均已答允。条约各款，全已同心，并无异议。惟另有难了一节，现亦商办等因前来。查前送五款，本衙门与贵大臣意见原无不同。如租期拟改五十年一节，系本月十二日在本署与贵大臣晤谈时再三申说，兹接来文，既称向无情愿减少租期之言，可即照原送约稿租期为定，无烦辩论。第二款地图微有参差，前交之图不过大略，并非即照此图定界一节，查原送约稿既有胶澳周遍一百里之说，无论地图详略，自当照约定界。笛罗山、炸连屿，本衙门并不争执，应使两国派员详立界址。惟此租界系中国地面，应照中国里计算，合并声明。第三款中国兵、商各船应任意出入湾泊一节，既承一律优待，另外决无拦阻之事，如所定章程并无歧视中国船只之处，自无异议。第四款中国兵、商各船往来出进，应免纳费一节，除修整口岸各工外，既承贵大臣代贵国国家应许其余均毋庸纳费等语，足征公允。第五款声复各节，与本衙门意见相同。即一百里内纳税之界及纳租各章程另外商定，原无不可。惟撤回租界外所驻之兵，既经定议，自宜及早撤回，以昭睦谊。应交租项，请如来文迅速商办。为此照复贵大臣查照可也。

十二月二十三日

鄂督张之洞致总署各国乘机谋我拟藉日以联英电

文电谕旨恭悉。连横为患，诚为可虑。中国此时岂能遽以力争？且各国作用虽殊，皆是乘机谋我，岂敢深信？所谓联者，不过设法羁縻，免多树敌耳！所谓藉日以联英者，恐英要求太横，可托日居间婉商，减其贪欲凶焰。日实有唇齿之忧，深恐中危西强，彼亦不保，情词惶恐，我若托之，彼如肯助力劝解，非为我，乃自为也。且彼力言不索酬谢，语甚明了。可否由总署往晤日本公使，察其意旨，以备英人发难居间排解之用，似乎有益无损。日将有所深谈，乃向委员密语。洞晤时，但以冠冕语答之，丝毫未及他事，断不致上劳宸廑。惟彼言深悔前年不应与中国战争，今愿遣我国人赴东入各种学堂云云，洞甚嘉许之，谢其睦谊。请代奏。

十一月二十三日

鄂督张之洞致总署借英款还日债不如认息缓付日款电

各洋报屡言：英国国家欲借款与中国，利息甚轻，已赴京商议等语。闻之不胜诧异忧虑。英廷此时因德事不甘，正欲效尤要挟，何以反肯以轻息借我？若议借款，必索厘金、盐课抵押，且必干我利权，如令赫德兼管厘金等事，为害极烈。查目前借款，想即系明年五月应付日本一万万两之款。窃思此款似可别筹办法。查日本条约，余款一万万本分六次交纳，未经交完之款按年加每百抽五之息，但不论何时，或将赔款全交，或将几分先期交付，均听中国之便等语。此款若缓还，加息不过五厘，且迟早、多少均听我便。此时海疆防务纷纷，大局未定，无论何国借债，皆必居奇要挟，息重扣多，强索抵押，必致种种贻害。何不即将日本此款暂缓交付，按年认息，息止五厘，无扣，较之九扣、八扣有零者所省甚多，一也。不须别筹抵押，不至因此掣动盐厘等款，二也。五年之内随时可还，大局既定之后，相机商借，不受抑勒，三也。原议所以急欲付清者，欲令撤威海之兵也。然今昔情形大有不同，德已据胶，俄又驻旅，何在威海日本一军也？且德、俄南北夹驻，日军间隔其中，俄、德要日，日忌俄、德，三国正可彼此牵制，四也。洞前请联英，乃欲预防而羁縻之，免其强占横行，非以英为可恃也。伏望从长计议，勿忧彼乘危之挟。大局幸甚！管见谨备采择。请代奏。

十二月二十三日

湘抚陈宝箴奏密陈日本欲与我联英或助战或排解电　附旨

日本参谋部大佐神尾氏、大尉宇都宫两员奉伊国密旨，至鄂面见督臣张之洞，言欲与我联英，或助战，或排解，确有把握等语。其中细情，张之洞度已电陈。伊思日本与我唇齿安危共之，其欲与我联英，自系实情。惟英忌俄东来，而日方以俄为利，助我为名，急于联英，必开罪于俄，然英方忌俄、德占地，我不联英，英亦必图自占，而分裂之形成矣！臣谓宜于遣使往德外，分遣专使，遍往俄、英、法、日各国，告以德借胶地，难以允行，惟各国将援均沾为词，必致海口全失，无以为国，特求同盟出为中、德排解，俾得在政治、民俗关系保教，于国书中以逊词诚意出之不偏，使英以杜口实。但必先降密旨，责成张之洞速即派人往日游历，面见日政府，确询联英事实，飞电报闻。日使在鄂已言，目前不必派使至英，但至日本即可定议，并言参谋部亲王中将川上氏已为中国熟筹，确有把握。英商务在中国，并无奢望索谢，俟练海军时，购英船，雇英将，铁路购英股债，已足。似此，或与英已有成说。闻张之洞拟派郑孝胥、乔树枏、姚锡光三员往日本游历。该员皆有血性，深明大计，切实可靠，请由圣明迅赐施行。若英真肯助我，但与日本共出调处，以兵强力厚，胶湾必能排解，尚可不出于战也。目前向背，即系存亡。微臣痛愤填膺，敬披沥密陈，伏乞圣鉴，定夺施行。宝箴谨奏。

十二月二十五日奉旨电张之洞、陈宝箴：海疆多事，朝廷方切隐忧。张之洞、陈宝箴所陈，颇有可采。现在英欲借款，俄欲借湾，正在未定之际，已饬总署从长与之计议矣！

鄂督张之洞致总署英人消息甚紧谨拟抵制三条电

英人消息甚紧，不日必有大举，忧愤万分！此时必须早筹应付之法，以备临时抵制。参考各洋报及日本人之言，大约一借款，一索划港对岸之深水埠及舟山，一造粤汉铁路，一入长江至镇江、金陵屯兵。其索四事，保商务者，饰词也。粤汉铁路，万不可许。现据楚、粤三省之绅民公呈，请合立公司自造，已会同电奏在案。四事皆甚险毒，总署如能一概力拒，至为深幸！倘彼非得不休，窃拟有抵制三条，为患稍轻，而在我亦尚有益。

一、借款练海军。中国无海不能立国，无海军即无海矣！中国无长江，各省立时搅乱。英兵屯金陵、镇江，中国即无几矣！水师英最精，英若供巨款造战舰、雷艇数十艘，船向英造，将由英借，并派将弁学生数百人往习，船造成，我将弁亦练成矣！募将如琅威理者统之，管带用中国人，船上司事参用英人，即与英船在东方者合队操练。英既得造船之用，又得多用英人之益，又得我海军为伊东方兵船助势。各国洋报皆因中国无自强之实，故有瓜分之议。今见我大举经营海疆，气象顿为一振，自可息其狡谋。且海面海口可保，商务自无碍，彼即不能藉护商之名以入江，是中国且藉此举而自强矣！此举与借款赔日本不同，彼必乐从，不致勒索，抵押或以西南边远地矿山作押。目前船未造成，可照英将所论，出养船费，借英船数艘扼吴淞口外，以便护商务，亦可杜彼藉口入江护商之举，一也。

一、准英借款修山西、陕西铁路，即以此路作抵。山西路由正定井陉至太原。陕西路由黄河南岸荥泽、洛阳沿河入潼关，至西安。并准英与华人合开山西煤铁，余利与我均分。洋报屡言，英若不在中国得铁路一条，心终不甘。晋陕之路与津芦干路接，不通海口，尚无大患。彼因矿利，当可商允。英在北省得利，彼所尤喜，不须别筹抵制而我增此西方铁路两条，益处甚多，中国各矿，若无洋人合股代开，既无习矿学之良师，又无数百万之巨本，断不能开出佳矿，煤、铁畅行，亦我之利，二也。

一、山陕铁路、矿产，英人视之甚重，必能歆动，可抵粤汉。但使借款而路由我造，如芦汉用比款例，即无他虑。其次并准其在云南边地与我合开各矿，滇山险远，中国机器不能运入，华人自开，断无畅旺之日，由缅甸铁路运机，甚便，三也。

至索地一节，或舟山，或深水埠。舟山虽小，但闻法国水师训条，英得舟山，法即据琼岛，牵动太多。深水埠若属英，则香港北岸陆地与粤省接连，若能不准英造铁路，较舟山之祸稍缓，然占地终不如许以他事。

总之，英之要求甚奢。设真如前所开借款，抵押厘金，则权利失；造粤汉铁路，则腹心溃；入长江，则南省震扰；准舟山，则法将效尤。必立峻拒，别以他项羁縻。全局安危所关，较之俄、德祸机尤紧。非敢越俎妄言，特恐英猝然发难，彼时诸事秘密，外省无从闻知，敬预上陈，以备采择。此皆抵制下策，不过稍胜无策。庙谟深远，自有权衡，倘非万不得已，即所拟三条亦不如不允之为愈，且三条亦未必全许也。值此危局，午夜焦劳，寝馈难安，不揣冒昧密陈。迫切惶悚！恳请代奏。

十二月二十五日

鄂督张之洞致总署日人劝郑孝胥赴日学习与联英事无涉电

顷，接湘抚陈电云：湘省亦电奏，论及联英，有鄂省拟派郑、乔、姚三员赴日本等语，不胜诧异！查联英一说，洞虽电奏，但系请总署向赫德或饬罗使商外部，或暂联日以联英，不过拟议备采。既奉旨断勿轻允，岂有径派人往东洋之理？郑孝胥一员，系因日本人力劝华人赴彼学习，明春拟派学生赴东洋，入武备、农工各学堂，因郑曾到东洋，故与之谈及，拟令带往。此乃从容缓著，与联英事无涉。陈电系远道讹传误听，恐钧署悬系。谨声明。

二十八日

总署致奎俊德亲王来着派聂缉椝迎接随时电奏电

顷，许景澄电：德藩于明正二十一日到香港，着派聂缉椝先期到沪，预备迎接，留心探听，如有所闻，随时电奏。

二十八日

清季外交史料卷一百二十八终

清季外交史料卷一百二十九

光绪二十四年正月至二月上

盛京将军依克唐阿致总署金州租界内并无下乡征粮之事电

据金州副都统福升、同知马宗武电称：遵查租界内无金州差人下乡征粮之事，已严行查禁。至官员吏役俸饷、工食、地租、办公各款，细册造好，送交福、徐自议，免再派员。惟彼前要旗民总催，系俄方面告不用，并告华员不准干预城外事件，意欲自行征收。近闻乡民因歉收乏食，到此或数十人，或数百人，哀恳缓征，俄弁不允，与民不合，两不相下。今若派出总催人马随俄弁下乡征收，诚恐激变乡民，迁怒华员，极为可虑。可否暂缓？应如何安抚？禀请核示等情。据此，查前奉来电，当饬旗民两署禁阻出入，并另派妥员前往商议。兹据前情，自应暂缓派员，即由福、徐二员就近商议。惟俄人征收伊始，不肯一毫放松，虎狼之性，何能体恤民隐？只有劝令绅耆，妥为开导解散，免滋事端。

正月初一日

闽督许应骙致总署日本所指厦门鼓浪屿两地无地可拨电

厦门恽道来电，据称，廿一、廿四亲往履勘厦岛、鼓浪屿日本所指两地，厦岛无地可拨，舆情惶惧，各国领事颇有违言。

正月初一日

盛京将军依克唐阿致总署金州俄兵轰毙华民请与俄使酌办电

前接金州电，闻俄于貔口斫毙华民百余。兹据福马电禀：二十四，俄员带兵二千余名，到城东百里之刘家店征粮，立限甚迫，与乡民不合，俄员即回貔口。次日，带来马队二百余名，民间亦集数百人，正要向其哀恳，俄员见人众，即开枪两排，轰毙三十余人，余民惊散，俄又乘马追砍毙十余人，受伤五六十名。现闻俄队驻该处勒降，立逼钱粮。请电达俄员释疑等情。俄员如此凶暴，祸患方深。现惟有暗令地方绅耆先安众心，请贵署与俄使商酌办理。

正月初二日

鄂督张之洞致枢垣英借款关系中华安危请谢绝电

旨：英借款，俄借湾，正在未定，已饬总署计议等因。或疑日方指款待用，未易商缓。窃以为不然。和约明载六次交纳，不论何时，均听中国之便，断无催索之理，何必转借英款，受无穷挟制，贻全局大误？若借英款，而准其造路，由缅造入滇、川，达汉口，汉以上用铁路，汉以下用兵轮，直贯长江，则江以南十二行省全为英有矣！西报言：借款后，长江一带须认真保守云云，明是兵船入江占据险要，代我保护，此即所云瓜分之局，无所谓东方太平之局矣！必须先将借英款一事决计谢绝，再筹牵抵。此次英索三策，如英必强我借，则如洞前二十四日电奏，借款修山陕路，练海军，我尚有益，且无抵押之害。至俄据大连，最为祸首，英必不甘，法必效尤。然俄防英之隐衷，必须有以慰之。可否与俄密约，将大连湾暗借俄为兵埠，许各国为商埠，我即借俄款修吉林至大连湾铁路，密与俄约大连湾准俄随时暂屯兵船，多少不限数，以避永借名目，但禁陆兵登岸插旗。我自修极大煤窑数处屯煤，以供俄用。他国护商兵船，限定每国不得过二艘。惟言明，此路须用窄轨，以便我由关内运煤接济。我允俄造窄轨车数百辆于境上，专备俄人入境换车之用，其运费力从省减，是俄得屯兵运兵之利，我得口岸铁路商税之利。此路西通欧洲，商税极旺，必较沪税加多。而华路短，俄路长，俄利较大。俄有屯兵之处，英无藉口之资。英如不满，则或以附近之海阳岛借之，该岛亦可屯船取水，或亦解围之一法。若许俄占湾，彼必自造铁路通吉、江三路。路成后，彼自在湾运货收税，无论各国争与不争，我辽东形势隔绝，此一路之商税大利失矣！总之，两事皆系大害。英借款尤关中华安危，必谢绝英款，然后可补救也。

正月初二日

鄂督张之洞致枢垣请许德国揽办宁沪铁路借款电

闻德尚不肯撤兵，外部坚欲修山东铁路，开山东矿，横极矣！空言峻拒，彼必不甘，何不照洞去年十一月三十电许德使揽办江宁苏沪铁路借款、利息五厘五毫八、本利均摊在内、六十年还清之法？如不得已，似可以宁沪之铁路抵换。从沪起为患较轻。但如议此路，须由盛京卿与之议章程，立合同，则统归入公司商家办法，庶稍公道。若总署与议，则变为教案条款，必夺我路权矣！敬陈以备朝廷采择。

正月初三日

江督刘坤一致枢垣英借债索款三端必不可许电

闻英愿借债，索款三端，此必不可许。英以轻利借我还日，权衡出入之间，似觉此胜于彼。然细思所索，实不利于我。全局攸关，不仅东南各省为其隐占已也。俄藉德占旅大，英又藉俄以借款图长江一带。今德闻英谋，又复翻议欲吞山东。各国藉端图占，步步痛逼而来。如借英款，即不能不允其所索。英议既定，长江即非我有，法亦必相继续起，俄愿方奢，更非旅大能餍其欲，中国局势不堪设想矣！是去冬各国以德事为权舆，今则以英款为机括。且日款未还之一万万两，原约本属从容，还款迟速于国事无甚轻重。若以财赋之地作抵押之据，还日本不急之款，启各国分占之心，利害显然，万难允许。为今之计，英款借与否，权固操之在我，我不借款作抵，彼即无辞，似宜婉言谢绝，以杜诡谋。纵因强弱异势，不无要求，或许以添开口岸，尚合两害从轻之义，大局得以保全。至日本偿款，尽可与之熟商。默揣中日情势，当可从长计议。坤一与张之洞往来电商，意见相同。该督已另行电奏。愚虑所及，密切上陈。请代奏。

正月初三日

鄂督张之洞致枢垣德干预山东铁路事大碍北省地利拟以宁沪南段抵换电

初二两电奏，因山东若允德干预铁路事，北省地利大失，引寇入室，故拟以宁沪南路抵换之议。查南路，据海靖送来章程，系由银行商请，虽亦借款，然总归中国总公司，非同东北之俄、西南之法强预我事，强夺我权，此不同者一。款系由德之德华兼有英之汇丰两银行分借，愿出于商，非同彼国家出而强借，且款出两国，非同一国之权，尚可由我操纵，不同者二。沪为通商大埠，从此起造，非一二国所能专主，且此系中国必应造之路，非同山东之可以缓造，不同者三。至息不过重，是小事。总之，路可造，被迫而权属他人者不可造；款可借，被迫而贻害大局者不可借。似北路尚不如南路之可允，但不知议结教案时于铁路一条总署如何措辞，此事可否谕知盛京卿，以便筹商挽回？请酌之。

正月初五日

盛京将军依克唐阿致总署称金州俄队设卡杀人电

福马电称：民俄不和后，俄队遍路设卡。南关外，俄人每日出队，持枪拉炮，晨出晚归，搜检行人，音信梗塞。除夕，探差回称：该处会首耿玉芝拿出报告一纸，令伊执回呈案，阅系华元寺、龙王庙、界坊、双台沟、夹河庙、粉皮墙六会呈称：二十四，俄员在刘家店追粮，又拘民二十余名。二十五，又绑绅士王天阶，限七天将粮完竣。乡民上前哀求，俄带队八十余名开枪冲杀，追赶十余里，并枪毙妇女二人。二十六，查点被杀百余人，附近居民逃走等情。恳请电达总署，与俄使讲论。

正月初六日

使德吕海寰致总署德国水手在胶州被刺德廷甚不满意电

顷，外部告赓音泰云：胶州水手被刺，德廷甚不满意。粤案未了，又生枝节，恐与速了胶案之议不便，亟应电达总署。海使所索各节，谕旨有不足处，当请旨补足，以便速结，实于山东大有利益等语。词多偏袒，难以理喻。惟德不撤兵，日久必激而生变，曷胜焦急！海使有无格外要挟？乞电示。

正月初七日

盛京将军依克唐阿致总署俄欲在青泥洼修码头电

刘家店乡民星散，未移出界，有欲赴东围领荒之举。再，城南青泥洼海口，俄欲修码头，丈量沿海口岸十二里，告居民迁移，不准耕种，即或给价。居民不下千户，一旦携眷迁徙，未免流离可悯。顷，电饬遇有远避旗民，发给护照。

正月初八日

使英罗丰禄致总署英外部云威海租界专归英管募华兵在所不禁电

敬、支两电悉。外部云：威海租界说明专归英管，募华民为兵，固所不禁。告以英如作俑，他国效尤，华固大碍，英亦不利。沙云：熟商再复。

正月初八

鄂督张之洞致总署容闳请造津镇铁路必有洋款万不可允电

洞沃电奏请力阻造山东铁路，计已上达。顷，闻容闳呈请造镇江至天津一路，报效百万，不胜惶骇！查胶州至京一千四百里，容闳所请之路必经济南省城。德路由胶至济止六百里。容闳来自美国，且事前即报效巨款，必系洋款无疑。即使间有华商，而在美之华商多与洋人合伙，物业归洋人保护，仍与洋股何异，且不仅美商铁路股票展转售卖，各国洋人皆有。虽容闳本无他意，但关涉洋股，容闳将来亦不能自主。容路短而款足，不过两年必成。德路直接容路，一年必成。此路成后，德之陆军长驱而北，一日直至永定门矣！容路既系洋股，将来必与德国勾串，断不能听中国指挥。一旦猝有变故，必如强占胶湾故智，防不胜防，战不胜战，避不及避，从此京师岂有安枕之日？危险万分！本为催德撤兵而彼要挟造路，今允其造路，是自召德兵也。或云东境之路我多造则德少造，似可限制德路，不知容路系洋股，即与洋路无异，为虎传翼。若欲限制，惟有告以山东路我必自造。但此路久已议定，应归奏派之总公司承造，尚可稍缓数年，以观时局，急图补救，备御各法。若两年之内德路已通京师，芦汉之路至速尚须五年，且容路在东，可自树一帜，占尽路利，比款必至翻悔，不肯交银，则芦汉路必因此而废。设有紧急，虽欲调兵入卫，亦来不及，国事真不堪设想矣！

总之，德索山东造路，万无可许之理。无论彼如何要挟，许以何项利益，其患皆较缓。倘德路可达京城，乃眉睫之祸也。若为挟制德路起见，则以容路抵制，不如以总公司为抵制办法，必无流弊。至容闳为洋人所欺，容路即系洋路，无论德路造与不造，容路皆不可准。准则今日必为大害，将来芦汉铁路成后并准兼造东路，洞必能劝公司各商报效巨款，万不宜受容之愚。伏望从长计较。

正月初九日

使德吕海寰致总署德外部述德主意请将胶澳路展至沂州电

外部毕鲁函约往见，据云：奉德主谕，胶事大局已定，甚善！惟请中国准胶澳铁路展至沂州，尤敦睦谊。寰告以沂路前经海靖议删，今又反复，殊不合。毕云：沂州利益大，请格外通融。因告以中、德兵民杂居，久必激变，中国难任保护，必撤兵方电商。毕云：兵甫战遽撤兵，此示民以怯，况中国所许未见效验，亦难请撤，若将究案及偿款早了，许展沂路，当可结案。告以照会互换谕旨批准，本已结案。诘难再四，彼仍坚持。海使明知理屈，故耸动德君出首，恐难遽夺。

正月初九日

盛京将军依克唐阿致总署俄在金州城设卡搜查行人电

金州城孤悬在界内，俄禁乡民入城。兹俄设卡搜查行人，尚未禁阻负贩。查城内旗民住户九百三十六家，共计男女五千八百名口，铺商大小二百二十八家，伙一千一百六十二名，并无粮栈、钱行、当铺，存粮无几，约可敷一二日，食用运自城外。若禁数日，即有断炊之虞。

正月十一日

浙抚廖寿丰致总署建德桐庐教堂案已与法教士商结电

建德、桐卢焚法教堂案，现与法教士妥商，各该地方官分别议赔，签约办结。

正月十一日

专使许景澄致总署报定期到俄罢借一层容再陈电

旨钦遵。现定十二晚到俄。奉佳电，罢借一层，容俟到后婉告，再电陈。

正月十一日

谕山东巨野教案保护不力李秉衡锡良万本华邵承熙着分别处分

上谕：吏部奏遵议处分一折，山东巡抚李秉衡于巨野一案事前未能防范，迨总理衙门电查始行奏报，实属咎有应得，李秉衡着降二级调用，不准抵销。调任兖沂曹济道锡良撤任，曹州镇总兵万本华、曹州府知府邵承熙均着革职留任。泰西各国传教载在约章，该教士万里远来，中国官民自应加意体恤，乃山东巨野竟有盗杀教士二人之案，殊堪惋惜！除凶犯按律惩办外，准令建立教堂三所，住房七处，以示朝廷惘念远人之至意。嗣后张汝梅饬属实力保护，倘再有不逞之徒滋事肇衅，惟该地方官是问。懔之！

正月十一日

江督刘坤一致总署容闳请造津镇铁路决不可准电

接张之洞电，闻容闳请造镇江至津铁路，报效百万。坤再四筹思，此事万不可允。胶案许德造路至济南，并俟成后再商接造至我干路，本系万不得已之举。且就德路而言，仅许接至干路而止，而干路之权操之在我，营造干路之迟速亦仍由我自主，其害较缓，当可徐图补救。若允容闳之路，其成必速，德路亦必接至容路。容系洋股，与德易于勾串，是目前允容造路，无异许德造路至京，祸将不测。容闳图揽造路之意蓄志已久，往岁即欲暗纠洋股，承办中国铁路。今施其故智，款为洋股无疑。盖中国铁路自奉旨创设公司，号召华股，迄鲜应者，岂有久在外洋、甫经回华之容闳转能办集华商巨款之理？纵有寓美华商股分，流弊仍与洋股无异，且其中亦必以洋股为巨擘。中国公司因华股难集，乃借比款，以资工本。比商之肯借款，亦以南北仅此一路，利可独擅。如准容路，成速利分，不敷还款，比必悔议，芦汉铁路更无成日。况目下英欲擅造路之利，已藉借款要挟。如准中有洋股之容路，英国有词，各国更将群起效尤，路权全失，祸且不可胜言。如因其报效，既无济于财用之急，若借以抵制，转启各国觊觎之心。容路既非德路要挟可比，应请驳不准行，免致有碍大局。请代奏。

正月十一日

使德吕海寰致总署报与德外部辩论兖案沂路电

顷，赴外部约见，云：海靖来电，以中国戕凶办兖案未获、沂路未允为词。德主如知，恐伤睦谊，请先转总署速办云云。告以定罪、缉凶均能照办，惟沂路已删，系海使藉端寻衅，切勿轻听。并将前电反复辩论，彼辞遁，仍狡辩，末云：沂路实系德主意，中国肯照电速办，立即撤兵，更加交好。德主前有相助语，应否设法抵制，与立密约，藉以联络。至重降谕旨，彼既不催，庚电似可不告。自办铁路先与德商一层，彼不来争，或可作罢。统候钧裁电示。

正月十二日

黑龙江将军恩泽致总署与俄监工商议退回俄兵电

俄人自修造铁路以来，戕民之案迭出，半由无识通事滋事，非实在俄兵。前茹监工在省议呼兰一案，曾商将俄兵退回，俄员在何省即由何省保护，茹颇以为然，似有允意。祈酌之。

正月十二日

盛京将军依克唐阿致总署金州租界禁止官人行走请与俄使交涉电

金州守兵贺万，经晋省行至北门，被俄队拿去。租界禁止官人行走，实背公法。业电俄员，请总署与俄使商办。

正月十二日

浙抚廖寿丰致总署论对付各国方法并请召洋将琅威理回华整顿海军电

英船暂泊定海，妥为接待。连日探报，该水师提督抱病，新提督不日即来接替。密探英领事言：各舰暂泊，实无他意，但防他国觊觎等语。各方民情尚属安静，惟他族环逼，旦夕苟安，终非长策。英、俄素相猜忌，今德与俄合，无理得地，实公法所不容。若再有强国踵而行之，英必不能默尔而息。盖俄借旅，德借胶，权渐肆，英商务在华不能不自为谋。日兵强国小，与我唇齿，联英自卫，理势当然。即该二国何尝不愿结我，特我不自振，不能禁人不协以谋我。我军陆战非竟无用，然恐因一隅而牵动大局。且各国海外纷争，商舶裹足，内地奸究〔宄〕乘隙而起，即商埠亦难安保。此不独中国之忧，实外人之所共忧。似莫如声明，此次借岛系属酬谢之意，邀请诸大国重申公法，彼此联盟，嗣后无得再相侵扰，以保欧美亚洲和局。并教案亦宜另订约章，不当援此为例。一面亟修内政，破格求材，撙节虚糜，讲求军实；并将新旧现有兵轮调集一处，召洋将琅威理回华，认真训练巡驶，考察功课，破除情面，一轮务得一轮之用，而另以廉洁知兵大员统之，勿掣其肘，庶海军可期渐复，全局亦有转机。是否有当？乞代奏，酌择施行。

正月十三日

新抚饶应祺致总署报喀什无派兵赴塞事电

喀什无派兵七百赴塞事，惟驻塞防营粮运远，附近塔哈尔满地实膏腴，去春即拟屯垦。张宗本到任巡后，有闻就屯内拨六七十人往塔料理春耕，致讹传耳！

正月十五日

盛京将军依克唐阿致总署俄军见旗民官人即拿请议定章电

马宗武电：驻湾之浦提乐福昨始将岳丈送回。俄队每日梭巡，见旗民官人即拿。请议定章示遵。

正月十六日

盛京将军依克唐阿致总署俄在东西山挨家催征电

俄在东西山派队数百，带通事分投挨家催征，令各户自报亩数，与底册相符者，丈量地多归俄，不分旗民每亩东山收制钱七十文，西山收东钱三百文。遭难之处反多，意在驱民顺从。日前俄二段委员牌尔干承函开议城内征收，绅户均愿同往陈说，亦将亩数开送，尚无头绪。俄员杀人，依然征收，行所无事。未识杨使与外部现议如何？示复。

正月十七日

江督刘坤一致总署拟派藩司款待德亲王电

沪电：德领事照会，伊国亲王过沪，迎迓之礼宜制台接待等语。各国于礼貌一事，絜短较长，易滋口实。前者俄亲王过沪，系派道员会同关道接待。今派藩司接待德亲王，已较优异，上海各领颇以为然。司道平行，在我尚有可说。今若以要挟，允其所请，在疆臣受恩深重，际此时艰，断不忍泥小节而误邦交。第彼族得步进步，稍予迁就，不独将来必有更甚于此，尤虑俄国以款待轩轾，转相诘难，亦苦无辞以对。事关中外大局，德使果有是说，务祈坚持勿允。且坤一近来多病，步履艰难，不胜此役。合并陈明。

正月十八日

使美伍廷芳奏教案迭起内治无权请变通成法折

出使美、日、秘、墨大臣伍廷芳奏，为教案迭起，内治无权，拟请变通成法，亟图补救事。

窃查，近来边衅之开，每起于教案，而教案所以多者，推原祸始，则由昔年与之订立条约，许以遍地传教，不许以内地通商，殊为失策。实则通商利多害少，传教则不然。盖富商硕贾身家既厚，爱惜体面而不肯为非。传教者阳托劝人为善之名，广为号召门徒之举，各国近已不甚崇信其教。及来中土，气焰倍张。内地不逞之徒又从而煽惑，为之羽翼，每藉入教以抗拒官长，凌轹平民，群受其害，则归怨于教士，积忿既久，衅端乃成。事每起于至微，祸辄生于不测。今欲预弭其变，惟在内治有权。

查各国通例，凡他国人在本国者皆归地方官管束，犯案皆归地方官讯办。惟中国商民往他国者受治于他国之官，而他人来我中国者则不受治于我。侈然而肆，无所顾忌，冠履倒置，职是之由，然彼之人民不受约束、犯案不听讯办者，非专恃强以凌人也。彼所藉口，盖有两端：一则谓我限以通商口岸，民人应就近归彼领事管束；二则谓我刑律过重，彼实不忍以重法绳其民。日本始与泰西立约，亦与我同，继乃憬然觉悟，幡然变计，不肯以两端碍其自治，而国以浸强。臣闻择祸莫若轻，择福莫若重。与其胶柱鼓瑟，贻无穷之隐患，何如改弦更张，以收变通之利乎？方今强邻虎视，各欲得地，以便私图。与之则启争，不与则致寇。援一体均沾之例，存多方要挟之谋，有如六国割地讲解，以图一夕之安，起视四境而秦兵又至，环生迭起，能不寒心？中国为各国觊觎久矣！澳门、香港归其管辖，口岸、租界有如外府，然犹贪求无餍，得寸思尺。夫欧洲如瑞士、比利时皆蕞尔小国，然颇能自立，不致见逼强邻，而中国独数被侵凌者，何哉？彼全国通商，重门洞开，示人以无可欲，中国深藏固闭，转有以启其觊觎之心故也。人情于所歆羡之物，予者持之愈坚，则欲者求之愈急。一旦取怀而予显豁呈露，每有逡巡却顾废然思返者，今欲为一劳永逸之谋，则莫如开诚布公之策。应请旨密饬总理衙门，将各国通商一条通盘筹算，熟计利害，毋稍隐讳。如以为可，则明降谕旨，无论大小各国皆与通商，沿海地方择商务最繁之一二省先议举行，其余酌分年限，次第开办，各国商民准其任便居住。德音一沛，则天下各国闻者将曰中国之人不分畛域，一视同仁。如此，则中国政令一新，力图自强。如此，有不鼓舞欢欣，奔走偕来，乐观王化之成者哉？

论者谓不索而获是益寇也，不求而与是示弱也，开门揖盗，非计之得者。如方今辇毂之下左衽者已交错往来矣！内地各处皆任其游历，任其传教矣！何独于商人而反靳之？且租界之设专为通商，遍地通商则应收回租界，因而正教之曰目下商务既广，任便居住之例已行，凡教士、商民在我国者，我既任保护之责，即当有约束之权，而又无辞以难我也，则内治有权，衅端可弭矣！且分年开办，或十年，或二十年，我自主之，即沿海之地先行试办者亦必订立条约，彼此会商，夫然后行，仍非一朝一夕之故也。我以其暇日整军经武，自可图自强，安见通商必能为害哉？况通商之区视为公地，平时均沾利益而莫之能专；有事互相箝制，而莫敢先发。观于甲午、乙未之交，日本纵横海上，天津、上海以通商公地独免被兵，是明为推广示无外之规模，实隐固藩篱作无形之保障也。查日本与各国订约全国通商，然闻商情仍愿萃处繁富口岸，以运货内地路远利微，情形大略相同。如我已弛禁而彼不能来，是阳与以虚名，而坐收其实利也。

论者又谓开通之地广则通商愈多，通商愈多则我民生机愈困。不知前者通商之地皆成繁富之区，且自通商以来，内地华商不少豪富，而轮船不到之处生机反益萧条，是通商不足以病我，明矣！盖彼以货来，我以货往，有无原可相通。即我货之往不如彼来之多，然日用所需，僦赁所费，展转流通，小民亦可均沾其利。我若能广拓商务，精求工艺，并可师其所长，辅吾所短，互相规仿，厥益良多。臣观泰西各国，或百年，或数百年，或且千年，图治之源，具有条理，然因通商以立国者有之矣！未闻因通商以失国，亦未闻藉通商以取人国者也。必谓通商既多则朘削小民，剥丧元气，岂通论哉？至于入口税重、出口税轻，环球通例，中国反是，未免受愚。今既破除成例，各处通商，即当仿行西法，加重入口税。所有烟酒各物，查照各国税则，一律加增，于国课必有裨益。诚能控制得宜，权衡得当，亦异日富强之基也。

若夫法律，原以齐民，轻典重典，时为损益，伊古以来，帝王不相沿袭也。臣愚以为，中西法律固不能强同，然改重从轻，亦圣明钦恤之政。况因不一之故，以致华民科罪则虽重犹以为轻，洋人定案则极轻犹以为重，无术以杜彼族之口，岂足以示廷尉之平？夫法无不变，制贵因时，应请饬下部臣，采各国通行之律，折中定议，勒为通商律例一书，明降谕旨，布告各国，所有交涉词讼彼此有犯，皆以此为准。此律一定，则教民、教士知所警而不敢妄为，治内、治外有所遵而较为画一矣！

以上数端，迹近纷更，或骇观听。然事变如此其亟，时局如此其难，非破除成见，早为之所，恐不免为彼族所凌侮。臣熟计深虑，反复筹思，慨内忧外患迭乘，非拘文牵义所能定。惟有探原以导，握要以图，消隐患于未萌，庶时艰之有补，用特不揣冒昧，略陈其愚。谨奏。

光绪二十四年正月二十日。

使美伍廷芳奏朝廷借材异地当以美国为宜片

伍廷芳片。

再，前者海外诸邦德与我尤睦，故购置船械惟德国是资，教习各军惟德员是赖。一旦失和，天下震动，似宜变计，以杜狡谋。臣伏查，美国合众邦以为国，其保邦制，治国律，以兼并他洲土地为戒。溯自海上用兵以来，美国兵船皆由英人牵率而至。道光二十一年，粤东议款，美实居间排解，遂得定盟。咸丰九年，英、法阑入大沽，毁我防具。美守前约，船由北塘口驶入，呈递国书，情词谦逊，先换和约而归。是通商以来，美视诸国最为恭顺。此次守约惟谨，不肯附和，固由古巴议自主，檀岛议兼隶，近在同洲，大局未定，不遑远略，亦因与我交谊素笃，故不从合纵之谋。若能与之交欢，彼必乐为尽力。无事则联络邦交，深相结纳，有事则出持公论，有所折衷，似与大局不无裨益。又其国中水陆将弁闻胶州之警纷纷投函自荐，谓中国如须借助，愿为前驱，其同仇效顺之忱尤堪嘉尚。臣因未悉廷议若何，未敢专决，姑婉词谢之，谓他时如须将才，定当借重，未便过为拒绝，致启猜嫌。近来美国船炮各厂屡变愈精，其行师步法纪律严明，亦与欧洲并驾，似可采一得之长，以备参取之用。如就其中杰出之才任以教习，自可藉资训练，整我军容。特是借才异地，允贵驾驭得宜，当与约定年限，订立合同，一经届满，随时更易，不必因循久任，使成积重难返之势，致有尾大不掉之虑。其他各国之大者，兵虽强，然惟启疆是务。国小者，兵必弱，又无长技可师。是在决择之精，方收简练之效。考日本变法之始，亦尝广求西人，规仿西法，数年以后，国中所学渐精，遂以次递更，从无盘据把持之事。夫秦用由余，汉用金日磾，唐用契苾何力，皆取材异地，以立功名，亦在用之如何耳！臣管见所及，特贡拳拳。谨奏。

光绪二十四年正月二十日。

江督刘坤一致总署德商强租引翔港官渡请理论电

沪道电：德领事以引翔港官渡左近官滩四亩余，德商巴佛首拟统交价二百租用，现归泰顺行转租，定欲立即照允。告以官渡不便出租，前道以贵首领情商通融，又以数目太少，有关洋商租地全局，未给。彼请再加五十金，否则调兵船恐吓。请转电，以备理论。

正月二十四日

使俄杨儒致总署俄外部称刘家店滋事系华队越界生衅电

外部称，刘家店滋事，与百姓无涉，系华队越界生衅，俄兵见我兵开枪，始行回击，得有旗帜为证，故嘎使有撤兵之请。反复争辩，始允电嘎核办。

正月二十五日

使德吕海寰致总署报与德外部辩论沂济展路事电

顷，外部来云：胶至沂已允议，甚感！惟沂至济须并办，方有出路。当时，并未提明，系误会。办路先商一层，法、俄约均有案，请一并允准，画押后即退兵等语。当驳以沂至济初议未及，得步进步，中国何以为情？辩论再三，彼总求通融。明知为难，不能不转达。

正月二十六日

专使许景澄致总署称见俄君讨论俄船借泊情形电

本日俄君接见，遵电复请俄船退出旅大，免中国为难，并保东方太平之局。俄君称：俄船借泊，一为胶事，二为度冬，三为助华防护他国占据。而于退船一层不答。又复婉叩，始云：俟春暖拟离口，或留小船照看，惟冬令尚须回泊。又云：中国须拒他国兵船屯泊。答以俄船果退，中国自易拒却他国。俄君谓：望照我意详达国家；并云，我真心关切中国，前后无异，请中国勿疑。又询：俄武员教习是否定议？我已告德君，备派德员。答以天津尚有数员，合同未满。又谓：公司铁路将来倘通至黄海，尤好。答以中国已定议由山海关一路展筑至吉林，可与公司路通接。又言：我与中国皇上交谊亲密，以后有事相需，务祈径达我处等语。据实转闻。

正月二十七日

使俄杨儒致总署俄外部称华兵入租界生衅全为生计请予津贴电

外部称：前云我兵禁运及绕城拿人，事属不实。前因华兵入租界生衅，俄兵不过禁其越界，金州官民出入毫无禁阻。现遣员入城询究华官所报各节，须有实据，不得捏造。又称：现得实情，该处华官生计全在地面，俄租地后，彼无生发，思鼓动兵民造言生事，我政府筹措置之法，拟即将所征钱粮以一半津贴之，一半整顿地方，如此则官民均安云云。

二十八日

使德吕海寰致总署晤德外部论拓路开矿抵兵费电

迭晤外部，密探情形，外虽和睦，内实叵测。海使作梗，诿为训条，亦非无因。胶澳肇衅，德君主持，各邦忌之，议院亦訾之。海使初议多占地方，德相及外部只求有地修船屯煤，不愿多占。外部愿王弟未到以前结案，或恐其干预国政，隐有嫉心，王弟濡滞，或亦洞悉其情。察其形势，王弟到华不至别有要挟。海靖所言，明系恫喝。惟外部言：本拟加索兵费，嗣知中国支绌，故以拓铁路、开矿务抵之。若路矿兴旺，德费钱而华受利益，于中国无损等语。审时度势，似应从速允准。伏乞钧裁。

二十八日

江督刘坤一致总署沪道蔡钧既奉旨开缺应催李光久速赴任电

苏松太道蔡钧奉旨开缺，应饬交卸。适英、美两领请留办扩界，数月来尚未议妥。顷，英、美、德各领事咸称，不能与该道妥商，请另派妥员办理。既有违言，久留必致轇轕。已电皖抚，催李光久迅速赴任。

二月初一日

使德吕海寰致总署与德外部商撤兵事电

漾电告外部，据云，此事未知，容问邮部再议。遂请将中国意转达，彼唯唯。又询津镇路事，彼云：海靖电署商四条，悉饬照中国意办理。又问：中股归华自造否？彼云：由济至沂，两国各立公司合办，作为华德商路，不归中国国家。至管辖地方，仍归中国等语。不知海靖所商是否符合？撤兵事，彼云：海靖电来，无危险之事，即可议撤。

二月初一日

鲁抚张汝梅致总署报划定胶澳租界并查钱粮册电

江电悉。所有划定胶澳租界四至详细各界线，已札饬知县，出示晓谕居民矣！租界内钱粮册交付租界一节，据彭道称，划界时，德员曾有此议，惟未查明细数等因。拟委员赴该处，将租界内钱粮册详细查明，咨复贵署核办。

初三日

谕胡聘之着将兴办山西铁路矿务情形一并具奏电

谕山西巡抚胡聘之：都察院奏，山西京官呈诉，山西兴办铁路，流弊滋多，请饬停办一折。山西兴办铁路，前据该抚奏称，因所产煤、铁各矿，须修铁路方能运销。现有皖、粤各绅筹借洋款，来晋开办，并声明洋款与洋股有别。当经降旨，允其兴办，并令预防流弊，酌定详细章程，奏明办理，迄今尚未奏到。兹据山西京官呈称：该抚竟将潞安、泽州、沁州、平定三府一州［州］典与洋人等语。览奏深堪诧异！疆臣身膺重寄，兴办大举，总当计虑周详而慎之于始。若但顾目前之微利，而不思后日之隐忧，孟浪从事，坐令后患不可思议，朝廷亦安用此疆吏为耶？况山西地非冲要，兼之山径崎岖，修造铁路本重利微，断非华商所乐为，必有洋商巨股为之垄断。稍有不慎，堕其术中，将来堂奥洞开，险要尽失，加以各国竞相援照，引为口实，彼时应之不能，拒之不得，该抚能当此重咎耶？总之，此事关系重大，必须慎之又慎，不可稍涉迁就。现在办理情形如何？所称皖、粤绅商是何名姓？是否的实可靠？所议合同是否细密？总以计出万全，毫无流弊为第一要义。着将现办情形及拟定章程刻日具奏。至该京官原呈所指方孝杰、刘鹗二员声名甚劣，均着撤退，毋令预闻该省商务。又左都御史徐树铭奏山西矿务、铁路宜归绅民自办各节，着胡聘之一并详议具奏。

初四日

使德吕海寰致总署请示沂济干路经过里数电

奉沁电，遵达外部，并告：干路议妥，沂济即允行，藉以抵制。彼意活动，昨午商定。适奉卅电，复将英、美均有后言各情往告，乃彼已接海电，知沂济允行，忽执定办路先商之议，不肯稍松。并据开：两礼拜前有训条给海，请中国在东省界内无论兴办何事，但须用外国相助，须先向德国业此之人讲说云云。未知有此议否？否则，先商不但铁路一项，当力驳其漫无限制。彼乃云：中国看重商字，疑有勒揹意，可将先商照法约改为先向德言购物，购物先向德人购，如不成，再向他国，若非购自外洋者不论等语。辩论许久，始终坚持。如须再向外部理论，可否将干路由山东何州县边界经过、计里数若干电示，以便划清界限。

初四日

粤督谭钟麟致总署拟仍饬王存善会办九龙勘界电

九龙勘界，系王守存善经手，仍饬该员会办。

二月初六日

专使许景澄致总署遵考西礼迎接亲王礼节电

遵考西礼，亲王将到，派提督、副将、都司三员先迎于陆境，或舟次；主国亲王迎于车站，同车导至所舍客邸；君主即以是日延见，用客礼，旋偕至外殿内，亲王筵请其从僚；此后辞行再见，或有事另见，无常例。所派官常值照料，出门则提督陪乘。送如迎礼，俟过德，再考奉阅。

二月初七日

总署奏续借英德商款订立合同以税厘作抵折　附合同

总理各国事务庆亲王奕劻等奏，为续借英德商款，订立合同，请旨遵行事。

窃查，光绪二十二年二月间，订借英德商款一千六百万镑，约计库平银一万万两，奏蒙允准在案。嗣经陆续提付日本赔款及威海军费七千七百五十九万余两，加以订购炮船等项，仅余银三百数十万两，而日本赔款尚欠七千二百五十万两，若不续借巨款，照约于二年之内全数还清，则已付之息不能扣回，威海之军不能早撤，中国受亏甚巨。且本年闰三月间，应付之一千七百余万两亦尚无从筹措。上年十二月，英、俄两国使臣迭向臣等商议借其国家之款，息扣虽较商款为轻，而所索利益互相关碍，难以允从。臣等筹思至再，只可仍借商款，以免轇轕。然不先指定偿款，则借款仍归无着。查中国借款向指关税作抵，各关关税每年约收二千一二百万两，内提出使经费、各关经费、船钞等项，并提还以前借款本息，所余无多，不敷抵借。至于盐课、地丁，虽皆有着之款，然均系每岁正供，不宜作抵。且所收数目，洋商无知。若令洋商照看，更碍于俄法借款一体均沾之条，益恐别生枝节。臣等通盘筹算，拟将苏州、松沪、九江、浙东等处货厘，宜昌及鄂岸盐厘，酌照广东六厂办法，札派总税务司赫德代征，以便按期拔〔拨〕付本息，不致迟误。此项货厘、盐厘每年约征银五百万两，抵偿借款，当可取信洋商，而他国不致有所藉口。当将此意面告赫德，令英德银行商办。经赫德与该行往复商论，订期续借英金一千六百万镑，仍合库平银一万万两，开具草合同，呈送前来。

臣等查，合同所开，周息四厘五毫，八三折扣，四十五年还清，每四百镑用费一镑。虽较前欠英德借款折扣较重，然前项周息五厘，三十五年还清，现款周息四厘五毫，四十五年还清，每年少还本息银十三万一千七百二十余镑，亦可稍纾财力。其余各款与前次合同不甚参差，较诸俄、英两国同时商借之款利害相悬甚远。既无误日款偿款之期，亦免诸多要挟。臣等公同商酌，自可照此定议。谨钞录合同底稿，恭呈御览。臣等即一面照案饬令总办章京、户部司员与该银行等画押，订明如期交款；一面札行总税务司，并咨行江苏、江西、湖北、安徽等省督抚，钦遵办理。谨奏。

光绪二十四年二月初十日。

订借英德商款合同

总理衙门代中国国家，向汇丰银行及德华银行代德英银行总会，定立借款合同此后凡称银行即德英银行总会名目。光绪二十四年正月二十九日，将中国四厘五利息金镑借款草合同签字盖印即西历一千八百九十八年二月十九日。

第一款　中国国家准银行专办中国四厘五利息借款，数目系英金一千六百万镑，以西历一千八百九十八年三月初一日为借款之初日。

第二款　此借款常年利息，按本银虚数，系四厘五，合每年七十二万镑，此利息由中国按月交付。

第三款　此款定为四十五年清还。其本银每年付还十一万五千二百三十二镑，亦应由中国按月付还。四十五年期内，中国不得或加项归还，或清还，或更章还。

第四款　每月应还之本息，统计系六万九千六百二镑十三先令四本士，由中国国家付还与汇丰银行及德华银行之上海分行等，均分各半。付还之数目、日期，按另备单内所开办理。按此单日期付还之项，照上海银两合算，以便该行等预备金钱，按期在泰西交还。每一镑合银两若干，应与该两银行同日商办。其利息及本银应如何付还于买股票之人，由银行等随时自定。此项付还本利经手人之费用，计每四百镑另加费用一镑，合每年金镑约二千八十六镑一先令八本士，应由中国交付该银行，均按另备单内所开日期办理。

第五款　此借款全数准银行等出股票，以英金镑为价。此股票如何式样、文字并数目若干，均由银行等随时自定。此股票由中国或驻德或驻英出使大臣加盖关防，以昭信守。

第六款　此借款除以前所借未还之款仍应先为偿还外，应以中国通商各关之洋税并后开之各项厘金尽先为抵偿：

一、苏州货厘约八十万两。一、松沪货厘约一百二十万两。一、九江货厘约二十万两。一、浙江货厘约一百万两。一、宜昌盐厘并加价万户沱约百万两。一、鄂岸盐厘约五十万两。一、皖岸盐厘约三十万两。

以上各处厘金，合计五百万两，应即行派总税务司代缴，照广东六厂办法。

嗣后如再有抵洋税、厘金数目，总以此次借款本银利息尽先偿还。此款或全未还，或未还清以先，倘有用洋税、厘金借抵他款，用付本利一切，不得订明在此次借款之前，亦不得订明与此次借款平行办理，并不得令此借款以洋税、厘金逐年抵还之质保有所窒碍减色。将来若再订立抵借洋税、厘金之借款，务于合同内载明：所有付还本利等事，均在此次借款之后办理等语。至此次借款未付还时，中国总理海关事务应照现今办理之法办理。如有洋税、厘金于此款本利不敷之时，即应由中国另行加指足敷抵项，以便付还。所加指之项，仍应由总税务司代缴。此次借款未还清以前，遇有修改税则、减撤厘金之议，既不得因有厘金抵押借款，即不修改税则，即如拟将此次所指厘金减撤，应先向银行商明才可，亦必将新改税则加缴之洋税尽先如数补指抵款。

第七款　此借款应由总理衙门会同户部按所借金镑本利之全数发给周年关票，均须盖有两衙门印信，并由总税务司签字，以该票连环作保。此项关票每张应载第六款所列尽先偿还字样，于代中国所借款项交付以先，应将此项关票交与汇丰、德华均分各半，收执为凭。

第八款　此外应另借金镑，按月关票，合借款本利全数。此项关票由江海关监督及两江总督盖印，由上海税务司签字。此项关票应至本年闰三月十一日交付德华、汇丰各半收存，以便连环作保。如中国或本或利一次不按照所订付出，此项关票可抵中国各处之洋税、厘金等项，及按照票内所载章程使用。此节应请旨谕饬各省督抚遵照办理。

第九款　此借款即应尽先偿还未经付清之日本赔款，不作他用。自卖股票之期起，十二个月中不得由他银行另借他款。

第十款　此项股票息票及付还收还之款，此时及以后，均不纳中国各税。

第十一款　此借款卖股票、交银、收银等事、出招帖所有详细各节章程，其未言明者，由银行等随时自定。此合同签字盖印后，即准银行等权衡出此借款招帖。中国国家应饬驻英、德使臣，并饬驻伦敦中国海关税务司，遇有会商等事，同银行等商董商办。此款招帖，按照柏林银行章程，应由中国驻柏林大臣签字。

第十二款　此款交付按本银虚数，每百镑合八十三镑，系统计一千三百二十八万镑，汇丰在伦敦，德华在柏林，准闰三月十六日及四月十六交清。

第十三款　如有在泰西或关系大局，或关系银行格外之事，于各国股票价钱有碍，则此合同可作罢论。

第十四款　此合同签字盖印未出招帖之先，应即由总理衙门请旨允准一切，着将所指作抵之洋税、厘金五项按照办理。此旨由总署分别照会英、德驻京各大臣知悉，并将抵押税厘各项开明，札行税务司代缴。

第十五款　德、英银行办此借款各分一半，不相牵连。

第十六款　此合同缮英、华文各四分，以便两面在总税司收存。

第十七款　付还本利日期、数目：

一千八百九十八年七月初五日，应交利英金十二万镑，本银一万九千二百五镑六先令八本士，统计十三万九千二百五镑六先令八本士。

一千八百九十八年七月二十、八月初五日应付还本利数目同上。

此二次应付本利四十一万七千六百十六镑。

一千八百九十八年九月初五、十月初五、十一月初五、十二月初五，每次交利六万镑、本九千六百二镑零，统计六万九千六百二镑零，于一千八百九十九年每月初五日付还。

以后每年照此交付，至一千九百四十三年二月初五日为止，全款一律付清。

此付还利息本银外，中国国家应另自一千八百九十九年二月初五日起，每年二月初五日，交付该英金二千八十八镑零，每行均分各半，此系合同第四款所载经手人按年之费用，每四百镑合一镑。

总署奏请派专使与各国商订商务教务界务条约片

奕䜣等片。

再，上年胶澳事起，中外交涉愈形棘手。德藉教案而启兵端，俄、英、法诸国群相观衅，报纸议论纷然，东方太平之局几乎不保。张之洞、陈宝箴先后电奏，或谓亟联邦交，或请分遣专使。顷奉谕旨，令臣衙门从长计较。臣等窃维环球强国俄、英为最，德与俄合，日与英联。欧洲人论东方局势，俄、法为一局，英、日为一局，不自今始。德于东方，其势孤，故欲假中国一岛与俄、英、法均势，因有胶澳之役。虽经商定，而中国受损已深，东方大局亦殊可虑。设有兵祸，不仅中国之忧，抑亦各友邦所当维持熟计者也。臣等权衡缓急，拟请简派专使，捧持国书，前往俄、法、英、德、日、美交涉最繁之国，将商务、界务、教务各要端与各国外部申明条约，商定彼此遵守之法，永息争端。亚洲疆域，中、俄陆地相接，中、日海道相连，最为切近。俄、日两国现无教务，俄则界务繁而商务简，日则商务渐拓，要皆亚洲近邻也。德、美则商务、教务并重。法则教务繁而商务简，亦时有辩难。英之商务最多，此外界务、教务亦与德、法等，均须和平办理，庶可永敦和好。就道里相宜之处，拟请俄、法、德三国遣一专使，英国遣一专使，日、美遣一专使，重其责任，先为惩前毖后之谋，庶有余间以图固圉自强之计。谨奏。

光绪二十四年二月初十日奉朱批：依议。

清季外交史料卷一百二十九终

清季外交史料卷一百三十

光绪二十四年二月至三月

给事中张仲炘奏众敌环伺祸机迫切敬陈管见折

工科给事中张仲炘奏，为众敌环伺，祸机迫切，敬陈管见，以保危局事。

窃惟中国之祸亟矣！德人得步进步，凌逼不休。英、法狡谋，端倪已露。俄之意向，路人皆知。觐见之前，愈欲借端猝发，现更密为布置，不出一年，即有大变。譬如百病丛生，败证〔症〕全见，必先察病源之所在，与夫病证〔症〕之所关。消息盈虚，或疏或补，庶几有瘳。若徒头痛救头，脚痛医脚，方药杂投，愈促其死而已。夫饴以甘言，而潜施毒计者，俄也，病之本也。各国因抵俄而来，病之标也。本不植则膏肓不救也，标不治则横溃不止也。顾俄外示亲昵而阴已扼制。夫中国其势难显拒也，惟虚与委蛇，以联为拒，而后可拒也。各国虽怀叵测，而皆有奢望于中国，其情至易联也。惟明示以限制，以拒为联，而后可联也。总不外乎使之均平，而又使之互相牵制而已。臣上月曾上遍开大连湾、南宁等处商埠之疏，盖实有见于今日之洋情，天下之大计无有逾于此者，而办法则犹不尽于此。谨拟三策，为我皇上详陈之：

一、拟应明降谕旨，宣言中国土地断不与人，一切政权，统归自主。自开口岸通商，各国公沾利益，待人可谓至厚。现商务渐旺，更当推广利源。所有未开口岸，应请指添数处，如臣前折所陈，一律开埠设关。至应办之铁路、矿务，由中国自设公司，准各国附搭股分，各派董事，通力合作，均分其利，惟不得各自分指地段，以杜暗割之渐，则权自我操矣！

一、借款为西人保国之一法。中国兴办各务，用项浩繁，允宜宽为筹备。除俄、法业经借用外，拟请分向英、德、美等国商家订借巨款数万万两，以示均平而敦睦谊。查西国借债，从无与国担保之例，应迳与银行商订。至抵押一层，关税业已无多，此外惟厘金为大宗，近来百弊丛生，中饱过半，虽迭饬整顿，积习终难革除。似可酌定数省厘金，暂作抵押，于商民不致大碍，于国家可杜中饱，并明言矿务开办以后，仍即收回，似属有利无弊。

一、中俄联盟两年以来，西报议论惶急殊常，既怨我用情之不均，尤恐俄患波及环境，各国之与我为难，皆由于此。现在俄兵至吉林者已二万有余，兵船泊旅顺不去。西人谓其不但图东三省，并欲全吞大河以北。又闻俄阴约法人，将先发难于滇、桂、粤之境，因之德亦欲占齐、豫等省，英欲通滇、粤铁路以达长江，隐成分割之象。为今之计，惟有速与英、美、日联盟，并与德、意、奥联盟，相待以诚，各国之心自平，互相牵制，转为我用而俄谋亦戢矣！

以上三策，臣以为祸机已迫，非此无以为保全之计。一时并举，众患潜除。伏乞皇上俯察臣言，统筹全局，审之又审，密之又密，乾纲独断，酌度施行。天下幸甚！臣不胜惶悚待命之命〔至〕！谨奏。

光绪二十四年二月初七日。

总署致杨儒已派许景澄为钦差专论旅大泊船及黄海铁路事电

现奉电旨：派许景澄为头等钦差大臣，赴俄专论旅大俄船借泊及黄海铁路事。俟许到俄，即译送外部转呈。

二月十一日

专使许景澄致总署请派杨儒会办旅大事电

旅大事，巴使冀在京商订，恐生忌阻。昨电请杨儒，将派使缘由照会外部。澄订定十八日赴俄，国电即代国书。退还四款，乞指示。再，杨儒与模哈向尚和衷，请旨令会同商办，亦符西例。

二月十三日

使德吕海寰致总署与德外部议胶澳租界及筑路事可定密约以免藉口电

遵真电，转询外部，并告以若期胶澳兴旺，必须先服民心，似此残害无辜，胶民勇猛，势必激成事变，亦非德人之利。彼引以为咎。据云，营例非一端，须察看当时情景，乃能定罪，海靖未来电，难悬断。告以胶州七十老人董彦方一案，既系年老，非格斗可知，索自己烟管，非争衅可知，无论营例如何，务要重办，以昭公允。彼云：俟电到即与外部商量，从严惩办云。至阳电酬答一节，彼云：教案归另案办理，德可允许。其展铁路并胶澳租界，均可另立专条，各请御批。惟专条语意若以酬答为主，恐俄、法闻之亦来索讨，转令中国为难，不如以中、德交好，因许推广商务为词，更得体。至办路先向德人一层，可定密约，应秘而不宣，以免他国藉口。本部亦将此意电海靖，与总署商办等语。海靖如何议论？乞电示。

二月十四日

总署奏与德使议定专条三端遵旨画押折　附胶澳租界条约

总理各国事务恭亲王奕䜣奏，为现与德国使臣议定专条三端，遵旨画押，谨将原本进呈御览，恳请批准事。

窃臣衙门前与德国使臣海靖议定曹州教案六款，划租胶澳五款，业于光绪二十三年十二月二十三日恭折具陈，奉朱批：依议。钦此。嗣因德国兵丁在山东即墨县被杀，德国教士在广东南雄州被劫，海靖复坚请添筑由胶澳至沂州府城、由沂州府城至济南府城相连铁路一道，并嗣后在山东兴造铁路、矿务均须先与德国商办，以为偿补。臣衙门与之辩论，允其添筑沂州铁路之请，仍将山东省路、矿等项先向德国业此之人商办，如德商不愿承办，任凭中国另办，以防他日藉口均沾之谋。德使允从，与臣等议订专条三端，分别款目，详载租澳界址及一切办法，彼此画押盖印，批准互换。并订明画押后即电达其本国，将驻胶州即墨之兵撤回胶澳租界之内。臣等于本月十四日面奏请敕派大臣画押，以昭郑重。蒙朱笔圈出李鸿章、翁同龢。钦此。至日该使来臣衙门，彼此画押讫。谨将原本恭呈御览，盖用御宝，作为批准，以便转寄德国互换。至划勘胶澳租界、澳胶租条、商订路矿章程各事宜，由臣衙门与该使随时妥商办理。谨奏。

光绪二十四年二月十五日奉旨：依议。

附中德胶澳租界条约

山东曹州府教案现已商结，中国另外酬德国前经相助之谊，故大清国国家、大德国国家彼此愿将两国睦谊益增笃实，两国商民贸易使之格外联络，是以和衷商定专条，开列于左：

第一端　胶澳租界

第一款　大清国大皇帝欲将中、德两国邦交联络，并增武备威势，允许离胶澳海面潮平周遍一百里内，系中国里，准德国官兵无论何时过调，惟自主之权仍全归中国。如有中国饬令设法等事，先应与德国商定。如德国须整顿水道等事，中国不得拦阻。该地中派驻兵营，筹办兵法，仍归中国，先与德国会商办理。

第二款　大德国大皇帝愿本国如他国在中国海岸有地可修造、排备船只、存栈料物、用件整齐各等之工，因此甚为合宜，大清国大皇帝已允将胶澳之口南北两面租与德国，先以九十九年为限。德国于所租之地应盖炮台等事，以保地栈各项、护卫澳口。

第三款　德国所租之地，租期未完，中国不得治理，均归德国管辖，以免两国争端。兹将所租各段之地开列于后：一、胶澳之口北面所有连旱地之岛，其东北以一线，自阴岛东北角起，至劳山湾为限。二、胶澳之口南面所有连旱地之岛，其西南以一线，自离齐伯山岛西南偏南之湾西南首起，往笛罗山岛为限。三、齐伯山、阴岛两处。四、胶澳之内全海面，至现在潮平之地。五、胶澳之前防护海面所用群岛，如笛罗山、炸连等屿。至德国租地及胶澳周遍一百中国里界址，将来两国派员查照地情，详细定明。在胶澳中国兵、商各船，与德国相交之国各船，德国拟一律优待。因胶澳内海面均归德国管辖，德国国家无论何时可以定妥章程，约束他国往来各船。此章程即中国之船亦应一体照办，另外决无拦阻之事。

第四款　胶澳外各岛及险滩。德国应设立浮桩等号，各国船均应纳费，中国船亦应纳费，为修整口岸各工程之用。其余各费，中国船均无庸纳。

第五款　嗣后如德国租期未满之前，自愿将胶澳归还中国，德国所有在胶澳费项，中国应许赔还，另将较此相宜之处让于德国。德国向中国所租之地，德国应许永远不转租与别国。租地界内华民，如能安分并不犯法，仍可随意居住，德国自应一体保护。倘德国需用地土，应给地主地价。并中国原有税卡设立在德国租地之外，惟所商定一百里地之内，此事德国即拟将纳税之界及纳税各章程与中国另外商定，无损于中国之法办结。

第二端　铁路、矿务等事

第一款　中国国家允准德国在山东盖造铁路二道：其一由胶澳经过潍县、青州、博山、淄川、邹平等处，往济南及山东界；其二由胶澳往沂州及由此处经过莱芜县，至济南府。其由济南府往山东界之一道，应俟铁路造至济南府后，始可开造，以便再商与中国自办干路相接。此后段铁路经过之处应于另立详细章程内定明。

第二款　盖造以上各铁路，设立德商华商公司，或设立一处，或设立数处，德商、华商各自集股，各派妥员领办。

第三款　一切办法，两国迅速另订合同，中、德两国自行商定此事。惟所立德商华商公司造办以上铁路，中国国家理应优待，较诸在中国他处之华洋商务公司办理各事所得利益，不使向隅。查此款专为治理商务起见，并无他意。盖造以上铁路，决不占山东地土。

第四款　于所开各道铁路附近之处相距三十里内，如胶济北路在潍县、博山县等处，胶沂济南路在沂州府、莱芜县等处，允准德商开挖煤斤等项及须办工程各事，亦可德商、华商合股开采。其矿务章程亦应另行妥议。德国商人及工程人，中国国家亦应按照修盖铁路一节所云，一律优待，较诸在中国他处之华洋商务公司办理各事所得利益，不使向隅。查此款亦系专为治理商务起见，并无他意。

第三端　山东全省办事之法

在山东省内如有开办各项事务，商定向外国招集帮助为理，或用外国人，或用外国资本，或用外国料物，中国应许先问该德国商人等愿否承办工程、售卖料物，如德商不愿承办此项工程及售卖料物，中国任凭自便另办，以昭公允。

以上各条，由两国大皇帝批准。中国批准之约到德国柏林之后，德国批准之约交给中国驻德国大臣收领，作为互换之据。

此专条应缮四分，华文、德文各二，由两国大臣画押盖印，各执华、德文一分，以昭信守。

光绪二十四年二月十四日，西历一千八百九十八年三月初六日。

鄂督张之洞奏沥陈借款还日债不可以盐厘作押电

初六日，闻汉口洋商有出卖中国借款股票者，系新借汇丰、德华两银行千六百镑之款，四厘半息，八三扣。查之果确。且闻以苏、浙、江、皖等省货厘、盐〈厘〉作抵。闻之焦骇！马关约载一万万两，分六年还，是本年第一次止，应还一千六百余万两，乃系照约办理，不能责我全还。且日本既与中国有唇齿之忧，决不逼迫，何以不欠无折扣、无抵押之款而别借有折有扣之款？若谓一次尽还日款，乃可撤威海之兵。窃思俄借旅大，德据胶州，日虽暂驻威海，有何妨碍？且日在威海梗于俄、德之间，则俄、德不能合势，占尽北洋门户。今日事势，非专以拒日兵为上策，明矣！中国财赋之区，苏、浙为上，长江次之。西人垂涎，久思干预。今因借款用彼人管厘务，必谓藉西人之整顿，杜华官之中饱，不知苏、浙、长江利权全入其手，中国之精华已竭，岂仅干预而已？且此数处之京饷、洋款、协饷、本省饷，均出其中。一旦全归西人，扣抵借款，则我之内政何以举办？前年四国借款何以筹还？饷源既尽，武备全撤，大乱将作，内地亦不得安！又咸同间与各国议约，洋人不得干预盐务。今无端委弃前功，亦太可惜！如果此事为强敌所迫，诚属无可如何。今日本并不迫我，何必自取祸患？百思不得其故。伏望朝廷熟思后害，即止借议，以救危急。或谓外省已售票必系已成之议，圣意果决，必可设法罢议。日款照约分头筹还，斯为上策。如洋人必不肯改议，或与婉商，令其今年先交银一千数百万，足敷今年应还日款而止，余款后交后还，以便详筹办法。即或此款必还，只可分派各省分摊筹还，如前年分还四国洋款之法，有厘金作根蒂，尚可稍作腾挪，万不可令洋人代我收盐厘、货厘，自失利权，以后诸事束手，人心涣散，抑或改为他项用款，必速练海军、多设机器厂之款尚于自强有望。日款另筹分还办法，此系安危所系，不得不披沥陈之。不胜迫切之至！

二月十六日

使英罗丰禄致总署沙侯复称英租威海即可募民防护电

沙侯复称：英租威海，即可募民防护本界，所定主见，未便更改。

二月十七日

驻日随员萨荫图呈总署辽东分界专条由裕使与日互换电

十七，分界专条由裕使与日高格互换一分，余三分赶办。

二月十八日

闽督许应骙致总署可拨鼓浪屿地十二万坪为日租界电

厦岛无地可拨，且不能有专界。鼓屿可拨十二万坪，尚未丈竣。该处临海，停轮卸货，均仿厦门通商一律相待。

二月十八日

直督王文韶致总署报胶澳德兵均撤回围内电

胶州电局禀称：胶澳德兵十七、八两日全行撤回围封四十里内。

二月十九日

总署致许景澄前议四条请见俄君后速复奏电

顷，巴署使来面称：前将派许大臣电知政府，奉外部电，复以本国王忻然接见，惟奉训示，应请刻即果断答复，允从前议四条纲领，不容玩延，以后再议详细节目。答以现派专使赴俄京议商，应俟商订，始能回复。巴谓：可将许使搁开，在我商办云云。务速请见俄君，看其如何答复，即速电奏。

二月二十日

盛京将军依克唐阿致总署俄队把守金州四门乞告俄使电

东、西山俄队逼征，乡民老幼哭声彻四野。俄又言，民间若不允征，惟华官是问，并把守金州四门，禁出入。务乞告俄使。

二月二十日

滇督崧蕃致总署请法使庆梅缓来候中国派员会同查勘界务电

法使庆梅明年由西贡来保胜，赴蒙自，晋省已饬遵知会蒙领事，电知庆大臣缓来，候中国派员，会同地方官查勘清楚，方能妥筹办法。

二月二十日

使德吕海寰致总署与德外部辩论山东拓路事电

外部云：若让华，则德在山东造路无用。告以华如不造，胶沂济虽有路而无利。若此路绕越河南，山东之路南北不通，一隅之利有限，归华自造，非特华便，德亦有益。彼云：归华则沂济开矿运煤须向华借路，公司不愿，且与约不符，难措办。告以中德交密，凡事极力通融。如撤容闳而与德商，又向德华借款，均与约相符。彼云：此商款与德廷无涉。告以向德华借款，无非推德廷之面，与德商利益，不得谓之无涉。且津镇造路本期南北畅通，若中段梗阻，诸多不便，此层海靖亦以为然。彼云：华便则德不便，势难两全。告以可商一调停之法。彼始允与公司商量再议。词气之间，不易磋磨。或将来两国各设公司会办合同，以免窒碍。

二月二十日

使德吕海寰致总署毕鲁在议院称华人仇视洋人若不严办恐与中国不利电

毕鲁在议院答民党云：华人仇视洋人，山东以南尤甚，今又在津受伤，中国若不严办，以后或别生事端，恐与中国不利，非愿干预中国内政，因德人在华产业、通商、传教等事国家分应保护云云。此事须由海靖解释，并饬各处密为防范，方免他虞。

二月二十二日

专使许景澄致总署俄外部交阅所拟租界图线外有界非止海口电

外部交阅所拟租界图，其线沿岸、沿海画至貔子窝，线外复有界线，云：此线内中国派兵须有定数，此直索地，非止海口，尤出意外。并先前见俄君，代陈中国危险，俄君谓：乱至此，惟言当属外部和商云。

二月二十二日

专使许景澄致总署俄外部言必须租不冻海口为各师屯地电

顷，外部订晤：胶事已定，英已得他口利益，法亦有索件，故俄必须租得不冻海口，为各师屯地，保护两国利权。各款前已电巴，现将租期及租界电巴，转达总署，一面顾全在接续商办。至租界内收税理民，仍归中国自主。中、俄兵船二口俱可同泊。其铁路请中国准听东省公司自鸭绿江至牛庄一带水口择宜通接等语。告以事关东方大局，中国允俄，则英、法、日亦必生心，中、俄交密，务请体察。彼云：俄已告明英、法，务请电达总署，从速答复，俄主意在必成，惟租界远近或可酌商等语。词意坚持，大非昔比。澄答以照去冬办法，就屯煤地段略拓订界，其水陆口隘由中国担当保护。俟铁路成时，酌议通接。仅与请商，候核示。国电已交，俟俄主定期接见，再面递。

二月二十三日

总署致许景澄杨儒前与日议归辽时订明旅大不让别国请俄顾全睦谊电

昔日我谋归辽，与日本言明，以后不让别国据占。今俄必欲租旅大，是与前议相背，故日本屡来探询允租与否。若竟允俄，日必与中国为难，是以不敢轻许。务劝外部，勿相逼迫，顾全睦谊。旅、大两口可由俄随时借泊屯煤，勿存租界之名，而有屯煤之实。日本及他国自不得据为口实，另开衅端，庶于大局有益。

二月二十二日

盛京将军依克唐阿致总署旅大有英俄兵轮窥探电

旅大时有俄兵轮停泊，又有英兵轮时至旅口窥探。俄人欲在顺南修盖房间，又欲借大连湾水雷营旁空地屯煤，不知宋庆何以应之？此间仅有两营，又罕存军火，实不可恃。请指示机宜。

二月二十四日

专使许景澄致总署见俄君递国电并问答情形电

顷，澄往谒俄主，递国电，备陈英、法、日环伺情形，并质前言过冬办法。俄主谓：近因英德借款，东方局面变动。告以此系商款。彼不置论，惟言：旅大事，一切已令外部商办。告以中国看法恐与俄意相去甚远，务请退让，并宽商期。彼谓：外部所拟各款并期电，应请中国照办，俾各国知我两国早日和衷商妥为善！详察俄君词气尚和，但反复陈导，于外部所索并无松机。又外部昨晚公宴，告称：接巴代办电，总署仍无确复。如过三月初六亦未成订，俄国另有办法。语甚狡猾。

二月二十四日

总署致许景澄杨儒应付要索旅大办法甚中肯希与俄外部磋磨电

俄外部称，英得长江利益，并未求长江何地。法索件均不能允。其欲屯煤之口，亦因俄索旅大为词。若允俄，则各国纷来，真有瓜分中国之势。俄前约协力相助，今反为戎首，于睦谊有伤，大局有碍。答以过冬办法，略拓屯煤地段，口隘由中国自行保护，铁路俟干路成酌议通接，甚中肯。希照此议与外部磋磨。巴使急欲图功，性情刚愎，本署实难与议。又中、俄兵船同泊二口，查旅顺地形狭隘，难容多船，且两军杂处不便。大连湾或尚可商，并告外部，勿为朦蔽。

二月二十五日

专使许景澄致总署俄派巴代办为商办旅大全权专使电

顷，外部文称：奉国主谕，派巴代办为全权专使，商办旅大各款，并须如期在京议结云云。

二月二十五日

许景澄杨儒致总署报与俄外部剖辩租地事电

奉漾电，再将英、日观衅详情与外部剖辩，据称：欧使曾将津约均沾各节相叩。答以当本此意，允各国在大连湾通商，英无他语。日本在威，我知虽付全款，亦不肯退等语。旋将俄舰过冬、稍拓煤地、俟干路成时议接铁路告知，彼云：前交各款，屡经电巴，请中国照允，断难减商。告以租地已经窒碍，若如现拟租界兼包金州全境，又添公地界线，殊骇听闻。彼云：中国将大端允定，其详细节目或有为难，尚可酌商，但须在三月初六前订定，过期无复，俄国即自行办理，不能顾全联盟交谊，请速电总署定夺。告以中国目前力弱，然掣动东方局面，俄亦当熟筹后患。彼称，俄计已决，无论何国出阻，均所不计。词甚决绝。明日外部约同户部会议，容再竭力辩导，续闻。

二月二十六日

使法庆常致总署法外部称借款失信拟援德山东借地案派舰重办电

样电。与外部切实婉辞，哈云：长江各省不让别国，英外部谓有约据，已宣议院。山东允德借土地及铁路数道，而与法借款失信，议院不平，请派舰重办。吕班所开四事，系援案，必须照准。庆常再三辩论，哈云：如中国和商，法必顾大局。否则，不得不另筹办法。属代达。毕盛二十一开船，祈饬沪、津关注。

三月初三日

总署奏请开岳州及三都澳为通商口岸折

总理各国事务恭亲王奕䜣等奏，为拟请添开通商口岸事。

窃查，泰西各国首重商务，不惜广开通商口岸，任令各国通商，设关榷税，以收足国足民之效。中国自通商以来，关税逐渐加增，近来征至二千余万，京协各饷多半取给于此。惟是筹还洋款等项支用愈繁，筹拨恒苦不给。臣等再四筹维，计维添设通商口岸，藉辟利源。查湖南岳州府地方滨临大江，兵、商各船往来甚便，将来粤汉铁路既通广东、香港，百货皆可由此口运出，实为湘鄂交界第一要埠。比来湖南风气渐开，该处又与湖北毗连，洋人为所习见。若作为通商口岸，揆之地势、人情，均称便利。又福建福宁府所属之三都澳，地界福安、宁德两县之间，距福州省地陆路二百余里，为福州后路门户，形势险要，关卡、商船亦多会〔荟〕萃于此。臣等公同酌议，如于该两处添开通商口岸，庶可振兴商务，扩充利源。如蒙俞允，即由臣等咨行各该省将军、督抚，先将应办事宜妥筹速办，再由臣等酌定开办日期，照会各国驻京使臣，札饬总税务司查照办理。谨奏。

光绪二十四年三月初三日奉朱批：依议。

总署奏请准内河各埠行驶小轮船片

奕䜣等片。

再，中国自与各国通商以来，江海口岸轮船畅行，商务日盛。惟各省内河向不准行驶轮船，虑防华民生计。近来苏州、杭州两府开设商埠，民船往来多用轮船拖带，悉皆便捷，仍与民船贸易无碍。华、洋商民并请设立公司，装船驶行各口，自系因时变通之计。臣等公同商酌，拟将通商省分所有内河，无论华、洋商，均准驶小轮船，藉以扩充商务，增收税厘。当饬总税务司赫德妥议专章，酌核开办，据申呈议章九条，尚属详审。即由臣等咨行南北洋大臣，并札饬总税务司、各该关道查照办理。谨奏。

光绪二十四年三月初三日奉朱批：依议。

总署奏英约条款限期届满须酌量重议片

奕䜣等片。

再，查英约二十七款内开新定税则并通商各款，以十年为限。限满须于六个月前知照，酌量重议。本年五月初八日为四届十年期满，拟由臣衙门照会英使，专达外部，声明立案。一面就原约条款逐一复核，拟定稿本，再与该使臣会商定议。谨奏。

光绪二十四年三月初三日奉旨：依议。

总署奏俄国订租旅顺大连湾两口并议接展铁路条款折

总理各国事务恭亲王奕䜣等奏，为俄国订租旅顺、大连湾两口，并接展铁路，谨将现议条款呈览事。

窃俄国租借旅大一事，奉旨：着派李鸿章、张荫桓与俄使面议，仍着该衙门大臣会商妥办。钦此。当即函订俄使巴布罗福至臣衙门面议。兹谨将彼此拟定条约九款并附照会等件照录呈览。该使臣坚持本月初六日画押之请，如蒙俞允，应请简派大臣与该使如期画押。其余划分界线、展接铁路一切未尽事宜，仍由臣等电许景澄与该国外部妥商办理。谨奏。

光绪二十四年三月初五日奉朱批：依议。

总署奏请将直隶秦皇岛地方开为通商口岸片

奕䜣等片。

再，臣等于本年三月初三日奏请将湖南岳州府、福建福宁府所属之三都澳开设通商口岸，奉旨允准在案。兹查直隶抚宁县北戴河至海滨之秦皇岛，隆冬不封。津海冻后，开平局船由此运煤，邮政包封亦附此出入，与津榆铁路甚近。若将秦皇岛开作通商口岸，与津榆铁路相接，殊于商务有益。如蒙俞允，即由臣衙门咨行北洋大臣、顺天府尹，先将应办事宜妥备，定期开办。谨奏。

光绪二十四年三月初五日奉旨：依议。

盛京将军依克唐阿致总署俄提督在陶湾登岸扎兵张示电 附旨二件

顷，接金州寿长电：初七巳刻，俄提督在陶湾登岸，扎兵张示，接管旅大、金州地方，界线由旅至城北普拉店东皮口为界，未奉电示，究应如何？再，马玉昆曾在西边办过交涉，请电奏留金办防等语。查普拉店在城北九十里，皮口即貔子窝。如俄示，则金州非我有矣！划界须两使亲临，断无海外悬拟之理。许景澄于东陲地势茫然，按图分界，稍有舛误，毫厘千里。现议本止口岸，何忽占及城池？彼既布告，事在必行。我无明文，衅将立启。该州土地人民岂竟弃之如遗乎？拟请将现商情形略示一二，俾有遵循。依克唐阿前谓俄之来志不在小，今于登岸已露机缄，何可再事含容？请添兵并留宋军数电，谅蒙代奏，未奉谕旨，惶恐焦灼！现闻宋军航海移营，示敌无备，可谓失算。马玉昆能否暂留？谨恳代奏请旨。

三月初八日奉旨电依克唐阿：旅大租界，金州一厅，万难允在租界之内。寿长着毋庸移动，马玉昆着于熊岳一带酌量屯驻，慎重设防。

电依克唐阿：来电悉。俄人图占金州，现正力与辩驳，当可挽回。所请添兵勇，自为保守地方起见，但新募乌合，不足慑敌，徒滋糜费。日本之役，其前车也。该将军可调集现有各营与宋庆分布设备，毋事张皇。

二十二日

总署致许景澄杨儒俄提督决据金州城希告俄外部饬其勿得卤莽电

咸、筱电悉。外部允租界内划出金州，距三俄里。乃昨晚巴使照称：水师提督电，拟令金州厅城必归界内。十六晚，金州兵忽然开炮轰打俄国附近营汛，恐生巨患。该提督决定要据金州城，饬队官告中国军官，于二十四点钟出金州城。否则，用俄队据城等语。本署并未据金州电报，即往晤俄使，据称，此事并未接外部电，因商属电饬水师提督，切勿带兵进据，候俄京信，一面由署电饬金州副都统，严谕所部官兵，毋得妄动。希速告外部，饬该提督勿得卤莽，致坏和局。

三月十九日

许景澄杨儒致总署俄外部送租地专条拟稿请示电

昨，外部送专条拟稿：一租地北界，从西岸亚当湾北，过亚当山脊，连山脊在内，至东岸貔子窝止，并附近水面及各岛，均准俄享用。二、隙地界线，从西岸营口起，绕海城、凤凰城、大孤山，至岸五道河口止，沿线道路及有居民处，均归隙地。三、将别项铁路支路通至旅顺、大连湾，不到辽东半岛别海口，并公同商明，支路经由之地不将别项铁路利益许给他国人。四、俄允将租界内金州城归中国自治，并设捕兵，准居民享用生利，但不连沿海城岸。五、中国允隙地二段，非俄应允，不让与他国享用，并不将造路、开矿及工商诸利益让给。隙地海口亦不与属国通商。且路线较前增广，租用地界亦未改减，金州不在租界内，不将来往道路划出，均窒碍难办。外部谓：金州、铁路二事已通融退让。租界因貔子窝、亚当湾两地为保守旅大必需，故难改。金州道路总可照常行走。隙地界如有不合，自拟一线，俟与兵部商等语。应如何分条商妥？候核示。

二十二日

许景澄杨儒致总署酌改租地专条各节筹候速核电

拟第二条地界线，自东岸盖州北盖平河口起，绕岫岩厅，过分水岭，至大孤山大洋河口止，改去营口、海城、凤凰三城。第四条应添周环距城三俄里。巡捕兵勇添驻〔注〕即金州驻防。又添自城来往租地北界以外各道路，必两国人民公用。第五条拟删非俄国应允字样。所云不开口岸，如改去营口，似无碍。首条租界，查貔、亚地势，为旅大后蔽，尚非腹地要隘。准否？候酌各节，筹候速核。

二十三日

总署致许景澄杨儒请与外部磋商金州界事电 二件

号、个电悉。专条：一、租地北界，从西岸亚当湾北，过亚当山脊，至东岸貔子窝止，并附近水面及各岛，均准俄享用。据称，貔、亚地势为旅大后蔽，尚非腹地要隘，且在金州北边，似可允行。二、隙地界线，原拟过广。据称，改自东岸盖州北盖平河口起，绕岫岩厅，过分水岭，至大孤山大洋河口止，占地稍狭，又去营口、海城、凤凰三城，无甚窒碍。查盖州即今盖平县，应改南盖平北之盖平河口，仍声明隙地内一切吏治全归中国官。三、铁路支路通至旅顺、大连湾，不到辽东半岛别海口，辽东半岛不改租界内别海口，较有限制。四、金城归中国自治。而副都统来电，俄官要在城内设立衙署，殊有未便，拟添周环距城三俄里。巡捕兵后添注即金州驻防兵。又添自城来往租地北界以外各道路，两国人民公用。五、隙地段内无让与他国享用之理，应删非俄国应允五字。在造路、开矿及工商诸利，除由中国自办外，不准让给别国人。以上各节，务祈切实磋磨定议，勿贻后患。

二十三日

密。个电已复。顷，接漾电，金州环城三俄里又翻议。就俄为限，仅添附城民居，又预言英在威海，俄须加防，是金州一城孤悬如寄矣！往来道路必如咸电，不入租界，方不过形束缚。俄以论里，须分界，既仅划出一城，又不分界，益难持久，望照威电①办法与彼切商。巴使赴旅，必与提督合谋，借端占据，务希设词防备。统电复。

二十五日

清季外交史料卷一百三十终

① 疑为“咸电”。

清季外交史料卷一百三十一

光绪二十四年闰三月至四月

盛京将军依克唐阿奏金州城奉军遵旨一律撤回电

昨奉电旨：金州城内留驻奉军一律撤回等因。当经飞电寿长，将张君栋所部调回海城，林长清所部调移岫岩，胡喜志调回海城以北之鞍山站。现在普拉店、貔子窝等处悉已撤防。惟金州城内驻防制兵生长该处，家产难舍，万无撤理，惟有饬停操练，不开枪炮，致惊敌人，亦电告寿长矣！

闰三月初一日

许景澄杨儒致总署报俄外部交复金州案全稿电

前遵敬电，商改专条二、三、四、五款，顷外部交复全稿，但允第二款隙地界删营口、海城、凤凰三城，三款酌加中国自造路，俄不干预，四款酌加金州居民来往过路，而另加华兵退出金州，以俄兵替代，余均不允。

闰三月初二日

许景澄杨儒致总署租让旅大事与俄外部商改条款仍难就范电　二件

专条全稿，俄国国家与中国国家愿在俄历一千八百九十八年三月十五日北京所定条约增立数款，两国全权大臣议定如下：第一款，按照原议第二条，租让与俄国之旅顺口、大连湾，连辽东半岛陆路，其北界应从辽东西岸亚当湾之北起，穿过亚当山山脊，山脊亦在租让地内，至辽东东岸，近貔子窝湾北止，租界附近水面及陆地周围各岛，均准俄国享用，两国各派员就地勘定所租让地之界线。第二款，从第一款所定地段北界起，应照北京约第五款所定隙地，其北界线应从辽东西岸盖州河口起，绕出岫岩城北，至大洋河，沿河左岸至河口，此河口亦在隙地内。第三款，俄国定允西比利亚铁路通接辽东半岛之支路末处在旅大以及该半岛别海口处，公同酌定；此支路经过地方，不将铁路利益给与别国人；至中国以后自造路，从山海关接长至此支路最近之地，俄不干预。第四款，俄国允中国听金州城自行治理，并城内应需巡捕人等；中国兵应退出金州，用俄兵替代；此地居民有权往来金州至租地北界各道路，并日常需用附城之水，但无权用周围海岸。第五款，中国国家允议：一、非俄国应允，不将隙地地段让与别国人享用；二、不将隙地东西沿海口岸与别国通商；三、非俄国应允，不得将隙地地段内造路、开矿及公司各利益让给别国。

闰三月初二日

专条稿计达。二款界线原改自岫岩至大孤山。三款中国自造山海关路，用他国人款，俄不干预。外部稿略改，尚可行。又二款添吏治归华官，已载原约，三款添租界内别口已入半岛，彼均删去。五款彼仍用非俄应允，均尚无碍。惟金州事为俄提督煽动，外部渐变初议。驻防兵早与声明，并非防营。昨复商驻巡捕，即旗兵，彼诿称：接巴电，旗兵已改为民，无庸添注。又因三俄里不允，仍商添附城居民，彼云：可由勘界官商办。俄兵替代一层，亦坚不肯改，殊愤懑！

三月初二日

许景澄杨儒致总署与俄外部商改租界名称电

前与外部商改租界名称，彼允在所订约内将租字改换，并未允不作租界。顷为巴未接电，函告外部，彼始得明。据称，二十六下午电巴，减三端：一、如中国不愿用租字，可在约内用别法改叙。二、如不愿有公地名目，可但云自租界起相距若干里，中国兵数应与俄酌定。三、如中国不能照允租界、公地界二线，可在附约声明，以后可改减。

闰三月初三日

使英罗丰禄致总署中国不准俄租旅顺英廷极以为然电

谒外部，据云：中国不准俄租旅顺，英廷极以为然。只租大连湾，作各国通商口岸，并接铁路，英亦不阻，并非俄、英商明。

闰三月初三日①

① 原刊目录标为“初五日”。

总署致许景澄杨儒请仍与俄外部商改约款电

卅、东三电均悉。三十电，二、三、四、五款外部允：第二款隙地界删营口、海城、凤凰城，三款中国自造铁路，俄不干预，四款酌加金州居民来往过路，华兵退出金州，以俄兵替代。三十二电，专条全稿，所定隙地，其北界线从辽东西岸盖州河口起，绕岫岩城北，至大洋河，沿河北岸至河口，此河口亦在隙地内一节，按界线应由岫岩城南，若绕城北，则岫岩一城亦在隙地内矣！须与详订。第三款支路经过地方，不将铁路利益给与别国一节，应照允，惟添中国自营利益、俄不过间〔问〕十字，余无增删。第四款金州城中国自行治理，并城内应需巡捕人等，此城居民有权往来道路取水，但无权用周围海岸各节，均照准。惟中国兵应退出金州，用俄兵替代一节，外部牢不可破，诚如来电，为提督煽动。今日巴使来署，与之切商，以金州距大连湾十二里，城内奉军现已撤尽，只存驻防旗兵，数世屯居，万难移去。此城无虑他国来攻，无须设守。城在亚当山南，已如孤悬旅寄。若俄兵代守，迹近禁锢，情殊难堪。计两国睦谊，俄不代守此城，于俄无损，属电外部，巴请仍电尊处转商，作为国家饬商之意，庶外部便于转圜，即希察照办理。此款最要，商定电复到日，即请旨电饬画押。各款内让字均删。切要！

闰三月初五日①

总署奏法国请租广州湾并建造滇越铁路谨拟办法折　附照会二件

总理各国事务庆亲王奕劻等奏，为法国请租广州湾及建造滇越铁路各节，谨拟办法事。

窃自日本归辽后，俄、德、法联为一气，德租胶澳，俄租旅大，各国政府咸以均势东方为言，进求利益。本年二月二十一日，法国署使臣吕班来臣衙门面递照会，开列四端：一、车里、云南、广西、广东等省，应照长江之例，不得让与他国。二、中国邮政局总管令法员充补。三、由越南往云南省城修造铁路。四、在南省海面设立趸船之所。经臣等逐条驳复，并电令出使大臣庆常向该国外部切实商阻。迭准庆常电复：法外部称，山东允德借地及铁路数道，法独向隅，议院不平，请派舰重办，所开四事，必须照准。如中国和商，法必顾大局。否则，不得不筹办法。又称，议院请照俄、德限时日，外部顾大局，惟请速允，以免物议，如再迟延，外部迫于众议，必出事故各等语。该使

① 原刊目录标为“初三日”。

臣吕班亦屡向臣衙门催办，势将决裂。臣等以事机所迫，终难峻拒，复将各条悉心参酌。原开第一条，中国与越南交界各省均属边疆要隘，自应永归中国自主，本无让人之理。原开第二条，中国邮政现派总税务司兼办，规模粗立，未便轻议更张，应俟专派大臣之时再行酌办。原开第三条，应指明自越南边界至云南省城修造铁路一道，仍照俄、德前案声明，另由两国会同订立章程，以期周密。原开第四条，应订明将广州湾一处租与法国，作为停船趸煤之所，不得泛言南省海面，将来亦不得另换他处，并叙明租价字样，以副名义，庶于通融之中稍存限制。当本此意，与该使反复申论，磋磨数日，该使臣始一一允从。遂令改缮照会二件，于二月十九日送交臣衙门。臣等将汉文、法文核对，均与面定办法相符，即于三月二十日备文照复完案。谨将照会四件恭呈御览。至一切善后事宜，仍由臣等与两广、云南督抚臣随时斟酌妥办。谨奏。

光绪二十四年闰三月初五日奉旨：依议。

附法使致总署请准修滇越铁路租借广州湾并襄办邮政照会

为照会事。

查迭晤之后，除特奉全权字据外，我国专命照行，以坚固两国友谊邻邦之情，本大臣即请贵王大臣应允各端，开列如左：

一、中国国家允准法国国家或所指法国公司，自越南边界至云南省城修造铁路一道。中国国家所应备者，惟有该路所经之地与路旁应用地段而已。该路现正查勘，以后另由两国合计，再行会同订立章程。

一、因和陆〔睦〕之由，中国国家将广州湾作为停船趸煤之所租与法国国家九十九年。在其地查勘后，将来彼此商订，该租界四至、租价，将来另议。

一、中国邮政局现归海关办理，中国国家将来设立总理邮政局，专派大臣之时，拟聘请外员相助，所请外国官员，声明愿照法国国家请嘱之意酌办。

本大臣应请贵王大臣一律照复，以便查阅。彼此心意相同，用来往照会作据为要。

三月十九日

附总署致法使来照三端可允照办照会

为照会事。

光绪二十四年三月十九日，接准贵大臣照称：除特奉全权字据外，我国专命照行，以坚固两国友谊邻邦之情，本大臣即请贵王大臣应允各端，开列如左：

一、中国国家允准法国国家或所指法国公司，自越南边界至云南省城修造铁路一道。中国国家所应备者，惟有该路所经之地与路旁应用地段而已。该路现正查勘，以后另由两国合计，再行会同订立章程。

一、因和睦之由，中国国家将广州湾作为停船趸煤之所租与法国国家九十九年。在其地查勘后，将来彼此商订，该租界四至、租价，将来另议。

一、中国邮政局现归海关办理，中国国家将来设立总理邮政局，专派大臣之时，拟聘请外员相助，所请外国官员，声明愿照法国国家请嘱之意酌办。

本大臣应请贵王大臣一律照复，以便查阅。彼此心意相同，用来往照会作据等因前来。

本衙门查来照所称三端，既以坚固友谊为言，可允照办。嗣后中、法两国自当益敦友睦，永弭争端。相应照复贵大臣，转报贵国国家可也。

须至照会者。

三月二十日

许景澄杨儒致总署俄外部称俄主允俄兵暂不入金州城电

顷，外部称：钧署嘱巴电商俄兵不入金州城，兹奉俄主允先试办，俄兵屯扎城外，如城内有乱，或城民与俄兵构衅，即须入城。其专条仍照原稿，俟画押时，另送照会为据，已电巴复署等语。据闻。

闰三月初七日

许景澄杨儒致总署俄外部谓金州事专使驻使应一并画押电

外部询：已否接有全权凭据？告以各专条核定，奉准画押，总署必知照巴使。又外部谓：现系专使、驻使同商，应一并画押等语。乞并示。

闰三月初七日

总署致许景澄杨儒俄兵不入金州须定专条电

俄兵不入金州城一节，能入专条方妥，否则，另送照会须与声明：兵民同处一方，口舌细故，事所难免，不可因此藉端开衅，以期永久相安。俟彼允许后，即着许景澄、杨儒会同画押等因。遵旨电达。

闰三月初七日

许景澄杨儒致总署金州事遵电逐节面商俄外部电

遵歌电，逐节面商外部，并切告：金州兵已撤尽，旗兵即居民，万不能移。彼云：我已接巴电，旗兵已改农民，转告兵部。俄兵试办不入城照会，但不将四款中国兵退出二语删去。又云：隙地界已让出岫岩，难再让出。三款本未限阻中国自营利益，无庸添注。各款让字可删。又谓：巴使同日来电，但提俄兵一事，不及他款。今此事已允，应请总署早核定等语。

闰三月初九日

总署致许景澄杨儒金城驻防旗兵断无退出之理电

阳电悉。金城驻防旗兵即居民，前调奉兵各队均已撤去。巴电谓旗兵改为农民，殊失实。晤外部，须据实声明，驻防兵数百年世居，断无退出之理。专条内能将中国兵退出二语删去，更妥。余照办。

闰三月初十日

许景澄杨儒致总署俄外部称专条不便再改电

顷，过商外部，据称，专条实不便再改，现办照会指明城内生乱及与俄兵构衅二层，语意与细故迥别，可弗疑。现与商定，备函声明：如兵民但有口舌细故，应由两国该管官和衷调处，请其允认，彼即如函照复等情，藉此声明。再，专条加第六款云：以上各款缮立华、俄文各一分，由两国全权大臣画押。遇有讲论，以俄文为证等语。外部订本月十七画押。如有续文，届期即遵旨同画。

闰三月初十日

许景澄杨儒致总署俄谓钧署已将专条照允催画押电

奉蒸电，告外部：旗兵改农，系巴误会，并商删退兵二语。彼云：顷，接巴电，总署知照，专条照允不改，已电饬画押，贵使所言不符，必欲删改，可将全款作废。又言：如必辩明为兵，俄提督必令撤退，我难挽止。再四婉商，始允在昨商声明兵民细故函内添叙华兵全撤，城内原驻旗兵即作居民论，不可扰动，彼仍照允等情。金州事势轇轕，如与相持，恐以后更难收束。声明文函得有外部允复，似尚可靠。彼据巴电，催早画押，辞以已报署，仍订十七日。

闰三月十一日

使德吕海寰致总署日本赔款百万镑已交讫电

百万镑，今日午前已交讫，取有收据，由邮咨呈。其汇英所交之款，顷，罗使电复交讫。

闰三月十八日

使英罗丰禄致总署日本赔款已交驻英日使接收电

日本赔款在英应付一千一百万八千八百五十七镑零，已于本日交驻英日使接收，取据另呈。

闰三月十八日

总署奏日本偿款交清收回威海谨陈筹办情形折

总理各国事务恭亲王奕䜣等奏，为日本偿款交清，收回威海，谨陈筹办情形事。

窃查，光绪二十一年中日《马关条约》第四款内载：中国得将库平银二万万两交与日本，作为赔偿军费。该款分次递年交清。第一次赔款交清后，未经交完之款应按年加每百抽五之息，但无论何时，将应赔之款或全数，或几分，先期交清，均听中国之便。如三年之内全数清还，除将已付利息，或两年半，或不及两年半，于应付本银扣还外，余仍全数免息。又第八款内开：日本军队暂行占守山东省威海卫，中国将第一、第二两次赔款交清，通商行船约章批准互换，并将通商口岸关税作为剩款抵押，日本可允撤回军队。倘不确定抵押办法，则未经交清末次赔款之前，日本不允撤回军队各等语。

臣等详查，《中日通商行船条约》早经批定互换，应交第一、第二两次赔款均已先后交讫，下余应交之款八千三百三十三万三千三百三十三两零，按照三年之内交清，应扣回已付息银一千零八十三万三千三百三十三两零，净欠应交赔款银七千二百五十万两，又本年威海军费五十万两，计共七千三百万两，按照《马关条约》批准互换三年内之期，应于本年闰三月十八日，即西历五月八号，全数交清。臣等前经议定续借英德商款合同，订明闰三月十八日先交足应还日本之款，业于本年二月初十日奏明在案。随将清还日期先期照会日本使臣矢野文雄，令其转电日本政府，届期一面交款，一面照数撤回威海军队。旋经该使臣照复：已电本国政府，兹准政府复称：俟照约收款后撤回威海军队，惟本年中历闰三月十八日系西人礼拜之日，官商概不办事，请于闰三月十九日交收款项，以符三年之内全数清还之约等语。当经臣等分电出使英国大臣罗丰禄、出使德国大臣吕海寰，届期与日本驻使分别交收。兹准该大臣先后电复：均已如期清交，取有收据，随后寄署。

至日本撤回威海卫守兵一事，臣等询据日使矢野文雄函称：届期派出运船分起拨运，需日未免较多，自应赶速蒇事，不逾二十八日之期，并请先期派员赴威海卫办理接收事宜等语。臣等查，接收口岸关系紧要，电商北洋大臣王文韶，选派前山东候补道严道洪、管带开济兵船前游击林鳌启，均经前驻威海，熟悉情形，因即咨行北洋大臣，饬令该员等前往威海卫，会同日本官员，逐细验收原存房屋、码头，开单具报。俟接收清楚后，由北洋大臣详晰奏报。谨奏。

光绪二十四年闰三月二十四日奉朱批：知道了。

鄂督张之洞致总署沙市变起仓猝防不及防幸领事无恙电

二十申刻，据道府面禀：十八晚，沙埠招商局更夫因湘人在局前小便，用扁担打伤，当经委员解劝调治。十九午前，湘人藉口寻衅，在洋关验货厂门口小便，水手出拦不服，湘人倏即聚众，登时放火，将税司洋房、关署、招商局及日本领事公寓住宅、扦手坐船同时放火，并阻水龙，不许往救，遂致焚烧殆尽，并烧民房数间。变起仓猝，防不及防。幸领事等无恙。容即查究。

闰三月二十六日

直督王文韶致总署报德亲王今日可抵津电

德藩今日可抵津，关道等赴塘沽通候，明日自津至京，车上备供应。德亲王用绿呢黄绊轿，大小绿呢轿十三乘，其实随员、翻译不过四人。

闰三月二十六日

总署致依克唐阿俄修旅顺至沈阳枝路希饬保护电

许使在俄议定，准铁路公司由旅顺迤北至沈阳吉林境内接修枝路一条，俄派工员勘路，务饬属保护至沈阳附近。

闰三月二十七日

总署致依克唐阿俄修铁路须绕避陵寝电

陵寝重地，已电许、杨二使，与俄户部及公司总办妥商，必须设法绕避，以免震惊。

闰三月二十八日

鄂督张之洞奏遵旨回鄂查办沙市案电　附旨

昨奉到二十七日电旨，谨当遵旨，即行折回湖北。因各国领事约期二十七日陆续接晤，并须答拜，二十八日即自沪行。再，日本派两船之说，询据总领事云：其一较大，不能赴沙市，本系到汉口游历者，非为沙案。其一较小，未来，可函阻之。沙市日本领事甚和平，不至要挟。谨附陈，以释宸廑。

闰三月二十八日奉旨：沙市案大，张之洞着回任，速即料理。俟完竣后，再行来京。

许景澄杨儒致总署续拟南满支路合同稿七条电

合同稿起首，照三月初六京约闰月专条，推广东省铁路公司建造经理：一、支路由干路择〔驿〕站至辽东旅大海口，悉照华俄银行所订合同章程，并续拟各节如下：

一、此支路达至旅大，取名东省铁路南满支路。

二、原合同第四条水陆转运造路料件，中国政府设法便捷，准公司用轮船，或别船，挂公司旗，驶入辽河及该支河并营口及隙地内各海口，运卸料件。

三、公司为运载料件、粮草便捷，准由南路暂筑支路至营口及隙地海口。惟造路工竣全路通行贸易后，应遵中国政府将诸支路拆去。

四、中国政府上年九月允准开采煤木，现准公司在官地树林自行采伐。每株地方官与总监工公同酌定缴价，不得过时价。惟盛京省内御用产业暨关系风水，北京政府管属树林，不准采动。又准此支路经过一带地方开挖煤矿，亦公酌计斤纳费，不得过别人所纳。

五、俄国在租地自酌税则，中国应征租地交界货税，此事可商允。俄国在大连湾俟开埠后即行设关，派公司作为中国户部代办人征收，径归北京政府管辖，将所办事按时呈报。货物由俄境车站往来租地内概免税厘。其由租地经铁路出入中国内地，照海关税则征收，无减增。

六、公司准自备行海商轮，挂公司旗。若有亏折，与中国无涉。此事与铁路无涉，不照原合同价买及归还期限办理。

七、南满洲铁路方向及经过地方，俟以后总监工在满洲勘定，由公司或北京代办与总办公同商定。

四月初三日

盛京将军依克唐阿致总署俄限大连湾居民腾出房地恐激民变请设法挽回电

顷，金州副都统咨：大连湾居民房地，俄示限初四至初八照数腾清，不愿者亦须腾。众民惶悚无措，赴厅泣诉。据称，房地多系祖产，仅册注征信亩数，并无契纸；就地盖房者亦无契，即有契而价值今昔不同，验契给价，难昭公允；且旅、大两处情形不同，旅多官地，民户系经商而来旅，大则耕凿一二百年，庐墓、田井万难尽弃等语。阅之可悯。查俄人修造公署本在旅口，其大连湾修署，无须多地，何必尽夺民居？现限期已逼，恐难民激而生变。可否与俄使缓商，设法挽回？请示。

四月初四日

使美伍廷芳奏筹款维艰请仿行各国印花税折

出使美、日、秘国大臣伍廷芳奏，为筹款维艰，请先在通商口岸仿行各国印花税，以广利源事。

窃惟近岁以来，度支告匮，偿费无出，复谋称贷，转瞬期至，又须清还，而重整海军、创办诸务，在在需款甚殷。臣参考外邦理财之书，为中华自强之计，惟印花税一事可以试办。谨条其利便，为我皇上详陈之。

查印花税创自荷兰，盛于英吉利，比来欧美各国皆次第仿行，以为裕国便民，莫善于此。其法由户部精制印花，转发商民，凡书写契券，请立合同、租约、收条、银行钞票等件，皆须粘贴。其取之也廉，故民不困；其积之也多，故利最广。此法若行，约有十便：富商大贾出入巨万，所征之税不过毫芒，揆之群情，当所不吝，其便一。债券地租，无征不信，印花既贴，照〔昭〕然若揭，民必乐从，其便二。懋迁交易，此税出于买者，而卖者不与，于穷民无所耗损，不致以厉民为词，其便三。关税、厘金皆征于货物未销以前，此则收之于交易既成之后，千百取一，何嫌何疑？其便四。户部总其成，各省下其法，或设总局督销，或发殷商代售，随时随地皆可分购，无委员检核之繁，无胥吏假手之患，其便五。他项厘税名目不同，多寡不一，侵渔者众，漏匿者多。此税价值列于纸上，一目了然，无从隐匿，中饱之弊，不祛自绝，其便六。凡开局设卡，取财于民，创办之始必多怨谤。今听民间领购，无所用其抑勒，商民相信，必多购印纸以备用，预缴印税以纳官，奉上急公，自然而致，其便七。外洋之法，凡契券不贴印花纸者即为废纸，单据已用不涂销而再用者罚。贸易之人必不吝小费而罹重罚，互相稽核，可杜奸欺，其便八。各国通例，此项为内地税，与关税无涉，外人无从藉口。他国民人经商我国，我既任保护之责，即有征税之权。通商之埠愈多，印花之数愈旺，不劳口舌，利赖无穷，其便九。欧洲此税岁数千万，我亦渐次推广，库储既足，应办诸务均可次第举行，其便十。有此十便，凡在食毛践土之列固当闻命乐从，即彼梯山航海之伦亦必相安无事。此议前经御史陈璧奏请仿行，因总署奏复亦以为利国便民，宜可仿办，当经分行各出使大臣查复在案。窃惟我朝除丁口税，为三代以下所未有，深仁厚泽，固结人心。今中外多故，筹款维艰，惟此印花税下不病民，上可利国，较之他事，似为易行。如能经理得宜，裨益大局，实非浅鲜。相应请旨，饬下总理衙门，会同户部，妥筹办法。如骤拟普行，犹恐纷扰，则请饬令总税务司、各关监督，于通商口岸先行试办，惟崇简易，不尚烦苛，于筹款之中仍寓便民之意。俟成效既著，逐渐通行，以顺民心，自无窒碍。谨奏。

光绪二十四年四月十三日奉朱批：该衙门议奏。

总署奏遵议徐寿朋所拟中韩通商约稿折

总理各国事务庆亲王奕劻等奏，为遵议中韩通商约稿事。

光绪二十四年九月二十八日，准军机处钞交出使大臣徐寿朋奏，拟具与韩国通商约稿，请饬复议。奉朱批：该衙门议奏。单、片并发。钦此。查原奏内称：各国遗〔遣〕使议约，其约稿均先由外部核定，发交使臣赍往，到国之后，俟彼国派定议约大臣，即可定期开议。兹就韩国与各国通商条约详加参酌，拟就约稿十四款，伏候饬交总理衙门核议。俟复奏奉旨后，即放洋东渡等语。

臣等就所拟约款逐一复核，大致以韩国与各国条约为底本，以中国与各国条约为比例，而又期以均平，示以限制。如第一款商民侨居全获保护优待利益，他国有轻藐之事均须相助。第二款两国互派驻使及领事等官，以礼接待。领事官不得以商人兼充。第三款中、韩商民商船应完货税、船钞，各照两国海关章程征收。凡已开口岸准彼此商民前往贸易，并声明，通商详细章程及进口货物税则随后另议。第四款两国商民准其租地盖房、运售土产及制造与不违禁之货。第五款此国民人伤损彼国人性命、财产，各照本国律例惩办。遇有词讼，由被告所属之国审断，原告所属之国派员听审。第七款禁运米谷出洋。第八款禁运军火器械。第九款援救遭风船只，禁止在不通商之口私行贸易。第十款两国官民均可雇请各色人等勤校工艺。两国犯罪之人，领事官不得庇纵。第十一〔三〕款换约期限。第十四款中、韩同文，此次立约及往来文牍均用华文。以上各款，按之中国与东西洋各国所立条约，事例均属相符。

其第十一款两国重订《陆路通商章程税则》，严禁流民屯垦。第十二款中国商民可用本国现行之诸银币，韩国商民用其所交换中国诸银币，得买中国货物。以上两款，系酌度现在情形，亦可一并商办。惟第六款两国商民不准贩运洋药一节，查该国向禁洋药入口，但中国现已收税弛禁，并听商民运售，彼此情形不同，此事彼不提及，应毋庸由我发端。第十一款两国陆路交界应派员勘定界址一节，查奉天、吉林等处与韩国接壤，向以图们、鸭绿两江为界，载在职方，未便轻议重订。如将来查有轇轕出入，可由该大臣随时与该国商议，无庸列入商约。以上二事，应令在各款内分别删节，以期周妥。

总之，中韩之约正在创始，用意固贵从同，立论尤须握要，庶使该国易于遵从，他族亦无可干预。应请饬下该大臣，再就臣等所指各款详细筹度，拟定约本，驰往商订，俾期尽善。恭候命下，臣等即行知该大臣遵照办理。俟开议后，如尚有应行斟酌损益之处，再由该大臣电知臣衙门，随时核复。谨奏。

光绪二十四年四月十四日奉朱批：依议。

总署奏英国拟拓香港界址议定租章折 附专条合同照会及咨文

总理各国事务庆亲王奕劻等奏，为英国拟拓香港界址，议定租章，请旨派员画押事。

窃英、俄素相猜忌，俄租旅大后，英人即思在中国渤海上游租借口岸，以为屯泊兵舰之所，期可制俄。因日本退还威海卫有期，英使臣窦纳乐于本年三月初十、十一等日来署面商接租威海，其租章照旅顺办理。旋又因法租广州湾之议已定，窦纳乐迭次来署商议，请展拓香港后面之九龙山地方，以为保护香港之计。臣等再三驳斥，而窦纳乐声称：英国议院本意在浙江之舟山及福建一带图占口岸，以保利权，因念中国为难情形，只有就原有之香港展拓界址，上年曾经驻广州领事向粤省商及等语。臣等以展拓界址与另占口岸不同，允议暂租专条，尚可操纵由我，仍留九龙城及原有码头，以便文武驻扎、兵商各船来往停泊及他日造铁路根据。且香港英官原允帮助中国整顿税务，亦可趁机议明，实力相助。经臣等迭与该使臣面商，彼此已将条款定妥平允，将相助租务一节另行照会存案。其九龙界址，仍声明粤督派员与香港总督再行划分。除英租威海卫俟妥订条款再行请旨外，谨将英拓香港界址专条缮单呈览。如蒙俞允，请特派大臣与该使臣订期画押，彼此互换。谨奏。

光绪二十四年四月十八日奉朱批：依议。

谨将与英使窦纳乐议展香港界址专条缮单恭呈御览

溯查多年以来，素悉香港一处，非展拓界址不足以资保卫。今中、英两国政府议定大略，按照粘附地图，展拓英界，作为新租之地。其所定详细界线，应俟两国派员勘明后，再行划定，以九十九年为限期。又议定：所有现在九龙城内驻扎之中国官员，仍可在城内各司其事，惟不得与保卫香港之武备有所妨碍。其余新租之地专归英国管辖。至九龙间〔向?〕新安陆路，中国官民照常行走。又议定：仍留附近九龙城原旧码头一区，以便中国兵商各船、渡艇任便往来停泊，且便城内官民任便行走。将来中国建造铁路至九龙英国管辖之界，临时商办。又议定：在所展界内不可将居民迫令迁移，产业入官。若因修建衙署、筑造炮台等官工需用地段，皆应从公给价。自开办后，遇有两国交犯之事，仍照中英原约香港章程办理。查按照粘附地图，所租与英国之地，内有大鹏湾、深州〔圳〕湾水面，惟议定该两湾中国兵船无论在局外局内仍可享用者，均应自画押之日起，中国五月十三日，即西历七月初一号，开办施行。其批准文据，应在英国京城速行互换。为此，两国大臣将此专条画押盖印，以昭信守。

此专条在中国京城缮立汉文四分，英文四分，共八分。

大清国太子太傅·文华殿大学士·一等肃毅伯李。

经筵讲官·礼部尚书许。

大英国钦差驻扎中华便宜行事大臣窦。

香港英新租界合同

北界始于大鹏湾，英国东经线一百十四度三十分，潮涨能到处，由陆地沿岸，直至所立木桩，接近沙头角，即土名桐芜圩之西，再入内地不远，至一窄道，左界潮水平线，右界田地，东立一木桩，此道全归英界，任两国人民往来。由此道至桐芜圩斜角处，又立一木桩，直至目下涸干之宽河，以河底之中线为界线，河左岸上地方归中国界，河右岸上地方归英界。沿河底之线直至径口村大道，又立一木桩于该河与大道接壤处，此道全归英界，任两国人民往来。此道上至一崎岖山径，横跨该河，复重跨该河，折返该河水面，不拘归英归华，两国人民均可享用。此道经过山峡，约较海平线高五百英尺，为沙豆角、深圳村分界之线，此处复立一木桩。此道由山峡起，即为英界之界线，归英国管辖，仍准两国人民往来。此道下至山峡右边道左有一水路，达至径肚村，在山峡之麓，此道跨一水线，较前略大，水由梧桐山流出约距百码，复跨该水路，右经径肚村，抵深圳河，约距径肚村一英里之四分一，及至此处，此道归入英界，仍准两国人民往来。由梧桐山流出水路之水，两国农人均可享用，复立木桩于此道尽处，作为界线。沿深圳河北岸下至深圳湾界线之南河地，均归英界。其东、西、南三面界线，均如专约所载，大屿山岛全归界内，大鹏、深洲〔圳〕两湾之水，亦归租界之内。

光绪二十五年二月初八日，西历一千八百九十九年三月十九号。

见证人：

王委员存善。

骆辅政司。

蔡毓山。

祺威。

英领事致粤督新界水面应以水尽见岸处为界照会

为照会事。

新租界水面英国之权至何处一事，现准香港总督来文，内开，本港政府并不以为英权可至流入海湾之河港与流入租界深圳河之河港，但可至各海湾水尽见岸之处与深圳全河至北岸之处。至于流入各海湾及流入租界深圳河之各河港，本港政府甚愿于各该河港口由此岸水尽见岸之处至对岸水尽见岸之处划一界线，为英国权所至之止境等因。本总领事查香港总督文内有深圳全河至北岸一语，自是指租界内之深圳河至陆界相接之处为止。相应照会贵部堂查照，量〔谅〕贵部堂亦以为妥协也。

光绪二十七年四月

粤督陶模咨总署新界河港以口门左右两岸相对直线为界文

为咨呈事。

案照英国展拓香港界址，前于光绪二十四年五月间，承准贵衙门将租章地图咨送到粤，经前部堂谭派委广东补用道王存善，会同香港辅政司骆檄会议勘定在案。惟水界未经详晰声明，英员屡谓潮涨能到之处皆应归英管辖，以致内港地方亦时见英差足迹，节经阁爵李前部堂暨本部堂照会辩论。兹于光绪二十七年四月十四日，接广州口英国司总领事官照称：新租界水面英国之权至何处一事，现准香港总督来文，内开：本港政府并不以为英权可至流入海湾之河港与流入租界深圳河之河港，但可至各海湾潮涨能到之处与深圳全河至北岸潮涨能到之处耳！至于流入各海湾流入租界河之各河港，本港政府甚愿于各该河港口由此岸潮涨能到之处至对岸潮涨能到之处划一界线，为英国权所至之止境等因。本总领事查香港总督文内有深圳全河至北岸一语，自是指租界内之深圳河至陆界相接之处为止。相应照会查照，量〔谅〕贵部堂亦以为妥协等由前来。

查新租界水面英国所租者系大鹏、深圳两湾及深圳河，其与各该海湾暨深圳河毗连之内港自仍归中国管辖。香港总督谓英权不能至流入海湾之河港与流入租界内深圳河之河港，尚属公允，惟谓各海湾潮涨能到之处与深圳全河至北岸潮涨能到之处为英权所可至，语颇宽泛，易滋误会。嗣后新租界各海湾与华岸毗连者，应以沿湾水尽见岸之处为界。其划归租界内之深圳河，则仍照王道所订合约，以北岸为界。所有与大鹏、深圳两湾及租界内之深圳河毗连各河港，俱以口门左右两岸相对直线为界。似此详晰声明，则彼此官差人等自可了然，亦免将来别生枝节。除照复转致外，相应咨呈贵衙门察照施行。

光绪二十七年四月

总署致唐绍仪日使代韩请订约派使约可订使不可派电

日本矢野使来言：韩拟与中国订通商条约，并派驻京使，请日本政府向中国商允。本署告以已派总领事唐驻韩，奉有训条，韩愿订商约，尽可就近与议，由唐核准，转禀具奏，请旨遵行。韩本属邦，派使不便接待。日本与韩平等，何得代请？矢野谓：将此意电复本国政府，转告韩等语。韩如来商，希与妥议通商章程，并止派使。

四月二十四日

总署致刘坤一通海崇太等处行轮应归河道管辖电

商民请在通州、海门、崇明、太仓等处仿浙抚廖请准宁波、台州行轮之案相符，自应准行，然仍令妥议办法咨报。宁波小轮有关道管辖，通、海、崇、太等处应归河道经管，以免散漫无稽。宜酌定，遵旨电达。

四月二十五日

盛京将军依克唐阿致总署据报俄督派员查各海口税则暨地丁钱粮电

昨据署金州厅徐〔涂〕景涛电：俄督近派柯礼素福访查各海口税则暨各屯地丁钱粮

数目，阴有争夺利权之计。柯君通汉语，性捷巧，昨来厅、协两署索观旗民粮册，均婉言以却。伊云：租界内土地、人民均归该国设官为政，华员只管界外隙地，约条第四言之详明。公等扼此空籍，守此孤城，居于租界之中，不免进退维谷。语含讽刺。以上所言，全属税课，将不可问。且闻该提督不日进京，大约为此课税。谨告总署争执等情。谨以奉闻。

四月二十七日

清季外交史料卷一百三十一终

清季外交史料卷一百三十二

光绪二十四年五月

总署奏遵议河南矿务办法改订合同折　附矿务章程

总理各国事务庆亲王奕劻等奏，为遵议河南矿务办法，改订合同，请旨遵行事。

窃光绪二十四年二月十六日，准军机处钞交河南巡抚刘树堂奏，豫省矿务，请饬商人自借洋款承办一折，奉朱批：着总理衙门会同户部议奏。单并发。钦此。查原奏内称：现据翰林院检讨吴式训等呈，请与义商罗沙第立定合同，借款一千万两，订立合同，请办豫省矿务，名曰豫丰公司，声明所借之款商借商还，如有亏折，饬该公司自理；所得矿利以百之三十五分报效朝廷；开办六十年以后，所置办矿产业全数报效照给。该商等议定合同，呈请圣裁。如蒙俞允，再行加盖关防，分别存发，指派地方，以便开办等语。复准军机处钞交郑思贺奏，河南矿务请饬禁借洋款一折，奉旨：该衙门知道。钦此。

臣等将原立合同逐款查核，内惟第二款所获余利以百分之三十五分报效中国，数虽较少，而矿利多得百分之十。而其余各款，于应征地赋及矿产落地税、出口税等项，均未开载。周息八厘，亦嫌过重。郑思贺请饬禁借洋债，与御史何乃莹条奏山西路矿停借洋款，同一用意。刘树堂原奏，以华商资本难集，成效茫然，必须借资外人，亦不为无见。臣等公司商酌，山西矿务既经臣等将合同章程逐加添改，奏准开办，豫省事同一律，义、英驻京使臣同来催询，自应照案办理。当即暂饬义国商人罗沙第仿照山西办法，另拟合同章程二十条，与前定山西合同均属相符。惟刘树堂原拟第一款准该商开采怀庆左右黄河以南西南诸山各矿，地段过广，应改为怀庆左右黄河以北，以示限制。谨将改订豫丰公司合同章程呈览。现准刘树堂电称：已派商董吴式训、程恩培来京备问。拟候命下之日，即令该商重与义商在臣衙门画押，以凭开办。伏请训示。谨奏。

光绪二十四年五月初二日奉朱批：依议。

谨将改订河南矿务合同章程缮单恭呈御览

豫丰公司与福公司议订河南开矿制铁以及转运各色矿产章程，条列于左：

一、豫丰公司禀奉河南巡抚批准，专办怀庆左右黄河以北诸山各矿。今将批准各事转请福公司办理，限六十年为期，应先由矿师勘定何乡何山何种矿产，绘图贴说，禀请河南巡抚查明，果与地方情形无碍，即咨明总理衙门备案，一面发给凭单，准其开采。如系民产，向业主议明，或租或买，公平给价。如系官产，应照该处田则加倍征赋。

二、豫丰公司禀奉河南巡抚批准，再借洋债不得过一千万两之数。如所派勘矿师以此数不敷用，豫丰公司仍专向福公司续借。

三、凡调度矿务与开采工程、用人、理财各事，由福公司总董经理，豫丰公司总办会同办理。其出入数簿，请由河南巡抚派员稽查。

四、各处矿厂应用华、洋董事各一人，洋董管工程，华董理交涉。一切账目皆用洋式。银钱出入，洋董经理，华董稽核。各矿厂总以多用华人为是。所有薪水，皆由福公司发给。

五、勘验矿地或应打钻掘井探视矿苗，应先与地主商明。踏损田禾，酌量赔偿。至开矿以后，或因矿场塌陷损伤人命、房产，应归福公司抚恤赔偿。若定办一矿有占民地，必须会同地方官，或向地主租用，或备价购买，务使两不受亏。遇有坟墓，必须绕越，毋得发掘。

六、所办矿务每年所有矿产，按照出井之价，值百抽五，作为落地税，报效中国国家。每年结账盈余，先按用本付官利六厘，再提公积一分，逐年还本，仍随本减息。俟用本还清，公积即行停止。此外所余净利，提二十五分归中国国家，余归福公司自行分给。以后中国他处有用洋款开采煤铁矿者，应请一概仿照此章，将所有矿产直〔值〕百抽五纳税，以归划一。再，此系商人筹借开办矿务，如有亏折，与国家无涉。

七、公司所开之矿不止一处，然各矿出入与所有盈余各归各矿清理。如或彼亏此盈，不得以此矿之盈补彼矿之亏，致使国家应得余利因之少减。

八、开矿所需料件、机器等物进口，照开平各矿现行章程，完纳海关正、半税项，内地厘金概不重征。至开出矿产运出口时，仍照章纳税。

九、福公司所开之矿以六十年为限，一经期满，福公司所办各矿，无论新旧，不问盈亏如何，即以全矿机器及该矿所有料件并房产、基地、河桥、铁路，凡系在该矿成本项下置办之业，全行报效中国国家，不求给价，届时由豫丰公司禀请河南巡抚派员验收。

十、每处矿厂总以联络官民、预息纷争为要，应由豫丰公司禀请巡抚酌派照料委员一人，又设照料绅士一员，由福公司聘请。该员、绅薪水均由福公司筹备。

十一、矿师、工头办理之始自应选用洋人，倘日后华人中有精矿学、谙习工程者，豫丰公司会同福公司派充此项要职。至其余员司照料等职，无关重大责任者，皆用华人，尤宜多用河南人，以开风气。

十二、矿丁亦宜多用豫人，其工价应从公酌定。至矿丁受伤应如何抚恤，与使用数十年后应如何酌给养老之费，又平日作工每日若干时刻各节，统俟开矿后，再由豫丰公司会同福公司采择欧美各矿妥善章程，商请巡抚定夺。

十三、福公司于各矿开办之始，即于矿山就近开设矿务铁路学堂，由地方官绅选取青年颖悟学生二三十名，延请洋师教授，以备路矿因材选用。此项经费由福公司筹备。

十四、豫丰公司所借福公司银一千万两系约估之数，将来每开一矿实需资本若干，由福公司拨用后，准福公司按照所用之数造印借款股分票刊刻章程，定期发卖。如有华商于期内愿买此种股票者，则无论多寡，听其购买。

十五、华商收买此项矿务股票，应由豫丰公司按照时价涨落，照章代为收买，或自行买卖，均听其便。如华绅富商六十年限内将某矿股票收至四分之三，即将该矿先期收回，由豫丰公司查报，饬交该华商自行办理。

十六、凡有所准矿地遇有民人先经开采者，不得侵占。如原主自愿租卖，应由豫丰公司会同福公司秉公给价，但不得稍有抑勒。

十七、各矿遇有修路、造桥、开浚河港，或须添造分支铁道接至干路或河口，以为转运该省煤铁与各种矿产出境者，均准福公司禀明河南巡抚自备款项修理，不请公款。其支路应订章程，届时另议。〈至正定至太原铁道，已由商务局另行借款修理。该路左右各一百华里内，福公司不得另造铁道，以杜争端。〉凡有以上所准各事，其须用民地之处，亦照各局已定章程租买，不得少占民地，仍求地方官代为保护。

十八、每至年终，或盈或亏，各分矿造具清册，应各请华、洋公正人一名核算无讹，然后刊刻报单，送至豫丰公司，察核各矿盈亏，会造总册，呈请巡抚，以凭分咨总理衙门、户部查核，并将报效国家各项一并呈缴。

十九、凡该矿为中国自主之产，将来中国有与别国战争之事，福公司应听中国号令，不得接济敌国。

二十、兹章程华、洋文缮具两分，各执为凭。

使俄许景澄致总署俄路沿途准开煤矿并绕避陵寝电　二件

顷，商公司合同稿四款，铁路经过地方准开煤矿，应一律绕避陵寝，先行声明，应距若干里，将来再议，免画押停待。彼谓如就现议里数为限，可以遵办，候速核示。

五月初四日

三十电谨悉。晤外部，备论陵寝风脉郑重，廿里绕避太少，顷允距三十里，请电达国家，即作定议。

五月初四日

总署致许景澄俄路绕避三十里无碍陵寝即定议电　二件

既据绕避三十里于陵寝无碍，即可定议画押。至铁路经过地方，准开煤矿，原合同已载明，但须临时议章妥办，遵旨电达。

五月初六日

铁路经过地方，准开煤矿，原合同已载明，但须临时议章妥办。距陵三十里，将来路线勿得参差不符。希与公司议明，即画押。

五月初七日

谕着盛宣怀赶办芦汉铁路并速办粤汉宁沪各路

上谕：前因芦汉开办铁路设立招商公司，特派盛宣怀督办。计时将及两年，所有勘路、购地各事宜应已办有头绪。此项铁路关系紧要，岂容观望迁延？现在业已筹有的款，着盛宣怀克日兴工赶办，并将办理情形先行具奏。倘再延不开办，玩误要工，责有攸归，盛宣怀岂能当此重咎耶？此外粤汉、宁沪各路，并着承办各员一体迅速开办，毋得任意迟缓。

五月初八日

旨恩泽延茂俄路经过方向着通盘筹画预防后患电

旨：俄路方向前已由总署寄知。今俄使来京，请将路线改由呼伦贝尔顺淖尔河，历札赉特、郭尔罗斯两旗边界伯都讷，经泄水甸子，趋宁古塔，至三岔口出界，计移南二百余里。据称，此路较平，比两江处较窄。究竟地势、民情如何？且经由蒙古地方有无窒碍？着恩泽、延茂通盘筹画，当深体朝廷联络邦交之至意，又须预防后患。如不允其请，如何措辞？切勿袭拒俄成说，别生枝节。再，松江可置小轮，黑龙江可行通海大轮否？着一并筹度，速即电复。

三〔五〕月初八日

总署奏英国请租威海卫商拟专条折　附专条

总理各国事务庆亲王奕劻等奏，为英国请租威海卫商拟专条事。

窃自俄国租旅大之后，英国以保护东方商务为言，非租借山东之威海卫停泊兵轮，不足以资抵制，曾将大概情形先行奏明在案。现在日本偿款交清，已由北洋大臣派员将威海卫收回。英使窦讷乐①屡次商催，所称以租威为抵制尚属实情，并非无端图占。臣等公同商议，迭与该使臣再四磋磨，并电令出使大臣罗丰禄与英外部切实筹商，始将专条商妥。租期与俄租旅大相同，于中国管辖之权尚无大损。臣等复以中国重整海军，定造英、德等厂穹甲快船，不日陆续来华，亦可于威海择地并泊，随时请英员代为操练。该使臣允将此节另备照会存案。彼此会商已历数月，似可就此定议。谨将会议专条，并该使绘送划界原图照钞，恭呈御览。如蒙俞允，请特派大臣与该使定期画押。再，由臣等请用御宝，作为批准，以凭彼此互换。其一切划界事宜，由臣衙门及北洋大臣、山东抚臣派员妥晰办理。谨奏。

光绪二十四年五月初十日奉朱批：依议。

又奉旨：着派奕劻、廖寿恒画押。

谨将与英使窦讷乐会议请租威海卫专条缮单恭呈御览

今议定，中国政府将山东之威海卫及附近之海面租与英国政府，以为英国在华北得有水师合宜之处，并为多能保护英商在北洋之贸易。租期按照俄国驻守旅顺之期相同。所租之地，系刘公岛并在威海湾之群岛及威海全湾沿岸以内之十英里地方。以上所租之地专归英国管辖以外，在格林尼址东经一百二十一度四十分之东暨附近沿海地方，均可择地建筑炮台，驻扎兵丁，或另设应行保护之法。又在该界内均可以公平价值择用地段，凿井开泉，修筑道路，建设医院，以期适用。以上界内，所有中国管辖治理此地，英国并不干预。惟除中、英两国兵丁之外，不准他国兵丁擅入。又议定，现在威海城内驻扎之中国官员仍可在城内各司其事，惟不得与保卫租地之武备有所妨碍。又议定，所租与英国之水面，中国兵船，无论在局内局外，仍可享用。又议定，在以上所提地方内不可将居民迫令迁移，产业入官。若应修建衙署、筑造炮台等官工须〔需〕用地段，皆应从公给价。此约应自画押之日起开办施行。其批准文据，应在英国京城速行互换。为此，两国大臣将此专条画押，以昭信守。

此专条在中国京城缮立汉文四分，英文四分，共八分。

---

① 也作“窦纳乐”。

光绪二十四年五月十三日，西历一千八百九十八年七月初一日立。十月二十日在伦敦互换。

大清国管理总理各国事务衙门·和硕庆亲王、总理各国事务衙门·刑部尚书廖押。

大英国钦差驻扎中华便宜行事大臣窦押。

总署奏遵议款接外宾参酌中西体制详定章程折

总理各国事务庆亲王奕劻等奏，为遵旨议奏事。

光绪二十四年四月二十七日，军机处片交，本日奉旨：着总理衙门将各国君后、宗藩及特派头等公使来华于皇太后及朕前接见款待礼节，务须参酌中西体制，详定章程，从优款待。一俟议妥奏准后，即行照会各国驻京公使，并分电各国大臣，令其一体知悉等因。钦此。

臣等窃惟中西礼俗不同，往往中国以为极轻，泰西视为极重者，中国行之甚繁，泰西行之甚简者。中国向不与友邦交际，历年来享来王，莫非藩服。自欧美诸洲立约通市，邦交日重，典礼日隆。兹奉圣旨，详定章程，从优款待。臣等伏查，各国君后往还，凡有约之国悉以敌体之礼相见，款之宫中，迓诸郊外。中国春秋盟会，何莫不然。惟欧洲各国大都水陆相接，不过一二日程，亦多姻亲之国，故列邦君后时有往来。现在中国风气渐开，彼此之情日通，铁路轮船亦日盛，各国君后来华之会诚不能不预先筹画，但仪文繁重，非一二言所能尽。当视国之远近，临时妥酌，请旨遵行。惟宫中款待一事，外国视为极隆，布置亦极不易。外国宫室多楼居，又无重门之限，房廊栉比，主客一家，言语、居处、服食无异，风俗使然，款接良便，中国似难强同。而友邦君后之尊岂能阙东道之谊？似宜专建宫〔官〕馆，以备税驾。都下王公旧府甚多，拟乞皇上酌拨一所，门楣依旧，但就堂室中酌照西式装修完美，陈设合宜，足备各国君后旅居之用，即王子、亲王亦可于此安憩。官为供张，凡百〔备〕从丰。其初到时，皇上一为筵宴，或在宫中，或在西苑，届时请旨施行。至宗藩来华，有亲疏之别。如今年之德国亲王亨利本为德国王子，又为德国王弟，此次来华，有代君相见之谊，皇太后、皇上接待如礼，各国咸以为优，德国尤深感谢。复有类此之友邦亲王来华，拟恳皇太后、皇上仍照此次款待礼节，毋庸另议。他日官馆建就，不令寄居彼馆，则尤加优也。

至各国特派头等使臣，自必赍有国书。如为庆贺皇太后、皇上而来，拟请皇太后、皇上均予接见。如为两国交涉而来，按照各使臣现行递书之礼，皇上亲接国书，口敕答颂。如系头等公使，拟请皇上立受国书，俾与二等公使有所区别，亦足以示优异。该使臣请见皇太后，亦西例之常。视其国书如何声叙，臣衙门于奏请钦定觐见日期折内恭请皇太后懿旨，届时由御前大臣与臣等带领该使臣进殿，俯首修敬，皇太后坐受。该使臣将命远来，皇太后量加慰劳，或赐以珍玩，以作优待之处，届时恭候懿旨施行。臣等遵议各节，如蒙俞允，臣衙门自应奉宣德意，酌照此次奏案，照会各驻使，并分行出使大臣，一体知悉，俾有约各国咸晓然于我国从优接待之盛意。而泰西各国延见使臣，向无礼节单，只凭带引之员接导。如国有大庆，则编成一册，分送各使，告以齐集宴会日期、服色，并非律人以步趋行立鞠躬之烦。臣衙门恭遇庆典，拟仿照编送。至寻常觐见，各使臣类皆不谙汉文，其翻译亦未尽通畅，往往典礼未成，而于抬写款式先烦辩论。臣衙门拟以后不开送礼节单。谨奏。

光绪二十四年五月十三日奉旨：依议。

总署致王文韶请留严道洪等在威海与英提督办理交涉电

威海议租专条，本日画押。英使面称，道员严道洪、管驾林颖启熟悉情形，请留该处，与英提督办理交涉，于两国大局有益。希饬遵，并电东抚。

五月十三日

总署奏遵议陈其璋请与各国开议酌加进口税折

总理各国事务庆亲王奕劻等奏，为遵旨议奏事。

窃准军机处片交御史陈其璋请与各国开议酌加进口税一片，军机大臣面奉谕旨：着该衙门查核办理。钦此。钞录到臣衙门。

如原奏内称：大学士李鸿章在外国时商加进口税则，洋报纷纷议论，谓中国如能将厘捐全裁，即值百抽十，再行酌加，亦无不可。盖洋商明知中国防营协饷皆赖厘金为挹注，厘金一日不撤，彼即有所藉口，进口税遂一日不加。刻值修约之际，应与各国开议等语。总理衙门查，洋货进口税则原定正税值百抽五，子税值百抽二五。当时系以关平银三两作一金镑计算，近来镑价日昂，税收仍旧，中国受亏甚巨，是以光绪二十二年正月间臣鸿章出使之便，臣衙门奉令与各国商论，将从前税则酌增。迨臣鸿章抵英，切商外部，拟按镑价收税，而该外部有加镑不如加税之说，允届修约之时再行商议。臣荫桓上年奉命出洋，与英国外部筹商。该外部云：事关中国税务，应由驻华使臣与总理衙门商办，已给该使臣训条等语。当将商议情形奏明在案。查光绪二十五年即届与英修约之期，业于本年正月间奏请将英约修改，藉得早定加税之议，奉旨允准，亦在案。臣衙门曾与英、德两国使臣论说，并饬总税务司将各口岸货价查明，造册汇呈，以凭查核。应俟册报到日，臣等公同详细酌核，再与各国使臣妥议加税章程，列入条约，以冀保我利权，藉收得寸得尺之效。

又原奏内称：如所增之数足抵各省厘金，则岁入之数并不见少，而各省之局用既有护卡之炮船可裁，如因外销之款无从开支，则一年之后可易厘金为坐贾，而留难中饱之弊不革自除，局用、薪水亦可概从节省等语。户部查，各省百货厘金每年约收一千六百万两，而外销之数尚未据各省详细开报。今议洋货加增进口税，则一年究可加增若干，殊难预计，未便遽将厘金一项停止征收。应俟进口税则与各国使臣妥议加增以后，察看一两年内如果洋税岁多之数足敌厘金岁收之数，再将裁撤厘金及易厘金为坐贾各节斟酌核定，此时应请暂缓置议。谨奏。

光绪二十四年五月十六日奉朱批：依议。

东省铁路公司致许景澄等南满支路不经陵寝函

接奉五月二十一日来函，声明：二陵寝处所，现有全权，奉告贵大臣，本公司悉遵中国政府之意，允设法使现在拟造之南满洲支路不经福陵、昭陵中间，而绕二陵寝之外，在铁路地段与二陵寝相距之间，至少留存三十里不可损动之地。将来公司如在福陵、昭陵及永陵附近处所寻得煤矿开采，亦以此里数相距为度。本公司当照此意饬知总监工遵照，特此奉告。

五月十七日

俄外部致许景澄等南满支路俟大连湾开埠设立税关函

中国政府与东省铁路公司商订南满洲支路合同载明章程，愿俟大连湾开埠日起，在该口设立税关等情，俄国国家可照所议允行，惟此关开办及经理事宜等项，均应查照合同办理。

五月十八日

总署奏与刚果国使臣订立条约折 附专章

总理各国事务庆亲王奕劻等奏，为刚果国特遣使臣订立专条事。

兹有刚果国使臣余式尔于本年四月三十日来京，奉有本国君主文凭，商办约章。臣等于初四、十六等日照章接待，并据该使臣面递国书一件、条约节略一纸。臣等查，刚果虽为比利时兼辖之邦，然系自立一国，在阿非利加洲之南。中国自与各国通商以来，风气大开，到处皆有华民前往。今该国既遣使来华订约，正可藉此多开一华民谋生之路，似应准其订约。惟不必照欧美各国条约之繁冗，因与订简明专款二条，以示羁縻而昭敦睦。兹将所订专条照录，恭呈御览。如蒙俞允，即请简派专员与之画押换约。该使臣面递译汉国书一件，并录呈览。谨奏。

光绪二十四年五月十九日奉朱批：依议。

中国与刚果国订立专章

大清国与大刚果自主国和好通商之约，拟照所奉合式之权，现将专款彼此议订，速即施行：

一、中国与各国所立约内，凡载身家、财产与审案之权，其如待遇各国者，今亦可施诸刚果自主之国。

二、议定中国民人可随意迁往刚果自主之国境内侨寓居住，凡一切动者、静者之财产，皆可购买执业，并能更易业主。至行船、经商、工艺各事，其待华民与待最优国之民人相同。

现各大臣先为亲笔画押，盖用关防，以昭信守。

大清国总理各国事务大臣·文华殿大学士·一等肃毅伯李。

大刚果国钦差全权大臣·伯爵余。

光绪二十四年五月二十二日，在北京互换。

许景澄杨儒奏与俄国订立租地条约遵旨议定专条折　附条约暨照会

出使俄国大臣许景澄、杨儒奏，为与俄国订立租地条约，遵旨与俄外部议定专条，谨陈办理情形事。

窃本年三月初六日，俄署使巴布洛夫在京订租旅顺口、大连湾迤北所需保守陆地所有租地、隙地界线，于所订条约内声明：在森彼得堡另立专条。经总理衙门电知臣等与俄外部大臣摸拉维洛夫逐细筹商，并以金州厅在大连湾北，有文武官驻扎，另照会巴使，不能归入租界。又第八条酌量在营口、鸭绿江中间沿海地方造一枝路，指地太广，虑其另择别处通海，又添一口等因，令臣等商办。经臣等详缮节略，指陈利害，再四辩论，始据外部送交拟稿，酌允退让。臣等复就各款分别准驳，外部续有允改。正在磋磨，适俄外部接其在华水师提督电，告以金州兵开枪轰击俄营，即欲派队径赴该州，隐图占守，外部亦渐变初议，三月三十日，面交定稿，称：已呈俄主阅定，不能再改。经总署令巴署使发电劝阻，臣又执论切商，外部始允饬止俄兵勿入金州城，其未尽事宜讯明，彼此各送照会为据。闰月初九日，准总署电，令声明金州兵民口舌细故，不可因此开衅。顷，奉谕旨：俟彼允许后，即着许景澄、杨儒会同画押。钦此。十六日，准外部将此事声明各节照复允认，即于十七日臣等与俄外部各将专条汉、洋文画押讫。

综订专条，凡六款：首叙中、俄愿在北京所定条约增立数款。一、租地北界从西岸亚当湾北起，过亚当山脊，至东岸貔子窝湾北尽处止，附近水面及各岛均准俄国享用，两国派员勘定界线。此款亚当、貔子窝两海湾为旅顺、大连湾后路屏蔽，尚非腹地要隘，查与原约酌视旱地合宜保守事理相符。二、隙地界线从西岸盖州河内起，经岫岩城北，至大洋河，沿河左岸至河口。此款外部原议以西岸营口起，经海城、凤凰城、大孤山至东岸五道河口止。查营口为通商要埠，凤凰城又系边要，列入隙地，异日调兵一切事宜不免牵制。既定界线，删去三城，于防务较有裨益。三、俄国允通接辽东半岛铁路末处在旅大海口，不在沿海别处。公同酌定，此路经过地方不将铁路利益给与别国人。嗣后中国自造从山海关接长之路，俄国允不干预。此款俄路不至沿海别处，可杜日后借择便筑路为名，添辟海口之患。又中国自造路一层，系臣等改稿时与外部商允加叙，藉与不给他国利益之说互为抵制。四、俄国允金州城归中国自行治理，并设巡捕人等。中国兵退出金州，以俄兵替代。居民有权往来金州。至租地北界各道路并用附城之水，兹据外部照会称：奉俄君之命试办，俄兵屯扎城外，非有民乱及攻击俄兵之事不得入城。臣等又照会外部：该城旗兵即作居民论，不能移撤，亦据外部复允。此款因俄提督藉端煽动，反复争辩，诚虑悬议相持，以后愈难结束，不能不就现在情形斟酌订立，以杜翻异。五、中国允不将隙地让与别国，隙地内东西海岸不给别国通商，亦不让给造路、开矿及工商利益等项。查原约载明，隙地内治理全归中国官，自无让给他国土地利益之事。至隙地界线，业将营口划出，所约不与别国通商，尚无窒碍。六、以上各款，缮立华、俄文各一分，由两国全权大臣画押钤印。遇有议论，以俄文为证。

以上全文并画押日期均已电达总署在案。窃维朝廷为修睦结援起见，允准俄国租用地段，界限已定，自可无虞侵轶。惟金州一城孤悬租界之中，地势轇輵，办理实无善策。相应请旨饬下该城副都统，体察情形，晓谕驻防兵丁与民众，一体安居，庶彼族释猜忌之心，即地方收羁縻之效。谨奏。

光绪二十四年五月二十日奉朱批：该衙门知道。

中俄订立旅大租地条约

大清国大帝皇〔皇帝〕，大俄国大皇帝，欲更敦两国盟谊，互筹相助之法，为此，大清国大皇帝派总理各国事务大臣·太子太傅·文华殿大学士·一等肃毅伯李鸿章、尚书衔·户部左侍郎张荫桓为全权大臣，大俄国大皇帝派驻华署理全权大臣·内廷郎巴布罗福为全权大臣。该大臣等各以所奉全权之据视为妥协，商定条款如左：

第一款　为保全俄国水师在中国北方海岸得有足为可恃之地，大清国大皇帝允将旅顺口、大连湾暨附近水面租与俄国，惟此项所租断不侵中国大皇帝主此地之权。

第二款　因以上缘由，所租地段之界，经大连湾迤北，酌视旱地合宜保守该段所需，应相离若干里，即准相离若干里。其确切界限以及此约各项详细，俟此约画押后，在森彼得堡会同许大臣刻即商订，另立专条。此界线商定后，所有划入租界线内之地及附近水面专归俄国租用。

第三款　租地限期，自画此约之日起，定二十五年为限。然限满后，由两国相商，展限亦可。

第四款　所定限内，在俄国所租之地以及附近海面，所有调度水陆各军并治理地方大吏，全归俄官而责成一人办理，但不得有总督、巡抚名目。中国无论何项陆军，不得驻此界内。界内华民去留任便，不得驱迫。设有犯案，该犯送交就近中国官按律治罪，按照咸丰十年中俄约第八款办理。

第五款　所租地界以北定一隙地，此地之界由许大臣在森彼得堡与外部商定。此隙地之内一切吏治全归于中国官，惟中国兵非与俄官商明，不得来此。

第六款　两国政府相允，旅顺一口既专为武备之口，独准华、俄船只享用，而于各国兵商船只以为不开之口。至于大连湾，除口内一港亦照旅顺口之例专为华、俄兵舰之用，其余地方作为通商口岸，各国商船任便可到。

第七款　俄国认在所租之地而旅顺、大连湾两口为尤要，备资自行盖造水陆各军所需处所，建筑炮台，安置防兵，总设所需各法，藉以着实御侮，并认以已资修养灯塔以及保航海无虞之所需各项标志。

第八款　中国政府允以光绪二十二年所准中国东方铁路公司建造铁路之理，而今自画此约日起，推及由该干路某一站起，至大连湾，或酌量所需，亦以此理推及由该干路至辽东半岛营口、鸭绿江中间沿海较便地方，筑一枝路。所有光绪二十二年八月初二日中国政府与华俄银行所立合同内各例，宜于以上所续枝路确切照行。其造路方向及经过处所，应由许大臣与东方铁路公司议商一切。惟此项让造枝路之事，永远不得藉端侵占中国土地，亦不得有碍大清国大皇帝应有权利。

第九款　此约自两国全权大臣彼此互换之日起举行。此约御笔批准之本，自画押后，赶紧在森彼得堡互换。兹两国全权大臣将此约备中、俄二国文字各二分，画押盖印为凭。两国文字校对无讹，惟辩解之时，以俄文为本。此约在北京缮就二本。

光绪二十四年三月初六日，一千八百九十八年三月十五日签立，四月十一日在森得堡互换。

中俄续订旅大租地条约

大清国国家与大俄国国家愿在俄历一千八百九十八年三月十五日北京所定条约增立数款，两国秉权大臣议定如下：

第一款　按照原约第二条，租与俄国旅顺口及大连湾辽东半岛陆地，其北界应从辽东西岸亚当湾之北起，穿过亚当山脊山脊亦在俄国租地内，至辽东东岸皮子窝湾①北尽处止。租界附近水面及陆地周围各岛，均准俄国享用。两国各派专员，就地详确勘定所租地段之界线。

第二款　从第一款所定地段北界起，应照北京约第五款所定隙地，其北界线应从辽东西岸盖州河口起，经岫岩城北，至大洋河，沿河左岸至河口。此河亦在隙地内。

第三款　俄国国家允西毕利铁路通接辽东半岛之支路末处在旅顺口及大连湾海口，不在该半岛沿海别处。又公同商定，此支路经过地方，不将铁路利益给与别国人。至中国以后自造路从山海关接长至此支路最近之地，俄国允不干预。

第四款　俄国国家允中国国家所请，允听金州城自行治理，并城内设立应需巡捕人等。中国兵应退出金州，用俄兵替代。此城居民有权往来金州，至租地北界各道路，并日常需用附城准俄国享用之水，但无权兼用海岸。

第五款　中国国家允认：一、非俄国应允，不将隙地地段让与别国人享用。二、不将隙地东西沿海口岸与别国通商。三、非俄国应允，不得将隙地地段内造路、开矿及工商各利益让给。

第六款　以上议定各款，缮立华文、俄文专条各一分，由两国全权大臣画押钤印。遇有讲论，以俄文为证。

光绪二十四年闰三月十八日，俄历一千八百九十八年四月二十五日，在森彼得堡互换。

附俄外部致许景澄俄允将俄兵屯扎金州城外照会

为续补俄历九十八年三月十五日条约所附专条事。

本部奉俄主谕称，俄国国家体中国国家所商之意，并顾念两国睦谊，允将俄兵屯扎金州城外，作为试办，惟万一城内有乱，或居民与俄兵攻打，则俄兵即行入城等因。特此照会贵大臣查照。

闰三月十七日，即西历九十八年四月二十五号

使英罗丰禄奏与日本使臣交收清还军费并守费折

出使英、义、比国大臣罗丰禄奏，为与日本使臣交收清还军费并第三年末次威海卫守费事。

窃臣于光绪二十四年三月三十日承准总署电开：本年闰三月十七日午前，应付日本

① 也作“貔子窝湾”。

一千二百万八千八百五十七镑十六先令九本士。现议在德交一百万镑，余款拨英，连英款共一千一百万八千八百五十七镑十六先令九本士。希查照借款合同，届期提交驻英日使接收，取据电复等因。

臣按：《马关条约》第四条内载：中国约将库平银二万万两交与日本作为赔偿军费，分作八次交完，又第一次交清赔款后，未经交完之款，按年加每百纳五之息，亦从条约批准互换之日起，三年之内能全数清还，除将已付之息于应付本银扣还外，余仍全数免息。又另约第一款内载：遵和约第八款所订，暂为驻守威海之日兵，所有暂行驻守兵费，中国自本约批准互换之日起，每一周年届满赔交四分之一库平银五十万两各等语。

臣查，自光绪二十一年九月十四日起，至光绪二十三年十月十四日止，先后交付日本偿款库平银一万一千六百六十六万六千六百六十六两又三分两之二，又库平息银一千八十三万三千三百三十三两又三分两之一。今定本年闰三月十七日三年期内全数清还，应将已付利息作为本银扣还。此次只应交付库平银七千二百五十万两，按照定议，计合英金一千一百九十二万六千六百五镑七先令九本士。除在德交付一百万镑外，在英应交付英金一千九十二万六千六百五镑七先令九本士。又按另约，应交威海卫第三年末次守费库平银五十万两，合英金八万二千二百五十二镑九先令。以上二款，共计一千一百万八千八百五十七镑十六先令九本士。

查照借款，向伦敦、汇丰等行先期如数提存英国国家银行，以备届时拨付，一面照会日本国驻英使臣加藤高明预拟收据草稿，彼此斟酌妥协，至闰三月十七日，由该使送到洋文收据：一称代日本国家收到英金一千九十万六千六百五镑七先令九本士，合之在德之一百万镑暨已付利息英金一百七十八万二千一百三十六镑八先令八本士，遵约应作本银计算，并前此付过本息实符赔偿军费库平银二万万两全数清还之约；一称代日本国家收到英金八万二千二百五十二镑九先令，合库平银五十万两，此系按照马关另约第一款日本军队暂驻威海卫第三年守费等语。查对文义相符，遂派参赞马格里与该国书记等官偕赴英国国家银行，按数交付两讫。谨奏。

光绪二十四年五月二十日奉朱批：该衙门知道。

总署致唐绍仪韩如再求派使可与商明当遣四等公使电

前令该领事与韩外部议商约，韩似不愿。又托俄、法、日、英先后介绍，本署虽设词阻难，终非了局。韩如再求派使，可与商明，遣四等公使，国书由署代递，毋庸觐见。其通商约章，本署当与会议。

五月二十一日

使俄许景澄致总署俄路绕避陵寝约已画押电

铁路绕避陵寝之约，现改十八日画押。绕避及设问允据均收，另具奏。

五月二十二日

盛京将军依克唐阿致枢垣俄人谋夺金州全利请速划界电

昨据署金州同知徐〔涂〕景涛电称：昨副都统转示庚电，俄人谋夺金州土地、人民之利属实，征收归彼为政，而总署仍令转乞贴补，反客为主，令人愤然。愚虑且不止此，闻许大臣初议，北界外留一隙地，均不可解意者，划金之半与之，余作屏蔽，职官主之是也。乃续议外界由普拉店至貔子窝止，金州之疆土无存，此外则岫、复之界，原有守土之官，何隙之有？近俄人勘查华园口一带形势，陇蜀之望已成。且前闻柯罗索福言，订隙地在大洋河、盖州河之间，闻之骇然！查大洋河在岫岩东北，距貔子窝将三百里。盖州河在盖平城南，距普拉店百八十里。隙地定此，则岫、盖之土侵去大半，而复州无论矣！愚见不必徒争论金州三里之空城，应速截然划定金州北之界线，就普、貔至金州之境划鸿沟一道，永为华洋之限，不得再过一步。沟外若为岫界，若为复界，各归各管，毋庸另立隙地之名等语。

查俄人所订隙地究在何处，尚无明文。惟以普、貔两处为租界，则金州城包在界内，孤城中悬，将谁与守？租界内之人民既归治理，粮税既归征收，凡城内之旗民文武各官，去之则空城犹存，留之则所司何事？且界内之民易弃，而旗难弃，旗人之有产者难去，无产者难留，将来统应如何核办？断难允协。中外交涉，往往疆臣未及知而外洋先悉底蕴。可否请旨电谕使臣，速将界地划定，并饬下各衙门另议，两无窒碍，以保中国自主之权。乞代奏。

五月二十三日

清季外交史料卷一百三十二终